U0490825

人类历史上最伟大的励志经典

人性的弱点
人性的优点

(美)戴尔·卡耐基 著
达夫 编译

中国华侨出版社

图书在版编目（CIP）数据

人性的弱点，人性的优点/（美）卡耐基（Carnegie, D.）著；达夫编译．—北京：中国华侨出版社，2013.3（2014.10重印）
ISBN 978-7-5113-3395-7

Ⅰ.①人… Ⅱ.①卡…②达… Ⅲ.①心理交往—通俗读物 Ⅳ.①C912.1-49

中国版本图书馆CIP数据核字（2013）第052855号

人性的弱点人性的优点

著 者：	（美）戴尔·卡耐基
编 译：	达 夫
责任编辑：	筱 雁
封面设计：	异一设计
文字编辑：	龚雪莲 高亮
美术编辑：	王静波
经 销：	新华书店
开 本：	720mm×1020mm 1/16 印张：28 字数：587千字
印 刷：	北京海德伟业印务有限公司
版 次：	2013年6月第1版 2017年6月第3次印刷
书 号：	ISBN 978-7-5113-3395-7
定 价：	59.00元

中国华侨出版社 北京市朝阳区静安里26号通成达大厦三层 邮编：100028
法律顾问：陈鹰律师事务所
发行部：（010） 65487513 传真：（010） 65487513
网址：www.oveaschin.com
E-mail：oveaschin@sina.com

如果发现印装质量问题，影响阅读，请与印刷厂联系调换。

前　言

戴尔·卡耐基（1888~1955年），被誉为是20世纪最伟大的心灵导师和成功学大师，美国现代成人教育之父。20世纪早期，卡耐基独辟蹊径地开创了一套融演讲、推销、为人处世、智能开发于一体的教育方式，他运用社会学和心理学知识，对人性进行了深刻的探讨和分析，激励了无数陷入迷茫和困境的人，帮助他们重新找到了自我，改变了自身的命运。

戴尔·卡耐基创办的美国卡耐基成人教育机构、国际卡耐基成人教育机构和它遍布世界的分支机构，多达1700余个。接受这种教育的，不仅有普通民众，还有明星、巨商、军政要人等，甚至还有几位总统，人数多达几千万，影响了20世纪的几代人，而且还将继续影响着世界各国人民。

卡耐基并没有发现宇宙的所有深奥的秘密，但他源于常理的教育理念和教育实践，却惠及千百万人。这些哲理在帮助人们学习如何处世上，在帮助人们获得自尊、自重、勇敢和自信上，在帮助人们克服人性的弱点、发挥人性的优点、开发人类的潜能，从而获得事业成功和人生快乐上，卡耐基应该比同时代的其他所有哲人做得都多。

卡耐基一生中写了不少文章，登载于报纸和杂志上。他还开办了自己的无线电广播节目，在节目中，他讲述了很多著名人物鲜为人知的一面。更为重要的是，他还创作了《人性的弱点》、《人性的优点》等7部书，它们不仅是卡耐基成人教育机构的教科书，也是趣味无穷、使人受益匪浅的最优秀读物。如今，世界各国几乎都有这些作品的译本。

1937年出版的《人性的弱点》一夜轰动，如今在世界各地至少已译成58种文字，全球总销售量已达9000余万册，拥有4亿读者，除《圣经》之外，无出其右者，稳居成功励志类图书榜首。此书之所以畅销不衰，就在于卡耐基先生对人性的深刻认识，以及他为根除人性的弱点所开出的有效处方。正如卡耐基所言："一个人的成功，只有15％归结于他的专业知识，而85％归于他表达思想、领导他人及唤起他人热情的能力。"只要你不断反复研读此书和付诸行动，它必将助你获得成功所必备的那85％的能力。《人性的弱点》是卡耐基思想的精华，不论你是什么职业、性别、年龄，这部书在生活中一定会给你启迪，使你勇敢地克服自己的弱点，成为人际交往的高手。

作为《人性的弱点》的姊妹篇，《人性的优点》问世于1948年，是一本关于人类如何征服忧虑的书，是卡耐基成人教育培训机构的主要教材之一。它是卡耐基一生中最重要、最生动的人生经验的汇集，也是一本记录成千上万人如何摆脱心理问题而走向成功的实例汇集。《人性的优点》一经出版，便在全球畅销不衰，改变了千百万人的生活和命运，被誉为"克服忧虑获得成功的必读书"、"世界励志圣经"。这本充满智慧和力量的书能让你了解自己，相信自己，充分开发蕴藏在身心里而尚未利用的财富，发挥人性的优点，去开拓成功幸福的新生活之路。

　　本书是卡耐基《人性的弱点》和《人性的优点》两部著作的合集，是一部世界上最畅销的人生指南。自从卡耐基的著作问世以来，就改变了千千万万人的命运，发明之王爱迪生、相对论鼻祖爱因斯坦、印度圣雄甘地、建筑业奇迹的创造者里维父子、旅馆业巨子希尔顿、麦当劳的创始人雷·克洛克，等等，都深受卡耐基思想和观点的影响。卡耐基的思想具有极强的实用性和指导性，以及对社会各类人群和各个时代的适应性，随着时间的流逝，卡耐基的思想和见解并没有被时代所抛弃；相反，在今天这个竞争激烈的社会，他的思想和洞见更加深刻和实用，对人们更具有指导意义。阅读本书，将改变你的命运，让你拥有美好、快乐、成功的人生。

目 录

人性的弱点

第一章　把握人际交往的关键 …………………………………… (3)
　了解鱼的需求 ……………………………………………………… (3)
　我要喜欢你 ………………………………………………………… (7)
　管住自己的舌头 …………………………………………………… (10)
　如要采蜜，不可弄翻蜂巢 ………………………………………… (11)
　抓住每一个机会 …………………………………………………… (14)
　扩大交际范围 ……………………………………………………… (16)
　让对方有备受重视的感觉 ………………………………………… (17)

第二章　把别人吸引到身边来 …………………………………… (22)
　仪表是你的门面 …………………………………………………… (22)
　练就一流口才 ……………………………………………………… (25)
　甜美而有韵律的声音 ……………………………………………… (27)
　练就关照他人而不造作的功夫 …………………………………… (28)
　真心诚意地对别人感兴趣 ………………………………………… (29)
　制造戏剧化效果 …………………………………………………… (32)

第三章　不露痕迹，改变他人 …………………………………… (34)
　用赞誉作开场白 …………………………………………………… (34)
　说人之前先说自己 ………………………………………………… (36)
　不要把意见硬塞给别人 …………………………………………… (38)
　"旁敲侧击"更使人信服 …………………………………………… (40)
　"高帽子"的妙用 …………………………………………………… (42)
　批评勿忘多鼓励 …………………………………………………… (44)

第四章　如何使交谈变得更愉快 ………………………………… (46)
　十之八九，你赢不了争论 ………………………………………… (46)
　假如我是他 ………………………………………………………… (48)
　牵着他人的舌头走 ………………………………………………… (50)

・1・

争取让对方说"是"…………………………………………(52)
　　鼓励对方多说………………………………………………(54)
　　无声胜有声…………………………………………………(57)
　　四分之三的人渴望得到同情………………………………(58)
　　从双方都同意的事说起……………………………………(62)
　　使用建议的方式……………………………………………(66)

第五章　做好一生的规划……………………………………(68)
　　目标是人生的灯塔…………………………………………(68)
　　确立人生的起跑点…………………………………………(69)
　　描绘生命的蓝图……………………………………………(71)
　　拥有自己的计划……………………………………………(72)
　　对自己进行"盘点"…………………………………………(74)
　　不断调整人生目标…………………………………………(76)

第六章　与金钱和睦相处……………………………………(78)
　　聪明地运用金钱才能使人感到快乐………………………(78)
　　提升财商……………………………………………………(81)
　　节俭意味着明智……………………………………………(83)
　　节俭的别名不叫吝啬………………………………………(84)
　　减少消费，你也做得到……………………………………(87)
　　避开负债陷阱………………………………………………(89)
　　为你的明天而储蓄…………………………………………(90)

第七章　学会"享受"工作……………………………………(95)
　　工作是生活的第一要义……………………………………(95)
　　树立正确的工作态度………………………………………(99)
　　伟大的事业因工作的热忱而获得成功……………………(102)
　　别让激情之火熄灭…………………………………………(105)
　　工作给予你的报酬要比薪水更宝贵………………………(107)
　　别把工作当苦役……………………………………………(110)
　　从工作中获得快乐…………………………………………(111)
　　65岁不退休…………………………………………………(115)

第八章　写给将为或已为人妻的女子………………………(118)
　　前面总是有目标……………………………………………(118)
　　你我来自不同的星球………………………………………(119)
　　做丈夫最忠实的听众………………………………………(121)
　　成为丈夫身旁的"信徒"……………………………………(125)
　　不要干预他的工作…………………………………………(127)

你可以使他了不起 ………………………………………… (129)
我的生命掌握在你的手里 …………………………… (131)
携手应对生活的挑战 ………………………………… (134)

第九章 营造幸福家庭 (137)
对婚姻的忠告 ………………………………………… (137)
解读问题婚姻 ………………………………………… (138)
甜言蜜语永不嫌多 …………………………………… (139)
将批评赶出家门 ……………………………………… (140)
停止致命的唠叨 ……………………………………… (143)
让爱成熟 ……………………………………………… (145)
经营你的"性"福人生 ……………………………… (149)
夫妻间也要殷勤有礼 ………………………………… (150)
爸爸们，请回家 ……………………………………… (152)

第十章 踏上轻松快乐之旅 (156)
顺应生命的节奏 ……………………………………… (156)
放掉包袱 ……………………………………………… (158)
让心平静 ……………………………………………… (161)
拿自己开开玩笑 ……………………………………… (162)
拿开捂住眼睛的双手 ………………………………… (165)
因为你快乐，所以我快乐 …………………………… (167)
学会从损失中获利 …………………………………… (168)
不要期望他人的感恩 ………………………………… (171)
报复只会伤害自己 …………………………………… (174)
走出孤独的人生 ……………………………………… (177)

第十一章 成就完美与和谐 (181)
最高形式的美 ………………………………………… (181)
学会调适自己 ………………………………………… (182)
善于比较 ……………………………………………… (183)
将逆境变成一种祝福 ………………………………… (185)
不要重复老路 ………………………………………… (186)
走向平静的未来 ……………………………………… (187)
播种美丽，收获幸福 ………………………………… (188)
和谐的生命乐章 ……………………………………… (189)

第十二章 逐步迈向成功 (191)
跌倒不算失败 ………………………………………… (191)
从做愚人开始 ………………………………………… (192)

不行动,只会让事情更糟 …………………………………………… (194)
英雄总是谦卑的 ……………………………………………………… (196)
对不公正的批评——报之一笑 …………………………………… (198)
走出失败者的阴影 …………………………………………………… (200)
成功并非总是用"赢"来代表 ……………………………………… (202)
剪掉多余的 …………………………………………………………… (203)
磨刀不误砍柴工 ……………………………………………………… (204)
成熟只寓于追求的过程中 …………………………………………… (205)

人性的优点

第一章 忧虑,幸福人生的破坏者 …………………………………… (209)
忧虑是健康的大敌 …………………………………………………… (209)
精神失常的原因 ……………………………………………………… (211)
忧虑是容貌最大的克星 ……………………………………………… (214)
你的生活与忧虑无关 ………………………………………………… (216)

第二章 擦拭心灵,来一场忧虑的革命 …………………………… (219)
科学对待:平均率帮你战胜忧虑 …………………………………… (219)
平衡心理:平静让忧虑止步 ………………………………………… (222)
正视现实:不要试图改变不可避免的事 …………………………… (226)
忠于自我:这才是快乐的人生 ……………………………………… (231)
活在今天:今天比昨天和明天更宝贵 ……………………………… (234)
杞人无忧:别让小事妨碍了你的大事 ……………………………… (240)
乐于感恩:感恩的人很少为事情犯愁 ……………………………… (244)

第三章 停止忧虑,盛装出发 ………………………………………… (248)
让自己忙起来 ………………………………………………………… (248)
让烦恼迅速"过期" ………………………………………………… (252)
准备迎接最坏的情况 ………………………………………………… (255)
说出你的忧虑 ………………………………………………………… (259)
每一天都是新的生命 ………………………………………………… (263)
关心别人等于关心自己 ……………………………………………… (264)
把烦恼交给时间解决 ………………………………………………… (268)

第四章 做自己情绪的主人 …………………………………………… (270)
愤怒意味着无知 ……………………………………………………… (270)
学会控制你的愤怒 …………………………………………………… (273)
别让悲伤挡住了你的阳光 …………………………………………… (275)
学会喜欢自己 ………………………………………………………… (277)

用行为控制情感 …………………………………………… (280)
在失败时为自己打气 ……………………………………… (282)
保持积极的心态 …………………………………………… (286)
焕发热忱的能量 …………………………………………… (288)
运动可以驱除忧闷 ………………………………………… (291)

第五章 有了梦想，你才伟大 ……………………………… (293)
人生因为梦想而伟大 ……………………………………… (293)
人生的精彩来自于目标的精彩 …………………………… (297)
每次只走一英里 …………………………………………… (301)
专心致志，直到成功 ……………………………………… (304)
带上你的职业地图 ………………………………………… (310)

第六章 合理规划生活，跳出盲目的陷阱 ………………… (314)
生命中的重要决定 ………………………………………… (314)
不要为工作和金钱烦恼 …………………………………… (319)
男佐女佑：如何处理家庭职业冲突 ……………………… (325)
不要入不敷出 ……………………………………………… (329)
克制自己，驾驭金钱 ……………………………………… (333)

第七章 笑对讥评，从别人的镜子中打量自己 …………… (336)
这是我的错 ………………………………………………… (336)
争论之中没有赢家 ………………………………………… (340)
没有人会踢一只死狗 ……………………………………… (343)
给对方一个台阶下 ………………………………………… (344)
用幽默化解危机 …………………………………………… (347)

第八章 逆风飞扬，舞出生命的精彩 ……………………… (350)
有悲伤的地方才会有圣地 ………………………………… (350)
学会赢在失败 ……………………………………………… (352)
化劣势为优势 ……………………………………………… (355)
不要认为自己一无所有 …………………………………… (358)
当太阳升起时再度充满精神 ……………………………… (360)

第九章 迈向活力的巅峰 …………………………………… (363)
你为什么会疲劳 …………………………………………… (363)
每日多清醒一小时 ………………………………………… (366)
一张抗疲劳的良方 ………………………………………… (368)
4个好的工作习惯 ………………………………………… (371)
远离亚健康 ………………………………………………… (374)
掌握生活平衡 ……………………………………………… (376)

再见，郁闷 …… (378)
自然轻松入眠 …… (380)

第十章 用智慧"撬起"工作的重量 …… (384)
工作＋思考＝智慧 …… (384)
目标明确，态度坚决 …… (386)
运用简单的威力 …… (388)
将自信注入工作 …… (390)
挣取你的"脑力薪" …… (392)
正确地做事与做正确的事 …… (393)
做好时间管理 …… (395)
回家，把工作关在门外 …… (397)

第十一章 拥有美好的家庭生活 …… (400)
婚姻是幸福的温床 …… (400)
认识爱情，结识幸福 …… (404)
每天增进爱情的深度 …… (406)
真正的幸福源自细节 …… (408)
真诚地欣赏对方 …… (410)
爱的语言不需要唠叨 …… (412)
不要试图改造对方 …… (414)
不要批评对方 …… (415)
做个家庭宝贝：让丈夫快乐回家 …… (416)

第十二章 完美交际的6项法则 …… (420)
结识良友 …… (420)
微笑沟通 …… (423)
常用赞美 …… (427)
勿忘倾听 …… (430)
掌握话题 …… (435)
牢记名字 …… (436)

人性的弱点

　　《人性的弱点》汇集了卡耐基的思想精华和最激动人心的内容，是作者最成功的励志经典，也是人类出版史上继《圣经》之后的第二大畅销书。本书从人性本质的角度，挖掘出潜藏在人们体内的弱点，使人们能够充分认识自己，并不断改造自己，从而能有所长进，直至取得最后的成功。书中从各个方面总结了为人处世、待人接物以及家庭生活的原则和方法，内容涉及同事、朋友、领导、客户和家庭成员之间的关系，告诉你在人际交往中应该注意的各种事项，以及怎样与配偶、家人处理好关系，维持家庭的和睦。

掌握人性的弱点，改变自己的命运。

第一章 把握人际交往的关键

了解鱼的需求

⊙成功的人际关系在于你能捕捉对方观点的能力；还有，看一件事须兼顾你和对方的不同角度。

⊙天底下只有一种方法可以影响他人，那就是提出他们的需要，并让他们知道怎样去获得。

⊙能设身处地为他人着想，了解别人心里想些什么的人，永远不用担心未来。

每年夏天，我都会去梅恩钓鱼。我喜欢吃杨梅和奶油，然而基于某些特殊原因，我发现水里的鱼爱吃水虫。

所以在钓鱼的时候，我就不作其他想法，而专心一致地想着鱼儿们所需要的。

我也可以用杨梅或奶油作钓饵，和一条小虫或一只蚱蜢同时放入水里，然后征询鱼儿的意见——"嘿，你要吃哪一种呢？"

为什么我们不用同样的方法来"钓"一个人呢？

有人问到路易特·乔琪，何以那些战时的领袖们，退休后都不问政事，为什么他还身居要职呢？

他告诉人们说："如果说我手掌大权有要诀的话，那得归功于我明白一个道理，当我钓鱼的时候，必须放对鱼饵。"

世上惟一能够影响别人的方法，就是谈论人们所要的，同时告诉他，该如何才能获得。

明天你希望别人为你做些什么，你就得把这件事记住，我们可以这样比喻：如果你不让你的孩子吸烟，你无须训斥他，只要告诉孩子，吸烟不能参加棒球队，或者不能在百码竞赛中夺标。不管你要应付小孩，或是一头小牛、一只猿猴，这都是值得你注意的一件事。

有一次，爱默生和他儿子想使一头小牛进入牛棚，他们就犯了一般人常有的错误，只想到自己所需要的，却没有顾虑到那头小牛的立场……爱默生推，他儿子拉。而那头小牛也跟他们一样，只坚持自己的想法，于是就挺起它的腿，强硬地拒绝离开那块草地。

这时，旁边的爱尔兰女佣人看到了这种情形，她虽然不会写文章，可是她颇知道牛马牲畜的感受和习性，她马上想到这头小牛所要的是什么。

女佣人把她的拇指放进小牛的嘴里，让小牛吸吮着她的拇指，然后再温和地引它进入牛棚。

从我们来到这个世界上的第一天开始，我们的每一个举动，每一个出发点，都是为了自己，都是为我们的需要而做。

哈雷·欧佛斯托教授，在他一部颇具影响力的书中谈到："行动是由人类的基本欲望中产生的……对于想要说服别人的人，最好的建议是无论是在商业上、家庭里、学校中、政治上，在别人心念中，激起某种迫切的需要，如果能把这点做成功，那么整个世界都是属于他的，再也不会碰钉子，走上穷途末路了。"

明天当你要向某人劝说，让他去做某件事时，未开口前你不妨先自问："我怎样使他要做这件事？"

这样可以阻止我们，不要在匆忙之下去面对别人，最后导致多说无益，徒劳而无功。

在纽约银行工作的芭芭拉·安德森，为了儿子身体的缘故，想要迁居到亚利桑那州的凤凰城去。于是，她写信给凤凰城的12家银行。她的信是这么写的：

敬启者：

我在银行界的10多年经验，也许会使你们快速增长中的银行对我感兴趣。

本人曾在纽约的"金融业者信托公司"，处理过许多不同的业务工作，现在则是一家分行的经理。我对银行的许多工作，诸如：与存款客户的关系、借贷问题或行政管理等，皆能胜任。

今年5月，我将迁居至凤凰城，故极愿意能为你们的银行贡献一技之长。我将在4月3日的那个礼拜到凤凰城去，如能有机会做进一步深谈，看能否对你们银行的目标有所帮助，则不胜感谢。

芭芭拉·安德森谨上

你认为安德森太太会得到任何回音吗？11家银行表示愿意面谈。所以，她还可以从中选择待遇较好的一家呢！为什么会这样呢？安德森太太并没有陈述自己需要什么，只是说明她可以对银行有什么帮助。她把焦点集中在银行的需要，而非自己。

但是仍然有许多销售人员，终其一生不知由顾客的角度去看事情。曾有过这样一个故事：几年前，我住在纽约一处名叫"森林山庄"的小社区内。一天，我匆匆忙忙跑到车站，碰巧遇见一位房地产经纪人。他经营附近一带的房地产生意已有多年，对"森林山庄"也很熟悉。我问他知不知道我那栋灰泥墙的房子是钢筋还是空心砖，他答说不知道，然后给了张名片要我打电话给他。第二天，我接到这位房地产经纪人的来信。他在信中回答我的问题了吗？这问题只要一分钟便可以在电话里解决，可是他却没有。他仍然在信中要我打电话给他，并且说明他愿意帮我处理房屋保险事项。

他并不想帮我的忙，他心里想的是帮他自己的忙。

亚拉巴马州伯明翰市的霍华德·卢卡斯告诉我，有两位同在一家公司工作的推销员，如何处理同样一件事务：

"好几年前，我和几个朋友共同经营了一家小公司。就在我们公司附近，有家大保险公司的服务处。这家保险公司的经纪人都分配好辖区，负责我们这一区的有两个人，姑且称他们做卡尔和约翰吧！

"有天早上，卡尔路经我的公司，提到他们一项专为公司主管人员新设立的人寿保险。他想我或许会感兴趣，所以先告诉我一声，等他收集更多资料后再过来详细说明。

"同一天，在休息时间用完咖啡后，约翰看见我们走在人行道上，便叫道：'嗨，卢克，有件大消息要告诉你们。'他跑过来，很兴奋地谈到公司新创了一项专为主管人员设立的人寿保险（正是卡尔提到的那种），他给了一些重要资料，并且说：'这项保险是最新的，我要请总公司明天派人来详细说明。请你们先在申请单上签名我送上去，好让他们赶紧办理。'他的热心引起我们的兴趣，虽然都对这个新办法的详细情形还不甚明了，却都不觉上了钩，而且因为木已成舟，更相信约翰必定对这项保险有最基本的了解。约翰不仅把保险卖给我们，卖的项目还多了两倍。

"这生意本是卡尔的，但他表现得还不足以引起我们的关注，以致被约翰捷足先登了。"

这是个充满掠夺、自私自利的世界，所以，少数表现得不自私、愿意帮助别人的人，便能得到极大益处，因为很少人会在这方面跟他竞争。欧文·杨是个著名律师，也是美国有名的商业领袖。他说过："能设身处地为他人着想，了解别人心里想些什么的人，永远不用担心未来。"

许多推销人员，每天踏破铁鞋，疲累沮丧，所获却并不多。为什么呢？因为他们心里想的都是自己的需要。他们不知道你我并不想买什么东西，如果想的话，也一定会自己出门。顾客总喜欢主动采买——而非被动购买。

"注意别人的观点，引起别人的渴望"，这并不能解释为"操纵别人，使他去做对你有益，而对他却有害"的事。而应该是说"双方都能因为此事而获利"。在安德森太太发给凤凰城12家银行的信里，在约翰向卢卡斯推销人寿保险的交易行为当中，双方都因处理事务的方式得当而彼此获利。

我曾为一些大学毕业生开讲《有效谈话》的课程。这些毕业生刚进入"开利公司"工作，其中一名学生想利用休息时间打打篮球，于是他便这样去说服其他人："我要你们出来打篮球。我喜欢打篮球。但是，前几回我到体育馆的时候，人数总是不够。我们当中的两三人，一直把球传来传去——我还被球打得鼻青眼肿。

希望你们明天晚上都过来打，我喜欢打篮球。"

这名学生谈到别人的需要了吗？我想，假如别人都不愿去体育馆的话，你也不一定会去的。你不会在意那名学生想要什么，你也不想被打得鼻青眼肿。

这名学生有没有办法让你们觉得，假如你们到体育馆去，可以得到许多东西，像更有活力、会更有胃口、脑筋更清醒、得到许多乐趣等等。

我们再重复一遍欧佛斯托教授充满智慧的忠言："要首先引起别人的渴望，凡能这么做的人，世人必与他在一起。这种人永不寂寞。"

训练班有名学生，一直为自己的小儿子操心不已。他的小男孩体重过轻，而且不肯好好吃东西。这对父母用的是大家最常用的方法——责备和唠叨。"妈妈要你吃这个和那个。""爸爸要你以后长得高大强壮。"这个小男孩听得进多少这类的要求？这就好像把一撮沙子丢到海滨沙地一样，毫无作用。

只要你对动物还有一点认识，你就不会要求一名3岁小孩，对他30多岁父亲的看法会有什么反应，更不要说完全依照父亲所期待的去做，那是荒谬无理的。这名学员后来也发现错误，便告诉自己："我的儿子想要什么？我如何能把自己的需要和他的需要联结起来？"只要这位父亲一开始想，问题就变得容易多了。小男孩有一部三轮车，他最喜欢在自家门口附近骑着车到处跑。但是街的另一头住了一个喜欢欺负弱小的大男孩，常常把小男孩从车上拉下来，然后把车子骑走。自然，小男孩会哭叫着跑回家去，然后妈妈便会跑出来，先把大男孩从三轮车上赶开，再让小男孩骑着车子回家。这事几乎每天发生。所以小男孩想要什么，这并不需要侦探福尔摩斯来回答。小男孩的自尊、愤怒和渴望具有重要性——所有他性格中最强烈的情绪——都促使他要采取报复行动，最好能一拳把那大男孩的鼻子打扁。这时，这位父亲就趁机向小男孩解释，假如他能把妈妈所给的食物吃下去，终有一天能足够强壮得把大男孩痛揍一顿。此法果然奏效，小男孩从此不再有饮食方面的问题。他肯吃菠菜、泡菜、腌鲭鱼——凡是可以让他快快长大的食物都吃。因为他实在太渴望早日把那个大男孩狠揍一顿，好一解长久以来所受的怨气。

解决了这个问题之后，这对父母又得处理另一个问题：原来小男孩一直有尿床的坏习惯。小男孩与祖母同睡，每天早上，祖母醒过来发现被单是湿的，便会说："强尼，看，你昨晚又尿床了！"小男孩就会回答："不是我，是你自己尿床。"责备、处罚、取笑或一再警告，所有能用的方法都用遍了，就是无法让他改掉这个坏习惯。那么，如何才能让孩子自己想要不尿床？

小男孩调皮地回答，他想要一套像爸爸一样的睡衣，而不是现在所穿的睡袍，那看起来像祖母穿的。老祖母早已受够小男孩尿床的坏习惯，所以很乐意买一套那样的睡衣送给他。他还想要一张自己的床，祖母也不反对。

小男孩的母亲带他到家具店去。她先对店里的女店员眨眼示意，然后说道："这位小男士想要买些东西。"

"年轻人，我可以帮什么忙吗？你想要什么东西？"

这话使小男孩深觉自己的重要。他尽量站得使自己看起来高些，然后回答："我要给自己买张床。"

女店员便带小男孩看了好几张床。等男孩的母亲示意哪一张比较合适，女店员便说服小男孩把它买下来。

第二天，床送来了。当天晚上，父亲回家的时候，小男孩就赶紧拉着爸爸到楼上看他的床。

父亲看了那张新床，然后真诚而慷慨地发出赞美之言："你不会把这张床尿湿吧，会吗？"

"哦，不会的，不会的，我不会再把床尿湿了。"小男孩果然遵守诺言，因为这里面有他的尊严，而且，这是他自己买的床。他现在穿着和父亲一样的睡衣，完全像个小大人了，所以他也要举止行为像个小大人一样。

另一个电话工程师，他无法叫3岁大的女儿吃早餐，无论怎么责备、哄骗或要求，都无济于事。这个小女孩喜欢模仿母亲，喜欢觉得自己已长大成人。所以，有天早上，这对父母就把小女孩放在椅子上，让她自己准备早餐。果然小女孩弄得十分起劲，一看见父亲进到厨房便叫道："爸爸，看，今天早上我自己调麦片！"她吃了两份麦片，完全不用哄骗，因为这不但使她兴趣盎然，更使她觉得"深具重要性"。她完全在调制麦片的过程当中，找到了自我表现的途径。

自我表现是人类天性中最主要的需求。我们也可以把这项心理需求适用在商业交易上。当我们想出一个好主意的时候，别让其他人以为那是我们的专利。不妨让他们自己去调制那些观念，他们会认为那是自己的主意，也会因特别喜爱而多摄取了不少的分量。

我们应记住：要首先引起别人的渴望。凡能这么做的人，世人必与他在一起。这种人永不寂寞。

我要喜欢你

⊙外交的秘诀仅在5个字：我要喜欢你。

⊙只是我们把次序弄错了——我们是希望别人先来喜欢我们，却不曾想到如何才能让人喜欢。

当然，为了要得到友谊和情爱，我们必须先认清"施比受更有福"，然后把这种认知用实际行为表现出来。我们不能只是把金矿藏在内心，黄金必须使用才能显示其价值，像《圣经》所说的："由所结的果子，便可认出它们来。"

我常听到许多人埋怨："我性情过于羞怯，很难引起别人注意"，"没有人会对我感兴趣"，或是"别人并不想认识我"等。

不错，别人为什么要喜欢你呢？这世界并没有义务非要喜欢你或我，或任何一个人。有什么特别理由别人会特别选中你（无论是工作或社交的理由）？除非我们具有他们所要的特质，否则，他们没有必要特别注意到你。

玛丽安·安德逊曾经很生动地描述她早期的生活——她那时事业失败，整个人很不得志，几乎就要放弃歌唱生涯。后来，凭借祷告和心灵的追求，她才逐渐恢复勇气和信心，准备继续为自己的事业奋斗下去。有一天她兴致勃勃地向母亲说道："我要再唱下去！我要每个人都喜欢我！我要继续追求完美！"

母亲回答道："很好啊！这是很好的志向——但是，要知道，我们的主耶稣以完美的形象到这世界上来，却还是有人不喜欢他。人在成就伟大的事业之前，必须先学会谦卑。"玛丽安听了深受感动，因此决心在音乐造诣上"力求"完美，而不是"想要"完美。"谦卑先于伟大"，这是母亲给她的最好赠言。

名作家荷马·克洛维是我的好朋友，十分懂得交友之道。凡是碰到他的人，无论是清道夫、百万富翁、妇孺老幼都会在与他相处15分钟之内对他产生好感。为什么呢？他既不年轻，又不英俊，更不是百万富翁，他有什么魅力可以吸引人呢？很简单，因为他一点也不矫揉造作，并且能让别人感觉到他真的喜欢、关心他们。

小孩会爬到他的膝上，朋友家的仆人会特别用心为他准备餐点，而且，假如有人宣布："今晚荷马·克洛维会到这里来！"则当天的宴会一定没有人缺席。除朋友间深厚的感情之外，荷马·克洛维的家人也都十分敬爱他。他的妻子、女儿，还有好几个孙儿女，全都对他称赞不已。

究竟这位作家是如何赢得这种幸福的？说来也很简单——就是待人诚恳、热爱他人而已。对他来说，对方是什么人，或做什么事，他都不会在意。只要是身为一个人，对他便意义重大，值得付出关爱。每次他遇见陌生人，很快就能像老朋友一样交谈起来——并不是专谈自己的事，而是尽量谈对方的事。他借由问问题，可以知道对方是从哪里来、做什么事、有没有什么家人等等。他也不会唠叨个不停，只是向对方表示自己的兴趣和关心，借以建立起友谊。

这种方法，连最爱嘲笑人生的人，都会像阳光下的花朵一样吐露芬芳。正像约瑟夫·格鲁大使所说的："外交的秘诀仅在5个字：我要喜欢你。"

得到友谊的最佳方法，是必须注重施予，而不是获得——但应该是亲自赢取得来的，而不是靠一时的吸引或哄骗。所谓赢取友谊的能力，并不是指勾肩搭背、与人攀谈、动作滑稽或讲些逗趣的笑话等。那应该指的是一种心境、一种处世的态度或是一种愿意把自己的爱、兴趣、注意力及服务精神献给他人的愿望。

一个有经验的推销员懂得对自己能否成功推销产品的担心会给心理造成障碍，这样会影响他适当地介绍他的产品。通用制造公司的董事长哈瑞·布利斯在大学期间靠推销缝纫机为生，他总结说："要想在推销员这个岗位上取得成功，就要忽略自己渴望销售出去的数量，而应该集中心思向客户介绍自己能提供什么样的服务。"

如果一个人将精力用在为他人服好务上，就会变得充满难以抗拒的力量。你怎么会拒绝一个企图帮你解决问题的人呢？

"我对推销员们说，"布利斯先生说，"如果他们一天到晚想的都是'我今天要尽力多帮助一些人'而不是'我今天要尽力多卖出一些产品'的话，就会发现接近买主不是那么困难了，然后销售业绩会出奇地好。能够帮助同胞获取快乐、轻松生活的人，是最高级的推销员。"

打高尔夫球时，会有人叮嘱我们不要让眼睛离开球；向成年人传授说话技巧时，我们告诫他们要集中心思在想要传达的信息上。紧张、害怕都是担心结果的表现，这是不可取的。

我自己就是从吃过的苦头中学到这一点的。我曾经是一个害羞的人，天生不善于公开讲话，要我面对一群听众就好比要一个普通人面对国会调查委员会一样费力。

好几年前，我准备发表演讲，当时的听众据说相当难缠。我事前与一位好朋友共餐，免不了流露出紧张的情绪。"假如听众不同意我讲的话，要怎么办？"我神经兮兮地问那位朋友，"假如他们不喜欢我，该怎么办？"

"不错，"朋友回答道，"他们为什么要喜欢你呢？你能给他们干什么？你认为自己要讲的话很重要吗？"我承认那些东西对我来说，的确意义十分重大。

"很好，"她继续说道，"我倒不觉得听众喜不喜欢你有什么重要。重要的是你有没有把想讲的信息传达出去。至于他们喜欢或讨厌你，又有什么关系呢？至少，你已完成了任务。"

朋友的这番话，改变了我对演讲的整个看法。现在，每当我准备发表演讲的时候，都会在事前先静心祷告："神啊，求你帮助我传达出对这些听众有益的信息来，让他们有所收获，满心欢喜地回家。"这样的祷告对我十分有用，而我也的确希望能对听众有帮助。这样的祷告使我谦卑地体会到自己只不过是个传达某些信息的演讲员，而不是要显露自己的学问或风采。我的目的是要带给听众一些鼓舞性的思想，以期对他们的生活有帮助。

好莱坞的J.艾伦·布恩是著名的喜剧片《狗明星"强心"》的主演，他在观察"强心"表演的过程中学到了不少东西，因而他为此写了一本名叫《给"强心"的信》的畅销书。据布恩先生介绍，这是一只很了不起的狗，总是欣然地执行他的命令，在电影中表演为剧情所需的各种动作。难得的是它这么做，从来不是为了得到报酬，而是出于爱和享受把事情做好而带来的快乐。有好几次，"强心"都曾纯粹是为了自身的乐趣而表演。这也许正是它能成为电影明星的原因。

布恩先生还曾谈到有一次他面对一个跳舞的年轻女孩。她第一次试跳的时候，紧张得像要出嫁的新娘，怕自己会失败！于是他安慰她说："不要在乎结果，只当是纯粹为了享受跳舞的乐趣而跳，为了上帝而跳吧。"

很快地，她的心态来了个彻底的转变。

同理，获得友谊的全部秘诀也在于不要担心结果，不要在意别人是否会喜欢我们，现在就着手去做所有能激发爱和友情的事。在这方面，威廉·奥斯勒爵士的话很值得我们思索，他说："我们应该做的不是张望缥缈的未来，而是脚踏实地做好眼前的事。"

现实的情形是：

当我们还是处在做梦年龄的时候，常常梦想有朝一日要写出最伟大的小说来。想象别人是如何欣赏那本书，如何听到掌声，如何得到那永远的荣耀。

想象自己要穿什么样的衣服，所到之处，别人是如何赞美、追求、不断引用自己讲过的话。我们想了许许多多，就是从来不曾想过可能会遭到的困难，或是那些沉闷辛苦的工作，那些在创作过程中所要流出的泪和汗。我们想的都是有关荣耀的报偿，而不是如何努力去赢得这份荣耀。

像这种幼年时期的稚气行为，可说是典型的"一颗寂寞的心灵想要得到友谊"，或是"想要与他人建立良好关系"的心理表现。只是，我们把次序弄错了——我们是希望别人先来喜欢我们，却不曾想到要如何才能让人喜欢。

管住自己的舌头

⊙你如果没有好话可说，那就什么也别说。

⊙要记住，不愉快的时刻迟早会过去，如果我们的舌头没有闯祸，就不会留下需要医治的创伤。

大卫的父母离婚后，协议规定他和母亲一起生活。由于手头拮据，母子二人只好搬到另一个城市去。大卫于是也要到一所新的学校去上课，结交新的朋友。这种种变化叫他伤透了心。他开始对那些父母没有离婚的孩子感到反感，而且经常因为很小的缘故或无缘无故跟人打架。在这种痛苦的生活中，他养成了对人过分苛求的习惯。他几乎对谁都没有一句好话。

一天，有个对大卫的情况十分了解的同学走到他身边。"我父母也离婚啦。"他轻声地说，"我知道你心里难受。不过，你得抛弃你的怒气和痛苦。你跟别人过不去，这只能伤害你自己。要是你没法说点儿什么好话，那你最好什么也别说。"

由于痛苦，大卫最初的确很难接受这位同学的建议，但情况似乎变得越来越糟，于是他就对自己的谈吐变得比较谨慎了。他经常把马上就要冲口而出的话咽回去，若是在以前，他的这些伤害人、挖苦人的话简直是没遮没拦。他开始意识到他从前对身边同学的关心是多么不够。随着理解的扩大，他开始明白，像他一样遭受家庭变故的不只他一个人，许多其他孩子也经历过令人难堪的家庭解体。大卫开始想办法去鼓励他们，帮助他们处理好自己的痛苦与茫然。到学期结束时，大卫的态度产生了一百八十度的根本转变，并获得了那些当初由于他管不住自己的脾气而与他疏远了的同学的好感。

我们无论是谁，在家里、学校里或工作中，都可能经历过精神上受到压抑的情形。当事情进展不顺利时，我们就往往忍不住责怪别人，我们或许认为，找别人的错，能使我们对自己所处的状况觉得好受点儿。但也可能是这样想的：我不好过，你也别想好过。

在我们每个人都曾经历过的"沮丧"时刻里，如果我们不能对别人说有益的好话，那我们最好还是什么也别说。破坏性的语言，往往会产生破坏性的结果。除了会给周围的人造成不必要的痛苦之外，从我们口中说出的那些消极性的话语往往只会使问题变得复杂起来。

在生活中遇到了难于应付的挑战，我们就可能认为，说些粗野和伤人的话是有道理的。上文提到的那个父母离了婚的孩子，受着许许多多他无法理解、无法解决的感情和情绪的折磨。但他终于还是发现，贬低和伤害他人并不是解决问题的办法。通过客气和富于理解的言词，或干脆怀着同情听别人说话，他终于学会了帮助他人；反过来，他又受到了周围人们的帮助，而他终于在自己身上找回了生活的勇气。

当我们遇到灾难或烦心的事儿，倘若我们还记着应与面前的事物保持一定距离，直至能够看清与之相联系的背景为止；倘若我们学会了"管住自己的舌头"，那么，我们也许就能避免说出许多具有破坏性的话。在生活的各个方面，倘若人们背着沉重的思想包袱，这对他们自己和其他人，都会产生致命的影响，因为这些思想问题所强调的是否定的而不是积极的方面。因此，重要的是我们要懂得，创造性的思想产生于不断寻找答案的过程之中。

有句久经时间考验的名言："你如果没有好话可说，那就什么也别说。"这实在是你在一天之中该说些什么话的座右铭。倘若你出于某种原因而感到沮丧，如有必要，可以找朋友或师长谈谈。每个人都有不顺心的时候，当你感到情绪有些不对头时，千万别发作，以免伤害别人，因为别人也同样需要听到些表示理解和支持的话。对自己要说出的话，要时刻保持警惕。要记住，不愉快的时刻迟早会过去，如果我们的舌头没有闯祸，就不会留下需要医治的创伤。

如要采蜜，不可弄翻蜂巢

⊙人就是这样，做错事的时候只会怨天尤人，就是不去责怪自己。
⊙善解人意和宽恕他人，需要有修养自制的功夫。

美国鼎鼎有名的黑社会头子，后来在芝加哥被处决的阿尔·卡庞说："我把一生当中最好的岁月用来为别人带来快乐，让大家有个好时光。可是我得到的却只是辱骂，这就是我变成亡命之徒的原因。"卡庞不曾自责过，事实上他自认为造福人民——只是社会误解他，不接受他而已。达奇·舒兹的情形也是一样，他是恶名昭彰的"纽约之鼠"，后来因江湖恩怨被歹徒杀死。他生前接受报社记者访问时，也自认为造福群众。

我曾和在纽约新监狱担任过好几年典狱长的路易·罗斯就关于罪犯不曾自责的问题通过几次信，他表示：牢里的犯人很少自认为是坏蛋。他们和你一样，都是人，都会为自己辩解。他们告诉你，为什么要打破保险箱，为什么要开枪杀人。大多数人都能为自己的动机提出理由，不管有理无理，总要为自己破坏社会的行为辩解一番。因此，他们的结论是：他们根本不应该被关进牢里。

假如阿尔·卡庞这帮歹徒，以及许多关在监狱里的亡命男女，他们从不为自己的行为自责过，我们又如何强求日常所见的一般人？

心理学家史金诺经通过动物实验证明：因好行为受到奖赏的动物，其学习速度快，持续力也更久；因坏行为而受处罚的动物，则不论速度或持续力都比较差研究显示，这个原则用在人身上也有同样的结果。批评不但不会改变事实，反而只会有招致愤恨。

另一位心理学家汉斯·希尔也说："更多的证据显示，我们都害怕受人指责。"

因批评而引起的羞愤，常常使雇员、亲人和朋友的情绪大为低落，并且对应该矫正的事实状况，也没有一点好处。

西奥多·罗斯福和塔夫脱总统之间有段广为人知的争论——他们的不和睦导致共和党的分裂，而将伍德洛·威尔逊送进了白宫。让我们简单地回忆一下这段历史：1908年，罗斯福搬出白宫，共和党的塔夫脱当选为总统，然后，罗斯福到非洲去猎狮子。当他回到美国后，看到塔夫脱的保守作风，很是震怒。罗斯福除了公然抨击塔夫脱，还准备再度出来竞选总统，并打算另组"进步党"，这几乎导致老共和党的瓦解。果然，紧接而来的那次选举，塔夫脱和共和党只赢得了两个区的选票——佛蒙特州和犹他州，这是共和党有史以来遭受的最大失败。

罗斯福谴责塔夫脱，但是塔夫脱承认自己有错吗？他曾含着眼泪说道："我不知道所做的一切有什么不对。"

俄克拉荷马州的乔治·约翰逊是一家营建公司的安全检查员，检查工地上的工人有没有戴上安全帽是约翰逊的职责之一。据他报告，每当发现工人在工作时不戴安全帽，他便用职位上的权威要求工人改正，其结果是：受指正的工人常显得不悦，而且等他一离开，便又常常把帽子拿掉。

后来约翰逊决定改变方式。第二回他看见有工人不戴安全帽时，便问是否帽子戴起来不舒服，或是帽子尺寸不合适，并且用愉快的声调提醒工人戴安全帽的重要性，然后要求他们在工作时最好戴上。这样的效果果然比以前好得多，也没有工人显得不高兴了。

人就是这样，做错事的时候只会怨天尤人，就是不去责怪自己。明天你若是想责怪某人，请记住阿尔·卡庞等人的例子，它让我们认清：批评就像家鸽，最后总会飞回家里。也让我们认清：我们想指责或纠正的对象，他们会为自己辩解，甚至反过来攻击我们，或是像塔夫脱所说："我不知道所做的一切有什么不对。"

当林肯咽下最后一口气时，陆军部长史丹顿说道："这里躺着的是人类有史以来最完美的统治者。"

为什么这么说呢？因为林肯找到了与人相处的秘诀——不为任何事指责任何人。而且，这个秘诀是林肯在差点丢了性命后获得的。

年轻时的林肯特别喜欢批评他人。林肯喜欢批评人吗？不错。他住在印第安纳州湾谷的时候，年纪尚轻，不仅喜欢评论是非，还写信写诗讽刺别人。他常把写好的信丢在乡间路上，使当事人很容易发现。

1842年秋天，林肯写文章讽刺一位自视甚高的政客詹姆士·席尔斯，并在《春田日报》上发表了一封匿名信嘲弄席尔斯，全镇哄然引为笑料。自负而敏感的席尔斯当然愤怒不已，终于查出写信的人，他跃马追踪林肯，下战书要求决斗，林肯本不喜欢决斗，但迫于情势和为了维持荣誉，只好接受挑战。他有选择武器的权利，由于手臂长，他选择了骑兵的腰刀，并且向一位西点军校毕业生学习了剑术。到了约定日期，林肯和席尔斯在密西西比河岸碰面，准备一决生死。幸好在最后一刻有人阻止他们，才终止了决斗。

这是林肯终生最惊心动魄的一桩事，也让他懂得了如何与人相处的艺术。从此以后，他不再写信骂人，也不再任意嘲弄人了。也正是从那时起，他不再为任何事指责任何人。

1863年7月1日到3日，"盖茨堡战役"展开，到了7月4日晚上，李将军开始向南方撤退。当时乌云密布，随即暴雨倾盆而至。李将军带着败兵逃到波多马克河边，只见前方是高涨的河水，后方是乘胜追击的政府军，李将军进退无据，真是陷入了绝境。林肯见了，知道是天降的大好良机，只要打败李将军的军队，战争很快就可以结束。于是，他满怀希望地下了一道命令给米地将军，要米地立刻出击李将军，不用通知"紧急军事会议"。林肯不但用电报下令，并且另派专差传讯，要米地马上行动。

米地将军有没有马上行动呢？正好相反。他完全违背林肯的命令，先行通知"紧急军事会议"。他迟疑不决，故意拖延时间，用尽了各种借口，拒绝攻打李将军。最后，水退了，李将军和军队越过波多马克河，顺利南逃。

林肯勃然大怒。"这是怎么一回事？"林肯对着儿子罗伯特咆哮，"老天，这究竟是怎么回事？他们就在触手可及的地方，只要我们伸出手，他们必定跑不掉。难道我说的话不能让军队移动半步？像这种情况，什么人都可以打败李将军，就是我也可以让李将军俯首就擒。"

极端失望之余，林肯坐下来给米地写了一封信。记住，这时的林肯，言论措辞都比前以保守自制。所以，这封写于1863年的信，已相当表达了林肯内心的极端不满。

亲爱的将军：

我不相信你对李将军逃走一事会深感不幸。他就在我们伸手可及之处，而且，只要他一就擒，加上我们最近获得的胜利，战争即可结束。现在，战争势必延续下去，由于上星期一你不能顺利擒得李将军，如今他逃到波多马克河之南，你又如何能保证成功呢？期盼你会成功是不智的，而我也并不期盼你现在会做得更好。良机一去不再，我实在深感遗憾。

你以为米地将军读了这封信之后，会有什么表示？

米地将军从没见过这封信，因为林肯并没有把这封信寄出去。这是他死去后，别人在一堆文件中发现的。

我们的猜测是，林肯在写完这封信之后，望着窗外，左思右想，把信搁到一边。惨痛的经验告诉他：尖锐的批评和攻击，所得到的效果都是零。

泰德·罗斯福说，在他当总统的时候，凡是遭遇到难解的问题，就会望着挂在墙上的林肯像自问："如果林肯处于我的现况，会如何解决这个问题？"

我年轻时，总喜欢让自己给别人留下深刻的印象，所以写了一封可笑的信给理查·哈定·戴维斯。他当时刚出现在美国文坛，颇引人注意。那时，我正好帮一家杂志社撰文介绍作家，便写信给戴维斯，请他谈谈他的工作方式。在这之前，我收到某人寄来的信，信后附注："此信乃口授，并未过目。"这话留给我极深印象，显示此人忙碌又具重要性。于是，我在给戴维斯的信后也加了这么一个附注："此信乃口授，并未过目。"虽然，我当时一点也不忙，只是想给戴维斯留下较深刻的印象。

他根本没有劳心费力地写信给我，而是把我寄给他的信退了回来，并在信后潦草地写了一行字："你恶劣的风格，只有更增添原本就恶劣的风格。"的确，我是弄巧成拙了，受这样的指责并没有错。但是，身为一个人，我觉得很恼羞成怒，甚至10年后我获悉戴维斯去世的消息时，第一个念头仍然是——"我实在羞于承认——我受到的伤害。"

假如你想引起一场令人至死难忘的怨恨，只要发表一点刻薄的批评即可。

让我们记住：我们所相处的对象，并不是绝对理性的动物，而是充满了情绪变化、成见、自负和虚荣的人。

本杰明·富兰克林年轻的时候并不圆滑，但后来却变得富有外交手腕，善与人应对，因而成了美国驻法大使。他的成功秘诀是："我不说别人的坏话，只说大家的好处。"

只有不够聪明的人才批评、指责和抱怨别人——的确，很多愚蠢的人都这么做。但是，善解人意和宽恕他人，需要修养和自制的工夫。

卡来尔说过："伟人是从对待小人物的行为中，显示其伟大的。"

鲍伯·胡佛是个有名的试飞驾驶员，时常表演空中特技。有一次，他从圣地亚哥表演完后，准备飞回洛杉矶。根据《飞行作业杂志》所描述，胡佛在300英尺高的地方时，刚好有两个引擎同时出故障。幸亏他反应灵敏，控制得当，飞机才得以降落。虽然无人伤亡，飞机却已面目全非。

胡佛在紧急降落之后，第一个工作是检查飞机用油。正如所料，那架第二次世界大战的螺旋桨飞机，装的是喷射机用油。

回到机场，胡佛要见那位负责保养的机械工。年轻的机械工早为自己犯下的错误痛苦不堪，一见到胡佛，眼泪便沿着面颊流下。他不但毁了一架昂贵的飞机，甚至差点造成3人死亡。

你可以想象出胡佛的愤怒。这位自负、严格的飞行员，显然要对不慎的维护工大发雷霆，痛责一番。但是，胡佛并没有责备那个机械工人，只是伸出手臂，围住工人的肩膀说道："为了证明你不会再犯错，我要你明天帮我的F—51飞机做修护工作。"

记住："如要采蜜，不可弄翻蜂巢。"让我们尽量去了解别人，而不要用责骂的方式吧！让我们尽量设身处地地去想——他们为什么要这样做？这比批评责怪还要有益、有趣得多，而且让人心生同情、忍耐和仁慈。

约翰博士也说过："上帝本身也不愿论断人类，直到末日审判的来临。"

抓住每一个机会

⊙只要他愿意探取，凡他结交的每一个人，都能告诉他若干的秘密，若干闻所未闻却足以辅助他的前程、加强他的生命的东西。没有人能孤独地发现他自己，别人总是他的发现者！

⊙错过与一个胜过我们自己的人相交往的机会，实在是一个很大的不幸，因为我们常能从这个人身上得到许多益处。

一个人从别人那里所吸收的能量愈大、质量愈好、种类愈多，则其个人的力量愈大。假使他在社交上与精神上、道德上同他的同辈有多方面的接触，那么他一定是个有力量的人。反之，假使他断绝关系，那么他一定会成为弱者。

人类需要各种精神食粮，而这各种精神食粮，只有在同各种各样的人们相处相交中得来。这就像枝头上葡萄累累，其汁液的甜蜜，其色香的醇美，都是从葡萄藤的主藤上来的一样。树枝本身不能生存，把树枝从树干上砍掉，树枝定会萎黄枯死。个人的力量也是从"人类树干"中得来的。

在同一个人格伟大的人相面对、相接触的时候，常常能觉得自己的力量会突然增加几倍，自己的智慧会突然提高几倍，自己的各部分机能会突然锐利了几分，仿佛自己以前所梦想不到的隐藏在生命中的力量，都被他解放了出来，以至使自己可以说出、做出在一人独处时、在没有同他接触时，所决不能说出、不能做出的事情。

演说家的演讲词可以唤起听众的同情，因而发出伟大的力量。但是假使他在"没有人"或者和个别人的情况下讲话，则决不能生出这种巨大的力量；正像化学家决不能使分贮在各只瓶中的药品发生化学作用一样。新的力量、新的影响、新的创造，只有在"接触"和"联系"中才能得来。

常能同他人相处相交的人，仿佛永远在他的"发现航程"中能发现自己生命中的新的"力量岛屿"，而若是他不常同别人接触，这种"力量岛屿"是会永远埋没无闻的。

只要他愿意探取，凡他结交的每一个人，都能告诉他若干的秘密，若干闻所未闻却足以辅助他的前程、加强他的生命的东西。没有人能孤独地发现他自己，别人总是他的发现者！

我们大部分的成就总是蒙受他人之赐。他人常在无形之中把希望、鼓励、辅助投入到我们的生命中，在精神上振奋我们，使我们的各种能力趋于锐利。

我们生命的生长，都依靠我们的心灵从四处吸收营养，而这种营养，我们的感觉是不能觉察、测量的。从表面上看，我们是从耳目中吸收进"力量"的，但在事实上，这种力量的吸收绝不是取道于官能的视觉、听觉神经的。

一幅名画中最伟大的东西，不在于画布上的色彩、影子或格式上，而是在这一切背后的画家的人格中——那黏着在他的生命中，那为他所传袭、所经历的一切的总和所构成的一种伟大力量！

大学教育的大部分价值，都是从师生同学间感情的交流、人格的陶冶中所得来的。他们的心相摩擦，刺激起个人的志向，提高个人的理想，启示新的希望、新的光明，并将个人的各种机能琢磨成器。书本上的知识是有价的，然而从心灵的沟通中所得来的知识是无价的。

假使你不能同别人的生活发生密切的关系，不能培养起你的丰富的同情心，不能在别人的事上发生兴趣，不能辅助别人，不能分担别人的痛苦、共享别人的快乐，则不管你学问怎样好、成就怎样大，你的生命仍是冷酷的、无友的、孤独的、不受欢迎的。

试着常同比你优越的人交往。这并不是说，你应当和比你更有钱的人交往，而是说你应当同人格、品行、学问、道德都胜过你的人交往，因为这样你就能尽量吸收到种种对你的生命有益的东西，就可以提高你自己的理想，可以鼓励你趋向高尚的事情，可以使你对事业激起更大的努力来。

脑海与脑海之间，心灵与心灵之间，有着一种伟大的"感应"力量。这种"感应"力量，虽无法测量，然而它的刺激力、它的破坏及建设力是十分巨大的。假使你常同比你低下的人混在一起，则他们一定会把你拖陷下去，一定会降低你的志愿和理想。

错过与一个胜过我们自己的人相交往的机会，实在是一个很大的不幸，因为我们常能从这个人身上得到许多益处。只有在"交往"中，生命中粗糙的部分才可以擦去，我们才可以琢磨成器。同一个能够启发我们生命中的最美善的部分的人相交的机会，其价值远过于发财获利的机会，它能使我们的力量增加百倍。

扩大交际范围

⊙善于交际的人，总是在不停地扩大自己的交际范围。

⊙定期举办的各种活动可为其成员提供充分的交往机会，所以，不要放弃你感兴趣的任何团体。

善于交际的人，总是在不停地扩大自己的交际范围，认识一个新的朋友，等于进入他的社交圈，从而又认识一批人，不断地产生倍数效应。我经常鼓励我的学员这样做，并给了他们相应的一些建议：

1. 广泛参加各种团体活动。

对于参加联谊会、集训、研讨会或志趣相同者的夏令营、冬令营等活动，都是许多人在一起的集体活动，即便你兴趣不浓也还是积极参加为好。

因为，此类活动所创造的交际机会是非常多的。比如，有些不喝酒的人，稍微喝了一点，就把心里话全都倒了出来，从此与这些人结成了好朋友。如果你总是说"乱哄哄的有什么意思"之类的拒绝之辞，那么以后就不会有人再邀请你了。

各类社团组织、学术团体聚集着各种人才，大家志趣、爱好相投，有共同语言，可以相互切磋技艺，研究学问。定期举办的各种活动可为其成员提供充分的交往机会，所以，不要放弃你感兴趣的任何团体。

2. 好好利用与人合作的机遇。

与人合作的过程也是交友的过程，为扩大交际范围提供了良好的机遇，因为共同的事业是寻觅知心朋友的前提条件。

不可错过与人合作的项目，而且还要积极寻找共同完成的事业，才可广交朋友。

3. 培养自己的好奇心。

爱好、兴趣广泛的人，易于同各种人交朋友。一个人如果会打桥牌、跳舞、游泳、滑冰、打球、下棋等，爱好一多，与大家"凑趣"的机会就多，结交朋友的机会也就多了。

即使自己并不擅长某一方面，但若表现出浓厚的兴趣，博得对方的欢心，肯定了他的特点，也能引发共鸣。

抱有好奇心，集体活动时，不管谁邀请都一起活动。自己感兴趣的要去，不感兴趣的也要去，不管男性和女性都要兴致勃勃地活动。只有这样才能让人感受你的魅力，并让人感受快乐的气氛。当大家聚到一起时，不要忘了这一点。

此外，要关心各种问题。常关心大家所关心的事，特别是关心你结交的人们所感兴趣的事情。

4. 不要让性格差异成为障碍。

常言说，物以类聚，人以群分。志趣相投的人容易接近，反之，则容易疏远。但要记住，社交与选择朋友不完全是一回事。社交圈中，更多的不是朋友，或者只是普普通通的朋友。因此，在社交过程中，不要用选择朋友甚至是知心朋友的条件来作标准，凡是志趣不符、性格不合的人一概拒之门外。

在社交圈中认识的新朋友应是与你有较大差别的人才好。朋友之间在知识结构、兴趣爱好、生活经历、气质性格等方面存在差别，有助于双方广泛地了解形形色色的社会生活层面。新朋友的见解即使与你大相径庭、迥然不同，也是一大幸事，这可以补充、丰富你的思想。

5. 积极参加集体活动。

有些人不喜欢参加集体活动，这些人老埋怨自己没有朋友，实际就是缺少热情。无论大家做什么，需要多少时间，就知道做自己喜欢的事情，绝不与大家一起干。什么都是自己决定，自己能领会的才想做，像这样的个性很强的人是很难交到朋友的。

让对方有备受重视的感觉

⊙人类行为有个极重要的法则，如果我们遵从这个法则，大概不会惹来什么麻烦；事实上，如果我们遵守这个法则，便可以得到许多友谊和永恒的欢乐。但是如果我们破坏了这个法则，就难免后患无穷。这个法则就是：时时让别人感到重要。

⊙约翰·杜威说过："人类本质里最深远的驱动力是——希望具有重要性。"

现实生活中有些人之所以会出现交际的障碍，就是因为他们不懂得或者忘记了一个重要的原则——让他人感到自己重要。他们喜欢自我表现，夸大吹嘘自己。一旦事情成功，他们首先表现出的就是自己有多大的功劳，做出了多大贡献。这样其实就相当于向他人表明：你们确实不太重要。无形之中，他们伤害了别人。

有一天，我在纽约第 32 街和第 8 道交口处的邮局里排队等候寄一封挂号信。那位柜台后面的营业员显然对工作感到不耐烦——称重、拿邮票、找零钱、写收据，一年复一年都是同样单调的工作。所以我对自己说："我要让那位办事员喜欢我。而要让他喜欢，我显然必须说些好话——不是关于我自己，而是有关他的。"我又自问："他又有什么值得让我称赞一番的呢？"有时，这实在是个难题，尤其是对方是一个陌生人时。但是，称赞眼前的这位职员似乎并不让我感到困难，我马上找出可以称赞的地方了。

当他为我的信件称重时，我热切地对他说："我真希望能有你这样的头发。"

他抬起头，半惊讶地看着我，脸上泛出微笑："它已经不像以前那么好啦！""啊，"他谦虚地应答。我告诉他，虽然它可能已没有原来的美观，但仍然状况极佳。他十分高兴，和我谈了一会儿，最后说道："许多人都称赞我的头发。"

我敢打赌这位先生出去吃午饭的时候，一定步履生风，晚上回家的时候，一定会将此事告诉太太，也一定会照着镜子对自己说："这头发是多么漂亮！"

有次我演讲的时候提起这件事，事后有人问我："你想从那人身上得到什么？"

我想从那人身上得到什么？我想从那人身上得到什么！

如果我们真是这么自私，一旦没有从他人身上得到好处，就不对他人表示一点赞赏或表达一点真诚的感谢——如果我们的灵魂比野生的酸苹果大不了多少，我们的心灵会变得多么贫乏。

不错，我是希望从那位先生身上得到一点东西。但那东西是无价的，而且我已经得到了。我得到了助人的快乐，这种感觉会在事过境迁之后，永存在我的记忆里。

人类行为有个极重要的法则，如果我们遵从这个法则，大概不会惹来什么麻烦；事实上，如果我们遵守这个原则，便可以得到许多友谊和永恒的快乐。但是，如果我们破坏了这个法则，就难免后患无穷。这个法则就是：时时让别人感到重要。我们前面提过约翰·"人类本质里最深远的驱动力就是："杜威所说的：希望具有重要性。还有威廉·詹姆士说的："人类本质中最殷切的需求是：渴望被肯定。"我也曾指出，就是这种需求，使人类有别于其他动物；也就是这种需求，使人类产生了文化。

几千年来，许多哲学家都曾就这个问题深刻思量过。而他们产生的结论只有一个，这法则并不新颖，可以说和历史一样陈旧了。2500 年前，所罗亚斯德在波斯用这个原则教导门徒；2400 年前，中国的孔子也这么谆谆劝导过；2500 年前，道教的始祖老子，在函谷关也这么说过；基督降生的前 500 年，佛陀已在神圣的恒河边教诲众生；甚至印度教的经典也这么记载着；1900 多年前，耶稣基督在犹太山上，以此训诲门徒，并且用一句话做总结——这大概是世上最重要的法则："你要别人怎么待你，就得先怎么待别人。"

你需要朋友的认同，需要别人知道你的价值；你希望在自己的小世界里，有种深具重要性的感觉。你不喜欢廉价、言不由衷的恭维,而希望出自真诚的赞美。你喜欢友人像查理·夏布所说的"真诚、慷慨地赞美"。我们都喜欢那样。

所以,让我们衷心服膺这永恒的金律:我们希望别人怎么待我们,我们就怎么待别人。

怎么做?什么时候?什么地方?答案是:随时,随地。

住在威斯康星州的大卫·史密斯,也告诉我们他如何处理一个尴尬场面。故事发生在一个慈善音乐会的点心摊上。

"音乐会那天晚上,我到达公园的时候,发现有两位上了年纪的女士,站在点心摊旁边,都显得不怎么高兴的样子。很显然的,她们两人都认为自己才是那个点心摊的负责人。我站在那里,正思索着该如何是好,有名赞助委员会的成员走过来,交给我一个募款箱,并感谢我的帮忙。她也介绍那两位上了年纪的女士——萝丝和珍,与我认识后便匆匆离开了。

"接踵而来的,是段令人尴尬的静默。我知道那个募款箱可算是一种'权威的标记',便把它交给萝丝,向她说明自己恐怕不能管理好,希望她能帮忙料理。我又建议珍负责照顾另两名少年助手,并教他们如何操纵汽水贩卖机。

"于是,整个晚上,萝丝都很高兴地清点募款,珍也很尽责地照料两名助手。我则很轻松地坐在椅子上,欣赏整个音乐晚会。"

你不用等到当上了驻法大使,或是宿舍里的"聚餐委员会"主席以后,才来运用这个法则,你几乎每天都可以使用这奇妙无比的魔力。

举例来说,如果你在餐馆里点了一份炸薯条,而女侍者却在端给你马铃薯的时候,让我们说:"对不起,麻烦你了,但我比较喜欢炸薯条。"女侍者可能会这么回答:"不,一点也不麻烦。"而且她还会高高兴兴地把马铃薯换走,因为我们已经对她示以了敬意。

另外,我们还可以使用许多日常用语来解除每天生活的单调与忙碌,如"对不起、麻烦你……"、"可否请你……"、"请问你愿不愿意……"、"你介不介意……"、"谢谢"等。

下面让我们再看一个例子。

罗纳尔德·罗兰是我们在加州开课时的讲师,也教美工课。他曾提起初级手工艺班里的学生克里斯的故事。

"克里斯是个安静、害羞、缺乏自信心的男孩,平常在课堂上很少引人注意。一天,我见他正在伏案用功,便走过去与他搭话。他的内心深处似乎有一股看不到的火焰,当我问他喜不喜欢所上的课时,这个年仅14岁的害羞的男孩脸上的表情起了极大变化。我可以看出他的情绪波动很大,想极力忍住泪水。

"'你是说,我表现得不够好吗,罗兰先生?'

"'啊,不!克里斯,你表现得很好。'

"那天,上完课走出教室的时候,克里斯用那对明亮的蓝眼睛看着我,并且肯定、有力地说:'谢谢你,罗兰先生!'

"克里斯教了我永远难忘的一课——我们内心深处的自尊。为了使自己不致忘记，我在教室前方挂了一个标语：'你是重要的。'这样不但每个学生可以看到，也随时提醒我：每一个我所面对的学生，都同等重要。"

这是一个未加任何渲染的事实：差不多你所遇见的每一个人都自以为在某些地方比你优秀。所以，要打动他们内心的最好方法，就是巧妙地表现出你衷心地认为他们很重要。

唐纳德·麦克马亨是纽约一家园艺设计与保养公司的管理人。他向我讲述了这样一件事情：

"有一次，我替一位著名的鉴赏家做庭园设计，这位屋主走出来作了一些交待，告诉我他想在哪里种一片石南和杜鹃花。

"我说道：'先生，我知道你有个癖好，就是养了许多漂亮的狗。听说每年在麦迪逊广场花园的展览里，你都能拿到好几个蓝带奖。'

"这一小小的称赞所引起的效果却不小。

"鉴赏家回答我：'是的，我从养狗中得到了很多乐趣。你想不想看看它们？'

"他花了差不多一个钟头的时间，带我参观各类的狗和所得的奖品，甚至向我说明血统如何影响狗的外貌和智慧。

"后来，他转身问我：'你有没有小孩？'

"'有的。'我回答，'我有个儿子。'

"'啊，他想不想要只小狗呢？'他问道。

"'当然，他一定会很高兴的。'

"'那么，我要送一只给他。'鉴赏家宣称。

"他告诉我怎么养小狗，讲了一半却又停下来。'你大概不容易记下来，我写一份说明给你。'于是他走进屋里，打了一份血统谱系和饲养说明给我。他不但送我一只价值好几百元的小狗，还在百忙中拨给我 1 小时 15 分钟的时间。这完全是因为我衷心赞美他的嗜好和成就的缘故。"

柯达公司的乔治·伊斯曼，因发明了透明胶片而大发其财，成为举世闻名的富豪。像他这么有成就的人，渴望被肯定的心理却是和你我没两样。

事情是这样的：伊斯曼在兴建"伊斯曼音乐学校"和"基尔本厅"的时候，纽约一家专做椅子的公司经理詹姆斯·亚当森，很想包下剧院座椅的生意，便打电话给建筑设计师，希望能通过他安排时间，到罗契斯特去会见伊斯曼先生。

到了见面那天，建筑设计师对亚当森说道："我知道你很想做成这笔生意。但我先告诉你，伊斯曼是个纪律严格的人，十分忙碌，所以你最好长话短说，把来意在 5 分钟内解说完毕。"

亚当森也正准备那么做。

进了办公室，亚当森见到伊斯曼先生正埋头在一堆文件之中。伊斯曼先生抬起头，取下眼镜，然后走过来向亚当森和建筑设计师招呼道："早安，两位先生，请问有何指教？"

建筑设计师为两人介绍过后，亚当森便说道："这是间很好的办公室。虽然我是从事室内木工艺品的生意，却从没见过这么漂亮的办公室。"

乔治·伊斯曼回答道："你使我回想起某些往事。是的，这是间很漂亮的办公室。刚建好的时候，我真喜欢极了。可是后来事情一忙，也就不再有那份感觉，有时甚至好几个星期也不曾来一趟。"

亚当森移动脚步，用手指抚过窗格的镶板。"这是英国橡木，是吗？这跟意大利橡木稍有不同。"

"不错。"伊斯曼答道，"这是从英国进口的橡木，是我一位木料专家的朋友特别为我选来的。"

伊斯曼便逐一介绍室内的一些建材，不时对结构的比例、材料的色泽和制作的手工等提出批评，并说明当初他如何参与计划和施工。

后来他们停在一扇窗户前面，伊斯曼以他特有的缓和声调，指出他未来的好几项计划：罗契斯特大学、综合医院、友谊之家、儿童医院等。亚当森对他的人道精神又大大赞赏一番。接着，伊斯曼打开一个玻璃箱，取出一个照相机来——那是他的第一部照相机，从一个英国人手中买来的。

亚当森又询问他从事生意以来的种种奋斗情形。伊斯曼提到自己童年的贫困和寡母的辛劳，由于对贫穷的恐惧，他因此特别努力工作。亚当森凝神细听，并不时发出一些问题，如干性感光盘的实验等，伊斯曼也都很详细地回答。

亚当森被引进办公室的时候，是 10 点 15 分。建筑设计师曾警告他，面谈最好不超过 5 分钟。但现在一个小时过去了。接着两个小时，他们还是谈个不停。

最后，伊斯曼对亚当森说道："上次我在日本买回几张椅子，放在阳台上，结果油漆都被阳光晒剥落了。前几天，我到市区买来一些颜料，自己动手油漆一遍。你想过来看我漆得如何吗？要不你等一下可以到我家来用点午餐，我可以让你看看那些椅子。"

用完午餐之后，伊斯曼带亚当森去看那张椅子。那不过是普通的日本座椅，只因经由大富豪亲手油漆过，便备受珍惜。

剧院座椅的订单高达 9 万元，你猜谁会做成这笔生意呢？

第二章　把别人吸引到身边来

仪表是你的门面

⊙有意识地尽量拿出最好的仪表，注意干净整洁，竭力保持自尊和真诚，这样才能帮助你渡过重重难关，带给你尊严、力量和魅力，使你赢得别人的尊敬和钦佩。

⊙人的确不是由衣装造就的，但衣装给我们的生活带来的影响远远出乎我们的意料。

我们的身体是最重要的自我表现方式。身体的外表被认为是内在的反映。如果一个人的外表丑陋、可憎，我们完全有理由认为他的思想也是这样的。通常，这种结论也是成立的。高尚的理想、健康的生活和工作本身与个人卫生的不整洁都是势不两立的。一个忽视洗澡的年轻人也会忽视他的心灵，他会很快全面堕落。一个不注意仪表的年轻女人很快就无法取悦于人，她会一步步堕落成一个不思上进的邋遢女人。

难怪《塔木德经》把清洁置于仅次于神性的位置上。而我会把清洁的位置摆放得更高些，因为我相信绝对的清洁就是神性。灵与肉的清洁或纯洁能把人升华到最高境界，一个不洁净的人只是头野兽而已。

要保持良好的仪表，最重要的一点就是要经常洗澡。每天洗一个澡能保证皮肤的清洁与健康，否则身体是不可能健康的。

对头发、手和牙齿的护理也相当重要，一定要细致周到，不能马虎草率。

修剪指甲的用具很便宜，人人都买得到，如果你买不起一整套用具，你可以只买一把指甲刀，把指甲修剪得光滑干净。

护理牙齿是件简单的事，然而，人们在牙齿卫生上犯的错误可能要比在其他方面犯的错误更多。我认识一些年轻人，他们衣着考究，对自己的仪表非常得意，但他们却忽视了自己的牙齿。他们没有意识到，人的仪表中没有比脏牙、蛀牙，或是缺了一两颗门牙更糟糕的缺陷了。呼吸当中的恶臭更令人无法忍受。如果知道有这种后果，就没有人会忽视他的牙齿了。没有哪个老板会要一个缺了一两颗门牙的职员或速记员；许多应聘者就因为牙齿不好而被拒绝。

对于那些在社会上谋生的人来说，关于衣着的最佳建议可以概括为一句话："让你的衣着得体,但不需要昂贵。"衣着朴素具有最大的魅力,现在市面上有大量物美价廉的衣物可供选择,大部分人能买到好衣服穿。但是如果条件有限,不能买到更好的衣物,也不必为一套寒酸的衣服害羞。穿一件花钱买的旧外套比穿一件不花钱的新外套更能赢得别人的尊敬。

不可避免的寒酸不会让人产生反感,但是邋遢却使人一见之下顿生厌恶。只要你量入为出地打扮自己,不管多穷,你都可以穿得很得体。应该有意识地尽量拿出最好的仪表,注意干净整洁,竭力保持自尊和真诚,这样才能帮助你渡过重重难关,带给你尊严、力量和魅力,使你赢得别人的尊敬和钦佩。

赫伯特·乌里兰很快就从长岛铁路一个普通路段工人提升为纽约市铁路局的董事。在一次关于如何获取成功的演说中,他说:"衣服不能造就一个人,但好衣服能使人找到一份好工作。如果你有二十五美元,又需要一份工作的话,最好花二十美元买一套衣服,花四美元买双鞋,剩下的钱买一个刮胡刀、一个发剪、一个干净的领圈,然后去找工作。千万不要带着钱,穿着一身破旧西装去应聘。"

多数大公司都规定不雇用衣衫褴褛、邋里邋遢,或是应聘时衣冠不整的人。芝加哥最大一家零售商店的招聘主管说:"招聘的原则必须严格遵守,对于一个应聘者来说,经受住考验的最重要条件就是他的仪表。"

一个应聘者具备多少优点和能力没有关系,但他必须重视自己的仪表。璞玉浑金的价值不知要比抛光的玻璃高出多少倍,但是有时候就是明珠投暗。有些应聘者凭借良好的仪表获得了一份工作,虽然很多被拒之门外的人要比他们深刻得多。他们的能力可能还不及那些被拒之门外的人的一半,但是既然有了工作,他们就会设法保住这个饭碗。

这条通行全美的招聘原则在英国同样适用,《伦敦布商》杂志就可以作证,它这样说道:"越是注意个人清洁卫生和衣着整洁的人,就越能仔细地完成工作。个人生活邋遢的工人工作也会马马虎虎,而关注仪表的人也同样地注意工作的效果。

柜台后面是什么样,车间里很可能也就是什么样。时髦的女售货员一定很讲究穿着,她会厌恶肮脏的衣领、磨破的袖口和皱巴巴的领带,难道不是这样吗?事实上,关注个人习惯和整体仪表,就会对邋遢散漫的习惯产生警觉。

1. 三点一线:一个衣冠楚楚的男人,他的衬衫领口、皮带袢和裤子前开口外侧应该在一条线上。
2. 说到皮带袢,如果你系领带的话,领带尖可千万不要触到皮带袢上哟!
3. 除非你是在解领带,否则无论何时何地松开领带结都是很不礼貌的。
4. 一身漂亮的西服和领带会使一个男人看上去非常时髦,而身穿一套好西装却不系领带,会使他看着更时髦。
5. 如果你穿西装,但不系领带,就可以穿那种便鞋,如果你系了领带,绝对不可以。
6. 新买的衬衫,如果你能在脖子和领子之间插进两个手指,就说明这件衬衫洗过之后仍然会很适合。

7. 透过男人的衬衫能隐隐约约看到穿在里面的T恤，就有如女人穿着能透出里面内裤的裤子一样尴尬。

8. 如果不是专业的手洗，一件300多美元的衬衫很快就会只值25美元。

9. 精神的发型、一双好鞋，胜过一套昂贵的西装。

10. 一双90美元的鞋的寿命应该是180美元一双的鞋的一半，而1000美元一双的鞋将伴你一生。

11. 如果你穿的是三粒扣西装，可以只系第一颗纽扣，也可以系上面两颗纽扣，就是不能只系最下面一颗，而将上面两颗扣子敞开着。

12. 穿双排扣西装所有的扣子一个也不能不扣，特别是领口的扣子。

13. 如果你去某个场合拿不准穿什么服装，那么隆重点儿远比随便点儿强得多，人们会认为你随后还要去一个更重要的场合呢！

14. 一件便宜的羊绒衫实际上远远没有一件好一点儿的羊毛衫更柔软、舒服。

15. 除非你是橄榄球运动员，否则就不要把任何与名字有关的字母或号码穿在身上。

16. 45岁以下的你请不要过早地叼上烟斗，也不要戴那种浅圆的小帽。

17. 比穿没盖过踝骨的袜子更糟糕的是穿没盖过踝骨的格子袜子。

18. 配正装一定不要穿白色的袜子。

19. 无论如何，你不必有太多卡其布休闲装、白色的纯棉T恤或厚棉布网球鞋，毕竟一周只有一个星期六。

20. 穿衣服的第一常规就是打破一切常规——包括我们上面所说的一切。

我强调衣着的重要性，但并不是要你像英国花花公子博·布鲁梅尔那样，一年仅做衣服就花四千美元，扎一个领结也要花上几个小时。过分注重穿着甚至比完全忽视还要糟糕。那些像博·布鲁梅尔那样的人太讲究穿着了，他们一门心思地扑在对衣着的研究上，而忽略了内心修养和神圣的责任。在我看来，穿衣应该量入为出，与身份相称，这既是一种责任，也是最实际的节俭。

许多年轻人误以为"穿着得体"就一定是指要穿贵重的衣服，这种观点与完全忽视穿着同样是错误的。他们把本该花在头脑和心灵修养上的时间用在了梳妆打扮上。他们老是在盘算该怎样用微薄的收入来买昂贵的帽子、领带或是大衣。如果他们买不起渴望得到的东西，就会买便宜的赝品来代替，结果他们的穿着会显得很可笑。这类年轻人戴廉价戒指、打猩红色领带、穿大格纹衣服。他们肯定是职位低下者。卡莱尔这样形容这类花花公子——"一个花里胡哨的人——他的职业和生活就是穿衣——他的精神、灵魂和钱包都无畏地献给了这一目的。"他们就为了穿衣而活着，他们没有时间学习文化，没有时间努力工作。

莎士比亚说："衣装是人的门面"，这一说法得到了全世界的认同。许多人经常因为他们不得体的穿着而备受指责。初看起来，仅凭衣着去判断一个人似乎肤浅轻率了些，但经验一再证明：衣着的确是衡量穿衣人的品位和自尊感的一个标准。渴望成功的有志者应该像选择伴侣一样谨慎地选择衣装。古谚云："我根据你的伴侣就能判断你是什么样的人。"某个哲学家也说过一句精妙的话："让我看看一个妇女一生所穿的所有衣服，我就能写出一部关于她的传记。"

西德尼·史密斯说："教育一个女孩说漂亮无关紧要，衣装一无是处，这真是荒谬透顶！漂亮非常重要。她一生中所有的希望和幸福或许就依赖于一件新裙子或是一顶合适的女帽。如果她稍有点常识，她就会明白这点。应该教她知道衣装的价值所在。"人的确不是由衣装造就的，但衣装给我们的生活带来的影响远远出乎我们的意料。普林提斯·穆尔福德说，衣装能影响人类的精神面貌。这并非言过其实，只要想想衣装对你自己的影响程度有多大就够了。

假设让一个女人穿着一件破旧肮脏的晨衣，那么它就会影响到她，使她对自己的头发是肮脏还是扭结都漠不关心，她的脸和手干净与否，穿的鞋子多么破烂，都无关紧要，因为在她看来，"穿着这件旧晨衣没有什么不好"。她的步态、风度、情感倾向，都将潜移默化地受到这件旧晨衣的影响。如果她能改变一下——换上一件漂亮的棉裙，那么她的模样和举止将会多么地不同啊！她的头发一定会梳理得宜，会与她的穿着相得益彰；她的脸庞、手和指甲一定会干干净净；破旧肮脏的鞋也会换成了合脚的便鞋。她的思想也会焕然一新。她会更加尊敬衣冠整洁的人士，会远离穿着邋遢的人。"你想改变你的意识吗！那么就改变你的穿着吧。你马上就会感觉到效果。"

练就一流口才

⊙如果你想使自己成为一个令人愉悦的人，你就必须想方设法地了解与你对话者的生活，并且用他们最感兴趣的内容来打动他们。

⊙要想成为一个优秀的谈话者，你必须是自然而不造作，活泼而不轻浮，富于同情心而不惺惺作态，你必须从你的心底流露出一种善良的意愿。

有这样一位聪明的女士，她尽管说得很少，但却享有盛名，被公认为一个优秀的交谈者。她在交谈时的态度非常热诚且善解人意，因此，在她面前即便是最羞怯最胆小的人，也会在她的鼓励下谈论自己身上最美的闪光点，并感到自己能轻松自如地和她谈话。她解除和驱逐了别人的担忧和疑虑，使得他们能够畅所欲言，向她诉说无法向其他人诉说的东西。人们认为她是一个有趣的、成功的谈话者，因为她能够挖掘别人身上最优秀的内涵。

如果你想使自己成为一个令人愉悦的人，你就必须想方设法地了解与你对话者的生活，并且用他们最感兴趣的内容来打动他们。不管你对一个话题是多么地了解，如果它不能令你的谈话对象产生兴趣，那么你的努力大半都是徒劳的。

高明的谈话者总是机智得体——他在逗趣的同时不会冒犯和得罪他人。如果你想令他人感到诙谐有趣，你就不能戳伤他们的痛处，或者是对他们的家庭琐事喋喋不休。一些人有那种特殊的品质，他们能够准确地挖掘我们身上最美的闪光点。

林肯就是这样一位非凡的艺术大师，他使得自己在任何人面前都能做到诙谐风趣。他用生动有趣的故事和玩笑使人们彻底放松紧张的心情，所以，很多人在林肯面前都感到非常轻松自如，以至于愿意毫无保留地向林肯倾诉心底的秘密。陌生人总是乐于和他谈话，因为他是如此地热诚和风趣，和他谈话时简直感到如沐春风，并且受益良多。

像林肯所具备的这种幽默感当然是增强谈话感染力的重要因素，但是，并不是每个人都能如此幽默风趣；如果你缺少幽默的天赋，而又企图牵强地制造幽默时，结果往往是适得其反，令你自己显得滑稽可笑。

然而，一个高明的谈话者必须不能过于严肃或不苟言笑。他不能9过多地列举一些枯燥的事实，不管这些事实是多么重要。因为枯燥的事实和单调乏味的统计数据只能令人感到沉闷和厌烦。生动活泼是高明的谈话所不可缺少的。沉重的谈话惹人厌烦，而过于轻浮的谈话同样令人反感。

因此，要想成为一个优秀的谈话者，你必须是自然而不造作，活泼而不轻浮，富于同情心而不惺惺作态，你必须从你的心底流露出一种善良的意愿；你必须真正感觉到那种乐于帮助他人的热诚，并且全身心地投入到那些令他人感兴趣的事物中去；你必须吸引人们的注意力，并且通过打动他们的内心来牢牢地抓住他们的注意力，而这只有借助于一种令人感到温暖的同情和共鸣，一种真正友善的同情和共鸣才能做到。如果你是冷漠的、缺乏同情心的、拒人于千里之外的，你根本不能抓住他们的注意力。

你必须胸怀开阔，宽容他人。一个胸襟狭小、吝啬小气的人永远都不能成为高明的谈话者。如果某人总是对你的个人爱好、你的判断力、你的鉴赏力横加干涉，那么你永远都不会对他感兴趣。如果你紧紧地封锁了任何一条可以靠近你的心灵的途径，所有沟通和交流的渠道都对别人关闭了，那么，你的魅力和热诚就由此被切断了，你们之间的谈话只能是漫不经心的、马马虎虎的和机械单调的，不会带有任何活力或感情。

你必须使你的听众靠近你，必须开放你的心灵，并以一种最自然的状态去拥抱对方。你必须先作出响应，然后他人才会毫无保留地向你展示自己，使得你自由地进入他的内心最深处。如果一个人在任何地方都是成功者，那么其奥秘只能在于他的个性，在于他拥有一种能够以强有力的、生动有趣的语言有效地表达自己思想的能力。他没有必要通过罗列财富清单的形式向人展示自己有多成功，事实上，只要他一开口说话，财富就会源源而来，他的表达能力就是他最大的财富。

甜美而有韵律的声音

⊙"如果把我跟一大群人关在一间黑暗的屋子里，"托马斯·希金森说，"我可以根据人们的声音分辨出其中的温文尔雅者。"

⊙纯洁、和谐、生气勃勃的声音象征着内在的修养和雅致，每一个音节、每一个字符、每一个句子都得到了如此清晰圆润的表达，它们是那样地抑扬顿挫、那样地高低有致，就像一串抖动在春风中的银铃，有着多么神奇美妙的节奏啊！

一个人讲话时的声音是否优美动人，跟他受欢迎的程度及社交上的成功密切相关。事实上，没有任何一样东西可以像甜美而有韵律的声音一样，如此真实地反映出一个人良好的教养和高雅的品性。

"如果把我跟一大群人关在一间黑暗的屋子里，"托马斯·希金森说，"我可以根据人们的声音分辨出其中的温文尔雅者。"

据说在古埃及的早期历史中，只有那些写在书面上的辩护词才允许在法庭出示，之所以如此，目的就是要防止坐在长椅上的法官因为听到滔滔不绝、蛊惑人心的声音而受到影响或蒙蔽，从而失去其应有的公正。在宣告判决时，主持审判的大法官作为真理女神的化身，只是以相当寡言少语的方式来判决。

当想到人类的声音所能产生的巨大而神奇的力量时，再回过头来看看，现实生活中我们的孩子们并没有受到任何良好的有关声音的训练，这难道不是一种耻辱甚至是一种犯罪吗？当我们看到一个个童稚活泼、朝气蓬勃的孩子一边接受着最优秀的教育，一边却发着毫无变化、平板呆滞、喑哑嘈杂的声音时，我们难道不感到痛心和遗憾吗？毫无疑问，那些扭曲的、只是从喉际榨出来的干涩声音将极大地影响他们未来的事业和职业前途。想想看，如果是一个女孩子，这是一种多大的障碍啊！她们原本应该是有着如露水般未沾一点尘泥、如春风般飘扬无羁、如清泉般畅流激奔的声音的！

然而我们在美国，随处可以发现那些从大学或学院毕业的男女青年们，他们在这样一些重要的教育机构里学习着呆板的死气沉沉的语言，学习着数学、自然科学、艺术和文学，而惟独没有学习如何发出优美动听的声音，他们的声音往往是那样地刺耳嘈杂。

相反，当人类的声音经过适当的训练，并得到适当的调控之后，又是多么地富于感染力，多么地动听迷人！当我们听到一个声音清晰地从喉咙中发出，每一个字都是如此地清澈、简洁、富于韵律，就像从一把圣洁的乐器上弹奏出来的最动听的音符一样，难道我们不感到那是一种真正的愉悦与享受吗？

我认识一位女士，她的声音非常清脆圆润、谐和雅丽，所以，不管她到任何地方，只要她一开口说话，所有的人便都洗耳恭听，因为他们无法抗拒这如此富于魅力的声音。那种纯真、爽朗、充满生命活力的声音就像从干裂的地面喷出的一股清泉，就像从静寂的山谷涌上的一注急流，在每个人的心头涓涓而流，恰似生命中最美的音乐。事实上，这位女士的相貌相当普通，甚至可以说是有些丑陋，然而她的声音却是那样的圣洁甜美，它所带来的魅力是不可阻挡的，并且也从某个层面象征着她高雅的素养和迷人的个性。

我在社交场合中不止一次地听到那种尖声尖气或是粗声大气的女人声音，有时我甚至感到自己的神经受到了很大的压迫，情绪也会变得无端的烦躁，因而我不得一次又一次地从她们的身边逃离。

纯洁、和谐、生气勃勃的声音象征着内在的修养和雅致，每一个音节、每一个字符、每一个句子都得到了如此清晰圆润的表达，它们是那样地抑扬顿挫、那样地高低有致，就像一串抖动在春风中的银铃，有着多么神奇美妙的节奏啊！而且，对绝大多数人来说，只要你愿意，你就可以拥有上帝馈赠给人类的这一神奇礼物。

练就关照他人而不造作的功夫

⊙在你的记忆中是否有过因他人对你细致的照料而欣喜异常的体验！要记住，这种行为，能使人类特有的虚荣获得相当程度的满足。

⊙谁都希望别人认为自己比实际来得聪明、美丽，这种想法并不会伤害任何人。

人们更喜好被取悦，而不是被激怒；喜欢听到褒奖，而不是被对方恶言相向；更乐意被喜爱，而不是被憎恨。因此，仔细地加以观察，就能投其所好，避其所恶。

举个浅显的例子来说，告诉对方你特意为他准备了他所喜爱的酒，或者是说，知道你不喜欢那个人，所以今天没叫他来。如此若无其事的呵护，必能打动对方的心，他一定深为你能注意其生活细节，而感激不尽。反之，若是明知是让对方讨厌的事物，却又在不经意间触犯了禁忌，结果，对方必然会认为你当他是傻瓜，故意藐视他，以至于永远耿耿于怀。尽管是件小事，但却有可能从此中断你与他的关系。因此，如果连细枝末节都能特别地加以留意，必能让对方愈发对你感激不尽。

在你的记忆中是否有过因他人对你细致的照料而欣喜异常的体验？要记住，这种行为，能使人类特有的虚荣心获得相当程度的满足感。由于有人如此取悦于你，从此，你有可能会倒向此人，无论此人对自己做了些什么，都认为对方乃是出于好意。人类便是如此。

为此，我给你以下几点提示：

1. 称赞对方希望被称赞的事物。

如果特别喜欢某人，或者特别想成为某人的知交，可以探查此人的优缺点，称赞此人希望被称赞的地方。人类都有真正优秀的部分，以及希望被他人认定为优秀的部分。一个人的优秀的部分被赞赏，着实能让人高兴，但是，若称赞他希望被称赞的部分，必然更能令他高兴。这才是真正地搔到痒处。

任何人都有渴望他人褒奖的欲望。要想发现此一部分，观察乃是最好的方法。仔细注意，观察此人喜爱的话题。通常，自己想要被称赞，希望被认定为优秀的部分，往往会出现在最常见的话题里。这里便是要害。只要突破其防线，就能一举制胜。

2. 偶尔的佯装，实属必要。

请别误会，我并非教你使用卑鄙谄媚的手段来操纵他人。你当然不必连人们的缺点、坏事都加以称赞，而且也不应该称赞。我认为，这些是我们应该憎厌，能断言不好的事。不过，请想想，如果我们不能对人类的缺点及肤浅幼稚的虚荣心佯装不知的话，又如何能在这个世界上立足呢？

谁都希望别人认为自己比实际来得聪明、美丽，这种想法，并不会伤害任何人。如果你告诉这些人这种想法太幼稚、太不正确了，对方必然与你疏离，视你为仇敌。若是我，宁愿采取取悦对方的手段，尽量恭维对方，使其成为朋友。若是对方有优点，你就该迅速地赠与赞词。然而，有时也不得不面对自己并不十分赞同、但却为社会所认同的事，此时只好睁一眼闭一眼了。

如果你还不太善于赞扬别人，这是因为你还不甚了解人们是多么希望自己的想法及喜好能获得支持，特别是期望明明是错误的想法，及自己的小缺点，能得到他人的谅解与认同。

3. 背地里称赞，最令人高兴。

为了使对方高兴，你可以在褒奖办法上略施技巧，那就是在背地里夸赞对方。当然，若你只是在暗地里称赞对方而他却一无所知，那就一点意义也没有了，你要想办法将你的夸赞通过巧妙的方式确实地传达到对方的耳里。这里，慎选传达讯息的人选最重要。你所挑选的人最好是通过因为传递此讯息也能获益的人。如果你选有此企图的人做信使，他不仅会确实地传达你的讯息，还有可能添油加醋，更增效果。对他人的称赞，以此种方法最具功效。

真心诚意地对别人感兴趣

⊙一个人若能真心实意地对别人感兴趣，两个月内就能比一个要别人对他感兴趣的人在两年之内所交的朋友还要多。

⊙对别人不感兴趣的人不仅一生中困难最多，对别人的伤害也最大。人类所有的失败，都出自这种人。

纽约电话公司对电话中的谈话做了详细的研究，想找出哪一个字眼在电话中最常被提到。你大概也猜到了，这个字就是第一人称的"我"。在500次电话谈话中，这个字被使用了 3950 次。"我"、"我"、"我"……

当你拿起一张有你在内的集体合照，你最先看到的是谁呢？显然是你自己。

我想说的是：除非你先对别人感兴趣，别人才会对你感兴趣。如果我们只是通过在别人面前表现自己来使别人对我们感兴趣的话，我们将永远不会得到许多真诚的朋友。

一个人若能真心实意地对别人感兴趣，两个月内就能比一个要别人对他感兴趣的人在两年之内所交的朋友还要多。

但许多人却错误地想方设法用使别人对他们感兴趣的办法来赢得朋友。这种方式是没用的，别人不会对你感兴趣，他们只对自己感兴趣。

阿德勒曾说过：

"对别人不感兴趣的人不仅一生中困难最多，对别人的伤害也最大。人类所有的失败，都出自这种人。"

我曾在纽约大学选修过一门关于短篇小说写作的课程。有一次，柯里尔杂志的主编来给我们上课。他说，每天他只要读上几段送到他桌子上的十来篇小说，就能感觉出作者是否喜欢别人。如果作者不喜欢别人，别人就不会喜欢他的小说。

这位激动的主编在讲授小说创作的过程中，曾两次停下来为他不得不说这些大道理而致歉。同时他还说："我现在所说的，和老师告诫你们的是同样的道理。但是请记住，如果你想成为一名成功的小说家，就必须对别人感兴趣。"

如果写作真是如此的话，那么可以确定，待人处世更应该这样。

詹斯顿被公认为魔术师中的魔术师。在 40 年里，他在世界各地不断以极高明的技巧令人惊奇万分。共有 6000 万人次观看过他的表演，而他也几乎赚了 2000 万美元。当詹斯顿最后一次在百老汇演出的时候，我花了一个晚上呆在他的化妆室里——请他讲一讲成功的秘诀。

他的成功是因为学校教育吗？不，他几乎没进过校门。他的学校教育几乎与此无关，因为他很小就离家出走，成了一名流浪者，并以搭货车、睡谷堆、乞讨为生，仅仅靠坐在车上看看铁道沿线的各种标志才识了字。

他的魔术是否特别高明？也不是。詹斯顿认为，关于魔术手法的书已经有好几百种，而且至少有几十人跟他懂得一样多，但他具备其他人所没有的两个特点。首先，他能在舞台上把他的个性表现出来。他是个表演大师，熟谙人类天性。他的每一个动作、手势、语气，甚至眉毛的变化，事先都经过很仔细的预演，配合得几乎分秒不差。还有很重要的一点是，詹斯顿还真诚地对别人感兴趣。他告诉我，许多魔术师会一边看着观众，一边在心里说："坐在那儿的人是一群傻瓜、笨蛋，我把他们骗得团团转是没问题的。"但詹斯顿的方式完全不同，每次走上台，他就会对自己说："我很感激这些观众，因为他们来看我的表演，使我增加了收入，过着很好的生活。我要把最出色的技巧表演给他们看。"

他宣称，他没有一次在走在台上时不对自己重复说："我爱我的观众，我爱我的观众。"真诚地关心他人正是这位有史以来最著名的魔术师成功的秘诀之一。

有史以来最卓越的演唱家之一舒曼·海里杰夫人也坦率地说出她成功的秘诀之一就是对别人无限地感兴趣。

不瞒你说，我记得所有朋友的生日。许多年来，我一直都在打听朋友们的生日。虽然我对星象学一点也不相信，但是我会先问对方是否相信一个人的生辰同这个人的个性和性格有关系，然后再让朋友把他的生辰日月告之，事后再转记在专门的生日本上。每一年的年初，我都把这些生日在月历上标明。这些记录能够及时引起我的注意。当某人生日到来的时候，就会收到我的信或电报。

我用这种关心他人的方法赢得了朋友们的友谊。

这种哲学在商业界同样有效。

下面是另一个例子：

克纳弗在近10年的时间里一直试图把煤推销给一家连锁公司，但该公司不予理会，仍然从另一个镇上买煤，他们即使经过克纳弗的办公室也不愿进去。克纳弗先生有天在我的讲习班上发表了一些议论，把连锁公司骂得体无完肤，说它是美国的一个毒瘤。

学员们在班上分组辩论，题目是"连锁公司分布各处对国家害多于益"。

在我的建议下，克纳弗站在否定的一边，必须替连锁公司辩护。于是他不得不跑到那家他痛恨的连锁公司去见一位高级职员说："我不是来推销煤的，只是来请你帮我一个忙。"接着，他就把辩论的事情讲给那个职员听，告诉那职员只有他才能提供辩论所需要的资料。最后克纳弗说道："我非常想赢得这场辩论，您的任何帮忙，我都非常感激。"

后来发生的事情出乎克纳弗意外，克纳弗这样讲述了故事的结果：

"我请他给我一分钟的时间，就是因为这个条件，他才答应见我的。当说明来意之后，他请我坐下来，跟我谈1小时又47分钟。他还请另一位曾经写过一本关于连锁商店书的高级职员进来，并写信给全国连锁组织公会，为我要了一份有关这方面辩论的文件。他觉得连锁商店对人类的贡献是一种真正的服务。他很以自己能为数百个地区的人民所做的一切感到骄傲。他说话的时候，眼里闪烁着光芒。我必须承认，这次谈话使我在他身上看到了一些我以前做梦都不会梦到的事，从而改变了我的整个想法。

"告别的时候，他送我到门口，按着我的肩膀，祝我辩论得胜，并邀请我以后再去看他，把辩论结果告诉他。他对我所说的最后几句话是：'请在春末的时候再来找我，我想下一份订单，买你的煤。'"

这真是一个奇迹，买煤的话一句没提，他居然主动要买克纳弗的煤。因为对他的公司和他谈的问题感兴趣，克纳弗在两小时中所得到的进展竟然比10年中所得到的进展大得多。

实际上，这并不是什么新的真理，因为好久以前，在耶稣诞生一百年前，一位著名的罗马诗人贺拉斯曾经说过："我们对别人感兴趣，是在别人对我们感兴趣的时候。"

要想受人欢迎，请记住这一条规则：真心诚意地对别人感兴趣。

制造戏剧化效果

⊙在当今这个戏剧化的时代，仅仅平铺直叙是不够的。你必须使用吸引人的方法。
⊙使事实更生动、有趣而戏剧化地表现出来，才能有效地吸引人们的注意。

《费城晚报》曾被一项危险的谣言恶意中伤。广告客户受到警告，说这家报纸刊登的广告太多，新闻太少，因此不再能吸引读者的兴趣。《费城晚报》必须立即采取行动，制止这项谣言。

但他们怎么进行的呢？

《费城晚报》采取了下述行动。

他们把该报一个平常日子里所有版面上的各式新闻及文章全部剪下来，加以分类，印成一本书。这本书的书名就叫《一天》，共有307页，和一本售价两美金的书页数一样多，然而售价不是两美元，而是两美分。

那本书的发行，戏剧化地澄清了一个事实：《费城晚报》刊登了大量深具可读性的有趣的新闻及文章。这个方法比仅仅发表一些数字及谈话，更生动、更有趣、更能表现事实，并能留给人深刻的印象。

在当今这个戏剧化的时代，仅仅平铺直叙是不够的，你必须使用吸引人的方法。电影这么做，电视这么做，如果你想引起人们的注意，你也必须如此做。使事实更生动、有趣而戏剧化地表现出来，才能有效地吸引人们的注意。

橱窗展示专家就很了解戏剧化的力量。例如，生产一种新的灭鼠药的厂商，在为经销商参观而设计的橱窗展示之中，放置了两只活的老鼠，结果展示活老鼠的那一个星期的销售量突然上升，比平时多出5倍。

电视广告中更充满了运用戏剧化的技巧以促销产品的例子。晚上你坐在电视机前面，分析一下广告专家在他们的每一个广告中的表现手法。你会看到一种解酸剂如何能够在试管中把酸的颜色改变；一种牌子的肥皂或肥皂粉如何把油污的衣服洗干净；你会看到一辆汽车左转右转奔驰着，表现得比广告词中所说的还要好；快乐的面孔显示出对各种产品的满意。所有这些都是为了把产品能提供的好处戏剧化地表现出来，而且确实能够促使观众去买这些东西。

戏剧化的方法也可适用于日常生活。方特想叫他5岁的儿子和3岁的女儿玩耍后把玩具收拾起来，为此他发明了一列"火车"。儿子为司机，骑着他的三轮车，女儿的篷车接在三轮车后面。晚上，当她哥哥骑着车子绕室而行的时候，她就把所有的"煤"装上货车（她的篷车），然后，她也跳了进去。这样一来，屋内的玩具也很快就收拾好了，不需要教训、申斥或恐吓。

印第安纳州的希尔太太，在工作方面遇到了一些问题，认为必须要和老板谈谈。星期一早晨她要求和老板面谈，但是他告诉她很忙，要她和他的秘书接头，看看能不能安排在星期四或星期五见面。秘书说他的行程表已经排满了，但是会想办法把她和老板见面的时间插进去。

在那整个星期里，她一直都没有得到秘书的通知。每当希尔太太去问，秘书都提出老板没有时间见她的理由。到星期五早上她还是没有得到确实的消息。希尔太太决心，要在周末之前见到老板和他讨论她的问题，因此希尔太太就自问她怎样才可能使老板接见她。

她最后的办法是这样：她写给老板一封正式的信函。信中，她表示完全了解老板一星期都很忙，但是她要和他面谈也极为重要。她随信附了一张字条和一个写上了自己名字的信封，请他或由他叫秘书把这张字条填好，然后送给她。这张表的内容是这样的：

"希尔太太：我将在 ×月 ×日 ×点钟拨出 ×分钟和你见面讨论问题。"

希尔太太在上午 11 点钟把这封信放在他的公文盒子里面，等到下午两点钟去看她的信箱的时候，就收到了自己写上名字的信封。老板亲自回了希尔太太的信，表示当天下午就可以见她，并且给她 10 分钟的谈话时间。希尔太太和他见了面，谈了一个多小时，解决了她的问题。

如果希尔太太不把她要见老板的这件事戏剧化起来，希尔太太可能到现在还在等着。

第三章 不露痕迹，改变他人

用赞誉作开场白

⊙通常，在我们听到别人对我们的某些长处赞扬之后，再去听一些比较令人不痛快的批评，总是好受得多。

⊙用赞扬的方式开始批评，就好像牙医用麻醉剂一样，病人仍然要受钻牙之苦，但麻醉却能消除苦痛。

在柯立芝总统执政期间，他的一位朋友接受邀请，到白宫去度个周末。他偶然走进总统的私人办公室，听见柯立芝对他的一位秘书说："你今天早上穿的这件衣服很漂亮，你真是一位迷人的年轻小姐。"

这可能是沉默寡言的柯立芝一生当中对一位秘书的最佳赞赏了。这来得太不寻常，太出乎意料之外了，因此那位女孩子满脸通红，不知所措。接着，柯立芝又说："现在，不要太高兴了。我这么说，只是为了让你觉得舒服一点。从现在起，我希望你对标点符号能稍加小心一些。"

他的方法可能有点太过明显，但其心理策略则很高明。通常，在我们听到别人对我们的某些长处赞扬之后，再去听一些比较令人不痛快的事，总是好受得多。

而麦金尼远在1896年竞选总统时，就曾采用了这种方法。当时，共和党一位重要人士写了一篇竞选演说，以为写得比任何人都高明。于是，这位仁兄把他那篇不朽演说大声念给麦金尼听。那篇演说有一些很不错的观点，但就是不行，很可能会惹起一阵批评狂潮。麦金尼不愿使这人伤心，他不想抹杀这人的无比热诚，然而他却又必须说"不"。请注意，他把这件事处理得多巧妙。

"我的朋友，这是一篇很精彩而有力的演说，"麦金尼说，"没有人能写得比你更好。在许多场合中，这些话说得完全正确，但在目前这特殊场合中，是否相当合适呢？从你的观点来看，这篇演说十分有力而切题，但我必须从党的观点来考虑它所带来的影响。现在你回家去，根据我的提示写一篇演说稿，并且送我一份副本。"

他真地照办了。麦金尼替他改稿，并帮他重写了第二篇演说稿。他后来终于成为竞选活动中最有力的一名演说者。

这种哲学在日常的生意来往上，也能奏效。我们以费城华克公司的高先生为例。

高先生在某次上课之前的演讲会上，讲述了下面这一则故事。

华克公司承包了一项建筑工程，预定于一个特定日期之前，在费城建立一幢庞大的办公大厦。一切都照原定计划进行得很顺利，大厦接近完成阶段，突然，负责供应大厦内部装饰用的铜器的承包商宣称，他无法如期交货。什么！整幢大厦耽搁了！巨额罚金！重大损失！全因为一个人。

长途电话、争执、不愉快的会谈，全都没效果。于是高先生奉命前往纽约，到狮穴去擒他的铜狮子。

"你知道吗？在布鲁克林区，有你这个姓氏的，只有你一个人。"高先生走进那家公司董事长的办公室之后，立刻就这么说。

董事长很吃惊："不，我并不知道。"

"哦，"高先生说："今天早上，我下了火车之后，就查阅电话簿找你的地址，在布鲁克林的电话簿上，有你这个姓的，只有你一人。"

"我一直不知道，"董事长说，他很有兴趣地查阅电话簿，"嗯，这是一个很不平常的姓，"他骄傲地说，"我这个家族从荷兰移居纽约，几乎有两百年了。"一连好几分钟，他继续说到他的家族及祖先。当他说完之后，高先生就恭维他拥有一家很大的工厂，高先生说他以前也拜访过许多同一性质的工厂，但跟他这家工厂比起来就差得太多了。"我从未见过这么干净整洁的铜器工厂。"高先生如此说。

"我花了一生的心血建立这个事业，"董事长说，"我对它感到十分骄傲。你愿不愿意到工厂各处去参观一下？"

在这段参观活动中，高先生恭维他的组织制度健全，并告诉他为什么他的工厂看起来比其他的竞争者高级，以及好处在什么地方。高先生对一些不寻常的机器表示赞赏，这位董事长就宣称是他发明的。他花了不少时间，向高先生说明那些机器如何操作，以及他们的工作效率多么良好。他坚持请高先生吃中饭。到这时为止，你一定注意到，一句话也没有提到高先生此次访问的真正目的。

吃完中饭后，董事长说："现在，我们谈谈正事吧。自然，我知道你这次来的目的。我没有想到我们的相会竟是如此愉快。你可以带着我的保证回到费城去，我保证你们所有的材料都将如期运到，即使其他的生意都会因此延误也不在乎。"

高先生甚至未开口，就得到了他想要的所有的东西。那些器材及时运到，大厦就在契约期限届满的那一天完工了。

如果高先生使用大多数人在这种情况下所使用的那种大吵大闹的方法，这种美满的结果会发生吗？

用赞扬的方式开始，就好象牙医用麻醉剂一样，病人仍然要受钻牙之苦，但麻醉却能消除苦痛。

说人之前先说自己

⊙如果批评的人开始先谦逊地承认，自己也不是无可指责的，然后再让被批评者听他自己的错误，似乎就不十分困难了。

几年以前，我的侄女约瑟芬·卡耐基，离开她在堪萨斯市的老家，到纽约来担任我的秘书。她那时19岁，高中毕业已经3年，做事经验几乎等于零。而今天，她已是西半球最完美的秘书之一。

但是，在刚刚开始的时候，她——嗯，尚可改进。有一天，我正想开始批评她，但转念又想："等一等，戴尔·卡耐基，等一等，你的年纪比约瑟芬大了一倍，你的生活经验几乎有她的一万倍多，你怎么可能希望她有你的观点、你的判断力、你的冲劲——虽然这些都是很平凡的？还有，等一等，戴尔，你19岁时又在干什么呢，可还记得你那些愚蠢的错误和举动？可还记得……"

经过诚实而公正地把这些事情仔细想过一遍之后，我获得结论，约瑟芬19岁时的行为比我当年好多了。而且，我发现自己并没有经常称赞约瑟芬。

从那次以后，当我想指出约瑟芬的错误时，总是说："约瑟芬，你犯了一个错误，但上帝知道，我所犯的许多错误比你的更糟糕。你当然不能天生就万事精通，那是只有从经验中才能获得的。而且你比我在你这年纪时强多了，我自己曾做过那么多愚蠢的傻事，所以我根本不想批评你或任何人。但难道你不认为，如果你这样做的话，不是比较聪明一点吗？"

加拿大明尼托拔布兰敦的一位工程师狄里史东，他的秘书有点问题：口述的信打好了，送给他签名，每页总会有二三个词拼错。狄里史东先生怎么处理这个问题呢？

当下一封信送来时，上面仍有些错误，狄里史东先生就跟他的秘书一起坐下，对她说：

"不知怎么了，这个词看起来总是不对劲，这个词我也常常不会写，所以我才写了这本拼词本。（他打开了小笔记本，翻到那一页。）对啦，这就是了。现在我对拼词比较留心，因为别人会以拼错词来评断我们够不够职业水准。"

自从那次谈话后，她拼错词的次数确实少多了。

一个人即使尚未改正他的错误，但只要他承认自己的错误，就能帮助另一个人改变他的行为。这句话是马里兰州提蒙尼姆的克劳伦斯·周哈辛最近才说的。因为他看到了他15岁的儿子正在试着抽烟。

"当然，我不希望大卫抽烟，可是他妈妈和我都抽烟，我们一直都给他做了个不好的榜样。我解释给大卫听，我跟他一样大时就开始抽烟，而尼古丁战胜了我，使我现在几乎不可能不抽了。我也提醒他，我现在咳嗽得多么厉害。

"我并没有劝他戒烟，或恐吓警告他抽烟的害处。我只是告诉他，我如何迷上抽烟和它对我的影响。

"他想了一会儿，然后决定在高中毕业以前不抽烟。直到现在都未曾想再抽烟。

"那次谈话的结果，我也决定戒烟。由于家人的支持，我成功了。"

圆滑的布洛亲王，在1909年，就已经明白这样做事的迫切需要。

当时的布洛亲王是德国皇家参议，当时的皇帝是威廉二世——威廉，傲慢的威廉，狂妄自大的威廉，最后的德国皇帝。

他缔造了海军、陆军，他自夸说他能随心所欲地改变一切。

于是，一件令人震惊的事情发生了。威廉皇帝讲了一些话，一些令人难以置信的话，一些震惊了欧洲的话。接着又发生了爆炸性传闻，令世界震惊和愤怒——事情坏得不可收拾。这位德国皇帝在英国做客的时候大放厥词，他竟允许在《每日电报》上发表出来。他宣称他是惟一对英国人友善的德国人；他正在建造海军对付日本的危害；是他的讨伐计划，使英国的劳勃兹爵士战胜了荷兰人等。

100年内，在和平时期，从欧洲国王口中，从没有说出像他这样惊人的话。整个欧洲如野马蜂一样骚动起来。英国被激怒了，德国政治家惊骇起来。在这些震惊之中，德皇感到惶恐，他向皇家参议布洛提议，请他负责。

是的，他要布洛宣布一切都是他的责任，是他建议他的君主说这些不负责任的话。

"但是，陛下，"布洛反对道，"在我看来，不论在德国或英国，绝对不会有任何人能相信我会建议陛下说这些话的。"

这句话一出布洛的口，他即感觉到他犯了一个严重的错误，果然德皇发作起来。

"你以为我是一只笨驴，"他咆哮道，"能犯你永远不会犯的错误！"

布洛知道在他责备以前他应当首先称赞他，但现在为时太晚，他马上采取了补救措施。他在批评以后称赞，结果极为神妙。

他的赞赏是这样的：

"我绝对没有那样的意思，"他恭敬地回答道，"陛下在许多方面超过我，当然不只在海、陆军知识上，而且在尤为重要的自然科学上也比我懂得更多。当陛下解释风雨表，或无线电报，或透视光线时，我常常惊叹着静听。我对所有自然科学一无所知，对此我感到羞愧。我不懂化学或物理，完全不能解释最简单的自然现象。"布洛接着说，"我有一点历史知识，还有一些政治常识，特别是在外交上有些知识，但这些知识只能作为您的补充。"

德皇显出笑容来——布洛称赞了他，布洛抬高了他，贬低了自己。

从那以后，德皇可以原谅布洛的任何事情了。"我不是一直告诉你，"他热情地叫道，"我们不是以互补著名吗？我们应团结一致，而且，我们愿意这样！"

他与布洛握手，不是一次，而是多次。

那天下午，他越发来了兴致，他握起双拳，喊道："如果任何人对我说布洛不好，我将对着他的鼻子，报以老拳！"

布洛及时挽救了他自己——尽管他是灵敏的外交家，他仍然做错了一件事。

如果几句贬低自己、称赞对方的话能使一位傲慢、被侮辱了的德皇变成一个坚定的朋友，是不是太容易了些？

　　试想谦逊与称赞在我们日常生活中，能对你我有什么效用。在人际关系上用得适当，真能发生奇迹。

不要把意见硬塞给别人

　　⊙没有人喜欢被迫购买或遵照命令行事。
　　⊙如果你想赢得他人的合作，就要征询他的愿望、需要及想法，让他觉得是出于自愿。

　　你对于自己发现的思想，是不是比别人用银盘子盛着交到你手上的那些思想，更有信心呢？如果是这样的话，那么，如果你要把自己的意见硬塞入别人的喉咙里，岂不是很差劲的做法吗？提出建议，然后让别人自己去想出结论，那样不是更聪明吗？

　　没有人喜欢觉得他是被强迫购买或遵照命令行事。我们宁愿觉得是出于自愿购买东西，或是按照我们自己的想法来做事。我们很高兴有人来探询我们的愿望、我们的需要，以及我们的想法。

　　当西奥多·罗斯福当纽约州州长的时候，他完成了一项很不寻常的功绩。他一方面和政治领袖们保持良好的关系，另一方面又强迫进行一些他们十分不高兴的改革。下面是他的做法。

　　当某一个重要职位空缺时，他就邀请所有的政治领袖推荐接任人选。"起初，"罗斯福说，"他们也许会提议一个很差劲的党棍，就是那种需要'照顾'的人。我就告诉他们，任命这样一个人不是好政策，大家也不会赞成。

　　"然后他们又把另一个党棍的名字提供给我，这一次是个老公务员，他只求一切平安，少有建树。我告诉他们，这个人无法达到大众的期望，接着我又请求他们，看看他们是否能找到一个显然很适合这职位的人选。

　　"他们第三次建议的人选，差不多可以，但还不太行。

　　"接着，我谢谢他们，请求他们再试一次，而他们第四次所推举的人就可以接受了；于是他们就提名一个我自己也会挑选的最佳人选。我对他们的协助表示感激，接着就任命那个人——我还把这项任命的功劳归之于他们……我告诉他们，我这样做是为了能使他们感到高兴，现在该轮到他们来使我高兴了。

　　"而他们真的使我高兴。他们以支持像'文职法案'和'特别税法案'这类全面性的改革方案，来使我高兴。"记住，罗斯福尽可能地向其他人请教，并尊重他们的忠告。当罗斯福任命一个重要人选时，他让那些政治领袖们觉得，他们选出了适当的人选，完全是他们自己的主意。

　　让别人觉得办法是他想出来的，不只可以运用于商场和政坛上，也同样可以运用于家庭生活之中。俄克拉何马州叶萨市的保罗·戴维斯，告诉公司同事他是如何地运用这个原则：

"我的家庭和我享受了一次最有意思的观光旅行。我以前早就梦想着要去看看诸如盖弟斯堡的内战战场、费城的独立厅等等的历史古迹，以及美国的首都。法吉谷、詹姆斯台以及威廉士堡保留下来的殖民时代的村庄，也都罗列在我想造访的名单上。

"在三月里，我夫人南茜提到她有一个夏天度假计划，包括游览西部各州，以及看看新墨西哥州、亚利桑纳州、加州以及内华达州的观光胜地。她想去这些地方游玩已经有好几年了。但是很明显地，我们不能既照我的想法又照她的计划去旅行。

"我们的女儿安妮刚刚在初中读完了美国历史，对于那些历史事件很感兴趣。我问她喜不喜欢在我们下次度假的时候，去看看她在课本上读到的那些地方，她说她非常喜欢。

"两天以后，我们一起围坐在餐桌旁，南茜宣布说，如果我们大家都同意，在夏天度假的时候将去东部各州。她还说，这趟旅行不但对安妮很有意义，对大家来说，也是一件令人兴奋的事。"

一位X光机器制造商，利用这同样的心理战术，把他的设备卖给了布鲁克林一家最大的医院。那家医院正在扩建，准备成立全美国最好的X光科。L大夫负责X光科，整天受到推销员的包围，他们一味地歌颂、赞美他们自己的机器设备。

然而，有一位制造商却更具技巧。他比其他人更懂得对付人性的弱点。他写了一封信，内容大致如下：

"我们的工厂最近完成了一套新型的X光设备。这批机器的第一部分刚刚运到我们的办公室来。我们知道它们并非十全十美，我们想改进它们。因此，如果你能抽空来看看它们并提出你的宝贵意见，使它们能改进得对你们这一行业有更多的帮助，那我们将不胜感激。我知道你十分忙碌，我会在你指定的任何时候，派我的车子去接你。"

"接到那封信时，我感觉很惊讶，"L大夫在班上叙述这件事说，"我既觉得惊讶，又觉得受到很大的恭维。以前从没有任何一位X光制造商向我请教。这使我觉得自己很重要。那个星期，我每天晚上都很忙，但是我还是推掉了一个晚餐约会，以便去看看那套设备。结果，我看得愈仔细，愈发觉自己十分喜欢它。

"没有人试图把它推销给我。我觉得，为医院买下那套设备，完全是我自己的主意，于是就把它订购下来。"

长岛一位汽车商人，也是利用这样的技巧，把一辆二手货汽车，成功地卖给了一位苏格兰人。

这位商人带着那位苏格兰人看过一辆又一辆的车子，但总是不对劲。这不适合，那不好用，价格又太高，他总是说价格太高。在这种情况下，这位商人——他也是我班上的学生——就向班上的同学求助。

我们劝告他，停止向那位"苏格兰佬"推销，而让他自动购买。我们说，不必告诉"苏格兰佬"怎么做，为什么不让他告诉你怎么做？让他觉得出主意的人是他。

这个建议听起来相当不错。因此，几天之后，当有位顾客希望把他的旧车子换一辆新的时，这位商人就开始尝试这个新的方法。他知道，这辆旧车子对"苏格兰佬"可能很有吸引力。于是，他打电话给"苏格兰佬"，询问他能否过来一下，特别帮个忙，提供一点建议。

"苏格兰佬"来了之后，汽车商说："你是个很精明的买主，你懂得车子的价值。能不能请你看看这部车子，试试它的性能，然后告诉我这辆车子，应该出价多少才合算？"

"苏格兰佬"的脸上泛起"一个大笑容"。终于有人来向他请教了，他的能力已受到赏识。他把车子开上皇后大道，一直从牙买加区开到佛洛里斯特山，然后开回来。"如果你能以300美元买下这部车子，"他建议说，"那你就买对了。"

"如果我能以这个价钱把它买下，你是否愿意买它？"这位商人问道。300美元？果然，这是他的主意、他的估价，这笔生意立刻成交了。

爱默生在他的散文《自己靠自己》一文中说："在天才的每一项创作和发明之中，我们都看到了我们过去摒弃的想法，这些想法再呈现在我们面前的时候，就显得相当的伟大。"

爱德华·豪斯上校，在威尔逊总统执政的期间，在国内及国际事务上有极大的影响力。威尔逊对豪斯上校的秘密咨询及意见依赖的程度，远超过对自己内阁的依赖。

豪斯上校利用什么方法来影响总统呢？很幸运地，我们知道这个答案。因为豪斯自己曾向亚瑟·D.何登·史密斯透露，而史密斯又在《星期五晚邮》的一篇文章中引述豪斯的这段话。

"'认识总统之后，'豪斯说，'我发现，要改变他一项看法的最佳办法，就是把这个新观念很自然地建立在他的脑海中，使他发生兴趣——使他自己经常想到它。第一次这种方法奏效，纯粹是一项意外。有一次我到白宫拜访他，催促他执行一项政策，而他显然对这项政策不赞成。但几天以后，在餐桌上，我惊讶地听见他把我的建议当作他自己的意见说出来。'"

豪斯是否打断他说："这不是你的主意，这是我的？"哦，没有，豪斯不会那么做。他太老练了，他不愿追求荣誉，他只要成果。所以他让威尔逊继续认为那是他自己的想法。豪斯甚至更进一步，他使威尔逊获得这些建议的公开荣誉。

且让我们记住，我们明天所要接触的人，就像威尔逊那样具有人性的弱点，因此，且让我们使用豪斯的技巧吧。

说服人最好的办法是：让别人觉得办法是他想出来的。

"旁敲侧击"更使人信服

⊙间接指出别人的错误，要比直接说出口来得温和，且不会引起别人的强烈反感。

⊙为了不触犯对方的自尊心，即使发现了对方的错误，也不要立刻指出，而应采取间接的方式。

人性的弱点

我们在批评别人时，常常会犯这样一个错误，就是当发现对方有明显的错误时，会不客气地批评对方说："那是错的，任何人都会认为那是错的！"这样一来，对方的自尊心会受到伤害，而突然陷入沉默，或挑剔你的言词来拒绝你。

因此，为了不触犯对方的自尊心，即使发现了对方的错误，也不要立刻指出，而应采取间接的方式。

据说美国政治家富兰克林年轻时非常喜爱辩论，尤其是对于别人的错误更是不能容忍，总是穷追到底。因此，他的看法常常不能被人接受。当他发现了自己的缺点之后，便改以疑问的形式表达自己的意见，后来他的成就是众所周知的。

由此可知，不要用"我认为绝对是这样的！"这类口气威压对方，用"不知道是不是这样？"这种委婉的态度与对方交谈效果会更好。

批评是我们常用的一种手段，但我们有些人批评起来简直让他人无地自容，下不了台阶。其实，这种批评方式不但无法达到让他人改正错误的目的，而且有碍于你的人际关系。既然如此，为何还要使用这种"残酷"的手段呢？

在生活和工作中，我们不可能没有批评，但要学会巧妙地批评，让他人既意识到自己的错误，并尽快改正，同时也理解你善意批评的意图，使他内心里对你心存感激。

一天下午，查理·夏布经过他的一家钢铁厂，撞见几个雇员正在抽烟，而他们的头顶上正挂着"请勿吸烟"的牌子。那么夏布先生是如何处理此事的呢？他并没有指着牌子说："你们难道不识字吗？"而只是走过去，递给每人一支烟，然后道："老兄，如果你们到外边抽，我会很感谢你们。"员工当然知道自己破坏了规定，但是夏布先生不但没说什么，反而给了每个人一样小礼物，你能不敬重这样的老板吗？谁能不敬重这样的老板呢？

不直接说出对方的错误，而是通过间接的方式让对方自己去发现并改正自己的错误；在禁止对方不要做某件事时，不使用直接禁止的语言，而是劝说对方做与之完全相反的事情。如果直接禁止对方只会招致反感，而采取不禁止，只是劝说对方做与之相反的事情的方法，却能收到良好的效果。

对那些对直接的批评会非常愤怒的人，间接地让他们去面对自己的错误，会有非常神奇的效果。罗得岛，温沙克的玛姬·杰各在我的课堂中提到，她如何使得一群懒惰的建筑工人，在帮她家盖房子之后清理干净。

最初几天，当杰各太太下班回家之后，发现满院子都是锯木屑子，她不想去跟工人们抗议，因为他们工程做得很好。所以等工人走了之后，她跟孩子们把这些碎木块捡起来，并整整齐齐地堆放在屋角。次日早晨，她把领班叫到旁边说："我很高兴昨天晚上草地上这么干净，又没有冒犯到邻居。"从那天起，工人每天都把木屑捡起来堆好在一边，领班也每天都来，看看草地的状况。

在后备军人和正规军训练人员之间，最大不同的地方就是理发，后备军人认为他们是老百姓，因此非常痛恨把他们的头发剪短。

美国陆军第五百四十二分校的士官长哈雷·凯塞，当他带了一群后备军官时，他要求自己要解决这个问题。跟以前正规军的士官长一样，他可以向他的部队吼几声或威胁他们，但他不想直接说他要说的话。

他开始说了："各位先生们，你们都是领导者。当你以身教来领导时，那就再有效不过了。你必须为遵循你的人做个榜样。你们该了解军队对理发的规定，我今天也要去理发，而它却比某些人的头发要短得多。你们可以对着镜子看看，你要做个榜样的话，是不是需要理发了，我们会帮你安排时间到营区理发部理发。"

成果是可以预料的。有几个人自愿到镜子前看了看，然后下午到理发部去按规定理发。次晨，凯塞士官长讲评时说，他已经可以看到，在队伍中有些人已具备了领导者的气质。

在 1887 年 3 月 8 日，美国最伟大的牧师及演说家亨利·华德·毕奇尔逝世。就在那个礼拜天，莱曼·阿伯特应邀向那些因毕奇尔的去世而哀伤不语的牧师们演说。他急于作最佳表现，因此把他的讲演词写了又改，改了又写，并像大作家福楼拜那样谨慎地加以润饰。然后他读给他的妻子听，写得很不好——就像大部分写好的演说一样。如果她的判断力不够，她也许就会说："莱曼，写的真是糟糕，行不通，你会使所有的听众都睡着的，念起来就像一部百科全书似的。你已经传道这么多年了，应该有更好的认识才是。看在老天爷的分上，你为什么不像普通人那般说话？你为什么不表现得自然一点？如果你念出像这样的一篇东西，只会自取其辱。"

她称赞了这篇讲稿，但同时很巧妙地暗示出，如果用这篇讲稿来演说，将不会有好效果。莱曼·阿伯特知道她的意思，于是把他细心准备的原稿撕破，后来讲道时甚至不用笔记。

"高帽子"的妙用

⊙给他们一个好的名声来作努力的方向，他们就会痛改前非，努力向上而不愿看到你的希望破灭。

⊙给人一个超乎事实的美名，就像用"灰姑娘"故事里的仙棒，点在他身上，会使他从头至尾焕然一新。

假如一个好工人变成粗制滥造的工人，你会怎么做？你可以解雇他，但这并不能解决任何问题。你可以责骂那个工人，但这只能常常引起怨怒。

亨利·汉克，他是印地安纳州洛威一家卡车经销商的服务经理，他公司有一个工人，工作每况愈下。但亨利·汉克没有对他吼叫或威胁他，而是把他叫到办公室里来，跟他坦诚地谈一谈。

他说："比尔，你是个很棒的技工。你在这条线上工作也有好几年了，你修的车子也都很令顾客满意，其实，有很多人都赞美你的功夫好。可是最近，你完成一件工作所需的时间却加长了，而且你的质量也比不上你以前的水准。你以前真是个杰出的技工，我想你一定知道，我对这种情况不太满意，也许我们可以一起来想个办法来改正这个问题。"

比尔回答说他并不知道他没有尽好他的职责，并且向他的上司保证，他所接的工作并未超出他的专长之外，他以后一定会改进它。

他做了没有？你可以肯定他做了。他曾经是一个快速优秀的技工，有了汉克先生给他的那个美誉去努力，他怎么会做些不及过去的事。

包汀火车厂的董事长撒慕尔·华克莱说："假如你尊重一个人，一般人是容易诱导的，尤其是当你显示你尊重他是因为他有某种能力时。"

总之，你若要在某方面去改变一个人，就把他看成他已经有了这种杰出的特质。

莎翁曾说："假如你没有一种德行，就假装你有吧！"更好的是，公开的假设或宣称他已有了你希望他有的那种德行，给他们一个好的名声来作为努力的方向，他们就会痛改前非、努力向上，而不愿看到你的希望破灭。

比尔·派克是佛罗里达州得透纳海滩一家食品公司的业务员，他对公司新系列的产品感到非常兴奋；但不幸的是，一家大食品市场的经理取消了产品陈列的机会，这令比尔很不高兴。他对这件事想了一整天，决定下午回家前再去试试。

他说："杰克，我今天早上走时，还没有让你真正了解我们最新系列的产品，假如你能给我些时间，我很想为你介绍我漏掉的几点。我非常敬重你有听人谈话的雅量，而且非常宽大，当事实需要你改变时你会改变你的决定。"

杰克能拒绝再听他谈话吗？在这个必须维持的美誉下，他是没办法这样做的。

有一天早晨，苏格兰都柏林的一位牙医马丁·贵兹，当他的病人指出她用的漱口杯、托盘不干净时，他真的震惊极了。不错，她用的是纸杯，而不是托盘，但生锈的设备，显然表示他的职业水准是不够的。当这位病人走了之后，贵兹与医生关了私人诊所，写了一封信给布利基特——一位女佣，她一个礼拜来打扫两次。他是这样写的：

亲爱的布利基特：

最近很少看到你。我想我该抽点时间，为你做的清洁工作致意。顺便一提的是，一周两小时，时间并不算少，假如你愿意，请随时来工作半个小时，做些你认为应该经常做的事，像清理漱口杯、托盘等。当然，我也会为这额外的服务付钱。

贵兹与医生

第二天他走进办公室时，他的桌子和椅子，擦得几乎跟镜子一样亮，他几乎从上面滑了下去。当他进了诊疗室后，看到从未见过的干净，光亮的铬制杯托放在储存器里。他给了他的女佣一个美誉促使她去努力，而且就只为这一个小小的赞美，她使出了最卖力的一面，而且没有用到额外的时间。

纽约布鲁克林的一位四年级老师鲁丝·霍普斯金太太，在学期的第一天，看过班上的学生名册时，她对新学期的兴奋和快乐却染上忧虑的色彩：今年，在她班上有一个全校最顽皮的"坏孩子"——汤姆。他三年级的老师，不断地向同事或是校长抱怨，只要有任何人愿意听。他不只是做恶作剧，还跟男生打架、逗女生、对老师无礼、在班上扰乱秩序，而且好像是愈来愈糟。他惟一能稍事补偿的特质是：他很快就能学会学校的功课，而且非常熟练。霍普斯金太太决定立刻面对汤姆的问题。当她见到她的新学生时，她讲了些话："罗丝，你穿的衣服很漂亮；爱丽西亚，我听说你画画很不错……"当她念到汤姆时，她直视着汤姆，对他说："汤姆，我知道你是个天生的领导人才，今年我要靠你帮我把这班变成四年级最好的一班。"在头几天她一直强调这点，夸奖汤姆所做的一切，并评论他的行为正代表着他是一位很好的学生。有了值得奋斗的美名，即使只是一个9岁大的男孩也不会令她失望，而他真的做到了这些。

批评勿忘多鼓励

⊙一旦发现他人出现错误，我们很多人往往首先想到的就是如何批评。
⊙当他人出现错误时，如果可能的话，尽量采取鼓励的方式。

一旦发现他人出现错误，我们很多人往往首先想到的就是如何批评，使之改正。事实上，与批评相比，鼓励似乎更容易使人改正错误，并且更易让对方去做你所期望的事情。所以，当他人出现错误时，你首先应该考虑一下，是否非得批评不可，应该怎样批评？如果可能的话，尽量采取鼓励的方式，这样一方面可以达到让对方知错改错的目的，同时也不影响你们之间的相互关系。

你要是跟你的孩子、伴侣、雇员说他或她做某件事显得很笨，很没有天分，那你就做错了，这等于毁了他所有求进步的心。但如你用相反的方法，宽宏地鼓励他，使事情看起来很容易做到，让他知道，你对他做这件事的能力有信心，他的才能还没有发挥，这样他就会练习到黎明，以求自我超越。

罗维尔•汤麦斯就是个处理人际关系的高手，他会给人勇气与信心，使人充满自信。举例来说：

一次，我与汤麦斯夫妇一起度周末，罗维尔•汤麦斯请我参加他们的桥牌友谊赛，桥牌对我来说是个全然陌生的游戏，我一点都不了解它的规则。

罗维尔说："戴尔，为什么不试试呢？除了需要一些记忆与判断的能力外，它没有什么技巧可言。你曾经对人类记忆的组织有过深入的研究，所以打桥牌一定难不倒你。"

当我还没有意识到什么时，已经被拉到桥牌桌边，我发现这是有生以来第一次参加桥牌比赛，完全是因为罗维尔给了我信心，使我觉得打桥牌不是件难事。

我有一个光棍朋友，年约40余岁，最近刚订婚。他的未婚妻一直怂恿他去学跳舞。这位朋友说道："天知道我的确应该去学跳舞。20年前，我第一次跳舞，当时的技术和现在一直都没什么两样。我的第一位老师讲的或许不假，她说，我的舞步全错了，必须从头学起。此话颇伤我的心，以致学舞的兴致完全消失无踪，我的学舞生涯也至此宣告结束。

"现在这位老师不知是不是哄我，但她讲的话我听了真喜欢。第一位老师由于强调的是我不对的地方，以致让我失去学习的兴趣；第二位老师则是正好相反，她一直称赞我的长处，对我的短处则尽量不提。她曾对我说：'你具有天生的节拍感，可说是天生的舞蹈家呢！'虽然，直到现在，我仍然感觉到自己并没有什么跳舞细胞，技术也一直没什么进步。但在内心深处，我还是希望这位新老师所说的话或许没错，所以便继续付钱让她讲这些话。

"我知道，假如她没有告诉我我天生有韵律感，我今天还跳不到这么好。她鼓励我，给我希望，让我想要更进步。"

我的训练班的一个学员讲述了他的儿子是如何在他的鼓励下改变的事实：

"1970年，我的儿子大卫15岁大，到辛辛那提来跟我住。他的命运坎坷。1958年，在一次车祸中脑部受伤需要开刀，这次手术在他前额留下了一道难看的疤。直到15岁，他都是在达拉斯的特别班里，因为他的学习速度很慢。也许是因为疤的关系，学校当局判定他的脑部受伤，无法正常运作。他比同年的小孩慢了两年，所以他现在才七年级，但他还不会乘法表，他都用手指算算数，也不太会念书。

"但是，他喜欢研究收音机和电视。他想做个电视机技师。我鼓励他这件事，并告诉他需要数学好才能参加训练。我决心要在这种事上帮他做到熟练。我们买了四组彩色卡片：加法、减法、乘法、除法。我们一边看卡片，大卫一边把正确的答案放在空白栏内，假如他漏掉了，我就给他正确的答案，再把它放上去，直到全部放完为止。我费了很大劲才让他把每一个卡片都弄对，尤其是先前错过一次的。每天晚上我们都放一次卡片，放完为止。每天晚上，都用一只不走的手表计时，我向他保证，假如他能在八分钟内做对全部的卡片而且没有错误，那就不用每天晚上做了。这对大卫来说似乎不太可能。第一次，他用了52分，第二次，48分，然后是45、43、41，然后是少于40分钟了。每次的进步，我们都加以庆祝，到月底时，他已经能在八分钟之内正确地放完所有的卡片了。每当他有点进步时，他会要求再做一遍。他终于神奇地发现，学习是容易和有趣的。

"这时，他的代数成绩飞跃地进步了。他自己也觉惊奇，因他拿回家的成绩单，数学是B，这在以前从没发生过。其他的变化也快得令人难以置信。他的阅读能力也快速的进步，他开始会用他的天赋画图。在学期末，他的科学老师指定他筹办一个展览，他选择了去发展一种高难度的模型来证明杠杆的影响。那不但需要画画和制造模型的技巧，而且要应用数学。这个展览，他拿了学校科学展的第一名，因此而参加了市展的比赛，也拿到了辛辛那提市的第三名。"

他曾是一个留级二年的孩子，被学校认定脑部受损，被他的同学叫"原始人"，又说他的大脑在脑部的缺口漏了出去。突然，他发觉他能够学习而且去完成一些工作，结果呢？从八年级的最后一学期起一直到高中，他都排在荣誉榜上；在高中时，他被选拔至全国荣誉协会。一旦他发现学习是容易的，他整个生命都变了。

第四章　如何使交谈变得更愉快

十之八九，你赢不了争论

⊙争论的结果不仅伤了和气，往往使对方更加坚持其主张。
⊙你可能有理，但要想在争论中改变别人的主意，一切都是徒劳。
⊙不论对方才智如何，都不可能靠辩论改变他的想法。

在人际交往中，很容易出现双方观点、意见不一致的情况，怎样对待这种不一致，是检验一个人社交能力高低的一个重要尺度。善于交往的人应采取不争论的策略，可能有人认为这是缺乏原则性的表现，明明自己有看法，却有意隐蔽起来，这岂不是有点虚伪吗？

意见不一致的情况，具体表现很多，但不外乎两大类：一类是与己无关的情况。比如几个人闲聊，某人说拿破仑是英国人，这当然是一个明显的错误，这时你可以讲究一点策略，暗地提醒一下，他若仍然坚持，你可默不作声，而不必大张旗鼓、针锋相对地跟他争论，因为争论的结果他必输无疑，何必在大庭广众之下让他丢面子呢？再说经过人家提醒，他必定心虚，回去后查查书或问问别人也不难解决，大可不必用争论的办法为他纠正错误。另一类则是与己有关的情况。这时候的不争论绝不是轻易放弃自己的意见。恰恰相反，是通过种种方法、策略让对方自动放弃他的意见，从而按自己的意见办，只不过"种种方法、策略"决不包括争论的方法。因为争论的结果不仅伤了和气，往往使对方更加坚持其主张。我们的目的既然是让他放弃，为什么要通过争论反而令其更加坚持呢？这方面生活、工作中有不少例子。

我曾在伦敦学到一个极有价值的教训。有一天晚上，我参加一次宴会。宴席中，坐在右边的一位先生讲了一个故事，并引用了一句话，意思是"谋事在人，成事在天"。

他说那句话出自《圣经》，我知道，他错了。为了表现出优越感，我很讨嫌地纠正他。他立刻反唇相讥："什么？出自莎士比亚？不可能，绝对不可能！那句话出自《圣经》。"他自信确实如此！

那位先生坐在右边，我的老朋友弗兰克·格蒙在左边，他研究莎士比亚的著作已有多年，于是，我俩都同意向他请教。格蒙说："戴尔，这位先生没说错，《圣经》里有这句话。"

那晚回家路上，我对格蒙说："弗兰克，你明明知道那句话出自莎士比亚。"

"是的，当然，"他回答，"哈姆雷特第五幕第二场。可是亲爱的戴尔，我们是宴会上的客人，为什么要证明他错了？那样会使他喜欢你吗？为什么不给他留点面子？他并没问你的意见啊！他不需要你的意见，为什么要跟他抬杠？应该永远避免跟人家正面冲突。"

永远避免跟人家正面冲突。

天底下只有一种能在争论中获胜的方式，那就是避免争论。避免争论，要像你避免响尾蛇和地震那样。

十之八九，争论的结果会使双方比以前更相信自己绝对正确。你赢不了争论。要是输了，当然你就输了；即使赢了，但实际上你还是输了。为什么？如果你的胜利，使对方的论点被攻击得千疮百孔，证明他一无是处，那又怎么样？你会觉得洋洋自得，但他呢？他会自惭形秽，你伤了他的自尊，他会怨恨你的胜利。而且——

"一个人即使口服，但心里并不服。"

潘恩互助人寿保险公司立了一项规矩："不要争论！"

真正的推销精神不是争论，甚至最不露痕迹的争论也要不得。人的意愿是不会因为争论而改变的。

几年前，有位爱尔兰人名叫欧·哈里，他受的教育不多，可是真爱抬杠。他当过人家的汽车司机。欧·哈里承认，他在口头上赢得了不少的辩论，但并没能赢得顾客。

而欧·哈里现在是纽约怀德汽车公司的明星推销员。他是怎样成功的？这是他的说法："如果我现在走进顾客的办公室，而对方说：'什么？怀德卡车？不好！你要送我我都不要，我要的是何赛的卡车。'我会说：'老兄，何赛的货色的确不错，买他们的卡车绝错不了，何赛的车是优良产品。'

"这样他就无话可说了，没有抬杠的余地。如果他说何赛的车子最好，我说没错，他只有住嘴了。他总不能在我同意他的看法后，还说一下午的'何赛车子最好'。我们接着不再谈何赛，而我就开始介绍怀德的优点。

"当年若是听到他那种话，我早就气得脸一阵红、一阵白了——我就会挑何赛的错，而我越挑剔别的车子不好，对方就越说它好。争辩越激烈，对方就越喜欢我竞争对手的产品。

"现在回忆起来，真不知道过去是怎么干推销的！以往我花了不少时间在抬杠上，现在我守口如瓶了，果然有效。"

正如明智的本杰明·富兰克林所说的：

"如果你老是抬杠、反驳，也许偶尔能获胜，但那只是空洞的胜利，因为你永远得不到对方的好感。"

因此，你自己要衡量一下，你是宁愿要一种字面上的、表面上的胜利，还是要别人对你的好感?

你可能有理,但要想在争论中改变别人的主意,你一切都是徒劳。

威尔逊总统任内的财政部长威廉·麦肯罗以多年政治生涯获得的经验,说了一句话:"靠辩论不可能使无知的人服气。"

不论对方才智如何,都不可能靠辩论改变他的想法。

释迦说:"恨不消恨,端赖爱止。"争强急辩不可能消除误会,而只能靠技巧、协调、宽容,以及用同情的眼光去看别人的观点才可达到影响他人的目的。

假如我是他

⊙告诉自己:假如我是他,我会怎么想?我会怎么做?这么一来,不但可以节省时间,还会减少许多不快。

⊙明天,在你开口要求别人熄火、购物或认捐任何款项之前,请先闭上眼睛,试着由别人的角度来思考事情。

记住,许多人做错事的时候,自己并不这么认为。所以,别去责怪这些人,只有傻子才会这么去做。要想办法去了解这些人。当然,这也只有聪明、有耐心而且具有超俗思想的人才会这么去做。

人会有独特的想法或做法,总有其特别的理由。把这个理由找出来,便可以了解他为什么要这么做。甚至,这个理由还可以帮你了解此人的性格。

要真诚地站在此人的立场上看事情。

告诉自己:假如我是他,我会怎么想?我会怎么做?这么一来,不但可以节省时间,也会减少许多不快。因为,"假如你对事情的原因感兴趣,通常对其所具有的影响也一样感兴趣",更何况这还可以大大增进你对人际关系的了解。

肯尼斯·谷迪在其著作《点石成金》一书中说道:"且预留几分钟,先度量一下自己对本身事务感兴趣的情形,还有对一般事务关注的程度——两者相比较之后,你或许会了解,举世众人也大概都是如此。"

我们再由林肯和罗斯福等人的处世方法中学习处理人际关系的基本原则。那就是:用别人的观点去看事情。

住在纽约的山姆·道格拉斯夫妇,4年前刚迁入新居的时候,由于道格拉斯太太花了太多时间整理草地——拔草、施肥、每星期割两次草。但是,整片草地看起来也只不过和他们搬进去的时候差不多。于是,道格拉斯先生便常劝太太不用那么费力气,道格拉斯太太为此颇感沮丧。而每次道格拉斯先生这么说的时候,当晚家中的宁静气氛便被破坏了。

道格拉斯先生参加了训练班课程之后,深觉多年来的做法不对。他从没想过,或许他的太太本就喜欢园艺工作，她需要的是赞赏而不是指责。

一天傍晚，用过晚餐之后，道格拉斯太太又准备到庭院除草，并且问道格拉斯先生愿不愿意陪她一道去。道格拉斯先生本不太感兴趣，但一想到那是太太的嗜好，最好是不要拒绝，便急忙答应愿意帮忙。道格拉斯太太十分高兴，那天傍晚，他们除了用心除草之外，还谈得十分愉快。

自此以后，道格拉斯先生便常常帮太太整理庭院，也常常称赞太太把庭院整理得多么好。结果：他们的家庭生活大为改进。由于道格拉斯先生能站在太太的立场看事情——虽然只是除草这一类的小事，而事情却能获得圆满解决。

吉拉德·奈伦保在其著作《与人交往》一书中评论道："在你同别人谈话的时候，假如能表现出十分重视对方的想法和感受，便可赢得对方的合作。所以，你应该先表明自己的目的或方向，然后倾听对方发言，再由对方的意见决定该如何应答。总之，要敞开心灵接受对方的观点，如此，对方也相对地会比较愿意接受你的看法。"

多年来，我常到离家不远的公园中散步、骑马，以此作为消遣，像古时高尔人的传教士一样。我很喜欢橡树，所以每当我看见一些小树及灌木被人为地烧掉时，就非常痛心，这些火不是由粗心的吸烟者所致，它们差不多都是由到园中野炊的孩子们摧残所致。有时这些火蔓延得很凶，以致必须叫来消防队员才能扑灭。

公园边上有一块布告牌，上面写道：凡引火者应受罚款及拘禁。但这布告牌竖在偏僻的地方，儿童很少看见它。有一位骑马的警察在照看这一公园，但他对自己的职务不大认真，火仍然是经常蔓延。有一次，我跑到一个警察那边，告诉他一场火正急速在园中蔓延着，要他通知消防队。他却冷漠地回答说，那不是他的事，因为不在他的管辖区中！我急了，所以在那以后，当我骑马的时候，我担负起保护公共地方的义务。最初，我没有试着从儿童的角度来看待这件事。当我看见树下起火时就非常不快，急于想做出正当的行为来阻止他们。我上前警告他们，用威严的声调命令他们将火扑灭。如果他们拒绝，我就恫吓要将他们交给警察。我只在发泄我的情感，而没有考虑孩子们的观点。

结果呢？那些儿童遵从了——怀着一种反感的情绪遵从了。在我骑过山后，他们又重新生火，并恨不得烧尽公园。

多年以后，我增加了一些有关人际关系学的知识与手段，于是我不再发布命令，甚至威吓他们了，而是骑向火前，向他们说道："孩子们，这样很惬意，是吗？你们在做什么晚餐？当我是一个孩童时，我也喜欢生火——我现在也很喜欢。但你们知道在这公园中生火是极危险的，我知道你们不是故意的，但别的孩子们不会是这样小心，他们过来见你们生了火，所以他们也会学着生火，回家的时候也不扑灭，以致在干叶中蔓延烧毁了树木。如果我们再不小心，这里就会没有树林。因为生火，你们可能被拘捕入狱。我不干涉你们的快乐，我喜欢看到你们感到很快乐。但请你们即刻将所有的树叶扫得离火远些，在你们离开以前，你们要小心用土盖起来，下次你们取乐时，请你们在山丘那边沙滩中生火，好吗？那里不会有危险。多谢了，孩子们，祝你们快乐。"

　　这种说法产生的效果有很大区别！它使孩子们产生了一种同你合作的欲望，没有怨恨，没有反感。他们没有被强制服从命令，他们保全了面子。他们感觉很好，我也感觉很好，因为我处理这事情时，考虑了他们的观点。

　　在澳州的伊丽莎白·诺瓦克，她的汽车分期付款已迟了6个星期。她在报告中说道："某个礼拜五，我接到一通十分不客气的电话，就是处理我分期付款账号的人打来的。他告诉我，假如我不能在星期一早上付清122元的欠款，公司就要进一步采取行动。我实在没有办法在周末筹到那笔钱，所以，星期一早上电话铃响的时候，我的心理早有准备。我不准备向他抱怨或诉苦，相反的，我试着站在他的角度看事情。首先，我真诚地向他道歉，因为我时常不能如期付款，想必给他增添了许多麻烦。听我这么一说，他的语气马上改变了。他表示，我还不是最麻烦的顾客，有好几位顾客才真使他头痛，他举了好几个例子，说明有些顾客如何无礼，又如何会撒谎、耍赖等等。我一直没有开口，只静听他把所有不愉快的事情倾泻出来。最后，不等我提出意见，他就先表示我可以不用马上付清欠款，只要在月底以前先缴20元，然后等方便的时候再慢慢付清全额。"

　　所以，明天，在你开口要求别人熄火、购物或认捐任何款项之前，请先闭上眼睛，试着由别人的角度来思考事情。问问自己："他们为什么要这么做？"不错，这可能要花点时间，但却可因此避免制造敌人，减少摩擦，并可达到最好的效果。

　　在哈佛商业学校的狄恩·唐璜说道："我宁可在面谈之前，在办公室前踱上两个钟头，而不愿意毫无准备地走进办公室。我一定要清楚自己想要讲什么，更重要的，是根据我对他们的了解——他们大概会说些什么。"

　　这点十分重要，所以我要把这段话再重复一遍：

　　"我宁可在面谈之前，在办公室前踱上两个钟头，而不愿毫无准备地走进办公室。我一定要清楚自己想要讲什么，更重要的，是根据我对他们的了解——他们大概会说些什么。"

　　假如，读完本书之后，你只得了一样东西——能够从旁人的角度去思考、去看事情，那么，虽然这只是你由本书所得到的惟一东西，却很可能是你一生事业的踏脚石。

牵着他人的舌头走

　　⊙交谈就像传接球，永远不是单向的传递。如果其中有人没有接球，就会出现一阵难堪的沉默，直到有人再次把球捡起来，继续传递，一切才能恢复正常。

　　⊙在与人交谈中，除了要吸引对方的兴趣之外，还有一个重要事项，就是要引导对方加入交谈。

你必须注意：自己是否挫伤了对方的自信？是否给对方留有发表他们见解的机会，而不是拒之于谈话之外？

更重要的是你能否对他们的话表现出关注，而不是显得只对自己感兴趣。

交谈就像传接球，永远不是单向的传递。如果其中有人没有接球，就会出现一阵难堪的沉默，直到有人再次把球捡起来，继续传递，一切才能恢复正常。

一些青年学生常常向我诉说：他们在约会的时候老是不能保证交谈生动有趣。其实，这本来是一个非常易于掌握的技巧问题：问一些需要回答的话，这样谈话就能持续不断。但是，如果你只问："天气挺好的，是吧？"对方用一句话就可以回答了："是啊，天气真不错！"有一回，马克·吐温一天之中听了12遍完全相同的问题，"天气真好，是不是，马克·吐温先生？"最后，他只好回答说："是啊，我已经听别人把这一点夸到家了。"

"天气真好，是不是？"这也许是一个会产生僵局的提问，但是回答却不一定都会导致僵局。不管怎么说，大家还是关心天气的，否则电视台的新闻节目也不会花上好几分钟来播放预告，而且还要用图表来说明。如果感觉到很难让你的谈话对象开口畅谈，不妨用下列问句来引导：

"为什么……"

"你认为怎样才能……"

"按你的想法，应该是……"

"价钱怎么正好……"

"你如何解释？"

"你能不能举个例子？"

"如何"、"什么"、"为什么"是提问的三件法宝。

当然，如果回答还是个僵局，那就和提问是僵局一样，交谈仍然无法进一步展开。你必须尽一切努力把球保持在传递中，而不使它停在某一点。

有时，你的谈话对象一开始不同你呼应，那也许是他还有些拘束，也许是他太冷漠，或者太迟钝，或者根本没有接触到他感兴趣的话题。

在参加聚会之前，如果能够从主人、女主人那里打听到一些邻座客人的情况，一定会对谈话有所帮助。不过，即使如此，也未必能确保对方一定开口，打破矜持的气氛。也许在用餐时，你不得不和一位骆驼般高傲的律师同座，而你想方设法使他开口却没有办到，那也不要灰心，接着再试试。你提到非法越境进入美国的墨西哥人问题，他可能无动于衷，但你谈起潜水，也许他就很有兴趣，或许，你还可以提提鲸鱼的生活习性呢！

耐尔·柯华爵士曾经这么说过："我对于世界的重要性是微乎其微的，但从另一方面讲，我对于我自己却是非常重要的，我必须和自己一起工作，一起娱乐，一起分担忧愁和快乐。"

这完全正确，人类总是以自我为中心的。

如果你对这个最基本的人类本性已不再感到震惊，你就会懂得如何调节自己适应谈话了。坦率地说，和对方谈他们感兴趣的话题，实际上对你自己也是有益的，尽管他们所爱好的和你所爱好的可能不尽相同。你可以先满足他们的自尊心，然后再满足你自己的。

这是一种自嘲吗？完全不是。

如果你能够谦恭诚恳地对待你的亲人和朋友，想象着他们对于你有多么重要，你就会发现他们在你生活中的意义的确不容忽视，同时，你还会发现你自己对于他们也变得越来越重要了。我们大家都期望能得到别人的赞扬，而且还会因此更加追求上进。总有一天，你会欣喜地认识到这样一个事实：任何一个看上去有缺陷、不聪明或反复无常的人身上都存在一些美好的东西。

心理分析专家认为，精神病患者一旦开始对别人及其他自我之外的事物产生兴趣，就说明他已进入健康阶段了。

如果说关注自我到了一定程度就是疯狂的表现，那么可以说没有一个人是绝对正常的。然而，我们愈是同他人交往——给予而不是索取，那我们就会愈接近正常了，除此之外，你还会有一个收益：你越关心别人，别人也就越关心你；你越尊重别人，你也能更多地受到别人的尊重。

争取让对方说"是"

⊙跟别人交谈的时候，不要以讨论不同意见作为开始，要以强调——而且不断强调双方都同意的事作为开始。

⊙使对方在开始的时候就是"是的，是的"，渐渐地，当你提出双方的分歧时，对方也会习惯性地说"是"。

奥弗斯基教授在他的《影响人类的行为》一书中说："一个否定的反应，是最不容易突破的障碍。当一个人说'不'时，他所有人格尊严，都要求他坚持到底。事后他也许觉得自己的'不'说错了，然而，他必须考虑到宝贵的自尊！既然说出了口，他就得坚持下去。因此，一开始就使对方采取肯定的态度而非否定的态度，是最为重要的！"

善于交际的人，都在一开始就力求得到对方的一些"是的"反应，这样就把对方心理导入肯定的方向。就好像一粒撞击的小球运动，从一个方向打击，它就偏向一方，要使它从反方向回来的话，则要花更大的力。

从生理反应上说，当一个人说"不"，而本意也确实否定的时候，他的整个组织——内分泌、神经、肌肉，全部凝聚成一种抗拒的状态，通常可以看出身体产生了一种收缩，或准备收缩的状态。反过来，当一个人说"是"时，身体组织就呈现出前进、接受和开放的状态。因此，开始时我们越多地造成"是，是"的环境，就越容易使对方接受我们的想法。

这是一种非常简单的技巧——但是它却被许多人忽略了！在某些人看来，似乎人们只有在一开始就采取反对的态度，才能显示出他们的自尊感。因此，激进派的人一旦跟保守派的人碰到一块，就必然要愤怒起来！事实上，这又有什么好处呢？如果他只是希望得到一种快感，也许还可以原谅。但假如他要达成什么协议的话，那他就太愚蠢了。

正是这种使用"趋同"的方法，使得纽约市格林尼治储蓄银行的职员詹姆斯·艾伯森，挽回了一名青年主顾。

艾伯森先生说："那个人进来要开一个户头，我照例给他一些表格让他填。有些问题他心甘情愿地回答了，但有些他根本拒绝回答。

"在我研究为人处世的技巧之前，我一定会对那个人说：如果拒绝对银行透露那些材料的话，我们就不让他开户。我很惭愧过去我就采取那种方式。当然，像那种断然的方法会使我觉得很痛快。我表现出谁才是老板，也表现出银行的规矩不容破坏。但那种态度，当然不能让一个进来开户头的人，有一种受欢迎、受重视的感觉。

"我决定那天早上采用一下学到的技巧。我决定不谈论银行所要的，而谈论对方所要的。最重要的，我决意在一开始就使他说'是，是'。因此，我不反对他。我对他说，他拒绝透露的那些资料，并不是绝对必要的。

"'但是，'我接着说，'假如你把钱存在银行一直等到你去世，难道你不希望银行把这笔钱转移到你那依法有权继承的亲友那里吗？'

"'哦，当然。'他回答道。

"我继续说：'你难道不认为，把你最亲近亲属的名字告诉我们是一种很好的方法吗？万一你去世了，我们就能准确而不耽搁地实现你的愿望。'"

他又说：'是的。'

"当他发现我们需要的那些资料不是为了我们，而是为了他的时候，那位年轻人的态度软化下来——改变了！

"在离开银行之前，那位年轻人不但告诉我所有关于他自己的资料，而且在我的建议下，开了一个信托户头，指定他的母亲为受益人，同时还很乐意地回答所有关于他母亲的资料。"

西屋公司的推销员约瑟夫·阿立森也有类似的经验："在我的区域内有一个人，我们卖给了他几个发动机。如果这些发动机不出毛病的话，我深信他会填下一张几百个发动机的订单。这是我的期望。"阿立森向大家介绍道：

"我对我们公司的产品很有信心。3个星期之后，我再去见他的时候，我兴致勃勃。但是，我的兴致并没有维持多久，因为那位总工程师对我说：'阿立森，我不能向你买其余的发动机了。'

"'为什么？'我惊讶地问，'为什么？'

"'因为你的发动机太热了,我的手不能放上去。'

"我知道跟他争辩不会有什么好处。因此,我说:'嗯,听我说,史密斯先生,我百分之百地同意你。如果那些发动机太热了,你就不应该买。你的发动机热度不应该超过全国电器制造商公会所立下的标准,是吗?'

"他同意地说'是的。'我已经得到我的第一个'是'。'电器制造公会的规定是:设计的发动机可以比室内温度高出华氏72度。对不对呢?''是的,'他同意,'的确是的,但你的发动机热多了。'

"我还是没有跟他争辩。我只是问:'厂房有多热呢?'

"'呵,大约华氏75度。'他说。

"我回答道:'那么,如果厂房是75度,加上72度,总共就等于华氏147度。如果你把手放在华氏147度的热水塞门下面,是不是很烫手呢?'

"他又必须说'是的'。

"'那么,不把手放在发动机上面,不是一个好办法吗?'我提议说。

"'嗯,我想你说得不错,'他承认说。我们继续聊了一会儿,接着他叫他的秘书过来,为下月开了一张价值35万美元的订单。

"我花了很多钱,失去了好多生意,才知道跟人家争辩是划不来的,懂得了从别人的观点来看事情,使他说'是的,是的'才更有收获和更有意思。"

被誉为世界上最卓越的口才家之一的苏格拉底,做了一件历史上只有少数人才能做到的事:他彻底地改变了人类的整个思潮。而现在,在他去世23个世纪后,这个方法依然如此行之有效。

他的整套方法,现在称之为"苏格拉底妙法",以得到"是,是"为根据。他所问的问题,都是对方所必须同意的。他不断地得到一个同意又一个同意,直到他拥有许多的"是,是"。他不断地发问,到最后,几乎在没有意识之下,使他的对手发现自己所得到的结论,恰恰是他在几分钟之前所坚决反对的。

以后当我们要自作聪明地对别人说他错了的时候,可不要忘了"苏格拉底妙法",应提出一个温和的问题——一个会得到对方"是,是"反应的问题。

鼓励对方多说

⊙多数人使别人同意他们的观点时,总是费尽口舌,其实,这种人得不偿失,因为话说多了,既费精力,又可能稍有不慎,伤害到别人。

⊙须知世界上多半是欢迎专门听人说话的人,很少欢迎爱说自己话的人。

多数人使别人同意他们的观点时,总是费尽口舌,其实,这种人得不偿失,因为话说多了,既费精力,又可能稍有不慎,伤害到别人;另外,他们无法从他人身上吸取更多的东西，当然问题不在于别人吝啬，而是他不给别人机会。让对方尽情地说话！他对自己的事业和自己的问题了解得比你多，所以向他提出问题吧，让他把一切都告诉你。

如果你不同意他的话，你也许很想打断他。不要那样做，那样做很危险。当他有许多话急着要说的时候，他不会理你的。因此，你要耐心地听着，抱着一种开阔的心胸，诚恳地鼓励他充分地说出自己的看法。

这种方式在商界会有所收获吗？我们来看看某个人被迫去尝试的例子：

几年前，美国的一家汽车制造公司正在洽购一年所需要的布匹。三家厂商已做好了样品，并都经那家汽车公司的高级职员检验过，而且发出通知说，在一个特定的日子，三家厂商的代表都有机会对合同提出最终的申请。

其中一家厂商的代表抵达的时候正患着严重的咽炎。"轮到我去会见那些高级职员的时候，"这位先生在训练班上叙述事情的经过时说，"我嗓子已经哑了，几乎一点声音也发不出来。

"汽车公司的几位高级职员都围坐在一张桌边，这时，我只好在一张纸上写着：'诸位，我的嗓子哑了，说不出话来。'

"'我来替你说吧！'汽车公司的董事长说。于是，他展示我的样品，代替我称赞它们的优点。一场热烈的讨论展开了。讨论的是我那些样本的优点。而那位董事长，因为是代表我说话，在讨论的时候就站在我的一边。我听着他们的讨论，只是微笑、点头、做几个手势而已。

"这次特殊会议的结果，使我得到了合同，50万码的坐垫布匹，总值160万美元——我所得到的一笔最大的订单。

"事后我想，如果自己不是哑了嗓子，就不一定能这么顺利地得到这笔订单。这事使我很偶然地发现，有时候让对方来讲话，可能得到预料不到的收获。"

法国哲学家罗西法考说："如果你要树敌，就表现得胜过你的朋友；但如果你要得到朋友，那就让你的朋友胜过你。"事实上，即使是朋友，也宁愿对我们谈论他们自己的成就而不愿听我们吹嘘自己的成就。

如果有几个朋友聚在一起谈话，当中只有一个人口若悬河地滔滔长谈，其他的人只是呆呆地听着，这就不称其为谈话。每一个人都有着自己的发表欲。小学生见到先生提出一个问题，大家争先恐后地举起手来，希望教师叫他回答。即使他对于这个问题还不曾彻底地了解，只是一知半解，他还是要举起手来。成人们听着人家在讲述某一事件，虽然他们并不像小学生争先恐后地举起手来，然而他的喉头老是痒痒的，他恨不得对方赶紧讲完了好让他来发表一下自己的观点。

如果阻遏他人的发表欲，就容易引起他人的反感，从而不会得到人家的同情。所以不但应该让人家有着发表意见的机会，还得设法引起人家的说话机会，使人家感觉到你是一位使人欢喜的朋友，这对你是只有好处而没有害处。如果你愿意和人家疏远，暗地里遭受着人家的白眼，你只需在和人家说话的时候，专门讲述你自己的话，不要听人家所讲的，而且，也不要给人家说话的机会。现实中这种人多得很，这样你将不会受人欢迎，大家以后见到你就会避开了。

著名的记者麦克逊说："不善于倾听，这是不受人欢迎的原因之一。一般的人，他们只注意自己应该怎样地说，绝不管人家。须知世界上多半是欢迎专门听人说话的人，很少欢迎爱说自己话的人。"这几句话是确确实实的。

假如一个商店的售货员，拼命地称赞他的货物怎样好，而不给顾客说一句话的机会，未必就能做成这位顾客的生意。因为顾客认为你天花乱坠地说话，不过是一种生意经，决不会轻易相信而就购买的。反过来，如果给顾客说话的机会，使他对货物有了批评的机会，你成为和他对此货物互相讨论的人员，你的生意就容易做了。因为上门的顾客，他早有选择和求疵的心理，他尽管把货物批评得不好，他选定了自然会掏出钱来购买的。你一味地只是夸耀自己的货物，或是对顾客的批评加以争辩，这无异于说顾客没有眼光，不识好货，不是对顾客一个极大的侮辱吗？他受了极大的侮辱，还会来买你的货物吗？所以，与其自己唠唠叨叨地多说废话，还不如爽爽快快，让人家去说话，反而会得到意想不到的效果。

你如果能够给别人说话的机会，你就给人留下了一个好印象，以后，人家和你谈话决不会见你讨厌而避开。

查尔斯·古比里就在他的面试中运用了此法。在去面谈以前，他花了许多时间去华尔街，尽可能地打听有关那个公司老板的情况。在与公司老板面谈时，他说："如果能替一家你们这样的公司做事，我将感到十分骄傲。我知道你们在28年前刚成立的时候，除了一个小办公室、一位速记员以外，什么也没有，对不对？"

几乎每一个功成名就的人，都喜欢回忆自己多年奋斗的情形，当然，这位老板也不例外。他花了很长时间，谈论自己如何以450美元和一个新颖的念头开始创业。他讲述自己如何在别人泼冷水和冷嘲热讽之下奋斗着，连假日都不休息，一天工作16个小时。他克服了无数的不利条件，而目前华尔街生意做得最好的那几个人都向他索取资料和请教。他为自己的过去而自豪。他有权自豪，因此，在讲述过去时十分得意。最后，他只简短地询问了一下古比里的经历，就请一位副董事长进来，说："我想这是我们所要找的人。"

古比里先生花了很大功夫去了解他未来老板的成就，表示出对对方感兴趣，并鼓励对方多说话，从而给人留下了一个很好的印象。

想要赢得朋友，这也是一个很好的方法。

纽约的亨丽耶塔便是例子。她是一家经纪公司的雇员。上班前几个月，她在公司里交不到一个朋友。原因何在？因为每天她总要向同事吹嘘自己取得多少生意，开了多少户头，还有种种其他的成就等等。

"我深以自己的工作绩效为傲。"亨丽耶塔说道，"但我的同事并没有兴趣分享我的成就，反而显得极不高兴。我也希望在公司里受到欢迎，与大家成为好朋友。来训练班上过几堂课之后，我发现了自己的问题所在，便改变了待人的方式，尽量少谈自己，而多听别人讲话。别人也有许多事情想吹嘘一番。这比只听我个人吹嘘有意思多了。现在，只要一有聊天的机会，我都要求他们把自己的欢乐拿出来分享，而我只在他们提出要求的时候，才谈一点自己的成就。这样一来，大家便开始与我接近，因而很快我就交了许多朋友。"

无声胜有声

⊙不指责对方的失败和错误，而是采取沉默的态度，等于是给对方提供了扪心自问、冷静反思的机会。

一位高中棒球队的教练曾经讲过这样一个故事：有一次，一个选手未经教练许可，擅自离队去看电影。后来，事情被发现了，他想这次一定会受到教练的严厉斥责，结果出乎他的预料，教练一句话也没说。从此以后那个选手再也没有逃脱过训练。当教练在选手们的聚会上见到了已经步入社会的他时，他深切地说："那时，虽然教练没有批评我，但那比批评还难受。"

像这样不指责对方的失败和错误而是采取沉默的态度，是一种极具效果的说服术。这样就等于是给对方提供了扪心自问、冷静反思的机会。

一家著名的电机制造厂召开管理员会议，会议的主题是"关于人才培养的问题"。会议一开始，瑞恩斯董事就用他那特有的声音提出自己的意见："我们公司根本没有发挥人才培训的作用，整个培训体系形同虚设，虽然现在有新进职员的职前训练，但之后的在职进修却成效不显。职员们只能靠自己的摸索来熟悉自己的工作，很难与当今经济发展的速度衔接在一起，因而造成公司职员素质水平普遍低下、效益不高。所以我建议应该成立一个让职员进修的训练机构，不知大家看法如何？"

"你所说的问题的确存在，但说到要成立一个专门负责培训职员的机构，我们不是已经有职员训练组织了吗？据我了解，它也发挥了一定的作用，我认为这一点可以不用担心……"

"诚如总经理所说，我们公司已经有职员训练组织，但它是否发挥实际作用了呢？实际上，职员根本无法从中得到任何指导，只能跟着一些老职员学习那些已经过时的东西，这怎么能够将职员的业务水平迅速提升呢？而且我观察到许多职员往往越做越没有信心、越做越没干劲。所以还是坚持……"

"瑞恩斯，你一定要和我唱反调吗？好，我们暂时不谈这个话题，会议结束后，我们再做一番调查。"

就这样，一个月后公司主管们重新召开关于人才培训的会议。这次总经理首先发言：

"首先我要向瑞恩斯道歉，因为我错怪了他。他的提案中所陈述的问题确实存在。

这个月我对公司的职员培训进行了抽样调查，结果发现它竟然未能发挥应有的功效。因此，今天召集大家开会是想讨论一下应该如何改变目前人才培养的方法。请大家尽量发表意见吧！"

总经理的话一出口，大家就开始七嘴八舌地提出建议，但令人奇怪的是，这一次瑞恩斯董事却始终一语不发地坐在原位，安静地聆听着大家的意见，直到最后他都没说一句话。

会议结束以后，总经理把瑞恩斯董事叫进社长办公室晤谈："今天你怎么啦？为什么一句话也不说？这个建议不是你上次开会时提出来的吗？"

"没错，是我先提出来的。不过上次开会我把该说的都说了，其实那无非是想引起总经理您对这问题的重视罢了，现在目的已经达到，我又何必再说一次呢？还不如多听听人家的建议。"

"是吗？不错，在此之前我反对过你的提议，你却连一句辩解也没有。今天大家提出的各种建议都显得很空洞，没有实际的意义，反倒是你的沉默让我感到这个问题带来的压力。这样吧，这件事就交给你去办好了！今天起由你全权负责公司的人才培训工作。请好好努力吧！"

"是，谢谢您对我的信任，我一定会努力把这件事做好！"

四分之三的人渴望得到同情

⊙同情在中和酸性的狂暴感情上，有很大的化学价值。明天你所遇见的人中，有四分之三都渴望得到同情。给他们同情吧，他们将会爱你。

你想不想拥有一个神奇的短句，可以阻止争执，除去不良的感觉，创造良好意志，并能使他人注意倾听？

想？好极了。下面就是："我一点也不怪你有这种感觉。如果我是你，毫无疑问，我的想法也会跟你的一样。"

像这样的一段话，会使脾气最坏的老顽固软化下来，而且你说这话时，可以有百分之百的诚意，因为如果你真的是那个人，当然你的感觉就会完全和他一样。让我举例说明。以亚尔·卡朋为例。假设你拥有亚尔·卡朋的躯体、性情和思想，假设你拥有他的那些环境和经验，你就会和他完全一样——也会得到他那种下场。因为，就是这些事情——也只有这些事情使他变成他那种面目。

例如，你并不是响尾蛇的惟一原因，是你的父母并不是响尾蛇。你不去亲吻一只牛，也不认为蛇是神圣的，惟一原因是因为你并不出生在恒河河岸的印度家庭里。

你目前的一切，原因并不全在你——记住，那个令你觉得厌烦、心地狭窄、不可理喻的人，他那副样子，原因并不全在于他。为那个可怜的家伙难过吧，可怜他，同情他。你自己不妨默诵约翰·戈福看见一个喝醉的乞丐蹒跚地走在街道上时所说的这句话："若非上帝的恩典，我自己也会是那样子。"

明天你所遇见的人中，有四分之三都渴望得到同情。给他们同情吧，他们将会爱你。

我有一次在电台发表演说，讨论《小妇人》的作者莎易洛·梅·艾尔科特。当然，我知道她住在马萨诸塞州的康科特，并在那儿写下她那本不朽的著作。但是，我竟未假思索地贸然说出我曾到新罕布什尔州的康科特，去凭吊她的故居。如果我只提到新罕布什尔州一次，可能还会得到谅解。但是，老天！真可叹！我竟然说了两次。无数的信件、电报、短函涌进我的办公室，像一群大黄蜂，在我这完全没有设防的头部绕着打转。多数是愤慨不平，有一些则侮辱我。一位名叫卡洛妮亚·达姆的女士，她从小在马州的康科特长大，当时住在费城，她把冷酷的怒气全部发泄在我身上。如果我指称艾尔科特小姐是来自新几内亚的食人族，她大概也不会更生气了，因为她的怒气实在已达到极点。我一面读她的信，一面对自己说："感谢上帝，我并没有娶这个女人。"我真想写信告诉她，虽然我在地理上犯了一个错误，但她在普通礼节上犯了更大的错误，这将是我信上开头的两句话。于是我准备卷起袖子，把我真正的想法告诉她，但我没有那样做，我控制住自己。我明白，任何一位急躁的傻子，都会那么做——而大部分的傻子只会那么做。

我要比傻瓜更高一等。因此我决定试着把她的敌意改变成善意。这将是一项挑战，一种我可以玩玩的游戏。我对自己说："毕竟，如果我是她，我的感受也可能跟她的一样。"于是，我决定同意她的观点。当我第二次到费城的时候，就打电话给她。我们谈话的内容大致如下：

我："某某太太，几个礼拜前你写了封信给我，我要在此向你道谢。"

她："请问是哪一位？"（声音听起来颇犀利，但讲究辞藻，颇有教养的样子。）

我："对你来说，我可能是个陌生人。我名叫戴尔·卡耐基，前不久在电台广播节目中谈及艾尔科特女士，我把她的故居地点说错了——说成新罕布什州的康科镇，这错误实在太不可原谅。由于你花了时间写信给我，所以我觉得应该向你表示歉意。"

她："很抱歉，卡耐基先生，是我不该写那样一封信给你，我才应该向你致歉。"

我："不，不，该道歉的绝不是你，而是我。连小学生都知道，我实在是讲错了。我曾在第二个礼拜的节目中更正道歉，现在则是亲自向你表示歉意。"

她："我是在马萨诸塞州的康科镇长大的。两个世纪以来，我们的家族一直在那个地方具有影响力，我也一直引以为荣。所以，当我听到你说艾尔科特女士是住在新罕布什州的时候，实在觉得很生气。但无论如何，我还是不应该写那样的信。"

我："我十分了解你的心情，但我的心情比你更不好过。因为，我所造成的错误对马萨诸塞州并没有造成什么伤害，却对我本身造成极大损伤。我明白，若不是我犯了错误，像你这般对文化有认识的人，是不会花时间写信到电台去的。所以，我想告诉你的是，以后若再犯错，仍希望你继续写信来。"

她:"我很高兴你能接受我的批评,你一定是个极有修养的人,我应该早些认识你才是。"

就是这样,由于我道歉在先,而且对她的观点表示同意,于是她也转而向我道歉,并表示同意我的观点。我很满意自己能控制住脾气,也很满意这种"以德报怨"的处理态度。

住在白宫里的人,大概每天都要面对许多棘手的人际关系问题。塔夫脱总统也不例外。他在其著作《服务的伦理》一书中,曾对一位有某种企图的母亲做了相当生动有趣的描述:

"华盛顿有位女士,她的丈夫在政治圈还颇有影响力。"塔夫脱如此写道,"这位女士跑来找我,并且花了6个礼拜的时间对我下工夫,希望我能把某个职位指派给她的儿子。她认识许多参议员和众议员,也要他们向我强调这件事。由于这个职位需要特别技术上的鉴定,所以我便指派了另一个人。没多久,这位母亲写了一封信给我,认为我'忘恩负义',而使她成为一个'最不快乐的女人'。她说她曾为一项我所关心的法案奔走,好不容易争取到州内各代表的支持,才使这项法案顺利通过,如今我却如此回报她。

"当你接到像这样的一封信时,你马上会想,怎能跟一个行为不当或甚至有点无礼的人认真起来。然后,你也许会写封回信。而如果你够聪明的话,就会把这封回信放进抽屉,然后把抽屉锁上,先等上两天——像这类的书信,通常要迟两天才回信——经过这段时间,你再把它拿出来,就不会想把它寄出去了。我采取的正是这种方式。于是,我坐下来,写一封信给她,语气尽可能有礼貌,我告诉她,在这种情况下,我很明白一个做母亲的一定十分失望,但是,事实上,任命一个人并不是凭我个人的喜好来决定的,我必须选择一个有技术资格的人,因此,我必须接受局长的推荐。我表示,希望她的儿子在目前的职位上能完成她对他的期望。这终于使她的怒气化解,她写了一张便条给我,对于她前次所写的那封信表示抱歉。

"但是,我送出去的那项任命案,并未立刻获得通过,经过一段时间之后,我接到一封声称是她丈夫的来信,虽然,据我看笔迹完全一样。信上说,由于她在这件事情上过度失望,导致神经衰弱,病倒在床上,演变成严重的胃癌。难道我就不能把以前那个名字撤销,改由她儿子代替,而使她恢复健康?我不得不再写一封信,这次是写给她的丈夫。我说,我希望那项诊断是不正确的,我很同情,他的妻子如此病重他一定十分难过,但要把送出去的名字撤销,是不可能的。我所任命的那个人最后终于获得通过,在我接到那封信的两天之后,我在白宫举行一次音乐会。最先向塔夫脱夫人和我致意,就是这对夫妇,虽然这位做妻子的最近差点'死去'。"

杰伊·曼古是俄克拉荷马州吐萨市一家电梯公司的业务代表。这家公司和吐萨市一家最好的旅馆签有合约,负责维修这家旅馆的电梯。旅馆经理为了不给旅客带来太多的不便,每次维修的时候,顶多只准许电梯停开两个小时。但是修理至少要8个小时,而在旅馆便于停下电梯的时候,他的公司都不一定能够派出所需要的技工。

在曼古先生能够为修理工作派出一位最好的技工的时候，他打电话给这家旅馆的经理。他不去和这位经理争辩，他只说：

"瑞克，我知道你们旅馆的客人很多，你要尽量减少电梯停开的时间。我了解你很重视这一点，我们要尽量配合你的要求。不过，我们检查你们的电梯之后，显示如果我们现在不彻底把电梯修理好，电梯损坏的情形可能会更加严重，到时候停开时间可能会更长。我知道你不会愿意给客人带来好几天的不方便。"

经理不得不同意电梯停开 8 个小时总比停开几天要好。由于曼古表示谅解这位经理要使客人愉快的愿望，他很容易而且没有争议地赢得了经理的同意。

乔爱丝·诺里斯是密苏里州圣路易市的钢琴教师。她告诉我们如何处理一个女学生的问题。

贝蒂是名 10 多岁的少女，喜欢留修长的指甲，这对练习钢琴妨碍很大。

诺里斯太太在报告中说道："贝蒂的长指甲对练琴当然是个障碍，但我不想因此让她对弹琴失去兴趣，所以在讨论课程的时候，一直都不去提指甲的事。因为我知道她费了不少心神去保养那些指甲，而且一直引以为傲。

"上完第一课之后，我觉得情况不错，便趁机对她说：'贝蒂，你的双手和指甲都长得很好看……听着，假如你想把钢琴学好，其实比你想象的还要简单。只是，若能把指甲剪短一点，对你一定大有帮助。你愿意考虑考虑吗？'她对我扮了一个鬼脸，意思显然是不愿意。我也同她母亲谈起这个问题，而她也不表示同意，因为贝蒂漂亮的指甲对她来说也很重要。

"第二个星期，贝蒂过来上第二堂课。很让我惊奇的是，她居然把指甲剪短了。我对她的牺牲精神大大夸奖一番，见到她母亲的时候，也感谢她的帮忙。但她回答：'这件事我一点也没帮什么忙，是贝蒂自己决定的。这可是头一次她愿意为别人把指甲剪短。'"

诺里斯太太恐吓过贝蒂吗？她有没有说，假如贝蒂不把指甲剪短，她就不愿教她学琴了呢？没有。诺里斯太太只是告诉贝蒂她的指甲很漂亮，要把指甲剪短对她来说是个牺牲。这等于是说："我同意你，我知道这不容易做到。但为了把琴学好，这牺牲是值得的。"

S. 胡洛克可能是美国最佳的音乐经纪人。多年来，他一直跟艺术家有来往——像查理·亚宾、伊莎朵拉·邓肯，以及拔夫洛华这些世界闻名的艺术家。胡洛克先生告诉我，他和这些脾气暴躁的明星们接触，所学到的第一件事，就是必须同情，同情，对他们那种荒谬的怪癖更是需要同情。

他曾担任查理·亚宾的经理人 3 年之久——查理·亚宾是最伟大的男低音之一，曾风靡大都会歌剧院。然而，他却一直是个问题人物。他的行为像个被宠坏的小孩。以胡洛克先生的特别用语来说："他是各个方面都叫人头痛的家伙。"

例如，查理·亚宾会在他演唱的那天中午，打电话给胡洛克先生说："胡先生，我觉得很不舒服。我的喉咙像一块生的碎牛肉饼，今晚我不可能上台演唱了。"胡洛克先生是否立刻就和他吵了起来？哦，没有。他知道一个经纪人不能以这种方式对付艺术家。于是，他马上赶到查理·亚宾的旅馆，表现得十分同情。"多可怜呀，"他会很忧伤地说，"我可怜的朋友。当然，你不能演唱，我立刻就把这场演唱会取消。这只不过使你损失一二千元而已，但跟你的名誉比较起来，根本算不了什么。"这时，查理·亚宾会叹一口气说："也许，你最好下午再过来一趟。5点钟的时候来吧，看看我那时候觉得怎么样。"

到了下午5点钟，胡洛克先生又赶到他的旅馆去，仍旧是一副十分同情的姿态。他会再度坚持取消演唱，查理·亚宾又会再度叹口气说："哦，也许你最好待会儿再来看看我，我那时候可能好一点了。"

到了7点30分，这位伟大的男低音答应登台演唱了。他要求胡洛克先生走上大都会的舞台宣布，查理·亚宾患了重伤风，嗓子不太好。胡洛克先生就撒谎说，他会照办，因为他知道，这是使这位伟大的男低音走上舞台的惟一方法。

亚瑟·盖茨在其《教育心理学》一书中说道："同情，是所有人类最渴望的东西。孩童会急着展示伤口给你看，甚至制造伤口或淤肿以获取大量的同情。成人也一样……展示青肿之处，讲述各种意外、疾病，尤其是外科手术的详细经过，还有对那些真实或虚构的不幸所发出的'自怜'等等，可说是屡见不鲜。"

从双方都同意的事说起

⊙语词上，强调的是"我们"，而不是"你""我"的对立。不但没有任何贬抑的用语，反而只有诚意的邀请，邀请对方一起来解决问题。

不论对方持有什么样的先入之见或偏见，也不论他的主观认识与你的观点有多大的差异，大多数情况下两者之间总会有一些相同之处。

跟别人交谈的时候，不要以讨论不同意见作为开始，要以强调而且不断强调双方所同意的事情作为开始。不断强调你们都是为相同的目标而努力，惟一的差异只在于方法而非目的。

在建立良好关系的过程中，实现双方兴趣上的一致是很重要的。只要双方喜欢同样的事情，彼此的感情就容易融洽，这是合乎逻辑的，推而广之，对其他许多事情，彼此也就愿意合作了，说服也不例外。

每一个人都有某个方面的兴趣。兴趣可分为两种：一种是对有关系的事物的兴趣；一种是对无关系的事物的兴趣。所谓有关系的事物，是指与你和别人共同发生兴趣的事物。利用这种兴趣，常常可以在彼此之间建立良好的关系。

一般人都有许多不同的兴趣，有的会特别喜欢，有的会比较淡泊。如果可能的话，你应尽量找出他们最感兴趣的事，然后再从这方面去接近他。倘若没有机会，或者这种机会不容易得到，那么也该尽可能地去选择他最大的兴趣供你利用，主要的目的是要使他对你发生兴趣，从而接受你的说服。

欲与别人的特殊兴趣建立一种特殊关系，单单说一句很感兴趣的话是不够的，在对方的询问下，你不能掩饰你真正的兴趣，免得弄巧成拙，必须把你的真实的兴趣表现出来。

问题在于你怎么能使他人了解你对某件事情的确和他有同样的兴趣。因此，你必须对这题目具有相当的知识，足以证明你是有过相当研究的。越是值得接近的人，你就越应该努力对他所感兴趣的事情，作进一步的了解，使你能够应付他，使他乐意提供你所想知道的事情。

就像幼儿园的教师，有许多办法去哄小朋友，把一群哭哭闹闹的小孩训练得高高兴兴。这当然有她们成功的门道，其原因是由于她们能放弃自己的个性去迎合小朋友的兴趣和思想。

罗伯特的女儿几年前就已经结婚了，但是当年订婚时，却是利用了"仅有的一点共同之处"进行说服后，才成就了这桩美满的姻缘。罗伯特是以非常开明的态度来对待女儿的终身大事的，但是其妻子却一直坚持很严格的条件，她心目中的女婿在学历、家庭条件、年龄等各方面都是相当好的青年。

但是，姑娘却不在乎这些，这与女主人的愿望完全相反，女主人当然反对，作为姑娘的父亲罗伯特当时也面带难色。不久，提亲者前来做夫妇俩的说服工作。但是夫妇二人表示感谢后，还是婉言拒绝了。他们说："这件事太麻烦您了，不过考虑到小女将来的幸福，我们还是不同意这桩亲事。"

于是，介绍人说："在考虑姑娘的幸福这一点上我们是相同的。"并且利用这一共同点进行了劝说。他说："如果你们站在姑娘的立场上，考虑她的幸福的话，就请你们重新考虑这桩亲事吧。"夫妇俩经过认真考虑之后，认为很有道理。他们认为，如果一定坚持自己的标准，追求"理想中的女婿"，那么女儿恐怕要终身独守空闺了。因此，改变了态度，收回了自己的意见，终于答应了。后来罗伯特苦笑着说："那位介绍人真是一语惊醒了梦中人。"

当然，这两个年轻人能终成眷属，还有很多因素，但是，如果不是介绍人那句"姑娘的幸福"这一"相同之处"，这桩亲事恐怕就不可能成功。

像这样，找到自己与持先入之见者的共同处并加以扩大、利用，是说服对方时很有效的办法之一。相反，表示出和对方的"不同之处"，在说服对方时也具有良好的效果。因为这两种方法都能使对方有机会客观地认识自己的先入之见。

当我们意见、感受、观点遇到不同时，可以用诚恳的语气说："在这里我们有不同，让我们一起来想出我们两人都满意的方法。"

或"让我们一起想出最有利的解决策略"。

语词上，强调的是"我们"，而不是"你""我"的对立。不但没有任何贬抑的用语，反而只有诚意的邀请，邀请对方一起来解决问题。

重点是要找出"我们两人都愿意"的可能性与可行性，把协调视为"寻找交集点"，"扩展思维"的过程，而不是"制造敌人"的时候。

甚至，要认清双方的不同不是敌对，只是不同而已。因此，切勿心存"打倒"对方的偏激想法，只求赢得个人主观的世界。

不只如此，协调时应积极地视分歧为拓展人际影响范围的关键时刻，也就是培育个人恢弘气度，建立人际关系的时候。

在有分歧的时候，说服的过程便成为协调的过程。对于一个成熟的说服者而言，分歧就是人际关系需要"重组"的信号，甚至是调整关系，培养关系的契机，也是说服的最好契机。

在分歧中，必须先明确对方真正诉求的主题。到底是单纯寻求解决问题的可能性；或只是抒发个人的不满、牢骚、愤怒；或是纯为鸡毛蒜皮的小事，无理取闹；又或是一味玩其个人游戏，借此以引起注意；或是对方的自我困惑与矛盾。

分歧，就是了解的时候；是探索对方需求的时候，而不是自我表达的时候；是帮助对方——理清作为困扰及方向的时候。

要想成为一位成功的说服者就切勿落入对方情绪的漩涡里，跟着团团转。

"执拗的人自以为拥有看法，其实是看法拥有了他！"这句话很值得深思！

遇有观点差异或人事困扰时，便要强调人性化的互动，而不是权威的屈服或强悍的抗拒。因为，赢得一时的争论，却换得每日上班见面时的痛苦，又有何益！任何协商，并非为所欲为，一吐为快，必须依规则来进行。

人性化的互动，至少包括五个内容：

第一，表达诚意。千万不玩游戏或耍手段。有的人只要不合乎其意，就颠倒是非一味抹黑；或赌气冷战；或制造小圈圈，丧失应有的诚恳，使得办公室成为战场。

要拿出诚意来与人沟通，这绝不是流于一种口号——说说而已。两个都赢是强调先把个人解决问题的诚意让对方了解，要确实使对方感受到你的诚意。

第二，保持礼貌。说服时，仍需保持应有的礼貌风范，或体制中应遵循的规则，而不是自以为是的兴师问罪，咄咄逼人，藐视或刻意挖苦他人。"进退得宜"不只解除他人的防卫，而且给予对方有思考的空间，如此反而强化其说服力！

第三，维护尊严。有尊严，才能真正的沟通。没有尊严的维护，就谈不上沟通，而尊严必须包括双方的尊严。

每次在协调时，上司总是口无遮拦、冷嘲热讽，或以高傲的语气贬损他人，借以突显其观点，结果只能酝酿更大的纷争或愤恨。

在协调过程中，每个人的尊严都必须被维护，不得有人身攻击。不论是冷嘲热讽的字眼，轻蔑鄙视的挑衅式肢体语言，咆哮怒吼的争吵方式，都必须受到禁止。

第四，平等尊重。当别人尚未说完，上司不仅频频打断话题，抢先发言，更以其不屑的语气，用食指数落别人，这种"威权"的作风，令下属们深感不是滋味。

在说服过程中双方要轮流发言，并且不可有强势与弱势之分，或威迫、恫吓等不平等待遇。若有违反此规则，便可运用暂停法，中止协调的进行。

第五，营造气氛。有分歧，就是需要"放松"的时候。观点不同时绝不能带有肃杀之气，应该努力营造愉快的气氛，这不只是一种人格成熟的表现，也是一种高度领导能力的象征。

说服不是在于解决问题而已，在协调过程中，还需懂得运用幽默来营造气氛。

一个过分严肃的说服，只会造成下次分歧时更大的敌意表现。气氛的营造，非常重视以柔性化的自我，表达出诚挚、礼貌的态度。在语气及肢体上，充分的传送善意给对方，如此，使得双方减少不必要的防卫，能在轻松愉快的气氛下，创造出协调的高度艺术。

在说服艺术中，你和对方辩论时，开头应讲一些你和对方都同意的事，然后再提出对方所乐于得到解答的一些合适的问题，那不是比较有益得多吗？你提出了问题之后，再去和对方共同地探讨着答案，就在这探讨之中，你把你观察得十分清楚的事实提示出来，那对方便会不自觉地被引导去接受了你的结论。他会对你十分地坚信，因为他觉得这些重要的见解是他自己所发现的。

和对方气势汹汹地辩论，这是一种近乎不正当的行为，这只能增加了人家的倔强，不易使你获取胜利。威尔逊总统说："凡是交涉的问题，如果你紧握了两个拳头而来，我会把拳头握得比你更紧一些；如果你很和善地走来说：'让我们坐下来商议一下吧，要是我们的意见不同，我们可以研究一下不同的原因是什么，主要的矛盾在那里？'这样，我们商谈下来，大家的意见是不会相差得很远的，只要我们彼此有耐心，肯诚意地去接近，就是相差一点，也不难完全解决。""最佳的辩论好像是解说。"真的，我们与其涨红了脸去和人家辩论，为什么不用解说的态度、商讨的方法去解决呢？所以，我们即使和人家辩论了，请你还得要平心静气，去找出共同点来商讨，切不可紧握了拳头，这是要注意的。

任何冲突的意见，不论双方的意见是怎样的严重和远离，我们总可以找出一些共同之点来讨论。甚至银行家的领袖摩根，他在国内银行学会开会之中去演讲或是辩论，他也可以寻出一些双方相同的信条以及听众共有的相同的希望来。这句话你不相信吗？你不妨看看下面的例子：

"贫穷向来是社会上最最残酷的问题之一。我们的人民常常感觉到我们的责任是不论在什么地方，什么时候，只要可能的话，便要去解救穷人们的痛苦。我们是一个慷慨的国家，在历史上，我们并不能找出别的民族也和我们一样慷慨而不自私地捐钱去扶助那些不幸的人们。现在，让我们保持和过去一样的精神上的慷慨和不自私来一同研究一下我们工业界的生活情况，并看看我们是否可以找出一些公平正当且为各方都接受的办法，去防止并减轻那些穷困的罪恶。"

上面这一大段话，有谁能够加以反对呢？就是银行家领袖的摩根，他也是点头同意的。我们在人家点头同意之后，然后再慢慢地把人家引向我们的主张，我们自己并

人性的弱点，人性的优点

不脸红势盛，然而我们获得了胜利。这一个辩论的机智，我们是应该采取的。

其实，人与人之间，由于观点不同、信仰各异、性格有别等等原因，存在分歧，应该是完全正常的事情。遇到这种情况，必须透过一方或双方的让步，取得大的原则、方向上基本一致（即求同），在枝节问题上不纠缠（即存异），达到互谅互惠的目的。

究竟该如何做到求同存异呢？一是要设法找出双方的共同点。即使是很小的共同点，也可以使双方的距离越拉越近，共同点越多，双方的感情就会越来越亲密，也会很容易说服对方。即使双方固执己见，似乎毫无什么共同点可言，你还是可以强调同学、同事、同乡及都有解决问题的热忱等来寻求共同的途径。由于你一再强调共同点，对方自然而然就会慢慢地开启他的心扉。二是要设法使双方的心理"共同"。人与人之间或多或少存有"共同"的心理，当双方利害关系发生冲突时，这种"共同"心理就被掩盖了；当双方利害关系趋于一致时，这种"共同"心理就会明显地呈现出来。要使双方的心理"共同"显现出来，便要设法营造这样的氛围。例如，有两家厂商为了生意上的竞争，互相杀价，此时突然听到消费者在一旁幸灾乐祸地戏谑，于是这两家厂商顿时停止了杀价竞争，而共同谋求新的解决办法。三是要提出对方容易接受的大前提，而不要纠缠一些细节问题。因为商场交易，双方所关注的问题不尽相同，有的是从大前提着想，有的则是在细节上推敲。我们首先要提出大前提，这是双方能否达成一致的焦点，非常重要。例如，你可以说："我们的这笔生意可不可能做？"对方如说"可能做"，"可能做"就是大前提。至于怎么做的一些细节问题，你可以说："细节问题我们稍后再谈。"如果大前提双方都接纳了，此生意就成功一大半了。如果首先就在细节问题上纠缠，则很容易引起争论，更别提大前提了。

当然，有的人十分注意细节问题，一定要坚持先谈细节，这也是对方发出的一种"共同"信号，你则要灵活一点，将重点转移到细节上，然后再逐步回到大前提上来，问题就更容易解决了。

使用建议的方式

⊙用"建议"而不是"命令"，不但能维持对方的自尊，而且能使他乐于改正错误，并与你合作。

我最近有幸和美国最有名的传记作家塔贝尔小姐坐下来吃饭。我说我目前正在写作一本有关人性的书，接着我们就围绕"如何为人处世"展开讨论。她显然对这个题目也深有体会，她说她当初为了写欧文的传记，专门拜访了与欧文共事了三年的朋友。他们说，欧文在三年内从来没有说过要做什么、不要做什么的话，他都是以尊重的口吻问别人，比如"你可以考虑一下这件事吗？"或者是"你觉得这样做合适吗？"他在让别人替他做速记后都要问："你觉得怎么样？"如果哪里写得不是很好，他会说："假如我们把这一句改成这个样子，你觉得会不会好一点？"他总是让别人尝试着自己去动手。他不会命令别人该怎么样，他希望大家都自己动手，有错误了就从错误中学习。这样的方法反而能让别人积极地处理问题，因为这是一种尊重的体现，当人们的自尊心得到认可的时候，他希望与你合作，而不是反抗你。

反之，即使别人确实有错误，而你声色俱厉地指责别人，那产生抵触甚至愤怒的情绪是非常正常的事，他甚至能够生很长时间的气。而如果这样的粗鲁行为和言语来自一个有一定权威的人，那后果也很不好。桑塔尔是威名市的一位职校老师，他班上的一个学生因为没有按照规章制度停车，给学校的一个入口带来麻烦。学校的一位老师为此怒气冲冲地来到班上狂吼："是谁把车停在过道上？"车主举手应答。那位老师又转向他大吼："你赶快把它开走，否则我就用铁链把它捆起来拖走。"

那位学生是犯错了，他把车放在那里，妨碍了交通。但是结果呢？不但那位车主没有理会他，其他人也把车停在那里，以增加他的不便。事情原本不用这样。假如他换一种方式来说话，假如他平和友善地和班里的人说："请问堵住门口的那位车主是谁，你好，如果你能把它移开，别的车就方便通过了，麻烦您帮个忙，谢谢啦！"

那位同学听到这样的话肯定乐意把车开走，心里还会有歉疚，其他人下次也会小心。

一个疑问句就能有这样的作用，因为这包含了尊重的前提。在企业里少一些命令，多一些提问，往往会激发员工的积极性和创造力。麦克是约翰内斯堡一家小工厂的老板，一次他有机会获得一张大订单。但如果签了，货期不一定能跟上，除非工人们加班加点地工作。他没有发出强制性的命令，而是把大家召集到一起，先谈了这个大订单对整个公司的意义，然后用诚恳地语气问大家："我们是不是能想出办法来完成这张订单，有没有好的办法来处理时间和工作量的分配问题，大家想想办法，如果实在不行我们就不接这个订单了。"

工人们听到这样的话马上要求接下订单，然后一起讨论办法。他们的态度只有一个，就是"我一定能办得到"。

最后在所有人共同的努力下，他们接下了单子，保证了货期的兑现。而这一切，是强制所不能带来的。

第五章　做好一生的规划

目标是人生的灯塔

⊙心中拥有目标，便会使自己不会太留意与之不相关的烦恼，不会与一般的不相关的小麻烦计较，这会使你变得豁达、开朗。

⊙一个人之所以伟大，首先在于他有一个伟大的目标。

每一个奋斗成才的人，无疑都会有一个选择、确定目标的问题。正如空气、阳光之于生命那样，人生须臾不能离开目标的引导。

有了目标，人们才会下定决心攻占事业高地；有了目标，深藏在内心的力量才会找到"用武之地"。若没有目标，绝不会采取真正的实际行动，自然与成功无缘。

首先，心中拥有目标，给人生存的勇气，在困苦艰难之际赋予我们坚忍不拔的毅力。有了具体目标的人少有挫折感。因为比起伟大的目标来说，人生途中的波折就是微不足道的了。因此，拥有科学的目标可以优化人生进程。

其次，由于目标事物存在脑海某处，所以即使我们从事别的工作，潜意识里依然暗自思量图谋对策，在不觉之间接近目标，终于梦想成真。拥有目标的人成功立业的几率，无疑要比缺乏志向的人高。目标激励人心，产生活动能源。

再者，实现目标好像攀登阶梯一般，循序渐进为宜，尽管前途险阻重重，也要自我勉励，不断做出更大的挑战。当时认为不可能做到的事情，往往几年之后，出乎意料之外地简单达成了。

卡耐基说不甘做平庸之辈的人，必须要有一个明确的追求目标，才能调动起自己的智慧和精力。

心中拥有目标，便会使自己不会太留意与之不相关的烦恼，不会与一般的不相关的小麻烦斤斤计较，这会使你变得豁达、开朗。因为人的注意力是很有限的，一旦他（她）全身心地为自己的目标而努力，去冥思苦想时，其他的事情是很难在其脑子里停留的，这个道理极其明显。

心中有了目标，人就会专门去找一些相关的麻烦来解决，以便自己为实现目标而进行一些必要的锻炼，这样，使人在不知不觉中培养起了积极的人生态度和勇于迎接困难的优良品质。

在现实生活中，确有许多"平庸之辈"有不甘平庸之心，这是一个积极入世的人不容回避的问题。作为一个平凡的人，尽管不可能都轰轰烈烈，但是能使平凡的人生较常人稍许不平凡一些，尽可能比别人强一些，是肯定能办到的。

我们需要提升生存的智慧，思考成功，追求卓越，对人生的意义、人生的价值、人生的幸福等问题交出较完美的答卷。不甘平庸，崇尚奋斗，正是人生之歌的主旋律。

没有明确的目标，没有目标的努力，显然如竹篮打水，终将一无所有。

目标是获得成功的基石，是成功路上的里程碑。目标能给你一个看得见的靶子，你一步一个脚印去实现这些目标，你就会有成就感，就会更加信心百倍，向高峰挺进。

成功，是每一个追求者的热烈企盼和向往，是每一个奋斗者为之倾心的夙愿。在目标的推动下，人就能够被激励、鞭策，处于一种昂扬、激奋的状态下，去积极进取、创造，向着美好的未来挺进。

目标是一种持久的热望，是一种深藏于心底的潜意识。它能长时间调动你的创造激情，调动你的心力。你一旦想到这种强烈的愿望，就会产生一种原子能般的动力，就会有一种钢铸般的精神支柱。一想到它，你就会为之奋力拼搏，就会尽力完善自我，在艰难险阻面前，决然不会轻易说"不"字。为了目标的实现，去勇敢地超越自我，跨越障碍，踏出一条坦途。

目标是信念、志向的具体化，奋斗者一定要有梦想，并敢于做"大梦"，梦想正是步入成功殿堂的动力源。许多精英俊杰都是出色的梦想者，他们无一不是笃信大梦能成真的。他们梦想的目标一旦确立，就会万难不屈、坚毅果敢，充分发掘自己的潜能，将自己的才华优势发挥到极致，以百倍的努力冲刺、攀登。

正如美国成功学家拿破仑·希尔所言："你过去或现在的情况并不重要，你将来想获得什么成就才最重要。除非你对未来有理想，否则做不出什么大事来。一有了目标，内心的力量才会找到方向。"

可以说，一个人之所以伟大，首先在于他有一个伟大的目标。

在人的成长过程中，必经历胎儿期、继承期、创造期和发展期几个阶段，在第二、三阶段中，有一个目标选择期。即从学校毕业到就业前后，是确定奋斗目标的阶段。

一个人能否成功，确定目标是首要的战略问题。目标能够指引人生，规范人生，是人成功的第一要义。目标之于事业，具有举足轻重的作用。忽视目标定位的人，或是始终确定不了目标的人，他的努力就会事倍功半，很难达到理想的彼岸。确立目标，是人生设计的第一乐章。

确立人生的起跑点

⊙不少人青年时代就功成名就，不能不说与他的人生起跑点选择得准确有关。

人生的全流程，虽是一个连续不断的时空整体的客观存在，但它明显地划分为几个阶段。把人生流程中生理年龄、人的成熟和发展过程以及主要内容的更替综合起来看，分为4个大阶段较为科学，每个大阶段内又分几个小段。自降生至18岁，我们称之为人生流程的补建期。如果说任何人对自己所获得的遗传因素、母体条件都无法选择，那么我们就可以降生为界。降生以前主要是获得先天的生理预应力，出生后社会环境便开始施加影响以造就其社会适应力，以使他提高对社会的适应能力。第二个阶段是成熟期，即18～25岁左右，是充满理想、浪漫色彩和激情的青年期。这个时期，努力总结在补建期所得到的一切知识和社会经验、实践体会，中心任务是使自己初步成熟起来。这一时期有两个明显标志：一是初步形成世界观，即获得社会观、人生价值观，认识方法协调统一化，形成对客观世界的整体性认识；二是基本选定了一生所从事的事业的目标。在这个阶段上，人生的中心任务就是要全力促进成熟，早成熟早立志，就可以早进入创造期，早出成果，为社会多做贡献。第三个阶段是创造期，即25～55岁左右这个年龄段。这是人生全程中的黄金时代，无论从事什么工作的人，这个阶段都是进行创造性工作的最佳时期。不仅因为这个年龄段上的人年富力强，也因为他们积累了丰富的经验，历经了磨炼，使他们有稳定的情绪和持久的耐力。第四个阶段是总结期，即55岁以后。这个时期，因年龄增长所发生的心理变化，以及体力精力的减退，迫使人不得不离开第一线，做一些总结切身经验的工作。

　　如果把人生比做是运动场上的竞赛，那么，补建期就好像运动员竞赛前的预备活动期，而成熟期就是运动员在选择自己的起跑点，创造期就是正式竞赛中的角逐。不同点在于，运动上的竞赛是练兵千日于瞬间决一雌雄，而人生的竞争则是集千万个瞬间的科学灵感和运动场上的冲刺比高低。要说哪一个容易哪一个难，不好分辨。但有一点可以肯定：人生漫长的征途上更需要持久的耐力。

　　人生起跑点的选择，对于一生有重要作用。如果一开始起跑点就选得准确，总比几经周折年近迟暮还在徘徊之中要好得多，不少人青年时代就功成名就，不能不说与他的人生起跑点选择的准确有关。

　　有的人说"选择目标，实际上是自己设计自己的过程"，"自己设计自己，首先要考虑社会的需要，时代的需要，还要考虑自己的所长和爱好"。持这种主张的人认为，选择人生目标就是自己设计自己。我们并不完全同意这种主张，因为选择人生目标仅仅是人生设计的一项内容，而不是人生设计的全部内容，人生设计除目标设定外，还包括阶段规划、环境分析、反馈和核心内容的研究等。而目标的选择，仅是确定人生起跑点的前提之一。

　　该如何确定自己的人生起跑点呢？用我们的话来说，就是在对自身条件优劣和环境利弊的自觉认识的基础上，根据扬长避短的原则，按照社会需要所指示的方向，在环境的最大容许度上确立自己的人生起跑点较为妥当。

　　身处顺境，依自己对于宏观和微观的自觉认识的水平，对自己的长处短处的自觉认识，确立一生所从事的事业（范围或更具体到特定项目）的目标，这就是人生起跑点。

身处逆境,同样也应依照对环境和自身的自觉认识水平,确立一生所从事的事业的目标,不过有两种情况:一种是在微观环境容许度以内确立,叫做安全性人生起跑点;另一种是在微观环境容许度之外,依自己对宏观需要的自觉认识确立所从事的目标,叫做风险性人生目标。

上述关于人生起跑点的思想在确立过程中所涉及的因素和判断过程是一致的,不同仅在于担风险还是找安全。

描绘生命的蓝图

⊙成功人士与平庸之辈的差别,就在于前者为生命计划,决定一生的方向。
⊙只有你知道需要什么,这样你才能直达目标。

生命比盖房更需要蓝图,然而很多人从来没有计划过生命,每天只是醉生梦死地度过。

成功人士和平庸之辈的差别,就在于前者为生命计划,决定一生的方向。我们可以为生命做出计划,如拟订 10 年、5 年、3 年的计划;或拟订最接近此刻的为期一年的计划;最后是短期的计划,如一月、一周、一天。

1. 订出一生大纲:你这一辈子要做什么?当然,有很多事只能订出个大概,但你可以好好选择自己所喜欢做的事。

你退休后要做什么?你的第二阶段要怎么过?也许你要终日徜徉于山水之间。如果现在你还不到 30 岁,以后也不想退休,那就不必为这些烦恼。

2. 20 年大计:有了大概的人生方向,就可以拟订细节。第一步是 20 年。订下这 20 年内你要成为什么样子,有哪些目标完成。然后想想从现在起,十年后你要成为什么样的人。

3. 10 年目标:20 年大计一定要 20 年才能完成吗?不一定。

4. 5 年计划:只需要一台计算机和几秒钟时间,你就知道五年内要赚多少钱。

5. 3 年计划:3 年是重要的一环,一生大计通常只是简单的方向,而 3 年计划是最重要的决定点。

6. 下年计划:这是你每周至少要检视一次的预算表和工作计划。每年都要有计划,尽量简单扼要,以数字为主。像赚得的金额、认识的人数等。12 个月的计划不是论文,而是行动大纲。

7. 下月计划:认真地执行下个月的计划。以每月 15 号开始算起,是最适合的日子。

8. 下周计划:这对大多数人而言,这是时间计划的关键所在。

9. 明日计划：这是最具体的生命计划。

别被 20 年大计吓倒了，好好写下来，修改是难免的。订计划是件愉快的事，而非一项任务，如果你的计划是一串上升的数字，你很快会对它发生兴趣。

如果短期计划超过了 90 天，你会对它丧失兴趣，把它分散成单项，然后逐一在 90 天内完成。

只有你知道自己需要什么，这样你才能直达目标。

拥有自己的计划

⊙ 谁没有用以检查其行为标准的计划，那他的行为就会被眼前的影响所支配；他认为今天所寻求到的自信说不定明天就又会失去。

⊙ 有了计划，就意味着有了保障。

一位著名的外交官曾说过，"日常事情一件一件地向我们涌来。如果我们没有一个可以将之加以检查的计划，那么我们就会遇到许多困难。"

他所陈述的这种道理在外交、政治以及我们每个人的工作和生活中统统适用。应该按照自己的标准，去检查每天发生在我们身边的事情，谁若不懂得这一点，谁就将陷入不稳定的漩涡之中。他自己的个人意愿将难以实现，所定目标也将停滞不前。

所以，影响我们生活的有两件事情。其一就是日常之事，这是我们社会不断强加给我们的对立；其二就是拥有一份计划，我们按照这份计划来评判日常之事对我们自己是否有利，我们是否有能力处理好这些事情。

谁没有用以检查其行为标准的计划，那他的行为就会被眼前的影响所支配；他认为今天所寻求到的自信说不定明天就又会失去。

谁拥有一份长期计划，谁就会凭借它创造有利的前提，正确看待眼前的一切诱惑。

在此，还应进一步说明一下，拥有一份检视我们行为的计划到底有哪些好处：

拥有一份计划并贯彻它，意味着可以事先知道应该怎样度过这繁忙的一天。

拥有一份长期计划，就如同建立了一个安全网，当我们在日常生活中遇到困难时，它会及时地给予我们保障，就如空中飞人表演遇险而由安全网接住一样。

也意味着，可以及时界定我们的能力和可能性的范围，以期更接近我们所期望的目标。这样，我们就不会受外界影响和诱惑。

谁没计划，谁就会陷入危险之中。

在过去的几年里我遇到过一些人，他们给我留下的印象是：他们生活得比别人好，这时我总会向他们讨教几招。其中一个人给我举了一个印象颇深的例子。这个例子说明，计划如何帮助人们去克服生活中大大小小的问题。

我有一个朋友，他是在乡下一个贫苦的家庭中长大的，他父亲早逝。之后他上了大学，毕业后当了一名法官，再之后又当了外交官和部长。

当我在他的办公室拜访他时，我问他："您曾经说过，您是个心满意足的人。您是怎样做到这一点的呢？

"他思考了一会，然后以他那独特的、从容不迫的方式回答道：

"严格地说，我几乎可以称得上是个心满意足、十分幸福的人。这当然有多方面的原因。但其中有两点是肯定的：人必须自信。同时也必须能够独立做事，而且不要过分依赖于外部事物。"

对某些人来说，读了这几句话后，会感觉它们只是空洞的说教或者只是抽象的愿望、幻想。但对以它为原则而生活的我的朋友来说，这是他获得几乎可以称得上是心满意足、十分幸福的生活的关键因素。从这个伟大的生活计划中，他推导出解决日常问题的许许多多小计划。

举一个他向我讲述过的例子，是关于他怎样控制体重的。当别人都在大量地吞服药片或偶尔接受减肥疗法并向别人推荐时，他却用自己的方式来解决问题：

"每周日洗完澡后，我就称体重。如果称的是 80 公斤，那么在接下来的一周内，我接着吃与上周同量的东西；如果称得的体重大于 80 公斤，那么一周内我只吃一半的东西。在这段时间内，我的体重又可以减到适合于我的体型的最理想的 80 公斤。"

您或许会问："这样一件无关紧要的小事和他幸福的计划有什么内在的联系？"

非常之简单：举一反三。他说："人必须自信并且不要过多地依赖于外部事物。"

他不问："谁帮我解决我的体重问题呢？哪些药片能帮我，哪些疗法能有效呢？"而是更多地去寻求一种不依赖于任何人的解决之道。

他控制自己每天吃多少东西，不受偶然因素或所提供的食物的影响，而是严格按照计划行事。他这样做使他充满自信。

这是考察内在联系的一个方面。

在前面，我列举了大量事例，阐述了如何制定一个最适合自己的计划，同时也阐述了坚定不移地贯彻计划的优点。但您要认识到，计划并不是一付灵丹妙药，光靠它还不能解决问题，它只是为解决问题而创造尽可能最好的前提条件。

有了计划，就意味着有了保障。由此而得出的最重要的结论是：

我不再相信，当自己碰到问题时，总能想出解决问题的办法或者总会有贵人相助；或者认为"还没这么糟糕！"或者"到目前为止，一切都挺好！"而是为解决问题做好充分准备。不靠碰运气，不只顾眼前，不依赖别人，而是自己为此担负起责任。

拥有一份计划就意味着：

今天就考虑好明天和后天会出现什么样的情况及应对策略。就像一个优秀的战略家，在真正采取行动之前，先练习沙盘作业，直至他认为已能圆满完成任务为止。或者像一名消防队员，平时坚持不懈地练习，以使自己在紧急情况下能应付自如。

一旦真的发生紧急情况，他早已做好了充分准备。他很清楚自己应做什么，并投入全部精力尽量做好，而不是惊慌失措，急于为自己的失败找替罪羊或为自己寻找托辞。

这就是有计划的优点之一。另一个优点是，知道自己想做什么。在这种情况下，我可能这样做，而另一种情况下也许会采取完全相反的做法。不管怎样，我每次只做有利于更接近我所设定的目标的事情。

在这儿，我就不一一列举其他优点了，为的是您能自己勾画自己的生活，而不是让别人牵着鼻子走。

所有该说的，我想，我都已经说过了。

现在就看您的了。读到这儿，如果您只说一句："是的，是的，这样活着，就不错了！"这是远远不够的。之后，您会很快就翻过这一页，而不是尝试着去实际做点什么。您也许会说："听起来都很美，但是……"还会成百上千次地说"如果"和"但是"，您应该知道，说这些都没用，坐着说，不如起来行动。

如果您已确定了一个目标，制定了一份最适合您的计划并下定决心：从今天开始，没有任何事情可以阻止我去执行我的计划，那么您就已经向成功又迈进了一大步。

如果您制定了这项计划，您就将它写在一张纸上，放在书桌上。这样您就可以每天早上和晚上都能看到它了。早上您会说："我要这样去做。"晚上，您会问："我是这样做的吗？"

当然，您可在下周利用一周的时间，每天晚上都回顾一下自己的生活。之后，确定新的目标，并制定出实现目标的方案。

或者您现在就开始，寻找每次失败的原因。从自己的认识出发，制定出具体的方案，以使自己在以后的日子里不会重蹈覆辙。

对自己进行"盘点"

⊙这些问题的目的，在于使你发现哪些地方应进行改善，而不是要给什么奖赏。
⊙没有人是一夜之间就成功的。想要获得成功是需要花时间的。

对自己提出下列问题并诚实作答，切勿故意说假话来满足自己的虚荣心，因为这些问题的目的，在于使你发现哪些地方应进行改善，而不是要给什么奖赏。
1. 你确定了明确的目标了吗？制订执行计划了吗？每天花多少时间在执行计划上？主动执行或是想到了才执行？
2. 你的明确目标是一种强烈欲望吗？多久振奋一次这个欲望？
3. 为了达到明确目标你做了什么付出？正在付出吗？何时开始付出？
4. 你采取了什么步骤来组织智囊团？你多久和成员接触一次？你每个月、每周、每天和多少成员谈话？
5. 你有接受一些小挫折作为促使自己做更大努力之挑战的习惯吗？你从逆境中找

出等值利益的种子的速度有多快？

6. 你是把时间花在执行计划上还是老想着你所碰到的阻碍？

7. 你经常为了将更多的时间用来执行计划而牺牲娱乐吗？或者经常为了娱乐而牺牲工作？

8. 你能把握每一分钟时间吗？

9. 你把你的生活看成是你过去运用时间的方式的结果吗？你满意你目前的生活吗？你希望以其他方式支配时间吗？你把逝去的每一秒钟都看成是生活更加进步的机会吗？

10. 你一直都有积极的心态吗？是大部分时候都保持积极的心态或有的时候积极？你现在的心态积极吗？你能使自己的心态立刻积极起来吗？积极之后呢？

11. 当你以行动具体表现了积极的心态时，经常会展现你的个人进取心吗？

12. 你相信你会因为幸运或意外收获而成功吗？什么时候会出现这幸运或意外收获呢？你相信你的成功是努力付出所换得的结果吗？你何时付出努力？

13. 你曾经受到他人进取心的激励吗？你经常受到他人的影响吗？你经常真正地以他作为榜样吗？

14. 你何时表现出多付出一点点的举动？每天都为付出或只有在他人注意时才会表现多付出？你在表现多付出一点点的举动时心态正确吗？

15. 你的个性吸引人吗？你会每天早晨照镜子，并且改善你的微笑和脸部表情吗？或者你只是单纯的洗脸刷牙而已？

16. 你如何应用你的信心？你何时奉行得自无穷智慧的激励力量？你经常忽视这些力量吗？

17. 你培养自己的自律能力吗？你的失控情绪经常使你失去做一些会令你很快就感到遗憾的事情吗？

18. 你能控制恐惧感吗？你经常表现出恐惧吗？你何时以你的信心取代恐惧？

19. 你经常以他人的意见作为事实吗？每当你听到他人的意见时你会抱着怀疑的态度吗？你经常以正确的思考来解决你所面对的问题吗？

20. 你经常以表现合作的方式来争取他人的合作吗？你在家里？在办公室？在你的智囊团？

21. 你给自己发挥想象力的机会吗？你何时运用创造力来解决问题？你有什么需要靠创造力才能解决的问题吗？

22. 你会放松自己，运动并且注意你的健康吗？你计划明年才开始吗？为什么不现在开始？

这份检讨问题单的目的，在于促使你对自己做番思考。你对于各项事情的运用方式充分反映出你将成功原则化为你生活一部分的程度。如果你对上述问题的回答不能令你满意时，请不要气馁。曾经有好几百万人买过我的书，而且我也对成千上万人举行过演讲。虽然这些人当中有许多人都获得成功，但是没有人是一夜之间就成功的。

想要获得成功是需要花时间的。

不断调整人生目标

⊙执着的追求是应该嘉许和称道的。但如明知道不行，却仍一条巷子走到黑，或明知客观条件造成的障碍无法逾越，还要硬钻牛角尖，这就不可取了。

⊙为目标下定义，不断修正，相信它会实现——成果就这样出现了。

执着的追求是应该嘉许和称道的。但如明知道不行，却仍一条巷子走到黑，或明知客观条件造成的障碍无法逾越，还要硬钻牛角尖，这就不可取了。

目标、志向的调整，实际上是一种动态调整，是随机转移的。若发现你原来确定的目标与自己的条件及外在因素不适合，那就得改弦易辙，另择他径。

这种动态调整有以下的基本形式：

一是主攻方向的调节。若原定目标与自己的性格、才能、兴趣明显相悖，这样，目标实现的概率趋向为零。这就需要适时对目标做横向调整，并及时捕捉新的信息，确定新的、更易成功的主攻目标。

扬长避短是确定目标、选择职业的重要方法。在科学、艺术史上，大量人才成败的经历证明，有的人在某一方面具有良好的天赋和能力，但他不可能有多方面的强项；有的人在研究、治学上是一把好手，而一到管理、经营的岗位，他就一筹莫展，能力平平，甚至很差。

二是在原定目标基础上的调节。这是主攻方向不变，只是变革层次的调整。若是原目标定得过高了，只有很小的实现可能，必须调低，再继续积累，增强攻关的后劲。若原目标已实现，则要马不停蹄地制定新的更高层次的目标。若原目标定得太低，轻易就已跃过，则要权衡自己的能力、水平，将目标向上升级。

实现目标自然需要长期的努力。在为人生目标奋斗时，不能幻想一劳永逸，而要务实笃行、稳扎稳打、奋力前行。同时，也要看到，每取得一点成功，都是向总目标靠近一步。取得了全局性的成功，也不是目标的终止，而恰恰是向更高一级目标攀登的开始。

三是在获得信息反馈之中调节。即在原定目标中受挫而幡然醒悟，调整通道，重新把目标定在自己拿手的领域。美国科学家迈克尔逊，青年时曾入海军学校，但他学习成绩很差，特别是军事课，长期不及格。学校多次批评教育，仍然不起作用，最后学校不得不把他开除。但是，他对物理实验却非常感兴趣，被开除后，他投入对物理的学习和研究，很快显示出才华。他长期孜孜不倦，苦苦钻研，不断攀登了一个又一个高峰，终于做出被荣称为"迈克尔逊光学实验"的伟大创举，为相对论奠定了实验基础，成为美国第一个获得诺贝尔奖的人。

四是从预测未来中进行调节。社会的需要和个人的兴趣、才能、性格等都经常会发生变化。要善于打一个"提前量"，进行预测。如才能的发展与年龄大小关系极大。任何才能都有其萌发期、发展期和衰退期，这样顺势而为，做出设想、规划，显然对目标定向是大有益处的。

五是对具体阶段目标视情况进行调节。大的目标要终生矢志追求，而小的阶段目标则可以进行适当的调节。科研人员在研究方向的选择上，有时为了能快出成果，改变思路而取得成功的结果，在科学史上不乏先例。

那么目标在什么情况下需要适时调整呢？一般来说如下几种情况必须调整人生目标：

第一，环境发生重大变化的时候，任何人的人生目标都是特定时代特定环境的产物，而各种环境中主要是社会环境对人生目标具有决定作用。社会环境、自然环境的变化，会影响人生目标的变化，特别是重大的环境变化，常造成人生目标的重大改变。

所谓环境的重大变化时刻，是指两个方面发生的重大变化：一是国内外经济、政治、思想文化领域的大动荡；二是人们的家庭的经济、政治、亲属关系等发生重大变化。这两个方面发生的重大变化，对人生目标都将发生影响。我们的原则是，无论环境发生什么变化，具体的目标（某个阶段的目标或某个方面的目标）可以变通，随时做好调节，但总目标应该矢志不移。

第二，在人才竞争的胜败转折的时刻。奋斗中的成与败，常常形成人生道路的转折点，这已为无数事实所证明。

第三，人生总流程中，前后两个阶段相更替的时刻。这种时刻，称为人生转折时刻。这种转折，或发生在人的生理发生转折时（发育和疾病造成的），或发生在人的社会地位发生突变的时候，或发生在人的社会智能结构发生质变前后，总之，是人自身某种或某些条件发生重要变化的时刻。这个时刻，也是容易引起人生目标发生改变的时刻。我们应努力防止在人生转折时刻发生人生目标的不良转变，防止因社会地位升高或降低而腐化或丧志，因疾病而颓丧，或因智能提高而骄傲，应使人生目标始终保持正确的大方向，具体目标始终切实可行。

为目标下定义，不断修正，相信它会实现——成果就这样出现了。任何人都能完成他们所想的，你也一样。但第一步，你必须知道这伟大的成就是什么；下一步就是设计许多能令你保持高昂情绪的小目标，让它们逐步引导你迈向成功。

每天对工作选择实行，对优先顺序做了解，对你大有助益。确信自己的努力没有白费，而且要求事半功倍。谨慎而自觉地决定事情先后，一般人从不这样做。他们只是任性而为，随波逐流。他们是基于恐惧、气愤和报复，而非为了活得更好而努力。他们不求提高效率，而周旋于私人党派或政治成功的梦想，幻化为泡影。

了解自己的需要和如何得到自己所想的。明了这些事情的轻重缓急，你可以按部就班地计划自己的一天。

第六章 与金钱和睦相处

聪明地运用金钱才能使人感到快乐

⊙很少人能聪明地运用金钱，人们对金钱有许多自以为是的错误看法，其中有些甚至荒谬极了。

⊙钱能够对提高我们的生活品质起到多少作用，要看我们能多聪明地运用手上的钱，而不是看我们到底有多少钱。

虽然很少有人真正知道自己想从生活中获取什么，但大部分的人却坚定地宣称，有了很多钱就可以使他们得到想要的一切。他们不仅错失了生活的本质，也曲解了金钱本来的意义。钱常被误用、滥用，很少人能聪明地运用金钱，人们对金钱有许多自以为是的错误看法，其中有些甚至荒谬极了。

长久以来，人们一直受物质主义的主宰和操纵，不断地以追求财富、积累金钱作为奋斗的目标，认为拥有了巨大的财富就拥有了快乐。诚然，金钱对人们的生活的确有作用，但是并不像大多数人想的那么重要。

人们对金钱最为普遍的一种错误认识是，钱可以使他们快乐。实际上，金钱聚积过多，不仅不会带来快乐，反而成为仇恨、相争等烦恼的根源。

皮德鲁幸运地中了500万美元的彩券，当他发横财的时候其他人正在失业。在一般人的眼里，皮德鲁真是走了大运，有了这么多钱，他一定快乐得不得了。然而事实是，皮德鲁不仅没有得到快乐，反而陷入了不幸。自从皮德鲁中了彩券后，他就再也没见过自己的女儿，而且好多亲朋好友也都离他而去，原因是他没有把这一大笔天降横财分给他们。皮德鲁说："我现在要什么东西就可以买什么东东西，但除此以外，我比其他任何人还要痛苦……我买不到感情和人心。有了这一大笔钱，我反而成了忌妒和仇恨的对象，人们不愿和我接近，我也时刻在担心有人接近我只是为了钱，我累极了……有朋友就是有朋友，没有就是没有，爱是买不到的，爱一定要建立。"

现实生活中，许多人通过努力工作、继承遗产、运气或是不合法的手段得到了大笔钱，然而，或者是因为不满足，或者是因钱而导致朋友的纷争、感情的背离，或是因为钱已够多而失去了目标，总之，他们都没有得到快乐。许多有钱人拥有一切物质上的享受，却过着自暴自弃的生活。

不管人们处于何种地位，钱都是生存的必需品，钱也是增进休闲方式、提高生活品质的一种途径。然而，不幸的是，人们都被贪婪蒙住了眼睛，把钱视为生活的目的，而不是改善生活的手段。把金钱本身当成了目的，人们就会陷入失望和不满，并且永远无法达到提升生活品质的目标。

对钱的另外一种误解是，人们把钱看作生活的保障和建立安全感的基础，就会制约我们去相信应该一心一意地积蓄物质财富，作为我们退休或遭到意外时的保障。如果你开始把钱看成完全的保障，你对钱就会有问题，就像不能买爱、朋友和家人，你也买不到真正的保障。

人所能拥有的真正的保障应该是内在的保障。这种内在的保障来源于天赋、创造力、才能、健康的体魄等内在因素，使你相信你能够运用自身的条件，去应付或克服作为一个独立的人所要面对的一切问题和情况。你如果一旦拥有了这种内在的实际的保障，你就不会有那么多的惶恐和害怕，也不会将时间和精力专注于给自己建立外在的财务上的保障。最好的财务保障就是内在的创造能力，这种保障任何人都夺不去，你永远都能想办法谋生。你的本质建立于你本身是什么人，拥有怎样的精神状态，而不是你所拥有的外在的物质。你即使失去了所拥有的，你也还是自己生活的中心，这使你能保持健康明朗的生活过程。

将个人的安全感建立在金钱上，不外乎修建空中楼阁。那些努力为自己建立保障的人是最没有保障的人。情感上缺乏保障的人积累大量的金钱来抵御人格上所受的打击，填补空洞脆弱的内心，宣泄不愉快的感觉。追求保障的人本质上极为缺乏安全感，因此试图通过外部的事物，比如金钱、配偶、房屋、车子和名声，来求得心理上的安稳和平衡，他们一旦失去了自己所拥有的金钱财富，就失去了自己，因为他们的安全感、对自己的认同感，完全是以金钱为根本。

以物质和金钱追求为基础保障有很多褊狭之处，就算你是超级富翁，也可能遇车祸身亡，有钱人的健康状况和没钱的人一样会逐渐衰败，战争爆发影响穷人，也影响富人。以钱为保障的人还时刻担心金融崩溃时他们会失去所有的钱财。他们不仅没得到什么确实的保障，反而还增加了许多让他们恐慌的事。

那么，钱和快乐到底有什么关系？我们承认钱是生存的一项重要因素，但这并不能告诉我们，要多少钱才能够快乐。为这个社会主流所认同的那些成功人士，总是时时刻刻在宣扬，百万富翁才是生活的胜利者，也就是说，我们其他人都是失败者。很多事实证明，大部分财力平平的人比我们在报纸上读到的百万富翁更有资格当胜利者。

钱是生活中的权宜办法，钱能够对提高我们的生活品质起到多少作用，要看我们能多聪明地运用手上的钱，而不是看我们到底有多少钱。

在我们的社会中，很多人都认为钱代表权力、地位和安全，但其实钱在本质上没有一点能使我们快乐。要看清钱的本质，请做如下练习：现在把你身上或放在附近的钱拿出来，摸一摸，感觉它的温度。注意，它是冷冰冰的，晚上不能使你温暖。你和你的钱说话，它不会有任何反应，它的面目永远是那么僵硬，一成不变。不管你有多么爱它，它也不会给你一点回报。

麦克·菲力普曾是一位银行副总裁，他认为大多人把自己的身份牢牢地和钱结合在一起，在他的书《金钱七定律》中，他讨论了几种有趣的金钱观：

1. 如果你做了事情，钱自然会到你的手中。
2. 金钱是个梦——像传说中的花衣服吹笛手一样吸引人。
3. 金钱是梦魇。
4. 你永远都不能把钱当作礼物送走。
5. 有的世界里没有钱这个东西。

当然钱的确有很多用途，没有人会否认钱在社会上和商场上所扮演的重要角色，但是人人都可以推翻错误的观点——认为钱越多就会越快乐。每个人所要做的就是留心。

我通过对以下问题的观察，提出了几点重要的意见：如果钱使人快乐，那么……

1. 为什么年薪7万元以上的人当中，对自己薪水不满意的比率，比那些年薪7万元以下的人高？
2. 阿尔伯伊斯基通过华尔街地线交易非法聚敛了1000万美元，为什么他累积到200万元或者是500万元的时候还不愿停止这种非法行为，却继续累积，直到被捕？
3. 为什么我所认识的一家人（他们的财产总值列居北美家庭的前100名）告诉我，他们如果中了彩票赢了大奖会有多么快乐？
4. 为什么纽约的一群中了彩票的人要组成一个自助团体来处理中奖后的各种痛苦和忧郁的症状，他们在赢得大笔奖金之前从来没有经历过这种严重的痛苦和忧郁？
5. 为什么这么多高薪的棒球、足球、曲棍球球员有毒品和酒精的问题？
6. 医生是最有钱的行业之一，为什么他们的离婚、自杀和酗酒比例高于其他行业？
7. 为什么穷人捐给慈善事业的钱比富人捐得多？
8. 为什么有这么多有钱人犯法？
9. 为什么这么多有钱人去看精神科医生和心理治疗师？

以上只是提醒我们钱并不能保证快乐。

当我们满足了基本的生活需要后，钱不会使我们快乐，也不会使我们不快乐。如果我们每年挣到25000美元就能够快乐，并且能够妥善地处理各种问题，当我们比现在更有钱时，还是会快乐，还是能妥善地处理问题。如果我们一年只挣25000美元就使自己不快乐、神经过敏，而且不能很好地处理问题，那么即使年薪100万美元也是如此，还是神经过敏、不快乐，也不能好好地处理问题，差别只在于，我们是在豪华的住宅、丰富的物质享受里神经过敏、不快乐。

提升财商

⊙财商可以通过后天的专门训练和学习得以改变，改变你的财商可以连动地改变你的财务状况。

⊙财商是一个人最需要的能力，也是最被人们忽略的能力。

许多终日为钱辛苦、为钱忙碌的上班族，都曾有过一些共同的体验，眼看着成功人士穿着名牌服装，住在豪华别墅，开着名贵轿车，羡慕不已。然而在羡慕之余，他们可能也曾经想过："是什么使得他们能够拥有财富，而我却没有？"

一次调查结果表明，有47%以上的受访者认为"炒作股票或房地产"是贫富差距拉大的主因；其次是"个人工作能力与努力"（34%）；第三是"家庭原因"（19%）。根据调查结果可以发现，大部分的受访者认为，造成贫富差距越来越大的主因并非个人努力的成果，而是运气、机会等不公平游戏的结果。

的确，造成贫富差距扩大的直接原因是"股票与房地产"、"个人工作能力与努力"、"家庭原因"，但是这些都是表面现象。人们习惯将贫穷的原因归咎于外在的因素，如制度、运气、机会等，或者用负面的说词，为自己无所作为作解脱。他们认为有钱人大多是因为投资房地产或股票而致富，而造成财富增加主要是因为"拥有适当的投资"。

那么我们更深入一步提问，为什么他们拥有资金来投资房地产和股票，他们又是如何操作使他们能够不断赚钱的呢？到底那些富人拥有什么特殊技能，是那些天天省吃俭用、日日勤奋工作的上班族所欠缺的呢？他们何以能在一生中累积如此巨大的财富呢？

所有这些问题都不是用家世、创业、职业、学历、智商与努力程度等因素能解释得了的。

专家们经过观察、归纳与研究，终于发现了一个被众人所忽略但却极为重要的原因，那就是是否具有较高的财商。

每个人都有一个成功的梦想，一个创富的梦想。在市场经济社会里，金钱从某种意义上讲是成功的一种体现，财富也自然成为衡量成功的一个标尺。

不同的人有不同的追逐财富的方式，那么如何衡量一个人的理财能力呢？以往人们更多的是根据财富的多少来评价一个人的能力，但往往只能看到结果，而不能预先做出相对准确的评估。

财商则提供了一个新的维度，来衡量一个人的理财能力和创造财富的智慧。那么，什么是财商呢？

财商是指一个人在财务方面的智力，是理财的智慧。财商可以通过后天的专门训练和学习得以改变，改变你的财商，可以连动地改变你的财务状况。财商是一个人最需要的能力，也是最被人们忽略的能力。可以想象，一个漠视财商的人，一定是现实感很差的人。

财商包括两方面的能力：一是正确认识金钱及金钱规律的能力；二是正确使用金钱及金钱规律的能力。财商并不仅是人们现实的惟一能健康发展的智能，而且是人为观念和智能中的一种，当然也是非常重要的一种。财商常常被人们急需，也被忽略。财商不是孤立的，而是与人的其他智慧和能力密切相关的。事实上，财商与智商、情商一样，都是一种指导人们行为的无形力量。而财商也是可以通过学习来获得的。

金钱是一种思想，有关金钱的教育和智慧是开启财富大门的金钥匙。财富是一个观念，因为观念可以变成财富。

当我决定去做一项房地产投资时，我参加了一个385美金的课程，去学房地产，更新自己关于房地产投资的知识。我花16个月的时间去看所有能购买的房地产。我的朋友到海边去玩冲浪，或者是打高尔夫球，或者是喝酒，而我是去看房地产。6个月之后，我终于获得一个交易。我第一个房地产是花1.8万元买的，我只付了1/10的预付款，那也是我跟人家借来的，所以事实上我一分钱都没放进去，这个事情好得不得了，所以我又借了两次1.8万元的美金，这样，以后我就有了三个这样的投资了。有一年，我就把这三个投资每个都卖了4.8万美金，加起来赚了9万美金。用这些利润，我又买了许多其他的房地产。

这件事情对于我来说，并不是说挣了多少钱，而是说赚钱首先应当改变自己的观点，并通过实践和行动，学到更多的东西。

思维和观念对现实有支配作用，金钱是一种思想，如果你想要更多的钱，只需改变你的思想。善于利用金钱的力量，是聪明人的重要财富。

在数以万计的前来向我咨询的人中，非常多的人是花了一生的时间来寻找大生意，或者试图筹集一大笔钱来做大生意，但是这是愚不可及的一种想法。我见到过太多的不老练的投资者将自己大量的资本投入一项交易，然后很快损失掉其中的大部分，他们可能是好的职员却不是好的投资者。

在我看来，有关金钱的教育和智慧是非常重要的。早点动手，买一本好书，参加一些有用的研讨班，然后付诸实践、从小笔金额做起，逐渐做大。我将5000美元现金变成100万美元资产，并每月产生5000美元现金流量，花了不到6年时间，但是我依然像孩子一样学习。我鼓励你学习，因为这并不困难，事实上，只要你走上正轨，一切都会十分容易。

我们每个人都有两样伟大的东西：思想和时间。当钞票流入你的手中，只有你才有权决定你自己的前途。愚蠢地用掉它，你就选择了贫困；把钱用在负债项目上，你就会进入中产阶层；投资于你的头脑，学习如何获取资产，财富将成为你的目标和你的未来。选择是你做出的，每一天面对每一元钱，你都在做出自己成为什么样的人的抉择。

高薪不等于富裕，改变固有的思维方式才能让你真正获得财务自由。人类最大的资产其实就是自己的脑子，但你最大的负债也是你的脑子。事实上，重要的不是你做什么，而是你想的是什么。一个房子可能是一个资产，也可能是负债。比如一个人住在价值 500 万美金的房子里，但是这房子仍旧可能是一项负债，因为每个月要花费两万美金来维护、支持这套房子。你可以看到，每个月钱都从他的兜里跑掉了。其实，资产可以是任何东西，只要它能给你带来现金收入。

节俭意味着明智

⊙节俭意味着科学地管理自己和自己的时间与金钱，意味着最明智地利用我们一生所拥有的资源。

⊙节俭的习惯表明人的自我控制能力，同时也证明一个人不是其欲望和弱点的不可救药的牺牲品，他能够支配自己的金钱，主宰自己的命运。

节俭不仅适用于金钱问题，而且也适用于生活中的每一件事，从明智地使用一个人的时间、精力，到养成小心翼翼的生活习惯。节俭意味着科学地管理自己和自己的时间与金钱，意味着最明智地利用我们一生所拥有的资源。

罗斯贝利勋爵在论述节俭时认为，所有伟大的帝国必须遵循的原则就是节俭。

"就拿伟大的罗马帝国来说吧，它有许多方面在历史上都是最伟大的，曾经一度雄霸世界。它因节俭而建国，然而当它奢侈浪费时，就开始衰退并走向灭亡。又比如普鲁士，它开始时是位于北欧的一个小而窄的沙滩地带。正如有人所说的，从普鲁士的地形到它全副武装的居民，所有这一切都使普鲁士咄咄逼人。弗雷德里克大帝赋予普鲁士以节俭的品格，他甚至通过近乎吝啬的节俭手段敛聚了巨额的财富，建立了庞大的军队。节俭最终成为普鲁士建立伟大基业的有力武器，并且今天的日耳曼帝国也由此发轫。再比如法兰西，在我看来，法兰西实际上是最节俭的国家。我不知道法兰西人是不是总把钱存在银行，是不是也像其他某些国家一样去计算有多少存款。然而，在 1870 年这个灾难的年头以后，当法兰西顷刻间被外国军队击败，因几乎没有一个国家能够承受的赔款而遭受重创时，你知道什么事情发生了吗？法兰西的农民把他们多年的积蓄统统献给了国家，在短得令人难以置信的时间内付清了巨额赔款和战争费用。罗马和普鲁士以节俭建国，而法兰西以节俭救国。"

节俭不仅是财富的一块基石，也是许多优秀品质的根本。节俭可以提升个人的品性，厉行节俭对人的其他能力也有很好的帮助。节俭在许多方面都是卓越不凡的一个标志。节俭的习惯表明人的自我控制能力，同时也证明一个人不是其欲望和弱点的不可救药的牺牲品，他能够支配自己的金钱，主宰自己的命运。

我们知道一个节俭的人是不会懒散的，他有自己的一定之规。他精力充沛，勤奋刻苦，而且比起那些奢侈浪费的人更加诚实。

节俭是人生的导师。一个节俭的人勤于思考，也善于制定计划。他有自己的人生规划，也具有相当大的独立性。

如果你养成了节俭的美德，那么就意味着你证明了自己具有控制自己欲望的能力，意味着你已开始主宰你自己，意味着你正在培养一些最重要的个人品质，即自力更生、独立自主、谨慎小心、深谋远虑，以及聪明机智和独创能力。换言之，就表明了你有生活的目标，你是一个非同一般的人。

一个作家在谈到节俭时说："节俭不需要超常的勇气，也不需要超常的智力和任何超人的本领，它只需要常识和抵制自私享乐欲望的能力。实际上，节俭不过是日常工作活动中的常识。它不一定要有强烈的决心，而只要有一点点耐心和自我克制。养成节俭习惯的方法就是马上开始厉行节俭！自我克制者越节俭，节俭就变得越容易，他们为此所做的牺牲就越快得到回报。"

节俭的别名不叫吝啬

⊙仅有少数人懂得节俭的真正意义。真正的节俭并非吝啬，而是经常的、有效率的节省用度，并非一毛不拔，而是用度适当。

⊙所谓节俭，从宽泛的角度讲，包含了深谋远虑和权衡利弊的因素。

我们崇尚节俭，同样我们也反对不恰当的节俭。所罗门说过："普种广收"、"没有投资就没有回报"、"小处节省，大处浪费"、"省一分油钱，毁一艘轮船"。还有许多家喻户晓的谚语都反映了错误的节约不仅无益反而有害的常识。美国作家约瑟·比林斯说："有几种节俭是不合适的，比如忍着痛苦求节俭就是一个例子。"

我认识一个富人，他就成了一个节俭的奴隶。比如，他老是为了节省10个美分而牺牲大好光阴，他常把半页未曾写过字的信纸撕下来，并裁下信的背面，作为稿纸。他这种浪费宝贵的时间去节省细小东西的做法，确实是得不偿失。他甚至在经营商业的时候，也有此种过度节省的吝啬精神。他对雇员们说，包扎时不论如何都要节约一些绳索，并把这一条作为公司的规定。即使由于这一条规定而浪费的时间要远远超过一绳一索的价值，但那位富人仍然在所不惜。像这一类的节省，其实是极度愚蠢的做法。

仅有少数人懂得节俭的真正意义。真正的节俭并非吝啬，而是经济的、有效率的节省用度，并非一毛不拔，而是用度适当。

善于节俭的人与不善节俭的人，其实有很大的不同。那不善节俭的人常常为了节省一分钱的东西，却费去价值一角钱的光阴。我从来没有见过斤斤计较的人成就了大事业。吝啬的节俭确实是最不合算的。而企图做大事业的人，一定要有度，切不可斤斤计较于一分一厘。只有靠理智的头脑、合理的处事，才能成功。

所谓节俭，从宽泛的角度讲，包含了深谋远虑和权衡利弊的因素。最聪明的节省，有时却常需要过分的消费，比如做大生意使用交际费并不是一种浪费，乃是一种大度的用法，是一种恰当的投资。

慷慨大度经常有助于人的雄心的实现，能够使人们获得多方面的收获，帮助我们在社会的阶梯中上升，这远比把金钱存入银行更有价值。因此，欲成大业者，应该做到深谋远虑，切勿因吝啬而妨碍自己希望的实现，使很好的机会丧失。

节省的习惯，假如行之过度，反而得不到良好结果，非但不能成为进身之阶，反而常常成为绊脚的石头。商人吝啬得不肯多花资金来经营，农夫吝啬得不肯在地里多播种，是同样不正确的节省。俗话说："种得少，收成也少。"

有一个人为了建造新房子，就把旧房子拆掉了，但他把旧地基留下来，因为他认为这样可以节省几百块钱。新房子要比旧房子高好几层，仅仅几个星期的时间就完工了，但是房子由于地基不牢，看上去摇摇欲坠，人还没住进去，房子就已经倒塌了。这样的人不止他一个，到处都有为了节省地基费用而铸成大错的人。

过去有些年轻人吝啬个人的教育投资，认为花那么多钱就是为了找个好职业不值得，因为他认为即使读了许多书，自己也不会成为什么了不起的人。有些年轻人在校期间就只选容易的题目做，跳过难题，只要求自己达到一个基本的底线就行了，而且还经常因为自己逃学、考试作弊等洋洋得意。还有的年轻人买东西不想给钱，不愿意为了提高自己的素养而牺牲暂时的娱乐。他们对工作敷衍了事，由于无知和缺乏必要的能力准备，他们在职业竞争中总是处于劣势，事业上难有发展。许多失败的人就是由于基础打得不牢，致使后来所作的努力都化为了泡影。

在我们的社会中，居然还有那么多的父母为了增加家庭收入，剥夺了孩子上大学的权利，竟然让他们半路出去工作，妄图让他们抓住只有接受高等教育才有可能抓住的机会！

在我们的社会中，居然还有那么多人为了在交友上省钱而忽略了朋友，为了在社交上省钱而借口没时间拜访别人，也没时间接待客人！我们省去了假期，直到工作太累而被迫休长假，而当我们那组织严密却脆弱无比的身体筋疲力尽时，任何关键部位出毛病都是很危险的。许多人总是恐惧"可怕的未来"而不敢享受现在，他们克制自己的种种欲望，声称掏不起那个钱。他们放弃了真正的生活，他们在今天活着，却渴望在明天来真正地生活和享受。如果他们出去休几天假，或者旅行一次，就好像有莫大的损失一样。他们连花一分钱都感到害怕，但实际上那是他们必须支出的费用和最起码的生活底线。

有一个商人，他曾在一战前出国游览过很多名胜古迹，但是他太吝啬了，连去历史建筑物里面看一看的门票钱都舍不得花。例如，他去过很多名人故居所在的地方。在那些国家，那些名人故居被认为是但凡去过该国的人都要朝拜的圣地。但是他却从来没有进去过，因为他舍不得买门票。他说在建筑物外面看看就足够了。所以，此人虽然去过相当多的地方，但他却不能颇有见地地谈论他所到过的任何一个地方。

慷慨大方对于年龄不大的人来说可能是奢侈，但它有时却是一种最佳的节约。友好的帮助和激励，以及与有教养的人交际都是用钱买不来的。

一个人是否能拿得出10.15美元参加一次宴会，这本身并不是什么问题。他可能为此花掉了15美元，但他也许通过与成就卓著的客人结交，获得了相当于100美元的鼓舞和灵感。那样的场合常常对一个人的雄心壮志有巨大的刺激作用，因为他可以结交到各种博学多闻、经验丰富的人。在自己力所能及的情况下，对任何有助于增进知识、开阔视野的事情进行投资都是明智的消费。

当然，我不鼓励任何人都将其知识商业化，或者以见不得人的方式出售其脑力，但我确实想建议奋发向上的年轻人结交那些能鼓励和帮助他的人。与厉行节俭、精力充沛、事业有成的人建立亲密关系，对一个人的高远志向有着巨大的激励作用，我们由此可能做得更好，充分挖掘出自己的潜力。因此，与这样的人相识相知是年轻人最有利的投资。如果一个人要追求最大的成功、最完美的气质和最圆满的人生，那么他就会把这种消费当作一种最恰当的投资，他就不会为错误的节约观所困惑，也不会为错误的"奢侈观念"所束缚。

我认识一个年轻的商人，他总是在小的方面过度吝啬，结果竟然使他的生意失败。他的一套衣服和一条领带，非到破旧不堪才肯抛弃。他从没想到过，邀请一个有密切业务往来的客户吃一顿饭，在旅行时即便与熟悉客户偶然相遇，也从不替客户付一次旅费。于是，他落得个吝啬的名声，结果大家都不愿与他做交易。而他竟然还不知道，使他蒙受极大的损失的就是他那过度节省的习惯。

很多人为要节省些小钱，竟损坏了自己的健康。要想在职业上获得成功，必须防止不正确的节省。不论怎样贫穷，都不可在食物上节省，因为食物是健康的基础，也是成功的基础。

过度的、不当的节省，常常会消耗人的体力和精力。许多人身体患着疾病，但为了节省金钱竟不去求医，不但受着痛苦，并且由于身体病弱，在自己的职业上也做不出出色的业绩来。

凡是足以阻碍我们生命前进的，不论是疾病还是其他障碍物，我们应当不惜一切代价来设法诊治和补救，这是我们生命中最重要的事情。

应当将增进我们的体力和智力作为目标，凡可增加体力和智力的事情，不管耗费多少代价，都要去做。那些可以促进我们成功、有利于我们事业的，我们在金钱方面一定不可吝啬。

英国著名文学家罗斯金说："通常人们认为，节俭这两个字的含义应该是'省钱的方法'；其实不对，节俭应该解释为'用钱的方法'。也就是说，我们应该怎样去购置必要的家具；怎样把钱花在最恰当的用途上；怎样安排在衣、食、住、行，以及生育和娱乐等等方面的花费。总而言之，我们应该把钱用得最为恰当、最为有效，这才是真正的节俭。"

减少消费，你也做得到

⊙要想达到经济独立，首先你就得明确经济独立的定义。
⊙只要稍微谨慎一点用钱，大多数人都能减少可观的花费。

杰里·吉果斯在他所著的《钱爱》一书中提出的一种观点就是，你可以把借来的钱当作自己的收入。如果你一时还无法接受这种观点，是因为你觉得用自己的钱才能心安理得，才能真正轻松自在，那么你必须达到经济独立。要达到真正的经济独立以享受自在的生活，其实并不像人们通常想象的那么难，这并不是以庞大的财力为基础。

要想过悠闲轻松的快乐生活，并不一定要住大厦、开名车、穿金戴银。重要的是，你拥有什么样的生活态度。如果有了健康正确的心态，你即使靠着借来的钱，也能舒舒服服、痛痛快快地享受人生。

要想达到经济独立，首先你就得明确经济独立的定义。你可以不用增加收入或财产就能达到经济独立，你所要做的只是改变自己的想法，重新想想什么是经济独立，什么不是经济独立。为了明确你对经济独立的认识，你可以看看下面的几项选择中哪一项是达到经济独立的重要因素。

1. 中了百万元的奖券？
2. 有一大笔公司退休金再加上政府的养老金？
3. 继承有钱亲戚的巨额遗产？
4. 和有钱人结婚？
5. 找财务顾问来协助做正确的投资？

我曾做过一项调查，发现将要退休的人最关心的事，以重要性依次排列是：财务保障、身体健康和可以共同分享退休生活的配偶或朋友。然而，有趣的是，这些人退休之后不久通常就改变了想法。健康成为他们最关注的头等大事，而经济状况则下降到了第三位：很明显，虽然他们所预期的收入还是不变，但他们对经济的看法却已经改变了。

调查结果显示，人们退休之后实际生活所需比他们原先想象的少得多，钱对高品质的生活没有那么大的影响和作用，同时，这个结果也证明了上述的几项因素没有一个是真正经济独立的必要条件。

多明奎兹，1940年生于美国科罗拉多州一个富豪之家，从小过着优裕的生活。然而随着年龄的渐渐增长，他不愿再依赖家里。18岁的时候，多明奎兹靠着一份极其微薄的薪水实现了经济独立。在其他人尤其他家里人的眼中，这样的收入比贫民还不如。但多明奎兹觉得，只要自己愿意，不管收入多少，都可以达到经济独立。不要以为百万富翁才具有经济独立的能力，一个月500美元或者低于500美元就可以达到经济独立。如何能够？他说："真正的经济独立无非是量入而出，如果你每个月只挣500美元，但能够把开支控制到499美元，你就是经济独立了。"多明奎兹多年来每个月就靠500美元生活，并拒绝家里人的援助。到1969年他29岁的时候，就经济独立地退休了。退休之前，他是华尔街的股票经纪人，看到许多人虽然社会地位颇高，收入丰厚，但却活得艰辛劳苦，一点也不快乐，这使他感到这种生活一点也没有意思。多明奎兹决定脱离这种工作环境，于是他设计了个人的财务计划，过一种简化的生活方式。他的生活舒适轻松，而且从来没有什么负担和压力，但一年却只需要6000美元，这是他把积蓄投资在国库债券的利息。由于多明奎兹的生活中没有过多的物质需求，他把从1980年以来主持公开研讨会"扭转你和钱的关系并达到真正经济独立"的额外收入，以及在《新生活杂志》上发表指导人们正确运用金钱的文章时获取的稿费，全数捐给了慈善机构。

我们其实不需要那么多物质和财富，对于金钱，只要使我们能吃饱肚子、有水喝、有衣服取暖再加一个可以遮风避雨的地方足矣。现代人大都过着奢侈的生活却不自觉。两套以上的替换衣服可以算是奢侈，拥有一幢房子也是奢侈，一台电视机是奢侈品，一辆车也是奢侈品。很多人会大声疾呼这些都是必需品，但它们并不是必需品，如果它们是，在还没有这些东西出现的古代，人们是不是无法生活了，至少也是无法快乐。显而易见，事实并不是这样。

当然，我并不是要每个人的思想都必须有180度的大转弯，只维持最起码的需求，更不是要人们都去当清教徒、苦行僧。我自己在过去几年来也时常收入低微，生活里还是保持着某些奢侈享受，而且不愿放弃。重点是在于，一般人至少可以减少一些花费。许多奢侈品其实没有任何意义，只能带给人们虚伪的自我膨胀。招摇阔绰地展示奢华和富有是一种浅薄的手段，想要借着炫人的财富——大过所需的房子、移动电话、豪华轿车以及最先进的音响——在别人面前，尤其是比较没有钱的人面前，证明自己高人一等。这种行为显示出缺乏自尊和内在本质。

人们那种追求金钱、炫耀金钱的虚荣心态实在该改一改了，疯狂地攫取金钱，买一些只能说是垃圾的东西，目的就是展现给别人看，以此来显示自己的价值，而实际上却失去了生命中更为宝贵的东西：本质、自尊以及真实的生活。

住在阿巴达锁镇阿巴达街的莫瑞德夫妇，有两个小女儿，他们是一个真正经济独立但并不富裕的家庭。他们靠着一份差不多只有一半收入，就过着很好的生活。莫瑞德夫妇都是受过专业训练的学校老师，如果他们想，一年加起来可以挣10多万美元，可是只有丈夫布兰特在工作，而且是一份半职的工作，他们一家四口，一年只用不到3万美元就过得很舒服，因为他们学会了聪明地花钱，所以能够达到经济独立。莫瑞德一家过去10年来都过着简单的生活，他们说这种生活一点都不难过，他们觉得自己很好，因为他们对环保尽了一份力量。事实上，他们的哲学已经变成了"少就是多"。他们的收入虽然比一般人低，但却买到了一个珍贵的东西，很多收入比他们高上10倍的人却还买不起这个东西。这个珍贵的东西就是大量的休闲时间，他们可以用来做自己想做的事情。

只要稍微谨慎一点用钱，大多数人都能减少可观的花费，人们如果能充分运用创造力和机智，不花什么钱，都可以过上逍遥快活的生活。

避开负债陷阱

⊙要保持自己良好的名誉，必须要遵守一条规律：那就是赚得多花得少。在这个随处布满陷阱的现代社会，好像没有什么比这件事更需要人们加以小心防范。

假如你认为只要借得一笔资本，就能够创业了，那你就完全想错了。实际上，即便你已经借到了资本，你也未必会创业成功。由于据我所知，那些毫无商业经验的人靠借来的钱做生意而最后能成功的实在不多见。

一个毫无成功把握的人去创业，没有不遇到经济困难的。但是，假如他确实有相当能力和充分的成功把握，这样无形中就已经在别人面前树立了信用，那么即便他靠借来的本钱创业，也没有太大关系。

一个立意要创业的人，首先必须掌握所要从事的业务范围的详细情况；其次，还要有挑选录用合格雇员的眼力。假如这两点做不到，你对于所要经营的事业就会毫无头绪，在挑选录用员工方面也不加区别，那么即便你做事很忠诚，待人很诚恳，当你向别人开口借钱以作为你的创业资本时，其他人也会毫不犹豫地一口回绝。

当你准备创业之时，最好不要心存太大的奢望，开始规模小些也不要紧，只要你确实是一个杰出的人、能干的人，经过一段时间的筹划经营后，自然能发展得非常喜人。假如你能做到这一点，即使资本是借来的，倒也无妨。

比彻教导他的儿子说："你得像逃避恶魔一样避免借债。"你要快下决心，不论你怎样急需金钱，也不要让你的名字出现在人家的账簿上！

富兰克林那"贫穷的查理"里有句话说得好："借钱等于自投苦恼的罗网。"是啊，法庭上每天又有多少的民事纠纷案都能够为这句话作证。

当然，这句话并不适用全部的情形，也有一种例外。当一个人由于意外事件而陷入困境时，当遭遇很多从天而降的祸患时，往往任何人都难以靠自己的努力去避免，即便是满怀希望，事业也难免遇到意外的困难和阻力，到了那时，不论你怎么小心谨慎，无论你思想上如何正确，无论你怎样不爱向人借钱，为了应一时之急，你都必须硬着头皮去向银行贷款。但就是到了那时，也要谨记一条："借得慢，还得快。"

这一原则也适用于生意上的放账和借款，事实上放账和借款都是在所难免的，但你在两个方面都得有一个限度。

一个步入生活的正轨、沿着事业的健康道路前进的人，首先要注意的是，要在自己的才能、意愿、目标之间建立适当的平衡。不要因为野心太大，眼光太高，便走上举债经营的道路。

一些年轻人由于大意的缘故，经常因为借贷不立契约或不立书面的凭据而发生许多有损名誉的纠纷，使他们的前途受到不利的影响，渐趋暗淡，并且还使他们在道德与精神上受到极大的伤害。

世界上每年有无数本来大有前途的年轻人由于借债而遭到了意外的失败。当他们刚跨进社会时，或许还没有染上借债这种恶习，他们原先或许非常看重名誉，也从不喜欢到处去借钱来胡乱花用，那时他们的前途是非常光明的。但后来由于一点小小的用途无意中开启了借债的大门后，他们便渐渐陷入了难以自拔的危险境地。

每年因债务纠纷而丧生的人，比因战争而死的人要多出数十倍以上。现代的天才人物中，居然有7个人因举债而丢掉了性命，包括一个小说家、一个学者、两个法学家、两位政界名人和一个演讲天才。

美国的一位闻名人物斯蒂芬逊做人是特别小心谨慎的，这为人所共知，人皆敬仰。可是他在描述自己理想中的生活时，还战战兢兢地希望自己不要陷入借债的漩涡中去。

斯蒂芬逊说："我们对他人必须示以爱和忠诚，平时应当量入为出。对于自己的家庭，应当保持快乐的气氛。对朋友，必须竭力避免仇恨，当然也决不可忍受无谓的屈辱。假如遇到蛮不讲理的人，最好还是早些避开为好——这是通向理想生活的捷径。"

纽维尔·希里斯博士也说："你要使自己过上一种安稳的生活，要保持自己良好的名誉，必须要遵守一条规律，那就是赚得多花得少。"在这个随处布满陷阱的现代社会，好像没有什么比这件事更需要人们加以小心防范。

有的人之所以喜欢向人借债，是由于他们看不到借债背后所隐藏着的危险。假如他们考虑到万一不能还清债务的严重后果：包括丧失人格、迫不得已的撒谎、可能的营私舞弊、为逃避债务而东躲西藏等等，他们真不知道要急成什么样子，甚至连觉也睡不香，饭也吃不下。假如他们弄清了一旦戴上了债务的手铐无法挣扎的情形，他们一定会喊起来："宁可穷苦而死也不做债务的奴隶。"

负债是世界上最苦恼不过的事情。只要那些因债务缠身、时刻受着债主的要挟与压迫、因债务而吃尽苦头的人，才了解负债是人生的最大威胁。债务会把一个人的体力、气魄、人格、精神、志趣、雄姿消磨得一干二净，因为债务对人的压迫，还会把一个人一生的希望全部毁灭。

为你的明天而储蓄

⊙我们必须学习以所存的钱，而非所花的钱，来衡量成功。

⊙由于没有多少现款，我们失去了生活中的许多好机会，而这仅仅是因为我们在一帆风顺的时候总是把钱花得精光。

你孩提时是否拥有过储蓄罐呢？它是在金属盖上开一个小缝，有杯子作装饰的铁罐，还是底部有紫色墨水写着"Hechoen Mexico"，油彩斑斓的猪型石膏储蓄罐？那时候我们是储蓄的一代，每个家庭起码都会存一点钱。而在每个领薪水的日子，父亲都会到银行存款，就是在最艰难的时候，每个家庭也总要在每个月存上一点。

现在时代改变了，美国比其他国家的储蓄率低，只不过隔了一代，我们的平均存款便较以往下跌了6%。相对于日本人平均每月储蓄薪水的19.2%，瑞士每月储蓄薪水的22.5%，美国人只存2.9%。

你每月储蓄多少薪金呢？你的银行存款有多少足以用来度过危机？记住基本的储蓄原则：你起码需要有一个月的薪金存款，以保障你在危难时可以应用。根据这个标准，你超过了或仍然未及？

《我们在哪儿》（Where We Stand）的编辑总结道："长期来说，不断下降的存款数额，非但危害家庭安全，也严重削弱了国家未来的投资资金。"

存钱对某些人来说是困难的，特别是在负债时和日常必须要有充裕资金来周转的情况下。但是长远来看，假如你每天存下一小部分钱，你就会惊讶地发现，就是在最恶劣时期，你仍有可观的金钱可供使用。

记得伽纳——那位做冰箱维修生意的人吗？1929年股市崩溃时，他还是一个年轻小伙子，他把宝贵的经验传授给女儿。

"家父教我对金钱要有责任感，"她告诉我们，"他这样说道：'假如你还有钱可花，就该为明天而把这些钱存起来！'"

在个人和国家财政赤字日益升高之际，大家不妨记住这句法国的古老格言："远离债务就是远离危险！"前美式足球员布莱恩·布络辛曾如此说："我这一生中，一直带着破口的钱袋，直到有一天，我才警觉到自己要赶紧把它缝起来。"

我们花了费了一生的时间用来追逐金钱，时常想象着金钱是用之不尽的，如今钱没了，这岂不是一个大好时机，可以问一下自己：我真需要它吗？还是我可以等？我们是否每次都有必要从皮夹掏出信用卡，或拿着存款簿提钱呢？我今年今月今日，存了多少钱？我们必须学习以所存的钱，而非所花的钱，来衡量成功。我认识一个非常有才气的年轻人，他挣了很多钱，对未来很有信心，所以他总是把钱花得精光。突然有一天，他年轻的妻子得了重病，为了保住妻子的生命，他不得已请了一位著名的外科医生为妻子做一个性命攸关的手术，但是，医生要等他交足费用以后才能动手术。年轻人只好去借钱，这可是一笔巨款啊！妻子的命终于保住了，但是妻子随之而来的疗养和孩子们接二连三的生病，加上饱受焦虑的折磨，终于使他积劳成疾，赚的钱一年比一年少。最后，这个人职业受挫，全家穷困潦倒，没有钱渡过难关。在妻子害病之前，他本可以在一年之中就轻而易举地存上千把元钱，但他当时认为没这个必要，相信以后挣钱也这么容易。

美国节俭协会主席向全国教育协会所作的名为"伟大的节俭"的演讲中说："法庭的记录显示，在去世的男人中，只有3%的人留下了1万美元以上的遗产，另有15%

的人留下了 2000 美元到 1 万美元的遗产，而 82%的男人根本就没有任何遗产。因此，这就造成了只有 18%的寡妇具备良好舒适的生活条件，而有 47%的寡妇被迫出去工作，35%的寡妇则一无所有。"

罗斯福上校说："我鄙视那些不养家糊口的男人，每个男人都有责任拿出一定的收入来养家糊口。这不是一个生意上的投资问题，这是每个男人的责任！要他的亲人跟着他自己去冒险是很不公平的。就他个人的能力来说，让他自己独自去冒这个险还差不多。而且，想到自己去世，或发生变故，或由于经营不善造成生意失败以后，亲人们可以得到安顿，这种感觉对任何男人来说，都是一种极大的满足。"

我不知道还有什么东西能在需要的时候代替存款，存款是我们为生活中的不幸购买的保险，否则，没有人能承受不幸的打击。

一次，葛列格·邓肯问我："假如你受聘为幕僚，你要选择每个月收入 1 万美元，抑或第一个月 1 美分，第二个月 2 美分，第三个月 4 美分，第四个月 8 美分，如此类推为期 30 个月？"我还没有明白过来，葛列格便建议我采用第二种法子，他证明若这样能增加每月所得，那第 30 个月你便会有 10727418.24 美元。

存下每个月赚来的辛苦钱，先撇开暂时的物质诱惑，为你的长远目标努力。开始时你可能毫无收获，一段时间后必能满载而归。

有许多年轻人经常向别人夸耀说，他们每月可以赚很多的钱，但拿到之后总是花个精光，他们从来不愿存一分钱。这种年轻人将来到了晚年，一定不会剩下几个钱，他们晚年的景象可能会很凄凉。

许多年轻人往往把他们本来应该用于发展他们事业的必备资本，用到雪茄烟、香槟酒、舞厅、戏院等无聊的地方。如果他们能把这些不必要的花费节省下来，时间一久一定大为可观，可以为将来发展事业奠定一个经济基础。

不少青年一踏入社会就花钱如流水一般，胡乱挥霍，这些人似乎从不知道金钱对于他们将来事业的价值。他们胡乱花钱的目的好像是想让别人夸他一声"阔气"，或是让别人感到他们很有钱。

关于这个问题，有位作家的一段话说得特别好。他说，在我们的社会中，"浪费"两个字不知使人们失去了多少快乐和幸福。浪费的原因不外乎三种：一、对于任何物品都想讲究时髦，比如服饰、日用品、饮食都要最好的、最流行的。总之，生活的一切方面都愈阔气愈好。二、不善于自我克制，不管有用没用，想到什么就去买什么。三、有了各种各样的嗜好，又缺乏戒除这些嗜好的意志。总结起来就是一个问题，他们从来没有考虑过要修养自己的性格，克制自己的欲望。造成这种追求浮华虚荣的最大原因就是人们习惯于随心所欲、任性为之的做法。

当然，节俭不等同于吝啬。然而，即便是一个生性吝啬的人，他的前途也仍然大有希望；但如果是一个挥金如土、毫不珍惜金钱的人，他的一生可能将因此而断送。不少人尽管以前也曾经刻苦努力地做过许多事情，但至今仍然是一穷二白，主要原因就在于他们没有储蓄的好习惯。

有的年轻人从来不存钱,到中年以后仍然是不名一文。一旦失去了职业,又没有朋友去帮助他,那么他就只好徘徊街头,没有着落。他要是偶然遇到一个朋友,就不断地诉苦,说自己的命运如何不济,希望那个朋友能借钱给他。这样的人一旦失业稍久,就容易落到饥肠辘辘、衣不遮体的地步,甚至到了寒冬沦落到可能会挨冻而死的地步。他之所以落到这种地步,要吃这样的苦头,就是因为不肯在年轻力壮时储蓄一点钱。他似乎从来没有想到过,储蓄对他会有怎样的帮助,也从来不懂得许多人的幸福都是建立在"储蓄"这两个字之上的。

为什么有那么多人如今都过着勉强糊口的生活呢?因为这些人不懂得,以前少享些安乐、多过些清苦的日子。他们从来不知道去向那些白手起家的伟大人物学一学;他们从来不懂得什么叫自我克制,无论口袋里有多少钱都要把它花得分文不剩;他们有时为了面子,即便债台高筑也在所不惜。

挥霍无度的恶习恰恰显示出一个人没有大的抱负、没有希望,甚至就是在自投失败的罗网。这样的人平时对于钱的出入收支从来漫不经心,从来不曾想到要积蓄金钱。如果要成功,任何青年人都要牢记一点:对于钱的出入收支要养成一种有节制、有计划的良好习惯。

如果你不节约金钱、爱惜时间,那么你就不会成功地主宰自己。当然,也有许多在某个方面具有才能的人完全没有金钱价值的概念,他们一有钱就挥霍无度。但是,只要他们不为未来储蓄,他们就会章法大乱,无异于野蛮的原始人。

用那些因为自己不够富有而烦躁的人,那些不能克制自我的人,那些被自己的冲动所支配,不愿为未来积蓄而放弃及时行乐的人,都将处于不利的境遇。

由于没有多少现款,我们失去了生活中的许多好机会,而这仅仅是因为我们在一帆风顺的时候总是把钱花得精光!预留一些现钱,在银行存些钱,花点钱买保险,或者做一些固定投资,这样可以预防不测。

每个年轻人都应当有储蓄的远见和机智。这能使他在患病、面对死亡或紧急情况下镇定自若,而且万一遭受重大损失,也可以东山再起。没有储蓄,他可能许多年都不得翻身,尤其是在还有一大家子指望他供养的情况下。

在恐慌或危急情况下,少量的现金就可能带来许多的幸运。多数人通常都会碰到几次急需现金的情况,或许1000块钱就决定着人们是成功还是失败。但要是没有这1000块钱,他们也许就失败了,从此陷入绝望之中。

几年前,报纸上曾报道过这样一个有钱人,他和别人一样,通过自己的努力挣了很多钱,但是很愚蠢地花掉了。一篇报告登出了如下从印第安纳波利斯拍来的电报:

"在英格兰大酒店里,匹兹堡的弗兰克·福克斯先生用一张50美元的钞票擦完脸后,就把钞票扔到地板上。然后他从兜里的一摞5美元和10美元的钞票中抽出一叠扔到吧台上,说道:'伙计,给我一杯酒,快点!要不我就买下整个酒店,然后炒你的鱿鱼!'"

我们很容易就能猜出这个人最后的命运。除了知道他是靠自己敛聚财富外,我们对他的过去一无所知。他如果要拥有巨额财富，也必须和别人一样相当节俭。但是，他从来不知道节俭为何物，而节俭能教会人们如何花钱和储蓄。有许多人积累了很多钱，却不知如何明智地花钱。

有些消费行为看起来似乎是浪费，但其实往往是最节约的。有许多家庭，特别是小城镇和农村的家庭拥有私人汽车，但是家里却没有浴缸，而他们又在考虑支付其他的昂贵开支。

消费最重要的就是做到物有所值。有些人表面上穿的是绫罗绸缎，戴的是金银珠宝，坐的是豪华轿车，肚子里却是一包稻草，骨子里更是龌龊不堪，这是很为人所不齿的。要穿舒适的衣服，但同时也要给自己以自尊的品格、好学而健康的头脑和美好的性情。把金钱和时间花在更具有持久影响力的事情上，进行自我投资来提升自己，把钱花在追求更高的目标方面，不仅个人会获得极大的满足，而且更高的素质也有利于进一步的创富。

选择在最有价值的事情上进行投资，这是一种有益的消费和积极的生活方式，它将会使你活得诚实、简朴而有价值，最终得到你梦想的财富。

有些人收入不高，但花起钱来可真是愚蠢之极。他们会为了买只有有钱人才买得起的小古玩和衣服，把所有的钱都花光，但等到想做点事情时却身无分文。

有一个原本相当出色但如今却穷困潦倒的女人，她从小到大就不知道怎样衡量物品的价值。她要去市场上买许多食物，但她心里很清楚，自己没有可以穿得出去的衣服来遮蔽难堪。但她只知道哀叹餐桌上没有丰富多样、美味可口的食物。和许多奢侈浪费、不计后果的人一样，这位家庭主妇如今从家庭的开支分配中得到了教训。

很多人没有考虑过这个问题：我们无时无刻不在花钱。许多不切实际的需要都让我们把钱往外掏，如果我们没有坚定的自制力，粗心大意，没有良好的判断能力，那么我们就会浪费金钱。

今天，在原本事业受挫的人中，在贫穷的家庭中，在接受慈善组织救济的群体中，有许多人已经相当独立了，他们懂得了明智消费的艺术。我们说"不恰当地花一分钱，就是浪费了一分钱"，那么，为什么不记住这句格言，从中获益呢？

第七章 学会"享受"工作

工作是生活的第一要义

⊙生活的准则可以用一个词表达:工作。工作是生活的第一要义;不工作,生命就会变得空虚,就会变得毫无意义,也不会有乐趣。

⊙无论世事如何变化,也要坚持这一信念。它就是,在充分考虑到自己的能力和外部条件的前提下,进行各种尝试,找到最适合自己做的工作,然后集中精力、全力以赴地做下去。

在古希腊,有一个人看到蜜蜂从一朵花飞到另一朵花,四处采集花粉,辛苦异常,顿生怜悯之心。他把各种花堆积在家中,把蜜蜂的翅膀剪掉,放在花上。结果,蜜蜂酿不出一点蜂蜜。飞上很远的距离,从远处收集花粉,然后酿出甘甜的蜜,这是自然的法则。

生活是什么?菲利浦斯·布鲁克斯这样回答:"当一个人知道他要做什么,他就可以大声地说:'这就是生活!'"这并不是说,一个人必须工作到筋疲力尽,在工作中尝尽了酸甜苦辣,才叹息道:"这只是为了生活。"

即使是最卑微的职业,人们也能从自己的工作中体验到快乐与满足。在每个人的心灵里,都会不时受到悲伤、悔恨、迷惑、自卑、绝望等不良情绪的侵扰,如果此时能集中精力于工作上,这些让自己无法正常生活的负面影响就会被抛在一边。它们就像弹簧一样,当你用力挤压时,它们自然会弱下去。此时,人也真正成了坚强、自尊的人。在劳动中,幸福的荣光会从心底迸发,像火一样温暖着自己和周围的人。

"生活中有一条颠扑不破的真理,"英国哲学家约翰·密尔说,"不管是最伟大的道德家,还是最普通的老百姓,都要遵循这一准则,无论世事如何变化,也要坚持这一信念。它就是,在充分考虑到自己的能力和外部条件的前提下,进行各种尝试,找到最适合自己做的工作,然后集中精力、全力以赴地做下去。"

"重要的是参与,而不是赢得赛后的奖励。"

古希腊取得奥林匹克比赛胜利的运动员,会得到一个象征着荣耀的花环。其价值不在于花环本身,而是一种象征,让人的精神得到极大的满足。工作对于我们的价值也是如此。不管工作多么体面，或从中得到多少报酬，与从工作中得到的快乐相比，简直是微不足道的。积极参与到比赛中能够与戴上胜利的桂冠一样伟大。

爱默生说："只要你勤奋工作，就必有回报。"

"人们认为日常生活中应尽的职责是枯燥乏味的，"诗人朗费罗则说，"但是它们非常重要，就像时钟的发条一样，可以让钟摆匀速地摆动，让指针指示正确的时间。当发条失去动力时，钟摆就会停止，指针也不再前进，时钟静静地躺在那里，也不会有任何价值的。"

英国政治家布鲁厄姆勋爵说过，当他在晚上反思一天的工作时，如果一事无成，就觉得非常难受，是在虚度时光。他认为，认真履行职责、努力工作是一个人的护身法宝，不但可以保持健康的心灵，而且可以强身健体。

许多医师常常散播这样的观念——认为过度工作会伤害人的身体，而休息则有益人体的健康。但是，也有不少医师持不同的看法。英国伯明翰大学医学院的阿诺德教授便认为过多的休息其实对人体有害。他指出："至今尚没有什么证据可以证明工作会影响人体组织……辛劳的工作，只要不具有危险性，不影响睡眠或健康等……都不会伤害人体健康。相反地，却是对人大有帮助。"

是的，辛苦的工作不会是致命的，但是忧虑和高血压却会。跟传统看法相反，那些猝然倒地而亡、罹患各种溃疡症、行色匆匆、肩负重任的工商业主管，并不是因过度工作所致。他们每天的工作对精力的消耗并算不了什么。但是伴随着工作一起到来的紧张的气氛和压力、痛苦的失眠、畏惧竞争的失败、无休止的焦虑，却形成恶性循环，疯狂地吞噬着他的生命力。这样，他只好借助酒精、安眠药、苯丙胺和去高尔夫球场或手球场上疯狂地运动来逃避，但是身体和神经系统最后只能以死亡或精神崩溃来结束这种折磨。

现在，美国所有医院的病床有一半以上都被精神方面的病人所占据——远高于小儿麻痹症、癌症、心脏病和其他所有疾病病人相加的总和——这个可怕的事实表明，一定是哪儿出了问题，而出问题的原因绝不在于工作的辛苦与否。

美国是世界上生活水平最高的国家。科学上的进步使我们摆脱了我们的祖辈们视为生活中必要的一部分的辛苦工作，即使技术含量很低的职业，其工作环境也有了改善，工薪阶层的工作时间缩短，机器取代了过去由人力或畜力完成的工作。我们的休闲时间比以前更多了。所以，我们不能说是工作的辛苦导致我们身处痛苦的境地。

日常工作对一个人影响最大。可以使他肌肉发达，身体强壮，血液循环加快，思维敏捷，判断准确；也可以在工作中唤醒他那沉睡已久的创造力，激发他的雄心，把更多的聪明才智发挥到工作中去。正是工作，使他觉得自己是一个人，必须从事工作，承担责任，这才能显示出人的尊严与伟大。

你可以让儿子继承万贯家财，但是你真正给了他什么呢？你不能把自己的意志、阅历、力量传给他；你不能把取得成就时的兴奋、成长的快乐和获取知识的骄傲感传给他；也不可能把经过苦心训练才得来的严谨作风、思维方法、诚实守信、决断能力、优雅风度等传给他。那些隐含在财富之中的技巧、洞察力和深思熟虑，他是感受不到的。那些优良品质对于你十分重要，但是对于你的继承人来说，没有一点用处。为了挣得巨额财富，保住自己高高在上的地位，你培养出了坚强的毅力和苦干的精神，这都是从实际生活中逐步锻炼和塑造出来的。对于你来说，财富就是阅历、快乐、成长、纪律和意志。而对于你的继承人来说，财富则意味着诱惑，可能会让他更焦虑、更卑微。财富可以帮助你取得更大的成功，但对于他来说，则是个大包袱；财富可以使你得到更大的力量，更积极进取，但却会使他松懈怠惰，好逸恶劳，萎靡不振，变得更加软弱、无知。总之，你把最宝贵的也是他最需要的上进心，从他那儿拿走了。而正是这种力量激励着人类取得了巨大的成绩，将来也还是如此。

迪恩·法拉说："工作是人类与生俱来的权利，至今仍保存完好，它是最有效的心灵滋补剂，是医治精神疾病的良药。这从自然界就可以得到体现。一潭死水会逐渐变臭，奔流的小溪会更加清澈。如果没有狂风暴雨，没有飓风海啸，地球上全部是陆地，空气静止不动，这样的世界就毫无生趣。在气候宜人、四季温暖如春的地方，人们十分惬意地享受着生活，自然容易无精打采，甚至对生活产生厌倦。但是，如果他每天要为自己的生计奔波，与大自然作殊死的搏斗，他就会精神抖擞，经受各种锻炼，发展出最强的力量。"

"每天早晨起床后，"金斯利说，"不管你喜不喜欢，你都得有事做，强迫自己工作并尽最大努力做好，可以培养自控能力、勤奋、意志力等各种美德。在懒惰的人那里，是没有这些优点可言的。"

千百年来，除了勤奋工作，还有什么能够给我们带来繁荣充实呢？它为贫穷的人开创了新的生活，它使千百万人免于夭折，特别是拯救了那些精神上有问题、甚至企图自杀的人。

古希腊著名的医生加龙说："劳动是天然的保健医生。"

美国小说家马修斯说："勤奋工作是我们心灵的修复剂，可以让生理和心理得到补偿。可惜的是，人们常常只对受人关注的行业和要职感兴趣，而不再愿意经受艰辛劳作的磨炼。但是，它却是对付愤懑、忧郁症、情绪低落、懒散的最好武器。有谁见过一个精力旺盛、生活充实的人会苦恼不堪、可怜巴巴呢？英勇无敌、对胜利充满渴望的士兵是不会在乎一个小伤的。出色的演说家不会因为身有小恙就口齿木讷，词不达意的。这是为什么呢？当你的精神专注于一点，心中只有自己的事业时，其他不良情绪就不会侵入进来。而空虚的人，其心灵是空荡荡的，四门大开，不满、忧伤、厌倦等各种负面情绪，就会乘虚而入，侵占整个心灵，挥之不去。"

俾斯麦把勤奋工作看成是一个人拥有真正生活的保护神。在他去世的前几年，当被问及用一句简单的话概括生活的准则时，他说："这条准则可以用一个词表达：工作。工作是生活的第一要义。不工作，生命就会变得空虚，就会变得毫无意义，也不会有乐趣。没有人游手好闲却能感受到真正的快乐。对于刚刚跨入生活门槛的年轻人来说，我的建议只是三个词：工作，工作，工作！"

人性的弱点，人性的优点

"劳动永远是光荣与神圣的。"卡莱尔说，"劳动是一切完美的源泉。没有艰辛的劳动，没有谁能有所成就，或者能成为一个伟人。懒散、无聊、无事可做，就像传染病一样，会迅速蔓延，使人类的灵魂失去依托。"

有的人声称现代工业文明的突飞猛进已扼杀了工作本身的创造性，无非就是机械化的动作，不断地重复一个动作而不必了解整个过程的工作有什么好得意的呢？他们说，当一个人痛苦不堪地在生产装配线上忙碌时，他足以自傲的成就感又从何而来呢？

以我自己的亲身经验，我可有几句话要说。好几年前，我在一家大公司担任打字员，主要的工作便是打字——一大堆的财务报告，日复一日，月复一月，好像永远也做不完。这项工作首要是正确性，其次是速度。由于这做起来并不容易，而且单调无聊，因此我并不喜欢这份工作。

但是，老实说，当我把这份工作做得近乎完美的时候，还是颇能引以为荣。因为这项工作虽然呆板，却需要精练的技术，因此在达到所要求的标准之后，实在有一种满足感。虽然在整个公司的运作过程中，我所担任的工作显然十分渺小，但它对我个性的成长却十分有益，使我在处理每件小事的时候，都能力求正确、完美。

契斯特顿有句十分动人的隽语："要想不再当秘书的最好办法，便是尽量把现任的秘书职务做好。"

有许多家庭主妇把每天的家务事当成是不可忍受的苦差事，如洗碗碟等。但是，有一名妇女却将此看作是有趣的遭遇。她的名字叫波西德·达尔。达尔女士是个职业作家，曾写过一本自传和许多其他著作，并且为杂志撰写文章。她曾失明多年，等到视力稍微恢复之后，根据她的说法，她把每日的家务杂事当成是有趣的奇迹来看，并为此衷心感谢上苍。她说："从我厨房的小窗户，我可以看见一小片蓝天，而透过洗碗槽上飞舞的肥皂泡沫，那五颜六色彩虹般的美丽景观，更使我百看不厌。经过多年不见天日的黑暗生活，能在做家务的时候再重新体会这世界美丽的色彩，真使我衷心感激不尽。"

不幸的是，我们大部分人虽然都拥有健康的眼睛，却对周遭的环境视而不见。我们不但没有达尔女士所具有的成熟想象力，也不能从日常工作中捕捉到对我们最有意义的价值。

住在德州的丽达·强森女士，以她亲身的经历向我们说明：如何因勤奋工作而解除了精神上的危机。

1941年，强森先生和太太带着两个小孩，搬到新墨西哥一处约有360英亩大的农庄里。根据强森太太记载："没想到，那个农庄其实是个大蛇坑，住了许多可怕的响尾蛇，我们实在吓坏了。"

"那时，我们的农舍还没有水电和瓦斯，但这些不便倒不令我担心，我日夜所忧虑的，是那些可怕的响尾蛇。万一有一天家人被蛇咬了，该怎么办呢？我夜里经常梦见孩子遭到不幸，白天也一直担心在田里工作的丈夫。只要有片刻不见家人的踪影，我就紧张不已。

"这种持续的恐惧，使我的精神近乎崩溃。若不是我开始勤奋工作，相信早就支撑不住了。我把玉米粒刮下来播种，直到双手起茧为止；我为小孩缝制衣服，把多出来的食物装罐收藏好——我不停地工作，直到疲累地倒在床上为止。如此我便没有精力担忧其他的事了。

"一年之后，我们搬离那个农庄，全家大小都安然无恙，没有人被蛇咬过。虽然自此以后我不再那么辛劳工作，但我一直为那段时间的境遇感谢上帝。那一年，辛劳的工作确实拯救了我的理智。"

正如强森太太的亲身经历一样，我们若能从困境中体会到辛勤工作所能产生的力量，往后若再遭遇危机，便有坚利的武器可以自我防卫了。工作通常可以支持我们渡过难关、危机、个人不幸、或失去所爱的人等。

爱德蒙·伯克说过："永远不要陷入绝望。但是如果你产生绝望情绪时，就去工作。"爱德蒙·伯克的话可不是空谈——他是有过亲身经历的。他曾经痛失爱子，他经过悉心研究之后，开始痛苦地深信文明快要堕落了。工作对他而言，就像对其他很多人一样，成为这个疯狂的世界上惟一清醒的标志。因此他不断地工作，即使在他绝望之时。

是的，工作是生活第一要义。不管我们出于什么原因离开工作，都会受苦。

树立正确的工作态度

⊙一个人的态度直接决定了他的行为，决定了他对待工作是尽心尽力还是敷衍了事，是安于现状还是积极进取。

⊙态度就是你区别于其他人，使自己变得重要的一种能力。

每个人都有不同的职业轨迹，有的人成为公司里的核心员工，受到老板的器重；有的人一直碌碌无为，不被人所知晓；有些人牢骚满腹，总认为自己与众不同，而到头来仍一无是处……众所周知，除了少数天才，大多数人的禀赋相差无几。那么，是什么在造就我们、改变我们？是"态度"！态度是内心的一种潜在意志，是个人的能力、意愿、想法、价值观等在工作中所体现出来的外在表现。

要看一个人做事的好坏，只要看他工作时的精神和态度。某人做事的时候，感到受了束缚，感到所做的工作劳碌辛苦没有任何趣味可言，那么他决不会作出伟大的成就。

在企业之中，我们可以看到形形色色的人。每个人都持有自己的工作态度。有的勤勉进取；有的悠闲自在；有的得过且过。工作态度决定工作成绩。我们不能保证你具有了某种态度就一定能成功，但是成功的人们都有着一些相同的态度。

企业中普遍存在着三种人。

第一种人：得过且过。

玛丽的口头禅是："那么拼命干什么？大家不是都拿着同样的薪水吗？"

玛丽从来都是按时上下班，按部就班，职责之外的事情一概不理，分外之事更不会主动去做。不求有功，但求无过。

一遇挫折，她最擅长的就是自我安慰："反正晋升是少数人的事，大多数人还不是像我一样原地踏步，这样有什么不好？"

第二种人：牢骚满腹。

史密斯永远悲观失望，他似乎总是在抱怨他人与环境，认为自己所有的不如意，都是由环境造成的。

他常常自我设限，使自己的无限潜能无法发挥。他其实也是一个有着优秀潜质的人，然而，却整天生活在负面情绪当中，完全享受不到工作的乐趣。

他总是牢骚满腹，这种消极情绪会不知不觉地传染给其他人。

第三种人：积极进取。

在企业里，人们经常可以看到桑迪忙碌的身影，他热情地和同事们打着招呼，精神抖擞，积极乐观，永争第一。

桑迪总是积极地寻求解决问题的办法，即使是在项目受到挫折的情况下也是如此。因此，他总能让希望之火重新点燃。

同事们都喜欢和他接触，他虽然整天忙忙碌碌，但却始终保持乐观的态度，时刻享受工作的乐趣。

一年后，玛丽仍然做着她的秘书工作，上司对她的评价始终不好不坏。一年一度的大学生应聘热潮又开始了，上司开始关注起相关的简历来，也许新鲜的血液很快就会补充进来，玛丽的处境似乎有些不妙。

人们已经很久没有见到史密斯，去年经济不景气，公司裁员，部门经理首先就想到了他。经济环境不好，公司更需要增加业绩、团结一致，史密斯却除了发牢骚，还是发牢骚。第一轮裁员刚刚开始，史密斯就接到了解聘信……

而桑迪还是那么积极进取，忙碌的身影依然随处可见，他已经从销售员的办公区搬走，这一年，他被提升为销售经理，新的挑战才刚刚开始。

在公司里，员工与员工之间在竞争智慧与能力的同时，也在竞争态度。一个人的态度直接决定了他的行为，决定了对待工作他是尽心尽力还是敷衍了事，是安于现状还是积极进取。态度越积极，决心越大，对工作投入的心血也越多，从工作中所获得的回报也就相应地更为理想。

玛丽、史密斯、桑迪三人，一个面临失业的危险，一个已经被解聘，一个得到晋升。这并不是说得到晋升的桑迪比史密斯、玛丽在智力上更突出，而是不同的工作态度导致的。尤其是在一些技术含量不高的职位上，大多数人都可以胜任，能为自己的工作表现增加砝码的也就只有态度了。这时，态度就是你区别于其他人，使自己变得重要的一种能力。

如果一个人轻视他自己的工作,而且做得很粗陋,那么他绝不会尊敬自己。如果一个人认为他的工作辛苦、烦闷,那么他的工作绝不会做好,这一工作也无法发挥他内在的特长。在社会上,有许多人不尊重自己的工作,不把自己的工作看成创造事业的要素,发展人格的工具,而视为衣食住行的供给者,认为工作是生活的代价、是不可避免的劳碌,这是多么错误的观念啊!

　　人往往就是在克服困难过程中,产生了勇气、坚毅和高尚的品格。常常抱怨工作的人,终其一生,决不会有真正的成功。抱怨和推诿,其实是懦弱的自白。

　　在任何情形之下,都不要允许你对自己的工作表示厌恶,厌恶自己的工作,这是最坏的事情。如果你为环境所迫,而做着一些乏味的工作,你也应当设法从这乏味的工作中找出乐趣来。要懂得,凡是应当做而又必须做的事情,总要找出事情的乐趣来,这是我们对于工作应抱的态度。有了这种态度,无论做什么工作,都能有很好的成效。

　　各行各业都有发展才能、提升地位的机会。在整个社会中,实在没有哪一个工作是可以藐视的。一个人的终身职业,就是他亲手制成的雕像,是美丽还是丑恶,可爱还是可憎,都是由他一手造成的。而人的一举一动,无论是写一封信,出售一件货物,或是一句谈话,一个思想,都在说明雕像的或美或丑,可爱或可憎。

　　不论做何事,务须竭尽全力,这种精神的有无可以决定一个人日后事业上的成功或失败。如果一个人领悟了通过全力工作来免除工作中的辛劳的秘诀,那么他也就掌握了达到成功的原理。倘若能处处以主动、努力的精神来工作,那么即便在最平庸的职业中,也能增加他的权威和财富。

　　当一个人喜爱他的工作时,你可以一眼看出来。他非常投入,他表现出来的自发性、创造性、专注和谨慎,十分明显。而这在那些视工作为应付差事、乏味无聊的人那里,是根本看不见的。

　　即使是补鞋这么个低微的工作,也有人把它当作艺术来做,全身心地投入进去。不管是一个补丁还是换一个鞋底,他们都会一针一线地精心缝补。这样的补鞋匠你会觉得他就像一个真正的艺术家。但是,另外一些人则截然相反。随便打一个补丁,根本不管它的外观,好像自己只是在谋生,根本没有热情来关心自己活儿的质量。前一种人好像热爱这项工作,不总想着会从修鞋中赚多少钱,而是希望自己手艺更精,成为当地最好的补鞋匠。

　　我知道100多年前有一位家住罗德岛的人,他殚精竭虑,砌了一堵石墙,就像一位大师要创作一幅杰作一样,其专注程度甚至有过之而无不及。他翻来覆去地审视着每一块石头,研究这块石头的特点,思考如何把它放在最佳的位置。砌好以后,站在附近,从不同的角度,细细打量,像一位伟大的雕刻家,欣赏着粗糙的大理石变成的精美塑像,其满足程度可想而知。他把自己的品格和热情都倾注到了每一块石头上。每年,到他的农庄参观的人络绎不绝,他也很乐意解说每一块石头的特点,以及自己是如何把它们的个性充分展现出来的。

你会问砌一堵石墙有什么意义呢？这堵围墙已经存在了一个多世纪，这就是最好的回答。

伟大的事业因工作的热忱而获得成功

⊙对工作热忱，是一切希望成功的人，必须具备的条件。
⊙对任何事都热忱的人，做任何事都会成功。
⊙有史以来，没有任何一件伟大的事业不是因为热忱而成功的。

已故的佛里德利·威尔森曾是纽约中央铁路公司的总裁，有一次他在广播访问中，被问到如何才能使事业成功，他回答："我深切地认为，一个人的经验愈多，对事业就愈认真，这是一般人容易忽略的成功秘诀。成功者和失败者的聪明才智，相差并不大。如果两者实力半斤八两的话，对工作较富热忱的人，一定比较容易成功。一个不具实力而富热忱，和一个虽具实力但不热忱的人相比，前者的成功也多半会胜过后者。

"一个热忱的人，不论是在挖土，或者经营大公司，都会认为自己的工作是一项神圣的天职，并怀着深切的兴趣。对自己的工作热忱的人，不论工作有多么困难，或需要多么艰苦的训练，始终会用不急不躁的态度去进行。只要抱着这种态度，任何人都会成功，一定会达到目标。爱默生说过：'有史以来，没有任何一件伟大的事业不是因为热忱而成功的。'事实上，这不是一段单纯而美丽的话语，而是迈向成功之路的指标。"

因此，对工作热忱，是一切希望成功的人——像创造杰作的艺术家、卖肥皂的人、图书馆的管理员，以及追求家庭幸福的人——必须具备的条件。

热忱这个字眼，源自希腊语，意思是"受了神的启示"。

对工作热忱的人，具有无限的力量。威廉·费尔波是耶鲁最著名而且最受欢迎的教授之一。他在那本极富启示性的《工作的兴奋》中如此写道："对我来说，教书凌驾于一切技术或职业之上。如果有热忱这回事，这就是热忱了。我爱好教书，正如画家爱好绘画，歌手爱好歌唱，诗人爱好写诗一样。每天起床之前，我就兴奋地想着有关学生的事……人在一生中所以能够成功，最重要的因素就是对自己每天的工作抱着热忱的态度。"

任何一项事业的老板，都知道雇用热忱者的重要，也知道这种人难以物色。亨利·福特说过："我喜欢具有热忱的人。他热忱，就会使顾客热忱起来，于是生意就做成了。"

"十分钱连锁商店"的创办人查尔斯·华尔渥兹也说过："只有对工作毫无热忱的人才会到处碰壁。"查尔斯·史考伯则说："对任何事都热忱的人，做任何事都会成功。"

如果没有热忱，那就几乎不可能保持你成为不可阻挡的人所需要的巨大能量和意志。实际上，没有了热忱，一个人就会将生活简化为仅仅是存在、平庸和漠不关心。

怎样选择全在于你自己。你可以选择保持你的生命力，方法是想好你的目标，并努力从事点燃你热忱的活动。或者你也可以选择像我们生活中大多的人一样，用忍受的心态在生活中艰难跋涉，错过了他们经历的大多数事情。这种人观察生活但却没有体会到生活的乐趣。如果生活是一部交响乐，那么，他们只是听到了其中的音符，却感受不到整个乐曲的内涵；如果生活像一块稀世宝石，那么，他们只是看到了它的颜色，却无法看到那复杂的构造；如果生活像一部小说，那么，他们只理解其中的情节，却忽略了微妙的形象和寓意。

怀有热忱的人们极少用"工作"这个词来说明他们从事的事业。这种人是在追求他们最喜欢做的事和对个人受益匪浅的事，每个人的时间都是有限的。我们生活的每时每刻，不论是在工作、玩耍，还是在抱怨、感谢时，我们都已花费了时间。在我们的人生中，没有什么东西比剩余的时间更宝贵了。当我们在热忱鼓励下从事某项事业时，我们不仅仅是为了达到某个目标而努力，因为追求目标的过程和目标的实现同样使人受益。这样，当我们走到生命的尽头时，我们就能说一句"我热爱过我的生命"——这就是我们成功的最高概括。

热忱是一种意识状态，能够鼓舞及激励一个人对手中的工作采取行动。而且不仅如此，它还是有感染性，不只对其他热心人士产生重大影响，所有和它有过接触的人也将受到影响。

当然，这是不能一概而论的。譬如，一个对音乐毫无才气的人，不论如何热忱和努力，都不可能变成一位音乐界的名人。话说回来，凡是具有必需的才气，有着可能实现的目标，并且具有极大热忱的人，做任何事都会有所收获，不论物质上或精神上都是一样。

即使需要高度技术的专业工作，也需要这种热忱。爱德华·亚皮尔顿是一位伟大的物理学家，曾协助发明了雷达和无线电报，也获得了诺贝尔奖。《时代》杂志引用他的一句具有启发性的话："我认为，一个人若想在科学研究上有所成就的话，热忱的态度远比专门知识来得重要。"

这句话如果出自普通人之口，可能会被认为是外行话，但出自亚皮尔顿这种权威性的人物，意义就很深远了。如果在科学的研究上热忱都这么重要，那么对普通的职员来说，岂不是占着更重要的地位吗？

关于这点，我们可以引用著名的人寿保险推销员法兰克·派特的一些话加以说明。他那本《我如何在推销上获得成功》，在销路上，打破以往任何一本有关如何推销的书籍。

以下是派特在他的著作中所列出的一些经验之谈：

"当时是1907年，我刚转入职业棒球界不久，遭到有生以来最大的打击，因为我被开除了。我的动作不起劲，因此球队的经理有意要我离职。他对我说：'你这样慢吞吞的，好像是在球场混了20年。老实跟你说，法兰克，离开这里之后，无论你到哪里做任何事，若不提起精神来的话，你将永远不会有出路。'

"本来我的月薪是175美元，离职之后，我参加了亚特兰斯克球队，月薪减为25美元。薪水这么少，我做事当然没有热忱，但我决心努力试一试。待了大约10天之后，一位名叫丁尼·密亨的老队员把我介绍到新凡去。在新凡的第一天，我的一生有了一个重要的转变。

"因为在那个地方没有人知道我过去的情形，我就决心变成新英格兰最具热忱的球员。为了实现这点，当然必须采取行动才行。

"我一上场，就好像全身带电。我强力地投出高速度的球，使接球的人双手都麻木了。记得有一次，我以猛烈的气势冲入三垒，那位三垒手吓呆了，球漏接，我就盗垒成功了。当天气温高达华氏100度，我在球场奔来跑去，极可能中暑而倒下去。

"这种热忱所带来的结果，真令人吃惊，产生了下面的三个作用：(1) 我心中所有的恐惧都消失了，而发挥出意想不到的技能。(2) 由于我的热忱，其他的队员也跟着热忱起来。(3) 我没有中暑。我在比赛中和比赛后，感到从没有如此健康过。

"第二天早晨，我读报的时候，兴奋得无以伦比。报上说：'那位新加进来的派特，无异是一个霹雳球，全队的人受到他的影响，都充满了活力。他那一队不但赢了，而且是本季最精彩的一场比赛。'

"由于我热忱的态度，我的月薪由25美元提高为185美元，多了7倍。

"在往后的两年里，我一直担任三垒手。薪水增加了30倍。为什么呢？就是因为热忱，没有别的原因。"

但后来，派特的手臂受了伤，不得不放弃打棒球。接着他到菲特列人寿保险公司当拉保险的人，整整一年多都没有什么成绩，因此他很苦闷。但后来他又变得热忱起来，就像当年打棒球那样。

目前，他是人寿保险界的大红人，不但有人请他撰稿，还有人请他演讲自己的经验。他说："我从事推销，已经30年了。我见到许多人，由于对工作抱着热忱的态度，使他们的收入成倍地增加起来。我也见到另一些人，由于缺乏热忱而走投无路。我深信惟有热忱的态度，才是成功推销的最重要的因素。"

多年来，我的写作大都在晚上进行。有一天晚上，当我正专注地敲打打字机时，偶尔从书房窗户望出去——我的住处正好在纽约市大都会高塔广场的对面——看到了似乎是最怪异的月亮倒影，反射在大都会高塔上。那是一种银灰色的影子，是我从来没见过的。再仔细观察一遍，发现那是清晨太阳的倒影，而不是月亮的影子。原来已经天亮了。我工作了一整夜，但太专心于自己的工作，使得一夜仿佛只是一个小时，一眨眼就过去了。我又继续工作了一天一夜，除了其间停下来吃点清淡食物以外，未曾停下来休息。

如果不是对手中工作充满热忱，而使身体获得了充分的精力，我不可能连续工作一天两夜而丝毫不觉得疲倦。热忱并不是一个空洞的名词，它是一种重要的力量，你可以予以利用，使自己获益。没有了它，你就像一个已经没电的电池。

热忱是股伟大的力量，你可以利用它来补充你身体的精力，并发展成为一种坚强的个性（有些人很幸运地天生即拥有热忱，其他人却必须通过努力才能获得）。发展热忱的过程十分简单。首先，从事你最喜欢的工作，或提供你最喜欢的服务。如果你因情况特殊，目前无法从事你最喜欢的工作，那么，你也可以选择另一项十分有效的方法，那就是把将来从事你最喜欢的这项工作当作是你明确的目标。

缺乏资金以及其他许多种你无法当即予以克服的环境因素，可能迫使你从事你所不喜欢的工作，但没有人能够阻止你在脑海中决定你一生中明确的目标，也没有任何人能够阻止你将这个目标变成事实，更没有任何人能够阻止你把热忱注入到你的计划之中。

所以，任何人，只要具备这个"热忱"条件，都能获得成功，他的事业必会飞黄腾达。

乐队指挥鲍勃·克劳斯贝的儿子，曾被问到他父亲和他的叔叔平·克劳斯贝每天的生活情形。他回答："他们永远都在愉快地工作。"

"那你长大之后的希望是什么呢？"好奇的人又问他。

"也是愉快地工作。"年轻的克劳斯贝毫不迟疑地回答。

别让激情之火熄灭

⊙如果你只把工作当作一件差事，或者只把目光停留在工作本身，那么即使是从事你最喜欢的工作，你依然无法持久地保持对工作的激情。但如果你把工作当作一项事业来看待，情况就会完全不同。

⊙保持长久激情的秘诀，就是给自己不断树立新的目标，挖掘新鲜感。

让我们先来看看美国前教育部部长、著名教育家威廉·贝内特的一段叙述：

一个明朗的下午，我走在第五大街上，忽然想起要买双短袜。于是，我走进了一家袜店，一个年纪不到17岁的少年店员向我迎来。

"您要什么，先生？"

"我想买双短袜。"

"您是否知道您来到的是世上最好的袜店？"他的眼睛闪着光芒，话语里含着激情，并迅速地从一个个货架上取出一只只盒子，把里面的袜子逐一展现在我的面前，让我赏鉴。

"等等，小伙子，我只买一双！"

"这我知道，"他说，"不过，我想让您看看这些袜子有多美，多漂亮，真是好看极了！"他脸上洋溢着庄严和神圣的喜悦，像是在向我启示他所信奉的宗教。

我对他的兴趣远远超过了对袜子的兴趣。我诧异地望着他。"我的朋友，"我说，"如果你能一直保持这种热情，如果这热情不只是因为你感到新奇，或因为得到了一个新的工作。如果你能天天如此，把这种激情保持下去，我敢保证不到 10 年，你会成为全美国的短袜大王。"

只是，很多时候我们会遇到这样的情形：在商店，顾客需要静候店员的招呼。当某位店员终于屈尊注意到你，他那种模样会使你感到是在打扰他。他不是沉浸在沉思中，恼恨别人打断他的思考，就是在同一个女店员嬉笑聊天，叫你感到不该打断如此亲昵的谈话，反而需要你向他道歉似的。无论对你，或是对他领了工资专门来出售的货物，他都毫无兴趣。

然而就是这个冷漠无情的店员，可能当初也是怀着希望和热情开始他的职业的。刚刚进入公司的员工，自觉工作经验缺乏，为了弥补不足，常常早来晚走，斗志昂扬，就算是忙得没时间吃午饭，也依然开心，因为工作有挑战性，感受当然是全新的。

这种在工作时激情四射的状态，几乎每个人在初入职场时都经历过。可是，这份激情来自对工作的新鲜感，以及对工作中不可预见问题的征服感，一旦新鲜感消失，工作驾轻就熟，激情也往往随之湮灭。一切开始平平淡淡，昔日充满创意的想法消失了，每天的工作只是应付完了即可。既厌倦又无奈，不知道自己的方向在哪里，也不清楚究竟怎样才能找回曾经让自己心跳的激情。他们在老板眼中也由前途无量的员工变成了比较称职的员工。

有时，压力也是人们失去工作激情的原因之一。职场人士承担着巨大的有形或者无形的压力，同事之间的竞争、工作方面的要求，以及一些日常生活的琐事，无时无刻不在禁锢着我们的心灵。于是在种种压力的禁锢之下，无精打采、垂头丧气和漠不关心扼杀了我们对事业的激情。从热爱工作到应付工作再到逃避工作，我们的职业生涯遭到了毁灭性的打击。

但是，如果你在周一早上和周五早上一样精神振奋；如果你和同事、朋友之间相处融洽；如果你对个人收入比较满意；如果你敬佩上司和理解公司的企业文化；如果你对公司的产品和服务引以为豪；如果你觉得工作比较稳定；只要对以上任何一个问题，你的回答中有一个"是"字，我就要告诉你："你'可以'恢复工作激情。"

美国著名激励大师博恩·崔西针对如何恢复工作激情，提过五点建议：

1. 对自己所做的事感兴趣。"告诉自己：对自己所从事的事喜欢的是什么，尽快越过你不喜欢的部分，转到你喜欢的部分。然后做得很兴奋，告诉旁人这件事，让他们了解为什么你会如此感兴趣。只要你做出对工作感兴趣的样子，你就会真地开始对它感兴趣。这样做的另一项好处是可以减少疲劳、压力与忧虑。"

千万不能失去热忱。我们每个人都应当有一些引以为荣的东西，对那些真正高贵的事物要保持一种景仰之情，对那些可以使我们的生活变得充实美丽的东西，永远不要失去热忱。

2. 把工作当作一项事业。如果你只把工作当作一件差事，或者只把目光停留在工作本身，那么即使是从事你最喜欢的工作，你仍然无法持久地保持对工作的激情。但如果你把工作当作一项事业来看待，情况就会完全不同了。

3. 树立新的目标。任何工作在本质上都是同样的，都存在着周而复始的重复。如果是因为这永无休止的重复，而对眼前的工作失去信心的话，那么我要告诉你的是，如果你的态度不转变，不主动给自己树立新目标，即使那是一份让你称心的工作，即使那是一个令所有人艳羡的工作环境，它一样会因为一成不变而变得枯燥乏味，你也不会从中获得快乐。

保持长久激情的秘诀，就是给自己不断树立新的目标，挖掘新鲜感。把曾经的梦想拣起来，找机会实现它，审视自己的工作，看看有哪些事情一直拖着没有处理，然后把它做完……在你解决了一个又一个的问题之后，自然就产生了一些小小的成就感，这种新鲜的感觉就是让激情每天都陪伴自己的最佳良药。

4. 学会释放压力。工作不是野餐会，一个人无论多么喜欢自己的工作，工作多多少少都会给他带来压力。面对压力，有些人一味忍受，有些人只顾宣泄，忍受会导致死气沉沉，宣泄则会带来无尽的唠叨。应该学会管理压力并科学地释放压力，减轻对工作的恐惧感，心情轻松才容易重燃激情。

5. 切勿自满。在工作中，最需要注意的是自满情绪。自满的人不会想方设法前进，对工作就会丧失激情。如果你满足于已经取得的工作成绩，忽略了开创未来的重要性，那么现在这个阶段的工作自然会丧失其吸引力。当你把过去的成绩当作激励自己更上一层楼的动力，试图超越以往的表现，激情就会重新燃烧起来。

工作给予你的报酬要比薪水更宝贵

⊙一个人如果总是为自己到底能拿多少薪水而大伤脑筋的话，他又怎么能看到薪水背后的成长机会呢？

⊙通过工作中的耳濡目染获得大量的知识和经验，这将是工作给予你的最有价值的报酬。

也许亲眼目睹或者耳闻父辈、他人被老板无情解雇的事实，现在的年轻人往往将社会看得比上一代更冷酷、更严峻，因而也就更加现实。在他们看来，我为公司干活，公司付我一份报酬，等价交换，仅此而已。他们看不到薪水以外的价值，在校园中曾经编织的美丽梦想也逐渐破灭了。没有了信心，没有了热情，工作时总是采取一种应付的态度，宁愿少说一句话，少写一页报告，少走一段路，少干一个小时的活……他们只想对得起自己目前的薪水，从未想过是否对得起自己将来的薪水，甚至是将来的前途。

某公司有一位员工，在公司已经工作了10年，薪水却不见涨。有一天，他终于忍不住内心的不平，当面向雇主诉苦。雇主说："你虽然在公司呆了 10 年，但你的工作经验却不到 1 年，能力也只是新手的水平。"

这名可怜的员工在他最宝贵的 10 年青春中，除了得到 10 年的新员工工资外，其他一无所获。

也许，这个雇主对这名员工的判断有失准确和公正，但我相信，在当今这个日益开放的年代，这名员工能够忍受 10 年的低薪和持续的内心郁闷而没有跳槽到其他公司，足以说明他的能力的确没有得到更多公司的认可，或者换句话说，他的现任雇主对他的评价基本上是客观的。

这就是只为薪水而工作的结果！

大多数人因为不满足于自己目前的薪水，而将比薪水更重要的东西也丢弃了，到头来连本应得到的薪水都没有得到。这就是只为薪水而工作的可悲之处。

如果要让我对于刚跨入社会的青年所遇到的切身问题发表意见，那么我希望每个青年都切切牢记："在你们开始工作的时候，不必太顾虑薪水的多少。而一定要注意工作本身所给予你们的报酬，比如发展你们的技能，增加你们的经验，使你们的人格为人所尊敬等等。"

雇主所交付给年轻人的工作可以发展我们的才能，所以，工作本身就是我们人格品性的有效训练工具，而企业就是我们生活中的学校。有益的工作能够使人丰富思想，增进智慧。

如果一个人只是为着薪水而工作，而没有更高尚的目的，那么这实在不是一种好的选择。在这个过程中，受害最深的倒不是别人，而是他自己。他就是在日常的工作中欺骗了自己，而这种因欺骗蒙受的损失，即便他日后奋起直追，振作努力，也不能赶上。

雇主只支付给你微薄的薪水，你固然可以敷衍塞责来加以报复。可是你应当明白，雇主支付给你工作的报酬固然是金钱，但你在工作中给予自己的报酬，乃是珍贵的经验、优良的训练、才能的表现和品格的建立，这些东西的价值与金钱相比，要高出千万倍。

许多年轻人认为他们目前所得的薪水太微薄了，所以竟然连比薪水更重要的东西也宁愿放弃了，他们故意躲避工作，在工作过程中敷衍了事，以报复他们的雇主。

这样，他们就埋没了自己的才能，消灭了自己的创造力和发明才能，也就使自己可能成为领袖的一切特性都无法获得发展。为了表示对微薄薪水的不满，固然可以敷衍了事地工作，但长期地这样做，无异于使自己的生命枯萎，使自己的希望断送，终其一生，只能做一个庸庸碌碌、心胸狭隘的懦夫。

每个人对于自己的职位都应该这样想：我投身于企业界是为了自己，我也是为了自己而工作。固然，薪水要尽力地多挣些，但那只是个小问题，最重要的是由此获得踏进社会的机会，也获得了在社会阶梯上不断晋升的机会。通过工作中的耳濡目染获得大量的知识和经验，使自己的能力得以提升，这将是工作给予你的最有价值的报酬。

人性的弱点

能力比金钱重要万倍，因为它不会遗失也不会被偷。许多成功人士的一生跌宕起伏，有攀上顶峰的兴奋，也有坠落谷底的失意，但最终能重返事业的巅峰，俯瞰人生。原因何在？是因为有一种东西永远伴随着他们，那就是能力。他们所拥有的能力，无论是创造能力、决策能力还是敏锐的洞察力，绝非一开始就拥有，也不是一蹴而就，而是在长期工作中积累和学习得到的。

你的雇主可以控制你的工资，可是他却无法遮住你的眼睛，捂上你的耳朵，阻止你去思考、去学习。换句话说，他无法阻止你为将来所做的努力，也无法剥夺你因此而得到的回报。

许多员工总是在为自己的懒惰和无知寻找理由。有的说雇主对他们的能力和成果视而不见，有的会说雇主太吝啬，付出再多也得不到相应的回报……

一个人如果总是为自己到底能拿多少工资而大伤脑筋的话，他又怎么能看到工资背后的成长机会呢？他又怎么能理会到从工作中获得的技能和经验，对自己的未来将会产生多么大的影响呢？这样的人只会逐渐将自己困在装着薪水的信封里，永远也不会懂得自己真正需要什么。

总之，不论你的雇主有多吝啬、多苛刻，你都不能以此为由放弃努力。因为，我们不仅是为了目前的薪水而工作，我们还要为将来的薪水而工作，为自己的未来而工作。一句话，薪水是什么？薪水仅仅是我们工作回报的一部分。

世界上大多数人都在为薪水而工作，如果你能为自己的成长而工作，你就超越了芸芸众生，也就迈出了成功的第一步。

从前在宾夕法尼亚的一个山村里，住着一位卑微的马夫，后来这位马夫竟然成了美国最著名企业家之一，他靠着惊人的魄力和独到的思想撑起了事业的大厦，他一生的成就为世人所景仰。他就是查尔斯·齐瓦勃先生。

年轻的朋友们很关心齐瓦勃先生的成功，那么为什么他会获得成功呢？齐瓦勃先生的成功秘诀是：每谋得一个职位，他从不把薪水的多少视为重要的因素，他最关心的是新的位置和过去的职位相比较，是否前途和希望更为远大。

他最初在一家工厂里做工，当时他就自言自语地说："终有一天我要做到本厂的经理。我一定要努力做出成绩来给老板看，使老板主动来提拔我。我不会计较薪水的高低，我只要记住：要拼命工作，要使自己工作所产生的价值，远超过我所得的薪水。"他下定决心后，便以十分乐观的态度，心情愉快地努力工作。在当时，恐怕谁也不会想到齐瓦勃先生会有今日巨大的成就。

齐瓦勃的童年时代家境异常艰苦，家中一贫如洗，所以，他只受过很短时间的学校教育。齐瓦勃从 15 岁开始，就在宾夕法尼亚的一个山村里做马夫。两年之后，他又获得了另外一个工作机会，周薪为 2.5 美元。但他仍然无时无刻不在留心其他的工作机会，果然他又遇到一个新的机会，他应某位工程师之邀，去钢铁公司的一个建筑工场工作，工资由原来的周薪 2.5 美元变为日薪 1 美元。做了一段时间后，他就又升任技师，接着一步一步升到了总工程师的职位上。到了齐瓦勃 25 岁时，他晋升到房屋建筑公司的经理了。5年之后，齐瓦勃开始出任钢铁公司总经理。到39岁时，齐瓦勃接过了全美钢铁公司的权柄，出任总经理。如今，他已是贝兹里罕钢铁公司的总经理了。

齐瓦勃只要获得一个位置，就决心要做所有同事中最优秀的人。他决不会像某些人那样脱离现实胡思乱想。有些人经常会不守公司的纪律，常常抱怨公司的待遇，甚至于宁愿在街头流浪，静待所谓的良机，也不愿刻苦努力。齐瓦勃深知，只要一个人有决心，肯努力，不畏难，必定可以成为成功者。在今天的年轻人看来，齐瓦勃先生一生的奋斗与成功故事，简直是，一个情节曲折的传奇，但更是一个对人教益最大的典范。从他一生的成功史中，我们可以看到努力劳动所具有的非凡价值。干任何事情，他都能做到非常乐观而愉快，同时在业务上求得尽善尽美、精益求精。所以，在他与同事们一起工作时，那些有难度、要求高的事情，都得请他来处理。齐瓦勃先生做事的态度是一步一个脚印，他从不妄想一步登天、一鸣惊人，所以，他地位的上升也是势所必至、天意使然。

别把工作当苦役

⊙只要你在心中将自己的工作看成是一种享受，看成是一个获得成功的机会，那么，工作上的厌恶和痛苦的感觉就会消失。

⊙这个世界的最好福音是，认识你的工作——它并不是苦役，然后便动手去做，像加西亚那样！

如果你对工作是被动而非主动的，像奴隶在主人的皮鞭督促之下一样；如果你对工作感觉到厌恶；如果你对工作毫无热忱和爱好之心，无法使工作成为一种享受，只觉得是一种苦役，那你在这个世界上绝不会取得重大的成就。

有这样一个故事，一天，主人把货物装在两辆马车上，让两匹马各拉一辆车。

在路上，一匹马渐渐落在了后面，并且走走停停。主人便把后面这辆车上的货物全放到前面的车上去。当后面那匹马看到自己车上的东西都搬完了，便开始轻松地前进，并且对前面那匹马说："你辛苦吧，流汗吧，你越是努力干，主人越要折磨你。"

到达目的地后，有人对主人说："你既然只用一匹马拉车，那么你养两匹马干吗？不如好好地喂一匹，把另一匹宰掉，总还能拿到一张皮吧。"于是主人便真的这样做了。

如果你对工作依然存在着抱怨、消极和斤斤计较，把工作看成是苦役，那么，你对工作的热情、忠诚和创造力就无法被最大限度地激发出来，也很难说你的工作是卓有成效的。你只不过是在"过日子"或者"混日子"罢了！

倘若如此，你每日所习惯的工作不仅不是合格的工作，而且简直跟"工作"有点背道而驰了！一些人认为只要准时上班，不迟到，不早退就是完成工作了，就可以心安理得地去领所谓的报酬了。可是，他们没有想到，他们固然是踩着时间的尾巴上、下班，可是，他们的工作态度很可能是死气沉沉的、被动的。

那些每天早出晚归的人不一定是认真工作的人，对他们来说，每天的工作可能是一种负担、一种逃避、一种苦役。他们是在工作中远离了"工作"，不愿意为此多付出一点，更没有将工作看成是获得成功的机会。

因此，在任何时候，你都不能对工作产生厌恶感，或者把工作看成是苦役。

即使你在选择工作时出现了偏差，所做的不是自己感兴趣的工作，也应当努力设法从这乏味的工作中找出兴趣。要知道凡是应当做而又必须做的工作，总不可能是完全无意义的。问题全在你对待工作的认知，对工作表现出积极的态度，可以使任何工作都变得有意义，变得轻松愉快。

如果你以为自己的工作是乏味的，是一种苦役，就会产生抵触的心理，这终究会导致你的失败。其实，只要你在心中将自己的工作看成是一种享受，看成是一个获得成功的机会，那么，工作上的厌恶和痛苦的感觉就会消失。不懂得这个秘诀，就无法获取成功与幸福。

一个人尽管如何冥顽不灵，尽管忘记他的崇高使命，但只要是踏踏实实，埋头苦干，这个人便不致无可救药，只有把工作当成苦役才会永无希望。努力工作，而绝不贪婪吝啬，这便是成功的惟一真理。这个世界的最好的福音则是，认识你的工作——它并不是苦役，然后便动手去做，像加西亚那样！

我认识许多老板，他们多年来一直在费尽心机地去寻找能够胜任工作的人，他们所从事的业务并不需要出众的技巧，而是需要谨慎、朝气蓬勃与尽职尽责。他们雇请的一个又一个员工，却因为粗心、懒惰、能力不足、没有做好分内之事而频繁遭到解雇。与此同时，社会上众多失业者却在抱怨现行的法律、社会福利和命运对自己的不公。

许多人无法培养一丝不苟的工作作风，原因在于贪图享受、好逸恶劳，把工作看成是苦役，背弃了将本职工作做得完美无缺的原则。

我们在心中应当立下这样的信念和决心：从事工作，你必须不顾一切，尽你最大的努力。如果你对工作不忠实，不尽力，甚至把它当成是一个苦役，那将贬损自己，糟蹋自己，更不会从工作中得到应有的乐趣。

从工作中获得快乐

⊙只有在工作时专心投入而且能够从工作中获得快乐的人，才能在游乐时感到喜悦。

⊙最理想的状况当然是从工作及休闲二者中获取快乐。也只有二者兼得，我们才能达到快乐的最高潮。

许多著名的科学家、小说家、电影明星及其他有名的人物都曾描述工作时所得到的极大快乐与满足，只因为这项工作是他们真心想做的。这可能是促成他们成功的原因之一。

有一些终生不得志的人则把大部分时间用于玩乐之上。致使二者的成就差异如此之大，可见调整和分配工作与休闲时间的重要性。

马斯洛曾经定义"自我实现"的人就是喜欢并去做必须做的事。也就是想办法将工作变成游戏般轻松与自由，但是对一般人而言这是一件非常不容易做到的事。

许多人都有一些限制他时间、行动与想法的工作，这工作也就是不快乐的根源。事实上，最近密歇根及哈佛两所大学的研究者发现大部分的美国人都有换工作的念头，而美国政府则在近些年花费 4 千万元去发展不使工作厌烦的技巧。

对许多人来说，快乐绝大部分出现于不在工作的时候，例如晚间、周末及假期当中。

你该如何去除因工作而产生的不快乐呢？你又如何找到更多的快乐时光呢？

有一个很好的方式就是培养自己足够的知识、勇气及内力去做适合你的工作。当最著名的压力研究专家亚莉耶博士在一次接受"美利坚新闻及寰宇报道"的访问时被问到："人们如何应付压力呢？"他回答，"诀窍不在于如何避免压力，而在于'做你自己的事'，这就是我一直所强调的：做你喜欢做的事，但也别忘了做那些你该做的事。"

另外他还提到："药物治疗也能发挥效用，例如现在已有一些能有效治疗高血压的药。但是我想对大多数人而言，最重要的莫过于学习如何生活，在各种不同的场合中如何表现适当举止以及如何作最明智的决定。'我到底是想要接管父亲的事业还是成为音乐家？'如果你真的向往音乐家，那就朝这方面去做。"

许多人选择职业时只怀着赚钱、争取高职位或升迁的目的，结果往往无法从事真正有兴趣的工作。例如有位社会工作人员，过去经常到各地区与民众会谈，教他们学习面对及解决问题的技巧，如今却因为其他原因而停止这项工作。现在虽然跃升为一个著名社会辅导站的主管，但同时他放弃了他喜爱的兴趣——终日呆在办公室里。又如一位艺术大师被聘为世界上最著名、最有权威的博物馆之一的馆长之后，他必须将绝大部分时间用于繁琐的行政工作上，而不得不放弃钻研艺术的雅趣。

如果你问一些人在不考虑金钱因素及其他顾虑的情况下，他们真正想从事的工作是什么？往往你都会得到非常意想不到的答案。有一家广告公司的企划部主任曾说到他愿成为一家自然博物馆的制标本的技术人员。有一家出版社的董事长说他想成为餐厅的领班。另有位公共关系部门的主管回忆起她一生中从事的最愉快职位就是接待员，因为她每天必须与许多不同的人接触，这使她获得很多乐趣，而且这种工作也不会耗用她太多的私人时间及精力，毕竟拥有自己的时间是很重要的。此外，一位银行的副总裁将公余的时间大部分花费于研究制造各种锁，他还打趣地说，如果他不介意失去银行那份高高在上的职位，从事锁匠应该也可以维持温饱。

娱乐是一件非常重要的事。如何寻找到适合自己的娱乐，则是一件非常快乐的事。

但是，切莫去随便模仿别人。你最好能够先自问，什么是真正能使自己感到快乐的事情。在我们周围经常会发现，许多人什么事都要掺和掺和，还整天忙忙碌碌，这样的人是享受不到任何快乐的。只有在工作时专心投入，而且能够从工作中获得快乐的人，才能在游乐时感到喜悦。

如果以此作为衡量的标准的话，在我心目中，古代雅典的将军阿尔基比亚地斯应该可以算是最合格的了。尽管他在言行举止上都可以称得上是一个放荡的人，但是在思想上和工作上，他却极其投入，并取得了令世人羡慕的成就。

恺撒大帝也是一位能够将心思均等地分配在工作和游戏上的人。在罗马人的心目中，恺撒原本是一位行为不轨的人，但是他事实上是一位非常优秀的学者，他具有一流的辩才，而且拥有统驭他人的实力。

只懂得如何游乐的人生不仅毫不令人感动，而且一点儿也不有趣。一个每天认真工作的人，他在娱乐时才会由衷地感到快乐。整天好吃懒做的人、喝酒喝得醉醺醺的人、沉迷于酒色之中的人，一定无法从工作中获得真正的快乐，这样的人每天只是在过着行尸走肉的日子。

精神生活层次低的人，大多只追求低级的享乐，他们也只能热衷于那些毫无品位的娱乐；与这类人相对的是，那些精神生活层次高的人，则善于结交一些品性和道德良好的朋友，他们所追求的娱乐也是适当的，它们既没有危险性，又不失品味。具有良知的人都十分明了，娱乐是不可以被当作目的，它只不过是一种让人放松心情、给人安慰的方法而已。

为了使你步入高尚人的行列，你不妨实践一下我称之为"早上比夜晚聪明"的体验。

在工作和游戏的时间安排上，最好能够有一个明确的划分。读书、工作，或者是要同有知识的人及名流之士促膝交谈，这些事情最好排在早上比较恰当。一旦吃过晚饭之后，就应该尽量让自己放松心情，除非是发生了什么紧急的情况，否则不要占用它，最好利用这段时间让自己轻松地做自己所喜欢的事情，例如，和几个志同道合的朋友打打牌，或者和几个有节制的朋友玩玩愉快的游戏，即使有失误，也不会因此而吵架。也可以去看演出，或去看一场比赛，或者找几位好朋友一起吃饭、聊聊天，尽你所能地度过一个能够令你满足的夜晚。

如果你的工作让你做起来没意思或不快乐，当然按照常理，最好是换个工作。但事实上，并不是每个人都能随心所欲地换工作，有些人甚至于换工作后变得更不快乐。就像有一位想换工作却一直碰壁的人——因为年龄已50岁，别家公司不雇用他——或是一位离了婚的妇女无法搬离本地另找新工作，因为她必须住得离母亲家近些，以便每天下班后到母亲家去看孩子——或是一位在居住地拥有本区惟一一间建筑公司的人必须留在当地，因为那儿是他发迹的地方，同时他也不愿离开朋友和亲戚搬到陌生的地方。

就算你非常不喜欢目前从事的工作，但也不要轻言放弃。有些技巧可以使工作愉快些，你不妨想想由于从事此项工作所赚得的钱使你能享受购物的乐趣，你可以开始培养新的嗜好，这个嗜好使你除了工作外另有新的目标，你应该尝试在工作中建立起具体的目标，目标是使工作愉快的万灵丹。

有许多拿高薪的权威之士有时会感觉沮丧，就是因为他们没有目标，甚至有些人还不知道是为何而沮丧。

哈佛大学科技、工作及心理计划部的主任马柯毕谈到某些公司里的高级主管时，称他们为"游戏型人物"。他解释所谓"游戏型人物"就是以在工作或娱乐冒险活动上击败对手为最大享受，但是这类人没有长程目标。他描述此"游戏型的人物"：漫无方向地跑完了人生旅程，到头仍是茫然。他叹息道："我倒宁愿做些真正能使我感到高兴的事。"

所谓最有意义的目标就是能带给我们最大快乐的目标。如果工作的目的只是赚钱或击败对手，则成功所带来的快感将不会持续很长时间。就如同马柯毕提到的"游戏型人物"，他说："一位又老又疲倦的'游戏型人物'，在输去几场比赛，失去信心之后，他们所剩下的只是一张痛苦扭曲的脸孔而已。一旦他失去了青春、精力，甚至荣耀，他变得绝望、茫然，不禁自问活着的意义为何？"马柯毕主张"游戏型人物"如要避免被老化与颓废打败就必须：除了一心一意获取胜利之外，该想想生命中是否有其他值得追求的目标？

最理想的状况当然是能从工作及休闲二者中获取快乐。也惟有二者兼得，我们才能达到快乐的最高潮。

人们经常梦想将工作放在一边，好好地放纵一下，但一旦他们这样做了，反而得到失望的结果。

例如，有许多人退休后都感到不习惯并很不快乐，他们仍急于找到一份工作来打发寂寞。有些佛罗里达酒店每年出售超过200万元的酒给退休后因无聊而以酒解愁的老人。

有一个人退休之后搬到佛罗里达，但他觉得在那儿很无聊、不快乐。最后他搬回纽约，每天中午吃饭时间他就回到过去工作的工厂找老同事聊天。他也经常在上下班时间到工厂看看老朋友。

有一位狂热的业余水手辞掉了工作，成为职业的水手，但他却失望了：他所梦想的日子是夏日的周末，但他很快地发觉每天航海并无乐趣可言，不像以前只能利用周末上船那般有意思。当他只能在周末航海时，航海的新奇感从未停止，一旦它成了连续性的动作就不再那么刺激、有趣了。所以每个人都必须学习从工作进入娱乐，再从娱乐返回工作，因为工作和娱乐两种不同感受的对照，能使你清新并协调享受二者。

65 岁不退休

⊙工作是对生活和健康最有用的东西。

⊙如果你对幸福的看法是无止境的悠闲，如果你期望退休躺在摇椅上，那么你是活在一个愚人的天堂中。因为懒散是人类最大的敌人，它只会制造出悲哀、先衰和死亡。

⊙工作是对延迟年老造成影响的一个因素。

马克·H. 赫林德和史坦利·A. 弗兰克医生在《健康世界》上介绍过一位住在堪萨斯市的 81 岁的女人，说她将一张摇椅退还给她女儿，并附言："我太忙了，没有时间坐摇椅。"

这位母亲懂得了要成熟不要变老的方法。她知道工作才是对生活和健康最有用的东西。

如果你认为幸福就是获得无止境的悠闲，如果你希望退休后可以一直躺在摇椅上，那么你只是进入了愚人的天堂。要知道懒惰是人类最大的敌人，它只会制造悲哀、早衰和死亡。

适量的工作，只要不是过度紧张的工作，就不会对人造成伤害，但过分的安逸却会。

可见工作是对延迟年老造成影响的一个因素。德国脑科研究机构的欧·弗格特博士，在不久前的一次国际老年问题研讨会上提出：脑细胞的剧烈运动可延迟老化的进程。过度工作，不仅不会伤害神经细胞，反而可以延迟其向年老转化。弗格特博士公布了他对正常人脑神经细胞所作的显微研究结果，重点观察其随年龄而产生变化的情况。分别在 90 岁和 100 岁时去世的两个女人的非常活跃的脑中，发现她们的脑神经细胞老化的情况都相应地延迟。

弗格特博士说："我们通过对研究对象的观察，找不到因过度工作而加速神经细胞老化的证据。"

退休的人早死——听起来真实得令人感到悲哀，从活跃、忙碌、有益的活动状态中转入到整天虚掷光阴或漫无目的地排遣时日的薄暮世界中，破坏了我们的生命力，降低了承受力，以致造成早死。在退休后仍然保持快乐的人，都是那些把退休当作只是换个工作的人。

下面是汤玛士·克林先生的研究。他是芝加哥《每日新闻》的专栏编辑，也是《黄金年华》一书的作者。他认为强制退休的规定"十分残忍"，以下是他的观点：

"7 年来，我访谈了无数年届，或刚逾 65 岁的工作者。根据我的观察，强制退休的规定十分残忍，假如同样的情形发生在狗或马的身上，相信它们必定无法忍受。至少，马在告老退休之后，还能随时奔跑到草原之上，嚼食青草，而狗也是被喂养到老死为止。"

"但是，人的生存并不只是为了生计问题，如果这样的话，同时也伤害了这些人对自己能力的信心，更伤害了他们精神上的尊严。

"对人来说，因年老而变得无用是极为恐怖的现实，连天使都无能为力。人被剥夺了工作权、收入，甚至自尊，只因他已年届65——这不是极其残酷的吗？"

那么，为什么人们不起来反对这样的无理规定呢？根据印第安纳州的调查，有90%的工作者，表示不愿在65岁的时候被强迫退休。在某些大工厂里面，此百分比更高达95%。

从来没有任何心理学或生理学上的理论，说明人在这个年龄会失去工作能力。衰弱或无能，可发生在任何年纪。而对不同的人来说，发生的时间也可能各不相同。假如我们不常常使用双手，双手便不会那么灵巧。假如我们不常常使用大脑，大脑也会很快衰退。当然，每个人都必须在某个时期停止工作，却绝不是非要在65岁时。

我们若把工作当成是谋生工具，必须等到退休或死亡才能告一段落，则无疑剥夺了生为人类所能拥有的最大满足感。工作本身是件极好的事，除了有益健康，更能影响一个人的气质。因此工作在我们的生命之中，是个极其高贵的成分。

所有的工作都具有服务性质。无论是烹饪、刷地板、装配零件，或者是练习一个舞步，它的主要目的是要使生活更美好、更舒适、更快乐。因此，工作本身极富创意性。假如我们想从工作中获得快乐或好处，都得重视这个富有创意性的目的。

英国著名的电影制作人蓝克先生说过："许多人常常忘记'为什么'会有某个行业存在的理由。一个制造座椅的工厂，不仅只是生产坐椅和获取利润，其主要任务是要制造出人人喜欢坐的椅子来。假如从事此行业的人，忘了自己工作的任务或目的，总有一天会发现——别人不但把他制造的椅子拿出去扔掉，连他想要的利润，也都不翼而飞了。"

是的，工作是生命之律。假如我们被剥夺了工作权，无论理由如何，我们都会感到十分痛苦。许多治疗机构都采用工作治疗法，如：精神病院、监狱、疗养院，及其他被隔离起来的地方。一般人认为："人一旦退休，便开始步向死亡。"话虽残酷，却是事实。人一旦由各种活动中退休，由忙碌有意义的生活而变成无目标的"纯消遣"生活，便会使原有的旺盛精力熄灭，因而降低了身体的抵抗力，迅速步入死亡。假如你想在退休后仍能快乐生活，最好是用别的工作来取代原有的忙碌生活。

规定人必须在年届65岁的时候退休，这种过时的观念是四轮马车时代的残遗，是任何进步国家都应引以为耻的做法。规定65岁必须退休，这是在1870年首先由"铁路工作人员退休系统"所采用；接着，1937年由"社会安全系统"来使用。由于1900年之后，人类的寿命已逐渐增加了20岁，所以，65岁的退休年龄，现已显得不太合理。无论是男是女，许多65岁的人精力还都十分旺盛，根本还不预备进安乐椅或准备走向殡仪馆。

政府为什么从来不向这些极力主张废除这种退休制度的人——一群65岁的工作者征询意见呢？很明显的一个事实是，几乎所有正在工作着的人都不愿到65岁时就被强迫退休！

鉴于工商业界对于雇用老年人所持的态度，令人感到欣慰的是他们有很多人都到外面为自己找份工作。茉丽艾达·K.亚瑟是一位社会福利方面的权威人士，根据她的调查显示："1950年的普查报告有一个最值得注意的就业事实，那就是有几十万超过75岁的老人仍在继续工作，他们之中很多都属于没有雇主的自由职业者。"

1954年，首都人寿保险公司公布了一项报告：65～69岁之间的男人有3/5就业；70～74岁之间的男人也有2/5就业；75岁以上的男人仍有1/5在工作。他们大多从事的是自由职业。这些数字再一次有力地证明了这样一个事实——工作的能力并不在65岁生日时突然丧失。

只要有能力，大多数的人仍然想继续工作，而不愿因为某个养老金计划制订者说他们应该退休就退休。越来越多的工作者对不公平的强迫退休制度的抗议，已经收到一些良好的效果，一些公司延长了退休年龄年限或使它较具弹性。可惜的是，这样的公司还是很少。还要多久，人的工作权利才能不再因为年龄的增高，不再不顾他的需要、能力和意愿而被无情地剥夺掉呢？

在不久前于纽约州举行的一次老年问题研究会中，当场宣读了一份由杰出的老政治家伯纳德·M.巴鲁克拍给大会的电报。在电文中，巴鲁克先生强烈呼吁废除强迫退休的制度，他说这种制度"对那些虽然年龄很大，但仍然愿意而且有能力继续工作的人来说不是恩惠，是否应该退休不应从年龄，而应从能力的角度来考虑"。巴鲁克先生说："年纪越大的人越是已经获得了无法取代的丰富经验资产的人。"

已经83岁还在担任密执安州老年问题研究委员会委员的亨利·S.柯特斯博士是美国在这方面的权威人士之一，他的话直指对老年人就业的不公平歧视：

"强迫退休是存在于工商业界的一项严重的失误，因为它使许多最佳的人才闲置浪费，而且也使受雇者晚年时期想要做好工作的热情受挫。无论对有能力而且愿意继续工作的人，还是对纳税的大众，都是一个严重的错误。工作的权利是一项基本的人权，65岁退休制度的存在是一项基本的人类错误。"

说得精彩，柯特斯博士！愿策划者和官僚们能来听听反对"强迫退休法案"的睿智而强烈的呼声。"65岁退休的制度规定，"柯特斯博士又说，"是独断的、专横的，不管从生理学还是从心理学上来讲，都没有什么理论能证明一个人的工作能力会在65岁时突然失去。任何年龄都可能变得软弱，这因人而异。如果我们停止动手工作，双手很快就会失去它的灵敏；如果我们停止用脑思考，大脑就会很快衰老。每一个工作者都应该自己选择放弃工作的时间，在他自认不能胜任他的工作的时候。"

工作是年轻人所无法想象的成熟的快乐之一。不管是体力工作还是脑力工作，都是自然赋予我们的可以不断成长而不变老的最神奇的一种力量。想要避免随一个人变老而来的危险，最好能像本章开始那个81岁的女人那样，退掉摇椅，忙碌起来！

第八章 写给将为或已为人妻的女子

前面总是有目标

⊙我厌弃成功。成功就是在世上完成一个人所做的事，正如雄蜘蛛一旦授精完毕，就被雌蜘蛛刺死。我喜欢不断地进步，目标永远在前面，而不是后面。

⊙一个目标达到之后，马上立下另一个目标，这是成功的人生模式。

尼克·亚历山大最渴望达到的目标是上大学。他在孤儿院长大——那是一种老式的孤儿院，孤儿们从早上五点工作到日落，伙食既差又不够。

尼克是一个聪明的小孩——太聪明了，因此 14 岁就从中学毕业。接着，他步入社会开始谋生。

他所能找到的工作，是在一家裁缝店里操作一架缝纫机。14 年来，他一直在那种环境下工作。接着，那家裁缝店加入了工会。工资提高了，工作时间缩短了。

尼克·亚历山大幸运地娶了一个女孩，她愿意帮助他实现上大学的梦想。但事情可不容易。在他们结婚之后没多久，也就是 1931 年，店里开始裁员，于是他们这对年轻的夫妇决定自己去闯天下。他们把存款聚集在一起，开了一家"亚历山大房地产公司"。尼克的太太特丽莎甚至把订婚戒指也卖掉了，以便增加他们那笔小小的资本。

在两年之内，生意兴隆，于是特丽莎坚持尼克去上大学。他在 36 岁的时候，得到了学位——这是他的人生道路上所抵达的第一个里程碑。

尼克又回到房地产事业，成为他太太的生意伙伴。他们又有了一个新目标，海边的一幢房子。终于，他们也实现了那个梦想。

他们这对夫妇就这样坐下来轻松轻松吗？没有，他们有一个小孩要受教育。如果他们能把他们商业大楼的分期付款缴清，把大楼变成公寓出租，收入的租金就能付他们孩子的大学费用了。因为一心一意要达到这个目标，他们终于做到了。

亚历山大太太说他们目前正在为他们的退休保险金努力。现在尼克单独主持事业，特丽莎则照顾他们的家。

亚历山大夫妇过着一种忙碌、幸福、成功的生活，因为他们面前总是有一个目标，使他们的努力有一个方向。他们已发现萧伯纳这句话的真理："我厌弃成功。成功就是在世上完成一个人所做的事，正如雄蜘蛛一旦授精完毕，就被雌蜘蛛刺死。我喜欢不断地进步，目标永远在前面，而不是在后面。"

许多人一辈子迷迷糊糊，因为他们没有真正的目标。他们只活在一度空间，过一天算一天。那些从人生中收获最多的人，都是警觉性高，积极等待着机会，机会一到马上就看出来的人。他们都有一个确定的目标。

在长期的计划上，最好是把每 5 年划分为一个阶段。你可以这么计划："在 5 年之内，吉姆就可以拿到他的大学文凭，准备好升迁；在 10 年内，他就可以升为小主管了。"

安·海渥德引用一位顾客所说的话："我希望我丈夫永远不会感到自我满足而停滞下来。我们结婚 5 年了，每一年都有一个目标。首先，是他的学位，接着是进修课程，然后是一年的自由撰稿工作，现在是他自己的事业。一等到他告诉我他的钱够了，教育够了，经验够了，我就知道蜜月已经结束了。"

一个目标达到之后，马上立下另一个目标，这是成功的人生模式。因此，我们要跟自己的丈夫合作，不断地追求新的目标。

你我来自不同的星球

⊙没有一对婚姻能够得到幸福，除非夫妇之间能够相互尊重对方的差异。
⊙如果希望两个人有相同的思想、相同的意见和相同的愿望，这是很可笑的想法。这种事情是不可能的，也是不受欢迎的。

葛丝莉告诉我说："以前我总认为当我老公没有回应我时，是个白痴；现在我知道他只是陷入自己的思考中，虽然他可能真的坐在椅子上看着杂志，至少那绝对比我质疑他为何不将垃圾拿出去倒掉来得有趣多了。几年前，倘若我央求他帮忙倒垃圾，便会被骂'滚开'，最后只好亲自出马处理，接着我会大声朗读一年中他一共有多少天没倒垃圾。如今我可以察觉到男女间不同的关注点，对他而言，或许垃圾尚未达到要倒的标准吧！

"我也知道男人对质问回应的反应十分直接，因为他们的属性是'目标取向'以及'直截了当'，女人则恰好相反。女人们喜欢探索、细查，以迂回转折的方法来达到同样的目标。"

我的一个朋友向我讲述了她和她丈夫的一些事情："上周查理问我正在办理离婚的友人艾伦近来可好，我以'不错'作为回应的开头，接着问查理是否曾后悔结婚；然后又问他是否觉得倘若我们没有结婚反而比较好；以及假使不要那么早结婚是否会对孩子产生不同的影响；最后，我问他如果我们彼此都没有结婚，是否会比较苗条。他难以置信地看着我，说：'你到底在讲些什么？'显然他无法理解，我告诉他早知道他会如此回应，因为毕竟他根本不在意我的感受，我继续批评他可能从未关心过我。

"又有一次他目光呆滞地说：'这究竟怎么了？'我加强语气问：'如果你不关心我，那么你关心什么？''嗯，'他回答，'我会留意家里杜鹃花要用什么肥料才好，以及和车厂约定更换机油的时间，还有公司内部库存货的清单。''我就知道你从未关心过我。'随后我哭了。鲍伯出乎意料地走到外面，我摆出要人领情的姿态问：'你要去哪里？''到五金店去，'他说，'去买肥料。''你竟敢这样！老是不承认自己的过错！''随你怎么说，亲爱的，'他回道，'我几分钟后就回来。'

"我当时就打电话给好友蜜拉，她完全了解我的感受，支持我并向我保证这只是单纯的男性行为罢了。对我而言，其他男人的特征就比较明显，例如，我的继父只要出外旅行，就会安坐在车子里，从未要求停下来吃东西、喝水或上厕所，一切的目标就只是抵达目的地，我不认为如果麦当娜一丝不挂地站在路旁会影响他，他所在意的只有到达目的地。"

巴纳姆先生说："婚姻中的许多冲突来自于女人不理解这样一个问题：为什么她丈夫的许多想法和情绪中有时会忽略了她的存在？但如果妻子们能够意识到这一点，宽容这一点，接受事实，就会避免发生许多不快。"

对于男人来说，尤其是对于一个好男人来说，爱是他生命中十分重要而美好的东西，也是不可或缺的东西，但绝不是他生命的全部。对于一个女人来说，如果爱——对她丈夫的爱——成了她所有的一切的话，也是一种不幸，她将失去自我——和这份爱再也不能有短暂的分离，爱时刻影响着她的想法和情感，左右着她的行动。

而男人则不是这样，他会一连几个小时一直专注于某件事情，而不受到他心爱的妻子的任何影响，就好像她根本不存在。当然，这并不是背叛，这是一种无意识的行为。然而，困惑于男人这种个性特征的女人就会感到很苦恼，认为这不可思议。妻子常常责备丈夫没有一个好的品性，丈夫有时候会静静地听着，有时候则可能是不屑于或疲于和妻子发生争吵，而妻子经常这样做就会使丈夫生厌。丈夫可能会时不时地保持沉默，或专注于自己的事务，但这并不意味着他对自己的妻子漠不关心，或者对她非常厌烦。他可能会感到一点点不快，但不会认为结婚对他来说是一个错误；他可能会吹毛求疵地感到烦躁不安，但不会迁怒于他的妻子。

我无意于免除男人应该关心他的女人的责任，也不想为男人经常忽略家庭生活的礼仪进行辩护，但出于为妻子的利益考虑，我只想使她们相信，这些事情常常只是一种表象，其实他们之间根本没有出现内在的分歧，因此，作为一个妻子如果为此感到忧伤是不明智的。

"没有一对婚姻能够得到幸福，"安德瑞·摩里斯在《婚姻的艺术》这本书里面说，"除非夫妇之间能够相互尊重对方的差异。更深一层说，如果希望两个人有相同的思想、相同的意见和相同的愿望，这是很可笑的想法。这种事情是不可能的，也是不受欢迎的。"

所以对妻子来说，让丈夫有个私人的天地去做他的工作，譬如集邮，或是其他任何喜爱的事情是明智的做法。在你看起来，他的嗜好也许傻里傻气，但是你千万不可嫉妒它，或是因为你不能领会这些事情的迷人之处你就厌恶它。你应该迁就他。

写威尔·罗杰斯传记的荷马·克洛伊，当他在写威尔的电影剧本的时候，经常住在加州杉塔·蒙尼卡罗杰斯的农场里。克洛伊先生告诉我，有一次当他住在农场的时候，威尔·罗杰斯突然想要一把大刀——一种外形丑陋、杀伤力很强的南美大刀。

罗杰斯太太不了解她的丈夫为什么要这件东西，她的第一个反应是劝他不要去买。如果他有了这么一把大刀，到底他想要拿来做什么呢？可能只是拿来看一两眼就把它搁到一边忘了吧。

想了一会儿以后，罗杰斯太太决定迁就威尔。她甚至还走了一段很远的路来到城里，亲自为他买回了这把大刀。这使得威尔高兴得就像是要过圣诞节的小孩子那样。

在威尔心爱的牧场里，有一带长满了多刺的矮树丛。他经常带着这把大刀，在这个矮树丛砍伐几个小时，清理出可供马匹和行人通过的小路。在那儿大砍特砍是完全而彻底地自我消遣。过了一段时间以后他回家了，全身流着大汗，而他的困难解决了，他的牧场也更漂亮了。

他时常说，那把大刀是他所曾经接到的最好的礼物之一。罗杰斯太太想起她那时的情况，总是感到非常高兴。

你能不能想出另一种活动，比威尔·罗杰斯拿着那把大刀在牧场工作，更加健康和更能发泄紧张？那就是一种嗜好所带给男人的好处了，让他能够神清气爽，冷静而热心地回到自己的工作上。

承认并接纳两人之间的差异性，不仅能使男人得到好处，通常妻子也可以因而获得助益。

妻子如果能够接纳丈夫与自己的差异，就不必担心他去追求别的女人了。只有那些在生活里感到厌倦的丈夫，才会掉进女狐狸精的陷阱里。

我认为时机已成熟，我们知道无法借由两性间的各说各话，来支配彼此的行为、改变彼此的个性，我们真的需要好好阅读、研究、教育自己，了解男女间的差异。然而我们必须同意，如果凡事皆要依照书上的指示去做，我们一天24小时将忙个不停，累死在这样的关系里。

作为一对伴侣，我们能够贡献的、最值得向往的是共同欢笑的能力。当我们与自己的丈夫年岁渐增后，我们学到了凡事放松，无忧无虑地、轻松愉快地笑自己、笑彼此；或者因为我们已经疲惫，也了解我们是真心地喜爱彼此，最后终于将性别差异抛到一旁。

做丈夫最忠实的听众

⊙一对敏感而善解人意的耳朵，比一对会说话的眼睛使一个女人更讨人喜欢。

人性的弱点，人性的优点

⊙一个男人的妻子所能做的一件最重要的事情，就是让她的丈夫把他在办公室里无法发泄的苦恼都说给她听。

1950年12月，一个叫做比尔·琼斯的人，在芝加哥从五楼楼顶上跳下来。他跳楼的原因是忧虑和害怕。他那曾经很兴盛的事业遭到危机了，因为他扩展得太快——债权人正在催逼他，因为他的许多支票在银行里都无法兑现。最糟的是，他觉得他不能和他的太太一起承担这些灾祸。他的太太一直都以他的成功为荣，他没有勇气告诉她这些事，因为他害怕这些事会使她从幸福掉进羞耻和绝望的深渊中。

比尔·琼斯的困境使他走上了他自己仓库的屋顶。他迟疑了一下，然后跳进了空中。他跌下5层楼，穿过底楼窗上的遮阳篷而掉落在人行道上。从地心引力和常识来判断，他是死定了，但是，使人不敢相信的是，他受到的最大伤害只是摔破了大拇指的指甲。最可笑的是，他所穿破的遮阳篷是他惟一一件完全付清款项的东西。

比尔·琼斯意识清楚地醒过来，发觉自己还活着时感到很兴奋。和这个奇迹比起来，他从前的麻烦没有一件看来是重要的了。5分钟以前，他还觉得他的生命是一种毫无用处的污秽，现在他因为活着而感到激动。他赶忙回家把整个事情说给他太太听。他太太似乎慌乱了一会儿，但只是因为他从前没有把他的麻烦告诉他太太而已。她开始坐下来想办法为他解决困难。好几个月来，比尔·琼斯第一次放松心情做一些正确与有用的思考。

现在，比尔·琼斯在稳定的步骤下有了成功的事业，不再有他没法付的欠债了，更重要的是，他已经学会如何和他的太太一起分担困难，就像一起分享胜利那样。然而，比尔·琼斯也极可能只是因为不知道自己的太太也能和他一起渡过难关而丧失了自己的生命。

比尔·琼斯的故事告诉我们，如果丈夫不信任自己的太太，不能完全算是太太的错误。有些男人，譬如以前的比尔·琼斯，对于用事业上的忧虑来麻烦自己的太太有个错误的看法。他们想带给太太所有美好的东西，想成为把成功的事业和上等的毛皮大衣带回家的大男人，当事情不顺利的时候，他们想办法瞒住自己的太太，以免她们的小脑袋里装满害怕与不安。他们耻于承认自己是会被征服的。他们从没有想到，不管好坏也应该让他们的太太一同来解决这些难题。

可是，更常看到的是一些男人们很想把他们的困扰说给太太听，但是太太们却不想或是不知道如何去听。

1961年秋天，《福星》杂志刊出了一篇对公司员工的妻子所做的调查报告。他们引述一位心理学家的话说："一个男人的妻子所能做的一件最重要的事情，就是让她的先生把他在办公室里无法发泄的苦恼都说给她听。"

能够尽到这个职责的妻子，被描述为、、和。"安定剂""共鸣板""哭墙""加油站"

这个调查研究也指出，男人要的是主动、灵巧地倾听，他们通常不想听劝告。

任何一个自己曾经在外面工作过的女人都能理解,如果家里有个人可以谈谈这一天所发生的事情,不管是好的或坏的,都是很值得安慰的。在办公室里,常常没有机会对发生的事情发表意见。如果我们的事情特别顺利,我们也不能在那儿开怀高歌;而如果我们碰到了困难,我们的同事也不想听这些麻烦事——他们已经有太多自己的困扰了。结果,当我们回到家,我们觉得自己必须大声地发泄一番。

最常发生的事情是这样的,比尔回家,有点上气不接下气地说道:"老天,梅白儿,这真是个伟大的日子!我被叫进董事会里,去告诉他们有关我所做的那份区域报告。他们要我把建议说出来,而且……"

"真的吗?"梅白儿说着,"那真好,一点也不用心的样子,亲爱的。吃点酱肉吧。我有没有告诉过你那个早上来修理火炉的人?他说有些地方需要换新了。你吃过饭后去看一下好不好?"

"当然好,蜜糖。噢,像我刚才说的,老索洛克蒙顿要我向董事会说明我的建议。起初我有一点紧张,但是我终于发觉我引起他们的注意了,甚至连毕林斯都很感动,他说……"

梅白儿说:"我常认为他们并不够了解你、重视你。比尔,你必须和老幺谈一谈他的成绩单。这学期他的成绩太糟了,他的老师说如果他肯用功的话,一定可以念得更好。我已经没有办法劝他了。"

到了这个时候,比尔发觉他在这场争夺发言权的战争中已经失败了,于是他只好把他的得意和酱牛肉一起吞到肚子里,然后做完有关火炉和老幺成绩单的任务。

难道梅白儿自私得只希望她的问题有人听就好了吗?不是的,她和比尔同样都有找个听众的基本需要,但是她把时间搞错了。其实她只要全心全意地听完比尔在董事会里所出的风头,比尔就会在自己的情绪发散完了以后,很乐意地听她大谈家事了。

善于倾听的女人,不仅能够给自己的丈夫最大的安慰和宽心,也同时拥有了无法估量的社会资产。一个文静的女人对别人的谈话着了迷,她所发出的问题显示她已经把谈话中的每个字都消化掉了,这种女孩子最容易在社会上成功,不只是在她先生的男友群里成功,而且是在她自己女友群里成功。

以机智而闻名的杜狄·摩尼,把一个懂礼貌的男人描述成"当他自己最清楚了解的事情被一个完全不懂的门外汉说得天花乱坠时,他仍旧很有兴趣地听着。"大部分的女人也都适合于这个描述。

怎样才能成为一个真正的"好听众"?至少要具备下列三个条件,有三件事是好听众必须做到的。

1. 使用眼睛、脸孔、整个身体——而不是耳朵。

专心的意思是每一种功能的集中。如果我们真正热心地听别人说话,我们就会在他说话时看着他,我们会稍微向前倾着身子,我们脸部的表情会有反应。

玛乔丽·威尔森是魅力的权威,她说:"如果听众没有什么反应,很少人能够把话讲得好。所以当一句话打动你的心,你就应该动一下身体。当一个主意适时地感动你的时候，就像你心里的一根弦被震动了，你就该稍微改变一下坐姿。"

如果我们想要成为好听众，就必须做得好像我们很感兴趣——我们必须训练我们的身体机敏地表达。注意那只在老鼠洞外等待着老鼠的猫，如果你想要知道如何才能有表情地倾听的话。

2. 擅长诱导性问话。

什么是诱导性的问题？诱导性问题是，在发问中灵巧地暗示着发问人内心已有的一个特殊答案。直截了当的问题有时候显得粗鲁无礼，但是诱导性的问题可以刺激谈话，并且继续推动话题。

例如："你如何处理劳工和主管的问题？"是个直截了当的问法。"史密斯先生，你难道不觉得，让劳工和主管在某些范围里获得相互的妥协是很有可能的吗？"则是诱导性的问法。

诱导性的问话，是任何一个想要成为好听众的人所必备的技巧。如果要聆听丈夫的谈话，而且不直接提出他不想要的劝告，则诱导性的问话就是一个不会失败的技巧。我们只要像这样发问："你认为，亲爱的，做更大的广告可能会增加你的销路，或者将是一种冒险吗？"提出问题并不是真地在给他劝告，但是这种问法常常会得到相同的结果。

当我们碰到陌生人时，正确的发问方法是克服羞怯，或打破要命的沉闷的最妙工具。当人们开始谈到自己的想法，而不谈天气、谈棒球，和谈某某人的疾病时，人们就会说得忘我了。一个想法可以引导出另一个想法。

3. 永远，永远不可泄露秘密。

有些男人从来不和他们的妻子讨论事业问题的一个原因是：这些男人无法相信他们的太太不会把这些事情泄露给她的朋友或美发师知道。他们讲给自己太太听的每一件事情，都从她们的耳朵进去而又从她们的嘴巴出来。"约翰希望在维吉先生退休以后，马上得到公司里的经理职位。"这是在桥牌桌上随便说出口的话，但是第二天就有人打电话给约翰对手的太太了。于是约翰就在完全不知道原因和真情之下，被暗中排掉了。

我访问过的一个总经理告诉我，他在家里谈论公司里的问题，竟也会流传得使他的职员丧失信心。"我很厌恶在超级市场或鸡尾酒会里大谈公司的业务。那些女人真是太多嘴了！"他轻蔑地说道。

甚至还有一些女人会利用丈夫的信任，在以后的争论中拿出来打垮他。"你自己亲口告诉过我，你只因为一纸契约，而买下那些过量而不必要的剩余物品。而现在你说我浪费太多钱去买衣服。难道只有我奢侈？哈！"

像这样的场面发生几次，这位女士就不会再受到她先生的骚扰了。她先生将会发现一个事实，自己只不过是给一些打倒自己的话柄而已。

成为一个好的听众的最佳条件是：妻子不必以为了解先生工作的细节，才能使他得到满足。如果她的先生是个绘图员，他就不会希望他太太了解如何画蓝图。

当他工作的时候，她对于发生在他身上的事情要有同情心，有兴趣，而且提高注意力。

真的，一对敏感而受过训练的耳朵，将会使女人更加可爱，使她有了一张比特洛伊城的海伦还要美丽的脸孔，而且也为她的丈夫带来更多好处。

再重申一下，以下就是可以帮助你成为好听众的三个条件：

1. 用脸部表情和身体姿势来表达注意力。
2. 学会问一些智慧的问题。
3. 永远不要泄露秘密。

成为丈夫身旁的"信徒"

⊙ 鼓励对于男人，就像燃料对于引擎那么重要，尤其是引擎发不动的时候。
⊙ 这种信徒不会让她们的丈夫承认失败。

回想19世纪末，密歇根底特律的电灯公司以月薪11美元雇用了一名年轻的技工。他每天工作十小时，回家以后，还常常花费半个晚上在屋后一间旧棚子里工作，想要设计出一种新的引擎。

他的父亲是个农夫，确信他的儿子正在浪费自己的时间。邻居们都说，这位年轻技工是个大笨牛。每个人都在取笑他，没有人认为他笨拙的修补能够造出什么东西来。

除了他的太太，没有人相信他了。当白天的工作做完以后，他的太太就在小棚子里帮助他研究。冬天，天色很早就暗了，他太太提着煤油灯，使他能够工作。他太太的牙齿在寒冷中颤抖着，手冻成了紫色。但是她相信他先生的引擎有一天会设计成功，所以她先生称呼她为"信徒"。

在旧砖棚里艰苦工作三年以后，这个异想天开的稀奇玩意终于设计成功了。1893年，在这个年轻人30岁生日的前几天，他的邻居们都被一连串奇怪的声音吓了一大跳。他们跑到窗口，看到那个大怪人——亨利·福特——和他的太太，正乘坐着一辆没有马的马车，在路上摇晃着前进。那辆车子真的可以跑到转角那么远而又跑回来呢！

一个新工业在那天晚上诞生了——一个将会对这个国家有很深影响的工业。如果亨利·福特是这个新工业之父，当然福特夫人这位"信徒"，就有权利被称为新工业之母了。

50年以后，福特先生，这位相信灵魂轮回再生的人，被问到他下一次出生时希望变成什么。"我不在乎，"福特先生说，"只要能够和我太太在一起。"他终生都称他的太太为"信徒"，而且希望永远和她在一起。

每一个男人都需要一个信徒，一个在环境恶劣的时候，护卫着他的女人。当什么事情都不对劲的时候、当处境危急的时候、当他失败的时候，男人需要一个建立起他的抵抗力和信心的太太，让他知道没有任何事情能够动摇她对他的信任。如果连他的妻子都不信任他，还有谁会信任他呢？

信任是一种主动的特质。它不会承认失败，它会继续恢复失去的信心。

西孟·洛克曼尼诺夫，这位伟大的俄籍音乐家，在 25 岁的时候就是个成功的作曲者。由于过分自负，他写了一首很不成功的交响曲。结果，他觉得十分泄气，度过了许多失望的日子。最后他的朋友带他去看尼可拉斯·达尔医师，一位心理专家。达尔医师一次又一次地反复告诉他这个想法："你的身上潜藏着伟大的东西，等待着你向全世界宣示。"

这个想法渐渐在洛克曼尼诺夫心里生根，终于唤起他对自己的信心。在第二年还没有过完以前，他已经完成了那首伟大的 C 小调第二协奏曲，并且把这首曲子献给达尔医师。当这首曲子首次公演的时候，听众们都热烈得发狂。于是洛克曼尼诺夫再次回到成功之路了。

是的，鼓励对于男人，就像燃料对于引擎那么重要。鼓励使得男人的引擎继续发动，使他们心理和精神的电池充电，将失败转为成功。

运气有时候会挫败我们每个人的锐气，严重的打击似乎还会使我们挺不起腰来。但是如果有我们所喜欢的人告诉我们："别放在心上，像这样的事情是打不倒你的，我知道你一定会赢！"那么事情就不一样了。

这就是有信心的妻子们对于她们的丈夫的一种信任。她们以一种特殊的视觉看到了别人看不出来的特质，她们用眼睛去看，也用内心的爱去看。

但是如果信心没有用言语表达出来，也就毫无作用了，妻子必须运用技巧来表达对丈夫的信心，以鼓励、赞美与爱的语言和行动去表达。

罗勃·杜培雷的经验也是个好例子。罗勃·杜培雷一直想要做个推销员。1947 年他的机会来了，他开始招揽保险。但是不管他多么努力，事情都没有好转。他有点忧虑——对没有卖出的保险感到担忧。他紧张而痛苦，最后，他觉得必须辞职以免精神崩溃。我面前有一封杜培雷先生的信，他告诉我这个故事。

"我觉得我完全失败了，"罗勃·杜培雷写道，"但是桃乐丝，我的太太，坚持这只是个暂时的挫折。'下一次你将会成功，'她不断告诉我，'不要担心，罗勃。我知道你有办法成为一个成功的推销员。'"

罗勃在一家工厂里找到工作，桃乐丝也是。但是她不让罗勃忽略衣着和谈吐。"在接下去一年半之中，"罗勃说，"桃乐丝不断地赞美我的美好气质，并且指出我具有适于推销工作的天赋才华——一些甚至连我自己都不知道的才华。如果不是她持续不停的鼓励，我可能已经放弃再试一次看看的想法了。桃乐丝不愿意我放弃。'你具有这种能力，'她告诉我，一次又一次，'只要你努力就能够办到！'"

"我怎能违背她对我这么深切的信任？她成功地在我身上建立了她对我的信心。我离开工厂而回到推销工作上，这一次我信任自己了——因为我身旁有了个信徒。

"我仍然有一段长路要走。但是，谢谢桃乐丝，至少我已经上路了。她已经使我深信，只要我真想达到我就能够达成。"

如果我要雇用推销员，我会认为一个有像桃乐丝·杜培雷这种太太的男人，是最值得试试的。这种信徒不会让她们的丈夫承认失败。她们在一次失败以后，会适当地鼓舞她们的丈夫，清除掉他们的秽气，然后把他们送回到激烈的竞争中。

不要干预他的工作

⊙很多太太自以为是丈夫工作上的顾问，可是她们的计策往往是使丈夫失业，而不是升职。

⊙妻子的干预，即使有着最好的动机，也是一件危险的事。

在最近的一个晚宴里，我坐在全美最早设立的某家公司工业关系部经理的旁边。我请问他，太太们要怎么做才能帮助她们的丈夫成功。

"我相信，"这位经理说，"有两件最重要的事情，可以使妻子帮助丈夫事业的成功，第一件是，爱他；第二件是，让他独自去闯。一个可爱的妻子，将会带给她的丈夫愉快和舒服的家庭生活。而如果她聪明得能够让自己的丈夫不受干扰地处理业务，她的丈夫就一定能发挥出全部的能力而获得成功了，至少训练也会使他有所成就。"

他继续解释说，这个不干扰的政策，可以直接应用于妻子和丈夫的工作关系，以及妻子和丈夫业务伙伴的关系。

"妻子常常会严厉地干扰丈夫的工作，"他告诉我，"有些妻子喜欢劝告、干预和影响自己的丈夫，去反对和他一起工作的人，或是抱怨丈夫的薪水、工作时间和责任。把自己当作丈夫经营事业的非正式顾问，这种妻子常常扼杀了丈夫的成功，很少有其他的事情会具有如此的严重性。"

许多新娘子都做美梦，想要机灵地帮助自己的梦中王子爬上经理的宝座。她们计划出一些策略；她们提出了许多暗示和建议；她们试探、尝试，并且和丈夫的同事培养友谊。通常，她们的计策使得自己的丈夫丢掉工作，而不是升上一级。

我曾经遇到过这种事。有一次，我工作的小公司里聘请了一位经理。他很聪敏，看来很适合这个职位。令人迷惑的是，他接任新工作以后，他的妻子竟然一直干预着他。每天早上，她都和她的先生一起到办公室去，记下她先生的话，交到外头给打字小姐，而且还会变更她先生的整个工作系统。这不是我捏造的——这是真正发生过的事。

办公室的工作情绪被破坏了。有位女孩子辞职，其余的人也都在观望着时机的变化。在这位新经理到任的整整三个礼拜以后，他被叫到大办公室去，他们礼貌而肯定地告诉他，不能再留他了。他走了——带着他的太太一起走了。

太过分了对吗？也许是的，但是有许多人都因为更轻微的原因就被解雇了。妻子的干预，即使有着最好的动机，也都是一件危险的事——这比大多数人所知道的事实都更加严重。

最近有个朋友告诉我，他公司里一位最受器重的经理在服务多年以后被迫辞职了，因为他的妻子坚持要干预他的业务。她设计了许多秘密计划，用来对抗公司里的其他几位经理，因为她认为他们是她丈夫的敌人。她在这些经理的太太们之中制造一些麻烦事件。她开始有计划地散布谣言，攻击他们。她的丈夫没有办法控制她暗中的活动，只好做了他所能做的惟一一件事：他辞掉了他相当引以为荣的工作。

如果你是一个相信幕后操纵力的女孩子，我将告诉你操纵丈夫更简单的方法。下面列出了十种方法，你可以依照这些指示扯你丈夫的后腿，把他从阶梯上拉下来，使他爬不上去。如果依照以下的指示去做，你无法不使你的丈夫失业，而且也会使他变得精神崩溃。

1. 对他的女秘书恶言恶语，尤其是对那些年轻又漂亮的，随时利用机会提醒她，她只是佣人而已。虽然她并不把你的丈夫当成是值得追求的、镀金的天才，但是你也不能放过她。失掉一个好的女秘书，对一个有事业心的男人来说固然是个很大的打击，但是如果她辞职了，也不必担心，你的丈夫还可以用一架记录机。

2. 每天多打几次电话给你的丈夫。告诉他，你做家事所碰到的困难，问他中午和谁一起吃饭，不要忘了开给他一大堆东西的单子，要他在回家的路上买回来。发薪水那天，不要忘了到办公室去找他。他的同事将会马上发觉，谁在家里才是一家之主。而且他对于自己工作的注意力，就会像圣维达斯之舞里的那只蚱蜢那样低了。

3. 和其他的太太的制造一些摩擦。这种情况是不会终止的，因为那些太太们没有一个是好人。你可以散播一些有趣的闲言闲语，说说老板曾经怎样谈过她的丈夫，以及你的丈夫对她的丈夫看法如何。再过不久，整个办公室就会分裂成许多派系，而你的目的马上就会达到了。

4. 告诉他，他的工作太多，薪水太少，而且办公室里没有人看重他。不多久，他就会开始相信你的话，而他的工作将会变成你说的那样。然后他会去找适合他的工作。

5. 不断地告诉他，他应该如何改善工作，如何增加销售以及如何奉承自己的上司，摆出坐在摇椅上的总经理的态度。毕竟，他只是在办公室里办办公而已，你才是真正的战略家和策划人。

6. 举行豪华的舞会，花费大笔钞票，过着超过收入的生活，好像你的先生已经成功了那样。你将骗不了任何人，但是你却可以享受到许多乐趣，只要你继续这样做。

7. 组织好你自己家里的秘密警察计划，长期侦查你丈夫和他的女主顾、办公室助理以及同事太太们之间的问题。女士们为了工作必须留下来，而男士们为了避免和她们过多地来往，只能在男士的房间里工作，这种事在你看起来是毫无意义的，因为你早就知道那些女孩子，个个都是喜欢勾引男人的野女人。

8. 每当你有机会向丈夫的老板眉目传情的时候，你就尽量使出女性的魅力吧。如果在你的努力以后老板还没有开除你丈夫的意思，那么，老板的太太也会特地为你的先生找个新上司，让你再试试你的计策。

9. 在公司举办的宴会上，你不妨多喝一些酒，表现表现你是个多么风趣的人。说一些你丈夫在度假时如何玩闹，以及他穿着好像要跳波尔卡舞的睡裤上床的事。这些有趣的小事，将会带给宴会上的人群许多笑料。你将会变成宴会上最出风头的人物——拿你的丈夫来寻开心，你将有说不完的故事来揭露你丈夫的趣事。

10. 每当你的丈夫必须加班，或者是出差办公的时候，你就哭着向他抱怨和唠叨，让他知道你才是最重要的。你最值得照料而且应该受到照料，其他的任何代价都可以牺牲。

如果你想要使用一流的手腕来毁掉你丈夫升级的机会，你就依着上述的十条规则去做吧。结果是，他将失去他的工作，而你将失去你的丈夫。

你可以使他了不起

⊙如果表演人员能够用普通的猫和马吸引大家，或是把一个女孩变成维纳斯，也许，聪明的太太就可以用他们的方法，使她的丈夫受到大家的喜爱。

P. T. 巴南自称是"欺骗大王"——他以愚弄大众而出名。有一次他大肆宣传他有一匹头尾倒生的怪马，每人收费两角五分，吸引了一大群观众前去观看。这头怪物其实只不过是一只普通的马，它的尾巴绑在马槽这头，倒退着走进马厩里。

又有一次，巴南很成功地怂恿一群头脑简单的家伙去看"一只樱桃色的猫"。这只猫是黑色的，但是，巴南却解释说，有些樱桃也是黑色的。

已故的弗朗兹·齐格菲，曾经是一位出色的艺人。他不用怪物吸引观众，但他自称可以使女孩子变得漂亮，能够使任何一位身材美好、仪态高雅的女士在使用了他的设备后，变成迷人的美女。在演出的晚上，他总是送一捧花朵给剧场里的每一位表演女郎。他如此使女士们觉得漂亮——她们受到如同美女一般的对待，自然就会焕发出光彩。

如果表演人员能够用普通的猫和马吸引大家，或是把一个女孩变成维纳斯，也许，聪明的太太就可以用他们的方法，使她的丈夫受到大家的喜爱。

妻子很少有机会在工作业务上帮助丈夫获得进展，但是她只要尽力，就能使丈夫在社交上受到重视。

社交接触常常会产生出有价值的商业伙伴，因为大部分人都最喜欢和朋友合作共事，而不喜欢和陌生人在一起。不管他是卖贝壳、鞋带或保险、开飞机或是经营小生意、为名人写专栏或是主持一家大公司，一个人只要受到别人的喜爱，就会得到更多利益。

我们怎样做才能帮助丈夫结交朋友，并且受到大家普遍喜爱呢？以下有三种方法：

1. 我们可以使丈夫受人喜爱。

"几年前的一个晚上，我丈夫和我到后台去拜访牛仔歌星吉尼·奥特利，那时候他正在艾逊广场花园主唱。在演出休息时，我们正要和吉尼以及他美国的太太伊娜一起去吃晚餐，可是，有一群年轻的小伙子在出口处把我们挡回来了，他们要吉尼的签名。晚餐的时间很短，但是吉尼很乐意地向年轻人打招呼，在他们的节目单上签名。

"我向奥特利太太看了一眼，以为她可能会因为这个耽搁而感到懊恼。她看到了我眼神里的抱怨，就笑着说：'吉尼从不对任何人说'不'——尤其是年轻小伙子们。'"

伊娜·奥特利脱口而出的话，比起一大堆新歌迷杂志和图书所介绍的语句更能表达出她丈夫的天性，这句话总结出她丈夫和善、热心和亲切的优点。

吉尼·奥特利当然是受欢迎的。如果一个男人并不受人欢迎，他妻子的态度能够对他有所帮助吗？我想这是可以的。我认识一个女人，她的丈夫在社交上并不受欢迎，只是因为他的妻子有好的风度，大家才接纳他。这个男人傲慢自大，喜好争辩，缺乏耐心。但是，当他的太太把他不愉快的童年生活说给我听以后，我对他的厌恶感，就转变成同情心了。他是个孤儿，从这个亲戚家被转送到那个亲戚家，没有人要，也没有人爱，一直受到轻视和压制。

知道这个原因以后，我就能理解他的行为了。虽然他的妻子无法使他受人喜爱，但是她至少有替他的缺点创造出同情心的耐性。

一个人如想成功，就更需要一个善意的妻子，使他看起来很有人性和受欢迎。"你看他妻子注视他的眼神，就知道他绝不会是这种坏蛋了。"这句话曾经把许多摇摇欲坠的公司主管从社交危机中解救出来。

2. 使丈夫展现出他的才华。

有些女人以为，炫耀丈夫的方法，就是要炫耀自己——例如，如果可能的话，她们就想穿貂皮大衣来炫耀，而聪明的女人却知道使用其他更好的方法。

使丈夫引起别人的兴趣和注意力，最简单的方法就是在自己家里举行宴会，安排让丈夫表现他所拥有的任何特殊才华，如果这些才华能够使别人得到乐趣的话。每天待办的业务工作，使人很难有机会展现出压倒大众的才能——但是宴会却是最完美的机会。

加州格连载尔城有位亲切、聪敏的卡蒙隆·西普，他是一位著名的舞台和银幕人物的传记作家，卡蒙隆天生喜好和朋友交往。通常，他的妻子卡莎琳总在他们的院子里宴请朋友。在这儿，卡蒙隆可以用木炭烤架烤他最拿手的牛排，并且在不做作的非正式场合之下，说一些机智的笑话。

纽约的约瑟夫·福来斯是一位成功的小儿科医师，同时也是一位天才的业余魔术师。来到福来斯家里的宾客，常常会受招待观赏一场即兴的魔术表演。约瑟夫是表演明星，而他的妻子玛丽琳就充当助手——有时候他们的两个小儿子也来帮忙和助阵。

这些是有吸引力的男人，很幸运地拥有这种妻子，愿意隐藏自己，让社交场合里的注意力完全集中在她们丈夫身上。她们把自己压抑下来，使丈夫出人头地。她们情愿扮演次要角色来营造家庭的和谐，这比起他们两人同时要表现出各自的优点，得到了更深更远的美满。

3. 改变话题，使丈夫展示出最大的优点。

在业务上受人器重的人，到了社交场合就哑口无言了，这种事情是常会发生的。他没有谈天的经验，也不知道应该从何说起。一个机灵的妻子就是这种男人最好的朋友了，她能够很自然地引领自己的丈夫参加谈话，使丈夫毫无困难地接着说下去。"那使我想起了上个星期吉姆和一个顾客在一起谈的事。他告诉你什么呢，吉姆？"这是一招好棋，可以使吉姆很自然地说下去。

即使是世界上最害羞的人，如果谈起了他最感兴趣的事情，也不会再畏缩了。

有位年轻女士曾透露过，她如何改变她的丈夫从一个内向的人变成一个喜爱参加宴会的人。"华尔特一向是个热心、受人喜爱的人，"她说道，"但是，只有他亲近的朋友才知道，他很少主动去结识新朋友。他的自我意识，使他看起来冷漠而毫不开心。我希望人们会喜欢和重视他。

"提醒他注意到这种情况，只会使他更加难过而已。所以我想出了一个计划，要在他不知情的时候帮助他。不管我们到哪里去，我就想办法找个喜爱摄影的人。摄影是华尔特的嗜好，我把这个人介绍给华尔特，让他们成为按快门的好友。

"谈论互相醉心的嗜好，很容易地就能使华尔特忘记了他自己，他能够表现出他真正的个性。逐渐地，当他想谈其他话题时，也会感到容易多了。

"我时常把他将要碰到的新朋友做个重点提示，使他有些谈话线索。'史密斯夫妇刚刚从波特兰搬到这儿，他做的是木材生意。'由于我做了这些小努力，华尔特的整个社交状态都改变了。现在他很喜欢参加宴会，结识新朋友。家人们认为这是一件奇迹。当人们告诉我：'你知道，你丈夫实在了不起'的时候，我就感到骄傲和快乐。"

我的生命掌握在你的手里

⊙虽然没有了战争，但是，死于餐桌上刀叉旁的人，是比死于枪剑下的人还要多的。"我的生命掌握在你的手里"，可能这是每个已婚男人的主题歌。

⊙不管我们当妻子的人喜欢或不喜欢，都应该对丈夫的身体健康负起责任。

你想知道如何谋杀你的丈夫而且不露痕迹吗？只要不断地给他吃油腻和高淀粉的食物，使他至少超重15%～25%就行了。然后，你就可以坐下来想象着，你将做个多么迷人的寡妇——因为这种事实已经离现在不远了。

根据专家的说法，在50岁出头去世的男人，比女人多70%～80%。

更糟的是，专家们认为这是我们做妻子的错误。

请听路易斯·艾·杜伯林博士的说法。刊载在《人生生活》中的一篇名为《停止谋杀你的丈夫》的文章里，杜伯林博士说："40年来，我负责一家人寿保险公司的统计工作，所得到的结果是，许多男人在年限没到以前就死了，如果他们的妻子能够更加严谨地尽到自己的职责去照料她们的丈夫，这些男人也许仍然健在。"

杜伯林博士当然知道。他曾经研究过超重和死亡率之间的关系，在这个问题方面，他是全国最具权威的人士之一。

赫尔伯特·柏拉克医生是纽约市西奈山医院新陈代谢疾病的医生。在《现代女性》刊载的一篇《为什么丈夫们死得这么早》一文中，柏拉克医生告诉我们："你想要保持丈夫健康的努力，确实能延长他的生命……现在，你的手里已经掌握了一种能力，可以延长你丈夫的生命。"

许多生活在半饥饿状态的苦力劳工，都会比你的丈夫活得更久——如果你的丈夫超重的话。在俄亥俄州克里夫兰的一次医学会上，《减肥与保持身材》的作者诺曼·乔利菲博士把肥胖称为"公共卫生最大的一个问题"。

美国科学促进协会在圣路易召开了一次会议，一位克莱顿大学的医生说："虽然没有了战争，但是，死于餐桌上刀叉旁的人，是比死于枪剑下的人还要多的。"

不可否认，我们对于丈夫的腰围是该负责任的。一个男人所吃的，就是他妻子摆在他眼前的食物。妻子的菜煮得愈好，丈夫的腰围就愈大。当妻子为丈夫端出那些精心特制的甜点，如果他说个"不"字，就太不领情了，甚至于亚当也会为自己辩解说："这个女人诱惑我，所以我就吃了。"

大多数男人在年龄增加以后，身体运动量就会减少，所以他们所需要的食物就更少了，但是，他们却吃得更多。提早养成良好的饮食习惯，是妻子的职责。

热量低而能量高的食物，就是最好的答案。如果你不知道这种说法，就去请教你的医生。他也会很乐意地告诉你如何安排你丈夫的饮食，使他的体重下降，而且精神提高。

F.万吉尼亚·怀特海德博士是面粉协会的营养专家，她相信，最好的减肥方法就是不要吃含脂肪太多的东西。依照怀特海德博士的看法，一天三餐应该按照体力情形每次都吃等量的食品。她还劝告我们，每一餐都要含有包括动物和植物蛋白质的食物。

注意你丈夫在家吃饭的情况，不要慌忙和紧张，不要闹钟一响就爬起来，一边下楼一边吃早餐，公文包一夹就冲出门去。可悲的是，大多家庭都有这些相同的晨间冲刺。

巴尔第摩神经精神学院的精神科主任罗勃特·V.沙利格博士警告我们："早餐狼吞虎咽，冲出门赶7点58分的专车，然后开始工作，中午在小吃店吃15分钟的快餐，或是一边开业务会议一边吃工作餐。这种情形，对于生活在现代世界的男人们来说，真是太普遍了。"

如果需要的话，你应该早一点起床，至少也要使你的丈夫吃一顿不慌不忙的营养早餐。

有个朋友把这个想法付诸现实，结果她发觉，情形很令人满意。她就是克拉克·

布里森夫人。她的丈夫是纽约一家最老的房地产公司的代理商、华斯和艾利曼公司的财务主任兼副总经理。

布里森先生时常把一些文件带回家处理。他发觉自己太疲倦了，无法在晚上把这些工作处理完。他的妻子碰到这种情形，就建议早一点睡觉，隔天早晨提前一个钟头起床。他们两个都很喜欢这种安排，所以他们现在每天都这么做，不管布里森先生有没有"家课"需要处理。

"那么多出来的一小时，"布里森太太说，"是我们每天的享受。我们先吃一顿舒服的、不慌不忙的早餐，没有任何压迫或匆忙的感觉。然后，如果克拉克有工作要做的话，他就趁这个时候把它做好。在这段时间里，没有电话或门铃的声响，没有任何的打扰。有时候他只是看看书放松心情，做做家里的琐事或画画。也许我们会到公园里，享受享受清晨漫步。

"由于我们每天早晨都有了安静舒适的时光，我们两人都觉得，不管这天会发生什么问题，我们都可以处理得很好。当然，对于晚睡的人来说，这个方法就不行了，但是我们睡得很早。"

如果你也是那种人，在早上开始一天的工作时，就觉得慌忙和紧张，那么，为什么你不试试看？也许这个额外的一小时计划也会对你有好处呢！

1. 注意丈夫的体重。

注意丈夫的体重，就像注意自己的体重那样小心谨慎。写信给任何一家保险公司，向他们要一张体重和寿命的对照表。量一量你丈夫的体重，看看他有没有超重百分之十。如果他超重了，请你的医师替他开一张菜单。

千万不可以让他自行减肥，或是服用大量具有奇迹广告的减肥药。在使用任何减肥方法以前，一定要去请示你的医师。

为了配合医师的处方，要尽你的能力把给丈夫吃的食物做得美味可口，不可以老是无可奈何地告诉他，这是为了他的身体好。只要确实做到，给丈夫的食物就会看起来吸引人，吃起来也很可口。

2. 坚持要丈夫接受一年一次的健康检查。

预防仍然是治病的最好方法。许多死于心脏病、癌症、肺结核和糖尿病的人，如果他们的病症能够在早期被发现，就可以预防了。

美国糖尿病协会的统计告诉我们，美国已知的糖尿病患者已有 200 万人——而且至少还有 100 万以上的人患有糖尿病，但是他们自己并不知道。许多人很会照顾自己的汽车，但是不知道如何照顾自己的身体。这件事听起来真可悲，但却是真的。因此，你一定要关照你的丈夫，让他接受定期的健康检查。

3. 不要使丈夫操劳过度。

太大的野心可能会使他成功，但是这也容易使他无法活得长久以享受人生。所以，如果升迁必须背负很大的压力、紧张和过度操劳，你就应该下定决心劝说他放弃升迁。

纽约马克尔协同教会的牧师诺曼·文森·皮尔博士，在印第安纳波里对一群听众讲演时说,现代的美国人,很可能是有史以来最神经质的一代。

皮尔博士说:"美国人的生活太紧张、太激动,即使要使他们在听道以后能够平静地睡去,也是不可能的。"

所以,你应该同意你的丈夫少赚一些钱。如果赚大钱的代价是不幸或早死的话。如果他对自己鞭策得太严了,你应该鼓励他满足于稍低一层的成就。一个女人的态度对于丈夫要求自我的多少,往往具有决定性的作用。

4. 要注意使丈夫获得充分的休息。

抵抗疲乏的秘密,就是要在疲倦以前就休息。短暂的放松心情,会有惊人的效果。如果你的丈夫每天回家吃午餐,那么在他回去工作以前,让他躺下来休息10分钟或15分钟。

建议他在晚餐以前小睡片刻,这可以使他多活几年。美国军队每行军一小时,就要强迫士兵们休息10分钟。小说家索莫西·莫姆到了70多岁,仍能够精力充沛地工作,他说他的活力是来自每天午餐后的15分钟小睡。温斯顿·丘吉尔吃过午饭后要在床上休息一两个小时。朱利安·戴特蒙到了80多岁,还在纽约塔利顿一家全世界最好的苗圃里很活跃地工作着。戴特蒙先生每天下午都要睡长时间的午觉,他说午睡能使你保持如同小提琴曲那样和谐的生活。

5. 使丈夫的家庭生活快乐。

一个唠叨的、爱抱怨的妻子,对于男人的成功是一种障碍,因为她使自己的丈夫太伤心了,以致无法专心于自己的工作。对于丈夫的健康,这种妻子也会造成一种威胁。

一个不快乐的、忧虑的或是容易发怒的男人,是很容易"突然间倒下去"的——他的内心这么紧张,他的反射作用就不能适当地产生。他很可能会被一辆车子撞倒,或是在公路上把自己和旁人撞得粉碎,或是在工厂里被机器轧伤,如果他做的是机械工作。

他也很可能暴饮暴食。康奈尔大学的哈利·古德博士说:"人们在不快乐的时候,或是为了从压抑或紧张之中得到解脱,往往会大吃一顿。"

每个人生活的主要意义,就是要有足够的健康去享受人生。然而,不管我们当妻子的人喜欢或不喜欢,都应该对丈夫的身体健康负起责任。"我的生命掌握在你的手里",可能这是每个已婚男人的主题歌。

携手应对生活的挑战

⊙许多女人都认为,丈夫应该肩负所有的责任,不管时机是好是坏。她们忘了,有时候为了拖出陷在泥塘里的车子,当妻子的也需要付出额外的帮助。

人性的弱点

约瑟夫·艾森保在一家洗衣店当了 25 年的送货员，突然间被解雇了。

一个没有受过特殊训练的人，想要找个职位是很困难的，对中年人来说尤其不容易。当艾森保夫妇正在为找不到工作发愁的时候，正好有一家面包店要出售。价钱还算合理，但是却必须把他们所有的积蓄都投资进去。

这只是开始而已，艾森保太太知道，在生意还没有做稳以前，他们是没有能力雇人帮忙的。于是她便积极地努力拓展这个新行业。那时候，除了做家事以外，她还必须在面包店里长时间地工作，以便招待客人。除了打扫、洗刷、做饭之外，她每天还要在面包店里站上 8.10 个小时——这些劳苦足以使任何一个人感到泄气了。

"但是，"珍妮·艾森保说，"我高高兴兴地做着这些事，因为我知道，这是我丈夫重新闯天下的一个机会。"

"现在，面包店已经开业 5 年了，生意相当好。我们经营得很成功，而且一直扩展到足够应付一切需要。我们能够以自己的努力建立这个事业，实在很值得骄傲。"

有许多家庭在碰到了像艾森保先生失业的这种难题以后，由于妻子不愿意帮助丈夫挽救这个情况，整个家庭经济就会开始走下坡路。

许多女人都认为，丈夫应该肩负所有的责任，不管时机是好是坏。她们忘了，有时候为了拖出陷在泥塘里的车子，当妻子的也需要付出额外的帮助。这儿还有另一位女士的故事，她也是在必要的时候付出自己所有的能力。威廉·R.柯门太太，她不仅帮助她丈夫的生意，同时还有自己的职业，使他们的家庭有了很好的经济基础。

柯门太太是一名护士，当她在 1936 年嫁给比尔·柯门的时候，比尔白天工作，晚上到夜间部上课，以便取得高中的毕业证书。为了使比尔不至于放弃夜间部的学业，柯门太太婚后仍然继续做护士。她很希望她丈夫保持不缺课的纪录，所以在她生下小女儿的那个晚上，她仍然坚持她丈夫送她到医院以后便赶去上课。在 6 年中，比尔从没有缺过夜间部的一堂课。终于在他的母亲、妻子和女儿骄傲的注视中，得到了他的毕业证书。

当比尔得到了示范推销不锈钢厨具的工作以后，他的妻子海伦就充当他的助手。他们在一起举办示范餐会，由海伦做菜，而由比尔推销。

后来比尔的父亲去世了，比尔和他的兄弟得到一家印刷厂，比尔和海伦·柯门便从比尔的兄弟那儿买下了这家印刷厂。这时候他们必须向银行借一笔钱。于是海伦·柯门又去当护士，帮助偿还这笔债款。而每个晚上和周末，她都在印刷厂里当他的助手。

"我很高兴，"她写道，"如果我们能够继续健康地工作，5 年以内，我们将可以付清房款和生意上的债款，然后我将辞掉工作，为比尔和孩子们做好家务。"柯门太太是一个能够在危难时候和丈夫一起工作，以及为丈夫工作的好妻子，就像艾森保太太那样。由于这种助手只是临时的，她们的效率都特别高。

家庭生活中的某些危机，例如欠债、疾病，或是丈夫的失业，常常需要妻子做更多的工作来化解。这种帮忙是广义的夫妇搭档的一种行动——因为妻子是在为家庭的幸福去工作，而不是想以拥有自己的事业来达到自我满足。这是一种所谓的"紧急措施"。

我认识一位女士，她在这种情况下做得很好，甚至为整个家庭创造出新的生活意义。她就是强纳生·威特·史坦的太太，她和她的丈夫与5个小孩住在新泽西州。

史坦先生是个推销员。好几年前，一场重病使他无法全力工作。为了养活这个大家庭——3个小孩和一对双胞胎，他妻子就碰上这个难题了。

史坦太太很快地复习了一下她能够拿得出的本事。她对于办公室的工作没有经验，也没有才能。她做得最好和最喜爱做的事情，就是特制餐点：小孩子的生日点心、结婚蛋糕、宴会甜饼。从前她常常替朋友们做一些特别的餐点，但那只是因为她喜欢做而已。玛格丽特·史坦把她心里的想法告诉了一些人，于是她的朋友们开宴会的时候，都特地请她去做。她做的精致而不寻常的餐点，都是那么可口，很快得到了赞赏。更多的订单便源源而来，使她必须训练助手来帮助她。由于所有的餐点都是在她自己的厨房做的，她的丈夫和孩子们就都来帮助她。后来，生意愈做愈大，玛格丽特就成为了一个专办酒席餐点的人，并且担任了宴席顾问。

现在，她的生意已经发展到必须雇请一位长期帮手的程度了。她把自己最著名的开胃菜包装后，送到冷冻食品市场去卖，并且为周围50里内的宴会准备餐点。

玛格丽特·史坦的紧急措施是如此的成功，史坦先生现在已经全天上班做个营业经理了，他和他的妻子有最完美的合作。"我讨厌价钱、成本和开账单，"史坦太太说，"我忙于创造新的方法，来准备供应我的特制餐点。让我的丈夫来照料所有生意上的细节可真是一项最伟大的事。"

我们大家都无法预料将来会发生什么意料之外的困难，使得我们的经济来源突然中断，迫使我们必须亲自去赚取部分或全部的家庭开支。为什么你现在不马上寻找出可以应用的才能，来看看如果发生意外的时候，你是否有足够的准备，去面对这个紧急变化呢？

第九章　营造幸福家庭

对婚姻的忠告

⊙要互相坦诚，保持平和的心态，在热恋的时候就应该把缺点和不足暴露给对方。
⊙从某种程度上讲，年轻人应该从实用的角度来看待婚姻。

西奥多·帕克先生结婚时，夫妇两人进行了结婚旅行。在新婚期间，帕克先生列出了一些有用的建议来解决婚姻中可能出现的问题和矛盾：
第一，除非有特殊的理由，决不要违背妻子的意愿；
第二，按照妻子的意愿，相互履行义务；
第三，从来不要责备妻子；
第四，从来不要轻视妻子；
第五，从来不因为妻子的要求而抱怨；
第六，鼓励妻子柔顺的品质；
第七，分担妻子的压力和负担；
第八，宽恕妻子的缺点；
第九，永远珍爱妻子，保护妻子；
第十，记住，永远为妻子祈福，这样上帝就会为我们赐福。
帕克为自己列出的这些建议就像犹太教的十诫一样，都可以理解为一个字——爱。爱在犹太人的教义里无处不在，而爱也贯穿于整个婚姻过程中。
萨克雷对他的儿子说："在所有的事情中，最为重要的就是找一个快乐的妻子，我亲爱的孩子。"
要想有一个幸福快乐的家，夫妻两个必须志趣相投，有共同的追求。如果丈夫是一个粗俗不堪的男人，而妻子是一个很有教养的女人，那么他们在一起就不会有多少欢乐可言。
"一个在男友追求她时就不断挑剔缺点的女孩，婚后会变本加厉地责怪他；而一个婚前就努力讨人欢喜的女孩，婚后会更加努力地做到这一点。"
约翰逊博士说："在男女恋爱期间，双方竭力掩盖自己的缺点，常常会成为他们相互了解的障碍，他们通过刻意的顺从和有意的伪装，掩饰他们本来的样子和真实的欲望。从他们开始恋爱起，他们就常常在对方面前戴着面具，但后来一旦有些东西被揭穿，每个人便都会觉得有理由怀疑对方是否发生了变化，如果发生一次严重的争吵或者冲突，就容易导致两人劳燕分飞，各奔东西。"

对未来的新郎和新娘，我想说："要互相坦诚，保持平和的心态，在热恋的时候就应该把缺点和不足暴露给对方。如果在婚前隐瞒的话，婚后一旦发现对方的性格或条件存在某些缺陷，就会对婚姻生活产生很大的负面影响。坦诚一些总比隐瞒要好得多，因为缺点和不足与优点一样，终归会在婚姻生活中显现出来。因此自然一些，一开始就表现出你的本色！"

从某种程度上讲，年轻人应该从实用的角度来看待婚姻。一个好的妻子是一大笔财富。她以一种优雅的方式使你拥有比以前多得多的东西。为了使你更加精力充沛、迅捷高效地工作，她会表现出你所需要的品格。譬如，她会在你发达的智力中注入一些情感因素，而这些情感因素是使智力更好地发挥作用所不可或缺的。为了获得真理，需要心和脑的协同联合。我们不能断言，男人是天生冷酷的无情无义之人；我们同样也不认为，可以把女人想象成没有任何头脑的感情用事者。心灵和大脑、情感与理智在各自发挥作用的方面同样地宝贵。

一个女人，只要不被想成为一个强人的那种雄心壮志所感染，她就能够成为由夫妻双方组成的婚姻股份公司中的一员，并通过其特有的在情感方面的投资为公司的资本积累作出贡献。一些女人可能会讨厌这种说法，但是我要警告年轻的男士们，不要把美好的婚姻方案寄托在那些可能讨厌婚姻本身的女人身上。如果你想要的是一个妻子，而不仅仅是一个家庭主妇的话，你必须睁大你的眼睛，仔细寻找那种温柔体贴、甜美可人的女性特质。正如冬日里壁炉的熊熊火焰可以为你驱走身上的寒气一样，这种女性特质也会在你精神上施加无穷无尽的有益影响——就像一股温暖宜人的清风抚慰着你的灵魂，驱逐你思想中的僵硬、情感中的冷酷，并使得你的生活井然有序、融洽和谐。

解读问题婚姻

⊙如果你的婚姻陷入危机的话，你是激动地放纵情绪，还是冷静下来找一找出现问题的原因呢？

1933年6月，艾麦特·克鲁西发表了一篇叫做《为什么婚姻会出现问题》的文章。下面是从这篇文章里摘录的一些问题，它们都很具有回答的价值。如果你对每个问题的回答是肯定的话，你就能得到10分的满分。

针对丈夫的问题：

1. 你还在"追求"你的妻子吗？比如送花，给她过生日，过结婚纪念日，或者给她意外的惊喜和殷勤等。

2. 在别人面前，你会注意不批评她吗？

3. 你会给她随意用的零用钱吗？

4. 在她遇到女性特有的问题的时期时，你会拿出时间和精力帮她度过吗？

5. 你的一半的娱乐时间，是和妻子一块儿过的吗？

6. 在赞扬她的长处之外，你会聪明地避免把你妻子的做饭本领及管理家庭的能力和你母亲或别人的妻子相比较吗？

7. 对你妻子的精神生活，如她参加的社团活动，她看的书，她对当地政府、政策的看法等等，你会有兴趣吗？

8. 当她和其他男人跳舞，或接受他们的照顾时，你能保证不说吃醋的话吗？

9. 你会经常在合适的时机，对她表示你的赞赏吗？

10. 当她为你做一些缝缝补补、洗洗涮涮之类的琐碎的事情时，你会对她表示感谢吗？针对太太的问题：

1. 你会让丈夫在处理他自己的工作方面有完全的自由吗？比如尽量不去议论和他交往的人，他选的秘书，并给他一定的自由时间等。

2. 你是否使家庭更富有情趣？

3. 你是否在做饭时，经常注意调节搭配？

4. 你是否对你丈夫的事业有一定的了解，并且能和他做良性的探讨？

5. 你是否能勇敢地、愉快地面对家庭财政出现的危机，而且不会抓住他的错误不放，或用不满的态度把他和成功的人做比较？

6. 你是否尽力地和他的母亲或其他亲戚很好地相处？

7. 你在买衣服时，是否考虑他对颜色和样式的喜好？

8. 你是否会为了家庭和睦，而不那么固执己见？

9. 你是否培养对丈夫的爱好的兴趣，并且能和他一起玩得很高兴？

10. 你是否注意社会上新的信息、以便能和丈夫有趣地交流？

甜言蜜语永不嫌多

⊙已婚夫妇也需要交谈，虽然说情感的交流是多渠道的，但语言交流是到什么时候也淘汰不了的。

⊙对许多妇女来说恋爱与感受到爱远比性交更重要。

人们常说，情人的话是最不值钱的，又是最值钱的。不论是一见钟情的少男少女，还是同舟共济几十年的老夫老妻，绵绵情话总是说了又说，讲了又讲。每每听到爱人说"我爱你",总是能激起万般柔情,千种蜜意。恋爱总离不开交谈,这似乎是经验之谈,对初次相见的男女来说尤其如此。

我认为已婚夫妇也需要交谈,虽然说情感的交流是多渠道的,但语言交流是到什么时候也淘汰不了的。

艾莉结婚刚进入第三个年头,就和丈夫分居了。她对律师说:"他一定是有问题。每天回家很少和我说话,吃完饭就一下躺到沙发上看电视,再也不想起来,一直到深夜。看完最后一个电视节目,就爬上床,也不问我是否劳累,是否有兴趣,就要求做爱,一句多情的话也没有,仿佛情话都在结婚以前说完了,实在让人难以忍受。"

艾莉需要的并非什么奢侈品,只是丈夫那柔情蜜意的私语。

亲密的私语是恋爱中的男女所不可缺少的。尤其是在进餐或是放松时的亲密交谈,可以称得上是爱情的一种"情感增效剂"。

美国加州医学院精神与心理临床研究专家巴巴克说:"对许多妇女来说,恋爱与感受到爱远比性交更重要。尤其对那些忙于家务、整天带孩子的妇女来说,更是如此。那种巧妙的、带刺激性的私语往往使她们获得真正的快慰。"

42岁的卡克与达娜已结婚8年,他记得曾一度羞怯于向妻子倾吐自己满腔的爱。"有一天晚上,我深吸了一口气后,滔滔不绝地向她倾诉了对她的柔情,对她的爱恋。我告诉她:对我而言,你是世界上最不平常的女子。我这番热情洋溢的话使她万分激动,连我自己也感动不已。现在,我一有机会便向她表露衷肠,而我每次都觉得感情比以前更为炽烈。"

可是,应该说什么呢?怎样说才能使说的人不至于做作,听的人不觉得肉麻呢?我建议:"当你感到一股穿堂风吹过或觉得闷热时,你会说些什么呢?你会脱口而出:'真凉快!'或'真热!'无须多想,也用不着长篇大论,爱的语言就是这样。如果你正和爱人呆在一间屋里,你觉得能和她在一起真高兴,那你就对她说:'和你在一起我真高兴。'"

大家所熟悉的大文豪马克·吐温常常把写有"我爱你"、"我非常喜欢你"的小纸条压在花瓶下,给妻子一份意外的惊喜。这种习惯伴随他们的一生。可见,甜言蜜语绝非多此一举,而是恋人及夫妻们增进感情的一个良好途径。

将批评赶出家门

⊙许多罗曼蒂克的梦想破灭了!50%以上的婚姻不幸福。原因之一是:毫无用处却令人心碎的批评。

狄斯累利在公职生活中最难缠的对手,就是那伟大的格莱斯顿(英国政治家,1868~1894年间,四度担任首相)。这两位仁兄,对于在帝国之下的每一件可以争辩的事物，都相互冲突，但他们却有一个相同的地方：他们的私生活，都充满幸福和欢乐。

威廉和凯瑟琳·格莱斯顿在一起生活了59年，差一点就是60年了，他们一直彼此热爱。我喜欢想象着像这位英国最威严的首相格莱斯顿，轻握着他夫人的玉手，和她在火炉边的地毯上跳着舞，唱着这首歌：

夫衣褴褛，妻衣亦俗；人生浮沉，同甘与共。

在公开场合中，格莱斯顿是一位可畏的敌人，但在家中，则永远不批评。当他到楼下要吃早饭的时候，所能看到的，却是全家的人还在睡觉，他就以委婉的方式来表达他的不满。他提高了声音，唱着不知其名的圣歌，声音充满整个屋子，以告诉其他家里的人，全英国最忙的人已经独自一个人在楼下等着吃早饭了。他保持着外交家的风度，体谅人的心意，并强烈地控制自己，不对家事有所批评。

俄国女皇加德琳二世也常常这样。加德琳统治着庞大的帝国，对千百万臣民操有生杀大权。对于政治而言，她是一个残酷的暴君，发动毫无意义的战争，判许多的敌人死刑。但是如果她的厨子把肉烧焦了，她却什么话也不说，反而笑着吃掉。这种容忍的工夫，一般做丈夫的，都应该好好学习。

关于婚姻不幸福的原因，权威人士桃乐丝·狄克斯宣称说，50%以上的婚姻是不幸福的。许多罗曼蒂克梦想之所以破灭在雷诺（美国离婚城）的岩石上，原因之一是批评——毫无用处，却令人心碎的批评。

因此，如果你想维持家庭生活的幸福快乐，请记住："不要批评。"

如果你气得要去批评你的小孩……你以为我会对你说不要批评，但我不会那样说。我只是要对你说，在你批评他们之前，先看一看美国报纸上一篇典型的文章《不体贴的父亲》。

《不体贴的父亲》是一篇发自真诚，又能触动许多读者心弦的小文章，因此被人一再转载。自从15年以前第一次登出来以后，《不体贴的父亲》就一而再、再而三地被转载，原作者李文斯登·劳奈德写道："转载这篇文章的遍及全国好几百家杂志和有关家庭的刊物，以及报纸，在国外，以不同的文字转载出来的，也几乎同样的多。有好几千人希望把这篇文章在课堂里、教堂里，以及演讲台上宣读，我都同意了。电视和广播，也在不同的时间和节目中把它读出来。更奇妙的是，大学刊物也采用它，高中杂志也不例外。有时候，一篇小文章竟能神奇地感动人心。"

听着，我儿：

在你睡着的时候我要说一些话。你躺在床上，小手掌枕在你面颊之下，金黄色的卷发湿湿地粘在你微汗的前额。我刚刚悄悄地一个人走进你的房间，几分钟之前我在书房里看报纸的时候，一阵懊悔的浪潮淹没了我，使我喘不过气来。因此带着愧疚的心，我来到你的床边。

我想到了太多的事情，我的孩子，我对你太凶了。在你穿衣服上学的时候我责骂你，因为你只用毛巾在脸上抹了一下；你没有擦干净你的鞋，我又对你大发脾气；你把你的东西丢在地板上，我又对你大声怒吼。

在吃早饭的时候，我又找到了你的错处：你把东西泼在桌上、你吃东西狼吞虎咽、你把胳膊肘放在桌子上、你在面包上涂的牛油太厚。在你出去玩而我去赶火车的时候，你转过身来向我挥手，大声地说："再见，爸爸。"而我则皱起眉头对你说："挺起胸来！"晚上，一切又重新开始。我在路上就看到你跪在地上玩弹珠。你的长袜子上破了好几个洞，我在你朋友面前押着你回家，使你受到羞辱。袜子要花钱买的——如果你自己花钱买你就会多注意一点了！啊，我的孩子，做父亲的居然说这种话！

你还记得吗？过了一会儿，我在书房里看报，你怯怯地走了进来，眼睛里带着委屈的样子。我对你的打扰顿感心烦，你在房门口犹豫着。"你要干什么？"我凶凶地问。你没有说话，但是突然跑过来，抱住我的脖子亲吻我，并且带着上帝为之感动，而我的忽视也不能使之萎缩的爱，用你的小手臂又紧抱了我一下。然后你走开了，脚步快速地轻踏楼梯上楼去了。

我的孩子，你离开了以后不久，报纸从我手中滑到了地板上，一阵使我难过的强烈的恐惧涌上了我的心头。习惯真是害我不浅，吹毛求疵和申斥的习惯——这是我对你作为一名小男孩的报偿。这不是我不爱你，而是对年轻人期望太高了。我以我自己年龄的尺度来衡量你。

而你的本性中却有着那么多的真、善、美。你小小的心犹如照亮群山的晨曦——你跑进来并亲吻我祝我晚安的自发性冲动显示了这一切。今天晚上其他的一切都显得不重要了，我儿，我在黑暗中来到你的床边，跪在这儿，心里充满着愧疚。

这只是个没有太大效用的赎罪。我知道如果在你醒着的时候告诉你这一切，你也不会明白。但是从明天起，我要做一名真正的父亲。我要做你的好朋友，你受苦难的时候我也受苦难，你欢笑的时候我也欢笑，我会把不耐烦的话忍住，我会像在一次典礼中一样不停地庄严地说："他只是一个男孩——一个小男孩！"我想我以前是把你当作一名大人来看，但是我儿，我现在看你，蜷缩着疲倦地睡在小床上，我看到你仍然是一名婴孩。你在你母亲怀里，头靠在肩膀上，还只是昨天的事。我以前要求得太多了，太多了。

我们不要责怪别人，我们要试着了解他们。我们要试着明白他们为什么会那样做，这比批评更有益处，也更有意义得多；而这也孕育了同情、容忍，以及仁慈。

正如詹森博士所说的："先生，不到世界末日上帝就不会审判世人。"

停止致命的唠叨

⊙许多做妻子的，不断地一点一点地挖掘，造成她们自己婚姻的坟墓。

⊙在所有一切烈火中，地狱魔鬼所发明的狞恶的毁灭爱情的计划，喋喋不休是最致命的，它像毒蛇的毒汁一样，永远侵蚀着人们的生命。

法国拿破仑三世，也就是拿破仑的侄子，曾爱上了全世界最美丽的女人特巴女伯爵玛利亚·尤琴，并且和她结婚。他的顾问指出，她的父亲只是西班牙一位地位并不显赫的伯爵，但拿破仑三世反驳说："那又怎样？"她高雅，妩媚，年轻，貌美，使他内心产生一种强烈的向往之情。在一篇皇家文告中，他激烈地表示他要不顾全国的意见："我已经选上了一位我所敬爱的女人，"他宣称说，"她是我心目中第一个漂亮的女人！"

拿破仑三世和他的新婚妻子，拥有财富，健康，权力，名声，美丽，爱情，尊敬——一切都符合一个十全十美的浪漫史，而他爱情的火炬从未像今天燃烧得这么旺盛、狂热。

但，这圣火很快就变得摇曳不定，热度也冷却了——只剩下了余烬。拿破仑三世可以使尤琴成为一位皇后，但，不论是他爱的力量也好，他帝王的权力也罢，都无法阻止这位法西兰女人的唠叨。

由于她中了嫉妒的蛊惑而变得疑心，竟然藐视他的命令，甚至不给他一点私人的时间。当他处理国家大事的时候，她竟然冲入他的办公室里；当他讨论最重要的事务时，她却干扰不休；她不让他单独一个人坐在办公室里，因为她总是担心他会跟其他的女人亲热。

她常常跑到她姐姐那里，数落她丈夫的不好，又说又哭，又唠叨，又威胁。她会不顾一切地冲进他的书房，不停地大声辱骂他。拿破仑三世虽然身为法国皇帝，拥有十几处华丽的皇宫，却找不到一个安静的地方。

尤琴这么做，能够得到些什么？

莱哈特的巨著《拿破仑三世与尤琴：一个帝国的悲喜剧》中这样写道："于是拿破仑三世常常在夜间，从一处小侧门溜出去，头上的软帽盖着眼睛，在他的一位亲信陪同之下，真的去找一位等待着他的美丽女人，再不然就出去看看巴黎这个古城，溜达溜达神仙故事中的皇帝所不常看到的街道，放松一下自己经常受压抑的心情。"

这就是尤琴唠叨所得到的后果。不错，她是坐在法国皇后的宝座上；不错，她是世界上最美丽的女人。但在唠叨的毒害之下，她的尊贵和美丽，并不能保持住她那甜蜜的爱情。最终，尤琴可以提高她的声音，"我所最惧怕的事情，哭叫着说：终于降临在我的身上。"降临在她的身上？其实是她自找的，这位可怜女人的不幸，都是由她的唠叨所导致的。

在地狱中，魔鬼为了破坏爱情而发明的一定会成功而恶毒的办法中，唠叨就是最厉害的了。它永远不会失败，就像眼镜蛇咬人一样，总具有强大的毒害性，常常使甜蜜的爱情破裂，更有甚者致人于死命。

托尔斯泰伯爵的夫人也发现了这点，可是太晚了。在她逝世之前，她向几个女儿们承认道："是我害死了你们的父亲。"她的女儿们没有回答，但却抱头大哭。她们知道母亲的错误和过失。她们知道她是以不断的埋怨、永远没完没了的批评，和永远没完没了的唠叨，把他害死的。

但是从各方面来说，托尔斯泰伯爵和他的夫人都应该是幸福的一对才是。他是最著名的不朽小说家之一，他的两本巨作《战争与和平》和《安娜·卡列尼娜》，在世界文学史上具有辉煌的成就。

然而，托尔斯泰的一生又确确实实是一场悲剧，而之所以成为悲剧，原因在于他的婚姻。他的夫人喜爱华丽，但他却看不起；她热爱名声和社会的赞誉，但这虚浮的事情，他觉得没有分文价值；她渴望金钱财富，但他认为财富和私人财产是罪恶的事。

多年以来，由于他坚持把著作的版权分文不要地送给别人，她就一直唠叨着，责骂着和哭闹着，她要那些书本所赚到的钱。

当他不理会她的时候，她就歇斯底里地叫起来，在地上打滚，手上拿着一瓶鸦片，发誓要自杀，来威胁托尔斯泰。

他们一生中的一次相谈，我认为是历史上最令人怜悯的一个场面。当他们刚结婚的时候，他们非常的快乐，但过了 48 年以后，他对自己太太的行为却非常反感。有一天晚上，这位年华已逝而心已碎的妇人，由于渴望得到热情，走过来跪在他的面前，乞求他为她大声读出他在 50 年前为她所写的一段充满浓情蜜意的日记。当他读了那早已永远逝去的美丽的快乐时光后，两个人都流下了眼泪。现实的生活与他们早先拥有的罗曼蒂克之梦多么地不同！而且多么明显地不同！

最后，当托尔斯泰 82 岁时，他再也不愿见到自己唠唠叨叨的太太。于是在 1910 年 10 月一个下着大雪的夜里，逃离了他的夫人——逃进寒冷的黑暗里，不晓得到哪里去了。

11 天以后，他因肺炎死在一处火车站里。他临死的要求是，不让他的夫人到他的身边。

这就是托尔斯泰伯爵夫人唠叨、抱怨和歇斯底里所得到的结果。

或许你会觉得，她是有许多事情要唠叨的，而且是应该的。问题是她唠叨能得到些什么好处呢？唠叨是否能把事情办好呢？

"我真的认为我是神经病。"这就是托尔斯泰伯爵夫人对这段经过的看法——但是已经太晚了。

我认为，林肯一生的大悲剧，也是他的婚姻，而不是他的被刺杀。随着一声枪响过后，林肯便失去了知觉，永远不知道他被杀了，但是几乎 23 年来的每一天，他所得到的是什么呢？根据他律师事务所合伙人荷恩所描述的，是"婚姻不幸的苦果"。"婚姻不幸"？说得还真婉转呢！几乎有1/4世纪，林肯夫人唠叨着他，骚扰着他，使他心里不能有半点安静。

她老是抱怨这，抱怨那，对林肯大加指责，他的一切，从来就没有对的。他老伛偻着肩膀，走路的样子也很怪，他提起脚步，直上直下的，像一个印第安人；她抱怨他走路没有弹性，姿态不雅观。她模仿他走路的样子以取笑他，并唠叨着他，要他走路时脚尖先着地，就像她从勒星顿孟德尔夫人寄宿学校所学来的那样。

他的两只大耳朵，成直角地长在他头上的样子，她非常讨厌。她甚至还告诉他，说他鼻子不直，嘴唇太突出，看起来像痨病鬼，手和脚太大，而头又太小。

亚伯拉罕·林肯和玛利·陶德，在各方面都是相反的，教育、背景、脾气、爱好，以及想法，都是相反的。他们之间根本没有共同语言。

"林肯夫人高而尖锐的声音，"参议员亚尔伯特·贝维瑞治写道，"在对街都可以听到，她盛怒时不停的责骂声，常常会使酣睡的邻居惊醒。她发泄怒气的方式，常常言语过激。她暴躁的行为真是太多了，真是说也说不完。"

贝丝·韩博格在纽约市家务关系法庭任职11年，曾经审判了好几千件被遗弃的案子，她说男人离开家庭主要原因之一是——因为太太唠叨不停。或者如《泰晤士邮报》所说的："许多太太们不停地在慢慢挖，自掘婚姻的坟墓。"

让爱成熟

⊙我们大多数人往往对爱具有狭窄、单向的概念，而且完全从家庭或性关系的角度来理解它，同时将它和占有、自负、姑息、依赖等混杂在一起。

⊙成熟之爱的观念，是耶稣所说"爱邻如爱己"时心中所保持的那种观念。

爱是世界上谈论得最多，却也是最不易弄清楚的一个课题。它激发了艺术家的灵感，是婚姻和家庭的基础——失去或缺乏爱，会使人格破碎或阻碍人格的正常发展。

我们大多数人往往对爱具有狭窄、单向的概念，而且完全从家庭或性关系的角度来理解它，同时将它和占有、自负、姑息、依赖等混淆在一起。

直到最近，爱才被认为是一个严肃的科学课题。许多心理学家、医生和科学家给予爱更多的思考和研究，将它视为人类的基本需要，以及还未加以探索的人类事务中一大影响和力量的源泉。基于这些发现，我们可能要将对于爱的一些传统观念加以修正和扩充。

爱和成熟有什么关系呢？罗洛·梅伊博士回答了这个问题。在他出版的《人的自我追寻》一书中写道："能够付出和接受成熟的爱，是一个符合我们为完全人格所定的标准的人。"

梅伊博士同时断定大多数人都不知道如何付出和接受爱，一般人对爱的观念既矫情又幼稚。例如，一个将一生完全奉献给自己的丈夫和子女，以致与世界其他一切都完全隔绝的女人，她的占有欲就胜过于她的爱的。真正的爱不是局限，而是扩展。一个崇拜女人到无法找到任何可以与之相比的境地的男人，不该被看作是"有爱心的"男性的模范——他是感情发展受到局限，仍然停留在婴儿时期依赖心态的一个案例。依恋和爱是两回事儿。

也许先弄清楚什么不是爱，再来肯定那种使得人格增强、成熟的爱会比较容易些。

首先，爱与我们经常在电影中看到的那种男女相会、玫瑰与香槟式的罗曼史，或小说家偏爱的那种性剥削的激情少有相关之处。爱不限于年轻美貌的人。

泌尿科专家和美国婚姻顾问协会主席亚伯拉罕·史东博士告诉我们，当我们说"我爱"时，其真正的意思大多是"我要""我想要拥有"、"我从……得到满足"、"我利用"或甚至"我感到罪恶"。这是科学家称之为所谓的"假爱"。

许多父母用"爱"作为放纵子女的借口。实际上，他们是在以溺爱来推卸自己的责任，并不是在帮助子女成长。纽约杜布斯波克的儿童村，是一个致力于重新训练需要指导的问题儿童的机构。理事史泰龙说："每一天我们都在解除将爱与姑息混淆的父母所造成的伤害。"

成熟之爱的观念是耶稣所说"爱邻如爱己"时心中所抱持的那种观念；是柏拉图在"对话录"中所分析的那种爱——从个人的关系开始，扩展到全人类和宇宙。爱的要素都是相同的，不管是夫妻之间的爱、父母与子女之间的爱或个人与全人类之间的爱。

人类之间的真爱不会阻碍人的成长，它肯定人的其他方面的人格，促进其成长发展。

我认识好多父母常常对女儿的婚姻而感到愤愤不已，只因为女儿企图嫁到某个遥远的地方。记得有一个母亲曾悲叹说："为什么简就不能找一个本地男孩结婚？我们也好经常见到她了。我们为她奋斗了一辈子，而她却这么报答我们，嫁给一个把她带到千里之外的地方去的人！"

如果你说她这样做并不是爱自己的女儿时，她一定会很吃惊。她是将占有和满足自我跟爱弄混淆了。

爱的真谛不是紧紧守住自己所爱的人，而是放手任他（她）走。成熟的人不会占有任何人的感情，他让所爱的人自由，就如同让自己自由一样。这就像其他的创造性力量一样，爱存在于自由之中。

作家普瑞西拉·罗伯逊在《竖琴家》杂志上为爱下过这样的定义："爱，就是给你爱的人他所需要的东西，为了他而不是为了你自己。想想别人把你所需要的东西送给你时的感受。爱包含给予孩子他们所需要的独立，而不是那种所谓的'家长主义'的剥削和专制。爱包含各种性关系，但不是对自负或青春的狂乱追求的那种性格的利用。我的定义还包括你给予那些曾经让你明白自己是哪种人、你会成为哪种人的少数几个人——老师和朋友。它也包含善良——对全人类的关怀，它不是给一个需要面包的人投以石头，也不是在他需要理解时给他面包。

"我们认识好多总是自作聪明的'善心'人，他们把我们不想要的硬塞给我们，而愚蠢地留住我们需要的东西。我认为这些人不应归入有爱心的人的行列，而且我想心理学家们也会得出他们无用的爱心不经意地制造了敌意的结论。"

没有什么比"爱是盲目的"这句老话更能误导一个人了。只有擦亮爱的眼睛，我们才能看清身边的人们。我们体内有一个随意或冷漠的自我，一个我们怕招致伤害或误解而宁愿隐藏起来的敏感、封闭的自我。我们采用各种姿态或伪装去保护它——沉默、害羞、进取、坚强等等，内心却又一直希望有人会帮助我们发掘内在的真正自我。爱可以透视人心，具有特殊的洞察力，它能为"她爱他什么"这个永恒的问题提供答案。

关怀我们所爱的人的成长和发展，肯定和鼓励他们个性化的存在，尊重他们的本来姿态，创造自由和温情的气氛，这些都是想要学会爱所应持的态度。爱为他人提供了可以在爱中成长的土壤、环境和营养。

嫉妒是一种经常与爱混为一谈的感情。事实上，它是我们对自己激发情爱的能力缺乏自信的结果，以及一种占有、俘虏他人的欲望。用付出来取代这种占有的欲望就可以克服嫉妒。在此举一个克服嫉妒学会爱人的女人的例子。她说："我曾陷入到嫉妒中而无法自拔。我活在怕失去丈夫的恐惧之中。并不是他给了我嫉妒的任何理由，如果是这样，我反而会少受一点痛苦，因为这样一来，就可以避免那些恐惧和因神经质而自我想象出来的羞辱感。我偏执得像卡通电影里那可笑的妻子一样搜丈夫的口袋，查看汽车烟灰缸里的东西。我常常哭着入睡，白天却生出一些新的疑心。

"有一天，我照镜子。我看见一个不可爱的人——我自己，头发散乱、没有化妆、面容憔悴——而我穿的衣服看起来就像套在扫帚柄上的一个大袋子一样！'海伦，'我对自己说，'你怕失去丈夫。如果你真的失去了他，你能怪他吗？你想怎么办？'我决心实行一个计划，我开始减少擦地板和家具的时间而多留心自己的仪表；我每天下午都休息，增加了一些非常需要的体重。而且找到一份卖化妆品的工作，学习使用它。当我开始显得比较好看，感觉上也比较舒服时，我发现自己的态度慢慢地改变了。丈夫也感觉到我的变化，他的反应扫除了我心中的疑云。我利用原来浪费在嫉妒上的精力，使自己成为我丈夫理想中的妻子。"

这个女人一旦了解到爱不是命令而是肯定时，她便获得了爱的能力。

当我们发现占有、嫉妒和支配这些异质的因子进入我们的心中时，对他人真实的爱便逐渐消失。如果让野草肆意蔓生而不加以清除的话，世界上最美的花园也会荒芜。

家庭关系的悲剧之一，是因为我们经常不知不觉地以爱的名义给他人造成伤害。过分严厉的父母告诉自己说之所以那样做是"为了小孩好"；溺爱纵容的父母说他们是为了子女的"幸福"着想。俄亥俄州哥伦布的 S.P. 艾伦太太讲述了有关这方面难题的一个动人故事。

几年前，艾伦太太和丈夫离婚后，发现她面临着照顾自己和两个小孩的重任，她被母兼父职的责任压得喘不过气来，她感到为了培养好他们必须要严厉地管教。

"我订下法规，"艾伦太太说，"不接受任何借口，我不和小孩商量或者费心地去听他们的意见——而且还严格地告诉他们什么时候必须做什么事。他们没有独立思考的机会，只有一套必须遵守的规则。

"我们家起了微妙的变化。刚开始，小孩们一见到我就躲开。他们躲避我任何示爱的企图。最后我了解到他们怕我，怕他们的妈妈！

"我反省了一下自己，得出结论，我的所作所为的出发点根本不是为孩子着想，不过是我把因离婚产生出来的压抑情绪发泄在他们身上而已。我让孩子无形中承担着我个人过错造成的苦难。难怪他们做出明显的反应，虽然他们还不了解。

"我开始破除这种压在他们身上的无形的压力。我向上帝求援，试着从新的角度去发现孩子，首先把他们作为人，而不是作为负担或责任来看待。我放下一些家务，抽时间多跟孩子在一起，陪他们玩游戏或去一些有趣的地方，我学会了指导他们而不是只会下命令。当我的心情放松下来时，欢笑和歌声又重新回到了我们中间。爱、温情与快乐在我和孩子们的身上互相反映着，我们的关系得以恢复并进而增强。有了这样的气氛，所有的问题都变得简单而容易解决了。"

艾伦太太学到的是爱，而且学会了用爱去治疗家庭生活的创伤。

爱的能力，不仅决定着我们与家人的亲密程度，而且也决定了我们与他人的关系。我们对朋友、工作、住地以及世界的态度，大多由我们对家庭所付出和接受的那种爱来决定。

心理学家米尔顿·格林布拉特说："如果一个孩子能接受爱的教育，那么他就懂得了自爱和爱他的家人，直至以利他主义者的胸怀真诚地爱所有的人。"

亚希莱·孟德斯博士在他的《人类发展的方向》一书中指出，几乎所有的宗教都认为，生活和爱其实是同一个概念。他总结道："现在看来很明显，人类能够依赖指引他们未来发展方向的主要原则只能是爱。"

只把爱留给家人和亲近朋友的观念是错误的。我们越是爱别人，就越容易获得爱的能力。爱充满于整个人格之中，爱是散布光辉在一切活动上的重大能源。有爱心的人总是对工作、同胞和生命充满热情。他们健康而长寿。

拥有成熟的爱的观念对我们每一个人来说都是非常重要的事。在美国，每一年都有 40 万对夫妻离婚，而且还有成千上万的婚姻岌岌可危。就世界来讲，世上一直存在着国家分裂、种族对抗、国与国的对立和战争的现象。人类如果想继续生存下去，就必须学会和谐相处。

经营你的"性"福人生

⊙海密尔顿博士说:"只有很偏激、很不谨慎的精神病专家,才会说多数婚姻冲突不是由于性的不和谐造成的。无论如何,由其他困难所产生的冲突,许多时候都可以化为乌有,如果夫妻性关系本身是满意的话。"

⊙鲍本诺博士说:"离婚现在减少了,其中一个原因是人们现在多读了有关的性生活和婚姻的书籍。"

美国社会卫生署总干事戴维斯博士请1000名已婚妇女,坦白地回答一系列切身问题。结果令人惊讶——这是对一般美国成年人性生活不快乐的一种令人惊讶的真实评价。

看过她收到的这1000名已婚妇女的回答以后,戴维斯博士毫不犹豫地发表她的观点:国内离婚的一个主要的原因,是生理上的不和谐。

海密尔顿博士的调查也证实了这个结论。

海密尔顿博士花费4年时间,研究100个男子和100个女子的婚姻。他分别询问这些男女近400个有关他们性生活方面的问题,并深入地探讨他们的问题,非常地详细,以致整个调查耗时四载。这项工作被认为在社会学上极为重要,所以这个调查由许多著名慈善家资助。如果你想知道这项实验的结果,可读一读海密尔顿博士与马克哥文所著的《婚姻的症结是什么》一书。

那么,婚姻失败的症结是什么呢?

海密尔顿博士说:"只有很偏激、很不谨慎的精神病专家,才会说多数婚姻冲突不是由于性的不和谐造成的。无论如何,由其他困难产生的冲突,许多时候可以化为乌有,如果夫妻性关系本身是满意的话。"

鲍本诺博士,洛杉矶家庭关系研究所主任,研究过数以千计的婚姻,他是美国家庭生活方面最著名的专家。

按鲍本诺博士的说法,婚姻的失败,常常由于四种原因。他按重要程度列举出来:

1. 性生活的不和谐。
2. 关于休闲的意见不同。
3. 家庭经济困难。
4. 心理的、身体的或情绪的反常现象。

注意,性居于此表第一,而且很奇怪,经济困难只居此表第三。

所有婚姻研究专家,都同意性的配合是绝对必需的。

例如,数年前,辛辛那提家庭关系法庭的郝夫门法官,一位曾听过数千家庭悲剧的人宣称:"离婚的十之八九,是因为性生活方面的问题。"

"性，"著名的心理学家沃森说，"众所公认的是生活中重要的问题。无疑地，性生活的不和谐是造成婚姻破裂的原因之一。"我听过许多医生在我的班中演讲，说的差不多是同样的话。那么，在20世纪有众多的书及教育，但因对这种重要天然本能的无知，却导致婚姻破裂，生活毁灭，岂不可怜？

白德费尔特牧师做了监理会牧师18年以后，放弃了他的传教事业，去担任纽约市家庭辅导服务处主任，他为青年们举行婚礼的次数比谁都多。他说："根据我早年做牧师的经验，我发觉到，虽然有恋爱及善意，许多到结婚台前来的男女却都是婚姻的文盲。"

婚姻的文盲！

他接着说："当你们想到我们将婚姻调适的艰难大部分交付给机会时，我们的离婚率只有16%，这是一件惊人的事。而处在这个惊人数目中的夫妇实际上并没有真正地结了婚，只不过是没有离婚而已：他们几乎是过着地狱般的生活。"

"快乐的婚姻，"白德费尔特牧师说，"很少是机会的产物，她们是像建筑似的，必需有理智的，用心去设计过的。"去帮助这种设计，许多年来，白德费尔特牧师坚持凡他证婚的男女，必须同他坦白地讨论他们未来的计划。就是由这些讨论所得出的结果，他得出结论：许多急于结合的人，是"婚姻的文盲"。

"性，"白德费尔特牧师说，"不过是在结婚生活中的多种满意中的一种，但除非这种关系适当，没有别的事会适当。"但如何使之适当呢？

"奈于情面的不言语"——我仍在引证白德费尔特牧师的话——"必须代之以客观言论的能力，并有结婚生活的超然态度及实施。得到这种能力，没有比去从一本认识合理、情趣良好的书籍得到这方面的知识更好的方法了。"

保持家庭生活更快乐的一个原则就是：了解一些必备的性知识。

夫妻间也要殷勤有礼

⊙我认为结婚后的礼貌最重要。如果年轻的妻子们对她们的丈夫，像对待生人一样有礼貌，他们的婚姻一定是幸福的！无论哪一个男人都想逃避一个泼妇的口舌。

⊙礼貌对婚姻的重要性，正如汽油对你的汽车一样。

丹姆罗希与布雷的女儿结了婚，自从多年前他们在苏格兰卡内基家里认识并结婚以后，丹姆罗希夫妇就享受着快乐的家庭生活（布雷是美国一位著名的演说家，曾是总统候选人）。他们的秘诀是什么？"除小心选择伴侣外，"丹姆罗希夫人说，"我认为结婚后的礼貌最重要。如果年轻的妻子们对她们的丈夫，像对待生人一样有礼貌，他们的婚姻一定是幸福的！无论哪一个男人都想逃避一个泼妇的口舌。"

无礼是侵蚀爱情的祸水，人人都知道这一点，但人人又都对生人比对自己的伴侣更尊重。

再次引证狄克斯的话——这是一件惊人的事，但却是事实：
"几乎惟一对我们说刻薄、侮辱、伤感情的话的人，就是我们自己家中的人。"
"礼貌，"吕士纳说，"是一扇看不见的破门，是你能注意到门外、院中鲜花的那种品质。"

礼貌对婚姻的重要性，正如汽油对你的汽车一样。

柯尔姆，可爱的"早餐桌上的专制君主"，但在他自己的家中却绝不专制。事实上，他非常体恤他的家人，当他感觉到忧郁扫兴时，他会掩藏他的烦恼，不让家人看见。他自己不得已而承受，已经够苦的了，他说，何必使别人也同样受苦。

柯尔姆是这样做的，但普通人会怎样呢？在办公室里出了"问题"——丢了一宗买卖，或受到上司的责骂，或发生了剧烈头痛，或误了火车时间，回到家后就将一切不愉快向家人宣泄。

在荷兰，在你进入屋子以前，要把鞋脱在门口。啊，我们可以从荷兰人那里学到一个经验了：将我们每天工作中的烦闷，在我们进入家门前"脱"去。

詹姆斯曾写过一篇文章，名为《人类的某种盲目》，它值得你专门跑到附近的图书馆去找来一读。

"本文现在要讨论的人类盲目，"他写道，"是我们人人都患的，有关与不同的动物和人的感情的盲目。"

"人人都患的盲目"。许多男人都会想到不应该对他们的顾客、对他们的商业伙伴说带有刺激的话，而对他们的妻子狂吠，却可以丝毫不假思索。为他们个人的快乐着想，婚姻对他们比生意更重要、更有关系。

婚姻快乐的普通人比幽居的大富翁要快乐得多。

德琴尼夫，俄国伟大的小说家，尽管受到世界各国人民的敬仰，但他说："如果有个地方、有个女人关心我回不回家吃晚饭，我情愿放弃我所有的天才和我所有的著作。"

婚姻成功的机会，究竟有多大？我们已经说过，狄克斯相信一半以上的婚姻是失败的，但鲍本诺博士的想法却不同。他说："一个男人在婚姻上成功的机会比在其他任何事业上都多。在进入百货零售业的男子中，70%的失败，而进入婚姻的男女，70%的成功。"

狄克斯这样概括起来："与婚姻相比，出生不过是一生的一幕，死亡不过是一件琐屑的意外……女人永远不能明白，为什么男人不用同样的努力，使他的家庭成为一个发达的机关，如同他使他的经营或职业成功一样……虽然有一个妻子，一个和平快乐的家庭，却比赚100万美元对一个男人更有意义……女人永远不明白，为什么她的丈夫不用一点外交手段来对待她，为什么不多用一点温柔手段，而不是高压手段，因为这是对他有益的。"

他还说道："大凡男人都知道，他可先让妻子快乐然后使她做任何事，并且不需任何报酬。他知道如果他给她几句简单的恭维，说她管家如何好，她如何帮他的忙，那么她就会要节省每一分钱了；每个男人都知道，如果他告诉他的妻子，她穿着去年的衣服如何美丽、可爱，她就不会再买最时髦的巴黎进口货了；每个男人都知道，他可把妻子的眼睛吻得闭起来，直到她盲如蝙蝠；他只要在她唇上热烈地一吻，即可使她哑如牡蛎。

"而且每个妻子都知道，她的丈夫都知道自己对他需要些什么，因为她已经完全给他表白过，她又永远不知道是要对他发怒，还是讨厌他，因为他情愿与她争吵，情愿浪费他的钱为她买新衣、汽车、珠宝，也不愿为一点小事去谄媚，按她所迫切要求的方式来对待她。"

爸爸们，请回家

⊙父亲代表的首先是一个男人的力量和智慧，他将影响子女对世事的认识，他将教给子女怎样基于外界的经验而做出判断。

⊙如果一个男人想要做一个真正意义上的父亲，就应该付出时间给孩子，必要时还要付出自己。

一个社区最近举办了教育委员会私下会议，教育委员们处理一个因旷课太多被高中开除的 16 岁男孩的问题。他每科成绩都非常差，还有两门科目不及格。

男孩和他父母都进入了房间，接受委员们的询问。男孩很漂亮，尽管脸上显露着年轻人弄出麻烦时的那种半屈服半怨恨的神情。妈妈说起话来显得紧张、尴尬，不停地解释她已经尽了最大的努力。爸爸是一个 59 岁、穿着体面的生意人，一直保持着沉默直到一个委员问他和他的儿子关系怎么样。爸爸解释说他是个很忙的人，工作占去了他所有的时间。"我让我的太太照顾小孩子，"他说，"督促小孩做功课并告诉他通过考试是学生的责任。"

那些教育委员们都身为人父，继续追问，你有没有看过你儿子的成绩单？有没有采取什么措施？小孩的爸爸承认他看过而且打过电话给校长。"但是，"他加上一句话，"电话占线，所以我就没有再打了。"

当这一家人离开时，校方决定再给那小孩一次机会。他们觉得，错在什么地方已是很明白的了，或许再给那小孩一次机会他就会有好的表现、会有所改善。

不幸的是，为时已晚。小孩已经养成了很多不良的习惯，缺乏父母较多的指导是无法克服的，过了不久，他又被开除了。更糟的是，小孩的爸爸从没有真正了解到因为他没做什么才使得儿子被开除。这并不是个街头不良少年因为抢劫或杀人而被逮捕的案子，而是一个忙得没有时间去关心儿子是否按时上学的为人父者的故事，最悲哀的是这类故事经常发生。有很多的小孩正是在没有爸爸教导的情况下长大的。他们是有爸爸，没错，但那只是个住在他们家的男人而已。他们不常见到他或和他没有多深的感情。爸爸每天一大早就出门，很晚才回家。有时候他加班，有时候他带着一手提箱的文件回家处理。当他不加班、不带公事回家时，也是忙了一整天太疲倦了，只能躺在椅子上埋头读晚报，一直到小孩们都上了床。他的休闲时间很少有小孩的份儿，而是在和公司同事打保龄球，周末打高尔夫球，以及和客户在鸡尾酒会上。

女人因为工作和事业而丢下家和小孩一直受到猛烈地批评。大家理直气壮地指出，没有任何一份工作，不管多么荣耀、薪水多么多的工作，值得她们去付出使小孩失去关怀、被冷落的代价。

但是很少有人批评不在家的爸爸。只要他继续维持和提高家庭的生活水平，他对子女在道德和感情上的责任便很少受到怀疑。除了经济上的责任之外把其他一切爸爸的职责都推卸掉的男人，在我们的社会中太普遍了，以至于大家都视为理所当然的了。

我认识一家大公司的高级主管。他说，他事业上的成功完全归功于他的太太。他的妻子为他营造了一个非常温馨的家，她能营造出一种祥和宁静的家庭气氛，以减轻他的工作压力。她能成功地款待他的朋友和同事。

我问他，他那两个儿子之所以让他自豪，一定跟他在学校和军中服役时的优良表现有很大关系。"不，"他说，"养育孩子的事由我太太负责，我从不参与。我只需把养育他们和让他们受教育的钱交给她就行了。"

这位成功的、受尊敬的男人不但不为他没有养育儿子们而感到尴尬，也不为没能亲自帮助儿子们获得优良的表现而觉得惭愧。这种冷漠的态度，如果是两个孩子的母亲表现出来的，一定会被视为不可思议。

如果孩子在成长的过程中，只需要在物质上使其得到满足，那么这个世界就可以不需要父亲们或母亲们。但是，人的成长还有感情上的需要，所以父亲是应该存在的，而且跟母亲一样不可缺少。

辛辛那提大学医学院小儿精神病科诊所理事理查·E. 沃尔夫博士这样诠释父亲的作用：

"一个孩子需要自己的父母亲，而且需要他们各自扮演好自己的角色。无论对于男孩，还是女孩，父亲代表的首先是一个男人的力量和智慧，他将影响子女对世事的认识，他将教给子女怎样基于外界的经验而做出判断。子女需要他能在家庭的重要决定中和母亲有着共同的声音，也需要他一直都是母亲和他们的保护者和供养者。他们希望从父亲身上看到理想中的男人的典范，从他们身上学到男人应该怎样对待女人。如果所有这些男人应该做的事情都是由母亲来完成的，而父亲只顾忙他们所谓的自己的事情，那么做子女的将可能困惑于自己的身份，这也必将对他们长大成人后的人际关系造成影响。"

在产业革命之前的社会，丈夫、妻子和子女一家人都在家里工作。无论在广场上，还是在田里工作，男人总不离开家人的视线范围。

当时家庭成员之间存在着一种现今这工业社会业已失去的身体上的亲近感。现在大多数男人跟妻子和子女待在一起的时间与同事相比都很少，他们无法增加在家的时间，却可以决定他在家的时间的质量。有时候本来已经很累的父亲试图带孩子去看一场周末球赛作为他经常不在家的一种补偿，但他可能从内心觉得这样很无聊，而这对家长和孩子双方来说都毫无乐趣可言。引起过轰动的《养儿育女常识大全》一书的作者本杰明·史柏克博士说，如果每个父亲每天抽出15分钟把心思专注于孩子身上，比一整天没精打采地陪孩子逛动物园要有质量得多。

因为父亲必定比母亲跟孩子在一起的时间少，这是事实，所以他跟孩子相处的每一分钟都变得更为重要。父亲不应该认为这是累人的义务，而应把它当作增进父子感情的机会。

在某种程度上，妻子能帮助丈夫做一个称职的父亲。比如，她可以在白天处理发生在孩子身上的教导问题，而不等晚上丈夫回家时，留给他处理；她可以怀着爱和尊敬与丈夫谈论孩子问题，孩子会因母亲对待父亲的态度而受影响；她可以试着跟孩子交朋友，增加家庭成员之间的亲密感；她也可以安排野餐和组织家庭旅行，使丈夫和孩子对共同生活产生兴趣。

我认识一家人，这家人的关系在一次露营之后完全改变。12岁的儿子和10岁的女儿几个星期来一直缠着爸爸带他们去露营，而每天早九晚五上下班的爸爸总是太忙或太累了，但实际促成其事的是小孩的妈妈，她暗中安排租下营帐，备好地图以及露营的各种资料。

在这种情况下，小孩的爸爸不得不同意带小孩们去露营，他惋惜地看了最后一眼他那个周末计划，启程前往露营地，而小孩的妈妈则留在家里，坐立不安地等待着。

第二天傍晚他们回来了，三个人全身脏兮兮的，但却非常欢乐，不停地诉说一些有趣的事情，他们发现的那个湖、夜晚的蚊子、被风吹垮的帐篷以及那些"爸爸煎的蛋"。

事情就到此结束了吗？这只是开始而已，现在小孩的妈妈也加入了，这一家人每年夏天都会到离露营地点不远的一间乡下小屋去度假。他们有一条小船和滑水板，小孩的爸爸周末会从纽约赶去和家人同乐——不带公事包。原先忙得没有时间与小孩们共享天伦之乐的那个男人突然变得成熟了，了解了为人之父的意义。然而促成这种转变的却是精心设计的妈妈。

该是"翻修"我们不成熟的为人父母的观念，将"你的事"和"我的事"改变成"我们的事"的时候了。爸爸和妈妈的作用确实有所不同，然而他们的最终目标和满足应该是一致的。他们在小孩的成长和教养中各有各的角色要扮演，但是，如果双方中的任何一方不能负起责任，那么整个家庭关系就会变得乱七八糟。

好爸爸通常都是好丈夫。《婚姻——永恒之爱的艺术》一书作者大卫·麦斯说，当他的第一个女儿出生时，他得到灵感便写下了以下的诗句：

我有两个爱人，

尽管说来奇怪，
我越爱第二个，
第一个越爱我！

的确是这样。女人最感到舒心的是看到小孩跑到门口迎接爸爸下班时，脸上流露出的那种欢乐幸福的表情。

爸爸对小孩的成长所能做出的特殊贡献是什么呢？儿童研究协会理事甘纳·狄波瓦博士相信，爸爸在家庭中的地位，不仅对妻子、子女和他自己具有很重要的意义，而且对整个社会来说也是如此。以下是他的一些看法：

"对小孩来说，上教堂的意义可能只是和爸爸一起做一件事。但是基于这种共同参与感，小孩以后可能会发现他自己的宗教兴趣。同理，小孩也可能从双亲那里学会如何欣赏文学、艺术和音乐。通常只是妈妈与小孩们共同参与这一切，爸爸的加入却赋予他们更丰富的内涵和深远的意义。"

根据狄波瓦博士所说的，爸爸同样有责任向小孩解说他本身是团体其中的一分子：

"他要借着带他去办公室、星期六去工厂参观、一起坐在送牛奶的卡车上等，让孩子对经常剥夺爸爸陪他的时间的工作有一种正面的感受，小孩可能无法了解爸爸为什么要做那些事，但是他会觉得爸爸是在做一些不仅帮助他，同时也帮助别人的事。"

如果一个男人想要成为一名具有真正意义上的父亲，就应该付出时间给孩子，必要时还要付出自己。是的，他有工作要做，但是工作不是他用来逃避他履行人类一分子的责任的借口。那些老是忙得顾不过来陪伴孩子的父亲，就像 H·L. 孟肯活着时所说的："工作只是为了逃避思索人性时所感到的痛苦的人们……他们的工作，跟他们的游乐有着同样的作用，不过是他们逃避现实的可笑符咒罢了。"

戈登·H. 史克罗德在《基督教先驱论坛报》上的一次调查中说，他连续两个星期让 300 个初一、初二的男生为他们跟父亲相处的时间做记录，结果得到平均每个星期父子单独相处的时间是 7 分半钟这个可怕的统计数字。

这似乎可以为严厉批评社会现象的评论家菲利浦·威利的话提供佐证，他说："绝大多数的美国男人都是不合格的父亲。"威利先生作过估计，即使最忙的人，大约每个星期也不得不花 57 个小时去吃饭、休息或做自己喜欢的事情。在这 57 个小时里面，他肯定能抽出 7 分半钟去陪伴他的孩子。"但是爸爸不在家，"威利先生语气悲哀，"他不会回家，直到他明白一个男人一生最大的满足首先应该是做一个好父亲，然后才是成为最好的高尔夫球手或事业有成的风云人物。"

父亲的身份里面隐含着一个成人的身份，它是男人在身体上达到成熟的外在表现。不幸的是，从对待孩子的角度来说，它并不意味着这个父亲的心灵和精神会像他的身体一样成熟，这就需要这个男人靠他自己的努力去获得。

是的，爸爸们，该回家了！就像生孩子是两个人的事一样，要培养出一个快乐、有用的人，也需要两个人——母亲和父亲——对他在精神上施加影响。

第十章　踏上轻松快乐之旅

顺应生命的节奏

⊙当我们处于休息和平静的状态时，我们的行为和感觉就不会杂乱无章地发生，而呈现一种和谐的流动。

⊙你必须学习了解你生命中的波涛和节奏，并顺着生命的节奏表现你的爱，以期能和大自然和谐共处。

当我们紧张时，身体和情绪上通常会有耗尽的感觉：嘴巴会觉得干，身体会觉得衰弱，而且神经如我们所说的是绷紧的。只有当我们放松和表达情绪之后，才能得到一个比较平顺的状态。有时候我们甚至会被眼泪淹没，或溶于欲望当中，这些代表流动状态的隐喻并不是绝对的，它们和我们的身心状态（和水）有密切的关系。当我们处于休息和平静的状态时，我们的行为和感觉就不会杂乱无章地发生，而呈现一种和谐的流动。无止息的水舞（生命的普遍象征）可以被视为是健康快乐的状态。

古代瑜珈文献建议人们可以在靠近瀑布、河流和湖泊的地方做静心冥想。荣格有许多对湖的描述："那湖向远方一直延伸出去，那广博的水面给我一种令人难以置信的愉悦，令人无法抗拒的光彩。在这一刻我在心中有了一个想法，我一定要住在湖边。我想如果没有水就没有人可以活下去。"我们从洗澡、游泳、海洋景观所得到的快乐证明了我们和水之间有着深厚的关系，或许这呼唤起我们在母亲子宫羊水中的状态，或者也和潜意识自己有如海洋般深不可测的意象有关吧。

这样的想法指出水在放松中的特殊价值，经由感官，或以下提供的练习可以更直接地体验到。我们也应该考虑到其他的因素，像空气虽有较多限制，但是也可以被想象成和飞行及云联系在一起，风或微风可以被用来作为感官练习的基础。

在一个安静的房间里舒适地躺下来，举起你的手臂，甩甩手，然后让手臂自然地在身体两侧垂下来。闭上眼睛，想象你正躺在海边一个空旷的沙滩上。潮水正涌过来，小小浪花轻拍着你的脚和脚踝，慢慢地移动着你的身体让它浸在浅水里。当海水继续上升时，让自己感觉漂浮起来，并被有节奏的海潮带入海里。感觉缓缓起伏的海浪在你下面汹涌，你随着海潮的起伏而滑动。让你的身体正面朝上，想象着你正在一个浪头上，当浪潮下降，你在明亮的海水隧道中翻滚着。现在你被浪冲回到岸边，躺在舒服温暖的沙滩上。不要动，此刻享受一下在自由和兴奋交替之后的宁静吧。

当你看到海洋的波涛、季节的变换和月亮的盈亏时，便看到了自然的节奏。人的生命也同样有一定的节奏：从出生，经过儿童期、青少年期到完全成熟、年老，最后又有新的一代诞生。光、能源和任何事物都有一定的波动起伏，这种起伏使它们偏离节奏，或者像中子一样永远围绕着原子核运动。

生命中的任何事物都绝对不会静止，运动是持续不断而且有一定节奏的。这就是为什么我们喜欢音乐的原因之一，因为音乐反映出我们的生命节奏，你必须学会随着生命的节奏摇摆，而不是站在那里以不动的姿态和它对抗。沙岸随着波涛运动和变化而能够永远不灭，但防护堤很快就会被冲垮。

注意观察你的生命，它有一定的节奏吗？你在工作之后会娱乐吗？在劳心之后会从事劳力活动吗？饮食之后会禁食吗？严肃之后会表现幽默吗？性生活之后会把对性的关注转变成具有创造性的努力吗？当你的意识处于休息状态时，就是你的潜意识发挥最大作用的时候了，当你的潜意识承担任务，而且你的意识被其他事物（亦即放轻松）占据的时候，就是出现真正鼓舞作用的时候了。

当阿基米德在努力寻求解决两个物体相对重量的复杂问题时，始终得不到解答，但当他决定放松自己并泡一下澡时，他的潜意识便被浴盆中的热水激发出来。他立刻从浴盆中跳出来，并且大声叫着现在一个很有名的欢呼词：我找到了！同时也找到了问题的答案。你曾经给你的思想休息的机会吗？

干扰正常节奏模式将会造成许多问题，如果你在工作之后不给你思想休息的机会，你的身体就会一直处于一种被刺激的状态，这种情况可能会使你因为紧张而失调。

你不必希望永远快乐，因为果真如此的话，那种快乐一定会变得枯燥乏味。婚姻顾问从事其工作的一项重要目的就是要使夫妻了解二人之间的爱不可能没有高低潮。你必须学会了解你生命中的波涛和节奏，并顺着生命的节奏表现你的爱，以期能和大自然和谐共处。

大自然传达宁静的感觉。凝视自然地形、色彩变化、地质构造、自然的香味和声音，我们便可以获得和大自然融合为一的感觉。让眼睛看向远方的地平线，我们就能放松生活压力的焦点。下次当你凝视天际时，想象你眼睛的肌肉已释放出所有的紧张，想想如此一来对你有多好。如同风景画中的人物，我们得以用更宽广的角度来看自己，并调整我们看事情的角度。在古典浪漫时期，面对大自然的渺小感几乎是令人害怕的，今天我们对于戏剧性的瀑布或高耸的悬崖峭壁依然感到敬畏。即使在一个温和平静的风景中，我们看自己的方式不同了，我们的问题似乎也变得比较简单，或觉得昨天的事不过是幻象罢了。奇妙之事继续发生：我们花越多时间在大自然美景中，就有越多的焦虑将会消失掉。

自然宁静的效果部分是和绿荫有关，心理作用上和休息联想在一起的。如果你有一个小小的庭院，试着在院中种满不同叶形、不同颜色的植物。当然，花匠可以提供很好的服务，但是你可能宁愿自己修剪树叶，或自己动手采集果实和种子，做做园艺什么的。你可能放着花园某个角落不整理，作为鸟儿和昆虫的天堂，认识你种植的植物或花的名称，去认识它们个别的个性，同时学习它们的学名和俗名，并大声念出那些奇怪的音节，想象它们像种子一样躺在你心灵中的花园。

从你的庭院或附近的公园树木收集不同种类的树叶。舒适地坐下来并认真地研究它们——树叶的形状、颜色和纹理。压在手掌心里感觉它们的凉爽，用手指循着每片叶子的叶脉移动，然后闭眼冥想你所看到的叶子形态。闭上眼睛，感觉并闻一闻手中的叶子，借由触摸和气味来分辨每一片的不同。让自己完全专注在树叶上，让所有的担心、焦虑和负面思想都从意识中消退。

放掉包袱

⊙在我们当中有许多人不只是急着找出是谁让我们感到备受压力与痛苦，而且还将这些资讯储存分类，以便日后运用。

⊙我们当中有许多人将精力耗费在记恨上，仿佛需要维持那些使我们感到不好的事情。

在我们当中有许多人不只是急着找出是谁让我们感到备受压力与痛苦，而且还将这些资讯储存分类，以便日后运用，我们将之称为"包袱处理"。因为不久后我们会累积许多痛苦，需要将之封入行李箱中，倘若我们有一整批这样的包袱，甚至需要雇人携带着它们。

林达还是再一次为我讲述了她祖母的往事：

"我的祖母法兰西卡对回忆过去非常在行（大部分是负面的），足够担任稀有矿物博物馆馆长了。当我还小时，总会问她为何如此不快乐，我所得到的答案一直都是'因为我受苦'。然后就不再多说了。但当她需要时总会对着神朗诵她的愿望，这时她的脸色会更加地悲伤，双手会举向空中。

"祖母的痛苦总有些神秘的气氛围绕着，只能意会、不能言传。

"每次她都会嘲讽地补充道：'我的母亲遗弃了我！'这话在意大利人间普遍流传着，增添了许多戏剧色彩。假使她用意大利语说：'我的胸罩害死了我！'这听起来也像个噩耗。

"我持续追问我母亲关于祖母的事情，但她却轻描淡写地说：'那是有缘由的，你不会懂。'几年后，一个叔叔告知我整个内幕，精彩得足以搬上电视荧幕。事情大概是这样：法兰西卡的父亲在她11岁时便去世了，一年后，她的母亲嫁给一个小她20岁的男人，在当时的意大利，这是前所未有的事情，因为两人年龄差距过大，而且那时祖母也即将成年。

"法兰西卡的阿姨、婶婶们都认为，倘若法兰西卡的母亲和小她20岁的男人生活在一起将有辱家门，而且这个小伙子也可能会对法兰西卡心怀不轨，因此法兰西卡被送到隔壁的阿姨家住。法兰西卡的母亲甘希塔总是与她温文儒雅、常取悦法兰西卡的丈夫古希波陪在法兰西卡的身边。但即使法兰西卡结了婚，并带着甘希塔和古希波一起移民到美国后，她依旧把甘希塔当作瘟疫般对待。法兰西卡被遗弃的争议变成她一切苦恼的中心，从未释放、改善它。当然，这也因为那些和法兰西卡住在一起的女人而搞得更糟。她们令我想起《麦克白》里的巫婆，'再来、再来更多的烦恼与忧愁'。即使祖母确实有其悲伤的理由，但也无需在她的余生里添加更多的苍白。"

我们当中有许多人将精力耗费在记恨上，仿佛需要维持那些使我们感到不好的事情。在我的公司中，有一项练习是使名人们了解自己包袱处理的癖性，很多人都被结果给吓着了。我让大家各自找一个搭档，并描述多年来累积的负面事情，聆听的那一方必须回说："那真可怕，再多说一些。"五分钟后，则接着叙述发生过的美好事情。当我要他们停止叙述负面事情时，她们都表示自己还可以说得更多、更多，然而在停止分享正面的事情前，很多人却早就讲不出来了。她们承认要分享美好的事物比较困难。若只单单回想自己上周的心绪，我猜大家马上可以记起那些令自己烦心的事，然而若是要我们回想美好的部分，我们可能会说不出话来。

很重要的是区分什么需要在意，什么需要放弃？

一只倒霉的狐狸被猎人用套套住了一只爪子，它毫不迟疑地咬断了那只小腿，然后逃命。放弃一只腿而保全一条生命，这是孤独的哲学。人生亦应如此，当生活强迫我们必须付出惨痛的代价以前，主动放弃局部利益而保全整体利益是最明智的选择。智者曰："两弊相衡取其轻，两利相权取其重。"趋利避害，这也正是放弃的实质。

人之一生，需要我们放弃的东西很多，古人云，鱼和熊掌不可兼得。如果不是我们应该拥有的，我们就要学会放弃。几十年的人生旅途，会有山山水水，风风雨雨，有所得也必然会有所失，只有我们学会了放弃，我们才拥有一份成熟，才会活得更加充实、坦然和轻松。

比如大学毕业分手的那一刻，当同窗数载的朋友紧握双手、互相轻声说保重的时候，每个人都止不住泪流满面……放弃一段友谊固然会于心不忍，但是每个人毕竟都有各自的旅程，我们又怎能长相厮守呢？固守着一位朋友，只会挡住我们人生旅程的视线，让我们错过一些更为美好的人生山水。而学会放弃，我们就有可能拥有更为广阔的友情天空。

放弃一段恋情也是痛苦的，尤其是放弃一段刻骨铭心的恋情。

譬如说，你爱上了一个人，而她却不爱你，你的世界就微缩在对她的感情上了，她的一举手、一投足，衣裙细碎的声响，都足以吸引你的注意力，都能成为你快乐和痛苦的源泉。有时候，你明明知道那不是你的，却想去强求，或可能出于盲目自信，或过于相信"精诚所至，金石为开"，结果不断的努力，却遭来不断的挫折，弄得自己苦不堪言。世界上有很多事，不是我们努力就能实现的，有的靠缘分，有的靠机遇，有的我们能以看山看水的心情来欣赏，不是自己的不强求，无法得到的就放弃。

懂得放弃才有快乐，背着包袱走路总是很辛苦。

我们在生活中，时刻都在取与舍中选择，我们又总是渴望取，渴望着占有，常常忽略了舍，忽略了占有的反面：放弃。懂得了放弃的真意，也就理解了"失之东隅，收之桑榆"的妙谛。多一点中和的思想，静观万物，体会与世界一样博大的诗意，我们自然就会懂得适时地有所放弃，这正是我们获得内心平衡，获得快乐的好方法。

一个人如果老是背着沉重的包袱，许多状况只不过是徒耗精力罢了。我常要人们写下他们的压力来源，一定有人会说当他们的同事延长午餐时间，那么就会扰乱他们，有个女人一再地表示这有多么恐怖。我问她这种状况持续多久了，她说已20年了，20年来她一直为此生气，并就此警告周围的同事。

接着我问她如何解决这个难题，她说没有一种方法有效，没人能使得上力。现在我们有了一个混合的例子——带着包袱的烈士。我们的行为就如轮回般重复不停，总教我惊讶不已。

当然，这会让他人有机会掌控我们的心情。我们不是常说些"你让我感到（不快乐、生气、伤心、烦心）……"，或是"你让我发狂，我无法忍受你的行为"之类的话吗？

我母亲就是最好的例子。每当我们争执时，她总会提及生我时的往事，她说："当初生你是个痛苦，直到现在还是一样。"50年后，她还是这句老话！

当我们有许多包袱时，要逃离它们总是困难重重。愤怒使我们的生活变得迟缓、无心工作、无心和孩子们说话，或是计划度假。倘若我们一心一意地徘徊在昨夜与老婆的争吵中，那么，是放掉这些包袱的时候了。

一旦我们察觉到他人的行为影响到我们时，我们有许多选择。我们可以心平气和地议论它或改变自己的态度，甚至是释放它（任由它去、不管它）。自从我们喜欢凡事追根究底后，释放可能是人性中最难以做到的行径之一。

下述有些点子，能试着把包袱处理这个想当然的感觉变为毫无意义：

1. 有时想一想那些结果证明是如意的事情。这样的思考方式能够创造幸福的感觉和乐观的心情。我时常回想起祖父母为我做的一切，祖父将我从小马车里抱出来，赏我冰淇淋的景象时常出现在我的脑海里，令我感到被爱，感受到自己充满祝福。

2. 每当我们无法超越过去的罪愆时，把它们想象成栖息在自己背后的一只怪兽，并大声地喊："滚开！"

3. 倘若生活中遗留给我们悲伤与不满，也许趁现在找个代理人，再次创造出令自己满足的生活也是个不错的方法。许多人自愿被收养，在这样给予爱的家庭里，充满着爱我们的父母、祖父母、叔叔阿姨等，专门关爱那些来到这里的访客，这些人可能一生都未曾得到关爱与呵护。这样的社会服务机构有待被发掘。

4. 为自己和家人创造一套价值体系。这样的体系能够帮助我们活出更一致的生命。别再用过往的包袱责备自己。避免说："我不要再像老爸一样白痴了！"而是"我珍重内在的宁静与和谐,所以我会保持镇静。"别对孩子们说:"把自己背后清理清理,否则你会像你叔叔一样的邋遢。"而是教导他们负责的价值观。

5. 写下自己的悼念文和墓志铭。我们最能使得上力的事情之一是什么?认真地思考,我们希望人们记得自己什么?这会给予我们方向与目标。让我们期待人们在哀痛我们辞世的同时,还能发现我们留下这一页充满爱、欢笑以及活力的回忆。

让心平静

⊙如果你无法获得平静,生活将没有意义。所以你必须使你的灵魂获得安宁,并且平静生活。

⊙你愈能够接受自己,就愈容易容忍自己的弱点,也愈能够接受心灵上的平静。

你在早晨醒来之后,可能打开大门,弯身拿起牛奶和报纸。

你可能把牛奶放进冰箱,然后坐在椅子上开始看报。粗黑的大标题赫然出现在眼前——核子武器、外交威胁、违法犯罪、政府滥权等等。

"瞧,"你可能会这么说,"这就是最好的证明,你根本无法在这个世界里静静休息。全世界动乱不堪,已经无法控制了。"

你错了。你可以轻松下来,也可以获得心灵的平静——即使别人都在焦虑不安。

你可以学习容忍这些压力,甚至在生活的奋斗中获得胜利。如果你无法获得平静,生活将没有意义。因此,你必须使你的灵魂获得安宁,并且平静生活。

古希腊哲学家柏拉图说:"人间万事,没有任何一件值得过度焦虑。"

首先你一定要相信,"内心的平静"是可以达到的一个目标,这也许不像表面上那般容易,如果你已经习惯于骚扰、打击及指责你四周的人,那你可能认为心情的平静是无法获得的。

一些重要的杂志与报纸,经常报道今日青少年内心的焦虑不安,以及他们紧张情绪的爆炸性。

一些最受尊敬的社会学家也告诉我们,现代生活充满许多不正常的焦虑。哲学家、精神学家以及宗教领袖皆同意今天的生活缺乏精神上的平静,充满冲突,并受到怨恨的骚扰。

数以百万计的人以焦虑来折磨自己。他们优柔寡断,充满恐惧,甚至无法接受自己的感觉或缺点。他们对任何事情都不敢作决定,对于所谓的生活中的"失败"感到愧疚。他们的行为太矛盾——否则就是害怕得不敢采取任何行动。焦虑已经成为他们的生活方式。恐惧和精神上的毛病充满他们脑中,取代了他们应有的成功与信心的感觉。我就知道有些人,竟然已经好几年不曾享受过真正平静的一星期。

这是不是证明生活中的宁静无法达到?不是,我提到上面这些令人沮丧的例子,

人性的弱点，人性的优点

是要向你再度说明，如果你感到焦虑不安，也不必泄气，因为跟你同样的人太多了。在今天这个世界上，确实有些情况会产生焦虑与不安，因此，若想获得心灵上的平静，首先就要接受你的焦虑与不安，不要因为它们而责备自己。你愈能够接受自己，就愈容易容忍自己的弱点，也愈能够接近心灵上的平静。

你可以获得平静的，请相信我。我将提出很多建议帮你达到这个目标。

首先，从事一些能够令你满足的活动，大部分是属于个人的活动。某些嗜好或仪式可以成为某些人的"心灵镇静剂"，却可能令其他人感到烦闷无比。

有个老太太——她是我们家的老朋友，已在几年前去世——告诉我说，每当她感到焦虑不安时，她就去阅读《圣经》，因为这样可以减轻她的紧张。她只要坐在摇椅上前后摇动，一面读着《圣经》，就能让自己心情平静。

我有一位医生朋友，每天下班后，仍然可以感受到工作上的压力，因而觉得精神十分紧张，但他只要弹弹钢琴，就能平静下来。他所弹的大部分是肖邦的作品，我有时也到他的公寓里坐坐，点上一根雪茄，看着他弹钢琴，在优美的琴声中，不知不觉和他一起轻松起来。

"我不知道这是怎么回事，"他有一次对我说，"只要我弹起钢琴来，我就会觉得十分轻松，忘掉了生活压力。我能够自得其乐，不再担心那些痛苦的病人，也忘了那些身患绝症的人，我这样也许不对。"

"不，"我说，"你必须轻松下来，甚至忘掉最可怜的病人，否则你不但不会成为好医生，也会降低你帮助病人的能力。钢琴给了你心灵上的平静——接受这份礼物吧。"

人人都有这种振奋精神的潜力。把它找出来——然后看看它能为你带来什么好处，并充分利用及发展。

拿自己开开玩笑

⊙愤世，强化了命运的可怕；嫉俗，弱化了自我的信心。自我解嘲，以另一种坦然的心境向着光明走，黑暗，永远只会留在我们的脚后。

⊙成功的人士从不试图掩饰自己的弱点，相反，他们有时还会拿自己的弱点开开玩笑。

人生的横逆与挫折，除了来去无踪以外，最为高深莫测的是它毫无迹象地"了无缘由"；世事的无常、人情的冷暖，除了现实与无情以外，更为无奈的是它无法与人分担的"点滴心头知"。

与其愤世嫉俗地自怨自艾，何不谈笑风生地自我解嘲，坚强振作地迎接挑战、面对挑战。

愤世，强化了命运的可怕；嫉俗，弱化了自我的信心。自我解嘲，以另一种坦然的心境向着光明走去,黑暗,永远只会留在我们的脚后。

这是我妻子陶乐丝给我讲的一个真实的故事:

"那时,我在镇上的中学上八年级。在当年,各年级的学生都必须选修工艺课。金工是八年级的工艺课程。我们每个学生都得在学期结束以前,完成由一块生铁和一只木柄做的螺丝起子。

"工艺老师年约五十开外,挂在嘴角上的烟斗终日不停地冒出浓烈的黑烟,使得身上总是带着一股令人不甚愉快的强烈气味;他外表严肃,从来没有笑容,训起话来又总是尖酸中带着几分刻薄。他在学校一向以'当人'为乐事,更使得我们每个学生上起课来个个如临深渊,如履薄冰。

"一开学,工艺老师就开宗明义地宣布,金工是我们日后日常生活中经常使用的必需技巧,绝对不可等闲视之。学期结束的时候,每个人都得做一个螺丝起子。他会一一公开地讲评给分,并择定最优和最劣的成果,分别加以适当的鼓励与惩罚。不及格的学生,别看只是一门小小的工艺课,还是得老老实实地花上一年的时间重新补修过。

"我一向手拙,对于像美术、劳作、工艺之类必须心灵手巧的课程,有着心有余而力不足的无奈,视之为畏途。在结业课上,尽管费了九牛二虎之力,累得满头大汗,我精心创造的杰作,依旧不折不扣地只是个'略似螺丝起子形状的大型铁钉'。

"期末讲评的最后宣判终于到了。

"我们端正地坐在桌前,工整地将我们的作品放在桌上,静待老师的检查。

"老师依旧以严肃的面容,不急不徐地端着手中的烟斗,一一来回穿梭于我们的座位之间。他仔细观察每一个人的成果,不时弯下身来慎重地打量一些造型突出、颇具创意的杰作,举止之间流露出了悠然自得的满意表情。

"终于,他背着双手走回到了讲台,清清喉咙,开始讲评:'大家的作品都各有千秋,颇具创意,只是,这么些年来,我从来没有看过像陶乐丝同学这么造型独特的成果了……'全班同学的目光,顿时不约而同地飘向了我,使我羞愧地简直无地自容。

"'陶乐丝,请你上来。'老师颔首致意叫我前去,更使我慌乱地手足无措。

"他举起我偌大的'螺丝起子',兀自上下不断地打量着,并且不时以诡异的表情展示给同学们观赏;全体同学爆笑如雷地看着我,以万分期待的心情等待着我上台接受老师的'表扬'。

"我不得不承认我的'螺丝起子'确实有几分畸形,它扭曲的金属头即使在热胀冷缩之后,依旧显得硕大无比;它活生生地插在不相衬的狭小木柄上,更显得十足地毫不协调。

"'经过我仔细地评审,我决定将这学期的最高荣耀颁给陶乐丝同学,她得到了我们的金锉奖,因为她做的根本就不是起子,而是木工每日必备的锉子……'我羞赧地站在台上,望着笑得东倒西歪的全班同学,暗自愤恨着老师无情的奚落,我更以无比悲愤的心情埋怨自己的无能,怒视着全场幸灾乐祸的同学。

"'陶乐丝同学的作品确实别具创意,我们请她解释解释她的创意,并请她发表一

下她的得奖感言.'

"我一片空白的脑海,在这慌乱的一刻,突然灵机一动地体会到了我人生最为宝贵的第一个教训——'自我解嘲'。我何不利用这个难得的机会,自我解嘲地化解所有的危机与困窘?与其自怨自艾地静待失败的挑战,何不英勇果敢地迎接挑战、面对挑战?

"我正经严肃地四顾环视了全场,模仿着电视上转播'奥斯卡金像奖'的情景,傲然自信地伸出了我的双手向当时表情愕然的老师握手致意,并且面对着突然沉静的全体同学,以极其感性的口吻说:'谢谢、谢谢。首先,我得感谢我伟大的父亲,是他给了我如此的聪明才智,能够十分荣幸地来到这里上最好的工艺课;我更要感谢我可爱的母亲,是她给了我如此粗枝大叶的个性,使我随手就产生了这样美好的创意;当然,我最需要感谢的是谆谆教诲我们的工艺老师,如果没有他老人家那具有伯乐的眼光,又怎么会识出我这匹千里马的无限潜力……'

"全场同学在短暂惊愕之后,完全笑翻了。

"'最后,我不得不说明,我其实一心只想做个锉子,但是由于老师英明的指导和全体同学的鼓励协助,我十分高兴它仍旧幸运地保留了起子的基本形象。然而,这是公平的金锉奖,确实是完完全全地名副其实,而我的得奖更是实至名归。'我在欢声雷动的掌声中,深深地鞠了一躬,然后自信满满地回到了我的座位上。"

"自我解嘲"的心态,化解了我妻子生涯中最为尴尬的一刻。

正如人们喜欢谈论一些关于别人的笑话一样,在适当的时候,也要像陶乐丝那样拿自己开开玩笑,要善于自嘲。

美国著名的律师乔特是最善于讲自己笑话的人。有一次,哥伦比亚大学的校长蒲特勒在请他做演讲时,曾极力称赞他,说他是"我们的第一国民"。

这实在是一个卖弄自己的绝好机会,他可以自傲地站起来,一副得意洋洋的神态,仿佛是要对听众说:"你们看,第一国民要对你们演讲了。"

但是聪明的乔特并没有如此。他似乎对这种称赞充耳不闻,却转而调侃自己的"无知"。这种自嘲很快博得了听众的热情与好感。

他说:"你们的校长刚才偶然说了一个词,我有点听不太懂。他说什么'第一国民',我想他一定是指莎士比亚戏剧里的什么国民吧。我想,你们的校长一定是个莎士比亚专家,研究莎士比亚很有心得,当时他一定是想到莎士比亚了。诸位都知道,在莎氏的许多戏剧中,'国民'不过是舞台的装饰品,如第一国民、第二国民、第三国民等等。每个国民都很少说话,即使是说那一点点话,也说得不太好。他们彼此都差不多,即使把每个国民的号数彼此调换,别人也根本看不出有什么分别的。"

这是一种非常聪明的方法,它使自己与听众居于同等的地位,拉近了自己与听众的距离。他不想停留在蒲特勒所抬高的那种高高在上的地位上。如果他换一种说法,用庄重一点的言词,比如,"你们校长称我为第一国民,他的意思不过是说我只不过是是舞台上的一个无用的装饰品而已。"虽然表达的意思是一样的,但是绝对不能把那种礼节性的赞词变为一种轻松的笑话,也绝对不会取得那样的效果。

人性的弱点

　　无论是在一帮很好的朋友中，还是在一大群听众中，能够想出一些关于自己的笑话，能够适当地自嘲，是赢得别人尊敬与理解的重要方法，远远要比开别人的一个玩笑重要得多。拿自己开开玩笑，可以使我们对世事抱有一种健康的态度，因为如果我们能与别人平等地相待，就可以为我们赢得不少的朋友。相反，如果我们为显示自己是怎样地聪明，而拿别人开玩笑，以牺牲别人来抬高自己，那我们一生一世也难以交到一个朋友，更不用说距成功有多遥远了。

　　在美国的二十世纪三四十年代，有个政界要人叫凯升。他首次在众议院里发表演说，却打扮得土里土气，因为他刚从西部乡间赶来。

　　一位善于挖苦讽刺的议员，在他演讲时插嘴说：

　　"这个伊利诺伊州来的人，口袋里一定装满了麦子呢。"这句话引起哄堂大笑，但是凯升并没有因此怯场，他很坦然地拿自己开了一个玩笑：

　　"是的，我不仅口袋里装满了麦子，而且头发里还藏着许多菜籽呢！我们住在西部的人，多数是土里土气的，不过我们虽然藏的是麦子和菜籽，但却能够长出很好的苗子来！"

　　凯升不以自己的土气为耻，而以自己来自艰难创业的西部为荣，因而拿自己开玩笑，不否认口袋里装满麦子，进而还说连头发里也藏着菜籽。他的自嘲非但没有招来其他议员的嘲笑，相反却赢得了他们的尊敬，其大名也传遍全国，人们亲切地送给他一个外号：伊利诺伊州的菜籽议员。

　　成功的人士从不试图掩饰自己的弱点，相反，有时他们会拿自己的弱点开开玩笑。而现实生活中，我们却经常可以遇到一些专门喜欢遮掩自己弱点的人，他们也许脸上有些缺陷，也许所受的教育太少，也许举止粗鲁，但是他们总要想出方法来掩饰，不让别人知道。但这样做以后，他们却于无形中背弃了诚恳的态度，毫无疑问，与之交往的朋友会对他们产生一种不诚恳的印象，使人们不敢再与他们交往。

　　世界上最不幸的就是那些既缺乏机智又不诚恳的人。很多人常常自以为很幽默，经常喜欢拿别人开玩笑，处处表现出小聪明，结果弄得与他交往的人都不敢再信任他，以致于以前的朋友也会敬而远之，纷纷躲避。

　　适当地拿自己开开玩笑吧，这不仅是一种机智，更是驱散忧虑、走向成功的法宝。

拿开捂住眼睛的双手

　　⊙过去的所有不愉快绝不会因为自欺欺人地捂上自己的眼睛，就可以"我看不见你，你就看不见我了"。

　　⊙谎言的结果会驾驭我们的生命，而我们终究会发现吐露真相是明智的方法。

　　心境恰似容器，无法面对现实就容不下对未来的美好期望；满满的水杯如何还能承受重新注入的甘美果汁。放下身段，方才得以率真地正视自我；抛弃世俗虚伪名利、面子的顾忌，坦然的胸怀，正是我们迈向美好未来的终南捷径。

　　过去的所有不愉快绝不会因为自欺欺人地捂上自己的眼睛就可以"我看不见你，你就看不见我了"；坦率方见真情、纯真始得真义，只有不计较过去曾经的坦率、不计较世俗眼光的纯真，我们才得以以最大的勇气去面对现实。

　　我的女儿乔伊三四岁刚学会走路的时候，在家里最爱跟我们玩"捉迷藏"的游戏。当时她是家里惟一的孩子，我们自然就成了她惟一的玩伴。乔伊老是喜欢叫我们"扮鬼"，由她在四处躲起来，让我们找她。

　　我每次总是故意地慢慢数着一、二、三、四……同时从指缝中偷偷地看她那只胖嘟嘟的小腿慌慌张张地在家中的房间到处乱窜着；她一会儿想藏到窗帘里面，一会儿想躲到壁橱后头。她总是觉得不大放心地再三改变她的主意，她总是觉得不大满意地屡次更改她隐藏的地方。即使是确实找到了绝佳的隐蔽的地方，她又总是在我问她"躲好了没"之后、奶气十足地回答说"好了"的时候，充分暴露了她的行踪。

　　我故作谨慎仔细地搜寻，使我都能听到她紧张的呼吸声；我夸张地缓步前行，慢慢地接近她藏身的地方，连她扑通扑通的心跳悸动都可以明显地感觉出来。而当我每次找到她，拉开了窗帘、或是翻开了壁橱的时候，她十分天真可爱地以小小的双手立即捂住了她的眼睛，以为"她看不见我，我就看不见她"，兀自烂漫无邪地静静站立在我的眼前，直到我以双手拉开了她那肥嘟嘟的小手以后，她这才死心塌地地发现我已经找到了她，而不断吱吱咯咯、手舞足蹈地开怀大笑。

　　乔伊这种愚蠢而可爱的举动，经常是当时我们一些亲朋好友来家做客时，作弄逗笑的最好题材。直到如今，乔伊虽然已经出落得亭亭玉立，颇有大家闺秀的气质，但我们仍不时以这些童年的往事取笑她。乔伊说，她依稀还能记得当时情景的一二。她说，她一直将这种"我看不见你，你就看不见我"的躲迷藏哲学奉为圭臬，直到进了幼儿园，才在接触了其他的小朋友、面对了真实严肃的"游戏规则"、知道不再有人像父母一般地宽让以后，才知道过去奉行的哲学有多荒谬与错误。

　　我常想，这真是一个最好的人生启示。其实，我们许多人，直到成年以后，不还一直在生活中继续犯着这个"我看不见你，你就看不见我"的不敢面对现实的严重错误吗？

　　漫漫人生，充满了喜乐、充满了快慰，喜乐时我们高歌，快慰时我们欢笑。然而，漫漫人生也充满了悲伤、充满了挑战，而我们却经常在悲伤来临的时候只知痛苦、在挑战来临的时候只会愚蠢地以"我看不见你，你就看不见我"的自我欺骗心态，一意回避，而不知如何去拿开捂住眼睛的双手，面对现实、迎接挑战。

　　人们不是因为他们不诚实而撒谎，他们不诚实是因为他们害怕真相，这便是恐惧发生在谎言之前的原因。我们选择撒谎，是因为我们相信真相也许能开启我们害怕而希望逃避的反应。内疚随之而来，因为我们的内在认知立即明白我们主动逃避一次学习爱的机会，而且我们正在造成内在的另一个障碍。

谎言的结果会驾驭我们的生命,而我们终究会发现吐露真相是明智的方法。

因为你快乐,所以我快乐

⊙快乐是有传染性的,只有使别人快乐才能让我们自己快乐。
⊙必须要有自我牺牲或者约束的意识,才能达到自我了解与快乐。

快乐是有传染性的,只有使别人快乐,才能让我们自己快乐。

不管你的处境多么平凡,你每天都会碰到一些人,他们每个人都有自己的烦恼、梦想和个人的野心,他们也渴望有机会跟其他人来共享,可是你有没有给他们这种机会呢?你有没有对他们的生活流露出一份兴趣呢?你不一定要成为南丁格尔,或是一个社会改革者,才能帮着改变这个世界。你可以从明天早上开始,从你所碰到的那些人做起。

这对你会有什么好处呢?这会带给你更大的快乐、更多的满足,以及你心中的满意。"为别人做好事不是一种责任,而是一种快乐,因为这能增加你自己的健康和快乐。"纽约心理治疗中心的负责人亨利·林克说。

"现代心理学上最重要的发现就是以科学证明:必须要有自我牺牲或者是约束,才能达到自我了解与快乐。"

多为别人着想,不仅能使你不再为自己忧虑,也能帮助你结交更多的朋友,并得到更多的乐趣。那么怎样才能做到这一点呢?

如果你想消除忧虑,获得平安与幸福,就请记住这条规则:

"要对别人感兴趣而忘掉你自己,每一天都做一件能给别人脸上带来快乐微笑的好事"。洛克菲勒早在23岁的时候就开始全心全意地追求他的目标。据他的朋友说:"除了生意上的好消息以外,没有任何事情能令他展颜欢笑。当他做成一笔生意,赚到一大笔钱时,他会高兴地把帽子摔到地上,痛痛快快地跳起舞来。但如果失败了,那他会随之病倒。"

就在他的事业达到顶峰之时,他的私人世界却崩溃了。许多书籍和文章公开地谴责他不择手段致富的财阀行为。

在宾夕法尼亚州,当地人们最痛恨的人就是洛克菲勒。被他打败的竞争者,将他的人像吊在树上泄恨;充满火药味的信件如雪花般涌进他的办公室,威胁要取他的性命。他雇用了许多保镖,防止遭敌人杀害,并试图忽视这些仇视怒潮。有一次,他曾以讽刺的口吻说:"你尽管踢我、骂我,但我还是按照我自己的方式行事。"

但他最后还是发现自己毕竟也是凡人,无法忍受人们对他的仇视,也受不了忧虑的侵蚀。他的身体开始不行了,疾病从内部向他发动攻击,令他措手不及,疑惑不安。

起初,"他试图对自己偶尔的不适保持秘密"。但是,失眠、消化不良、掉头发

——全身烦恼和精神崩溃的肉体病症——却是无法隐瞒的。

在那段痛苦及失眠的夜晚里，洛克菲勒终于有时间自我反省。他开始为他人着想，他曾经一度停止去想他能赚多少钱，而开始思索那笔钱能换取多少人的幸福。

简而言之，洛克菲勒现在开始考虑把数百万的金钱捐出去。有时候，做件事可真不容易。当他向一座教堂捐款时，全国各地的传教士便齐声发出反对的怒吼："腐败的金钱！"

但他继续捐献，在获知密西根湖湖岸的一家学院因为抵押权而被迫关闭时，他便立刻展开援助行动，捐出数百万美元去捐助那家学院，将它建设成为目前举世闻名的芝加哥大学；他也尽力帮助黑人，像塔斯基吉黑人大学，需要基金完成黑人教育家华盛顿·卡文的志愿，他便毫不迟疑地捐出巨款。然后，他又采取更进一步的行动，成立了一个庞大的国际性基金会——洛克菲勒基金会——致力于消灭全世界各地的疾病、文盲及无知。

像洛克菲勒基金会这种壮举，在历史上前所未见。洛克菲勒深知全世界各地有许多有识之士，都在进行着许多有意义的活动，但是这些高超的工作，却经常因缺乏基金而宣告结束。他决定帮助这些人道的开拓者——并不是"将他们接收过来"，而是给他们一些钱来帮助他们完成工作。洛克菲勒把钱捐出去之后，是否获得心灵的平安？他最后终于感觉满足了，洛克菲勒十分快乐，他已完全改变，完全不再烦恼。

学会从损失中获利

⊙有两个人从铁窗朝外望去，一个人看到的是满地的泥泞，而另一个人却看到满天的繁星。

⊙真正的快乐不见得是愉悦的，它多半是一种胜利。

⊙人生最重要的不是以你的所得去投资，任何人都可以这样做。真正重要的是如何从损失中获利。这才需要智慧，才能显示出人的上智下愚。

我有一天到芝加哥大学拜访罗伯特·哈金斯校长，请教他是如何解决忧虑的。他的回答是："我一直遵循已故的西尔斯百货公司总裁朱利斯·罗森沃德的建议：'如果你手中只有一个柠檬，那就做杯柠檬汁吧！'"

这正是那位芝加哥大学校长所采取的方法，但一般人却刚好反其道而行之。如果人们发现命运送给他的只是一个柠檬，他便会立即放弃，并说："我完了！我的命怎么这么不好！一点机会都没有了。"于是他便与世界作对，并且陷于自怜之中。然而，如果是一个聪明人得到了一个柠檬，他会说："我可以从这次不幸中学到什么？怎样才能改善我目前的处境？怎样把这个柠檬做成柠檬汁呢？"

伟大的心理学家阿德勒穷其一生都在研究人类及其潜能，他曾经宣称他发现人类最不可思议的一种特性——"人具有一种反败为胜的力量"。

曾听瑟尔玛·汤普森女士讲过一段她的经历：

"战时，我丈夫驻防加州沙漠的陆军基地。为了能经常与他相聚，我搬到那附近去住，那实在是个可憎的地方，我简直没见过比那更糟糕的地方。我丈夫出外参加演习时，我就只好一个人待在那间小房子里，热得要命——仙人掌树荫下的温度高达华氏125度，没有一个可以谈话的人。风沙很大，所有我吃的、呼吸的都充满了沙、沙、沙！

"我觉得自己倒霉到了极点，觉得自己好可怜，于是我写信给我父母，告诉他们我放弃了，准备回家，我一分钟也不能再忍受了，我情愿去坐牢也不想待在这个鬼地方。我父亲的回信只有三行，这三句话常常萦绕在我心中，并改变了我的一生：

有两个人从铁窗朝外望去，
一人看到的是满地的泥泞，
另一个人却看到满天的繁星。

"我把这几句话反复念了好几遍，我觉得自己很丢脸，决定找出自己目前处境的有利之处，我要找寻那一片星空。

"我开始与当地居民交朋友，他们的反应令我感动。当我对他们的编织与陶艺表现出很大的兴趣时，他们会把拒绝卖给游客的心爱之物送给我。我研究各式各样的仙人掌及当地植物。我试着多认识土拨鼠，我观看沙漠的黄昏，找寻300万年前的贝壳化石，原来这片沙漠在300万年前曾是海底。

"是什么带来了这些惊人的改变呢？沙漠并没有发生改变，改变的只是我自己。因为我的态度改变了，正是这种改变使我有了一段精彩的人生经历。我所发现的新天地令我觉得既刺激又兴奋。我着手写一本书——一本小说——我逃出了自筑的牢狱，找到了美丽的星辰。"

瑟尔玛·汤普森所发现的正是耶稣诞生前500年希腊人发现的真理："最美好的事往往也是最困难的。"

哈里·爱默生·佛斯狄克在20世纪再次重述它："真正的快乐不见得是愉悦的，它多半是一种胜利。"没错，快乐来自一种成就感，一种超越的胜利，一次将柠檬榨成柠檬汁的经历。

曾造访过一位住在佛罗里达州的快乐农人，他曾将一个有毒的柠檬做成了可口的柠檬汁。当他买下农地时，他心情十分低落，土地贫瘠，不适合种植果树，甚至连养猪也不适宜，除了一些矮灌木与响尾蛇，什么都活不了。后来他忽然有了主意，他决定将负债转为资产，他要利用这些响尾蛇。于是不顾大家的惊异，他开始生产响尾蛇肉罐头，几年后，每年有平均两万名游客到他的响尾蛇农庄来参观，他的生意好极了。我亲眼目睹毒液抽出后送往实验室制作成血清，蛇皮以高价售给工厂，用来生产女鞋与皮包，蛇肉装罐运往世界各地。我买了一些当地的风景明信片到村中邮局去寄，发现邮戳盖着"佛罗里达州响尾蛇村"，可见当地人很是以这位把毒柠檬做成甜柠檬汁的农人为荣。

我旅行全美各地，常有幸见到一些"能干的反亏为盈"的人。

"人生最重要的不是以你的所得去做投资，任何人都可以这样做。真正重要的是如何从损失中获利。这才需要智慧，也才能显示出人的上智下愚。"伯利梭写这段话时，他已在一次火车意外中丧失了一条腿。

我在纽约市教授成人教育课程时，发现很多人都有一个很大的遗憾，是没有机会接受大学教育。他们似乎认为未进大学是一种缺陷，而实际上许多成功的人士都没上过大学，因此这一点并没有这么重要。

我曾讲给学员们一个失学者的故事：

他的童年非常贫困，父亲去世后，靠父亲的朋友帮忙才得以安葬。他的母亲必须在一家制伞工厂一天工作 10 小时，再带些零工回来做，做到晚上 11 点钟。

他就是在这种环境下长大的，有一次他参加教会的戏剧表演，觉得表演非常有趣，于是就开始训练自己公众演说的能力，后来也因此进入了政界。30 岁时，他已当选为纽约州议员，不过对接受这样的重大责任，他实际上还没有准备妥当。事实上，他亲口告诉我，他还搞不清楚州议员应该做些什么。他开始研读冗长复杂的法案，这些法案对他来说，就跟天书一样。他被选为森林委员会的一员，可是因为他从来不了解森林，所以他非常担心。他又被选入银行委员会，可是他连银行账户也没有，因此他十分茫然。他告诉我，如果不是耻于向母亲承认自己的挫折感，他可能早就辞职不干了。绝望中，他决定一天研读 16 小时，把自己无知的酸柠檬，做成知识的甜柠檬汁。因为这种努力，他由一位地方政治人物提升为全国性的政治人物。他的表现如此杰出，连《纽约时报》都尊称他为"纽约市最可敬爱的市民"。

他就是阿尔·史密斯。在阿尔开始自我教育后的第十年，他成为纽约州政府的活字典。他曾连任四届纽约州州长——当时还没有人拥有这样的纪录。1928 年，他当选为民主党总统候选人，包括哥伦比亚大学及哈佛大学在内的六所著名大学，都曾颁授荣誉学位给这位年少失学的人。

阿尔说，如果不是他一天勤读 16 小时，把他的缺失弥补过来，他绝对不可能有今天的成功。哲学家尼采认为，优秀杰出的人"不仅忍人所不能忍，并且乐于进行这种挑战"。

如果我们真的灰心到看不出有任何转变的希望，这里有两个我们起码应该一试的理由，这两个理由保证我们试了之后只有更好，不会更坏。

1. 我们可能成功。

2. 即使未能成功，这种努力的本身已迫使我们向前看，而不是只会悔恨，它会驱除消极的想法，代之以积极的思想；它激发创造力，促使我们忙碌，也就没有时间与心情去为那些已成过去的事忧伤了。

世界著名的小提琴家欧尔·布尔在巴黎的一次音乐会上，忽然小提琴的 A 弦断了，他面不改色地以剩余的三根弦奏完全曲。佛斯狄克说："这就是人生，断了一根弦，你还能以剩余的三根弦继续演奏。"

这还不只是人生，这是超越人生，是生命的凯歌！

如果我做得到的话，我要把威廉·伯利梭的这段话镂刻并悬挂在每一所学校里：

人生最重要的不只是运用你所拥有的，任何人都会这样做，而真正重要的课题是如何从你的损失中获利，这才需要真智慧，也才显示出人的上智下愚。

不要期望他人的感恩

⊙请牢记，寻求快乐的惟一途径是不要期望他人的感恩，付出是一种享受施与的快乐。

⊙请牢记，感恩是一种需要培养的品德，希望儿女们知恩，就必须训练他们成为感恩的人。

⊙与其担心他人不知感恩，不如忘记它。耶稣一天救治了十个瘫子，只有一位回来感谢他。难道我们能比耶稣得到的更多吗？

我最近碰到一个义愤填膺的人，有人警告我碰到他 15 分钟内就一定会谈起那件事，果然如此。令他气愤的事发生在 11 个月前，可是他还是一提起就生气。他简直不能谈别的事，他为 34 位员工发了 1 万美元圣诞节奖金——每人差不多 300 美元——结果没有一个人谢谢他。他抱怨说："我很后悔，我居然发给他们奖金。"

"一个愤怒的人，浑身都是毒。"我衷心同情面前这位浑身是毒的人，他有 60 岁了。人寿保险公司统计我们还能活着的平均年数是目前年龄与 80 岁之间差数的三分之二。这位仁兄——如果他够幸运——大概还可活十四五年。结果他浪费了有限的余生中的将近一整年，为过去的事而感到愤恨不平，我实在同情他。

除了愤恨与自怜，他大可自问为什么人家不感激他：有没有可能是因为待遇太低、工时太长，或是员工认为圣诞奖金是他们应得的一部分？也许他自己是个挑剔又不知感谢的人，以致别人不敢也不想去感谢他。或许大家都觉得反正大部分利润都要缴税，不如当成奖金。

不过反过来说，也可能员工真的是自私、卑鄙、没有礼貌。也许是这样，也许是那样，我也不会比你更了解整个状况。我倒是知道英国约翰逊博士说过："感恩是极有教养的产物，你不可能从一般人身上得到。"

我的重点是：他指望别人感恩乃是一项一般性的错误，因为他实在不了解人性。

如果你救了一个人的生命，你会期望他感激吗？你也许会——可是塞缪尔·莱维茨在他当法官前曾是位有名的刑事律师，曾使 78 个罪犯免上电椅。你猜猜看其中有多少人曾事后致谢，或至少寄个圣诞卡来？我想你猜对了——一个也没有。

耶稣基督在一个下午使十个瘫子起立行走，但是有几个人回来感谢他了呢？只有一位。耶稣环顾门徒问道："其他九位呢？"他们全跑了，谢也不谢就跑得无影无踪！让我来问问大家：像你我这样平凡的人给了别人一点小恩惠，凭什么就希望得到比耶稣更多的感恩？

人间的事就是这样，人性就是人性——你也不用指望会有所改变，何不干脆接受呢？我们应该像一位最有智慧的罗马帝王马库斯·阿列留斯一样，他有一天在日记中说道：

"我今天会碰到多言的人、自私的人、以自我为中心的人、忘恩负义的人，我也不必吃惊或困扰，因为我还想象不出一个没有这些人存在的世界。"

他说的不是很有道理吗？我们每天抱怨别人不会感恩图报，到底该怪谁？这是人性，还是我们忽略了人性？不要再指望别人的感恩了，要是我们偶尔得到别人的感激，就会是一件惊喜。如果没有，也不至于难过。

我认识一位住在纽约的妇人，一天到晚抱怨自己孤独。没有一个亲戚愿意接近她，而我也不怪他们。你去看望她，她会花几个钟头喋喋不休地告诉你，她侄儿小的时候，她是怎么照顾他们的；他们得了麻疹、腮腺炎、百日咳，都是她照看的；他们跟她住了许多年，还资助一位侄子读完商业学校，直到她结婚前，他们都住在她家。

这些侄子都回来看望她吗？噢！有的！有时候！完全是出于义务性的。他们怕回去看她，因为想到要坐几个小时去听那些老调，无休无止的埋怨与自怜。当这位妇人发现威逼利诱也没法叫她的侄子们回来看她后，她就剩下最后一个绝招——心脏病发作。

这心脏病是装出来的吗？当然不是，医生也说她的心脏相当神经质，常常心悸。可是医生也束手无策，因为她的问题是情绪性的。

这位妇人需要的是关爱与关注，但是我以为她需要的是"感恩"，可惜她大概永远也得不到感激或敬爱，因为她认为这是应得的，她要求别人给她这些。

有多少人都像她一样，因为别人都忘恩负义，因为孤独，因为被人疏忽而生病。他们渴望被爱，但是在这世上真正能得到爱的惟一方式，就是不索求，相反地，还要不求回报地付出。

这听起来好像太不实际、太理想化了，其实不然！这是追求幸福最好的一种方法，我知道，因为我亲眼见到我家庭中发生的状况：我的父母乐于助人，我们很穷——总是窘于欠债，可是虽然穷成那样，我父母每年总是能挤出一点钱寄到孤儿院去。他们从来没有去拜访过那家孤儿院，大概除了收到回信外，也从来没有人感谢过他们，不过他们已有所回报，因为他们享受了帮助这些无助小孩的喜乐，并不期望任何回报。

我离家外出工作后，每年圣诞节，我总会寄张支票给父母，让他们买点自己喜欢的物品，可是他们总不买。当我回家过圣诞时，父亲会告诉我，他们买了煤、日用品送给城里一个有很多小孩的贫苦妇人。施舍与不求回报的快乐是他们所能得到的最大的快乐。

我坚信我父亲已符合亚里士多德所说的懂得享受快乐的理想人的标准了。亚里士多德说："理想人会享受助人的快乐。"

要追求真正的快乐，就必须抛弃别人会不会感恩的念头，只享受付出的快乐。为人父母者总是怨恨子女不知感恩，即使是莎剧主人翁李尔王也不禁叫道："不知感恩的子女比毒蛇的利齿更痛噬人心。"

但是如果我们不教育他们，为人子女者如何会知道感恩呢？忘恩原是天性，它像随地生长的杂草。感恩却有如玫瑰，需要细心栽培及爱心的滋润。

假如子女们不知感恩应该怪谁？可能该怪的就是我们自己。如果我们总是不教导他们向别人表示感谢，怎么能期望他们来谢我们？

我认识一位住在芝加哥的朋友，他在一家纸盒工厂里工作得很辛苦，周薪不过40美元。他娶了一位寡妇，她说服他向别人借了钱送她第二个前夫的儿子上大学。他的周薪得用来支付食物、房租、燃料、衣服及缴付欠款。他像奴隶似的苦干了4年，而且从不埋怨。

有人感谢他吗？没有，他太太认为是理所当然的，那个儿子自然也是一样。他们一点也不感到对这位继父有任何亏欠，即使只是道谢一声。

这怪谁呢？这个儿子吗？也许！但是这位母亲不是更不该吗？认为这两个年轻的生命不应该有这种义务的负担，她不希望她的儿子"由负债"开始他们的人生。所以她从没想到要说："你们的继父资助你们念大学，多好的人啊！"相反地，她的态度却是："噢！那是他起码应做到的。"

她认为没有施加给他们任何负担，可是实际上，她让他们产生了一种危险的意识，认为这个世界有义务让他们活下去。果然后来，这位男孩想向老板"借"点钱，结果身陷囹圄。

我们一定要记住，孩子是我们造就的。举例来说，我姨母从来不抱怨儿女不知感恩。我小的时候，姨母把她母亲接去照料，同时也照料她的婆婆。我现在仍记得两位老人家坐在壁炉前的情景。她们有没有麻烦我姨母？我想一定很不少，但是你从她的态度上一点也看不出来。她真的爱她们，向她们嘘寒问暖，使她们感觉到家的温暖。而她自己还有6个子女，可她从不觉得自己做了什么伟大的事。对她来讲，这一切只不过是再自然不过的事，是正确的事，也是她愿意做的事。

我这位姨母已经孀居了二十几年，她的5位成年子女都欢迎她，希望她到他们家去一起住。她的子女们对她钟爱极了，从不觉得厌烦。是由于"感恩"吗？当然不是啦！这是真正的爱！这几位子女从孩童时代就生活在慈善的气氛中。现在需要照顾的是他们的妈妈；他们回报同样的爱，不是再自然不过了吗？

让我们不要忘了，要想有感恩的子女，只有自己先成为感恩的人。我们的所言所行都非常重要。在孩子面前，千万不要诋毁别人的善意。也千万别说："看看表妹送的圣诞礼物，都是她自己做的，连一毛钱也舍不得花！"这种反应对我们可能是件小事，但是孩子们却听进去了。因此，我们最好这么说："表妹准备这份圣诞礼物，一定花了不少时间！她真好！我们得写信谢谢她。"这样，我们的子女在无意中也学会养成赞赏感谢的习惯了。

报复只会伤害自己

⊙当我们痛恨我们的仇人时，就等于给了他们制胜的力量，那种力量可以使我们难以安眠、倒我们的胃口、升高我们的血压、危害我们的健康和吓跑我们的欢乐。

⊙怀着爱心吃菜，也会比怀着怨恨吃牛肉好得多。

一天晚上，我正旅行通过黄石公园，一位森林的管理人员骑在马上，和我们这些兴奋的游客谈些关于熊的事情。他告诉我们：一种大灰熊大概可以击倒西方所有的动物，除了水牛和另一种黑熊。但那天晚上，我却留意到一只小动物——只有一只，那只大灰熊不但让它从森林里出来，还和它在灯光下一起进餐。那是一只臭鼬！大灰熊了解，它的巨型之掌，能够一掌把这只臭鼬打昏，可是它为什么不那样做呢？由于它从经验里学到，那样做很划不来，我也了解这一点。当我还是个小孩的时候，曾经在密苏里的农庄上抓过四只脚的臭鼬，长大成人之后，我在纽约的街上也碰到过几个像臭鼬一样的两只脚的人。我从这些不幸的经验里发现：不论招惹哪一种臭鼬，都是划不来的。

当我们痛恨我们的仇人时，就等于给了他们制胜的力量，那种力量可以使我们难以安眠、倒我们的胃口、升高我们的血压、危害我们的健康和吓跑我们的欢乐。如果我们的仇人知道他们怎样令我们担心，令我们苦恼，令我们一心想报复的话，他们肯定会兴奋得跳起舞来。我们心中的恨意完全不能伤害到他们，却使我们的生活变得像地狱一般。

你猜是谁说过："要是自私的人想占你的便宜，就不必去理会他们，更不必想去报复。当你想和他扯平的时候，你伤害自己的程度要比你伤害那家伙的程度更多。"这段话听起来仿佛是什么理想主义者所说的，其实不然。这段话出自在一份由米尔瓦基警察局所发出的通告上。报复怎样会伤害你呢？伤害的地方可多了。根据《生活》杂志的报道中指出，报复甚至会损害你的健康。

"高血压患者主要的特征就是容易愤慨，"《生活》杂志说，"愤怒不停的话，长期性的高血压和心脏病就会随之而来。"

如今你该了解耶稣所谓"爱你的仇人"，不只是一种道德上的训诫，而且是在宣扬一种20世纪的医学。他说"要原谅七十个七次"的时候，他是在教我们怎样避免高血压、心脏病、胃溃疡和多种其他的疾病。

我的一个朋友最近犯了一次严重的心脏病，他的医生命令他躺在床上，无论发生任何事情都不能生气。医生们都了解，心脏衰弱的人一发脾气就可能失去生命。几年以前，在华盛顿州的史泼坎城，有一个饭馆老板就是由于气愤而死。如今我面前就有一封从华盛顿州史泼坎城警察局局长杰瑞·史瓦脱那里来的信。信上说：几年以前，一个68岁的老人威廉·传坎伯，在史泼坎城开了一家小餐馆，由于他的厨子一定要用茶碟喝咖啡，而使他活活气死了。当时那位小餐馆的老板特别生气，抓起一把左轮枪去追那个厨子，结果由于心脏病发作而倒地死去，手里还紧紧地抓着那把枪。验尸官的报告宣称：他由于愤怒而引发心脏病。

当耶稣说"爱你的仇人"的时候，他也是在告诉我们：怎么样改进我们的外表。我想你也和我一样，认得一些女人，她们的脸因为怨恨而有皱纹，因为悔恨而变了形，表情僵硬。不管怎样美容，对她们容貌的改进，也及不上让她心里充满了宽容、温柔和爱所能改进的一半。

怨恨的心理，甚至会毁了我们对食物的享受。圣人说："怀着爱心吃菜，也会比怀着怨恨吃牛肉好得多。"

要是我们的仇人知道我们对他的怨恨使我们精疲力竭，使我们疲倦而紧张不安，使我们的外表受到伤害，使我们得心脏病，甚至可能使我们短命的时候，他们不是会拍手称快吗？

即使我们不能爱我们的仇人，至少我们也要爱我们自己。我们要使仇人不能控制我们的快乐、我们的健康和我们的外表。就如莎士比亚所说的：

"不要因为你的敌人而燃起一把怒火，热得烧伤你自己。"

当耶稣基督说，我们应该原谅我们的仇人"七十个七次"的时候，他也是在教我们怎样做生意。我举个例子吧。当我写这一段的时候，我面前有封由乔治·罗纳寄来的信，他住在瑞典的艾普苏那。乔治·罗纳在维也纳当了很多年律师，但是在第二次世界大战期间，他逃到瑞典，一文不名，很需要找份工作。因为他能说并能写好几国的语言，所以希望能够在一家进出口公司里，找到一份秘书的工作。绝大多数的公司都回信告诉他，因为正在打仗，他们不需要用这一类的人，不过他们会把他的名字存在档案里等等。

不过有一个在写给乔治·罗纳的信上说："你对我生意的了解完全是错误的。你笨又无知，我根本不需要任何替我写信的秘书。即使我需要，也不会请你，因为你甚至于瑞典文也写不好，信里全是错字。"

当乔治·罗纳看到这封信的时候，简直气得发疯。那个瑞典人写信来说，他写不好瑞典文是什么意思？那个瑞典人自己的信上都是错误百出。于是乔治·罗纳也写了一封信，目的要想使那个人大发脾气。但接着他停下来对自己说："等一等。我怎么知道这个人说的是不是对的？我学过瑞典文可是这并不是我的母语，也许我确实犯了很多我并不知道的错误。如果是那样的话，那么我想要得到一份工作，就必须再努力地学习。这个人可能帮了我一个大忙，虽然他本意并非如此。他用这么难听的话来表达他的意见，并不表示我就不亏欠他，所以应该写封信给他，在信上感谢他一番。"

于是乔治·罗纳撕掉了他刚刚已经写的那封骂人的信,另外写了一封信说:这样不怕麻烦地写信给我实在是太好了,尤其是你并不需要一个替你写信的秘书。对于我把贵公司的业务弄错的事我感到非常抱歉。我之所以写信给你,是因为我向别人打听,而别人把你介绍给我,说你是这一行的领导人物,我并不知道我的信上有很多文法上的错误,我觉得很惭愧,也很难过。我现在打算更努力地去学习瑞典文,以改正我的错误,谢谢你帮助我走上改进之路。"

不到几天,乔治·罗纳就收到那个人的信,请罗纳去看他。罗纳去了,而且得到了一份工作,乔治·罗纳由此发现"温和的回答能消除怒气"。

我们也许不能像圣贤般去爱我们的仇人,但是为了我们自己的健康和欢乐,我们至少要原谅他们,忘记他们,这样做确实是很聪明的事。有一次我问艾森豪威尔将军的儿子约翰,他爸爸会不会总是怀恨别人。"不会,"他回答,"我爸爸从来不浪费一分钟,去想那些他不喜欢的人。"

有句老话说:不能生气的人是笨蛋,而不去生气的人才是聪明人。

这也就是前纽约州州长盖诺所抱定的政策。他被一份内幕小报攻击得体无完肤之后,又被一个疯子打了一枪差一点送命。他躺在医院为他的生命挣扎的时候,他说:"每天晚上我都原谅所有的事情和每一个人。"这样做是否太理想了呢?是否太轻松、太好了呢?假如是的话,就让我们来看看那位伟大的德国哲学家,也就是《悲观论》的作者叔本华的理论。他以为生命就是一种毫无价值而又痛苦的冒险,当他走过的时候仿佛全身都散发着痛苦,可是在他绝望的深处,叔本华叫道:"假如可能的话,不应该对任何人有怨恨的心理。"

有一次我曾问伯纳·巴鲁区——他曾经做过六位总统的顾问:威尔逊、哈定、柯立芝、胡佛、罗斯福和杜鲁门——我问他会不会由于他的敌人攻击他而难过?"没有一个人可以羞辱我或者干扰我,"他回答说,"我不让他们这样做。"也没有人可能羞辱或困扰你和我——除非我们让他这样做。

"棍子和石头也许能打断我的骨头,但是言语永远也不能伤害我。"

我经常站在加拿大杰斯帕国家公园里,仰望那座可算是西方最美丽的山,这座山以伊笛丝·卡薇尔的名字命名,纪念那个在1915年10月12日像圣人一样慷慨赴死,被德军行刑队枪毙的护士。她犯了什么罪呢?由于她在比利时的家里收容和看护了很多受伤的法军、英国士兵,还协助他们逃到荷兰。在10月的那天早上,一位英国教士走进军人监狱她的牢房里,为她做最后祈祷的时候,伊笛丝·卡薇尔说了两句后来刻在纪念碑上不朽的话语:"我了解光是爱国还不够,我一定不能对任何人有敌意和怨恨。"4年之后,她的遗体转移到英国,在西敏寺大教堂举行安葬大典。我在伦敦住过一年,我时常到国立肖像画廊对面去看伊笛丝·卡薇尔的那座雕像,同时还朗读她这两句不朽的名言:"我知道光是爱国还不够,我一定不能对任何人有敌意和怨恨。"

走出孤独的人生

⊙ 幸福不是靠别人来施舍,而是要靠自己去赢取别人对你的需求和喜爱。
⊙ 我们若想克服孤寂,就必须远离自怜的阴影,勇敢走入充满光亮的人群里。

曾有一位妇女失去了自己的丈夫,她悲痛欲绝,自那以后,她便和成千上万的人一样,陷入了一种孤独与痛苦之中。"我该做些什么呢?"在她丈夫离开她近一个月之后的一天晚上,她跑来向一位好友求助,"我将住到何处?我还有幸福的日子吗?"

朋友极力向她解释,她的焦虑是因为自己身处不幸的遭遇之中,才50多岁便失去了自己的生活伴侣,自然令人感到悲痛异常,但时间一久,这些伤痛和忧虑便会慢慢减缓消失,她也会开始新的生活——从痛苦的灰烬之中建立起自己新的幸福。

"不!"她绝望地说道,"我不相信自己还会有什么幸福的日子,我已不再年轻,孩子们也都长大成人,成家立业。我还有什么地方可去呢?"可怜的女人得了严重的自怜症,而且不知道该如何治疗这种疾病。好几年过去了,她的心情一直都没有好转。

有一次,这位朋友忍不住对她说:"我想,你并不是要特别引起别人的同情或怜悯。无论如何,你可以重新建立自己的新生活,结交新的朋友,培养新的乐趣,千万不要沉溺在旧的回忆里。"但她没有把这些话听进去,因为她还在为自己的命运自艾自叹。后来,她觉得孩子们应该为她的幸福负责,因此便搬去与一个结了婚的女儿同住。

但事情的结果并不如意,她和女儿都面临一种痛苦的经历,甚至关系恶化到大家翻脸成仇。这名妇人后来又搬去与儿子同住,但也好不到哪里去。后来,孩子们共同买了一间公寓让她独住,这更不是真正解决问题的方法。

最后她觉得所有家人都弃她而去,没有人要她这个老太太了。这位妇人的确一直都没有再享有快乐的生活,因为她认为全世界都亏欠她。她实在是既可怜,又自私,虽然现今已61岁了,但情绪还是像小孩一样没有成熟。

孤独是人生的一种痛苦,尤其是内心的孤寂更为可怕。而现代生活中很多人却深受这种痛苦的折磨,他们远离人群,将自己内心紧闭,过着一种自怜自艾的生活。甚至有些人因此而导致性格扭曲,精神异常,这当然更为不值。其实,每个人一生中都会遇到不幸和挫折,当你面临这种处境,应正视现实,积极解决,随着时间消逝,你就会走出困境与不幸,何必将自己那颗跳动的心紧闭,让自己的人生陷入痛苦与不安之中呢?

许多寂寞孤独的人之所以会如此,是因为他们不了解爱和友谊并非是从天而降的。一个人要想受到人的欢迎,或被人接纳,就一定要付出许多努力和代价。情爱、友谊或快乐的代价,都不是一纸契约所能规定的。让我们面对现实,无论是丈夫死了,或太太过世,活着的人都有权利再快乐地活下去。但是,他们必须了解:幸福并不是靠别人来布施，而是要靠自己去赢取别人对你的需求和喜爱。

让我们再看另一个故事。

一艘正在地中海蓝色的水面上航行的游轮，上面有许多正在度假中的已婚夫妇，也有不少单身的未婚男女穿梭其间，个个兴高采烈，随着乐队的拍子起舞，其中，有位明朗、和悦的单身女性，大约60来岁，也随着音乐陶然自乐。这位上了年纪的单身妇人，也和前面提到的太太一样，曾遭丧夫之痛，但她能把自己的哀伤抛开，毅然开始自己的新生活，重新展开生命的第二度春天，这是经过深思之后所做的决定。

她的丈夫曾是她生活的重心，也是她最为关爱的人，但这一切全都过去了。幸好她一直有个嗜好，便是绘画，她十分喜欢水彩画，现在绘画更成了她精神的寄托。她忙着作画，哀伤的情绪逐渐平息。而且由于努力作画，她开创了自己的事业，使自己的经济能完全独立。

有一段时间，她很难和人群打成一片，或把自己的想法和感觉说出来，因为长久以来，丈夫一直是她生活的重心，是她的伴侣和力量。她知道自己长得并不出色，又没有万贯家财，因此在那段近乎绝望的日子里，她一再自问：如何才能使别人接纳她，需要她。

她后来找到了自己的答案——她得使自己成为被人接纳的对象，她得把自己奉献给别人，而不是等着别人来给她什么。想清楚了这一点，她便擦干眼泪，换上笑容，开始忙着作画。她也抽时间拜访亲朋好友，尽量制造欢乐的气氛，却绝不久留。不多久，她开始成为大家欢迎的对象，不但时有朋友邀请她吃晚餐，或参加各式各样的聚会，并且还在社区的会所里举办画展，处处都给人留下美好的印象。

后来，她参加了这艘游轮的"地中海之旅"。在整个旅程当中，她一直是大家最喜欢接近的目标，她对每一个人都十分友善，但绝不紧缠着人不放。在旅程结束的前一个晚上，她的舱旁是全船最热闹的地方。她那自然而不造作的风格，使每个人都留下深刻印象，并愿意与之为友。

从那时起，这位妇人又参加了许多类似这样的旅游，她知道自己必须勇敢地走进人群，并把自己奉献给需要她的人。她所到之处都留下友善的气氛，人人都乐意与她接近。

所以那些能克服孤寂的人，无论走到哪里，一定能善于与人们培养出亲密的关系，就好像燃烧的煤油灯一样，火焰虽小，却仍能产生出光亮和温暖来。

我们若想克服孤寂，就必须远离自怜的阴影，勇敢地走入充满光亮的人群里。我们要去认识人，去结交新的朋友，无论到什么地方，都要兴高采烈，把自己的欢乐尽量与别人分享。

根据统计显示，大部分结过婚的妇女，都比先生活得长寿，但是，一旦先生过世之后，这些妇女都很难再快乐生活。而男性由于工作的关系，基于工作本身的要求，他们不得不驱使自己继续进步。通常，夫妇当中，先生要比太太来得强壮，也更富有进取性。妻子则大部分以家庭为中心，并以家人为主要相处对象，所以，她对必须独自生活或追求个人的幸福，并没有什么心理准备。但是，假如她决心摆脱孤独，追求幸福的话，应该是可以做得到的。

当然，孤寂并不专属于丧偶的人。无论是单身男子或美丽的女王，无论是城市的异乡人或村里的流浪汉，都一样会尝到孤寂的滋味。

虽然现在时代越来越进步，但我们的社会却有一种疾病愈来愈普遍，那就是处于拥挤人群中的孤独感。

在加州奥克兰的密尔斯大学，校长林·怀特博士在一次女青年会的晚餐聚会上发表了一段极为引人注意的演讲，内容提到的便是这种现代人的孤寂感："20世纪最流行的疾病是孤独。"他如此说道，"用大卫·里斯曼的话来说，我们都是'寂寞的一群'。由于人口愈来愈多，根本分不清谁是谁了……居住在这样一个'不拘一格'的世界里，再加上政府和各种企业经营的模式，人们必须经常由一个地方换到另一个地方工作——于是，人们的友谊无法持久，时代就像进入到另一个冰河时期一样，使人的内心觉得冰冷不已。"

几年前，有个刚毕业的年轻人，只身来到纽约，准备大展宏图，为这座城市带来一点光彩。这位青年长得英俊潇洒，受过良好的教育，自己也很为自身的条件而感到骄傲。安顿妥当之后的第一天，他在白天参加了一个销售会议，到了夜晚，他忽然感到孤单起来。他不喜欢独自一人吃饭，不想一个人去看电影，也不认为应该去打扰一些在城市里的已婚朋友。或许，我们还可以再多添一个理由——他也不想让女孩缠上自己。

当然，他是希望能碰到一个好女孩，但那绝不是从酒吧或什么单身俱乐部一类的场所去随便挑一个来。结果，他只好在那个准备大展宏图的城市里，独自度过了寂寞凄凉的夜晚。

大都会的生活，有时是比小镇更会让人有孤寂感。要在大都市里生活，有时更得花点心思去结交朋友，并让这些朋友接纳你、需要你。在去一个大都市之前，要先想好以后的日子——尤其是下班后的时间——要如何打发。你当然需要有些兴趣相同的人在一起，但你得先伸出友谊之手。

初到一个陌生的城市，其实有很多事情可做——你可以上教堂或参加同好俱乐部——都可以增加认识人的机会。你也可以选修成人教育课程——不但可以追求进步，更可以得到同伴和友谊。但是，假如你只是默默一人在餐馆里吃饭，或在酒吧独自喝闷酒，那就无怪乎得不到什么情谊了。你一定得去安排或做些什么事。

有这样两个生活在大城市里的年轻女孩，她们在纽约东区共租了一间公寓同住。两个女孩都长得十分迷人，也都有一份待遇不错的工作，都希望自己有朝一日能出人头地。

其中一位聪明的女孩，她认为居住在大都会的女孩——尤其是单身女孩——一定要仔细安排自己的生活，并计划自己的未来。于是她到一间教会去，积极参加各种活动，她还加入一个研讨会，甚至选修一门改进个性的课程。她把自己的薪水尽量用来与人交往，并开创出多彩多姿的生活内容。

她有适度而愉快的休闲活动，但对于社交关系则相当谨慎，尤其尽量避免暧昧不清的男女关系。

她初到纽约的时候，当然也感到寂寞——哪一个女孩不会有这种感觉呢？但是，她不想像某些男性一样，在海底潜游了半天，却只寻得一块海绵。因为她知道，自己一定要有计划。结果，她与一位聪明的年轻律师结了婚，婚后生活十分愉快。这便是她强调"要达到目标"的结果——她得到了幸福快乐的人生。

至于另外的那个女孩呢？她当初也很孤单寂寞，却没有找到摆脱孤单的正确方法。她四处到一些游乐场所或酒吧找寻朋友，结果，她最后也加入了一个俱乐部，那是协助酗酒者的"戒酒俱乐部"！

所以，如果你不想让自己孤独忧虑，就要明白：幸福并不是靠别人来布施，而是要靠自己去赢取别人对你的需求和喜爱。

第十一章　成就完美与和谐

最高形式的美

⊙对最高形式的美来说，温柔的、高贵的性情无疑是最不可缺的，它可以令最平凡的面孔焕发光彩。

⊙如果你的脑海中时时拥有美好的思想和善良的愿望，那么无论你到任何一个角落，你都会给人留下优美和谐的印象，没有人会注意到你的长相是多么的普通或是你的身体有什么缺陷。

如果我们希望自己的外表更美的话，我们必须首先美化自己的心灵，因为我们内心的每一个思想、每一个动机都会清晰而微妙地反映在我们的脸上，决定着它的丑陋或美丽。内心的不和谐将扭曲世上最美的容颜，使其黯然失色。

莎士比亚说过："上帝给了你一张面孔，而你自己却另造了一张。"我们的心灵可以随意地制造美丽或丑陋。

对最高形式的美来说，温柔的、高贵的性情无疑是最不可缺的，它可以令最平凡的面孔焕发光彩。相反地，暴戾的性情、恶劣的脾气和嫉妒的心理，会毁坏世界上最美丽的容颜，使它变得丑陋无比，毕竟，没有什么东西能够与优雅可爱的个性产生的美相媲美。无论是化妆、按摩，还是药品，都无法改变和遮掩由错误的思维习惯所导致的偏见、自私、嫉妒、焦虑以及精神上的摇摆不定反映在脸上的痕迹。

美产生于内在的心灵。如果所有的人都能够培养出一种优雅宽宏的精神状态，那么不仅他所表达的思想观点具备一种艺术美，他的体魄同样是健美的，因为内在的美会使外在的美愈加耀眼生辉，光彩逼人。在他身上，的确会焕发出迷人的优雅和魅力，这种精神上的美甚至要胜过单纯的形体美。

我们都曾经看到，即便是容貌极其平平的女士，由于其迷人的个性魅力，照样给我们留下了非同凡响的美丽印象。通过外表展示的美好的心灵反过来又影响着我们对形体的看法，在我们的眼里，它仿佛也变得婀娜多姿了。

安托尼·贝利尔说得非常对："在这个世界上没有丑陋的女人，只有不知道怎样使自己显得美丽的女人。"

正是那种热诚慷慨的随时准备帮助他人的心态，以及在任何地方撒播阳光和欢乐的美好心愿，构成了所有真正的个性美的基础，并使得我们永远神采焕发、美丽动人。渴望使自己变得更加美丽并付出相应的努力，生活就会变得多姿多彩。而且，既然外表只是内在的一种反映，是思维的习惯和通常的心态在身体上的展现，那么我们的面孔、我们待人接物的态度、我们的一举一动就必须和我们的精神世界相吻合，并变得更加温柔和富有魅力。如果你的脑海中时时拥有美好的思想和善良的愿望，那么无论你到任何一个角落，你都会给人留下优美和谐的印象，没有人会注意到你的长相是多么的普通或是你的身体有什么缺陷。

我们都仰慕绝代风华的面庞和绰约丰盈的身姿，但是，我们更热爱在崇高的心灵映衬之下的面容。我们之所以爱它，是因为它预示着我们有可能成为完美的人，它代表着造物主所追求的最高理想，激起我们的爱和仰慕的并不是最亲密的朋友的外表，而是他在我们的心灵深处唤起的对友情的追忆和向往。最崇高的美并不是一种实际的存在，它是一种理想，一种隐约可见的追求，一种体现在某个具体人物或具体事物上的美好品性，它给我们带来了欢乐和喜悦。

每个人都应该尽可能地使自己变得更加美丽，更加动人，更加成为完整意义上的人。这种对最高层次的美的追求绝非没有意义。

学会调适自己

⊙一个处于永恒和谐之中的心灵平静的人是不可能有任何灾难的，他也不可能恐惧灾难，因为他知道自己处于上帝那双充满爱意的大手的庇护下，因此，什么也不可能伤害到他。

和谐是一切效率、美好和幸福的秘密所在，并且，和谐能使我们自己和上帝保持一致。和谐意味着一切心理功能的绝对健康。沉着、安定、和蔼与好的脾气，往往能使我们的整个神经系统、我们所有的身体器官与新陈代谢过程保持协调，这种和谐往往因摩擦冲突而受到破坏。

人类的身体像一部无线电报机，根据它的思想和理念的性质，它不断地发出平和、力量、和谐或混乱的信息。这些信息以光速飞向四面八方，这些信息往往也能找到它们自己的知音。

一个处于永恒和谐之中的心灵平静的人是不可能有任何灾难的，他也不可能恐惧灾难，因为他知道自己处于上帝那双充满爱意的大手的庇护下，因此，什么也不可能伤害到他。因为他是按照永恒的真理立身、行事、处世的。这样一个极其平静的心灵宛如深海之中岿然不动的一座巨大冰山，它嘲笑洋面上击打它身侧的汹涌波涛和狂风暴雨，这些汹涌的怒涛和狂风暴雨甚至连使它产生恐惧也不能，因为它处于深海之中的巨大冰块是平衡的，这种平衡能使它平静地、不受阻碍地稳稳漂流。

很奇怪，许多在其他一些事情上非常精明的人，在保持自身和谐这一重大精神事务上却往往非常短视、无知和愚蠢。许多白天历经疲倦和失调的上班族到了晚上会发现自己简直完全累垮了。这种人如果在早上上班之前能舍得花一点儿时间好好地调整自己，那他们就会事半功倍，他们回家时就会依然精神焕发。如果一个早上去上班的人感到与每一个人都不一致、都不协调，如果他对生活，特别是对那些他必须应付的人和事存在一种抵触心理的话，他是不可能收到事半功倍的效果的，因为他的大部分精力都白白浪费掉了。

从没有试着去调整自己的人就不可能意识到，早晨上班之前好好地调整自己会带来巨大的好处。一个纽约的生意人最近告诉我说，每天早晨在使自己的精神、思想和世界保持极好的协调之前，他是不会允许自己去上班的。如果他感到自己有点儿嫉妒他人或是内心不安，如果他感到自己有些自私和不公正，如果他不能正确地对待他的合作伙伴或雇员，他就绝不去上班，直到他保持协调，直到他的思想清除了任何形式的混乱。他说，如果在早晨去上班时自己对待每一个人都有一种正确心态，那他的整个一天都会过得很轻松、很惬意。他还说，过去凡是心态混乱的情形时去上班，他都不可能有像心态和谐时那样好的效果，他容易使周围的人不快，更不要说使他自己疲惫不堪了。

许多人之所以过着一种忧郁、贫乏的生活，其原因之一便是他们不能从那些使自己精神失调、恼怒、痛苦和担忧的事情中超越出来，因而他们无法使自己的精神获得和谐。

善于比较

⊙生活中的许多烦恼都源于我们盲目和别人攀比，而忘了享受自己的生活。
⊙全才是没有的，人各有所长，各有所短。我们既不能专门以己之长，比人之短；也不应以己之短，比人之长。

我们总是觉得，别人比我们快活，这其实是一种错觉。即使那些处于权力巅峰者，也都有各自的苦恼。在一般人看来，国王、总统、首相似乎是权力和财富的化身，他们可以尽情享乐，为所欲为。像沙皇彼得一世那样，可任意到叶卡捷琳娜美女云集的宫院开怀取乐；像阿拔斯国王哈伦·拉希德那样，高兴时可用黄金制造碟子，用宝石饰缀帷帐。

事实上，炫目的权力，豪华与奢侈，不过是高居权力巅峰者生活的表面，首先爬上"宝座"，从默默无闻到众星拱月，本身就是一个充满坎坷的复杂过程。当人们谈到这些登峰造极的人物时，大概不会想到，恩克鲁玛在担任加纳元首前曾经在一家公司轮船上洗瓶罐的情形；也不会想到希特勒 25 岁时"忧愁和贫困是我的女友，无尽的饥馑是我的同伴"的哀怨。另一方面，位高者有位高者的苦恼，悠悠万事，多是苦乐相济、幸福与烦恼并存的，站在权力的金字塔上也并非处处如意。

英国女王伊丽莎白一世受制于宫廷礼仪，连恋爱自由都没有，最终落得终身未嫁，哑巴吃黄连。

美国总统杜鲁门上任短短几个月光景，便发现："一个人当了总统就好像骑上了老虎背，他必须一直骑下去，不然就会被老虎吃掉。"

阿登纳 70 岁坐上联邦德国总理这把交椅时，深感局促不安，他在第一次公开发表讲话时，心情紧张得像揣着活兔。

印度尼西亚总统苏加诺的传记作者莱格道出了苏加诺的苦衷，他说：苏加诺所真正希望得到的，倘若他能如愿以偿的话，就是这样一个职位，既可发挥领导作用而又不陷于日常政府事务。可苏加诺始终未能如愿。

英迪拉·甘地在寓所里尽管每天都可以接见官员和其他求见者，但她时常怅叹："搞政治这一行寂寞孤独。"

在君主制国家里，巴列维国王难得有点"平易近人"，他抱怨："伊朗古老悠久的帝制传统易使国王产生孤独感，虽然人们可以较多地与我接近，我也不像父王那样严厉，可是王位本身自然而然使我与人们间隔着一条鸿沟……我喜欢像别的元首那样独自做出决定，这样孤寂感就会更加强烈。"

美国总统林登·约翰逊政绩不算太差，但可恶的新闻界老跟他过不去，故意把他描绘成"一个乡巴佬"。这使他备感羞辱和委屈，对新闻界他又怕又恨，以至澳大利亚总理罗伯特·孟席斯不得不像哄小孩似的安慰他："不必对新闻界耿耿于怀，人民没选他们干事，人民选的是你，他们说话代表他们自己，而你说话代表人民。"

俄皇伊丽莎白就位后一直担惊受怕，恐遭人暗算。她每天都要更换房间睡觉，最后干脆找来一个能彻夜不眠的人坐在自己身边，才能安心入睡。

列举了这么多例子，无非是想说明：每个人都有每个人的苦恼，平凡人拥有的那份宁静也许恰恰是帝王将相所求之不得的。所以只要你真心觉得自己比国王还快活，那么你就的确会如此。

生活中的许多烦恼都源于我们盲目和别人攀比，而忘了享受自己的生活。

有这样一则法国笑话：维克多兴冲冲地从文化宫走出来，一位朋友问他："为什么这么高兴？""因为我今天玩得很好，"维克多回答，"我打了网球，下了象棋。既赢了象棋冠军，又赢了网球冠军。""你打网球、下象棋都很在行吗？""我和网球冠军一起下象棋，赢了他，后来，我又和象棋冠军一起打网球，我也赢了。"

维克多的言行自然引人发笑，但在大笑之余，我们是否也能从中得到这样的启示：全才是没有的，人各有所长，各有所短。我们既不能专门以己之长，比人之短；也不应以己之短，比人之长。

所谓"境由心造"。如果你善于发掘自己的长处，善于比较，你就会常常生活在一种愉快的惬意之中。

将逆境变成一种祝福

⊙当你遇到挫折时，切勿浪费时间去算你遭受了多少损失；相反，你应该算算看你从挫折当中，可以得到多少收获和资产。

⊙时间对于保存这颗隐藏在挫折当中的等值利益的种子是非常冷酷无情的，找寻隐藏在新挫折中的那颗种子的最佳时机，就是现在。

约翰在威斯康星州经营一座农场，当他因为中风而瘫痪时，就是靠着这座农场维持生活的。由于他的亲戚们都确信他已经是没有希望了，所以他们就把他搬到床上，并让他一直躺在那里。虽然约翰的身体不能动，但是他还是不时地动脑筋，忽然间，有一个念头闪过他的脑海，而这个念头注定了要补偿他不幸的缺憾。

他把他的亲戚全都召集过来，并要他们在他的农场里种植谷物。这些谷物将用作一群猪的饲料，而这群猪将会被屠宰，并且用来制作香肠。数年间，约翰的香肠就被陈列在全国各商店出售，结果约翰和他亲戚们都成了拥有巨额财富的富翁。

产生这样美好结果的原因，就在于约翰的不幸迫使他运用从来没有真正运用过的一项资源：思想。他定下了一个明确目标，并且制定了达到此一目标的计划，他和他的亲戚们组成智囊团，并且以应有的信心，共同实现了这个计划。别忘了，这个计划是因为约翰中风之后才制定的。

当你遇到挫折时，切勿浪费时间去算你遭受了多少损失；相反，你应该算算看你从挫折当中，可以得到多少收获和资产。你将会发现你所得到的，会比你所失去的要多得多。你也许会认为约翰在发现思想力量之前，就必然会被病魔打倒，有些人更会说他所得到的补偿只是财富，而这和他所失去的行动能力并不等值。但约翰从他的思想力量和他亲戚的支持力量中，也得到了精神方面的补偿。虽然他的成功并不能使他恢复对身体的控制能力，但却使他得以掌控自己的命运，而这就是个人成就的最高象征。他可以躺在床上度过余生，每天只为自己和他的亲人难过，但是他没有这样做，反而带给他的亲人们想都没有想过的幸福。

长期的疾病通常会使我们不再看，也不再听。我们应该学习去了解发自内心深处的轻声细语，并分析导致我们遭到挫折甚至失败的原因。爱默生对此事的看法是：

"发烧、肢体残障、冷酷无情的失望、失去财富、失去朋友都像是一种无法弥补的损失。但是平静的岁月，却展现出潜藏在所有事实之下的治疗力量。朋友、配偶、兄弟、爱人的死亡，所带来的似乎是痛苦，但这些痛苦将扮演着导引者的角色，因为它会操纵着你生活方式的重大改变，终结幼稚和不成熟，打破一成不变的工作、家族或生活形态，并允许建立对人格成长有所助益的新事物。

"它允许或强迫形成新的认识,并接受对未来几年非常重要的新影响因素。在墙崩塌之前,原本应该在阳光下种种花朵——种植那些缺乏伸展空间而头上又有太多阳光的花朵的男男女女,却种植了一片孟加拉椿树林,它的树荫和果实,使四周的邻人们因而受惠。"

时间对于保存这颗隐藏在挫折当中的等值利益的种子,是非常冷酷无情的,找寻隐藏在新挫折中的那颗种子的最佳时机,就是现在。你也可以再检查一下过去的挫折,并找寻其中的种子。有的时候,我们会因为挫折感太过强烈,而无法马上着手去找这颗种子。但是,现在你已有了更高的智慧和更多的经验,足以使你轻易地从任何挫折中,学习它能教给你的东西。

不要重复老路

⊙如果我们不是常常追求进步,保持如年轻人般敏锐的头脑,那么不仅我们自己的工作会受到阻碍,我们整个人也会变得平庸。

⊙不断地超越自我,没有什么比这更能够催人进步。

在人类历史的早期,当时楠塔基特岛上的路很少,且道路状况很差。在那些布满沙子的平原上,到处贴着告示,警示过客们"不要重复老路"。最近,一个作家解释说:"这句话的意思很明显,就是奉劝过路人不要每一次都去重复地走前人的老路,最好自己开辟一条新路。这样,他自己会有一些收获,也为大家做了好事。"

我们都知道思想僵化的害处。有一句成语叫"熟视无睹",意思就是说,如果一个人总在处在同样的环境中,对环境的熟悉就会使我们对于它的缺点视而不见。如果思想缺乏交流,那么思想就失去了灵活性和对新事物的敏感性。如果我们不是常常追求进步,保持如年轻人般敏锐的头脑,那么不仅我们自己的工作会受到阻碍,我们整个人都会变得平庸。大脑像肌肉一样,只有在使用中才能得到锻炼。如果一个人在工作中停止了思考,那么日渐一日,他的大脑就会变得迟钝,他工作毫无进步,直到最后他失去了进取心,不能公正地评价自己的工作。这个时候,他就不再进步了,而开始大步地倒退了。

不断地超越自我,没有什么比这更能够催人进步。不管一个人的职业是什么,如果他每年都能够彻底地反省一次,找出自己的缺点和阻碍自己进步的地方,那么他将会取得十倍于现在的成就。

涉世之初,我们或许会许诺,永远不会降低我们的理想,我们会永远追求进步,与时代最先进的思想潮流相同步。但言之易,行之难,很多人没有告诫自己,要始终保持自己的理想,这样的人很快就没有希望了。

保持快乐的惟一方式就是抓住生活中的每一次机会,享受生活,并非只有等到你有了金钱和地位时才可以享受生活。一次轻松的旅行，购买一件艺术品，建一座舒适的住宅，或者实现其他的一些抱负，并不是只有当你有钱有地位之后才可以实现的。一天天、一年年地推迟自己的梦想，不仅使自己失去了现在的乐趣，还阻碍了我们追求未来幸福的脚步。

总是把快乐寄托在明天本身就是一个巨大的错误。

许多年轻的夫妇，整年像奴隶般地工作，放弃了每一个放松和追求快乐的机会。他们不让自己有任何的奢侈行为，不会去看一场戏剧或听一场音乐会，也不会去组织一次郊游，不会去买一本自己渴望已久的书，没有阅读兴趣和文化生活。他们想，等自己有了足够的金钱时，就会有更多的享受了。

每一年他们都渴望着来年自己会过上幸福的生活，或许可以计划一次奢侈的旅行。但是当第二年到来的时候，他们会发现自己必须再忍耐一些，节约一些。于是，一年年地这样推迟，直到自己变得麻木。

最终，当他们觉得他们可以去追求一点快乐的时候，他们可以去国外旅行，可以去听音乐会，可以去购买一件艺术品，可以通过阅读开阔自己的眼界时，已经太晚了。他们习惯了单调的生活。生活失去了色彩，热情消逝了，雄心磨灭了。长年的压抑破坏了自己享受生活的能力，他们牺牲了自己的健康和快乐得来的东西却变得一钱不值了。

难道生活就仅仅是吃喝拉撒睡吗？除了美元、土地、房屋和银行账户外，生活难道就不应该有其他的一些乐趣吗？

既然上帝赋予了我们神奇的力量，为什么要让它磨灭呢？如果人只像野兽那样过得毫无生活乐趣，人就不称其为人了。

走向平静的未来

⊙当我们向世界寻求恢复内心平静，投入世界为了重拾失去的希望，或为了得知如何生活的时候，我们都将永远找不着所寻求的真理，因为真理就深埋在我们的心中。

⊙我们无法决定明天或后天或几年内将发生的事，但是我们可以设定最后将会回到我们身上的正面能量。

有一个东方的神话说众神聚会决定该把"宇宙的真理"藏在什么地方，第一个神建议把它藏在海里面，但是其他神却嘘声四起，说人类会建造潜水艇下到海里去找到；第二个神建议把它藏在天上，距离地球很远的一个星球上，但是其他神却认为人类会建造太空船到达这遥远的星球；最后，第三个神建议把真理挂在每一个人的脖子上，其他神同意了他的说法，认为人类不会从这么明显的地方去寻找真理，所以他们就照第三个神的建议去做了。

当我们向世界寻求恢复内心平静，投入世界为了重拾失去的希望，或为了得知如何生活的时候，我们都将永远找不到所寻求的真理，因为真理就深埋在我们的心中，然而这也是我们投射给别人的自我面相，我们就是我们给予外界的样子。"所有的解答都藏在我们的心中"，这个想法是智慧、深奥难解的，但并不意味着有两个自我，外在自我和内在自我，只要内在自我是强壮的、大胆的、善辩的或忠诚的、敏感的，则外在自我就可以成为它纯粹功能性的机制，像是赚钱、洗车、洗衣服等。事实是真正的放松不会在内在孤立你，而会到外在世界发光，改变外在自我，让你更大众化，同时改变其他人。

我们无法决定明天或后天或几年内将发生的事，但是我们可以设定最后将会回到我们身上的正面能量。当有人在一泓池水中央丢下一颗石子，产生的涟漪会一圈一圈地向外扩张直到池边，然后涟漪会以复杂的交叉水流开始回流向池中央。同样的道理，我们给予世界的祝福也将回到我们身上，如同要怎么收获就怎么栽种，乃是因果的原则。当我们投射强烈的和有信心的善行给陌生人，就像一个祷告飞向神那里，而祷告者也会即时获得启示的报偿。

我们必须面对自己，知道自己是谁，发现自身的价值，根据这价值而行动。如果我们跟随着这自我认识的道路走向满足，而不是只想逃开，朝向放逐式的放松，我们的正面能量会将它自身的能量传送到未来。每次当我们到达未来时，我们将发现它在沿路等我们——依我们过去所想、所说、所做的一切来迎接我们。

播种美丽，收获幸福

⊙"请在你旅途所经之处撒播鲜花的种子，因为你可能永远都不会在同样的路上再次旅行。"

⊙你是否曾经感受到了大自然所蕴涵的美的神奇力量？如果没有的话，那你就丧失了生活中最深沉的一种幸福。

一位年长的旅行者曾经讲述了这样一次经历：有一次在去美国西部的旅行途中，他恰好坐在一位年迈的妇人旁边，这位老妇人时不时地从敞开的窗户中探出身去，从一个瓶子中把一些粗大的"盐粒"撒在路上——至少在他看来是如此。当她洒完了一个瓶子之后，又从手提包里把瓶子灌满，接着继续洒。

听他讲述这一经历的一个朋友认识这位老妇人，并告诉他，这位老妇人极其喜欢鲜花，并且一贯遵循一个信念："请在你旅途所经之处撒播鲜花的种子，因为你可能永远都不会在同样的路上再次旅行。"通过在自己的旅途中撒播鲜花的种子，这位老妇人大大地增添了原野的美丽。正是由于她热爱美、传播美，使得许多道路两侧鲜花缤纷，生机盎然，令寂寞的旅人耳目一新。

如果我们在漫长的人生旅程中都能够像这位老妇人一样热爱美并传播美的种子，那么这个世界将会变成多么令人心旷神怡的天堂啊！

的确，到乡间的一次旅行是多么难得的机会啊，它可以把美带进我们的生活，可以提高我们的审美能力，这种能力在大多数人身上完全未被开发，处于混沌的睡眠状态。对那些懂得并欣赏美的人来说，融入大自然的怀抱就像是走进了一座巨大而精美的、弥漫着优雅和魅力的宫殿。展现在我们面前的大自然，是这样的庄严、美丽和可爱。在这里有轻风在驰骋，有泉流在激溅，有鸟儿在鸣啼。风的微吟、雨的低唱、虫的轻叫、水的轻诉，一切都显得是那么抑扬顿挫、长短疾徐，再加上夕阳的霞光，花儿的芬芳，高山的宏伟，彩虹的艳丽，空气的清爽，构成了足以让天使陶醉的画面，而置身于其中的我们，又怎能不像喝了醇酒一般呢？但是，这种美丽和恬静是无法靠金钱来换取的，只有那些与大自然的脉搏一起跳动，与充满了温情和爱的大自然相吻合的人们，才能真正地发现它们，欣赏它们，并拥有它们。

你是否曾经感受到了大自然所蕴涵的美的神奇力量？如果没有的话，那你就丧失了生活中最深沉的一种幸福。我曾经有过一次横穿大峡谷的经历，坐在一辆公共马车上，在崎岖的山路上颠簸了一百英里，我是如此筋疲力尽、腰酸背痛，以致于我都觉得无法再支撑着熬过离目的地还有十英里的路程，但是，当我偶然从山顶往下注视时，我看到了著名的大峡谷瀑布和周围绝佳的风景，而此时，太阳正破云而出，金色的光芒照耀大地，呈现在我面前的是一幅空前绝后、摄人心魄的画面，我身上的每一点疲劳、困顿和酸痛，都立刻被驱散得无影无踪。我的全部身心都沉浸在大自然的浩瀚恢弘和空旷豁朗之中。这种美是我以前从未经历过的，也是我永生难忘的。我感到自己的灵魂得到了升华，心中是那么平和宁静，而喜悦的泪水则在不知不觉中溢满了眼眶。

当我们的心灵驰骋于绿色无垠的原野，徜徉于翠竹掩映的溪畔时，我们肯定不会怀疑造物主是在按照他自己的形象和爱好来制造人类的，想必造物主是希望人类跟大自然一样美丽。

和谐的生命乐章

⊙一些鸡毛蒜皮的小事能使一个思想状况不佳的人烦恼不已，但却根本无法影响一个思想沉着、镇定自若的人。

⊙在人生这支大交响乐中，你使用的是哪种专门的乐器？无论它是提琴、钢琴，还是你在文学、法律、医学或任何其他职业中所表现的思想、才能，这些都无关宏旨，但是，在没有使这些"乐器"定调的情况下，你不能在你的听众——世人面前开始演奏你的人生交响乐。

在他的提琴完全定弦之前，大音乐家奥尔·布尔是不会在公众面前演奏的。在表演期间，如果一根弦松了一点儿，即使这种不和谐只有他一个人注意到了，他也必定会在继续演奏之前为他的提琴定弦，他可不管这需要多长时间，他也不管他的听众是如何地骚动不安。而一个蹩脚一点的音乐人是不可能这么精益求精的，他可能会对自己说："即使一根弦松一点儿也无关紧要，我将弹完这支曲子，除了我自己，没有人会察觉出来的。"

一些伟大的音乐家说，没有什么东西比演奏一件失调的乐器，或是与那些没有好噪音的人一起演唱，更能迅速地破坏听觉的敏感性，更能迅速地降低一个人的乐感和音乐水准的了。一旦这样做以后，他就不会潜心地去区分音调的各种细微差异了，他就会很快地去模仿和附和乐器发出的声音。这样，他的耳朵就会失灵，要不了多久，这位歌手就会形成一种唱歌走调的习惯。在人生这支大交响乐中，你使用的是哪种专门的乐器？无论它是提琴、钢琴，还是你在文学、法律、医学或任何其他职业中所表现的思想、才能，这些都无关宏旨，但是，在没有使这些"乐器"定调的情况下，你不能在你的听众——世人面前开始演奏你的人生交响乐。无论你干什么事情，都不要玩得走样，都不要唱得走调或工作失调，更不要让你失调的乐器弄坏了耳朵和鉴赏力。即使是波兰著名钢琴家、作曲家帕代莱夫斯基那样的人，也不可能在一架失调的钢琴上奏出和谐、精妙的乐章。

心理失调对工作质量来说是致命的。这些极具毁灭性的情感，比如担忧、焦虑、仇恨、嫉妒、愤怒、贪婪、自私等等，都是工作效率的致命敌人。一个人受任何这些情感的困扰时，他就不可能将他的工作做得最好，这就好像是具有精密机械装置的一块手表，如果其轴承发生摩擦就走得不准一样。而要使这块表走得很准，那就必须精心地调整它，每一个齿轮、每一个轮牙、每一根石英轴承都必须运转良好，因为任何一个缺陷，任何一个麻烦，任何一个地方出现了摩擦，都将无法使手表走得很准时。人体这架机器要比最精密的手表还要精密得多，在开始一天的工作之前，人这架机器也需要调整，也需要保持非常和谐的状态，正如在演出开始以前需要将提琴调好一样。

你是否见过洗衣店里的转筒洗衣机？它刚开始旋转时，声音极为颤抖，似乎它要变得粉碎一般，但是，渐渐地，随着转速的加快，它的声音变得越来越微小，当它的转速达到最快时，这架机器的声音就很小。一旦它达到了完美的平衡，什么事情也扰乱不了它，而在它开始旋转之前，哪怕是一件极小的东西也能使它震颤、抖动不已。

一些鸡毛蒜皮的小事能使一个思想状况不佳的人烦恼不已，但却根本无法影响一个思想沉着、镇定自若的人。即使是出了大事，即使是恐慌、危机、失败、火灾、失去财物或朋友，以及各种各样的灾难，都不可能使他的心理失去平衡，因为他找到了自己生命的支点——心理平衡的支点，因此他不再在希望和绝望之间摇摆。他已经发现，自己是通行于整个宇宙的伟大法则的一部分，他也是上帝的一部分。

第十二章　逐步迈向成功

跌倒不算失败

⊙跌倒不算失败，跌倒了站不起来，才是失败。

⊙世界上有无数人，已经丧失了他们所拥有的一切东西，然而还不能把他们叫做失败者，因为他们仍然有着不可屈服的意志，有着坚忍不拔的精神。

要检验一个人的品格，最好是看他失败以后如何行动。失败以后，能否激发他的更多的策略与新的智慧？能否激发他潜在的力量？是增强了他的决断力，还是使他心灰意冷了呢？

爱默生说："伟大而高贵的人物最明显的标志，就是他坚强的意志，不管环境变化到何种境地，他的初衷与希望，仍然不会有丝毫的更改，而终至克服障碍，以达到所企望的目的。""跌倒了再爬起来，从失败中求胜利。"这是历代伟人的成功秘诀。

有人问一个孩子，他是怎么学会溜冰的？那孩子回答道："哦，跌倒了爬起来，爬起来再跌倒，就学会了。"之所以个人成功，之所以军队胜利，实际上就是这样的一种精神。跌倒不算失败，跌倒了站不起来，才是失败。

可能过去的一切，对一些人来说是一部非常痛苦、非常失望的伤心史。所以，有的人在回忆从前时，会觉得自己处处失败、碌碌无为，他们竟然在非常希望成功的事情上失败了；或是他们所至亲至爱的亲属朋友，竟然离他而去；或是他们已经失掉了职位，或是经营失败；或是因为各种原因而不能使自己的家庭得以维系。在这些人看来，自己的前景似乎是十分的渺茫。然而即便有上述的种种不幸，只要你永不甘屈服，那么胜利就在前方，就在向你招手。

失败是对一个人人格的考验，在一个人除了自己的生命以外，一切都已失去的情况下，潜在的力量到底还有多少？没有勇气继续奋争的人，自认失败的人，那么他所有的能力，就会全部消失。而只有毫无畏惧、勇往直前、永不放弃人生责任的人，才会在自己的生命里有伟大的进展。

有人也许要说，早已失败多次了，所以再试也是徒劳无功，这种想法真是太自暴自弃了！对意志永不屈服的人，根本就没有所谓的失败。无论成功是多么遥远，失败的次数是多少,最后的胜利仍然在他的希望里。狄更斯在他小说里讲到一个守财奴斯克鲁奇,最初是个爱财如命、一毛不拔、残酷无情的家伙,他甚至把全部的精神都钻在钱眼里,可是到了晚年,他竟然变成一个慷慨的慈善家、一个宽宏大量的人、一个真诚爱人的人了。狄更斯的这部小说并非完全虚构,世界上也真有这样的事实。人的本性都可以由卑鄙变为善良,人的事业又何尝不能由失败变为成功呢?现实生活中这样的例子并不少,许多人失败了再起来,沮丧而又不认输,抱着不屈不挠的无畏精神,向前奋进,最终竟然获得了成功。

世界上有无数人已经丧失了他们所拥有的一切东西,然而还不能把他们叫做失败者,因为他们仍然有着不可屈服的意志,有着坚忍不拔的精神。

世间真正伟大的人对于世间所说的种种成败并不介意,所谓"不以物喜,不以己悲"。这类人无论面对多么大的失望,绝不会失去镇静,这样的人终能获得最后的胜利。在狂风暴雨的袭击中,那些心灵脆弱的人们惟有束手待毙,但这些人的自信精神、镇定气概、却仍然存在,而这种精神使得他们能够克服外在的一切境遇,去获得成功。

温特·"失败,是走上更高地位的开始。菲力说:"许多人所获得的最后的胜利,只是来自于他们的屡败屡战。对于没有遇见过失败的人,有时反而让他不知道什么是大胜利。一般来说,失败会给勇敢者以果断和决心。

从做愚人开始

⊙艾尔特伯·哈伯特说过:"每个人一天起码有5分钟不够聪明,智慧似乎也有无力感。"

⊙我们经常把自己的错误怪罪到别人身上,随着年龄的增长,我们将会发现最应该怪罪的其实是我们自己。

我要告诉你关于一位深谙自我管理艺术的人物的故事,他的名字是豪威尔。1944年7月31日,他在纽约大使酒店突然身亡的消息震惊了全美。华尔街更是骚动,因为他是美国财经界的领袖,曾担任美国商业信托银行董事长,兼任几家大公司的董事。他受的正式教育很有限,在一个乡下小店当过店员,后来当过美国钢铁公司信用部经理,并一直朝更大的权力地位迈进。

我曾请教豪威尔先生成功的秘诀,他告诉我说:"几年来我一直有个记事本,登记一天中有哪些约会。家人从不指望我周末晚上会在家,因为他们知道,我常把周末晚上留作自我省察,评估我在这一周中的工作表现。晚餐后,我会独自一人打开记事本,回顾一周来所有的面谈、讨论及会议过程。我自问:'我当时做错了什么?''有什么是正确的?我还能干什么来改进自己的工作表现?''我能从这次经验中吸取什么教训?'这种每周检讨有时弄得我很不开心。有时我几乎不敢相信自己的莽撞。当然,年事渐长这种情况倒是越来越少，我一直保持这种自我分析的习惯，它对我的帮助非常重大。"

豪威尔的这种作法可能是向富兰克林学来的，不过富兰克林并不会等到周末，他每晚都自我反省。他发现过13项严重的错误。其中3项是：浪费时间、关心琐事及与人争论。睿智的富兰克林知道，不改正这些缺点，是成不了大业的。所以，他一周订一个要改进的缺点作目标，并每天记录赢的是哪一边。下一周，他再努力改进另一个坏习惯，他一直与自己的缺点奋战，整整持续了两年。

如果有人骂你愚蠢不堪，你会生气吗？愤愤不平吗？我们来看看林肯是如何处理的。林肯的军务部长爱德华·史丹顿就曾经这样骂过总统，史丹顿是因为林肯的干扰而生气，为了取悦一些自私自利的政客，林肯签署了一次调动兵团的命令。史丹顿不但拒绝执行林肯的命令，而且还指责林肯签署这项命令是愚不可及的。有人告诉林肯这件事，林肯平静地回答："史丹顿如果骂我愚蠢，我多半是真的笨，因为他几乎总是对的。我会亲自去跟他谈一谈。"

林肯真的去看史丹顿了。史丹顿指出他这项命令是错误的，林肯便就此收回成命。林肯很有接受批评的雅量，只要他相信对方是真诚的，有意帮忙的。

我的档案中有一个私人档案夹，标示着"我所做过的蠢事"，夹中插着一些我做过的傻事的文字记录。我有时口述给我的秘书做记录，但有时因为这些事是非常私人的，而且愚蠢到我没有脸请我的秘书做记录，因此便只好自己写下来。

每次我拿出那个"愚事录"的档案，重看一遍我对自己的批评，可以帮助我处理最难处理的问题——管理我自己。

一般人常因为受到批评而愤怒，而有智慧的人却想办法从中学习。《草叶集》的作者惠特曼曾说："你以为只能向喜欢你、仰慕你、赞同你的人学习吗？从反对你、批评你的人那儿，不是可以得到更多的教训吗？"

我们经常把自己的错误怪罪到别人身上，随着年龄的增长，我们将会发现，最应该怪罪的其实是我们自己。连伟大的拿破仑被放逐到圣海伦岛时，也曾经说过："我的失败完全是自己的责任，不能怪罪任何人。我最大的敌人其实是我自己，也是造成我悲惨命运的原因。"

每个人都不是完美的，都有各种各样的缺点，与其等待敌人来攻击我们或我们的工作，倒不如自己动手。我们可以是自己最严苛的批评家，在别人抓到我们的弱点之前，我们应该自己认清并处理这些弱点，达尔文就是这样做的。当达尔文完成其不朽的著作——《物种起源》时，他已意识到这一革命性的学说一定会震撼整个宗教界及学术界，因此，他便主动开始自我评论，并耗时15年，不断查证资料，向自己的理论挑战，批评自己所下的结论。

同样，来自他人的批评，也可以记入我们的"愚事录"，这同样对我们管理自我有很大的作用。

一位成功的推销员，甚至主动要求人家给他批评。当他开始推销香皂时，订单接得很少，他担心会失业，他确信产品或价格都没有问题，所以问题一定是出在他自己身上。每当他推销失败，他会在街上走一走想想什么地方做得不对，是表达得不够有说服力？还是热忱不够？有时他会折回去，问那位商家："我不是回来卖给你香皂的，我希望能得到你的意见与指正，请你告诉我，我刚才什么地方做错了？你的经验比我丰富，事业又成功，请给我一点指正，直言无妨，请不必保留。"他这样做的结果，是他获得了巨大的成功。

法国作家拉劳士福古曾说："敌人对我们的看法比我们自己的观点可能更接近事实。"

我了解这句话常常是正确的，可是被人批评的时候，如果不提醒自己我还是会不假思索地采取防卫措施，每次我都对自己极为不满。不管正确与否，人总是讨厌被批评，喜欢被赞赏的。我们并非逻辑的动物，而是情绪的动物，我们的理性就像在狂风暴雨的情绪汪洋中的一叶扁舟。

听到别人谈论我们的缺点时，应该想办法而不要急于辩护，因为每个没头脑的人都是这样的。让我们放聪明点也更谦虚一点，我们可以气度不凡地说："如果让他知道我其他的缺点，只怕他还要批评得更厉害呢！"

我曾讨论到如何应对恶意的攻击。现在提出的是另一个想法：当你因恶意的攻击而怒火中烧时，何不先告诉自己："等一下……我本来就不完美，连爱因斯坦都承认自己 99% 都是错误的，也许我起码也有 80% 的时候是不正确的。这个批评可能来得正是时候，如果真是这样，我应该感谢它，并想法子从中获得益处。"

美国一家大公司的总裁查尔斯·卢克曼曾经用 100 万美元请鲍伯·霍伯上广播节目。鲍伯从不看赞赏他的信，因为他知道不可能从中学到任何东西。

福特汽车公司为了了解管理与作业上有何缺失，特地邀请员工对公司提出批评。

不行动，只会让事情更糟

⊙成熟就是在需要行动的时候，立即采取行动。要能下决断，并付诸实行，这才是成人应有的表现。当然，我们对问题本身要研究清楚，要由各个角度去看问题，然后，便采取行动去解决。

⊙做出决定进而采取行动的能力是做好自我保护的要素之一。

许多人害怕负起做决断的责任——决定不下要采取什么样的行动，因为他们担心，事情若是做不成功，他们便要成为承担者的对象。因此，他们尽可能避免负责，如有必要，他们会陷入忧愁、疑惧，或不知所措，这种焦虑和紧张，往往使身体和精神趋于崩溃。1942 年，有位住在加拿大尼加拉瓜瀑布地区的年轻小伙子，名叫柯思迪罗，他退伍之后，立刻在"安大略水力发电代办处"找到一份修理机械的工作。18 个月以来，他一直表现良好，而且工作得很愉快。一天，上司告诉他一个好消息——他被升任为领工，负责管理厂内重机油的设备。

"从那时起，我便开始忧愁了。"柯思迪罗描述道，"我曾是个快乐的机械工，但调升为领工之后，日子便不再快乐了。我所负的责任带给我许多压力，不论是清醒时或在睡梦里，不论在厂内或家里，焦虑常是我最亲密的伴侣。

"然后，事情发生了——我一直担忧的紧急变故终于发生了。我当时正走向一个碎石坑，那里应有四部牵引机在工作，但坑里那时只是一片宁静，我急忙跑过去看，原来四部牵引机都发生了故障。

"我从没碰到过这样的大事故，因此脑子空空不知如何是好。我跑去找监督，告诉他这个天大的不幸消息，然后静等着他向我大发雷霆。

"但屋顶并没有掉下来，相反，这位监督转过身来，若无其事地向我微微一笑，然后说了几个字眼——假如我有幸活到一千岁的话，也永远不会忘记这些字眼，他对我说：

"'把它修好啊！'

"就从那一刻开始，我所有的忧愁、恐惧和焦虑，完全一扫而空，整个世界又恢复了正常。我急忙拿了工具出去，马上开始修理那四部牵引机。这几个神妙的字眼可说是我一生的转折点，并且改变了我的工作态度。感谢那位监督，我不但再度对工作燃起了热忱，也下定决心——遇事不要惊慌，不要忧烦，只要赶紧'把它修理好'，就可以啦！"

住在印第安纳州的泰德·斯坦坎普先生便是位幸运人士。他的父亲不仅了解积极行动的价值，并且知道如何把这个观念和习惯传授给儿子。事情的经过是这样的：

泰德·斯坦坎普12岁时曾被邻居的一个孩子欺负，所以，他决心不再出门，因为这样比较保险。过了几天，作为他帮忙割草的奖励，泰德的父亲给了他一些钱要他去看电影和买冰淇淋。泰德把钱放进口袋，但没有去看电影，虽然他是那么渴望去看电影——怕会遇见那个邻居的孩子。

"我父亲以为我生病了，"泰德·斯坦坎普说，"我含糊地回答他的问话。第二天傍晚我到巷子里去玩弹子，这时候我发现了我的敌人——他此时像《圣经》里被大卫王杀死的菲利斯丁巨人那样可怕地向我冲来，我吓得调过头拼命跑回我家的车库。谁知我爸爸正站在我面前，他问我究竟是怎么了，我谎称我们在捉迷藏。这时候一个声音传进来：'出来，胆小鬼。'

"我爸爸手中多了一根两英尺长的厚厚的汽车皮带，语气平静地对我说，如果我不敢面对那个大块头，就必须等着挨皮带。我稍一犹豫，皮带就打在我的屁股上，那种疼痛比打架时挨过的拳头厉害多了。

"我像炮弹被发射般窜出车库，出其不意地冲向那个家伙，第一拳打得他没有心理准备，接二连三地又是几下，他只有狼狈逃窜。

"后来的几天成为我童年最快乐的记忆，勇气带给我的报偿是一种享受，我重获自尊，而且我得出一个有用的结论——不要逃避现实，要勇敢地面对它。一条汽车皮带和一个睿智的父亲叫我明白了一个真理。"

做出决定进而采取行动的能力是做好自我保护的要素之一。虽然多数人在大半生的时间里都循着常规生活，却没有人能预知紧急情况的发生，所以时刻准备行动，权衡利弊。选择最有利的办法付诸实施的习性的养成，可能会成为未来某天掌握我们自己以及以我们为支柱的人的生死关键。

住在俄亥俄州春田市的艾尔·比夏先生便曾遇到过这样的危机：比夏先生和妻子及3岁大的女儿一同开车到科罗拉多欢度圣诞佳节，那一天，风雪交加，高速公路上的车子都减速慢行，忽然，开在他们前面的几部车子都停住了，比夏也急忙煞车停下来，并试着倒转车子往回开。但风雪实在太大了，他们一不小心便陷入了车道的积雪当中，动弹不得。

"我们停在那里几乎有一个钟头，内心实在焦虑不已。"比夏先生回忆当时的情况时说道，"在那一个钟头里，我们担忧的程度超过了所有以往的经历。夜色降临了，气温愈来愈低，风雪也变得更厉害了。路上的积雪愈来愈厚，我们的车子是绝对无法再开动了。我望着太太和女儿，心里明白必须赶紧采取行动，以求取生存。

"我记得方才开车的时候，曾路过一栋农舍，距离我们停留的地方约四分之一英里远。假如我们能走到那里，生存或许有望。于是，我把女儿抱在怀里，便和太太一同向农舍出发。这真是一趟艰苦的路程！积雪高到我们的臂部，得费极大的力气才能向前走一小步。那真是痛苦的经历，但我们终于走到了农舍！

"接下来的24小时，我们都留在那栋有四间房的农舍里，还有另外33个人也因风雪而困在那里。但我们都觉得十分温暖、安全，简直就像到了天堂一样。事过境迁之后我们回想，假如那时我们没有毅然决定采取行动，而只呆坐在车里等候，相信我们早就冻死在风雪中了。"

是的，紧急的情况往往逼使我们要当机立断，立刻采取行动，不能有犹豫、考虑的时间，否则情况将难以补救。

英雄总是谦卑的

⊙历史上曾出现过的那些最受人尊敬的伟人们承认，他们的伟大并非来自他们自己，而是一种更强大的力量在他们身上起作用的结果。

⊙为了在生活中显示出我们的伟大，我们应该学会谦卑。

在现代西方文化中，人们普遍低估了谦卑的价值。

流行的观点认为，谦卑只适用于与宗教有关的方面，至于在"现实"世界，它就不能对你有所助益了。许多人将骄傲与无所畏惧视为美德，而将谦卑视作软弱。这也许是由于他们并不懂得谦卑的真正含义,他们将谦卑与自视过低或自卑等量齐观了,事实上,真正的谦卑并非如此。

其实,真正的谦卑恰好与此相反,真正伟大的人物都是十分谦卑的。历史上曾出现过的那些最受人尊敬的伟人们承认,他们的伟大并非来自他们自己,而是一种更强大的力量在他们身上起作用的结果。真正的谦卑即是认识到个人不过是这个更大的力量作用的工具罢了。耶稣曾说:"我对你们所说的话,不是凭着自己说的,乃是住在我里面的父亲做他自己的事。"许多宗教导师也都承认这一点,真正的天才人物大都怀有很深的谦卑。犹太教最伟大的学者本·西拉也说:"人越伟大,行事越谦卑。"

世界上一位最伟大的自然科学探索者伊萨克·牛顿爵士暮年曾慨叹道:"我就像个在沙滩上戏耍的小孩子,面前则是一片未知的真理的海洋。"

另一位自然科学的巨人爱因斯坦也以其孩子般的朴素而著称于世。

沃尔特·拉塞尔博士,一位在许多领域都获得成就的科学家说道:"一个人只有学会了忘掉自我,他才可能发现自我。个人的自我必然消融,而由宇宙的自我所取代。"他的话简直就是耶稣上面所说的话的回声。

什么是宇宙的自我,它与个人的自我又有哪些不同呢?首先,个人的自我即我们大多数人所认同的"自己",即我们相信,我们就是这个"自我",它包括我们赋予自我评价的各种显现方式。个人的自我与我们的外貌、我们的成就及我们的私有财产相一致,就是我们自身的这个自我倾向于与他人竞争;如果未能达到它所希望的目标,就会感到恼怒或受到了伤害。这个本性的自我要求受人尊重,喜欢显得正确,并喜欢控制他人。这个本性的自我还促使人们仅仅依靠自己的努力去解决问题,而不是转而求助于他人的智慧。这个自我听起来有些熟悉吗?

有些人可能会说:"你说的恰好就是人类的天性。"也许,我们上面所说的正是人类天性中我们最熟悉的部分。然而,我们的天性中还有另一部分,一个"更高的自我",它像神圣的火花存于我们每个人的身上。不幸的是,在大多数时间里,这个更高的自我被我们上面描述的那个自我掩盖住了。我们往往看不到这个宇宙的自我或称"更高的"自我,因为,我们的两眼往往被个人的自我这个身份所蒙蔽。这就好比我们仰视天空,天空中一直布满着群星,但在白天,它们被太阳的强光遮掩,我们用肉眼是见不到的,直到太阳落山之后,我们才会看到星斗满天。

为了在生活中显示出我们的伟大,我们应该学会谦卑。随着我们日渐变得谦卑起来,我们便开始明了谦卑的真正内涵。谦卑地承认,我们对真理的认识还所知不多,这不会使我们变成不可知论者。如果一位医生能够坦率地承认,他并不通晓所有的疾病、症状与治疗方法,那么,我们当然也应谦卑地承认,我们每一个人都必须更多地学习真理。

对不公正的批评——报之一笑

⊙我可以决定是否要让我自己受到那些不公正批评的干扰。
⊙让批评的雨水从身上流过而不是滴在脖子里。

有一次我去访问史密德里·柏特勒少将——就是绰号叫做老"锥子眼"、老"地狱恶魔"的柏特勒将军。还记得他吗？他是所有统帅过美国海军陆战队的人里最多彩多姿、最会摆派头的将军。

他告诉我，他年轻的时候拼命想成为最受欢迎的人物，想使每一个人都对他有好印象。在那段日子里，一点点的小批评都会让他觉得非常难过。可是他承认，在海军陆战队里的30年使他变得坚强很多。"我被人家责骂和羞辱过"，他说，"骂我是黄狗，是毒蛇，是臭鼬。我被那些骂人专家骂过，在英文里所有能够想得出来的而印不出来的脏字眼都曾经用来骂过我。这会不会让我觉得难过呢？哈！我现在要是听到有人在我后面讲什么的话，甚至于不会调转头去看是什么人在说这句话。"

也许是老"锥子眼"柏特勒对羞辱太不在乎，可是有一件事情是肯定的：我们大多数人对这种不值一提的小事情都看得过分认真。我还记得在很多年以前，有一个从纽约《太阳报》来的记者，参加了我办的成人教育班的示范教学会，在会上攻击我和我的工作。我当时真是气坏了，认为这是他对我个人的一种侮辱。我打电话给《太阳报》执行委员会的主席季尔·何吉斯，特别要求他刊登一篇文章，说明事实的真相，而不能这样嘲弄我。我当时下定决心要让犯错的人受到适当的处罚。

现在我却对我当时的作法感到非常惭愧。我现在才了解，买那份报的人大概有一半不会看到那篇文章，看到的人里面又有一半会把它只当作一件小事情来看，而真正注意到这篇文章的人里面，又有一半在几个礼拜之后就把这件事情整个忘记了。

我现在才了解，一般人根本就不会想到你我，或是关心别人批评我们的什么话，他们只会想到他们自己——在早饭前，早饭后，一直到半夜十二点过十分。他们对自己的小问题的关心程度，要比能置你或我于死地的大消息更关心一千倍。

即使你和我被人家说了无聊的闲话，被人当作笑柄，被人骗了，被人从后面刺了一刀，或者被某一个我们最亲密的朋友给出卖了——也千万不要纵容自己只知道自怜，应该要提醒我们自己，想想耶稣基督所碰到的那些事情，他十二个最亲密的友人里，有一个背叛了他，而他所贪图的赏金，如果折合我们现在的钱来算的话，只不过是十九块美金；他最亲密的友人里另外还有一个，在他惹上麻烦的时候公开背弃了他，还三次表白他根本不认得耶稣——一面说还一面发誓。出卖他的人占了六分之一，这就是耶稣所碰到的，为什么你跟我希望我们能够比他更好呢？

我在很多年前就已经发现，虽然我不能阻止别人对我做任何不公正的批评，我却可以做一件更重要的事：我可以决定是否要让我自己受到那些不公正批评的干扰。

让我把这一点说得更明白些，我并不赞成完全不理会所有的批评，正相反，我所说的只是不理会那些不公正的批评。有一次，我问依莲娜·罗斯福，她怎么处理那些不公正的批评——老天爷知道，她所受到的可真不少。她有过的热心的朋友和凶猛的敌人，大概比任何一个在白宫住过的女人的都要多得多。

她告诉我她小时候特别腼腆，很怕别人说她什么。她对批评，害怕得使她去向她的姑妈，也就是老罗斯福的姐姐求助，她说："费姑妈，我想做一件这样的事，但是我怕会受到批评。"

老罗斯福的姐姐正视着她说："无论别人怎么说，只要你自己心里知道你是对的就行。"

依莲娜·罗斯福告诉我，当她在多年后住到白宫之后，这一点点忠告，还一直是她行事的指路明灯。她告诉我避免所有批评的惟一方法，就是"只要做你心里认为是对的事——由于你反正是会受到批评的。'做也该死，不做也该死。'"这就是她对我的忠告。

逝去的马修·布拉许，当年还在华尔街 40 号美国国际公司任总裁的时候，我就问过他是否对别人的批评感到很敏感？他回答说："是的，我早年对这种事情特别敏感，我当时急于要使公司里的每一个人都认为我特别完美，要是他们不这样想的话，就会使我忧虑。只要哪一个人对我有一些怨言，我就会想法子去取悦他。可是我所做的讨好他的事情，总会使另外一些人生气，然后等我想要补足这个人的时候，又会惹恼了其他的一两个人；最后我发觉，我越想去讨好别人，以避免别人对我的批评，就越会使我的敌人增加。因此最后我对自己说：'只要你超群出众，你就肯定会受到批评，所以还是趁早适应这种情况的好。'这一点对我帮助很大。从那以后，我就决定只尽我最大的能力去做，而把我那把破伞收起来，让批评我的雨水从我身上流下去，而不是滴在我的脖子里。"

狄姆士·泰勒更进一步，他让批评的雨水流下他的脖子，而为这件事情大笑一番——而且当众如此。有一段时间，他在每个礼拜天下午到纽约爱乐交响乐团举行的空中音乐会休息时间发表音乐方面的评论，有一个女人写信给他，说他是"骗子、叛徒、毒蛇和白痴"。泰勒先生在他那本叫做《人与音乐》的书里说："我猜她只喜欢听音乐，不喜欢听讲话。"在第二个礼拜的广播节目里，泰勒先生把这封信宣读给好几百万的听众听。几天后，他又接到这位太太写来的另外一封信，"表达她丝毫没有改变她的意见，"泰勒先生说，我是一个骗子、"她仍然认为，叛徒、毒蛇和白痴。"我们实在不能不佩服用这种态度来接受批评的人。我们佩服他的沉着，他毫不动摇的态度和他的幽默感。

查尔斯·舒伟伯对普林斯顿大学学生发表演讲的时候表示，他所学到的最重要的一课，是一个在他钢铁厂里做事的老德国人教给他的。那个老德国人跟其他的一些工人为战事问题发生了争执，被那些人丢到了河里。"当他走到我的办公室时，"舒伟伯先生说,"满身都是泥和水。我问他对那些把他丢进河里的人怎么说?他回答说:'我只是笑一笑。'"

舒伟伯先生说,后来他就把这个老德国人的话当作他的座右铭:"只是笑一笑。"

当你成为不公正批评的受害者时,这个座右铭尤其管用。别人骂你的时候,你可以回骂他,可是对那些"只是笑一笑"的人,你能说什么呢?

林肯要不是学会了对那些骂他的话置之不理,恐怕他早就受不住内战的压力而崩溃了。他写下的如何处理对他批评的方法,已经成为了一篇文学上的经典之作。在二次大战期间,麦克阿瑟将军曾经把这个抄下来,挂在他总部的写字台后面的墙上。而丘吉尔也把这段话镶了框子,挂在他书房的墙上。全段话是这样的:"如果我只是试着要去读——更不用说去回答所有对我的攻击,这片店不如关了门,去做别的生意。我尽我所知的最好办法去做——也尽我的所能去做,而我打算一直这样把事情做完。如果结果证明我是对的,那么即使花十倍的力气来说我是错的,也没有什么用。"

走出失败者的阴影

⊙失败者失败的一个原因在于他们在潜意识里把自己当作是一个永远的失败者。
⊙只有具有积极心态的人才能抓住机会,甚至从厄运中获得利益。

事业失败者失败的一个原因在于他们在潜意识里把自己当作是一个永远的失败者,不能走出这个阴影。他们根本就无法正视自己并且为改善付出努力。

一个叫南茜的女学生,原来最大的愿望是成为一名女演员。在她的房间里塞满了戏剧方面的书籍,墙上贴满了好莱坞伟大传奇人物的海报,那些登载有明星秘闻的期刊杂志南茜更是多不胜数。然而她的愿望却没有实现,她说:"我痛恨办公室的工作,可是我没有别的选择。我知道我是个失败者,可是我已无力挽回什么,我感到到处都是失败的气味!"

我们来看看南茜的父母和朋友们的态度,他们也只把她的梦想视为是不可理喻的、根本不可能实现的幻想。于是南茜现在的文书工作,成为她倾泻生活中各种不满的容器。她自己认为,也许她乐于做个失败者,并且在一事无成中找寻自怨自艾的满足。

这个女学生的遭遇中有意义的是:南茜自认在事业上"一败涂地",而她自己却没有做到这几点:

1. 找出自己真正想要的是什么;
2. 认清自己真正的长处与短处;
3. 没有有计划地发展自己的优势;
4. 没有有计划地改正错误,改善短处;
5. 没有努力为理想寻找机会;

6. 没有全心全力去追求成功；
7. 没有树立自己的信心；
8. 没有协调希望与现实。

南茜对理想的态度是消极的，她只是一个命运的接受者而不是一个挑战者。

美国南方的一个州，一直用烧木柴的壁炉作为冬天取暖的主要工具。在那里住着一个樵夫，他给某一人家供应木柴已经两年多了，这位樵夫知道木柴的直径不能大于18厘米，否则就不适合那家人的壁炉。可是，一次这位樵夫给这家人送去的木柴直径却大部分都超过了18厘米，当主顾发现后，打电话要求调换或重新把那些不合标准的木柴拿回去加工，但樵夫却没有答应主顾的要求。

这个主顾只好亲自来做劈柴的工作，他卷起袖子，开始劳动。大概在这项工作进行了一半的时候，他发现了一根非常特别的木头，这根木头有一个很大的节疤，节疤明显地被凿开又塞住了。这是什么人干的呢？他掂量了一下这根木头，觉得它很轻，仿佛是空的，他就用斧头把它劈开了，一个发黑的白铁卷掉了出来。他蹲下去，拾起这个白铁卷，把它打开，他吃惊地发现里面包有一些五十美元和一百美元的钞票，他数了数恰好有 2250 美元。

很明显，这些钞票藏在这个树节里面已有许多年了。这个人惟一的想法是使这些钱回到它真正的主人那里，于是他拿起电话找那位樵夫，问他从哪里砍了这些木头，这位樵夫的消极心态使他采取了一种排斥态度，他回答道："那是我自己的事，没有人会出卖自己的秘密。"然后他不问个究竟就把电话挂断了。那位主顾无法知道钱的来历，只好无可奈何地接受这份"礼物"了。

这个故事并不是为了讽刺，而是让人们认识到机会在每个人生活中都是存在的，然而以消极的心态对待生活却会阻止佳运造福于他。只有具有积极心态的人才能抓住机会，甚至从厄运中获得利益。从许多事例中我们可以得出这样一个结论："凡是把自己的事业列为成绩平平或不成功的人，都是早就把成功的理由，置于他们控制力之外的人了。他们觉得自己是永远的失败者，而这种逆来顺受的心态是不成功的主要原因。"

不少家庭为了谦虚，当别人夸奖自己孩子聪明时，经常会反驳道："哪里，哪里，这孩子笨得很。"这些谦虚的父母不知道这种美德也许会使自己孩子的自我观向畸形方向发展，最终真的如父母"所愿"变得毫无斗志。

人们给自己下定义的方式可以称之为自我观，自我观对于从个人角度去解释"成"与"败"非常重要。而人给自己下定义当然是极富于主观性的。有的人认为自己富于智慧与能力，有的人则认为自己智力平平无所作为，而这种自我感觉即使与事实不符，却大多数与结果相符。曾经有一位大学教授做过这样的试验，他教的两个班中学生的智力水平基本上一样，但是他在甲班上课时，不断称赞甲班学生聪明。而在乙班时则不时讽刺、嘲笑乙班学生。结果受到鼓励、自信心大增的甲班在成绩上大大超过了自信心受到打击的乙班。这事实上也是一种自我感觉的影响作用。

人性的弱点，人性的优点

成功并非总是用"赢"来代表

⊙成功的意义并不总在一个"赢"字。
⊙人生有许多时刻，你表面上输了，但其实是真正的赢家。

在追求增大我们能力的过程当中，并不需要踩着别人的头顶往上爬，也不需要赚个几百万，或是做到公司的总裁。成功的意义并不总在一个"赢"字。

有一个智能不足的年轻女孩，曾将成功的真谛表达得淋漓尽致。下面是关于这个女孩的故事。

在一个大城市的精神病患者举行的运动会选拔赛中，与赛者如同正常人一样，竞争得非常激烈。在中距离赛跑项目中，有两个女孩竞争得格外厉害，最后决赛时，这两个女孩更是备足了力量较劲。最后有4名选手进入决赛，来决定谁将会获得该城的冠军。比赛开始，女孩子们在跑道上前进，这两名实力最强的选手很快便将另外两人抛在后面。在剩下最后100米的时候，两名赛跑者几乎是比肩齐步，都极力要跑赢对方。就在这个时候，稍微落后的那个女孩脚步不稳，绊倒了。按照一般的情况来说，这等于宣布了谁是赢家，但这一回可不是这样。领先的跑者停下来，折回去扶起她的敌手，为她拂去膝盖和衣服上的泥土，此时，另外两个女孩已冲过终点线。

赢得比赛是当天竞赛的目标，但谁才是这次比赛中真正的赢家，应该是毋庸质疑的。那个小女孩已将她最重要的能力发挥到极致——她爱的能力，而爱的能力使她比一般人赢得更多。

即使我性好竞争，仍然忍不住要想，有朝一日我也能得到同那女孩一样的成功。但我得先了解，爱的喜悦远胜过胜利的滋味。若你能两者兼顾，依我之见，你就是个超人。

人生中有许多时刻，你表面上输了，但其实是真正的赢家。比方说，某个周日下午，你正和邻人在起居间共享午茶。糟糕！她的茶杯翻倒了，茶水溅在你价值不菲的地毯上。

你会说："别担心！这地毯不容易弄脏的，只要一会儿便可以把它处理掉，请千万别放在心上。"

同一天下午，你的小孩不小心把一杯牛奶打翻在同一张地毯上。

你大吼大叫："你这笨手笨脚的白痴！这块永远洗不掉了啦！你是要把这房子里的每一样东西毁掉才甘心是吗？你能不能做点好事？"

这就是你的待"客"之道？孩子们其实是在我们家中短暂停留的客人——他们很快便会搬出去自立门户，他们是不是应该多少得到一些我们对待邻居的尊重和友谊？

这样的成功并没有立即可见的利益，正如同或许你已费尽心力却并不能得到什么金钱的回报。你所赢得的是，知道你最珍视的"客人"在你的家中得到爱、温柔和尊严——他们极可能会以同样的方式对待他们的下一代。

另一个"家庭剧场"的脚本："你没有一次准时过！每一次都要我等你！你不会是要穿'那'个玩意去参加晚上的派对吧？你到底有没有品味啊？"

我们结婚时在对方身上看到的优点都到那儿去了？似乎只要经过几年的婚姻生活，配偶中便会有一方或双方只能在对方身上看到缺点，对方的美德似乎已如尘土般消逝。

赞美对方良好的行为而心怀宽恕——虽然真正地宽恕另外一个成年人绝非易事；即使你做到了，也不会有胜利感。但因此培养的美满良缘，却绝对是项胜利。

通常，我们将大部分的精力投注于世俗的目标上，却不了解人生真正应该追求的目标是默默给予别人帮助，学会得到内心的平静，以感恩和谦逊的心态去迎接命运所注定的好事，并以勇气接受并不那么美好的事。

剪掉多余的

⊙对大部分人来说，如果一入社会就善于利用自己的精力，不让它消耗在一些毫无意义的事情上，那么就有成功的希望。

⊙如果把心中的那些杂念一一剪掉，使生命力中的所有养料都集中到一个方面，那么他们将来一定会惊讶——自己的事业上竟然能够结出那么美丽丰硕的果实。

"剪掉"不适合自己干的事情，剩下的就是适合自己发展的园地。

对大部分人来说，如果一入社会就善于利用自己的精力，不让它消耗在一些毫无意义的事情上，那么就有成功的希望。但是，很多人却偏偏喜欢东学一点、西学一下，尽管忙碌了一生却往往没有什么专长，到头来什么事情也没做成，更谈不上有什么强项。

在这方面，蚂蚁是人们最好的榜样。它们驮着一大颗食物，齐心协力地推着、拖着它前进，一路上不知道要遇到多少困难，要翻多少跟头，千辛万苦才把一颗食物弄到家门口。蚂蚁给我们最好的教益是：只要不断努力，持之以恒，就必定能得到好的结果。

明智的人最懂得把全部的精力集中在一件事上，惟有如此方能实现目标；明智的人也善于依靠不屈不挠的意志、百折不回的决心以及持之以恒的忍耐力，努力在人们的生存竞争中去获得胜利。

那些富有经验的园丁往往习惯把树木上许多能开花结果的枝条剪去，一般人往往觉得很可惜。但是，园丁们知道，为了使树木能更快地茁壮成长，为了让以后的果实结得更饱满，就必须忍痛将这些旁枝剪去，否则，若要保留这些枝条，那么将来的总收成肯定要减少无数倍。

那些有经验的花匠也习惯把许多快要绽开的花蕾剪去，这是为什么呢？这些花蕾不是同样可以开出美丽的花朵吗？花匠们知道，剪去其中的大部分花蕾后，可以使所有的养分都集中在其余的少数花蕾上。等到这少数花蕾绽开时，一定可以成为那种罕见、珍贵、硕大无比的奇葩。

做人就像培植花木一样，与其把所有的精力都消耗在许多毫无意义的事情上，还不如看准一项适合自己的重要事业，集中所有精力，埋头苦干，全力以赴，肯定可以取得杰出的成绩。

如果你想成为一个众人叹服的领袖，成为一个才识过人、无人可及的人物，就一定要排除大脑中许多杂乱无绪的念头；如果你想在一个重要的方面取得伟大的成就，那么就要大胆地举起剪刀，把所有微不足道的、平凡无奇的、毫无把握的愿望完全"剪去"，在一件重要的事情面前，即便是那些已有眉目的事情，也必须忍痛"剪掉"。

世界上无数的人之所以失败，并不是因为他们才能不够，而是因为他们不能集中精力，不能全力以赴地去做适当的工作，他们使自己的精力在许多并无助益的事情上徒耗了，而他们自己竟然还从未觉悟到这一点。如果把心中的那些杂念一一剪掉，使生命力中的所有养料都集中到一个方面，那么他们将来一定会惊讶——自己的事业上竟然能够结出那么美丽丰硕的果实。

拥有一种专门的技能要比有十种心思来得有价值。有专门技能的人随时随地都在这方面下苦功求进步，时时刻刻都在设法弥补自己的缺陷和弱点，总是想到把事情做得尽善尽美。而有十种心思的人就和他不一样，他可能会忙不过来，要顾及这一点又要顾及那一个，由于精力和心思分散，事事只能做到"尚可"为止，结果当然是一事无成。

现代社会的竞争日趋激烈，所以，你必须专心一致，对自己认定的某一件事或某一个目标全力以赴，这样才能做到得心应手，有出色的业绩。

磨刀不误砍柴工

⊙我们都知道——"磨刀不误砍柴工"，可是生活中的你是否也注意经常磨快自己的"锯子"，以加快成功的步伐呢？

假如你在树林中碰到一个正在兴奋地锯树的人。

"你在干什么？"你问。

"你看不见吗？"来了一个不耐烦的回答，"我要锯倒这棵树。"

"你看来已筋疲力尽了！"你大声说道，"你干了多久了？"

"5个多小时了，"他回答说，"我是筋疲力尽了！这是件重活。"

"嗨，你为什么不停几分钟，把锯磨快？"你问，"我可以肯定这样做会使你锯得更快些。"

"我没有时间磨锯，"此人断然地说，"我忙得哪有时间磨锯？"

此时，你一定会笑锯树人的愚蠢，因为我们都知道——"磨刀不误砍柴工"，可是生活中的你是否也注意经常磨快自己的"锯子"，以加快成功的步伐呢？

自从高桥太郎开车以来，已经有20多个年头了。刚开始学开车的时候，有一位长辈教导高桥太郎一件事，使他终身都感激。那位长辈教导他，如果发现车子有故障，你一定要原封不动地绕车走一圈。

例如，当一个前车轮陷入水沟里时，很多人都会惊慌失措地向后退缩，其实，这样反而更容易使车子发生另一个故障。倘若在采取措施之前，先绕车一周的话，你就能了解整体的状况，清楚车子到底为什么会成这个样子。尤其，最重要的是能把因为偶发事件而带来的那种手足无措的心情，先行稳定下来。

由此可见，当面临很糟糕的状况时，会因瞬间的注意而转移张惶失措的心情，把自己引导到有利的方向去。一位围棋大师在自己的著述中说，为了迅速恢复冷静，面临暗想糟糕的一瞬间，脑海里马上要浮想若干跟围棋无关的事，高尔夫球也好，麻雀也好，也不妨想些温室里的花朵或庭院的草木等物。

当你在凝思的时候，情绪就会逐渐趋于稳定，并且变得心平气和起来。在某种情况下，如果做错了什么事，不妨立即离开座位，到洗手间去用冷水洗脸，或者望着窗外，幻想赛马获胜的情景。

当一个人暗想糟糕时，神经一定非常紧张，而且会陷入狭窄的视野里。如果不能消除精神的紧张，即使平常看得见的各种情况，也会变得模糊起来，分析、解决问题的能力也随之减弱。这时候，如能在脑海里浮现若干别的事物，即可解除这种紧张感。

成熟只寓于追求的过程中

⊙如果你以为经过努力，在某一天中就会得到梦寐以求的"成熟之果"，此后就可以高枕无忧，慢慢地品尝和享用它，那实在是一种误会，因为成熟者的那些特征只存在于成熟者的不断追求中。

⊙真正的成熟并不是以凝固的特征来表示，而是以过程来叙述。

冬天来临的时候，雪花飘舞，北风劲吹，青年诅咒道："这鬼天气，冷死了！"青年因此心情糟糕。

夏天来临的时候，烈日炎炎，热浪阵阵，青年诅咒道："这热死人的天，为什么不是冬天呢？"青年因此心情糟糕。

一位老人见了，问青年："你为何一年四季总是愁眉不展？"

"因为我没有遇到一件快乐的事。"青年苦恼地说。

"其实，痛苦与快乐从来不曾分开过，你怎么可能一年四季只见痛苦，不见快乐呢？冬天有美丽的雪花，夏天有清纯的荷花，这些，你怎么都看不见呢？"老人说。

青年思索着老人的话。

老人道:"年轻的朋友啊,不要以为痛苦只是痛苦,快乐只是快乐,其实它们如同一对孪生兄弟。如果你在品尝痛苦的滋味时,也能体味到快乐的一面,那人生是多么有趣啊!"

青年人满面诚恳地问:"人生怎么才能达到这种境界呢?"

"使自己变得成熟!"老人以不容质疑的口气说。

每个人都要接受生活的考验和筛选,成功者和失败者在成熟的过程中,往往会出现两种同化现象:一种向成功的同化,一种向失败的同化。前者以自己某方面的成绩受到赞赏为发端和契机,促使走向成熟的主观努力越来越大,速度愈来愈快;后者由于不能正确地对待失败和挫折,逐步形成了无视现实和心安理得的习惯,最后放弃走向成熟的努力,表现出粗劣的品格和各种怪癖。

正确的人生总是在不停地追求成熟。但如果你以为经过努力,在某一天中就会得到那个梦寐以求的"成熟之果",此后就可高枕无忧,慢慢地品尝和享用它,那实在是一种误会,因为成熟者的那些特征只存在于成熟者的不断追求中。

20世纪,世界画坛上出了个"创新魔"——大画家毕加索。他具有画家的天才,到16岁那年,就因举办了个人画展而一举成名。直到他91岁离世前的那天清晨,在他漫长的人生旅途中,他劳作不已,共创作了4500多件艺术珍品。这些珍品记录了他经历写实主义时期、蓝色时期、玫瑰色时期……以及各种画风杂交时期的创作风格。他的画风不停地变,不仅观众应接不暇而骂他是"邪恶的天才",就连评论家也惊斥他是"艺术的变色龙"。但是,最后举世公认,他是一位"20世纪艺术的领路人",是一个"点石成金的稀有之才"。尤其重要的是发现了他的成功之秘——他的作品全像是各种没有完全盛开的鲜花,或像是各种将熟未熟的鲜果。

可见,你平日发誓要追求的"成熟",并不是一个放在距离你数米、数十米的目标点,而是一个过程,一个从无序——有序——新序的不断循环的过程。

毕加索每每创立一种新画风时,都要经历这个过程,创造出"没有完全盛开的鲜花"和"将熟未熟的鲜果"时,他在追求成熟,而当他趋向成熟时,果子却又马上腐烂了。于是,又必须在这一刻之前,及时、果断、痛苦地超越这个"成熟"。对于他来说,就是另辟蹊径,扔掉已获得巨大声誉的画风,去追求充满失败风险的新的"不成熟"画风。

做人也一样,成熟只寓于追求的过程中。正如一位名家所言:"完善也和无极一样,不是为我们而存在的。"成熟只存在于不断与幼稚的抗争中,因为环境是不断变化的,人的心理也犹如大洋中的一条小舟飘荡不定。当然,人应该热衷于成熟与完善的追求,只有这样,才能接近美的境界。真正的成熟并不是以凝固的特征来表示,而是以过程来叙述。

你的脖子上挂的是一条不断趋向成熟和不断追求新的成熟的创造链。这就是成熟的要义所在。

人性的优点

　　《人性的优点》是卡耐基一生中最重要、最生动的人生经验的汇集,也是一本记录成千上万人如何摆脱心理问题走向成功的实例汇集,被誉为"克服忧虑获得成功的必读书"、"世界励志圣经"。本书告诉人们如何摆脱忧虑的困扰,并指导人们如何获得快乐,享受快乐的人生。在这部著作中,卡耐基从战胜忧虑心理、培养快乐心情两方面,阐明了"消除错误的忧虑思想和行为,在心灵中注入快乐"的重要性;并对如何战胜忧虑心理和培养快乐心情进行了详细的阐释与说明,提出了非常具有实用价值的忠告。

唤醒你心中的巨人，发挥你所有的优点。

第一章　忧虑，幸福人生的破坏者

忧虑是健康的大敌

⊙不知道如何抗拒忧虑的人都会减少寿命。
⊙忧虑容易导致三种疾病：溃疡、高血压、心脏病。
⊙在医生接触的病人中，有70％的人只要消除他们的恐惧和忧虑，病就会自然好起来。

很多年以前的一个晚上，一个邻居来按我的门铃，要我和家人去种牛痘，预防天花。他是整个纽约市几千名志愿者中去按门铃的人之一。很多吓坏了的人都排了好几个小时的队接种牛痘。在所有的医院、消防队、警察局和大工厂里都设有接种站，大约有2000名医生和护士夜以继日地替大家种痘。怎么会这么热闹呢？因为纽约市有8个人得了天花——其中2人死了——800万纽约市民中死了2人。

我在纽约市已经住了37年，可是还没有一个人来按我的门铃，并警告我预防精神上的忧郁症——这种病症，在过去37年里所造成的损害，至少比天花要大一万倍。

从来没有人来按门铃警告我：目前生活在这个世界上的人中，每10个人就有1个会精神崩溃，而大部分都是因为忧虑和感情冲突而引起的。所以我现在写本章，就等于来按你的门铃，向你发出警告。

曾经获得诺贝尔医学奖的亚历克西斯·卡锐尔博士说：

不知道抗拒忧虑的商人都会短命而死。

其实不止商人，家庭主妇、兽医和泥水匠……都是如此。

几年前，我在度假的时候，跟戈伯尔博士一起坐车经过得克萨斯州和新墨西哥州。戈伯尔博士是圣塔菲铁路的医务负责人，他的正式头衔是海湾-科罗拉多和圣塔菲联合医院的主治医师。当我们谈到忧虑对人的影响时，他说：

"在医生接触的病人中，有70％的人只要能够消除他们的恐惧和忧虑，病就会自然好起来。不要误以为他们都是生了病，他们的病都像你有一颗蛀牙一样实在，有时候还严重100倍。我说的这种病就像神经性的消化不良，某些胃溃疡、心脏病、失眠症，一些头痛症和麻痹症等等。这些病都是真病，我这些话也不是乱说的，因为我自己就得过 12 年的胃溃疡。恐惧使你忧虑，忧虑使你紧张，并影响到你胃部的神经，使胃里的胃液由正常变为不正常。因此就容易产生胃溃疡。"

约瑟夫·蒙塔格博士曾写过一本《神经性胃病》的书，他也说过同样的话："胃溃疡的产生，不是因为你吃了什么而导致的，而是因为你忧愁些什么。"

梅奥诊所的阿尔凡莱兹博士说："胃溃疡通常根据你情绪紧张的高低而发作或消失。"

他的这种说法在对梅奥诊所的 15000 名胃病患者进行研究后得到了证实，每 5 个人中，有 4 个并不是因为生理原因而得的胃病。恐惧、忧虑、憎恨、极端自私，以及无法适应现实生活，才是他们得胃病和胃溃疡的原因。胃溃疡可以让你丧命。

我最近和梅奥诊所的哈罗德·哈贝恩博士通过几次信，他在全美工业界医师协会的年会上读过一篇论文，说他研究了 176 位平均年龄在 44.3 岁的工商界负责人。他报道说：大约有 1/3 多的人因为生活过度紧张而引起下列三种病症之一——心脏病、消化系统溃疡和高血压。想想看，在我们工商界的负责人中，有 1/3 的人都患有心脏病、溃疡和高血压，而他们都还不到 45 岁，成功的代价是多么高啊！而他们甚至都不能算是成功，一个身患胃溃疡和心脏病的人能算是成功之人吗？就算他能赢得全世界，却损失了自己的健康，对他个人来说，又有什么好处？即使他拥有全世界，每次也只能睡在一张床上，每天也只能吃三顿饭。就是一个挖水沟的人，也能做到这一点，而且还可能比一个很有权力的公司负责人睡得更安稳，吃得更香。我情愿做一个在阿拉巴马州租田耕种的农夫，在膝盖上放一把五弦琴，也不愿意在自己不到 45 岁的时候，就为了管理一个铁路公司，或者是一家香烟公司而毁了自己的健康。

说到香烟，一位世界最知名的香烟制造商，最近在加拿大森林里想轻松一下的时候，因为心脏病发作而死了。他拥有几百万元的财产，却在 61 岁时就离世了。他也许是牺牲了好几年的生命来换取了所谓的"生意上的成功"。

在我看来，这个有几百万财产的香烟大王，其成功还不及我爸爸的一半。我爸爸是密苏里州的农夫，一文不名，却活到了 89 岁。

心脏病是美国的第一号凶手。在二次大战期间，大约有 30 几万人死在战场上，可是在同一段时间里，心脏病却杀死了 200 万平民——其中有 100 万人的心脏病是由于忧虑和过度紧张的生活引起的。中国人和美国南方的黑人，却很少患这种因忧虑而引起的心脏病，因为他们处事沉着。死于心脏病的医生比农夫多 20 倍，因为医生过的是紧张的生活，所以才会有这样的结果。

"上帝可能原谅我们所犯的罪，"威廉·詹姆斯说，"可是我们的神经系统却不会。"

这是一个令人吃惊而难以相信的事实：每年死于自杀的人，比死于种种常见的传染病的人还要多。

为什么呢？答案通常都是"因为忧虑"。

古时候，残忍的将军要折磨他们的俘虏时，常常把俘虏的手脚绑起来，放在一个不停往下滴水的袋子下面……水滴着……滴着……夜以继日，最后，这些不停滴落在头上的水，变得好像是用槌子敲击的声音，使那些人精神失常。这种折磨人的方法，在以前西班牙的宗教法庭里，和希特勒手下的德国集中营里，都曾经使用过。

忧虑就像不停往下滴、滴、滴的水，而那不停地往下滴、滴、滴的忧虑，通常会使人心神不宁而自杀。

当我还是密苏里州一个乡下孩子的时候，礼拜天听牧师形容地狱的烈火，吓得我半死。可是他从来没有提到，我们此时此刻由忧虑所带来的重重痛苦的地狱烈火。比方说，如果你长期忧虑下去的话，你有一天就很可能会患最痛苦的病症——狭心症。

这种病要是发作起来，会让你痛得尖叫，跟你的尖叫比起来，但丁的《地狱篇》听来都像是"娃娃游玩具国"了。到时候，你就会跟你自己说：

"噢，上帝啊！噢，上帝啊！要是我能好的话，我永远也不会再为任何事情忧虑，永远也不会了。"如果你认为我这话说得太夸张的话，不妨去问问你的家庭医生。

你爱生命吗？你想健康、长寿吗？下面就是你能做到的方法。我再引用一次亚历西斯·卡瑞尔博士的话："在纷繁复杂的现代城市中，只有能保持内心平静的人，才不会变成神经病。"

你是否可以在现代城市的混乱中保持内心的平静呢？如果你是一个正常人，答案应该是："可以的"，"绝对可以"。我们大多数人实际上都比我们所认为的更坚强得多。我们有很多也许从来没有发现的内在力量，就像梭罗在他不朽的名著《狱卒》里所说的："我不知道有什么比一个人能下定决心改善他的生活能力更令人振奋了……要是一个人，能充满信心地朝他理想的方向去做，下定决心过他所想过的生活，他就一定会得到意外的成功。"

精神失常的原因

⊙在纷繁复杂的现代社会，只有能保持内心平静的人，才不会变成神经病。

⊙医生所犯的最大错误是，他们只想治疗病人的身体，却不想医治他们的思想。可是精神和肉体是一致的，是不能分开处置的。

著名的梅奥兄弟宣布，我们有一半以上的病床上，躺着患有神经病的人。可是，在强力的显微镜下，以最现代的方法来检查他们的神经时，却发现大部分人都非常健康。他们"神经上的毛病"都不是因为神经本身有什么异常的地方，而是因为情绪上有悲观、烦躁、焦急、忧虑、恐惧、挫败、颓丧等等的情形。柏拉图说过：医生所犯的最大错误是，他们只想治疗病人的身体，却不想医治他们的思想。可是精神和肉体是一致的，不能分开处置。

医药科学界花了2300年的时间才认清这个真理。我们刚刚才开始发展一种新的医学，称之为"心理生理医学"，用来同时治疗精神和肉体。现在正是做这件事的最好时机，因为医学已经大量消除了可怕的、由细菌所引起的疾病——比方说天花、霍乱、黄热病，以及其他种种曾把数以百万计的人埋进坟墓的传染病症。可是，医学界一直还不能治疗精神和身体上那些不是由细菌所引起，而是由于情绪上的忧虑、恐惧、憎恨、烦躁，以及绝望所引起的病症。这种情绪性疾病所引起的灾难正日渐增加，日渐广泛，而速度又快得惊人。

医生们估计说：现在活着的美国人中，每20人就有1人在某一段时期内得过精神病。第二次世界大战期间被征召的美国年轻人，每6人中就有1人因为精神失常而不能服役。

精神失常的原因何在？没有人知道全部的答案。可是在大多数情况下，极可能是由恐惧和忧虑造成的。焦虑和烦躁不安的人，多半不能适应现实的世界，而跟周围的环境隔断了所有的关系，缩到自己的梦想世界里，以此逃避他所忧虑的问题。

在我写这一章时，我书桌上就有一本书，是爱德华·波多尔斯基博士所写的《停止忧虑，换来健康》。书中谈到了几个问题：

1. 忧虑对心脏的影响。
2. 忧虑会造成高血压。
3. 风湿症可能因忧虑而起。
4. 为了保护你的胃，请少忧虑些。
5. 忧虑如何使你感冒。
6. 忧虑和甲状腺。
7. 忧虑与糖尿病患者。

另外一本谈忧虑的好书，是卡尔·明格尔博士所写的《与己作对》。它没告诉你怎样避免忧虑的规则，却告诉你一些很可怕的事实，让你看清楚焦虑、烦躁、憎恨、后悔、反叛和恐惧情绪是怎样伤害我们的身心健康。

忧虑甚至会使最强壮的人生病。在美国南北战争的最后几天里，格兰特将军发现了这一点。故事是这样的：

格兰特围攻里奇蒙德有9个月之久，李将军的衣衫不整、饥饿不堪的部队被打败了。有一次，好几个兵团的人开了小差，其余的人在他们的帐篷中开会祈祷，叫着、哭着，看到了种种幻象。眼看战争就快结束了，李将军手下的人放火烧了里奇蒙德的棉花，以及烟草仓库，也烧了兵工厂，然后在烈焰升腾的黑夜里弃城逃走了。格兰特乘胜追击，从左右两侧和后方夹攻南部联军，而由骑兵从正面截击，拆毁铁路线，俘虏了运送补给的车辆。

由于剧烈头痛而使眼睛半瞎的格兰特无法跟上队伍，就停歇在了一个农家。"我在那里过了一夜，"他在回忆录里写道，"把我的两脚泡在了加了芥末的冷水里，还把芥末药膏贴在我的两个手腕和后颈上，希望第二天早上能恢复。"

第二天清早，他果然复原了。可是使他复原的，不是芥末药膏，而是一个带回李将军降书的骑兵。

"当那个军官来到我面前的时候，"格兰特写道，"我的头痛得很厉害，可是我一看到那封信的内容，我就好了。"

显然，格兰特是由于忧虑、紧张和不安才生病的。一旦他在情绪上恢复了自信，想到他的成就和胜利，病马上就好了。

70年后，罗斯福总统的财政部长亨利·摩根索发现忧虑会使他病得头昏眼花。他在日记中记述说，为了提高小麦的价格，罗斯福总统在一天以内买了440万蒲式耳的小麦，使他感到非常忧虑。他在日记里说："在这件事还没有结果之前，我觉得头昏眼花。我回到家中，在吃完午饭后睡了两个小时。"

著名的法国哲学家蒙泰格被选为老家的市长时，他对市民们说："我愿意用我的双手来处理你们的事情，可是不愿把它们带到我的肝里和肺里。"但我那个邻居却把股票市场带到了他的血液中，差点送了他的老命。如果我想记住忧虑对人有什么影响，我不必去看我领导的房子，只要看看我现在坐着的这个房间，想想以前这栋房子的主人——他由于忧虑过度而进了坟墓。忧虑会使你患风湿症或关节炎而坐上轮椅，康奈尔大学医学院的罗素·塞西尔博士是世界闻名的治疗关节炎的权威，他列举了四种最容易得关节炎的情况：

1. 婚姻破裂。
2. 财务上的不幸和难关。
3. 寂寞和忧虑。
4. 长期的愤怒。

确实，以上四种情绪状况，并不是关节炎形成的惟一原因。而使关节炎产生的最"常见的原因"是西基尔博士所列举的这四点。举个例子来说，我的一个朋友在他经济不景气的时候，遭到了很大的损失，结果煤气公司切断了他的煤气，银行没收了他抵押贷款的房子，他的太太突然染上关节炎，虽然经过治疗和增加营养，关节炎却一直到他们的财务状况改善之后才算痊愈。

不久以前，我和一个得这种病的朋友到费城去。我们去见伊莎瑞尔士内·布拉姆博士——一位主治这种病达38年之久的著名专家。在他候诊室的墙上挂了一块大木板，上面写着他给病人的忠告。我把它抄在一个信封的背面：

轻松和享受

最使你轻松愉快的是，健全的信仰、睡眠、音乐和欢笑。——对神要有信心，——要能睡得安稳，——喜欢好的音乐，——从滑稽的一面来看待生活，健康和快乐就都是你的。

他问我朋友的第一个问题就是："有什么问题使你的情绪产生这种情况？"他警告我的朋友说，如果他继续忧虑下去，就可能会染上其他并发症，例如心脏病、胃溃疡，或是糖尿病。"所有的这些病症，"这位名医说，"都互为亲戚关系，甚至是很近的亲戚。"一点都不错，它们都是近亲——由忧虑所产生的病症。

忧虑是容貌最大的克星

⊙再没有什么会比忧虑使一个女人老得更快，而摧毁了她的容貌了。

⊙我觉得化妆品不只是搽在肌肤上的东西，它更应该是搽拭在精神上的东西，经常使用化妆品的人会变得心情舒畅，其实它应从更深层次上减轻女性们的精神痛苦。

我去访问女明星英乐·奥伯恩时，她告诉我她绝对不会忧虑，因为忧虑会摧毁她在银幕上的主要资产——她美丽的容貌。她告诉我说：

"当我最先想要进入影坛的时候，我既担心又害怕。我刚从印度回来，在伦敦一个熟人也没有，却想在那里找一份工作。去见过几个制片家，可是没有一个人肯用我。我仅有的一点钱渐渐用光了，整整有两个礼拜，只靠一点饼干和水过活。那时候我不仅是忧虑，还很饥饿，我对自己说：'也许你是个傻子，也许你永远也不可能闯进电影界。归根究底，你没有经验，也从来没有演过戏，除了一张漂亮的脸蛋，你还有些什么呢？'

"我照了照镜子。就在我望着镜子的时候，才发现忧虑对我的容貌起了极坏的影响。我看见了忧虑造成的皱纹，看见了焦虑的表情，于是我对自己说：'你一定得马上停止忧虑，不能再忧虑下去了，你所能给人家的只有你的容貌了，而忧虑会毁了它的。'"

再没有什么会比忧虑使一个女人老得更快，而摧毁了她的容貌了。忧虑会使我们的表情难看，会使我们咬紧牙关，会使我们脸上产生皱纹，会使我们老是愁眉苦脸，会使我们头发灰白，有时甚至会使头发脱落。忧虑会使你脸上的皮肤出现斑点、溃烂和粉刺。

曾经有一段时期在日本掀起了第一次"自然化妆品"热潮，与现时的"自然"有所不同，主要以使用更加原始的原材料生产化妆品为特色，比如使用赤豆、丝瓜等所谓"传统智慧"的化妆品大行其道，对流行时尚极为敏感的年轻女性完全陷于其中而不能自拔。这种自然化妆品的依据便是"绝不使用任何界面活性剂、防腐剂以及香料等成分"，使用这些"含对皮肤有害的物质的大型化妆品生产厂家的化妆品对人的肌肤是极其危险的"，等等。这种极端的论调使陷于其中的女性们纷纷对著名厂家的化妆品敬而远之，甚至持否定态度，一心追捧赤豆和丝瓜。

在这一片热潮中，有一位起劲地抬轿子而立下汗马功劳的女性，她在接受各种杂志的采访时曾语出惊人，发出豪言壮语："除了纯自然的化妆品，其他都令人可怕，使用不得！"

可是大约一年之后，她又突然宣称自己是"敏感性肌肤"，开始热衷于由皮肤科医师开发研制的化妆品，说"即使不使用防腐剂的自然化妆品也令人可怕，使用不得"。再过了大约两年左右，她又转而竭力称赞起所谓"无任何添加物"的化妆品来，对皮肤科医师开发研制的化妆品也持有了否定的态度："那只不过是一种错觉而已！"后来，每当与她联系时便换了一种"爱用品"的她，又迷上了我只听到过名字的二线品牌的邮购化妆品，而选择的理由自然是每次都各不相同，真是很有意思。毫无疑问，她就是那种"化妆品信息源"、"超级时尚发布中心"，同时又是稍嫌不成熟的狂热的化妆品爱好家。

彷徨于各种化妆品之间而无法确定自己所适合的，这本是谁都会发生的事情，没有什么不好；可是她的情况却稍稍有些病态，对各种化妆品一一热衷又一一幻灭，因而肌肤老是不能变得光滑美丽，尽管尝试了各种各样的化妆品，但是她一点儿也没有变得美丽起来，脸色总是显得黯淡无光，一直在为脸上的疙瘩而烦恼。

后来她又随着时尚潮流开始为"冥想化妆品"而倾倒，但是脸色仍然未见丝毫好转，终于发出了"难道所有的化妆品都没有什么效果么"的疑问，即使这样，她还是没有停止尝试和彷徨，先后使用了各种"冥想化妆品"。她将毫无改善的原因统统归结为化妆品，而旁观者则清清楚楚地知道这绝不是化妆品的原因。三年前，她结婚当了一名全职主妇，出于很容易理解的原因，她听从住所附近主妇们的推荐，又试着换用了在主妇中间很受欢迎的上门推销的化妆品，结果如何？令人简直不敢相信，她的肌肤一下子变得光滑美丽起来。

"真的是好不容易才遇上了这样好的化妆品啊！"

她兴奋异常地给我挂来电话报告。我问她："怎么个好法？"她回答："脸上的疙疙瘩瘩全都不见了，皮肤也变白了……"

我情不自禁地想：果不其然！

她为肌肤持续烦恼了约10年的根本原因，不是因为"没有遇见好的化妆品"，而是她身体内反反复复蓄积下来的令人感觉不适的精神压力。巨大的精神压力会导致植物神经系统失调，血液循环不畅，皮肤的免疫机能低下或出现紊乱。她总是脸色黯淡，稍有一点小事脸上便长出疙瘩等，全都是内在的精神压力所致。那么，为什么持续了10年的讨厌问题会在一瞬间都全面解决了呢？我想大家都已经明白了吧，那就是结婚。年过35岁的"闪电式结婚"，不要说周围人都觉得惊讶不已，她本人可能也最最想不到会有这样的事情吧？

类似的例子还可以举出许多。一位皮肤粗糙不堪的女性先后尝试了各种各样的化妆品，在某次人事变动后被调到了其他科室，突然间仿佛全身的毒素全部被排出似的，肌肤变得光滑润洁起来；还有一位女性在与长期同居的男友分手，重新搬家之后，立即显得容光焕发，终于告别了彷徨于各种化妆品的生活。不管是谁，都是在改变了自己的日常生活场所的同时发生了变化。

然而更重要的却是，现今的时代在被称作狂热的美容爱好家的人群中，像这样类似的人——将自己不幸的原因归结为毫不相干的化妆品，漫无目标地热衷于化妆品中

——其实真的有很多。这些人往往不信任"主流"化妆品，而宁愿更相信自然化妆品、邮购化妆品等"支流"的化妆品，热衷于从一些二线品牌的化妆品中发现所谓的"价值"，因而她们"追求更好更有效的化妆品"的意识比一般人更加强烈，以致一直彷徨于频繁地更换化妆品的病态之中。

或许有人会认为这是"庞大的浪费"，不过我却有一瞬间真的觉得：靠着化妆品或多或少解救了深陷于"暗无天日"的巨大精神压力中的她们，这不也是一件好事吗？就拿上述那位女士来说，大概甚至将"或许结不了婚"的原因也归罪于"化妆品一点也没有效果"，假如真是这样的话，这种归罪也就不至于使她产生"我不是一个好女人"、"我缺少女性的魅力"一类的自卑感了。她之所以能够结婚，可以说也正是因为她并没有这种自卑感的缘故。她所反复尝试和彷徨于其中的许许多多的化妆品，即使没有治愈她肌肤上的问题，但至少也减轻了她精神上的自卑感，所以说还是产生了效果的，一点也没有浪费。

日本知名的女性心理专家斋藤薰说得好："我觉得化妆品不只是搽在肌肤上的东西，它更应该是搽拭在精神上的东西，我们经常说使用化妆品后人会变得心情舒畅，其实它还从更深层次上减轻了女性们的精神苦痛。"

忧虑是女人容貌的最大克星，拥有一份好心情就是最好的天然化妆品。如果你不想让你的眼睛周围那些皮肤特别薄的地方过早出现皱纹，请及时地脱离忧虑。

你的生活与忧虑无关

⊙忧虑最能伤害到你的时候，不是在你有所行动的时候，而是在一天的工作做完了之后。

⊙不知怎样抗拒忧虑的人都会短命；同理，就事业而言，不知如何抗拒忧虑同样会失败。

在现实的生活中，我们每天必须亲自处理各种各样的日常工作，这些工作不仅满足我们生存的需要，同时也给我们带来快乐，但在相当多数情况下我们其中的一些人却享受不到工作的快乐，而是痛苦于由工作压力所带来的种种忧虑之中。

我曾参与过一项名为"压力下的家庭健康"的调查，在接受调查的两万人中有近85%的人认为，绝对需要学习如何处理压力。根据过去 10 年美国家庭医师协会（American Academy of FamilyPractitioners）的调查估计，一般的病人中，有近 3/4 具有与压力有关的问题。这样的调查和其他类似的调查统计，引起许多公司机构与企业界领导人的关注，因为在过去的一年里，怠工以及与压力相关的疾病而造成的生产效益低下，已使得他们的公司损失了 500 亿美元。而且他们相信在两年以内，这种花费会增至 750 亿美元——平均每位美国的工人要花 750 美元。家庭与婚姻是受压力影响最严重的领域，一般来说，压力是婚姻问题与人际关系问题的最根本的原因之一。

艾柯森博士在他的一篇医学报告中为我们总结了一些关于工作压力所带来的忧虑症状，他说："压力是精神与身体对内在、外在事件的生理反应与心理反应，具有下列特征：A. 主观性——同样的事件有人觉得有压力，有人却觉得不怎么样；B. 评价性——同样的压力有人认为对自己有帮助，然而有人却认为对自己有副作用；C. 活动性——压力会因为对每一个人造成的严重性不同，从而产生程度不同的压力。"艾柯森仔细地观察他的病人，发现80％的人因为工作的压力产生忧虑，而烦躁和忧虑致使他们的身体经常呈现出如下这样一些症状。

情绪：紧张、敏感、多疑、不稳定、焦躁不安、忧虑烦恼、难以放松等。

生理：口干舌燥、心跳急速、异常出汗、肌肉紧绷僵硬、便秘、头痛、失眠、血压升高、全身酸痛、疲劳、精神不济、消化系统不良、新陈代谢失调等。

行为：抱怨、争执、挑剔、责备、暴力、滥用药物、生活作息混乱、坐立不安等。

不错，工作的压力是忧虑的主要来源，但忧虑最能伤害到你的时候，不是在你有所行动的时候，而是在一天的工作做完了之后。你曾是否注意到，当你在工作出现过失或者差错的时候，你害怕别的同事或者上司会发现这事时，你心中有着一股怎样强大的压力？这种压力是我们每个人都会有的，因为我们都曾经或多或少地在工作中出现过失误。

我在得州举办的成人教育班上，一个叫玛丽·苏伊曼的女士讲述了她一段至今难忘的经历。

"10年前，我刚刚从佛罗里达州立大学毕业进入一家洗涤品公司销售部工作，当时公司新研制出了一种冰箱除味剂，首先在几家超市做了试销，效果还不错，接着上司肖恩给我布置了新的销售任务———一星期内作出一份销售除味剂的策划案。当时我异常紧张：'我只是个新手，为什么让我来做挑战性这么大、风险又这么高的策划案？为什么肖恩不让已经在这里工作了两年的彼得去做？'在这样的不安中我度过了前两天，我当时真实的感受是，当黎明到来的时候，我迅速起床赶到一个个社区中给每个家庭主妇分发除味剂，然后就在现场统计关于价格啊、包装啊、气味啊等方面的调查结果，到了晚上我面对摆在桌子上的一堆资料便开始忧虑：'这样能行吗？别的同事是否会取笑甚至在会上反对这种销售方式？成功的概率到底有多少？'整个夜晚就在这样的质疑中迷迷糊糊地度过。到了第四天事情便开始出现转机，一位退休在家的老教授找到我们公司，急切地问你们的除味剂怎么在超市的货架上找不到。这样简短的一个问题使我打消了忧虑，我自信地告诉肖恩我的策划案已经完成。压力消失了，困扰也不存在了，我们成功地推销了新除味剂。"虽然事情时隔10年了，玛丽依然很激动，"可能很多人生活中的忧虑和不快乐来自工作中的压力，其实更多的情况是，工作的压力不是因为工作本身，而是我们自己给自己制造的压力。"

著名的心理学者哈里·赖文生博士，谈到我们对自己将来的光明前景的期待的问题。他说，我们总是尽力使每一件事尽善尽美，因为我们希望能活得更像心目中的自己。但在实际状况与自我期望之间总是有一段距离，这距离就是引起压力的根源，也称为自我的压力。因此理想中的自我是导致潜在问题的原因。

前几年一个经常和我联系的商人谈到了他在这种压力中挣扎的经验。他说："许多年前我的公司曾经问过我，是否愿意考虑调职到日本，那真是表现自我的好机会，但我知道，若我接受，很可能会造成家庭问题。我已因职业的关系，而搬家至4个不同的城市，某一次搬家之后，当时我那15岁的大儿子，已经离家出走了几天，以示抗议。我知道我不应再考虑为事业而搬家，因我另外一个儿子，那时也已经15岁，正值青春期的危险年龄。但我仍让上司将我列入考虑人选中达6周之久。在这段时间里，我说：'我不会自我推荐的，上帝啊，我会让别人来决定。'我的太太琼说：'我祷告，求神指示我们。'而我知道，这是她表示不愿意去的方式。我那15岁的儿子则坦白地对我说：'爸爸，我不要再搬家。'在6周后事情决定了，是由另一位同事去。虽然我口里说'那好啊'，但两天以后，我患了肠疾，而且并没有立刻就好，就在那个时候我才明白我的挣扎有多严重。病了4天后，半夜肚子不舒服使我醒来，我轻声地祷告：'我现在才知道我一直在苦苦挣扎，请赦免我只想到自己的需要。请医治我与家人的关系……并且也请医治我身体上的不舒服。'那夜我也不必再爬起来了，因为我的罪已得到赦免，而我的难处也随着紧张一并消失。结果我得到宝贵的教训，当一个人不顾一切要得到一个工作上的地位，而甘冒失去家庭和邻里的和谐关系这种风险时，就会丧失分辨是非黑白的能力。"

在忙碌的生活中，自我管理的能力实在很重要，而正确处理理想的自我便是其中重要的部分。或许我们生命中有90%的时间，是花费在自己的事情与追逐自我的理想中。我们只为自己着想，但是那会使我们陷在自我的捆绑中。古罗马有这样一句谚语："不是负担，而是过重的负担杀死熊。"换句话说，是每日的压力，加上过多的焦虑伤害了我们。

另外还有一种压力，是来自犹豫不决的困扰。

有的时候你在工作中受到的压力，就和你得了感冒一样，会是渐渐形成的。没人能事先警觉，因为每一个人都知道，一点点的压力不会伤害你，或许还有些好处呢，但当有一天你可能会发现你受到的压力，已超过了负荷量，而你甚至不知道是从什么时候开始的。于是，你必须寻求一种医治的方法使你从十分疲惫的争斗中得以解脱。在这项个人与压力的搏斗中，你若放弃自己的一意孤行，压力就可以减少许多。

第二章 擦拭心灵，来一场忧虑的革命

科学对待：平均率帮你战胜忧虑

⊙我们所担心的事，有 99％ 的根本就不会发生。

⊙当我们怕被闪电打死、怕坐的火车翻车时，想一想发生的平均率，就会把我们笑死。

我从小生长在密苏里州的一个农场上，有一天，在帮母亲摘樱桃的时候，我开始哭了起来。我妈妈说："嘉里，你到底有什么好哭的啊？"我哽咽地回答道："我怕我会被活埋。"

那时候我心里充满了忧虑。暴风雨来的时候，我担心被闪电打死；日子不好过的时候，我担心东西不够吃；另外，我还怕死了之后会进地狱；我怕一个叫詹姆怀特的大男孩会割下我的两只大耳朵——像他威胁过我的那样。我忧虑，是因为怕女孩子在我脱帽向她们鞠躬的时候取笑我；我忧虑，是因为怕将来没有一个女孩子肯嫁给我；我还为我们结婚之后我该对我太太说的第一句话是什么而操心。我想象我们会在一间乡下的教堂里结婚，会坐着一辆垂着流苏的马车回到农庄……可是在回农庄的路上，我怎么才能够一直不停地跟她谈话呢？该怎么办？怎么办？我在犁田的时候，常常花几个钟点在想这些惊天动地的问题。

日子一年年地过去，我渐渐发现我所担心的事情里，有 99％ 根本就不会发生。比方说，像我刚刚说过的，我以前很怕闪电。可是现在我知道，随便在哪一年，我被闪电击中的机会，大概是三十五万分之一。

我怕被活埋的恐惧，更是荒谬得很。我没有想到——即使是在发明木乃伊前的那些日子里——在 1000 万人里可能只有一个人被活埋，可是我以前却曾经因为害怕这件事而哭过。

每 8 个人里就有一个人可能死于癌症，如果我一定要发愁的话，我就应该去为得癌症的事情发愁——而不应该去愁被闪电打死，或者遭到活埋。

事实上，我刚刚谈到的都是我在童年和少年时所忧虑的事，而许多成年人的忧虑也几乎一样荒谬。我们可根据平均率来评估我们的忧虑究竟值不值得，如此一来，我想你和我都能够把我们的忧虑消掉 9/10 了。

全世界最有名的保险公司——伦敦的罗艾得保险公司就靠大家对一些根本很难得发生的事情的担忧，而赚得了几百万元。伦敦的罗艾得保险公司是在跟一般人打赌，说他们所担心的灾祸几乎永远都不可能发生。不过，他们不把这叫做赌博，而称之为保险，实际上这是以平均率为根据的一种赌博。这家大保险公司已经有两百年的良好历史了，除非人的本性会改变，它至少还可以继续维持 5000 年。而它只是替你保鞋子的险，保船的险，利用平均率来向你保证那些灾祸发生的情况，并不像一般人想象的那么常见。

如果检查一下所谓的平均率，就常常会为我们所发现的事实而惊讶。比方说，如果我知道在 5 年以内，就得打一场盖茨堡战役那样惨烈的仗，我一定会吓坏了。我一定会想尽办法去加保我的人寿险，我会写下遗嘱，把我所有的财物变卖一空。我会说："我大概没有办法活着撑过这场战争，所以我最好痛痛快快地度过剩下的这些年。"但是事实上，根据平均率，在平时，50.55 岁之间，每 1000 人里死去的人数，和盖茨堡战役里 16 万士兵中每 1000 人中平均阵亡的人数是相同的。

有一年夏天，我在加拿大洛基山区弓湖的岸边碰到了阿伯特·沙林吉夫妇。沙林吉太太是一个很平静、很沉着的女人，给我的印象是：她从来没有忧虑过。有一天夜晚，我们坐在熊熊的炉火前，我问她是不是曾经因忧虑而烦恼过。"烦恼？"她说，"我的生活都差点被忧虑毁了。在我学会征服忧虑之前，我在自作自受的苦难中生活了 11 个年头。那时候我脾气很坏，很急躁，生活在非常紧张的情绪之下。每个礼拜，我都要从在圣马提奥的家搭公共汽车到旧金山去买东西，可是就算在买东西的时候，我也愁得要命——也许我又把电熨斗放在熨衣板上了，也许房子烧起来了；也许我的女佣人跑了，丢下了孩子们；也许他们骑着他们的脚踏车出去，被汽车撞死了。我买东西的时候，常常因发愁而弄得冷汗直冒，冲出店去，搭上公共汽车回家，看看是不是一切都很好，难怪我的第一次婚姻没有结果。

"我的第二任丈夫是一个律师——一个很平静、事事都能够加以分析的人，从来没有为任何事情忧虑过。每次我神情紧张或焦虑的时候，他就会对我说：'不要慌，让我们好好地想一想……你真正担心的到底是什么呢？让我们看一看平均率，看看这种事情是不是有可能会发生。'

"举个例子来说，我还记得有一次，那是在新墨西哥州，我们从阿布库基开车到卡世白洞窟去，经过一条土路，在半路上碰到了一场很可怕的暴风雨。

"车子一直滑着，没办法控制。我想我们一定会滑到路边的沟里去，可是我的先生却一直不停地对我说：'我现在开得很慢，不会出什么事的。即使车子滑进了沟里，根据平均率，我们也不会受伤。'他的镇定和信心使我平静下来。

"有一个夏天，我们到加拿大的洛基山区托昆谷去露营。有天晚上，我们的营帐扎在海拔 7000 英尺高的地方，突然遇到暴风雨，好像要把我们的帐篷吹成碎片。帐篷是用绳子绑在一个木制的平台上的，它在风里抖着、摇着，发出尖厉的声音。我每一分钟都在想：我们的帐篷会被吹跑的，吹到天上去。我当时真吓坏了，可是我先生不停地说着：'我说，亲爱的，我们有好几个印第安向导，这些人对一切都知道得很清楚。他们在这些山地里扎营，都扎了有60年了，这个营帐在这里也过了很多年，到现在还没有被吹跑。根据平均率来看，今晚上也不会被吹跑，而即使被吹跑的话，我们也可以躲到另外一个营帐里去，所以不要紧张。'……于是，我放松了心情，结果那后半夜睡得非常熟。

"几年以前，小儿麻痹症横扫过加利福尼亚州我们所住的那一带。要是在以前，我一定会惊慌失措，可是我先生叫我保持镇定，我们尽可能地采取了所有的预防方法：我们不让小孩子出入公共场所，暂时不去上学，不去看电影。在和卫生署联络过之后，我们发现，到目前为止，即使是在加州所发生过的最严重的一次小儿麻痹症流行时，整个加利福尼亚州也只有1835个孩子染上了这种病。而平常，一般的数目只在200～300之间。虽然这些数字听起来还是很惨，可是到底让我们感觉到：根据平均率看起来，某一个孩子感染小儿麻痹症的机会实在是很小。

"'根据平均率，这种事情不会发生'，这一句话就消灭了我90%的忧虑，我过去20年来的生活，过得那样美好和平静，都是由于这一句话的力量。"

回顾过去的几十年时，我发现我大部分的忧虑也都是因此而来的。詹姆·格兰特告诉我，他的经验也是如此。他是纽约富兰克林市场的格兰特批发公司的大老板，每次他都要从佛罗里达州买10.15车的橘子等水果。他告诉我，他以前常常想到很多无聊的问题，比方说，万一火车出事怎么办？万一水果滚得满地都是怎么办？万一我的车子正好经过一座桥，而桥突然垮了怎么办？当然，这些水果都是经过保险的，可是他还是怕万一没有按时把水果送到，就可能会失掉市场。他甚至因过度忧虑而得了胃溃疡，因此去找医生检查。医生告诉他说，他没有别的毛病，只是过于紧张罢了。"这时候我才明白，"他说，"我开始问我自己一些问题，我对自己说：'注意，詹姆·格兰特，这么多年来你批发过多少车的水果？'答案是：'大概有25000多车。'然后我问我自己：'这么多车里有多少部出过车祸？'答案是：'噢——大概有5部吧。'然后我对我自己说，一共25000部车子，只有5部出过事，你知道这是什么意思？出车祸的比率是5000：1。换句话说，根据平均率来看，以你过去的经验为基础，你车子出事的可能几率是5000：1，那你还需要担心什么呢？'

"然后我对自己说：'嗯，桥说不定会塌下来，'然后我问我自己：'在过去，你究竟有多少车水果是因为塌桥而损失了呢？'答案是：'一部也没有。'然后我对我自己说：'那你为了一座根本没塌过的桥，为了5000：1的火车失事的几率而让你忧愁成疾，不是太傻了吗？'

"当我这样来看这件事的时候，"詹姆·格兰特告诉我，"我觉得以前自己真的太傻。于是我就在那一刹那决定，以后就让平均率来替我担忧——从那以后，我就再没有为我的'胃溃疡'而烦恼过。"

当埃尔·史密斯在纽约当州长的时候，我常听到他对攻击他的政敌说："让我们看看记录……让我们看看记录。"然后他就把很多事实讲出来。下一次你若再为可能会发生什么事情而忧虑,最好学一学这位聪明的老埃尔·史密斯,查一查以前的记录,看看你这样忧虑到底有没有道理。这也正是当年佛莱德雷·马克斯塔特害怕自己躺在散兵坑里的时候所做的事情。下面就是他在纽约成人教育班上所说的故事:

"1944年的6月初,我躺在奥玛哈海滩附近的一个散兵坑里。当时我正在第9信号连服役,而我们刚刚抵达诺曼底。我看到了地上那个长方形的散兵坑,就对自己说:'这看起来多像一座坟墓。'当我准备睡在里面的时候,更觉得那就是一座坟墓,我忍不住对我自己说:'也许这就是我的坟墓呢。'在晚上11点钟的时候,德军的轰炸机开始飞了过来,炸弹纷纷往下落。我吓得呆若木鸡。前3天我根本睡不着。到了第四天还是这样。第五天夜里,我几乎精神崩溃了。我知道要是不赶紧想办法的话,我整个人就会疯掉。所以我提醒自己说:'已经过了5个夜晚了,我还活得好好的,而且我们这一组的人也都活得很好,只有两个受了轻伤。'他们之所以受伤,并不是因为被德军的炸弹炸到了,而是被我们自己的高射炮的碎片打中。因此,我决定做一些有建设性的事情来制止我的忧虑,便在我的散兵坑上造了一个厚厚的木头屋顶,来保护我自己不至于被碎弹片击中。我计算了我这个坑伸展开来所能到达的最远的地方,告诉我自己:'只有炸弹直接命中,我才可能被炸死在这个又深又窄的散兵坑。'于是我算出直接命中的比率,还不到万分之一。这样子想了两三夜之后,我平静了下来,后来就连敌机来袭的时候,我也睡得非常安稳。"

美国海军也常用平均率所统计的数字,来鼓舞士兵的士气。一个以前当海军的人告诉我,当他和船上的伙伴被派到一艘油船上的时候,他们都吓坏了。这艘油轮运的是高标号汽油,于是他们都认为,要是这条油轮被鱼雷击中,就会爆炸开来,把船上的每个人都送上西天。

可是美国海军有他们的办法。海军单位发出了一些很正确的统计数字,指出被鱼雷击中的100艘油轮里,有60艘并没有沉到海里去,而真正沉下去的40艘里,只有5艘是在不到5分钟的时间沉没的。那就是说,如果鱼雷真的击中油轮,你有足够的时间跳下船——也就是说,在船上丧命的机会非常小,这样对士气有没有帮助呢?"知道了这些平均数字之后,我的忧虑便一扫而光。"住在明尼苏达州保罗市的克莱德·马斯——也就是说这个故事的人,说:"船上的人都觉得轻松多了,我们知道有的是机会,根据平均的数字来看,我们不可能会死在这里。"

平衡心理:平静让忧虑止步

⊙学会对自己说:"这件事只值得我担一点点心,没有必要去操更多的心。"
⊙获得心理平静的最大秘密之一,就是要有正确的价值观念。

你是否想知道如何在华尔街赚钱？恐怕至少有 100 万以上的人都想知道这一点。如果我知道这个问题的答案，这本书恐怕就要卖一万美元一本了。不过，这里却有一个很好的想法，而且很多成功的人都加以应用。讲这个故事的人叫查尔斯·罗伯茨，一位投资顾问。

"我刚从得克萨斯州来到纽约的时候，身上只有两万美元，是我朋友托付我到股票市场上来投资用的。我原以为，我对股票市场懂得很多，可是后来我却赔得一分钱不剩。不错！在某些生意上我赚了几笔，可结果全部都赔光了。

"要是我自己的钱都赔光了，我倒不会那么在乎！可是我觉得把我朋友们的钱都赔光了，是一件很糟糕的事情，虽然他们都很有钱。在我们的投资得到这样一种不幸的结果之后，我实在很怕再见到他们，可是没有想到的是，他们不仅对这件事情看得很开，而且还乐观到不可救药的地步。

"我开始仔细研究自己犯过的错误，并下定决心在我再进股票市场以前，一定要先了解整个股票市场到底是怎么一回事。于是我找到一位最成功的预测专家波顿·卡瑟斯，跟他交上了朋友。我相信能从他那里可以学到很多东西，因为他多年来一直是个非常成功的人，而我知道能有这样一番事业的人，他的成功不可能全靠机遇和运气。

"他先问了我几个问题，问我以前是怎么做的，然后告诉我一个股票交易中最重要的原则，他说：'我在市场上所买的每一宗股票，都有一个到此为止、不能再赔的最低标准。比方说，我买的是每股 50 美元的股票，我马上规定不能再赔的最低标准是 45 美元。'这也就是说，万一股票跌价，跌到比买进价低 5 美元的时候，就立刻卖出去，这样就可以把损失只限定在 5 美元。

"'如果你当初买得很聪明的话，'这位大师继续说道，'你的赚头可能平均在 10 美元、25 美元，甚至于 50 美元。因此，在把你的损失限定在 5 美元以后，即使你半数以上的判断错误，也能让你赚很多的钱。'

"我马上学会了这一办法，从此便一直使用，这个办法替我的顾客和我挽回了不知多少钱。

"过了一段时间之后，我发现，这个所谓'到此为止'的原则也可以用在股票市场以外的地方，我开始在财务以外的忧虑问题上订下'到此为止'的限制，我在每一种让我烦恼和不快的事情上，加一个'到此为止'的限制，结果简直是太不可思议了。

"举例来说，我常常和一个很不守时的朋友一起午餐。他以前总是在我的午餐时间过去大半之后才来，最后我告诉他我现在碰到问题就用'到此为止'的原则。我告诉他说：以后等你'到此为止'的限制是 10 分钟，要是你在 10 分钟以后才到的话，我们的午餐约会就算告吹了——你来也找不到我。"

各位，我真希望在很多很多年以前就学会了把这种"到此为止"的限制，用在化解我的缺乏耐心、我的脾气、我的自我适应的欲望、我的悔恨和所有精神与情感的压力上。为什么我以前没有想到要抓住每一个可能会摧毁我思想平静的情况呢？为什么不会对自己说"这件事情只值得担这么一点点心——没必要去操更多的心"呢？

不过，我至少觉得自己在一件事上做得还不差，而且那是一次很严重的情况——是我生命中的一次危机——当时我几乎眼看着我的梦想、我对未来的计划，以及多年来的工作付诸流水。事情的经过是这样的：

在我30岁刚出头的时候，我决定终生以写小说为职业，想做个弗兰克·瑞斯洛、杰克·伦敦或哈代第二。当时我充满了信心，在欧洲住了两年，在第一次世界大战结束后的那段日子里，用美元在欧洲生活，开销算是很小的。我在那儿过了两年，从事我的创作，我把那本书题名为《大风雪》，这个题目取得真好，因为所有出版家对它的态度都冷得像呼啸而刮的大风雪一样。当我的经纪人告诉我这部作品不值一文，说我没有写小说的天分和才能的时候，我的心跳几乎停止了。我茫然地离开他的办公室，哪怕他用棒子当头敲我，也不会让我更感到吃惊，我简直是呆住了。我发现自己站在生命的十字路口，必须作出一个非常重大的决定。我该怎么办呢？我该往哪一个方向转呢？几个礼拜之后，我才从这种茫然中醒来。在当时，我从来没有听过"给你的忧虑订下'到此为止'的限制"的说法，可是现在回想起来，我当时所做的正是这件事，我把费尽心血写那本小说的那两年时间看作是一次可贵的经验，然后从那里继续前进。我回到组织和教授成人教育班的老本行，有空的时候写一些传记和非小说类的书籍。

我是不是很高兴自己作出了这样的决定呢？现在每逢我想起那件事情，就得意地想在街上跳舞，我可以很诚实地说，从那以后，我再也没有哪一天或哪一个钟点后悔我没有成为哈代第二了。

100年前的一个夜晚，当一只鸟沿着沃登湖畔的树林里啼叫的时候，梭罗用鹅毛笔蘸着自己做的墨水，在他的日记里写道："一件事物的代价，也就是我称之为生活的总值，需要当场或长时期内进行交换。"

换个方式来说，如果我们以生活的一部分来付出代价，而付出得太多了的话，我们就是傻子。这也正是吉尔伯特和苏利文的悲哀：他们知道如何创作出快乐的歌词和歌谱，可是完全不知道如何在生活中寻找快乐；他们写过很多令世人非常喜欢的轻歌剧，可是他们却没有办法控制他们的脾气，他们为了一张地毯的价钱而争吵多年。苏利文为他们的剧院买了一张新的地毯，当吉尔伯特看到账单的时候，大为恼火。这件事甚至闹至公堂，从此两个人至死都没有再交谈过。苏利文替新歌剧写完曲子之后，就把它寄给吉尔伯特，而吉尔伯特填上歌词之后，再把它们寄回给苏利文。有一次，他们一定要一起到台上谢幕，于是他们站在台的两边，分别向不同的方向鞠躬，因为这样才可以不必看见对方。他们就不懂得应该在彼此的不快里订下一个"到此为止"的最低限度，而林肯却做到了这一点。

有一次，在美国南北战争中，林肯的几位朋友攻击他的一些敌人，林肯说："你们对私人恩怨的感觉比我要多，也许我这种感觉太少了吧，可是我向来认为这样很不值得。一个人实在没有时间把他的半辈子都花在争吵上，要是那个人不再攻击我，我就再也不会记他的仇。"

我真希望我的老姑妈——爱迪丝姑妈也有林肯这样的宽恕精神。她和弗兰克姑父住在一栋抵押出去的农庄里,那里土质很差,灌溉不良,收成又不好。他们的日子很难过,每时每刻都得省吃俭用,可是爱迪丝姑妈却喜欢买一些窗帘和其他的小东西来装饰家里。她向密苏里州马利维里的一家小杂货铺赊账来买这些东西。弗兰克姑父很担心他们的债务,他很注重个人的信誉,不愿意欠债,所以他偷偷地告诉杂货店老板,不要再赊账给姑妈。当她听说这件事之后,大发脾气——那时到现在差不多有50年了,她还在大发脾气。我曾经听她说这件事情——不止一次,而是好多好多次。我最后一次见到她的时候,她已经70多快80岁了。我对她说:"爱迪丝姑妈,弗兰克姑父这样羞辱你是不对的,可是难道你真的不觉得,从那件事发生之后,你差不多埋怨了半个世纪,比他所做的事情还要坏得多吗?"

爱迪丝姑妈对她这些不快的记忆所付出的代价实在是太贵了,她付出的是她自己半生的内心平静。

富兰克林小的时候,犯了一次他70年来一直没有忘记的错误。当他7岁的时候,他喜欢上了一支哨子,于是他兴奋地跑进玩具店,把他所有的零钱都放在柜台上,也不问问价钱就把那支哨子买了下来。"然后我回到家里,"70年后他写信告诉他朋友说,"吹着哨子在整个屋子里转着,对我买的这支哨子感到非常得意。"可是等到他的哥哥姐姐发现他买哨子多付了钱之后,大家都来取笑他。而他正像他后来所说的:"我懊恼地痛哭了一场。"

很多年之后,富兰克林成为世界知名的人物,做了美国驻法国的大使。他还记得因为他买哨子多付了钱,使他得到的痛苦多过了哨子所给他带来的快乐。

富兰克林在这个教训里所学到的道理非常简单。"当我长大以后,"他说,"我见识到许多人类的行为,我认为我碰到很多人买哨子都付了太多的钱。简而言之,我相信,人类的苦难部分产生于他们对事物的价值做了错误的估计,也就是他们买哨子多付了钱。"

吉尔伯特和苏利文对他们的哨子多付了钱,我的爱迪丝姑妈也一样,我个人也一样——在很多情况下。还有不朽的托尔斯泰,也就是两部世界最伟大的小说——《战争与和平》和《安娜·卡列尼娜》的作者,根据《大英百科全书》的记载,托尔斯泰在他生命的最后20年里,"可能是全世界最受尊敬的人物"。在他逝世前的那20年里,崇拜他的人不断到他家里去,希望能见他一面,听到他的声音,甚至于只摸一摸他衣服的一角。他所说的每一句话都有人在笔记本上记下来,就像那是一句"圣谕"一样。可是在生活上,托尔斯泰在70岁的时候,还不及富兰克林在7岁的时候聪明,他简直一点脑筋也没有,我为什么要如此说呢?

托尔斯泰娶了一个他非常爱的女子。事实上,他们在一起非常快乐,他们常常跪下来向上帝祈祷,让他们继续过这种神仙眷侣般的生活。可是托尔斯泰所娶的那个女子天性善妒,她常扮成乡下姑娘去打探他的行动,甚至于溜到森林里去看他;他们发生了很多很可怕的争吵,她甚至嫉妒她亲生的儿女,曾经抓起一把枪把她女儿的照片打了一个洞;她会在地板上打滚,拿着一瓶鸦片,威胁着说要自杀,害得她的孩子们缩在屋子的角落里，吓得尖声大叫。

　　结果托尔斯泰是怎么做的呢？如果他跳起来，把家具打得稀烂，我倒不怪他——因为他有理由这样生气，可是他做的事比这个要坏多了，他记了一本私人日记！在那里面，他把一切都怪在太太身上，这个就是他的"哨子"。他下定决心要下一代能够原谅他，而把所有的错都怪在他太太身上。而他太太用什么办法来对付他这种作法呢？这还用问，她当然是把他的日记撕下来烧掉了，并且她自己也写了一本日记，在日记里把错都推在托尔斯泰身上。她甚至还写了一本小说，题目叫做《谁的错》，在那本小说里，她把她的丈夫描写成一个破坏家庭的人，而她自己却是一个烈士。

　　所有的事情结果如何呢？为什么这两个人会把他们惟一的家变成托尔斯泰所称谓的"一座疯人院"呢？很显然，有几个理由，其中之一就是他们极想引起别人的注意。不错，他们所最担心的就是别人的意见，而我们会不会在乎应该怪谁呢？不会的，我们只会注意我们自己的问题，而不会浪费一分钟去想托尔斯泰家里的事。这两个无聊的人为他们的"哨子"付出了多么大的代价。50年的光阴都住在一个可怕的地狱里，只因为他们两个人都没有一个有脑筋会说"不要再吵了"，因为两个人都没有足够的价值判断力，并能够说："让我们在这件事情上马上告一段落，我们是在浪费生命，让我们现在就说'够了'吧。"

　　不错，我非常相信，这是获得心理平静的最大秘密之一——要有正确的价值观念。而我也相信，只要我们能够定出一种个人的标准来——就是和我们的生活比起来，什么样的事情才值得的标准，我们的忧虑有50%可以立刻消除。

　　所以，要在忧虑摧毁你以前，先改掉忧虑的习惯。任何时候，如果我们想拿出钱来买的东西和生活比较起来不合算的话，那么就让我们先停下来，问问自己下面的三个问题：

　　1. 我现在正在担心的问题，到底和我自己有什么样的关系？
　　2. 在这件令我忧虑的事情上，我应该在什么地方设定一个"到此为止"的最低限度，然后把它整个忘掉？
　　3. 我到底应该付这支"哨子"多少钱？我是否已经付出了超过它价值的钱呢？

正视现实：不要试图改变不可避免的事

　　⊙事情既然如此，就不会另有他样。
　　⊙我们所有迟早要学到的东西，就是必须接受和适应那些不可避免的事实。快乐之道无他——我们的意志力所不及的事情，不要去忧虑。
　　⊙正如杨柳承受风雨、水适于一切容器一样，我们也要承受一切不可逆转的事实，对那些必然之事主动而轻快地接受。

人生之路充满了许多未知未卜的因素，这些因素大致可以分为两类，一类是可变的，我们可以通过自身的努力，或改变一定的条件使之转化；另一类是无法改变的，无论我们付出何种努力，都无法改变这一不可避免的现实。因此，当我们面对后者时，就得认定事实，作出积极乐观的反应，这才是一种可取的态度。

当我还是一个小孩的时候，有一天，我和几个朋友一起在密苏里州西北部的一间荒废的老木屋的阁楼上玩。当我从阁楼爬下来的时候，先在窗栏上站了一会儿，然后往下跳。我左手的食指上带着一个戒指，当我跳下去的时候，那个戒指钩住了一根钉子，把我整根手指拉脱了下来。

我尖声地叫着，吓坏了，还以为自己死定了，可是在我的手好了之后，我就再也没有为这个烦恼过。再烦恼又有什么用呢？我接受了这个不可避免的事实。

现在，我几乎根本就不会去想，我的左手只有四个手指头。

几年之前，我碰到一个在纽约市中心一家办公大楼里开货梯的人，我注意到他的左手齐腕砍断了。我问他少了那只手会不会觉得难过，他说："噢，不会，我根本就不会想到它。只有在要穿针的时候，才会想起这件事情来。"

令人惊讶的是，在不得不如此的情况下，我们差不多能很快接受任何一种情形，或使自己适应，或者整个忘了它。

我常常想起在荷兰首都阿姆斯特丹有一家15世纪的老教堂，它的废墟上留有一行字：

事情既然如此，就不会另有他样。

在漫长的岁月中，你我一定会碰到一些令人不快的情况，它们既是这样，就不可能是他样。我们也可以有所选择。我们可以把它们当作一种不可避免的情况加以接受，并且适应它，或者我们可以用忧虑来毁了我们的生活，甚至最后可能会弄得精神崩溃。

下面是我最喜欢的心理学家、哲学家威廉·詹姆斯所提出的忠告：

要乐于接受必然发生的情况，接受所发生的事实，是克服随之而来的任何不幸的第一步。

住在俄勒冈州波特壮的伊丽莎白·康奈莉，却经过很多困难才学到这一点。下面是一封她最近写给我的信：

"陆军在北非获胜的那一天，我接到国防部的一封电报，我的侄儿——我最爱的人——在战场上阵亡了。

"我悲伤得无以复加。以前，我一直觉得活着真好，我有一份自己喜欢的工作，努力带大了这个侄儿。在我看来，他代表了年轻人美好的一切……然而这封电报，把我的整个世界都粉碎了，觉得活下去没有什么意义。我悲伤过度，决定放弃工作，离开家乡，把自己藏在眼泪和悔恨之中。

"就在我清理我的桌子，准备辞职的时候，我突然翻到几年前我母亲去世的时候，侄儿写给我的一封信。'当然我们都会想念她的,'那封信上说,'尤其是你,不过我知道你会撑过去的。我永远也不会忘记你教我的那些美丽的真理:不论活在哪里,不论我们分离得有多么远,我永远都会记得你教我要微笑,要像一个男子汉,承受一切已发生的事情。'

"我把那封信读了一遍又一遍,似乎觉得他就在我的身边,正在和我说话。他好像在对我说:'你为什么不照你教给我的办法去做呢?撑下去,不论发生什么事情,把你个人的悲伤藏在微笑底下,继续活下去。'

"于是,我继续工作。我再次对自己说:'事情到了这个地步,我要把思想和精力都用在工作上,我不再为已经永远过去的那些事悲伤。'现在我每天的生活里都充满了快乐。"

伊丽莎白·康奈莉学到了须接受和适应那些不可避免的事。那些曾经在位的皇帝们,也常常提醒他们自己这样做。乔治五世,在他白金汉宫卧房里的墙上挂着下面一句话:"不要为月亮哭泣,"也不要为过去的事后悔。叔本华说:"能够顺从,是你在踏上人生旅途后最重要的一件事。"

很显然,环境本身并不能使我们快乐或悲伤,我们对周围环境的反应才能决定我们的悲欢。

在必要的时候,我们都能忍受灾难和悲剧,甚至战胜它们。我们内在的力量强大得惊人,只要我们肯加以利用,就能帮助我们克服一切。

已故的布斯·塔金顿总是说:"人生加诸我的任何事情,我都能接受,只除了一样,就是瞎眼。那是我永远也没有办法忍受的。"

然而,在他 60 多岁的时候,有一天他低头看着地上的地毯,色彩整个是模糊的,他无法看清楚地毯的花纹。他去找了一个眼科专家,发现了那不幸的事实:他的视力在减退,有一只眼睛几乎全瞎了,另一只离瞎也为期不远了。他所最怕的事情,终于发生在他的身上。塔金顿对这种"所有灾难里最可怕的"有什么反应呢?他是不是觉得"这下完了,我这一辈子到这里就完了"呢?没有,他自己也没有想到他还能觉得非常开心,甚至于还能善用他的幽默感:以前,浮动的"黑斑"令他很难过,它们会在他眼前游过,遮挡了他的视线,可是现在,当那些最大的黑斑从他眼前晃过的时候,他却会说:"嘿,又是老黑斑爷爷来了,不知道今天这么好的天气,它要到哪里去。"

当塔金顿终于完全失明之后,他说:"我发现我能承受我视力的丧失,就像一个人能承受别的事情一样。要是我五种感官全丧失了,我知道我还能够继续生存在我的思想里,因为我们只有在思想里才能够看,只有在思想里才能够生活,不论我们是不是知道这一点。"

塔金顿为了恢复视力,在一年之内接受了 12 次手术,为他动手术的是当地的眼科医生。他有没有害怕呢?他知道这都是必要的,他知道他没有办法逃避,所以惟一能减轻他痛苦的办法,就是爽爽快快地去接受它。他拒绝在医院里用私人病房,而住进大病房里,和其他的病人在一起。他试着去使大家开心,而在他必须接受好几次手术时——他很清楚地知道在他眼睛里动了些什么手术——他只尽力让自己去想他是多么的幸运。"多么好啊，"他说，"多么妙啊，现在科学的发展已经达到了这种技巧，能够为人的眼睛这么纤细的东西动手术了。"

一般的人如果经历了这些灾难恐怕都会变成精神病了，可是塔金顿说："我可不愿意把这次经历拿去换一些不开心的事情。"这件事教会他如何接受，这件事使他了解到生命所能带给他的没有一样是他能力所不及而不能忍受的。这件事也使他领悟到富尔顿所说的："瞎眼并不令人难过，难过的是你不能忍受瞎眼。"要是我们因此而退缩，或者是加以反抗，我们也不可能改变那些不可避免的事实。

不论在哪一种情况下，只要还有一点挽救的机会，我们就要奋斗。可是当常识告诉我们，事情已不可避免——也不可能再有任何转机，那么，请保持我们的理智，不要"左顾右盼，无事自扰"了吧。

许多美国有名的生意人，都能接受那些不可避免的事实而过着无忧无虑的生活。如果不这样的话，他们就会在过大的压力下被压垮。

创设了遍及全美的潘氏连锁商店的潘尼说："哪怕我所有的钱都赔光了，我也不会忧虑，因为我看不出忧虑可以让我得到什么。我尽我所能把工作做好，至于结果就要看老天爷了。"中国也有句古话说："谋事在人，成事在天。"

亨利·福特也说过类似的话："碰到我无法处理的事情，我就静观尘埃落定。"

克莱斯勒公司的总经理凯勒先生谈到他如何避免忧虑的时候说："要是我碰到很棘手的情况，只要想得出办法解决的，我就去做。要是干不成的，我就干脆把它忘了。我从来不为未来担心，因为，没有人能够知道未来会发生什么事情，影响未来的因素太多了，也没有人能说出这些影响从何而来，所以何必为它们担心呢。"他的想法，正和1900年前，罗马的大哲学家依匹托塔士的理论差不多。"快乐之道无他，"依匹托塔士告诉罗马人，"就是不要去忧虑我们的意志力所不能及的事情。"

莎拉·班哈特曾经是全世界观众最喜爱的一位女演员，她在71岁那一年破产了——所有的钱都损失了，而她的医生——巴黎的波基教授告诉她必须把腿锯断。她因摔伤染上了静脉炎，腿痉挛，医生觉得她的腿一定要锯掉，又怕把这个消息告诉那个脾气很坏的莎拉。然而，当他告诉她的时候，他简直不敢相信，莎拉看了他一阵子，然后很平静地说："如果非这样不可的话，那只好这样了。"这就是命运。

当她被推进手术室的时候，她的儿子站在一边哭，她朝他挥了下手，高高兴兴地说："不要走开，我马上就回来。"

在去手术室的路上，她一直背着她演过的一出戏里的一幕。有人问她这么做是不是为了提起她自己的精神，她说："不是的，是要让医生和护士们高兴，他们受的压力可大得很呢。"

手术后，莎拉·班哈特还继续环游世界，使她的观众又为她疯迷了7年。

当我们不再反抗那些不可避免的事实之后，我们就能节省下精力，创造出一种更丰富的生活。

我在密苏里州我自己的农场上就看到过这样的事情，我在农场上种了几十棵树，起先它们长得非常快。然而一阵冰雹过后，每一根细小的树枝上都堆满了一层厚厚的冰。这些树枝在重压下并没有顺从地弯下来，却很骄傲地反抗着，终于在沉重的压力下折断了——然后不得不被毁掉。它们不像北方的树木那样聪明。我曾经在加拿大看过长达好几百英里的常青树林，从来没有看见一棵柏树或是一株松树被冰或冰雹压垮。这些常青树知道怎么去顺从，怎么弯垂下它们的枝条，怎么适应那些不可避免的情况。

日本的柔道大师教他们的学生：“要像杨柳一样地柔顺，不要像橡树一样地挺立。"

你知道你汽车的轮胎为什么能在路上支持那么久，忍受得了那么多的颠簸吗？起初，制造轮胎的人想要制造一种轮胎，能够抗拒路上的颠簸，结果轮胎不久就被切成了碎条；然后他们便做出一种轮胎来，可以吸收路上所碰到的各种压力，这样的轮胎可以"接受一切"。如果我们在多难的人生旅途上，也能够承受所有的挫折和颠簸的话，我们就能够活得更长久，能享受更顺利的旅程。

如果我们不吸收这些，而去反抗生命中遇到的挫折的话，我们会碰到什么样的事情呢？答案非常的简单，我们就会产生一连串内在矛盾，我们就会忧虑、紧张、急躁和神经质。

如果我们再进一步，抛弃现实世界的不快，退缩到一个我们自己所虚构的梦幻世界里，那么我们就会精神错乱了。

在战时，成千成万心怀恐惧的士兵，只有两种选择，接受那些不可避免的事实，或在压力之下崩溃。让我们举个例子，说的是威廉·卡赛流斯的事。下面就是他在纽约成人教育班中所说的一个得奖的故事：

"我在加入海岸警卫队后不久，就被派到大西洋这边最可怕的一个单位，他们叫我管炸药。想想看，我——一个卖小饼干的店员，居然成了管炸药的人！光是想到站在几千几万吨炸药顶上，就把一个卖饼干的店员的骨髓都吓得冻住了。我只接受了两天的训练，而我所学到的东西却让我内心更充满了恐惧。我永远也忘不了我第一次执行任务的情形，那天又黑又冷，还下着雾；我奉命到新泽西州的卡文角露码头。

"我奉命负责船上的第五号舱，得和5个码头工人一起工作。他们身强力壮，可是对炸药却一无所知。他们正将重2000.4000的炸弹往船上装，每一个炸弹都包含一吨的炸药，足够把那条老船炸得粉碎。我们用两条铁索把炸弹吊到船上，我不停地对自己说：万一有一条铁索滑溜了，或者是断了，噢，我的妈呀！我可真害怕极了，我浑身颤抖，嘴里发干，两个膝盖发软，心跳得很厉害。可是我不能跑开，那是逃亡，不但我会丢脸，我的父母也会丢脸，而且我可能因为逃亡而被枪毙。我不能跑，只能留下来。我一直看着那些码头工人毫不在乎地把炸弹搬来搬去，心想船随时都会被炸掉。在我担惊受怕、紧张了一个多钟点之后，我终于开始运用我的普通常识。我跟自己好好地谈了谈，我说：'你听着，就算你被炸了，又怎么样？你反正也没有什么感觉了，这种死法倒痛快得很，总比死于癌症要好得多。因此，不要做傻瓜，你不可能永远活

着，这件工作不能不做，否则就要被枪毙，所以你还不如做得开朗点。'

"我这样跟自己讲了几个钟点，然后开始觉得轻松了些。最后，我克服了我的忧虑和恐惧，让我自己接受了那不可避免的情况。

"我永远也忘不了这段经历，现在每逢我要为一些不可能改变的事实而忧虑的时候，我就耸下肩膀说：'忘了吧。'"

好极了，让我们欢呼三声，再为这位卖饼干的店员多欢呼一声。

"对必然的事，要轻快地去承受。"这几句话是在耶稣基督出生前399年就流传开来了。但是在这个充满忧虑的世界，今天的人比以往更需要这几句话："对必然的事，要轻快地去承受。"

所以，要在忧虑毁了你之前，改掉忧虑的习惯。

忠于自我：这才是快乐的人生

⊙一个人最糟的是不能成为自己，并且在身体与心灵中保持自我。
⊙一个人想要集他人所有的优点于一身，是最愚蠢、最荒谬的行为。
⊙你在这个世界上每天都是一个崭新的自我，为此而高兴吧！善用你的天赋。

我有一封伊笛丝·阿雷德太太从北卡罗来纳州艾尔山寄来的信，"我从小就特别敏感而腼腆，"她在信上说，"我的身体一直太胖，而我的一张脸使我看起来比实际上还要胖得多，我有一个很古板的母亲，她认为把衣服弄得漂亮是一件很愚蠢的事情。她总是对我说：'宽衣好穿，窄衣易破。'而她总照这句话来帮我穿衣服。所以我从来不和其他的孩子一起做室外活动，甚至不上体育课。我非常害羞，觉得我跟其他人都'不一样'，完全不讨人喜欢。

"长大之后，我嫁给了一个比我年长好几岁的男人，可是我并没有改变。我丈夫一家人都很好，也充满了自信，他们就是我应该是而不是的那种人。我尽最大的努力要像他们一样，可是我办不到。他们为了使我开朗而做的每一件事情，都只是令我更退缩到我的壳里去。我变得紧张不安，躲开了所有的朋友，情形坏到甚至怕听到门铃响。我知道我是一个失败者，又怕我的丈夫会发现这一点，所以每次当我们出现在公共场合的时候，我都假装很开心，结果常常做得太过分，事后我会为这个而难过好几天，最后不开心到使我觉得再活下去也没有什么道理了，我开始想自杀。"

出了什么事才改变了这个不快乐的女人的生活？只是一句随口说出的话。

"一句随口说出的话，"阿雷德太太继续写道，"改变了我的整个生活。有一天，我的婆婆正在谈她怎么教育她的几个孩子，她说：'不管事情怎么样，我总会要求他们保持本色。'……'保持本色'……就是这句话！在那一刹那之间，我才发现我之所以那么苦恼，就是因为我一直在试着让自己适合于一个并不适合我的模式。

"在一夜之间我整个改变了，我开始保持本色。我试着研究我自己的个性，试着找出我究竟是怎样的人。我研究我的优点，尽我所能去学色彩和服饰上的学问，尽量以能够适合我的方式去穿衣服。我主动地去交朋友，我参加了一个社团组织——开始是一个很小的社团，他们让我去参加活动，把我吓坏了，可是我每一次发言，都能增加一点勇气。这事花了很长的一段时间，可是今天我所有的快乐，却是我从来没有想到会可能得到的。在教养我自己的孩子时，我也总是把我从痛苦的经验中所学到的结果教给他们：'不管事情怎么样，总是保持本色。'"

"保持本色的问题，像历史一样古老，"詹姆斯·高登·季尔基博士说，"也像人生一样普遍。"不愿保持本色，即是很多精神和心理问题的潜在原因。安吉罗·帕屈在幼儿教育方面曾写过 13 本书和数以千计的文章，他说："没有人比那些想做其他人，和除他自己以外其他东西的人，更痛苦的了。"

这种希望能做跟自己不一样的人的想法，在好莱坞尤其流行。山姆·伍德是好莱坞最知名的导演之一，他说在他启发一些年轻的演员时，所碰到的最头痛的问题就是这个：要让他们保持本色，他们都想做二流的拉娜·透纳，或者是三流的克拉克·盖博。"这一套观众已经受够了，"山姆·伍德说，"最安全的做法是：要尽快丢开那些装腔作势的人。"

最近我请教素凡石油公司的人事室主任保罗·包延登，来求职的人常犯的最大错误是什么。他应该知道的，因为他曾经和 6 万多个求职的人面谈过，还写过一本名为《谋职的 6 种方法》的书。他回答说："来求职的人所犯的最大错误就是没有保持本色。他们不以真面目示人，不能完全地坦诚，却给你一些他以为你想要的回答。"可是这个做法一点用也没有，因为没有人要伪君子，也从来没有人愿意收假钞票。

我知道有一位公共汽车驾驶员的女儿就是很辛苦才学到这个教训的。她想当歌星，但不幸的是她长得不好看，嘴巴太大，还长着龅牙。她第一次在新泽西的一家夜总会里公开演唱时，直想用上唇遮住牙齿，她企图让自己看起来显得高雅，结果却把自己弄得四不像，这样下去她就注定要失败了。

幸好当晚在座的一位男士认为她很有歌唱的天分，他很直率地对她说："我看了你的表演，看得出来你想掩饰什么，你觉得你的牙齿很难看？"那女孩听了觉得很难堪，不过那个人还是继续说下去，"龅牙又怎么样？那又不犯罪！不要试图去掩饰它，张开嘴就唱，你越不以为然，听众就会越爱你。再说，这些你现在引以为耻的龅牙，将来可能会带给你财富呢！"

凯丝·达莱接受了那人的建议，把龅牙的事抛诸脑后，从那次以后，她只把注意力集中在观众身上。她开怀尽情地演唱，后来成为电影及电台中走红的顶尖歌星，现在，别的歌星倒想来模仿她了。

威廉·詹姆士曾说过："一般人的心智能力使用率不超过 10%，大部分人都不太了解自己还有些什么才能。与我们应该取得的成就相比，其实我们只运用了身心资源的一小部分。人往往都活在自己所设的限制中，我们拥有各式各样的资源，却常常不能成功地运用它们。"

保持你自己的本色，像欧文·柏林给已故的乔治·盖许文的忠告那样。当柏林和盖许文初次见面的时候，柏林已经大大有名，而盖许文还是一个刚出道的年轻作曲家，一个礼拜只赚 35 美金。柏林很欣赏盖许文的能力，就问盖许文要不要做他的秘书，薪水大概是他当时收入的 3 倍。"可是不要接受这个工作，"柏林忠告说，"如果你接受的话，你可能会变成一个二流的柏林，但如果你坚持继续保持你自己的本色，总有一天你会成为一个一流的盖许文。"

盖许文接受了这个警告，后来他慢慢地成为美国当时最重要的作曲家之一。

卓别林、威尔·罗吉斯、玛丽·玛格丽特·麦克布蕾、金·奥特雷，以及其他好几百万的人，都学过我在这一章里想要让各位明白的这一课，他们也学得很辛苦——就像我一样。

卓别林开始拍电影的时候，那些电影导演都坚持要卓别林去学当时非常有名的一个德国喜剧演员，可是卓别林直到创造出一套自己的表演方法之后，才开始成名；鲍勃·霍伯也有相同的经验，他多年来一直在演歌舞片，结果毫无成绩，一直到他挖掘出自己的喜剧本事之后，才有名起来；威尔·罗吉斯在一个杂耍团里，不说话光表演抛绳技术，持续了好多年，最后才发现他在讲幽默笑话上有特殊的天分，于是开始在耍绳表演的时候说笑话，因此成名。

玛丽·玛格丽特·麦克布蕾刚刚进入广播界的时候，想做一个爱尔兰喜剧演员，结果失败了。后来她发挥了她的本色，做一个从密苏里州来的、很平凡的乡下女孩子，结果成为纽约最受欢迎的广播明星。

金·奥特雷刚出道的时候，想要改掉他得州的乡音，穿得像个城里的绅士，自称是纽约人，结果大家都在他背后笑话他。后来他开始弹五弦琴，唱他的西部歌曲，开始了他那了不起的演艺生涯，成为全世界在电影和广播两方面最有名的西部歌星。

你在这个世界上是个新东西，应该为这一点而庆幸，应该尽量利用大自然所赋予你的一切。归根结底说起来，所有的艺术都带着一些自传体，你只能唱你自己的歌，你只能画你自己的画，你只能做一个由你的经验、你的环境和你的家庭所造成的你。不论好坏，你都得自己创造一个自己的小花园，不论好坏，你都得在生命的交响乐中，演奏你自己的小乐器。

就像爱默生在他那篇《论自信》的散文里所说的："在每一个人的教育过程之中，他一定会在某个时期发现，羡慕就是无知，模仿就是自杀，不论好坏，他必须保持本色。虽然广大的宇宙之间充满了好的东西，可是除非他耕作那一块属于自己的土地，否则他绝得不到好的收成。他所有的能力是自然界的一种新能力，除了他之外，没有人知道他能做些什么，他能结什么，而这都是他必须去尝试求取的。"

下面是一位诗人——已故的道格拉斯·马罗区所说的：

如果你不能成为山顶的一株松，

人性的弱点，人性的优点

就做一丛小树生长在山谷中，
但须是溪边最好的一小丛。
如果你不能成为一棵大树，
就做灌木一丛。
如果你不能成为一丛灌木，
就做一片绿草，
让公路上也有几分欢娱。
如果你不能成为一只麝香鹿，
就做一条鲈鱼，
但须做湖里最好的一条鱼。
我们不能都做船长，
我们得做海员。
世上的事情，多得做不完，
工作有大的，也有小的，
我们该做的工作，就在你的手中。
如果你不能做一条公路，
就做一条小径。
如果你不能做太阳，
就做一颗星星。
不能凭大小来断定你的输赢，
不论你做什么都要做最好的一名。

活在今天：今天比昨天和明天更宝贵

⊙我们首要去做的事情不是去观望遥远的未来，而是去做手边的清楚之事。

⊙为明日做好准备的最佳办法就是集中你所有的智慧、热忱，把今天的工作做得尽善尽美。

⊙昨天，是张作废的支票；明天是尚未兑现的期票；只有今天才是现金，有流通性的价值之物。

在一次培训课上，我和学员们讨论到"及时行乐"这个话题，大多数人认为"及时行乐"带有太多利己观念，但我认为"及时行乐"里面也包含很多积极进取的因素，有这么一个小故事：

一个20出头的小伙子急匆匆地走在路上，一个人拦住了他，问道：

"小伙子，你为何行色匆匆啊？"

小伙子连头也不回,飞快地向前跑着,只泛泛地甩了一句:
"别拦我,我在寻求幸福。"
转眼 20 年过去了,小伙子已变成中年人,可他依旧在路上奔波。
有一个人又拦住他。
"喂!中年人,你上哪儿去啊!"
"别拦我,我在寻找我的幸福。"
20 年又过去了,这个中年人逐渐变得苍老,面色憔悴,背亦驼得像一张弯弓,可他仍挣扎着,一步步向前挨。
又有个人拦住他。
"老头子,你还在寻找你的幸福吗?"
"是啊!"
当老头回答完这句问话,猛地惊醒,一行老泪流了下来,原来,刚才问他问题的那个人,就是幸福之神啊!他寻找了一辈子,实际上幸福就在他身边,他却屡次与他擦肩而过。

讲到这里,我看了看下面的学员,提出了这样一个问题:
"请问在座诸位,对于'及时行乐'这个命题还有不同看法吗?"
教室内一片寂静,看得出每个人都陷入了苦苦的思索之中。
是的,我们的人生太短促,但是,我们脚下的路却是很长很长,如果懂得适时地享受生活中的乐趣,抛开人世间的一切苦恼与忧虑,我们的人生就是幸福的、快乐的。

1871 年春天,一个蒙德里尔综合医院的医科学生,因为受到一句话的启发,而成为一代医学权威,创建了全世界知名的约翰·霍普金斯医学院,成为牛津大学的钦定医学教授,获得了医学界最高荣誉——女王勋章。他还被加封为子爵,他就是威廉·奥斯勒,而他看到的那句话是:
"最重要的不是去看远方的模糊,而要做手边清楚的事。"
他的成功,就是因为他活在一个所谓"完全独立的今天"。42 年后,他在耶鲁大学发表演说时对大学生们说:
"你们当中的每一个的组织都比一条大海船复杂、精美得多,所要走的航程也远得多,但你们要学会怎样适应、控制一切,活在一个'完全独立的今天'。
"要注意聆听你们生活的每一个层面,隔断已经死去的昨天,也隔断那些尚未诞生的明天,那你拥有的就是今天。
"明天的重担,再加上昨天的重担,就会成为今天最大的障碍,要把未来像过去那样紧紧地关在门外,因为未来就在于今天。"
奥斯勒教授认为:为明日做准备的最好方法,就是要集中你所有的智慧,所有的热情,把今天的工作做得尽善尽美。在今天完成今日事,这才算为明天铺路。我们多数的人,都拖延着不去享受今天的生活,我们都梦想着天边有一座奇妙的玫瑰园,而不去欣赏今天就开放在我们窗口的玫瑰。

"我们生命的小小历程是多么奇怪啊,"斯蒂芬·柯高写道,"小孩子说:'等我长大的时候。'然而等他长大成人了,他又说:'等我结婚之后。'可是结了婚,又能怎么样呢?他们的想法却又变成了'等到我退休之后'。然而,等到退休之后,他回头看看他所经历过的一切,似乎有一阵冷风吹过来。不知怎么的,他把所有的都错过了,而一切又一去便不再回头。我们总是无法及早领会:生命就在今天的生活里,就在每一天和每一时刻里。"

"生活在一个完全独立的今天里"这句话,让一名瘦了34磅、精神濒临崩溃的士兵摆脱了忧虑的困扰,步入了快乐而有益的生活。他的名字叫泰德·班哲明,住在马里兰州的巴铁摩尔城。

"在1945年的4月,"泰德·班哲明写道,"我忧愁得患了一种医生称之为结肠痉挛的病,这种病使人极为痛苦。

"我当时整个人筋疲力尽。我在第九十四步兵师,担任士官的职务,工作是建立和维护一份在作战中死伤和失踪者的记录,还要帮忙发掘那些在战事激烈的时候被打死的、被草草掩埋的士兵。我得收集那些人的私人物品,要确切地把那些东西送到他们的家人或近亲的手中。我一直在担心,怕我们会造成那些让人很窘的或者是很严重的错误,我担心我是不是能撑得过这些事,我担心是不是还能活着回去把我的独生子——一个我从来没有见过的16个月的儿子抱在怀里。我既担心又疲劳,瘦了34磅,我眼看着自己的两只手只剩下皮包骨。我一想到自己瘦弱不堪地回家就害怕,我崩溃了,哭得像个孩子,我浑身发抖……有一段时间,也就是德军最后大反攻开始不久,我常常哭泣,几乎放弃了还能再成为一个正常人的希望。

"最后我住进了医院,一位军医给了我一些忠告,便整个改变了我的生活。在为我做完一次彻底的全身检查之后,他告诉我,我的问题纯粹是精神上的。'泰德,'他说,'我希望你把你的生活想象成为一个沙漏,你知道在沙漏的上一半,有成千成万粒的沙子,它们都慢慢地很平均地流过中间那条细缝,除了弄坏沙漏,你跟我都没有办法让两粒以上的沙子同时通过那条窄缝。你、我和每一个人,都像这个沙漏,每天早上开始的时候,有成百上千件的工作,让我们觉得我们一定得在那一天里完成。可是如果我们不一次做一件,让它们慢慢平均地通过这一天,像沙粒通过沙漏的窄缝一样,那我们就一定会损害到我们自己的身体或精神了。'

"从那一天起,'一次只流过一粒沙,一次只做一件事',这个忠告在身心两方面都救了我。目前对我在手艺印刷公司的公共关系及广告部中的工作,也有着莫大的帮助。我发现在生意场上,也有像在战场上同样的问题,一次要做好几件事情——但却没有多少时间可利用,但是,我不会再紧张不安,因为我永远记得那个军医告诉我的话:'一次只流过一粒沙子,一次只做一件工作。'我一再对自己重复地念着这两句话。我的工作比以前更有效率,做起来也不会再有那种在战场上几乎使我崩溃的、迷惑和混乱的感觉。"

在我们的医院里大概有一半以上的床位,都是留给神经或者精神上有问题的人的。

他们都是被累积起来的昨天和令人担心的明天加起来的双重重担所压垮的病人。而那些病人中，大多数只要能奉行耶稣的这句话——"不要为明天忧虑"，或者是威廉·奥斯勒爵士的这句话——"生活在一个完全独立的今天里"，他们就都能走在街上，过着快乐而有益的生活了。

　　你和我，在目前的这一刹那，都站在两个永恒交汇之点——已经永远消逝了的过去，以及延伸到无穷尽的未来——我们都不可能活在这两个永恒之中，甚至连一秒钟也不行。若想那样做的话，我们就会毁了自己的身体和精神。所以，我们就以能活在这一刻而感到满足吧。从现在一直到我们上床，"不论担子有多重，每个人都能支持到夜晚的来临，"罗勃·史蒂文生写道，"不论工作有多苦，每个人都能做他那一天的工作，每一个人都能很甜美、很有耐心、很可爱、很纯洁地活到太阳下山，而这就是生命的真谛。"

　　对一个聪明人来说，每一天都是一个新的生命。

　　底特律城已故的爱德华·诺文斯，在学会"活于今天"之前，几乎因为忧虑而自杀。爱德华·诺文斯生长在一个贫苦的家庭，起先靠卖报来赚钱，然后在一家杂货店当店员。后来，家里有7口人要靠他吃饭，他就谋到一个当助理图书管理员的职位，薪水很少，他却不敢辞职。8年之后，他才鼓起勇气开始他自己的事业，不久，就用借来的55美元，发展成一个大的事业，一年赚两万美金。就在这时，厄运降临了：他替一个朋友开出一张面额很大的支票，而那位朋友破产了。很快地，在这件灾祸之后又来了另外一次大灾祸，那家存着他全部财产的大银行垮了，他不但损失了所有的钱，还负债16000美元。他精神受不住这样的打击，"我吃不下，睡不着，"他还说道，"我开始生起奇怪的病来，没有别的原因，只是因为担忧。有一天，我走在路上的时候，昏倒在路边，之后就再不能走路了。他们让我躺在床上，我的全身都烂了，伤口往里面烂进去之后，连躺在床上都受不了。我的身体愈来愈弱，最后医生告诉我，我只有两个礼拜可活了。我大吃一惊，写好我的遗嘱，然后躺在床上等死。挣扎或是担忧都没有用了，我放弃了，也放松下来，闭目休息。在此以前，连续好几个礼拜，我几乎没有办法连续睡两个小时以上，可是这时候，因为一切困难很快就将结束，我反而睡得像个孩子似的安稳。那些令人疲倦的忧虑渐渐消失了，我的胃口恢复了，体重也开始增加。

　　"几个礼拜之后，我就能撑着拐杖走路；6个礼拜以后，我又能回去工作了。我以前一年曾赚过两万美元，可是现在能找到一个礼拜30美元的工作，就已经很高兴了。我的工作是推销用船运送汽车时放在轮子后面的挡板。这时我已学会不再忧虑——不再为过去发生的事情后悔，也不再担心将来。我把所有的时间、精力和热忱，都放在手头的工作上。"

　　由于他脚踏实地做好手头的每一件事情，他的进展非常快，不到几年，他已是诺文斯工业公司的董事长，多年来，这个公司一直是纽约股票市场交易所的一家公司。如果你乘飞机到格陵兰去，很可能降落在诺文斯机场——这是为了纪念他而命名的飞机场。可是，如果他没有学会"生活在完全独立的今天里"的话，爱德华·诺文斯绝不可能获得这样的成功。

时间并不能像金钱一样可以让我们随意贮存起来，以备不时之需，我们所能使用的只有被给予的那一瞬间，也就是今日和现在。假如我们不能充分利用今日而让时间白白虚度，那么它将一去不返。所谓"今日"，正是"昨日"计划中的"明日"，而这个宝贵的"今日"，不久将消失到遥远的彼方。对于我们每个人来讲，得以生存的只有现在——过去早已消失，而未来尚未来临。昨天，是张作废的支票；明天，是尚未兑现的期票；只有今天，才是现金，有流通性的价值之物。

摆脱忧虑的一个重要方法就是学会在现时中生活。请注意，这里使用的不是"现实"而是"现时"一词，它更加强调的是"现在"这一时间概念，现时生活是你真正生活的关键所在。细想一下，除了"现在"，我们永远不能生活在任何其他时刻，你所能把握的只有现在的时光，其实未来也只不过是一种即将到来的"现在"。有一点可以肯定：在未来到来之前，你是无法生活于未来之中的；然而，我们的文化传统总是降低现时的重要性，我们常听人们如此言谈：

为将来而积蓄；
要考虑后果；
不要过于注重享乐；
想想今后；
为退休做好准备，等等。

在我们的传统文化中，回避现时几乎成为一种流行性疾病。社会环境总是要求人们为将来牺牲现在。根据逻辑推理，在这种思想的影响下，人们总是在今天为明天或昨天的事情担忧，无法"活在今天"。回避现时这种态度意味着不仅要避免目前的享受，而且要永远回避幸福——难道不是吗？将来那一时刻一旦到来，也就成为现时，而我们到那时又必须利用那一现时为将来做准备。这样，幸福总是明日复明日，永远可望而不可及。

回避现时往往导致对未来的一种理想化。你可能会想象自己在今后生活中的某一时刻，会发生一个奇迹般的转变，你一下子变得事事如意，幸福无比，财富无限，或者期望自己在完成某一特别业绩——如大学毕业、结婚、有了孩子或职务晋升之后，你将重新获得一种新的生活。然而，当那一刻真正到来时，你却并没获得自己原先想象的幸福，甚至往往有些令人失望。未来永远没有你所想象的那么美好、如诗如画，它也只是一种切切实实的"现时"。为什么许多年轻人婚后不久就哀叹生活与婚姻的不幸？其中不乏一个原因——他们曾经将婚姻和未来幻想得过于幸福美满，而当这一切真正到来时，当他们置身于现时生活之中，他们便不愿面对一些现实。

美国著名小说家亨利·詹姆斯在《大使们》一书中如此忠告：

"尽情地生活吧，否则，就是一个错误。你具体做什么都关系不大，关键是你要生活。假如没有生命，你还有什么呢？失去的就永远失去了，这是毫无疑义的……所谓适当的时刻就是人们仍然有幸得到的时刻，幸福地生活吧！

"如果你也像托尔斯泰书中的伊凡·伊里奇那样回顾自己的一生，你将发现自己很少因为做了某事而感到遗憾。

"如果我到目前为止的整个生活都是错误的，那该怎么办？他忽然意识到以前在他看来完全不可能的事也许的确是真的，他也许真的没有按照他本应做的那样去生活。他忽然意识到，自己以前那些难以察觉的念头——尽管出现之后便随即被打消——或许才是真的，而其他一切则是虚假的。他的职业义务、他的生活以及家庭的整个安排，还有他的一切社会利益和表面利益，也许完全都是虚无的。他一直在为所有的这一切进行着辩解，然而现在，他蓦然感到自己的辩解是苍白无力的，没有什么值得辩解的……"

恰恰相反，正是那些你所没做的事情才会使你在心中耿耿于怀，因此，你现在应该去做的事情十分显然——行动起来！珍惜现在的时光，充分利用现在的时光，不要放过一分一秒。否则，如果你以自我挫败的方式来度过现在的时光，就无异于永远地失去这一现时。

让我们用铁门把过去隔断——隔断已经死去的那些昨天；揿下另一个按钮，用铁门把未来也隔断——隔断那些尚未诞生的明天，然后你就保险了——你有的是今天……切断过去，把已死的过去埋葬掉；切断那些会把傻子引上死亡之路的明天，人类得到救赎的日子就是现在，精力的浪费、精神的苦闷，都会紧随着一个为未来担忧的人……那么把船后的大隔舱都关断吧，准备养成一个好习惯，生活在"完全独立的今天"里。幸福快乐就在你生活的每一天。

让我们用一个每天能产生快乐而富建设性思想的计划，来为我们的快乐而奋斗吧！

下面这个"只为今天"的计划，对我们过一种积极而有益的生活非常有效，如果能照着做，我们就能大量地产生"生活上的快乐"。

1. 只为今天，我要很快乐。假如林肯所说的"大部分人只要下定决心都能很快乐"，这句话是对的，那么快乐是来自内心，而不是来自于外界。

2. 只为今天，我要让自己适应一切，而不去试着调整一切来适应我的欲望。我要以这种态度来接受我的家庭、我的事业和我的运气。

3. 只为今天，我要爱护我的身体。我要多运动、善于照顾、善于珍惜；不损伤它、不忽视它；使它能成为我争取成功的好基础。

4. 只为今天，我要加强我的思想。我要学一些有用的东西，我不要做一个胡思乱想的人。我要看一些需要思考、更需要集中精神才能看的书。

5. 只为今天，我要用三件事来锻炼我的灵魂：我要为别人做一件好事，但不要让人家知道；我还要做两件我并不想做的事，而这就像威廉·詹姆斯所建议的，只是为了锻炼。

6. 只为今天，我要做个讨人喜欢的人，外表要尽量修饰，衣着要尽量得体，说话低声，行动优雅，丝毫不在乎别人的毁誉。对任何事都不挑毛病，也不干涉或教训别人。

7. 只为今天，我要试着只考虑怎么度过今天，而不期望我一生的问题一次就解决。因为，我虽能连续12个钟头做一件事，但若要我一辈子都这样做下去的话，就会吓坏我。

8. 只为今天，我要订下一个计划，我要写下每个钟头该做些什么事。也许我不会完全照着做，但还是要订下这个计划，这样至少可以免除两种缺点——过分仓促和犹豫不决。

9. 只为今天，我要为自己留下安静的半个钟头，轻松一番。在这半个钟头里，我要想到神，使我的生命更充满希望。

10. 只为今天，我要心中毫无惧怕，尤其是，我不要怕快乐，我要去欣赏美的一切，去爱，去相信我爱的那些人会爱我。如果我们想培养平安和快乐的心境，请记住这条规划："有了快乐的思想和行为，你就能感到快乐。"

我在自己浴室的镜子上贴了一首诗，以便自己每天早上刮胡子的时候都能看见它。这首诗的作者是一位很有名的印度戏剧家卡里达沙。

向黎明致敬
看着这一天！
因为它就是生命，生命中的生命。
在它短短的时间里，
有你存在的所有变化与现实；
生长的福泽，
行动的辉煌。
因为昨天不过是一场梦，
而明天只是一个幻影，
但是活在很好的今天，
却能使每一个昨天都是一个快乐的梦，
每一个明天都是有希望的幻景。
所以，好好地看着这一刻吧，
这就是你对黎明的敬礼。

杞人无忧：别让小事妨碍了你的大事

⊙人生短暂，如白驹过隙，然而有很多人却浪费了很多时间，去愁一些一年内就会被忘却的小事。

⊙我们通常都能很勇敢地面对生活里那些大的危机，却被一些小事情搞得垂头丧气。大多数时间里，要想克服因为一些小事情所引起的困扰，只要把自己的看法和重点转移一下就可以了。你会找到一个新的使你开心一点的想法。

下面是一个也许会让你毕生难忘、很富戏剧性的故事。说这个故事的人叫罗勒·摩尔。

"1945年的3月，我学到了我这一生中最重大的一课。"他说，"我是在中南半岛附近276英尺深的海底下学到的，当时我和另外87个人一起在贝雅S.S.三一八号潜水艇上。我们由雷达发现，一小支日本舰队正朝我们这边开过来。在天快亮的时候，我们升出水面发动攻击，我在潜望镜里发现了一艘日本的驱逐护航舰、一艘油轮，和一艘布雷舰。我们朝那艘驱逐护航舰发射了3枚鱼雷，但是都没有击中。那艘驱逐舰并不知道它正遭受攻击，还继续向前驶去，我们准备攻击最后的一条船——那条布雷舰，突然之间，它转过身子，直朝我们开来（一架日本飞机，看见我们在60英尺深的水下，把我们的位置用无线电通知给了那艘日本的布雷舰）。我们潜到150英尺深的地方，以避免被它侦测到，同时准备好应付深水炸弹。我们在所有的舱盖上都多加了几层栓子，同时为了使我们的沉降保持绝对的静默，我们关闭了所有的电扇、整个冷却系统，和所有的发电机器。

"3分钟之后，突然天崩地裂，6枚深水炸弹在我们四周爆炸开来，把我们直压到海底——深达276英尺的地方。我们都吓坏了，在不到1000英尺深的海水里，受到攻击是一件很危险的事情——如果不到500英尺的话，差不多都难逃劫运，而我们却在不到500英尺一半深的水里受到了攻击——要照怎么样才算安全，水深等于只到膝盖部分。那艘日本的布雷舰不停地往下丢深水炸弹，攻击了15个小时，要是深水炸弹距离潜水艇不到17英尺的话，爆炸的威力可以在潜艇上炸出一个洞来。有十几个深水炸弹就在离我们五十英尺左右的地方爆炸，我们奉命'固守'——就是要静躺在我们的床上，保持镇定。我吓得几乎无法呼吸：'这下死定了。'电扇和冷却系统都关闭之后，潜水艇的温度非常高，可是我却怕得全身发冷，穿上了一件毛衣，以及一件带皮领的夹克，可是还是冷得发抖。我的牙齿不停地打颤，全身冒着一阵阵的冷汗。攻击持续了15个小时之久，然后突然停止了，显然那艘日本的布雷舰把它所有的深水炸弹都用光了，就驶了开去。这15个小时的攻击，感觉上就像度过了1500万年。我过去的生活都一一地在我眼前映现，我记起了以前所做过的所有的坏事，所有我曾经担心过的一些很无稽的小事情。在我加入海军之前，我是一个银行的职员，曾经为工作时间太长、薪水太少、没有多少升迁机会而发愁。我曾经忧虑过，因为我没有办法买自己的房子，没有钱买部新车子，没有钱给我太太买好的衣服。我非常讨厌我以前的老板，因为他老是找我的麻烦。我还记得，每晚回到家里的时候，我总是又累又难过，常常跟我太太为一点芝麻小事而吵架。我也为我额头上的一个小疤，是在一次车祸里留下的伤痕，发过愁。

"有一次，我们到芝加哥一个朋友家里吃饭。分菜的时候，他有些事情没有做对，我当时并没有注意到，即使我注意到，我也不会在乎的。可是他太太看见了，马上就当着我们的面跳起来指责他。'约翰，'她大声叫道，'看看你在搞什么！难道你就永远也学不会怎么样分菜吗？'

"然后她对我们说：'他老是犯错，简直就不肯用心。'也许他确实没有好好地做，可是我实在佩服他能够跟他太太相处 20 年之久。坦白地说，我情愿只吃一两个抹上芥末的热狗——只要能吃得很舒服——也不愿一面听她唠叨，一面吃鱼翅。

"在碰到那件事情之后不久，我妻子和我请了几位朋友到家里来吃晚饭。就在他们快来的时候，我妻子发现有三条餐巾和桌布的颜色不大相配。

"'我冲到厨房里，'她后来告诉我说，'结果发现另外三条餐巾都送去洗了，客人已经到了门口，没有时间再换，我急得差点哭了出来，我只想到：为什么会有这么愚蠢的错误，来影响我的整个晚上？然后我想到——为什么要让它使我不高兴呢？我走进餐厅去吃晚饭，决心好好地享受一下，我果然做到了。我情愿让朋友们认为我是一个比较懒散的家庭主妇。'她告诉我说，'也不要让他们认为我是一个神经兮兮、脾气不好的女人。而且，据我所知，根本没有一个人注意到了那些餐巾的问题。'"

有一条大家都知道的法律上的名言："法律不会去管那些小事情。"一个人也不该为这些小事忧虑，如果他希望求得心理上的平静的话。

大多数时间里，要想克服因为一些小事情所引起的困扰，只要把自己的看法和重点转移一下就可以了——让你有一个新的、能使你开心一点的看法。

狄士雷利说过："生命太短促了，不能再只顾小事。"

"这些话，"安德利·摩林在《本周》杂志里说，"曾经帮我捱过很多很痛苦的经历。我们常常让自己因为一些小事情、一些应该不屑一顾和忘了的小事情而弄得非常心烦……我们活在这个世上只有短短的几十年，而我们浪费了很多不可能再补回来的时间，去愁一些一年之内就会被所有的人忘了的小事。不要这样，让我们把我们的生活只用在值得做的行动和感觉上，去想伟大的思想，去经历真正的感情，去做必须做的事情。因为生命太短促了，不该再顾及那些小事了。"

"多年前，那些令人发愁的事看起来都是大事，可是在深水炸弹威胁着要把我送上西天的时候，这些事情又显得多么的荒谬、微小。就在那时候，我答应我自己，如果我还有机会再见到太阳跟星星的话，我永远永远也不会再忧虑了。永远不会！永远不会！永远也不会！在潜艇里面那 15 个可怕的小时里，我对于生活中所学到的，比我在大学里念了四年的书所学到的还要多得多。"

我们通常都能很勇敢地面对生活里面那些大的危机，可是，却会被这些小事搞得垂头丧气。比方说，撒母耳·白布西在他的《日记》里谈到他脖子上那块痛伤的地方。

这也是帕德上将在又冷又黑的极地之夜所发现的另外一点——他手下的人常常为一些小事情而难过，却不在乎大事。他们能够毫不埋怨地面对危险而艰苦的工作，在

人性的优点

零下几十度的寒冷中工作，"可是，"帕德上将说，"我却知道有好几个同房的人彼此不讲话，因为怀疑对方把东西乱放，占了他们自己的地方。我还知道，队上有一个讲究所谓空腹进食，细嚼健康法的家伙，每口食物一定要嚼过28次才吞下去；而另外有一个人，一定要在大厅里找到一个看不见这家伙的位子坐着，才能吃得下饭。"

"在南极的营地里，"帕德上将说，"像这类的小事情，都可能把最有训练的人逼疯。"

而帕德上将，你还可以加一句话："小事"如果发生在夫妻间的生活里，也会把人逼疯，还会造成"世界上半数的伤心事"。

而纽约州的地方检察官弗兰克·霍根也说："我们处理的刑事案件里，有一半以上都起因于一些很小的事情：在酒吧里逞英雄，为一些小事情争争吵吵，讲话侮辱别人，措辞不当，行为粗鲁——就是这些小事情，结果引起伤害和谋杀。很少有人真正天性残忍，一些犯了大错的人，都是因自尊心受到小小的损害，一些小小的屈辱，虚荣心不能满足，结果造成了世界上半数的伤心事。"

罗斯福夫人刚结婚的时候，她忧虑了好多天，因为她的新厨子做饭做得很差。"可如果事情发生在现在，"罗斯福夫人说，"我就会耸耸肩膀把这事给忘了。"好极了，这才是一个成年人的做法。就连凯瑟琳女皇——这个最专制的女皇，在厨子把饭做得不好的时候，通常也只是付之一笑。

就像吉布林这样有名的人，有时候也会忘了"生命是这样的短促，不能再顾及小事"。其结果呢？他和他的舅爷在维尔蒙打了一场官司——这场官司打得有声有色，后来还有一本专辑记载着，书的名字叫《吉布林在维尔蒙的领地》。

故事的经过情形是这样的：吉布林娶了一个维尔蒙地方的女孩子凯洛琳·巴里斯特，在维尔蒙的布拉陀布罗造了一间很漂亮的房子，在那里定居下来，准备度过他的余生。他的舅爷比提·巴里斯特成了吉布林最好的朋友，他们两个在一起工作，在一起游戏。

然后，吉布林从巴里斯特手里买了一点地，事先协议好巴里斯特可以每一季在那块地上割草。有一天，巴里斯特发现吉布林在那片草地上开了一个花园，他生起气来，暴跳如雷，吉布林也反唇相讥，弄得维尔蒙绿山上的天都变黑了。

几天之后，吉布林骑着他的脚踏车出去玩的时候，他的舅爷突然驾着一部马车从路的那边转了过来，逼得吉布林跌下了车子。而吉布林——这个曾经写过"众人皆醉，你应独醒"的人——却也昏了，他把巴里斯特告上法庭，巴里斯特被抓了起来。接下去是一场很热闹的官司，大城市里的记者都挤到这个小镇上来，新闻传遍了全世界。事情没办法解决，这次争吵使得吉布林和他的妻子永远离开了他们在美国的家，这一切的忧虑和争吵，只不过是为了一件很小的小事：一车子干草。

平瑞克里斯在2400年前说过："来吧，各位！我们在小事情上耽搁得太久了。"一点也没错，我们的确是这样子的。

下面是哈瑞·爱默生·傅斯狄克博士所说的故事里最有意思的一个——有关于森

· 243 ·

林的一个巨人在战争中怎么样得胜，怎么样失败的故事。

"在科罗拉多州长山的山坡上，躺着一棵大树的残躯。自然学家告诉我们，它曾经有着400多年的历史。它初发芽的时候，哥伦布才刚在美洲登陆；第一批移民到美国来的时候，它才长了一半大。在它漫长的生命里，曾经被闪电击中过14次；400年来，无数的狂风暴雨侵袭过它，它都能战胜它们。但是在最后，一小队甲虫攻击了这棵树，那些甲虫从根部往里面咬，渐渐伤了树的元气，就只靠它们很小、但持续不断的攻击，使它倒在地上。这个森林里的巨人，岁月不曾使它枯萎，闪电不曾将它击倒，狂风暴雨没有伤着它，却因一些小得用大拇指跟食指就可以捏死的小甲虫而终于倒了下来。"

我们岂不都像森林中的那棵身经百战的大树吗？我们曾经历过生命中无数狂风暴雨和闪电的打击，但都撑过来了。可是却会让我们的心被忧虑的小甲虫咬噬——那些用大拇指跟食指就可以捏死的小甲虫。

几年以前，我去了怀俄明州的提顿车家公园。和我一起去的是怀俄明州公路局局长查尔斯·西费德，还有一些他的朋友。我们本来要一起去参观洛克菲勒坐落在那公园里的一栋房子的，可是我坐的那部车子转错了一个弯，迷了路。等到达那座房子的时候，已经比其他的车子晚了一个小时。西费德先生没有开那扇大门的钥匙，所以他在那个又热又有好多蚊子叮他的森林里等了一个小时，等我们到达。那里的蚊子多得可以让一个圣人都发疯，可是它们没有办法赢过查尔斯·西费德。当我们到达的时候，他是不是正忙着赶蚊子呢？不是的，他正在吹笛子，当作一个纪念品，纪念一个知道如何不理会那些小事的人。

乐于感恩：感恩的人很少为事情犯愁

⊙世界上最好的医生，是饮食有度，保持平安与愉悦的心情。
⊙人生有两项主要目标：第一，拥有你所向往的；第二，享受它们。只有具有智慧的人才能做到第二点。想想自己拥有老天赐予的恩惠，你就不会再有忧虑了。

我认识哈洛·阿伯特好几年了，他住在密苏里州的韦布城，曾当过我的演讲经纪人。一天，我在堪萨斯城碰见他，他好心带我回密苏里的贝尔顿农场。途中，我问他如何免除忧虑，他便给我讲述了下面这个令人难忘的故事。

"我曾是个多虑的人，"阿伯特说道，"但是，1934年的春天，我走过韦布城的西多提街道，有个情景扫除了我所有的忧虑。事情的发生只有十几秒钟，但就在那一刹那，我对生命意义的了解，比在前10年中所学的还要多。这两年，我在韦布城开了家杂货店，由于经营不善，不仅花掉了所有的积蓄，还负债累累，估计得花7年的时间才能偿还。我刚在上星期六停止营业，准备到商矿银行贷款，以便到堪萨斯城找份工作。我像只斗败的鸡，没有了信心和斗志，突然间，有个人从街的另一头过来。那人没有双腿，坐在一块安装着溜冰鞋滑轮的小木板上，两手各用木棍支撑前行。他横过街道，微微提起小木板准备登上路边人行道，就在那几秒钟，我们的视线相遇，只见他坦然一笑，很有精神地向我招呼：'早安，先生，今天天气真好啊！'我望着他，体会到自己是何等富有。我有双足，可以行走，为什么却如此自怜？这位缺了双腿的人仍能如此快乐自信，我这个四肢健全的人还有什么不能的？我挺了挺胸膛，本来预备到商矿银行只借100元，现在却很有信心地宣称：我要到堪萨斯城去找一份工作。结果，我借到了钱，也找到了工作。"

现在，我把下面一段话写在洗手间的镜面上，每天早上刮胡子的时候都念它一遍。

我闷闷不乐，因为我少了一双鞋，直到我在街上，看到有人缺了两条腿。

我问过艾迪·瑞肯贝克，他和朋友在太平洋上绝望地漂流了21天之后，学到的最重要的东西是什么。他回答道："我学到了一点——人只要有淡水喝，有东西吃，就没什么好抱怨的了。"

《时代周刊》上登过一篇文章，谈到第二次世界大战时，有个士官在瓜答卡纳岛战役中被炮弹碎片刮伤喉咙，输了7筒血。他写了张纸条问医师："我会活下去吗？"医师回答说："会的。"他又问："我仍可以讲话吗？"他又得到了肯定的答复。于是这个士官在纸上写道："他妈的，那我还有什么好担心的？"

你为什么不也停止忧虑，对自己说："那我还担什么鬼心？"也许你就会发现，事情其实微不足道，不值得操心。

在我们的生活当中，约有90%的事情是好的，10%的事情是不好的。如果你想过得快乐，就应该把精神放在这90%的好事上面；如果你想担忧、操劳，或得肠胃溃疡，就可以把精力放在那10%的坏事情上面。

《格列佛游记》一书的作者约拿丹·史威佛特是英国文学史上最颓废的厌世主义者，他每次生日都黑衣素食，以示对自己的出世感到遗憾。虽然如此，他仍然赞美幸福快乐是促进健康的最大力量。他宣称："世上最好的医师是节制医师、安静医师和快乐医师。"我们也许都能受到这位"快乐医师"的免费服务，只要我们注意自己所拥有的可贵财富——比故事中阿里巴巴的财富还要多。你会为亿万富翁出卖自己的眼睛、手足、听觉、孩子或家人吗？把拥有的资产加起来，你就会发现，纵使洛克菲勒、福特和摩根等人把所有的金银堆聚起来，也买不到你拥有的一切。

但是，我们为这一切而心怀感激过吗？没有。就像叔本华说的："我们很少想到自己所拥有的，却总是想到自己所没有的。"这一点几乎使约翰·派玛"从一个正常人变成一个坏脾气的老家伙"，也差点毁了他的家。我知道这件事，因为他告诉我。

"从军中退伍之后不久，"派玛先生说，"我就开始做生意。我夜以继日地忙碌着。一切进行得很好，可是问题发生了，我买不到零件和原料。我为可能会被迫放弃我的生意而担心得不得了，我从一个普通人变成了一个脾气很坏的家伙，我变得非常尖酸刻薄——当时我自己并不知道，可是现在我才明白，我几乎失去了我快乐的家。然而有一天，一个在我手下工作的年轻伤兵对我说：'约翰，你实在应该感到惭愧，你这副样子好像世界上只有你一个人有麻烦似的，就算你把店关掉一阵子，又能怎么样呢？等到事情恢复正常之后，你又可以重新开始，你有很多值得感激的事，可是却老是在抱怨。我的天啊，我真希望我是你，你看看我，我只有一只胳臂，并且半边脸都伤了，可是我并不抱怨什么。要是你再继续这样地埋怨下去的话，你不仅会失去你的生意，也会失去你的健康、你的家庭和你的朋友。'

"这些话使我猛然醒悟过来，让我发现我走上了多远的逆境。我当场就决定必须要改变，重新成为我自己——而我做到了这一点。"

我的另外一位朋友，露西莉·布莱克，在学会同样以自己所有的为满足，不为她所缺少的而忧虑之前，几乎濒临悲剧的边缘。

我在多年以前就认识露西莉，当时我们两个都在哥伦比亚大学的新闻学院选修短篇小说写作。9年前，她遭遇生活上的剧变。当时她正住在亚利桑那州的杜森城，下面就是她告诉我的故事。

"我的生活一直非常忙乱，在亚利桑那大学学风琴，在城里开了一间语言学校，还在我所住的沙漠柳牧场上教音乐欣赏的课程。我参加了许多大宴小酌、舞会或在星光下骑马。然而有一天早上我整个垮了，我的心脏病发作了。'你得躺在床上完全静养一年。'医生对我说。他居然没有鼓励我，让我相信我还能够健壮起来。

"在床上躺一年，做一个废人，也许还会死掉，我简直吓坏了。为什么我会碰到这样的事情呢？我做错了什么，该受这样的报应呢？我又哭又叫，心里充满了怨恨和反抗，可是我还是遵照医生的话躺在床上。我的邻居鲁道夫先生，是个艺术家，他对我说：'你现在觉得要在床上躺一年是一大悲剧，可是事实并非如此，你可以有时间思想，能够真正地认识你自己。在以后的几个月里，你在思想上的成长，会比你这大半辈子以来要多得多。'我平静了下来，开始想充实新的价值思想，我看过很多能启发人思想的书。有一天，我听到一个无线电新闻评论员说：'你只能谈你知道的事情。'这一类的话我以前不知道听过多少次，可是现在才真正深入到我的心里，生根起来。我决心只想那些我希望能赖以生活的思想——快乐而健康的思想。每天早上一起来，我就强迫自己想一些我应该感激的事情：我没有痛苦，有一个很可爱的小女儿，我的眼睛能看得见，耳朵能听得到收音机里播放着的优美音乐，有时间看书，吃得很好，有很好的朋友，我非常高兴，而且来看我的人多到使医生挂上一个牌子说，我的房间里每次只许有一个探病的客人，而且只许在某几个钟头里。

"从那时开始到现在已经有9年了，我现在过着很丰富又很生动的生活。我非常感激能在床上度过那一年，那是我在亚利桑那州所度过的最有价值、也是最快乐的一年。我现在还保持当年养成的那种每天早上算算自己有多少得意事的习惯，这是我最珍贵的财产。我觉得很惭愧，因为一直到我担心自己会死去之前，才真正学会怎样生活。"

人性的优点

我亲爱的露西莉·布莱克，你也许并不知道，你所学到的这一课正是撒姆耳·约翰生博士在 200 多年前所学到的。"养成看每一件事理想的一面的习惯，"约翰生博士说，"比每年赚 1000 多英镑更值钱。"

要提醒各位的是：这些话可不是一个天生乐观的人所说的，说这话的人曾经历经痛苦，乏衣缺食地过了 20 年——最后终于成为了他那一代最有名的作家，也成为了历史上最有名的思想家。

罗根·皮尔萨尔·史密斯用很简单的几句话，说了一番大道理。他说："生活中应该有两个目标：第一，要得到你所想要得到的；第二，在得到之后要能够享受它。只有最聪明的人才能做到第二步。"

你想不想知道怎样把在厨房水槽里洗碗，也当作一次难得的体验呢？如果你想的话，可以去看一本谈论令人难以置信的勇气并且很富启发性的书。作者是波姬儿·德尔，书名叫做《我希望能看见》。

这本书的作者是一个几乎瞎了近 50 年之久的女人。"我只有一只眼睛，"她写道，"而且眼睛上还满是疤痕，只能透过眼睛左边的一个小洞去看。看书的时候必须把书本几乎贴在脸上，而且不得不把我那一只眼睛尽量往左边斜过去。"

可是她拒绝接受别人的怜悯，不愿意别人认为她"异于常人"。小时候，她想和其他小孩子一起玩跳房子，可是她看不见地上所画的线，所以，在其他孩子都回家以后，她就趴在地上，把眼睛贴在线上瞄过去。她把伙伴们所玩的那块地方的每一点都牢记在心，所以不久就成为玩游戏的高手了。她在家里看书，把书靠近她的脸，近到眼睫毛都碰到书面上。她得到两个学位：先在明尼苏达州立大学得到学士学位，再在哥伦比亚大学得到硕士学位。

她开始教书的时候，是在明尼苏达州双谷的一个小村子里，然后渐渐升到南达科他州奥格塔那学院担任新闻学和文学教授。她在那里教了 13 年，也在很多妇女俱乐部发表演说，还在电台主持节目。"在我的脑海深处，"她写道，"常常怀着一种怕会完全失明的恐惧，为了要克服这种恐惧，我对生活采取了一种很快活而近乎戏谑的态度。"

然后在 1943 年，也就是她 52 岁的时候，一个奇迹发生了。她在著名的梅育诊所施行了一次手术，使她能比以前看得清楚 40 倍。

一个全新的、令人兴奋的、可爱的世界展现在她的眼前。她现在发现，即使是在厨房水槽里洗碟子，也让她觉得非常开心。"我开始玩着洗碗盆里的肥皂泡沫，"她写道，"我把手伸进去，抓起一大把小小的肥皂泡沫，我把它们迎着光举起来。在每一个肥皂泡沫里，我都能看到一道小小的彩虹闪出来的明亮色彩。"

你和我应该感到惭愧，我们这么多年来每天都生活在一个美丽的童话王国里，可是我们却视而不见，吃得太好而不能享受。

第三章 停止忧虑，盛装出发

让自己忙起来

⊙一个人无论多么聪明，他的思想都不可能在同一时间想一件以上的事情。

清除忧虑的最好办法，就是要让你自己忙着，去做一些有用的事情。

我永远也忘不了几年前的那一夜。我班上的一个学生马利安·道格拉斯告诉我们，他家里遭受到不幸的悲剧，不止一次，而是两回。第一次他失去了他5岁大的女儿，一个他非常喜欢的孩子。他和他的妻子，都以为他们没有办法忍受这个损失。可是，正如他说的："10个月之后，上帝又赐给我们另外一个小女儿——而她只活了5天就死了。"

这接二连三的打击，重得使人几乎无法承受。"我承受不了，"这个做父亲的告诉我们说，"我睡不着，我吃不下，我也无法休息或是放松。我的精神受到致命的打击，信心尽失。"最后他去看了医生，一个医生建议他吃安眠药，另外一个则建议他去旅行。他两个方法都试过了，可是没有一样能够对他有所帮助。他说："我的身体好像被夹在一把大钳子里，而这把钳子愈夹愈紧，愈夹愈紧。"那种悲哀给他的压力——如果你曾经因悲哀而感觉麻木的话，你就知道他所说的是什么了。

"不过感谢上帝，我还有一个孩子——一个4岁大的儿子，他教我们得到解决问题的方法。有一天下午，我呆坐在那里为自己感到难过的时候，他问我：'爸爸，你肯不肯为我造一条船？'我实在没有兴致去造条船。事实上，我根本没有兴致做任何事情，可是我的孩子是个很会缠人的小家伙，我不得不顺从他的意思。

"造那条玩具船大概花了我3个钟头，等到船弄好之后，我发现用来造船的那3个小时，是我这么多个月来第一次有机会放松我的心情的时候。

"这个大发现使我从昏睡中惊醒过来。它使我想了很多——这是我几个月来的第一次思想。我发现，如果你忙着去做一些需要计划和思想的事情的话，就很难再去忧虑了。对我来说，造那条船就把我的忧虑整个击垮了，所以我决定让自己不断地忙碌起来。

"第二天晚上，我巡视屋子里的每个房间，把所有该做的事情列成一张单子。有好些小东西需要修理，比方说书架、楼梯、窗帘、门钮、门锁、漏水的龙头等等。叫人想不到的是，在两个礼拜以内，我列出了242件需要做的事情。

"在过去的两年里，那些事情大部分都已经完成。此外，我也使我的生活充满了启发性的活动：每个礼拜，有两天晚上我到纽约市参加成人教育班，并参加了一些小镇上的活动。我现在是校董事会的主席，参加很多的会议，并协助红十字会和其他的机构募捐。我现在简直忙得没有时间去忧虑。"

没有时间去忧虑，这正是丘吉尔在战事紧张到每天要工作18个小时的时候所说的。当别人问他是不是为那么重的责任而忧虑时，他说："我太忙了，我没有时间去忧虑。"

查尔斯·柯特林在发明汽车的自动点火器的时候，也碰到过这样的情形。柯特林先生一直是通用公司的副总裁，负责世界知名的通用汽车研究公司，最近才退休，可是，当年他却穷得要用谷仓里堆稻草的地方做实验室。家里的开销，都得靠他太太教钢琴所赚来的1500美金。后来，他又去用他的人寿保险作抵押借了500美金。我问过他太太，在那段时期她是不是很忧虑。"是的，"她回答说，"我担心得睡不着，可是柯特林先生却一点也不担心，他整天埋头在工作里，没有时间去忧虑。"

伟大的科学家巴斯特曾经谈到"在图书馆和实验室所找到的平静"。平静为什么会在那儿被找到呢？因为在图书馆和实验室的人，通常都埋头在他们的工作里，不会为他们自己担忧。做研究工作的人很少有精神崩溃的现象，因为他们没有时间来享受这种"奢侈"。

为什么"让自己忙着"这么一件简单的事情，就能够把忧虑赶出去呢？因为有这么一个定理——这是心理学上所发现的最基本的一条定理，这条定理就是：不论这个人多么聪明，人类的思想，都不可能在同一时间想一件以上的事情。让我们来做一个实验：假定你现在靠坐在椅子上，闭起两眼，试着在同一个时间去想：自由女神；你明天早上打算做什么事情。

你会发现你只能轮流地想其中的一件事，而不能同时想两件事，对不对？从你的情感上来说，也是这样。我们不可能既激动、热诚地想去做一些很令人兴奋的事情，又同时因为忧虑而拖累下来。在同一时间里，一种感觉会把另一种感觉赶出去，也就是这么简单的发现，使得军方的心理治疗专家们，能够在战时创造出这一类的奇迹。

詹姆斯·墨塞尔是哥伦比亚师范学院的教育学教授，他在这方面说得很清楚：

忧虑最能伤害到你的时候，不是在你有所行动的时候，而是在你没有什么事可做的时候。那时候，你的想象力会混乱起来，使你想起各种荒诞不稽的可能，把每一个小错误都加以夸大。在这种时候，你的思想就像一部没有载货的汽车，乱冲乱撞，撞毁一切，甚至连自己也会变成碎片。消除忧虑的最好办法，就是要让你自己忙着，去做一些有用的事情。

不一定非得是一个大学教授才能懂得这个道理，才能付诸实行。战时，我碰到一个住在芝加哥的家庭主妇，她告诉我，她发现"消除忧虑的好办法就是让自己忙着，去做一些有用的事情"。当时我正在从纽约回密苏里农庄的路上，在餐车碰到了这位太太和她的先生。

这对夫妇告诉我，他们的儿子在珍珠港事件的第二天加入了陆军。那个女人当时为她的独子十分担忧，并且几乎使她的健康受损。她总是要为儿子担心：他在什么地方？他是不是很安全？他是不是正在打仗？他会不会受伤，阵亡？

我问她，后来她是怎么克服忧虑的。她回答说：

"我让自己忙着。我把女佣辞退了，希望能靠自己做家事来让自己忙着，可是这并没有多少用处。问题是，我做起家事来几乎是机械性的，完全不要用思想，所以当我铺床和洗碟子的时候，还是一直担忧着。我发现，我需要一些新的工作才能使我在一天的每一个小时里，身心两方面都能感到忙碌，于是我便到一家大百货公司里去当售货员。

"这下成了，我马上发现自己好像掉进了一个行动大漩涡：顾客挤在我的四周，问我关于价钱、尺码、颜色等问题。没有一秒钟能让我想到除了手边工作以外的其他问题。到了晚上，我也只能想，怎样才可以让我那双痛脚休息一下。等我吃完晚饭之后，我倒在床上，马上就睡着了，既没有时间、也没有体力再去忧虑。"

倘若我们为什么事情担心的话，就让我们记住，我们可以把工作当作很好的古老治疗法。以前在哈佛大学医学院当教授、已故的理查德·凯波特博士，在他那本《人类以此生存》的书里也说过："身为一个医生，我很高兴看到工作可以治愈很多病人。他们所感染的，是由于过分疑惧、迟疑、踌躇和恐惧等所带来的病症，而工作所带给我们的勇气，就像爱默生永垂不朽的自信一样。"

当有些人因为在战场上受到打击而退下来的时候，他们都被称为"心理上的精神衰弱症"。军方的医生都以"让他们忙着"为治疗的方法。

除了睡觉的时间之外，每一分钟都让这些在精神上受到打击的人充满了活动，比如钓鱼、打猎、打球、拍照、种花，以及跳舞等等，根本不让他们有时间去回想他们那些可怕的经历。

"职业性的治疗"是近代心理医生所用的名词，也就是拿工作来当作治病的处方。这并不是新的办法，在耶稣诞生 500 年前，古希腊的医生就已经在使用了。

在富兰克林时代，费城教友会教徒也曾用过这种办法。1774 年有一个人去参观教友会的疗养院，看见那些精神病人正忙着纺纱织布，使他大为震惊。他认为那些可怜而不幸的人们，在被压榨劳力，后来教友会的人才向他解释说，他们发现那些病人惟有在工作的时候病情才能真正有所好转，因为工作能安定神经。

不管是哪个心理治疗医生，他都能告诉你：工作——让你忙着——是精神病最好的治疗剂。名诗人亨利·朗费罗在他年轻的妻子去世之后发现了这个道理。有一天，他太太点了一根蜡烛，来熔化一些信封的火漆，结果衣服烧了起来。朗费罗听见她的叫喊便赶过去抢救，可是她还是因烧伤而亡。有一段时间，朗费罗没有办法忘掉这次可怕的经历，几乎发疯，幸好他 3 个幼小的孩子需要他照料。虽然他很悲伤，但还是要既当爸又当妈地照料孩子。他带他们出去散步，给他们讲故事，和他们一同玩游戏，还把他们父子间的亲情永存在"孩子们的时间"一诗里。他也翻译了但丁的《神曲》。这些工作加在一起，使他忙得完全忘记了自己，也重新得到了思想的平静。就像泰尼森在最好的朋友阿瑟·哈勒姆死时曾经说的那样："我一定要让自己沉浸在工作里，否则我就会在绝望中苦恼。"

奥莎·约翰逊发现了比她早一世纪的泰尼森在诗句里所说的同一个真理："我必须让自己沉浸在工作里，否则我就会挣扎在绝望中。"

海军上将伯德之所以也能发现这一点，是因为他在覆盖着冰雪的南极的小茅屋里单独住了5个月——在那冰天雪地里，藏有大自然最古老的秘密——在冰雪覆盖下，是一片无人知道的、比美国和欧洲加起来都要大的大陆。伯德上将独自度过的5个月里，方圆100公里内没有任何一种生物存在。天气奇冷，当风从他耳边吹过的时候，他能听见他呼吸冻住，结得像水晶一般。在他那本名叫《孤寂》的书里，伯德上将叙述了他在一种既难过又可怕的黑暗里所度过的5个月的生活。他一定得不停地忙着才不至于发疯。

要是你和我都不能一直忙碌着——如果我们闲坐在那里发愁——我们就会产生一大堆被达尔文称之为"胡思乱想"的东西，而这些"胡思乱想"就像传说中的妖精，会掏空我们的思想，摧毁我们的行动力和意志力。

我认得纽约的一个生意人，他也用忙碌驱赶自己的那些"胡思乱想"，使他没有时间去烦恼和发愁。他的名字叫屈伯尔·朗曼，也是我成人教育班的学生。他征服忧虑的经过非常有意思，也非常特殊，所以下课之后我请他和我一起去消夜。我们在一间餐馆里面一直坐到半夜，谈着他的那些经验。下面就是他告诉我的故事：

18年前，我因为忧虑过度而得了失眠症，当时我非常紧张，脾气暴躁，而且非常的不安。我想我就要精神崩溃了。

我这样发愁是有原因的。我当时是纽约市西百老汇大街皇冠水果制品公司的财务经理，我们投资了50万美元，把草莓包装在一加仑装的罐子里。20年来，我们一直把这种一加仑装的草莓卖给制造冰淇淋的厂商。突然间我们的销售量大跌，因为那些大的冰淇淋制造厂商，像国家奶品公司等等，产量急剧增加，而为了节省开支和时间，他们都买36加仑一桶的桶装草莓。

我们不仅没办法卖出价值50万美元的草莓，而且根据合约规定，在接下去的一年之内，我们还要再买价值100万美元的草莓。我们已经向银行借了35万美元，既还不出钱来，也没有办法再续借这笔借款，难怪我要担忧了。

我赶到我们位于加州的工厂里，想要让我们的总经理相信情况有所改变，我们可能会面临毁灭性的命运。他不肯相信，而把这些问题的全部责任都归罪于纽约的公司身上——那些可怜的业务人员。

经过几天的要求之后，我终于说服了他不再这样包装草莓，而把新的供应品放在旧金山的新鲜草莓市场上卖。这样差不多就可以解决我们大部分的困难，照理说我应该不再忧虑了,可是我还做不到这一点。忧虑是一种习惯,而我已经染上这种习惯了。

我回到纽约之后,开始为每一件事情担忧:在意大利买的樱桃,在夏威夷买的凤梨等等,我非常的紧张不安,睡不着觉,就像我刚刚说过的,简直就快要精神崩溃了。

在绝望中,我换了一种新的生活方式,结果治好了我的失眠症,也使我不再忧虑。我让自己忙碌着,忙到我必须付出所有的精力和时间,以至于没有时间去忧虑。以前我一天工作 7 个小时,现在我开始一天工作 15.16 个小时。我每天早晨 8 点钟就到办公室,一直待到半夜,我接下新的工作,负起新的责任,等我半夜回到家的时候,总是筋疲力尽地倒在床上,用不了几秒钟就睡得很熟。

这样过了差不多 3 个月,等我改掉忧虑的习惯,再回到每天工作 7.8 个小时的正常情形。这事情发生在 18 年前,从那以后,我就再没有失眠和忧虑过。

萧伯纳说得很对,他把这些总结起来说:

让人愁苦的秘诀就是,有空闲时间就来想想自己到底快不快乐。

所以不必去想它,在手掌心里吐口唾沫,让自己忙起来,你的血液就会开始循环,你的思想就会开始变得敏锐——让自己一直忙着,这是世界上最便宜的一种药,也是最好的一种。

让烦恼迅速"过期"

⊙惟一可以使过去的错误具有价值的方法,就是冷静地分析我们过去的错误,并从错误中得到教训,然后再把错误忘掉。

⊙当你开始为那些已经做完或过去的事忧虑的时候,你不过是在锯一些木屑。

⊙聪明的人永远不会坐在那里为他们的损失而悲伤,却会很高兴地想办法来弥补他们的创伤。

就在我写这句话的时候,我望望窗外,看见了我院子里一些恐龙的足迹———一些留在大石板和石头上的恐龙的足迹。这些恐龙的足迹,是我从耶鲁大学的皮博迪博物馆买来的。我还有一封由皮博迪博物馆馆长写来的信,说这些足迹是 1.8 亿年前留下来的。就连白痴也不会想追溯到 1.8 亿年前去改变这些足迹,而一个人的忧虑就正如这种想法一样愚蠢,因为就算是 180 秒钟以前所发生的事情,我们也不可能再回头去纠正它——可是我们有很多的人却正在做这样的事情。说得更确切一点,我们可以想办法来改变 180 秒钟以前发生的事情所产生的影响,但是我们决不可能去改变当时所发生的事情。

惟一可以使过去的错误有价值的方法,就是冷静地分析我们过去的错误,并从错误中得到教训,然后再把错误忘掉。

我知道这句话是有道理的,可是我是不是一直有勇气、有脑筋去这样做呢?要回答这个问题，让我先告诉你几年前我有过的一次奇妙经验吧，我让30几万美元从大拇指缝里溜过，没有得到一分钱的利润。事情的经过是这样的：

我开办了一个很大的成人教育补习班，在很多城市里都有分部，在组织费和广告费上，我也花了很多的钱。我当时因为忙于教课，所以既没有时间、也没有心情去管理财务问题，而且当时也太天真，不知道我应该需要很好的业务经理来支配各项支出。

最后，过了差不多一年，我发现了一件清楚明白、而且很惊人的事实：虽然我们的收入非常多，却没有得到一点利润。在发现了这点之后，我应该马上做两件事情：

第一，我应该有那个脑筋，去做黑人科学家乔治·华盛顿·卡佛尔在银行倒了他5万美元的账——也就是他毕生的积蓄——时所做的那件事。当别人问他是不是知道他已经破产了的时候，他回答说："是的，我听说过了。"然后继续教书。他把这笔损失从他的脑子里抹去，以后也再也没有提起过。

我应该做的第二件事是，应该分析自己的错误，然后从中学到教训。

可是坦白地说，这两件事我一样也没有做。相反的，我却开始大大发愁起来。一连好几个月我都恍恍惚惚的，睡不好，体重减轻了很多，不但没有从这次大错误里学到教训，反而接着犯了一个只是规模小了一点的同样的错误。

对我来说，要承认以前这种愚蠢的行为，实在是一件很窘迫的事。可是我很早就发现："去教20个人怎么做，比自己一个人去做，要容易得多了。"

我真希望我也能够到纽约的乔治·华盛顿高中去做保罗·布兰德威尔的学生，这位老师曾经教过住在纽约市布朗士区的艾伦·桑德斯。

桑德斯先生告诉我，他的生理卫生课的老师保罗·布兰德威尔博士教给了他最有价值的一课：

"当时我只有十几岁，可是那时候我已经常为很多事情发愁。我常常为我自己犯过的错误自怨自艾；交完考试卷以后，我常常会半夜里睡不着；咬着我的指甲，怕我没办法考及格；我老是在想我做过的那些事情，希望当初没有这样做；我老是在想我说过的那些话，希望我当时能把那些话说得更好。

"有一天早上，我们全班同学都到了科学实验室。老师保罗·布兰德威尔博士把一瓶牛奶放在桌子边上。我们都坐了下来，望着那瓶牛奶，不知道那跟他所教的生理卫生课有什么关系。然后，保罗·布兰德威尔博士突然站了起来，一掌把那瓶牛奶打碎在水槽里，一面大声叫道：'不要为打翻的牛奶而哭泣。'

"然后他叫我们所有的人都到水槽边去，好好地看看那瓶打碎的牛奶。'好好地看一看，'他告诉我们，'因为我要你们这一辈子都记住这一课，这瓶牛奶已经没有了——你们可以看到它都漏光了，无论你怎么着急，怎么抱怨，都没有办法再救回一滴，只要先用一点思想，先加以预防，那瓶牛奶就可以保住。可是现在已经太迟了——我们现在所能做到的，就是把它忘掉，丢开这件事情，只注意下一件事。'

"这次小小的表演，在我忘了我所学到的几何和拉丁文以后很久都还让我记得。事实上，这件事在实际生活中所教给我的，比我在高中读了那么多年所学到的任何东西都好，它教我只要可能的话，就不要打翻牛奶，万一牛奶被打翻、整个漏光了的时候，就要彻底把这件事情给忘掉。"

有些读者大概会觉得，花这么大力气来讲那么一句老话："不要为打翻了的牛奶而哭泣"，未免有点无聊。我知道这句话很普通，也可以说很陈旧，可是像这样的老生常谈，却饱含了多年来所积聚的智慧，这是人类经验的结晶，是世世代代传下来的。如果你能读尽各个时代很多伟大学者所写的有关忧虑的书，你也不会看到比"船到桥头自然直"和"不要为打翻的牛奶而哭泣"更基本、更有用的老生常谈了。只要我们能应用这两句老话，不轻视它们，我们就根本用不到这本书了。然而，如果不加以应用，知识就不是力量。

本书的目的并不在于告诉你什么新的东西，而是要提醒你那些你已经知道的事，鼓励你把已经学到的东西加以应用。

我一直很佩服已故的佛雷德·福勒·夏德，他有一种能把老的事例用又新又吸引人的方法说出来的天分。他是一家报社的编辑。有一次大学毕业班讲演的时候，他问道："有多少人曾经锯过木头？请举手。"大部分的学生都曾经锯过。然后他又问道："有多少人曾经锯过木屑？"却没有一个人举手。

"当然，你们不可能锯木屑，"夏德先生说道，"因为那些都是已经锯下来的。过去的事也是一样，当你开始为那些已经做完的和过去的事忧虑的时候，你不过是在锯一些木屑。"

棒球老将康尼·麦克 81 岁的时候，我问他有没有为输了的比赛忧虑过。

"噢，有的。我以前常这样，"康尼·麦克告诉我说，"可是多年以前我就不干这种傻事了。我发现这样做对我完全没有好处，磨完的粉子不能再磨，"他说，"水已经把它们冲到底下去了。"

不错，磨完的粉子不能再磨；锯木头剩下来的木屑，也不能再锯。可是你还能消除你脸上的皱纹和胃里的溃疡。在去年感恩节的时候，我和杰克·登普西一起吃晚饭。当我们吃火鸡和橘酱的时候，他给我讲了他把重量级拳王的头衔输给滕尼的那一仗。当然，这对他的自尊是一次很大的打击。

"在拳赛的当中，我突然发现我变成了一个老人……到第十回合终了，我还没有倒下去，可是也只是没有倒下去而已。我的脸肿了起来，而且有很多处伤痕，两只眼睛几乎无法睁开……我看见裁判员举起吉恩·滕尼的手，宣布他获胜……我不再是世界拳王，我在雨中往回走，穿过人群回到自己的房间。在我走过的时候，有些人想来抓我的手，另外一些人眼睛里还含着泪水。

"一年之后，我再跟滕尼比赛了一场，可是一点用也没有，我就这样永远完了。要完全不去愁这件事情实在很困难，可是我对自己说：'我不打算生活在过去里，或是为打翻了的牛奶而哭泣，我要能承受这一次打击，不能让它把我打倒。'"

而这一点正是杰克·登普西所做到的事。怎么做呢？只是一再地对自己说："我不为过去而忧虑"吗？不是的！这样做只会再强迫他想到他过去的那些忧虑。他的方法是承受一切，忘掉他的失败，然后集中精力来为未来计划。他的做法是经营百老汇的登普西餐厅和大北方旅馆；安排和宣传拳击赛，举行有关拳赛的各种展览会；让自己忙着做一些富于建设性的事情，使他既没有时间也没有心思去为过去担忧。"在过去10年里，我的生活，"杰克·登普西说，"比我在做世界拳王的时候要好得多了。"

登普西先生告诉我，他没有读过很多书，可是，他却是不自觉地照着莎士比亚的话在做：

"聪明的人永远不会坐在那里为他们的损失而悲伤，却会很高兴地想办法来弥补他们的创作。"

当我读历史和传记并观察一般人是如何度过艰苦的环境时，我一直觉得吃惊，并羡慕那些能够把他们的忧虑和不幸忘掉并继续过着快乐生活的人。

我曾经到辛辛监狱去看过，那里最令我吃惊的是，囚犯们看起来都和外面的人一样快乐。我当即把我的看法告诉了刘易士·路易斯——当时辛辛监狱的狱长——他告诉我，这些罪犯刚到辛辛监狱的时候，都心怀怨恨且脾气很坏。可是经过几个月之后，大部分聪明一点的人都能忘掉他们的不幸，安定下来承受他们的监狱生活，尽量地过好。路易斯狱长告诉我，有一个辛辛监狱的犯人——一个在园子里工作的人——在监狱围墙里种菜种花的时候，还能一面唱歌。歌词是这样唱的：

事实已经注定，事实已沿着一定的路线前进，
痛苦、悲伤并不能改变既定的情势，
也不能删减其中任何一段情节，
当然，眼泪也无济于事，它无法使你创造奇迹。
那么，让我们停止流无用的眼泪吧！
既然谁也无力使时光倒转，因此不如抬头往前看。

所以，为什么要浪费眼泪呢？当然，犯了过错和疏忽都是我们的不对，可是又能怎么样呢？谁没有犯过错？就连拿破仑，在他所有重要的战役中也输过1/3。也许我们的平均纪录并不会坏过拿破仑，谁知道呢？

准备迎接最坏的情况

⊙能接受既成事实，这就是克服随之而来的任何不幸的第一步。
⊙能接受最坏的情况，就能在心理上让你发挥出新的能力。
⊙忧虑最大的坏处就是摧毁我们集中精神的能力，一旦忧虑产生，我们的思想就会到处乱转，从而丧失作出决定的能力。

卡瑞尔是一个很聪明的工程师，他开创了空气调节器制造业，现在是位于纽约州瑞西的著名卡瑞尔公司的负责人。我所知道的解决忧虑困难的最好办法，是我和卡瑞尔先生在纽约的工程师俱乐部吃中饭的时候亲自从他那里学到的。

"年轻的时候，"卡瑞尔先生说，"我在纽约州水牛城的水牛钢铁公司做事。我必须到密苏里州水晶城的匹兹堡玻璃公司——一座花费好几百万美金建造的工厂，去安装二架瓦斯清洁机，目的是清除瓦斯里的杂质，使瓦斯燃烧时不至于有损引擎。这种清洁瓦斯的方法是新的方法，以前只试过一次——而且当时的情况很不相同。我到密苏里州水晶城工作的时候，很多事先没有想到的困难都发生了。经过一番调整之后，机器可以使用了，可是成绩并不能好到我们所保证的程度。

"我对自己的失败感到非常吃惊，觉得好像是有人在我头上重重地打了一拳。我的胃和整个肚子都开始扭痛起来。有好一阵子，我忧虑得简直没有办法睡觉。

"最后，我的常识告诉我忧虑并不能够解决问题，于是我便想出了一个不需要忧虑就可以解决问题的办法，结果非常有效。我这个排除忧虑的办法已经使用了30多年。这个办法非常简单，任何人都可以使用。其中共有三个步骤：

"第一步，我毫不害怕而诚恳地分析整个情况，然后找出万一失败可能会发生的最坏的结果。没有人会把我关起来，或者把我枪毙，这一点说得很准。不错，很可能我会丢掉差事，也可能我的老板会把整个机器拆掉，使投进去的2万美元泡汤。

"第二步，找出可能发生的最坏的情况之后，我就让自己在必要的时候能够接受它。我对自己说，这次失败，在我的纪录上会是一个很大的污点，可能我会因此而丢掉差事，但即使真是如此，我还是可以另外找到一份差事。至于我的那些老板，他们也知道我们现在是在试验一种清除瓦斯新法，如果这种实验要花他们2万美元，他们还付得起。他们可以把这笔账算在研究费用上，因为这只是一种实验。

"发现可能发生的最坏情况，并让自己能够接受之后，有一件非常重要的事情发生了。我马上轻松下来，感受到几天以来所没经历过的那份平静。

"第三步，从这以后，我就平静地把我的时间和精力，拿来试着改善我在心理上已经接受的那种最坏情况。

"我努力地找出一些办法，让我减少我们目前所面临的2万美元损失。我做了几次实验，最后发现，如果我们再多花5000美元，加装一些设备，我们的问题就可以解决。我们照这个办法去做之后，公司不但没有损失2万美元，反而赚了1.5万美元。

"如果当时我一直担心下去的话，恐怕永远都不可能做到这一点。因为忧虑的最大坏处，就是会毁了我集中精神的能力。在我们忧虑的时候，思想会到处乱转，而丧失所有作决定的能力。然而，当我们强迫自己面对最坏的情况，而在精神上接受它之后，就能够衡量所有可能的情形，使我们处在一个可以集中精力解决问题的地位。

"我刚才所说的这件事，发生在很多很多年以前，因为这种做法非常好，我就一直使用着。结果呢，我的生活里几乎完全不再有烦恼了。"

为什么威利·卡瑞尔的万能公式这么有价值，这么实用呢？从心理学角度上来讲，它能够把我们从那个巨大的灰色云层里拉下来，让我们不再因为忧虑而盲目地摸索，它可以使我们的双脚稳稳地站在地面上，而我们也都知道自己的确站在地面上。如果我们脚下没有结实的土地，又怎么能希望把事情想通呢？

应用心理学之父威廉·詹姆斯教授，已经去世38年了，可是如果他今天还活着，听到这个面对最坏情况的公式的话，也一定会大表赞同。我怎么知道的呢？因为他曾经告诉过他的学生说："你要愿意承担这种情况，因为能接受既成的事实，就是克服随之而来的任何不幸的第一个步骤。"

林语堂在他的《生活的艺术》里也谈到同样的概念。"心理的平静，"这位中国哲学家说，"……能接受最坏的情况，在心理上，就能让你发挥出新的能力。"

这就对了，一点也没错，在心理上就能让你发挥出新的能力。当我们接受了最坏的情况之后，我们就不会再损失什么，而这也就是说，一切都可以得回来。"在面对最坏的情况之后，"威利·卡瑞尔告诉我们说，"我马上就轻松下来，感到一种好几天来没有经历过的平静。然后，我就能思想了。"

很有道理，对不对？可是还有成千上万的人，为愤怒而毁了他们的生活。因为他们拒绝接受最坏的情况，不肯由此以求改进，不愿意在灾难中尽可能地救出点东西来。他们不但不重新构筑他们的财富，却参与了"和经验所作的一次冷酷而激烈的斗争"——终于变成了我们称之为忧郁症的那种颓丧的情绪的牺牲者。

这套消除忧虑的万灵公式，曾经使一个带着棺材航海旅行的垂死病人胖了90磅。这是艾尔·汉里的故事。那是1948年11月17日，他在波士顿史帝拉大饭店亲口告诉我的故事：

"1929年，"他说，"因为我常常发愁，得了胃溃疡。有一天晚上，我的胃出血了，被送到芝加哥西比大学的医学院附设医院里。我的体重从175磅降到90磅。我的病严重到使医生警告我，连头都不许抬。3个医生中，有一个是非常有名的胃溃疡专家。他们说我的病是'已经无药可救了'。我只能吃苏打粉，每小时吃一大匙半流质的东西，每天早上和每天晚上都要由护士拿一条橡皮管插进我的胃里，把里面的东西洗出来。

"这种情形持续了好几个月……最后，我对自己说：'你睡吧，汉里，如果你除了等死之外没有什么别的指望了，不如好好地利用你剩下的这一点时间。你一直都想在你死以前环游世界，所以如果你还想这样做的话，只有现在就去做了。'

"当我对那几位医生说，我要环游世界，我自己会一天洗两次胃的时候，他们都大吃一惊。不可能的，他们从来都没有听说过这种事。他们警告我说，如果我开始环游世界，我就只有葬身在海里了。'不，我不会的。'我回答说，'我已经答应过我的亲友，我要葬在尼布雷斯卡州我们老家的墓园里，所以我打算把我的棺材随身带着。'

"我去买了一具棺材，把它运上船，然后和轮船公司安排好，万一我去世的话，就把我的尸体放在冷冻舱里，一直到运回老家。我开始踏上旅程，心里只想着奥玛开俨的一首诗：

啊，在我们零落为泥之前，
岂能辜负，不拼作一生欢，
物化为泥，永寂黄泉下，
没酒、没弦、没歌伎，而且没明天。

"当我从洛杉矶上了亚当斯总统号的船向东方航行的时候，就觉得好多了，渐渐地便不再吃药，也不再洗胃。不久之后，任何食物都能吃了——甚至包括许多奇奇怪怪的当地食品和调味品。这些别人都说我吃了一定会送命的。几个礼拜过去之后，我甚至可以抽长长的黑雪茄，喝几杯老酒。多年来我从没有这样享受过。我们在印度洋上碰到季风，在太平洋上遇到台风，这种事情要是害怕，也会让我躺进棺材里的，可是我却从这次冒险中得到很大的乐趣。

"我在船上和他们玩游戏、唱歌、交新朋友，晚上聊到半夜。到了中国和印度之后，我发现我回去之后要料理的私事，跟在东方所见到的贫穷与饥饿比起来，简直就像是天堂跟地狱之比。我中止了所有无聊的担忧，觉得非常的舒服。回到美国之后，我的体重增加了90磅，几乎完全忘记了我曾患过胃溃疡。我这一生中从没有觉得这么舒服。我回去后一天也没再病过。"

艾尔·汉里告诉我，他发现他是在下意识里应用了威利·卡瑞尔征服忧虑的办法。

让我们再看看其他人是怎样利用威利·卡瑞尔的万灵公式，来解决他们自己的问题的。下面就是一个例子。这是以前我的一个学生——目前他是一名纽约油商——所做过的事情：

"有人勒索我，"他说，"我不相信会有这种事情——我不相信这种事情会发生在电影以外的现实生活里——可是我真的是被勒索了。事情是这样的：我主管的那个石油公司，有好几辆运油的卡车和好些司机。在那段时期，物价管理委员会的条例是很严格的，我们所能送给每一个顾客的油量也都有限制。我起先不知道事情的真相，好像有一些运货员减少我们固定顾客的油量，把偷下来的卖给一些他们的顾客。

"有一天，有个自称政府调查员的人来看我，跟我索要红包。他说，他掌握我们运货员舞弊的证据。并以此要挟说，如果我不答应的话，他就要把证据转交给地方检察官。这时候，我才发现公司有这种非法的买卖。

"当然，我知道我没有什么好担心的——至少跟我个人无关。但是我也知道法律规定，公司应该为员工的行为负责。还有，万一案子打到法院去，上了报纸，这种坏名声就会毁了我的生意。我对自己的生意非常骄傲——我父亲在24年前已经为此打下了基础。

"我生病了，三天三夜吃不下睡不着。我一直在那件事情里面打转。我是该付那笔钱——5000美金，还是该跟那个人说，你爱怎么干就怎么干吧。我一直决定不下，每天晚上都在噩梦中度过。

"在事情发生后的某一个礼拜天的晚上,我碰巧拿起一本叫做《如何不再忧虑》的小书,这是我去听卡耐基公开演说时拿到的。我读到威利·卡瑞尔的故事,里面说:'面对最坏的情况。'于是我问自己:'如果我不肯付钱,那个勒索者把证据交给地检处的话,可能发生的最坏情况是什么呢?'

"答案是:'毁了我的生意——最坏就是如此。我不会被送进监狱。可能发生的,只是我会被这件事毁了罢了。'

"于是我对自己说:'好了,生意即使毁了,但我心理上也可以接受这点,接下去又会怎样呢?'

"嗯,我的生意毁了之后,也许得去另外找份工作。这也不坏,我对石油知道得很多——有几家大公司可能会乐意雇用我……我开始觉得好过多了。三天三夜之后,我的那份忧虑开始消散了,我的情绪终于稳定了下来……而意外地,我居然能够开始思考了。

"我清醒地看到第三步——改善最坏的情况。就在我想解决方法的时候,一个全新的局面展现在我的面前:如果我把整个情况告诉我的律师,他可能会帮我找到一条我一直都没有想到的路子。这乍听起来很笨,因为我起先一直都没有想到过这一点——我原先一直没有好好思想过,只是一味在担心。我打定了主意,第二天清早就去见我的律师,接着我上了床,安安稳稳地睡了一觉。

"事情的结果如何呢?第二天早上,我的律师叫我去见地方检察官,把真实情形告诉他。我照他的话做了。当我说出原委之后,出乎意外地听到地方检察官说,这种勒索的案子已经持续好几个月了,那个自称是'政府官员'的人,实际上是警方通缉犯。当我为了是否该把 5000 美金交给那个职业罪犯而担心了三天三夜之后,听到这番话,真是松了一大口气。

"这次的经历给我上了一堂永难忘怀的一课。现在,每当面临会使我忧虑的难题时,我就会把所谓的'威利·卡瑞尔的老公式'派上用场。"

说出你的忧虑

⊙只要一个病人能够说话——单单说出来,就能够解除他心中的忧虑。
⊙不要为别人的缺点过于操心。
⊙今晚上床之前,先安排好明天工作的程序。

一年秋天,我的助手坐飞机到波士顿参加一次世界性的最不寻常的医学课程。这个课程每周举行一次,参加的病人在进场之前都要进行定期和彻底的身体检查。可是实际上这个课程是一种心理学的临床实验,虽然课程正式的名称叫做应用心理学,而其真正的目的却是治疗一些因忧虑而得病的人,而大部分病人都是精神上感到困扰的家庭主妇。

这种专门为忧虑的人所准备的课程是怎么开始的呢？1930年，约瑟夫·普拉特博士——他曾是威廉·奥斯勒爵士的学生——注意到，很多到波士顿医院来求诊的病人，生理上根本没有毛病，可是他们却认为自己有某种病的症状。有一个女人的两只手，因为"关节炎"而完全无法干活，另外一个则因为"胃癌"的症状而痛苦不堪。其他有背痛的、头痛的，常年感到疲倦或疼痛。她们真的能够感觉到这些痛苦，可是经过最彻底的医学检查之后，却发现这些女人并没有任何生理上的疾病。很多老医生都会说，这完全是出于心理因素——"病在她的脑子里"。

可是普拉特博士却了解，单单叫那些病人"回家去把这件事忘掉"不会有一点用处。他知道这些女人大多数都不希望生病，要是她们的痛苦能够那么容易被忘记，她们自己早就这样做了。那么该怎么治疗呢？

他开这个班，虽然医学界的很多人都对这件事深表怀疑，但却有意想不到的结果。从开班以来，18年里，成千上万的病人都因为参加这个班而"痊愈"。有些病人到这个班来上了好几年的课——几乎就像上教堂一样的虔诚。我的那个助手曾和一位前后坚持了9年并且很少缺课的女人谈过话。她说当她第一次到这个诊所来的时候，她深信自己患有肾脏病和心脏病。她既忧虑又紧张，有时候会突然看不见东西，担心失明。可是现在她却充满了信心，心情十分愉快，而且健康情形非常良好。她看起来只有40岁左右，可是怀里却抱着一个睡着的孙子。"我以前总为我家里的问题烦恼得要死，"她说，"几乎希望能够一死了之。可是我在这里懂得了忧虑对人的害处，学会了怎样停止忧虑。我现在可以说，我的生活真是太幸福了。"

这个班的医学顾问罗斯·希尔费丁医生觉得，减轻忧虑最好的药就是和你信任的人谈论你的问题，他们称之为净化作用。她说："病人到这里来时，可以尽量地谈她们的问题，一直到她们把这些问题完全赶出她们的脑子。一个人闷着头忧虑，不把这些事情告诉别人，就会造成精神紧张。我们都应让别人来分担我们的难题，我们也得分担别人的忧虑。我们必须感觉到世界上还有人愿意听我们的话，也能够了解我们。"

我的助手亲眼看到一个女人在说出她心里的忧虑之后，感到一种非常难得的解脱。她有许多家务方面的烦恼，而在她刚刚开始谈论这些问题的时候，她就像一个压紧的弹簧，然后一面讲，一面渐渐地平静下来。等到谈完之后，她居然能够面露微笑。这些困难是否已经得到了解决呢？没有，事情不会那样容易。她之所以有这样的改变，是因为她能和别人谈一谈，得到了一点点忠告和同情。真正造成变化的，是具有强而有力的治疗功能的语言。

就某方面来说，心理分析就是以语言的治疗功能为基础的。从弗洛伊德的时代开始，心理分析家们都知道，只要一个病人能够说话——单单只要说出来，就能解除他心中的忧虑。为什么呢？也许是因为说出来以后，我们就可以更深入地看到我们的问题，能够看到更好的解决方法。没有人知道确切的答案，可是我们所有的人都知道——"吐露一番"或是"发发心中的闷气"，就能立刻使人觉得畅快很多。

所以，下一次当我们再碰到什么情感上的难题时，何不去找个人谈一谈呢？当然我并不是说，随便到哪儿去抓一个人，就把我们心里所有的苦水和牢骚都说给他听。我们要找一个能够信任的人，和他约好一个时间。也许找一位亲戚、一位医生、一位律师、一位教士，或是一个神父，然后对那个人说："我希望得到你的忠告。我有个问题，希望你能听我谈一谈，你也许可以给我点忠告。也许旁观者清，你可以看到我自己所看不到的角度，可是即使你不能做到这一点，只要你坐在那儿听我谈谈这件事情，也就等于帮了我很大的忙了。"

不过，如果你真觉得没有一个人可以谈话，那我要告诉你所谓的"救生联盟"——这个组织和波士顿那个医学课程完全没有任何关联。这个"救生联盟"是世界上最不寻常的组织之一，它的组成是为了防止可能会发生的自杀事件。多年来，它的服务范围已扩大到给那些不欢乐或是在情感和精神方面需要安慰的人以安慰。

把心事说出来，这是波士顿医院所安排的课程中最主要的治疗方法。下面是我们在那个课程里所得到的一些概念，其实我们在家里就可以做这些事。

1. 准备一本"供给灵感"的剪贴簿。

你可以贴上自己喜欢的令人鼓舞的诗篇，或是名人格言。往后，如果你感到精神颓丧，也许在本子里就可以找到治疗方法。在波士顿医院的很多病人都把这种剪贴簿保存好多年，她们说这等于是替你在精神上"打了一针"。

2. 不要为别人的缺点太操心。

不错，你的丈夫有许多的缺点，但如果他是个圣人的话，恐怕他就根本不会娶你了，对不对？在那个班上有一个女人，发现她自己变成了一个对人苛刻，爱责备别人、爱挑剔，还常常拉长一张脸的妻子。当人家问她"要是你丈夫死了你该怎么办"的问题时，她才发现自己的短处。她当时着实大吃了一惊，连忙坐下来，把她丈夫所有的优点都列举出来。她所写的那张单子可真长呀！所以下次要是你觉得嫁错了人，何不也试着这样做呢？也许在看过他所有的优点以后，会发现他正是你所希望遇到的那个人。

3. 要对你的邻居感兴趣。

对那些和你在同一条街上共同生活的人，要有一种很友善也很健康的兴趣。有一个孤独的女人，觉得自己非常的"孤立"。她一个朋友都没有。有人要她试着把她下一个碰到的人作为主角编一个故事，于是她就开始在公共汽车上为她所看到的人编造故事。她假想那人的背景和生活情形，试着去想象他的生活怎样。后来，她碰到别人就谈天，而今天她非常的欢乐，变成了很讨人喜欢的人，也治好了她的"痛苦"。

4. 晚上上床之前，先安排好明天工作的程序。

在班上，他们发现很多家庭主妇，因为忙不完的家事而感到疲劳。她们好像永远都做不完自己的工作，老是被时间赶来赶去。为了要治好这种忧虑，他们建议各个家庭主妇，在头一天就把第二天的工作安排好，结果呢？她们能完成很多的工作，却不会感到疲劳，同时还因为有成绩而感到非常的骄傲，甚至还有时间休息和打扮。每一个女人每一天都应该抽出时间来打扮，让自己看起来漂亮一点。我觉得，当一个女人知道她外表很漂亮的时候，就不会紧张了。

5. 避免紧张和疲劳的惟一途径就是放松。

再没有比紧张和疲劳更容易使你苍老的事了，也不会有别的事物对你的外表更有害了。我的助手，在波士顿医院思想控制课堂里坐了一个钟点，听负责人保罗·约翰逊教授谈了很多我们在前一章已经讨论过的原则——一些能够放松的方法。在10分钟放松自己的练习结束以后，我那位和其他人一起做练习的助手几乎坐在椅子上睡着了。为什么生理上的放松能够有这么大的好处呢？因为这家医院的医生知道，如果你要消除忧虑，就必须放松。

是的，身为一个家庭主妇，一定要懂得怎样放松自己。你有一点强过别人的地方，那就是想躺下随时都可以躺下，而且你还可以躺在地上。奇怪的是，硬硬的地板比里面装了簧的席梦思床更有助于你放松自己。地板给你的抵抗力比较大，对脊椎骨大有好处。

好啦，下面就是一些可以在你自己家里做的运动，先试一个礼拜，看看对你的外表是否有大的帮助：

1. 只要你觉得疲倦了，就平躺在地板上，尽量把身体伸直，如果你想要转身的话就转身，每天做两次。

2. 闭起你的两只眼睛，像约翰逊教授所建议的那样想："太阳在头上照着，天空蓝得发亮，大自然非常的沉静，控制着整个世界——而我，大自然的小孩，也能与整个宇宙谐和一致。"

3. 如果你不能躺下来，因为你正在炉子上煮菜，没有这个时间，那样只要你能坐在一张椅子上，得到的效果也会完全相同。在一张很硬的直背椅子里，像一个古埃及的雕像那样，然后把你的两只手掌向下平放在大腿上。

4. 现在，慢慢地把你的脚趾头蜷曲起来，然后让它们放松，收紧你的腿部肌肉，然后让它们放松；慢慢地朝上，运动各部分的肌肉，最后一直到你的颈部。然后让你的头向四周转动，好像你的头是一个足球。要不断地对你的肌肉说："放松……放松……。"

5. 用很慢很稳定的深呼吸来平定你的神经，要从丹田吸气，印度的瑜伽术做得不错，规律的呼吸是安抚神经的最好方法。

6. 想想你脸上的皱纹，尽量使它们抹平，松开你皱紧的眉头，不要闭紧嘴巴。

如此每天做两次，也许你就不必再到美容院去按摩了，也许这些皱纹就会从此消失。

每一天都是新的生命

⊙对于聪明的人来讲,一天就是一个新的生命。
⊙只要活着,我就有希望,因为每一天都会给我提供不同的机会。

住在密西根州沙支那城法院街815号的杰尔德太太曾感到极度的颓丧,甚至于几乎想自杀。她讲述了这样一段的生活:"1937年我丈夫死了,我觉得非常颓丧,而且我的生活也陷入了经济危机。我写信给我过去的老板里奥罗西先生,他是堪萨斯城罗浮公司的老板,我请求他让我回去做我过去的老工作。我从前是靠向学校推销《世界百科全书》来维持生计的。两年前我丈夫生病时,我把汽车卖了。为了重新工作,我勉强凑足钱,以分期付款的方式又买了一部旧车,开始出去卖书。

"我原以为,重新工作或许可以帮助我从颓丧中解脱出来。可是,总是一个人驾车、一个人吃饭的生活几乎使我无法忍受。加上有些地方根本就推销不出去书,所以即使分期付款买车的数目不大,却也很难付清。

"1938年春,我在密苏里州维沙里市推销书,那里的学校很穷,路又很不好走。我一个人又孤独又沮丧,以至于有一次我甚至想自杀。我感到成功没有什么希望,生活也没有什么乐趣。每天早上我都很怕起床去面对生活。我什么都怕:怕付不出分期付款的车钱,怕付不起房租,怕东西不够吃,怕身体搞垮没有钱看病。惟一使我没有自杀的原因是,我担心我的姐姐会因此而悲伤,况且她又没有充裕的钱来付我的丧葬费用。

"后来,我读到一篇文章,它使我从消沉中振作起来,鼓足勇气继续生活。我永远永远地感激文章中的那一句令人振奋的话:'对于一个聪明人来说,每一天都是一个新的生命。'我用打字机把这句话打下来,贴在汽车的挡风玻璃窗上,使我开车的每时每刻都能看见它。我发现每次只活一天并不困难,我学会了忘记过去,不考虑未来。每天清晨我都对自己说:'今天又是一个新的生命。'

"我终于成功地克服了自己对孤寂的恐惧,整个人都非常快活,事业也还算成功,并对生命充满了热诚和爱。我现在知道,不论在生活中遇到什么问题,我都不会再害怕了;我现在知道,我不必惧怕未来;我现在知道,我每一次只要活一天,而'对于一个聪明人来说,每一天就是一个新的生命'。"

像杰尔德太太这样的经历可以说是非常悲惨,但是,就一句话——"对于一个聪明人来说,每一天都是一个新的生命"却改变了她的一生。失去丈夫的痛苦,巨额生活费用及债务压力,毫无前途的明天,就因为这一句话而烟消云散。

许多人面临同样的境遇时,都难免会消沉。然而很少有人会认真地想一想:逝者长已,他们会希望你这么一直痛苦下去吗?未来还长,难道真的就毫无机会了吗?

人性的弱点，人性的优点

记得一位哲人曾经说过："只要活着，我就有希望，因为每一天都会给我提供不同的机会。"

眷恋过去，生活在回忆中，或者杞人忧天，生活在不切实际的幻想中或忧虑中，都会使我们丧失生活的勇气，伤害我们的人生。我们为什么不去把握现在，利用眼前的每一分每一秒呢？罗勃特·史蒂文森曾经说过："任何人都有足够的精力去承担一天的压力，不论这一天是多么疲惫、多么忙碌，我们都可以支持。从日出到日落，这才是真正属于自己的空间，我们可以任意支配它、控制它，使这一天充满朝气和活力，使这一天充实而珍贵。"是的，这就是我们所需要的生活。

亚瑟·苏兹柏格是世界上著名的《纽约时报》的发行人。据苏兹柏格先生讲述，当第二次世界大战的战火蔓延到欧洲时，他感到非常吃惊，对前途的忧虑使他彻夜难眠。他常常半夜从床上爬起来，拿着画布和颜料，照着镜子，想画一张自画像。而他对绘画却一无所知，他之所以这样做，一方面想以此驱逐内心的紧张和恐惧，另一方面则想为自己留下些什么，以备万一发生意外。幸好他在一次偶然的机会中，看到了一段警世名言，否则他是没有办法摆脱深深的忧虑的。这段伴随着教堂钟声的赞美诗拯救了他，帮助他重新树起了正确而欢乐的人生观：

仁慈的上帝，我亲爱的父亲，
请你带着我，
我不要求你告诉我遥远的未来，
我只请求你一步一步地带着我。

耶稣在《圣经》中说过一句话："不要为明天忧虑。"每一天都是一个新的生命，每天都意味着一个新的开始。我们应当把每一天都看成如生命一样珍贵，努力去珍惜每分每秒，这样我们就可以享受到至高无上的快乐。

关心别人等于关心自己

⊙如果想从人生中得到任何快乐，就不能只想到自己，而应为他人着想，因为快乐来自于你为别人，别人为你。

⊙著名心理学家阿德勒对那些患有忧郁症的病人说："按照这个处方，保证你14天内就能治好忧郁症。每天想到一个你得努力使他开心的人。"

下面是一位女士的故事，她现在已经当祖母了。几年前，我到她住的小镇演讲，在她家住了一个晚上，第二天她开车送我去50英里外的车站搭火车。车上，我们谈到如何交朋友，她说：

"卡耐基先生，我要告诉你一件我从来没有告诉过任何人的事——连我先生也不知道的事。我们家以前在费城是靠社会救济金过活的。我年轻的岁月中最大的悲剧都来自我们的贫困。我从来不能像别的少女们那样享受正当的社交生活。我衣着寒酸，当然款式也都过时了。我觉得无颜见人，常常哭着睡去。绝望中，忽然心生一计，每次在聚会时，我都请我的男伴谈谈他的经历、想法以及对未来的计划。我问这些问题，倒不是对他们的回答特别感兴趣，实在只是希望分散他们的注意力，不要看出我的装扮寒酸。可是，奇妙的事发生了：当我听这些青年谈话时，我学到了一些东西，并开始产生了真正的兴趣。我变得兴味盎然，连自己也忘了服饰的问题。可是最令我惊异的是：因为我是个很好的聆听者，又鼓励他们谈论自己，他们跟我在一起时总是很快乐，我竟渐渐成为最受欢迎的女孩，有三位男士都要求我嫁给他。"

有人看到这里可能会说："什么对别人的事感兴趣，这全是胡扯！我才懒得过问别人的事，我只要自己赚到钱，得到我所追求的东西就好了，管别人的闲事干嘛？"

西雅图的弗兰克·卢帕博士已瘫痪了23年。但西雅图《星报》的斯图尔特·怀特豪斯告诉我："我采访过卢帕博士许多次，我不知道还有谁比他更无私，更能善用人生。"

这位卧床不起的病人怎么能善用人生呢？我让你猜两次，他是因为批评抱怨而做到的？当然不是……那么是因为自怜，把自己当作一切的中心？当然又错了！其实只是因为他遵循威尔斯的五字誓言："我服务于人。"他收集了许多其他瘫痪病人的姓名地址，给他们写信鼓励。事实上，他组织了一个瘫痪者联谊俱乐部，让大家相互写信，最后他组织了一个全国性的社团组织。

他躺在床上，平均一年要写1400封信，给千万个同病相怜的人送去喜悦。

卢帕博士与其他人最大的差异在哪里？因为他有一种无穷的精神力量，有一种使命感。他深切体会到，比自身生命更高贵的奉献动机，会带来真正的喜乐。正如萧伯纳所说："一个以自我为中心的人总是在抱怨世界不能顺他的心，不能使他快乐。"忧郁症是对他人的一种长期愤怒责备的情绪，其目的是赢得他人的关心、同情与支持，病人似乎仍因自身的罪恶感而沮丧。忧郁病人第一件回想起来的事多半是："我记得我很想躺在沙发上，可是我哥哥先躺下了，我一直哭到他不得不起来让我。"

抑郁病人常以自杀来报复自己，因此医生的第一步是避免给他任何自杀的借口。我自己治疗的第一条是先解除这种紧张，我会说："千万别做任何你不喜欢做的事。"这看起来没什么，但我深信这是一切问题的根源。如果病人做他想做的事，那他还能怪谁？又怎么向自己报复？我会告诉他们："如果你想上戏院，或休个假，就去做。如果半路上你又不想去了，那就别去。"这是最好的状况，因为他的优越感会得到满足。他就像上帝一样随心所欲。不过，这完全不符合他的习性。他本来是想控制别人、怪罪别人，如果大家都同意他，他就无从控制了。用这种方式，我的病人还没有一个自杀过。

病人通常会回答："可是没有一件事是我喜欢做的。"我早就准备好了怎么回答他们，因为我实在听过太多次了，我会说："那就不要做任何你不喜欢的事。"有时候他会回答："我想在床上躺一整天。"我知道只要我同意，他就不会那么做。而如果我反对，就会引起一场大战。因此，我通常一定会同意的。

这是一种方式，另一种处理他们生活方式的方法更直接。我告诉他们："只要照这个处方，保证你 14 天内痊愈，那就是每天想办法去取悦别人。"看他们觉得如何。他们的思想早被自己占满了，他们会想："我干嘛去担心别人？"有的人会说："这对我太简单了，我一生都在取悦别人。"事实上他们绝对没有做过。我告诉他们："你睡不着的时候，可以全部用来想你可以让谁开心，而且这对你的健康会很有助益。"第二天我问他们："你昨晚有没有照我的建议去做呀？"他们回答："昨晚我一上床就睡着了。"当然这都是在一种温和友善的气氛下进行的，不能露出一丝强迫的意思。

有人会说："我做不到，我太烦了！"我会说："不用停止烦恼，你只要同时想想别人就好了。"我要把他们的注意力转移到别人身上。很多人说："为什么要我去取悦别人？别人怎么不来取悦我？"我回答："别人后来会有苦头吃的。"我几乎没有碰到过一位病人说："我照你的建议想过了。"我所有的努力不过是想提高病人对他人的兴趣。我了解他们的病因是因为与人缺乏和谐，我要他们能了解这一点，什么时候他能把别人放在同等合作的地位，他就痊愈了。十诫中最难的一条是"爱你的邻人"。对别人不感兴趣的人不但自己有很严重的困难，而且给周围的人也会带来最大的伤害。人类所有的失败都是因为这一类人引起的。"我们对人的要求，以及所能给予的最高赞赏就是，他应是一位好同事、好朋友、爱与婚姻的良伴。"

耶茨太太是一位小说家，但她写的小说没有一部能比得上她自己的故事真实而精彩。她的故事发生在日本偷袭珍珠港的那天早晨。耶茨太太由于心脏不好，一年多来躺在床上不能动，一天得在床上度过 22 个小时，最长的旅程是由房间走到花园去进行日光浴。即使那样，也还得依靠女佣的扶持才能走动。

"我当年以为自己的后半辈子就这样卧床了，如果不是日军来轰炸珍珠港，也许我永远都不能再真正生活了。

"发生轰炸时，一切都陷入了混乱。一颗炸弹掉在我家附近，震得我跌下了床。陆军派出卡车去接海、陆军军人的妻儿到学校避难。红十字会的人打电话给那些有多余房间的人。他们知道我床旁有个电话，问我是否愿意帮助联络中心，于是我便记录那些海军、陆军的妻小现在留在哪里，以便红十字会的人叫那些先生们打电话来我这里找他们的眷属。

"很快我发现我先生是安全的，于是，我努力为那些不知先生生死的太太们打气，也安慰那些寡妇们——好多太太都失去了丈夫。这一次阵亡的官兵共计 2117 人，另有 960 人失踪。

"开始的时候，我还躺在床上接听电话，后来我坐在床上。最后，我越来越忙，又亢奋，忘了自己的毛病，我开始下床坐到桌边。因为帮助那些比我情况还惨的人，使我完全忘了自己，我再也不用躺在床上了，除了每晚睡觉的八个小时。我发现如果不是日本空袭珍珠港,我可能下半辈子都是个废人。我躺在床上很舒服,我总是在消极地等待,现在我才知道,潜意识里我已失去了复原的意志。

"空袭珍珠港是美国史上的一大惨剧,但对我个人而言,却是最重要的一件好事。这个危机让我找到了我从来不知道自己拥有的力量,它迫使我把注意力从自己身上转移到别人身上,它也给了我一个活下去的重要理由,我再也没有时间去想自己或照顾自己。"

心理医师的病人如果都能像耶茨太太所做的那样去帮助别人,起码有 1/3 可以痊愈。这是我个人的想法吗?不,这是著名心理学家荣格说的,他说:我的病人中有 1/3 都不能在医学上找到任何病因,他们只是找不到生命的意义,而且自怜。

我们再来看看 20 世纪最杰出的美国无神论者——西奥多·德莱塞。德莱塞把所有的宗教都看成神话,而人生只是"一出傻瓜说的故事,没有任何意义"。但他却遵循耶稣的一个道理——服务他人。德莱塞说过:"如果想从人生中得到任何快乐,就不能只想到自己,而应为他人着想,因为快乐来自于你为别人,别人为你。"

有一个人被带去观赏天堂和地狱,以便比较之后能聪明地选择他的归宿。他先去看了魔鬼掌管的地狱,第一眼看上去令人十分吃惊,因为所有的人都坐在酒桌旁,桌上摆满了各种佳肴,包括肉、水果、蔬菜。

然而,当他仔细看那些人时,他发现没有一张笑脸,也没有伴随盛宴的音乐或狂欢的迹象。坐在桌子旁边的人看起来沉闷,无精打采,而且皮包骨。他还发现每人的左臂都捆着一把叉,右臂捆着一把刀,刀和叉都有 4 尺长的把手,使他们不能用来吃东西。所以即使每一样食品都在他们手边,结果还是吃不到,一直在挨饿。

然后他又去天堂,景象完全一样:同样有食物、刀、叉与那些 4 尺长的把手,然而,天堂里的居民却都在唱歌、欢笑。他怀疑为什么情况相同,结果却如此不同,在地狱的人都挨饿而且可怜,可是在天堂的人却吃得很好而且很快乐。最后,他终于看到了答案:地狱里每一个人都试图喂自己,可是一刀一叉以及 4 尺长的把手根本不可能吃到东西;天堂上的每一个都是喂对面的人,而且也被对方的人所喂,因为互相帮助,结果也帮助了自己。

这个启示很明白。如果你帮助其他人获得他们需要的东西,你也会因此而得到想要的东西,而且你帮助的人越多,你得到的也越多。

许多年以前,在北弗吉尼亚,一个老人站在一条河的岸上等着过河,由于天气非常冷,河上又没有桥,他必须得骑马过河。长时间的等待之后,他终于看到一群骑马的人走过来。第一个过去了,第二个过去了,第三个、第四个、第五个都过去了。最后,只剩下了最后一个骑马人。当他走到老人面前时,这个老人看着他的眼睛说:"先生,你能带我骑马过河吗?"

那个骑马的人毫不犹豫地说:"当然可以,上马吧。"

一过了河,老人就下了马。在他离开之前,那个骑马的人问:"先生,我看到您让其他骑马的人从您面前走过却不叫住他们,当我走过时您却叫住了我,我很想知道这是为什么。"

老人平静地回答说:"我在他们的眼睛里没有看到爱,我心里知道即使我向他们提出要求,他们也不会答应的。但是在你的眼睛里,我看到了同情、爱和热心,因此,我知道你会乐意帮助我过河的。"

听完这些话,骑马的人非常谦恭地说:"我很感激你刚才说的话,它让我明白了一个道理。"

带着这句话,托马斯·杰斐逊走进了白宫,开始了执政生涯。

把烦恼交给时间解决

⊙时间是好的心理医生,在不知不觉中,时间会带走曾经困扰我们心头的忧愁。如果你有足够的时间,烦恼就会自动消失。

"忧虑"曾使我丧失了生命中从 18 岁~28 岁的 10 年时光,而这 10 年本来应该是年轻人最有收获、最丰富多彩的岁月。

现在我已经明白,我失去这 10 年并不是别人的错,相反,它是由我自己一手造成的。

我对所有的事情都感到烦恼:我的工作、健康、家庭、自卑感。为此,我经常不得不躲避我所认识的人。当我在街上碰到某位朋友时,我往往会假装没有看见他,因为我害怕遭到他的嘲笑和奚落。

我非常害怕和陌生人见面,如果有陌生人在的话,我就会感到不自在。因此有一次在两个星期当中,我曾接连失去了 3 个工作机会,只因为我没有勇气面对老板。

然而,到了 8 年前的某一天下午,我征服了一切烦恼。从那时开始,我就很少有烦恼了。那天下午,我去了某人的办公室。那人似乎没有任何烦恼,而且是我所认识的人当中最快乐的一个。他在 1929 年发了一笔大财,可是后来却赔得分文不剩。1932 年他又东山再起,赚了一大笔钱,可是又赔光了。然后在 1937 年他又大赚一笔,可是又赔光了。他曾多次破产,遭到敌人和债主的各种逼压。他所遭遇的烦恼可以使任何人精神崩溃,甚至自杀。

8 年前的那一天,我坐在他的办公室里,内心对他充满了羡慕,希望上帝将我也改造得像他一样。

在我们谈话的时候,他把那天早晨收到的一封信放到我手中,说:"你看看这封信。"

那是一封言辞十分愤怒的来信,里面提出了一些令人十分难堪的问题。如果我收到这样的一封信,我可要烦死了,我说:"比尔,你打算如何回复这封信?"

"哦,"比尔说,"我告诉你一个小小的秘密,当你下一次真的碰到一些令你烦恼的事时，不妨取出一支铅笔和一张纸，详细地写下你所烦恼的事，然后，将那张纸放在你右手下方的抽屉里，等过了一两个礼拜之后，再取出来看看。如果你第二次阅读时，认为那些事情仍让你感到烦恼，那么再将它放回原来的抽屉中，把它再放上一两个星期，在那儿它绝对安全，不会有什么变故。但与此同时，你所烦恼的事情可能会发生许多变化，而且我发现，只要我有足够的耐心，烦恼总会自动消失。"

这个建议给了我很大的影响，现在，我一直都在使用比尔的这套方法。结果显示，确实减少了许多忧虑，让我拥有了快活的心情。

既然过去的天平已经倾斜，就应该鼓足勇气，让激荡在胸中的热血，压上奋斗的砝码，让过去的沉重随时光沉淀。

时间是最好的心理医生，在不知不觉中，时间会带走曾经困扰我们心头的忧愁。

第四章　做自己情绪的主人

愤怒意味着无知

⊙ 温和与友善总是要比愤怒和暴力更强有力。
⊙ 林肯说:"一滴蜜比一加仑胆汁更能捕到苍蝇。"
⊙ 中国人有一句格言,充满了东方一成不变的悠久智慧:"轻履者行远。"

如果你发起脾气,对人家说出一两句不中听的话,你会有一种发泄感。但对方呢?他会分享你的痛快吗?你那火药味的口气、敌视的态度,能使对方更容易赞同你吗?

"如果你握紧一双拳头来见我,"威尔逊总统说,"我想,我可以保证,我的拳头会握得比你的更紧。但是如果你来找我说:'我们坐下,好好商量,看看彼此意见相异的原因是什么。'我们就会发觉,彼此的距离并不那么大,相异的观点并不多,而且看法一致的观点反而居多。你也会发觉,只要我们有彼此沟通的耐心、诚意和愿望,我们就能沟通。"

工程师史德伯希望他的房租能够降低,但他知道房东很难缠。"我写了一封信给他,"史德伯在讲习班上说,"通知他,合约期一满,我立刻就要搬出去。事实上,我不想搬,如果租金能降低,我愿意继续住下去,但看来并不可能,因为其他的房客都试过,但都失败了。大家都对我说,房东很难打交道。但是,我对自己说,现在我正在学习为人处事这一课,不妨试试,看看是否有效。

"他一接到我的信,就同秘书来找我。我在门口欢迎他,充满善意和热忱。开始我并没有谈论房租太高,只是强调我多么的喜欢他的房子。我真是'诚于嘉许,惠于称赞'。我称赞他管理有道,表示我很愿再住一年,可是房租实在负担不起。他显然是从未见过一个房客对他如此热情,他简直不知道该怎么办才好。

"然后,他开始诉苦,抱怨房客,其中一位给他写过 14 封信,太侮辱他了。另一位威胁要退租,如果不能制止楼上那位房客打鼾的话。'有你这种满意的房客,多令人轻松啊!'他赞许道。接着,甚至在我还没有提出要求之前,他就主动要减收我一点租金,我想要再少一点,就说出了我能负担的数字,他一句话也不说就同意了。

"当他离开时,又转身问我:'有没有什么要为你装修的地方呢?'

"如果我用的是其他房客的方式要求降低房租的话，我相信，一定会碰到同样的阻碍，但使我达到目的的是友善、同情、称赞的方法。"

再举一个例子。这次是一位女士——一位社交界的名人——戴尔夫人，来自长岛的花园城。戴尔夫人说："最近，我请了几个朋友吃午饭，这种场合对我来说很重要，当然，我希望宾主尽欢。我的总招待艾米，一向是我的得力助手，但这一次却让我失望。午宴很失败，到处看不到艾米，他只派个侍者来招待我们。这位侍者对第一流的服务一点概念也没有，每次上菜，他都是最后才端给我的主客。有一次，他竟在很大的盘子里上了一道极小的芹菜，肉没有炖烂，马铃薯油腻腻的，糟透了。我简直气死了，我尽力从头到尾强颜欢笑，但不断对自己说：等我见到艾米再说吧，我一定要好好给他一点颜色看看。

"这顿午餐是在星期三。第二天晚上，听了为人处世的一课，我才发觉：即使我教训艾米一顿也无济于事，他会变得不高兴，跟我作对，反而会使我失去他的帮助。我试着从他的立场来看这件事：菜不是他买的，也不是他烧的，他的一些手下太笨，他也没有法子。也许我的要求太严厉，火气太大，所以我不但准备不苛责他，反而决定以一种友善的方式做开场白，以夸奖来开导他。这个方法效验如神。第三天，我见到了艾米，他带着防卫的神色，严阵以待准备争吵。我说：'听我说，艾米，我要你知道，当我宴客的时候，你若能在场，那对我有多么重要！因为你是纽约最好的招待。当然，我很谅解：菜不是你买的，也不是你烧的。星期三发生的事你也没有办法控制。'我说完这些，艾米的神情开始松弛了。艾米微笑地说：'的确，夫人，问题出在厨房，不是我的错。'我继续说道：'艾米，我又安排了其他的宴会，我需要你的建议。你是否认为我们能再给厨房一次机会呢？''呵，当然，夫人，上次的情形不会再发生了！'下一个星期，我再度邀人午宴。艾米和我一起计划菜单，他主动提出把服务费减收一半。当我和宾客到达的时候，餐桌上被两打美国玫瑰装扮得多彩多姿，艾米亲自在场照应。即使我款待玛莉皇后，服务也不能比那次更周到。食物精美滚热，服务完美无缺，饭菜由四位侍者端上来，而不是一位，最后，艾米亲自端上可口的甜美点心作为结束。散席的时候，我的主客问我：'你对招待施了什么法术？我从来没见过这么周到的服务。'她说对了。我对艾米施行了友善和诚意的法术。"

大约在 100 年前，林肯就说过这个道理：

"当一个人心中充满怨恨时，你不可能说服他依照你的想法行事。那些喜欢骂人的父母、爱挑剔的老板、喋喋不休的妻子……都该了解这个道理。你不能强迫别人同意你的意见，但却可以用引导的方式，温和而友善地使他屈服。"

"曾经有个格言：'一滴蜜比一加仑的胆汁更能捕到苍蝇。'如果你想说服一个人，首先要让他认为你是他的挚友，然后再逐渐达到说服的目的。"

多年以前，当我赤着脚，穿过树林，走路到密苏里州西北部一个乡下学校上学的时候，有一天我读到一则有关太阳和风的寓言。太阳和风在争论谁更强而有力。风说："我来证明我更行。看到那儿一个穿大衣的老头了吗？我打赌我能比你更快使他脱掉大衣。"

于是太阳躲到云后，风就开始吹起来，愈吹愈大，大到像一场飓风，但是风吹得愈急，老人愈把大衣紧裹在身上。

终于，风平息下来，放弃了。然后太阳从云后露面，开始以它温暖的微笑照着老人。不久，老人便开始擦汗，脱掉大衣。太阳对风说，温和和友善总是要比愤怒和暴力更强而有力。

古老的寓言依旧合乎现代的意义。太阳的温和使人们乐意退去外衣，风的冷峻反而使人们更加裹衣取暖。相同的，亲切、友善、赞美的态度，更能使一个人摈弃成见，抛下自我而面对理性，这是人性的自然流露。

波士顿是美国历史上的教育和文化中心，小时候的我根本不敢梦想能有机会看到它。为这件事做见证的是华尔医师，他在30年后变成了我那讲习班上的同学。以下是他在讲习班上所讲的那个故事。

那年头波士顿的报纸充斥着江湖郎中的广告——堕胎专家和庸医的广告。表面上是给人治病，骨子里却以恐吓的词句，类似"你将失去性能力"等等，欺骗无辜的受害者。他们的治疗方法使受害者满怀恐惧，而事实上却根本不加以治疗。他们害死了许多人，却很少被定罪。他们只要缴点罚款或利用政治关系，就可以逃脱责任。

这种情况太严重了，激起了波士顿很多善良民众的愤怒。传教士拍着讲台，痛斥报纸，祈求上帝能终止这种广告。公民团体、商界人士、妇女团体、教会、青年社团等，一致公开指责，大声疾呼——但一切都无济于事。议会掀起争论，要使这种无耻的广告不合法，但是在利益集团和政治的影响力之下，各种努力均告徒然。

华尔医师是波士顿基督联盟的善良民众委员会主席，他的委员会用尽了一切方法，都失败了。这场抵抗医学界败类的斗争，似乎没有什么成功的希望。

接着，有一天晚上，华尔医师试了波士顿显然没有人试过的一个办法。他所用的是仁慈、同情和赞美。他的目的是使报社自动停止那种广告。他写了一封信给《波士顿先锋报》的发行人，表示他多么仰慕该报：新闻真实，社论尤其精彩，是一份完美的家庭报纸，他一向看该报。华尔医师表示，以他的看法，它是新英格兰地区最好的报纸，也是全美国最优秀的报纸之一。"然而，"华尔医师说道，"我的一位朋友有个小女儿，他告诉我，有一天晚上，他的女儿听他高声朗读贵报上有关堕胎专家的广告，并问他那是什么意思。老实说他很尴尬，不知道该怎么回答。贵报深入波士顿上等人家，既然这种场面发生在我的朋友家里，在别的家庭也难免会发生。如果你也有女儿，你愿意她看到这种广告吗？如果她看到了，还要你解释，你该怎么说呢？很遗憾，像贵报这么优秀的报纸，其他方面几乎是十全十美，但却有这种广告，使得一些父母不敢让家里的女儿阅读。可能其他成千上万的订户都和我有同感吧！"

两天以后，《波士顿先锋报》的发行人，回了一封信给华尔医师，日期是1904年10月13日。华尔医师保留了这封信有1/3世纪，他参加讲习班后，把它交给了我。我在写这段时，它就放在我的面前：

亲爱的先生：

11日致本报编辑部来函收纳，颇为感激。贵函的正言，促使我实现本人自接任本职后，一直有心于此但未能痛下决心的一件事。

从下周一起，本人将促使《波士顿先锋报》摒弃一切可能招致非议的广告，而暂时不能完全剔除的广告，也将谨慎编撰，不使它们造成任何不快。

贵函惠我良多，再度致谢，并盼继续不吝指正。

太阳能比风更快使你脱下大衣，仁厚、友善的方式比任何暴力更易于改变别人的心意。

学会控制你的愤怒

⊙愤怒是一种极具毁灭力量的情绪，它不仅能够摧毁你的健康，而且还能扰乱你的思考，给你的工作和事业带来不良的影响。

⊙愤怒时多想想盛怒之下失去理智可能引起的种种不良后果，心中要不断提醒自己"不要发怒"，努力控制自己的情绪表现，这样就可以起到控制愤怒的作用。

有的人爱发脾气，容易愤怒，稍不如意，便火冒三丈。发怒时极易丧失理智，轻则出言不逊，影响人际关系；重则伤人毁物，有时还会造成难以挽回的损失，事后让易怒者追悔莫及。

愤怒是一种常见的消极情绪，它是当人对客观现实的某些方面不满，或者个人的意愿一再受到阻碍时所产生的一种身心紧张状态。在人的需要得不到满足、遭到失败、遭遇不公、个人自由受限制、言论遭人反对、无端受人侮辱、隐私被人揭穿、上当受骗等多种情形下人都会产生愤怒情绪，愤怒的程度会因诱发原因和个人气质不同而有不满、生气、愤怒、恼怒、大怒、暴怒等不同层次。发怒是一种短暂的情绪紧张状态，往往像暴风骤雨一样来得猛，去得快，但在短时间里会有较强的紧张情绪和行为反应。

易怒者主要与其个性特点有关，大都属于气质类型中的胆汁质。胆汁质的人直率热情，容易冲动，情绪变化快，脾气急躁，容易发怒。易怒还与年龄有关，青年人年轻气盛，情绪冲动而不稳定，自我控制力差，比成年人更易发怒。

愤怒的情绪对人的身心健康是不利的。人在愤怒时，由于交感神经兴奋，心跳加快，血压上升，呼吸急促，所以经常发怒的人易患高血压、冠心病等疾病；愤怒还会使人缺乏食欲，消化不良，导致消化系统疾病；而对一些已有疾病的患者，愤怒会使病情加重，甚至导致死亡。这一点古人早有认识，如中医认为"怒伤肝"、"气大伤神"等。

一般而言，生气的时刻可归类为下列几种：

1. 当你因某种因素感到受挫、受胁迫或被他人轻蔑时；当你朝着既定目标前进，却可能由于某人的行为而受到阻碍时。

2. 当着实受到严重伤害，但为了掩饰自己的脆弱，于是代之以愤怒，以求自卫时。

3. 当某种情境或某人的行为勾起昔日某种不堪的回忆时。

4. 当觉得自己的权利受到剥夺，或遭到某人误解时。

5. 当受到惊吓或处事不当时，自己生自己的气。

我们的确有时免不了会生气，但却鲜有人知道该如何来处理这种情绪。为了了解其中的原因，也为了探究愤怒产生的缘由，现在就让我们概要地来看一看一些可能伴随愤怒而来的情绪。

1. 自以为是。

当我们对某件事感到愤怒时，容易坚信自己是站在正义的一方，而别人则是错得离谱。在此种情况下，你不妨先问一问自己，事实真是如此吗？如果我们仍旧深信不疑，继而选择了表示自己的愤怒，如此一来，你表现的，极可能就是一副得理不饶人、气焰高涨的样子。你不妨扪心自问一下，你真的想给对方一点颜色瞧瞧吗？如果你有一丝一毫的这种感觉，那么原因可能就是你太看重自己了，抑或将他人的所作所为均看成和自己有利害关系，而非仅是他人的因素。举例来说，如果有个朋友答应你，要在星期一之前打电话给你，让你知道她是否能够帮你处理宴会事宜，但现在已经星期三了，而她依然没打电话过来——假使如此让你感到生气且义愤填膺，也不要认为她一点都不尊重你，也许她只是临时有其他事耽搁了，所以无法打电话给你。纵使这样并不能让愤怒消失无踪，但起码也可以将它导向正轨。

2. 自尊受损。

关于这方面的应对之道已多有所论及。事实上，如果我们觉得自尊心受损，我们可能就会把事情看得过于个人化，认为他人的行为均是针对你的攻击或侮辱，即使他们并未存心如此。

3. 好下结论。

此项与前两项，尤其是"自以为是"，有着相当密切的关系。有人做了我们无法苟同的事，因此"他一定是错的"。如果你是个好下结论的人，你的思考一定倾向于这种方式："他绝对是个笨蛋之极的人"等等。

倘若我们存有这种想法与感觉，往往就会在我们和相关者谈话时，于不知不觉中显露无遗。毕竟，很少人会真的直接明白地表达出自己愤怒的原因。

愤怒是一种极具毁灭力量的情绪，它不仅能够摧毁你的健康，而且可以扰乱你的思考，给你的工作和事业带来不良的影响。既然愤怒对我们的生活毫无用处，我们应该怎样来克制自己的愤怒情绪呢？

首先我们可以通过意志力来控制愤怒，使愤怒情绪少产生，或有愤怒不发作。当愤怒时要多想想盛怒之下失去理智可能引起的种种不良后果，心中不断提醒自己"不要发怒"，努力控制自己的情绪表现，这样就可以起到控制愤怒的作用。

其次可以主动释放愤怒的情绪，将心中的愤懑、不平向人倾诉，从亲朋好友处得到规劝和安慰，可以缓解怒气。还可以在工作、学习中向使自己愤怒的人说明自己的不满，说出自己的意见，使矛盾得以调和，不满得以消除。

另外，易怒的人还可以尽量避免接触使自己发怒的环境，以减少愤怒情绪，或者在即将发怒时通过转移注意力而减轻愤怒，尽快离开当时的环境，避免进一步的刺激，使愤怒情绪消退。发怒时可以看电影、逛公园、听音乐、散步，使注意力转向其他与愤怒无关的活动中，通过新的活动内容来激发新的情绪，可使愤怒的程度降低。

具体而言，我们可以采取以下方法来控制自己的愤怒：

1. 正面行动。

愤怒提醒了我们，世事并非都如人所愿。不满是一件极富正面意义的事，少了它，人们就只会接受现状，而不会为了迈向自己的目标，采取任何行动。举例来说，如果20世纪初的女性未曾因自己被掠夺公权而感到愤怒，那么她们也就不会为了投票权而抗争了。

2. 舒缓压力。

表达愤怒可以舒解压力，否则压抑的情绪可能会导致焦虑，甚至疾病，这些症状均可借由愤怒的宣泄得到舒缓。然而这并不意味着，我们必须将愤怒直接发泄在生气的对象身上。

3. 更为开诚布公。

愤怒可以使得双方关系更为开诚布公，进而互相信赖。如果你知道某人愿意和你谈谈最为棘手的核心，而非只是将其含糊带过，假装好像不存在似的，那么一股崇敬之情便会油然而生。

4. 情感疏通。

倘若我们在情绪产生时，能够确实触及自己真正的感受（包括愤怒在内），并加以适当处理，那么我们则不太可能将那些未表达或封闭的情绪囤积起来，以避免巨大的内在压力或严重的沟通不良。

5. 实现目标。

不容忽略的是，存在愤怒情绪中的能量，同样是一股实现目标的动力。如果运用得当，它将能够帮助我们成为一个有自信、坚定的人，能够确切地表达自己的内在感受，并且得到自己生命中梦寐以求的事物。但请务必谨慎处理。

别让悲伤挡住了你的阳光

⊙让每一天都有一个愉快的开始，则一天里所有的事情都会变好。

人性的弱点，人性的优点

⊙困难特别能吸引坚强的人。因为他只有在拥抱困难时，才会真正认识自己。

你为什么总是失败？无数次的失败将你推入黑暗的世界，享受不到成功的阳光，你想过没有，是谁挡住了你的阳光？

每一种心态都是每个人对人生的不同看法。在如铁般的现实里，每个人都不可避免地遭受这样或那样的打击和挫折：因为高考落榜而精神萎靡或是因为失恋而痛苦忧伤，因为无法适应快节奏的工作而丧失斗志……这些心理多半是人们意志薄弱、心态不成熟的一种表现。而这些异常的心理和悲观的心态往往会导致痛苦的人生，往往影响对环境的正确看法。悲观者实际上是以自己悲观消极的想法去看待客观世界，在悲观者心中，现实是或多或少被丑化了的。现在社会上有许多人，对未来和生活，常常持有一种悲观的迷茫心理。对自己的过去，不管有无成败，不管有无辉煌，都一概加以否定。心理上充满了自责与痛苦，嘴上有说不完的遗憾；对未来缺乏信心，一片迷茫，以为自己一无是处，什么事都干不好，认知上否定自己的优势与能力，无限放大自己的缺陷。

戴高乐曾经说过："困难，特别能吸引坚强的人。因为他只有在拥抱困难时，才会真正认识自己。"这句话一点也没错，有时，我们需要把困难当成机遇。

你自己努力过吗？你愿意发挥你的能力吗？对于你所遭遇的困难，你愿意努力去尝试，而且不止一次地尝试吗？只试一次是绝对不够的，需要多次尝试，那样你就会发现自己心中蕴藏着巨大能量。许多人之所以失败，只是因为未能竭尽所能去尝试，而这些努力正是成功的必备条件。仔细查看列出的失败清单，看看过去你是否已竭尽所能。如果答案是否定的话，试试克服困难的第二个重要步骤，这就是学会真正思考，认真积极地思考。我确信积极思维的力量是惊人的，任何失败均能通过积极思维来解决，你能以积极的思维来解决任何问题。

有一个14岁的男孩在报上看到一份应征启事，正好是适合他的工作。第二天早上，当他准时前往应征地点时，发现应征队伍已排了20个男孩。

如果换作是另一个意志薄弱、不太聪明的男孩，可能会因此而打退堂鼓。但是这个小伙子却完全不一样。他认为自己应动脑筋，他不往消极面去思考，而是认真用脑子去想，看看是否有法子解决。于是，一个绝妙的方法便产生了！

他拿出一张纸，写了几行字，然后走出行列，并请求后面的男孩为他保留位子。他走到负责招聘的女秘书面前，很有礼貌地说："小姐，请你把这张便条交给老板，这件事很重要。谢谢你！"

这位秘书对他的印象很深刻，因为他看起来神情愉悦，文质彬彬。如果是别人，她可能不会放在心上，但是这个男孩不一样，他有一股强有力的吸引力，令人难以忘记。所以，她将这张纸条交给了老板。

老板打开纸条，看后笑笑交还给秘书，她也把上面的字看了一遍，同样笑了起来，上面是这样写的：

"先生，我是排在第 21 号的男孩。请不要在见到我之前做出任何决定。"

你想他得到这份工作了吗？你认为呢？像他这样会思考的男孩无论到什么地方都一定会有所作为的。虽然他年纪很轻，但是他知道认真思考。他已经有能力在短时间内抓住问题的核心，然后全力解决它，并尽力做好。实际上，你一生中会遇到很多诸如此类的问题。当你遇到问题时，一旦认真进行思考，便更容易找到解决办法。

要想克服失败的思维方式，学会积极思考则非常关键。人必须调整心态，直到否定思维转变成肯定思维为止。

让每天都有一个愉快的开始，则一天里所有的事都会变好。

学会喜欢自己

⊙成熟的人会适度地忍耐自己，正如他适度地忍耐别人一样。他不会因自己的一些弱点而感到活得很痛苦。

⊙不喜欢自己的人，表现在外的症状之一便是过度自我挑剔。

史迈利·布兰敦在一本书中写道："适当程度的'自爱'对每一个正常人来说，是很健康的表现。为了从事工作或达到某种目标，适度关心自己是绝对必要的。"

布兰敦医师讲得很对。要想活得健康、成熟，"喜欢你自己"则是必要条件之一。

但这是表示"充满私欲"的自我满足吗？不是的。这应该是意味着"自我接受"——一种清醒的、实际的自我接受，并伴以自重和人性的尊严。

心理学家马斯洛在其著作《动机与个性》中也曾提到"自我接受"。他如此写道："新近心理学上的主要概念是：自发性、解除束缚、自然、自我接受、敏感和满足。"

成熟的人不会在晚间躺在床上比较自己和别人不同的地方。他可能有时会批评自己的表现，或觉察到自己的过错，但他知道自己的目标和动机是对的，他仍愿意继续克服自己的弱点，而不是自悔自叹。

成熟的人会适度地忍耐自己，正如他适度地忍耐别人一样。他不会因自己的一些弱点而感到活得很痛苦。

喜欢自己，是否会像喜欢别人一样重要呢？我们可以这么说：憎恨每件事或每个人的人，只是显示出他们的沮丧和自我厌恶。

哥伦比亚大学教育学院的亚瑟·贾西教授，坚信教育应该帮助孩童及成人了解自己，并且培养出健康的自我接受态度。他在其著作《面对自我的教师》中指出：教师的生活和工作充满了辛劳、满足、希望和心痛，因此，"自我接受"对每名教师来说，是同等重要的。

今日，全美国医院里的病床，有半数以上是被情绪或精神出了问题的人所占据的。据报道，这些病人都不喜欢自己，都不能与自己和谐地相处下去。

我并不想在此处分析导致这种情况的各种因素。我只是认为，在这个充满竞争的社会，我们往往以物质上的成就来衡量人的价值。再加上名望的追求、枯燥乏味的工作，处处都使我们的灵魂容易生病。我还坚信，普遍缺乏一种有力、持续的宗教信念，更是人们精神迷乱的重要因素。

哈佛大学的教授怀特在《进步：性格自然成长的分析》中谈到了目前社会很流行的一种观念：人应该调整自己去适应环境。怀特反驳说："这种观念认为一个人的理想状态就是能成功地压抑自己以适应狭窄的生活方程式，而不问这样做的结果是使人失去个性、目标和方向，影响了人创造与发展的潜能。"

我非常赞同怀特博士的观点。很少有人有勇气特立独行或直面真实处境。我们在行动之前就被社会文化和经济观念所限制住了。从吃饭、穿着到生活方式和观念，我们和邻居都如此相似。一旦我们某个不一样的行为与这种环境相异时，我们就会变得精神紧张或神经过敏，甚至于厌恶自己。

我认识的一个女性嫁给了一个野心勃勃、很有进取心、独断专行的政治家，于是，夫妇两人的社交圈——就是所谓的名流圈子，里面树立着以社会地位和金钱数量来权衡人的标准。这位女性温柔贤淑，有谦虚的性格。在这种环境中她的优点都被别人所认为的缺点所取代，因此她越来越自卑，直到讨厌自己。

在我看来，这个女人的问题存在的关键不在于她无法适应环境，而在于她无法适应和接受自己，无法心平气和、快快乐乐地去接受自己。她没有彻底明白一个人只能按照自己的性格而不可能按照别人的性格来行事。

她要做的第一件事就是不能用别人的标准来权衡自己。她必须明确自己的价值观，然后自信地生活，并且善于和自己相处，消除厌恶自己的情绪。

夸大自己错误的程度和范围是讨厌自己的人经常做的事情之一，适当的自我批评是好事，有利于一个人的成长，但是当自我批评演变为一种强迫性的观念时，就会使我们变得瘫痪，不能聚集力量做积极正面的事。

班上有一位女学员，她在班上说："我总是感到胆怯和自卑。别人好像都很沉着、自信。我一想到自己的缺点就感到泄气，于是就无法自如地说话了。"

每个人都有自己的缺点，但问题的关键不在于你的缺点，而在于你有多少优点。

决定一件艺术品和一个人的最终因素不是缺点。莎士比亚的作品中充满了历史和地理的基本常识的错误，狄更斯则尽力在小说中渲染伤感的气氛。但是谁计较呢？缺点并不妨碍他们成为一流的文学大师，因为优点才是最终的决定因素。我们在交朋友的时候也会感到对方缺点的存在，但是我们喜欢和他们交往是因为我们喜欢他们身上的优点。

自我完善的实现依赖于对优点的发挥，取长补短，而不是整天惦记着自己的缺点。

对以前和当前错误的过分计较会导致一个人的罪恶感和自卑感快速滋长，不用很久，我们就不再尊重自己，习惯性地对自己痛打50大板了。所以，我们一定要让以前的事情沉到水底，然后游到水面上来重新呼吸新鲜的空气。

要学会喜欢和接受自己，首先必须挖掘自己的对缺点的包容之心。包容不代表我们要降低对自己的要求，然后躺在床上睡大觉，而是明白人无完人。对别人求全责备是不公平的，要求自己完美则是一种极端的自我本位。

我认识的一个女人是个绝对的完美主义者。她要求自己做什么事情都不能有疏漏，但在别人眼里，她却是个失败的人。一个简单的报告她需要折腾几个小时，耽误了自己和别人的时间；一篇主题演讲她什么都要涉及和讲解，结果让听众百无聊赖；她绝不接待临时到访的客人，因为她没有任何准备。她绞尽脑汁追求完美，事实上，她的确做到了一种形式意义上的完美，但直接的代价是毁掉了生活中的理解、自然和乐趣。其实，她所追求的完美并非完美本身，她只是想超越别人，因为她不想自己在优点方面和别人处在同一水平线上。她想成为人群的焦点。所以，她做事并不是出于发挥自己已有的才能，她并不能享受工作和生活的欢乐，只是为了超过别人，让自己在高高的完美的架子上昂起头。

人没有完美的，强迫性的对完美的追求一旦不成功，这个人就会变得讨厌，甚至憎恨自己。

人不能时时刻刻都处在特别认真的状态中，学着喜欢自己的前提之一，就是能偶尔放慢行进的脚步欣赏自己。

马里兰州的精神病协会董事巴缔梅尔说："过去的人习惯在睡觉之前回想一下当天的活动，做一下反省。现在的人好像已经很少用了，实际上，这仍然是一个有用的办法。"

除非我们能与自己好好相处，否则很难期待别人会喜欢与我们在一起。哈里·佛斯迪克曾经观察那些不能独处的人，形容他们好像"被风吹皱的池水一样，无法呈现出美丽的风景来"。

独处能使我们发现内在的休息港口，能有参详的对象，是我们与外界接触的基础。安妮·马萝·林柏在其著作《来自海洋的礼物》中曾说过："我们只有在与自己内心相沟通的时候，才能与他人沟通。对我来说，我的内心就像幽静的泉水，只有在独处时才能发现其美。"

独处能使我们能更客观地透视自己的生命。《圣经》的诗篇里有一句忠言："要安静，便可知道我就是神。"这话至今仍是忠言。独处的确对我们的灵魂十分有益处，就好像新鲜空气对我们的身体极有帮助一样。

假如我们要依赖别人才能得到快乐与满足，则无疑为他人增添负担，并影响到彼此之间的关系。要喜欢、尊重、欣赏我们自己，这不但能培养出健康成熟的个性，也能增进与他人相处的能力。

用行为控制情感

⊙事实上,你在驾驭着自己的情感,而且你的情感是由于你对外界事物的看法而产生的。

⊙成功人士和普通人士的区别在于前者用行为控制情感,后者任情感控制行为。

控制自己的情感是一个人把握自我的最基本要求。在日常生活中,人的情绪发生一定的起伏波动,这确实是一种无法避免的现象。我们每个人可能都曾有过这样的体验:一旦自己的情绪特别好的时候,不仅神清气爽,而且工作起劲,对人对事都充满了光彩与希望,周围的一切似乎都是那么美好;而有时候,人又情绪特别低落,不但心情沮丧,而且意志消沉,你身边的世界仿佛布满了灰暗与失望。对一般的人来讲,这种极端的欢乐与悲哀的情绪反应不易为个体所控制,因此对个体生活极具影响作用。一旦情绪产生,有些人往往一度沉沦于悲哀、痛苦、抑郁、孤独的心境之中而不能自救自拔。这种认为情绪无法控制,只能听之任之的观点会给人的生活带来极大的负面影响。

从心理学的角度来讲,情绪是个体受到某种刺激所产生的一种身心激动状态。

其实,情感并不仅仅是出现在你身上的情绪,而是你自己对外界事物做出的一种心理反应。如果你主宰着自己的情感,就不会做出自我挫败性的反应。一旦你学会依照自己的选择控制个人的情感,你就踏上了一条通往"智慧"之路。在这条道路上,绝无导致精神崩溃的歧途,因为你将把情绪视为一种可选的因素,而不是生活中的必然因素。这正是人的个性自由的关键所在。

下面,我们可以借助于一个简单的三段论,通过逻辑推理,让你摒弃那种认为情感是无法控制的观点,并开始控制自己的思维和情感:

1. 逻辑三段论。

大前提:狄克是一个人

小前提:所有的人脸上都有毛

结论:狄克脸上有毛

2. 不合逻辑三段论。

大前提:狄克脸上有毛

小前提:所有的人脸上都有毛

结论:狄克是一个人

从逻辑学的角度来讲,大前提必须与小前提一致。在上面第二个三段论中,其结论是错误的,因为狄克可能是人,也可以是猿猴或者其他脸上有毛的动物。下面让我们看看第三个逻辑推理,这一例子将有助于让你彻底摆脱那种认为情感无法自我控制的观点。

3. 逻辑三段论。

大前提：我可以控制自己的思想

小前提：我的各种情感都来源于我的思想

结论：我可以控制自己的情感

在上面这个三段论中，大前提是十分明确的，一个正常的人完全可以控制自己的思想和行为，所以你有能力对自己头脑所接收的信息进行思考。例如，如果有人要求你想象一只红色的羚羊，你可以将它想象成绿色，也可以将它想成一只小山羊，或者干脆想象成别的东西。只有你自己才能控制着进入你头脑中的各种想法，只有你才能对大脑的思想库作出选择，并组织成一定的逻辑程序。如果你不相信这一点，那请你试想一下："如果不是你在控制着自己的思想，那是谁在控制？是你爱人、上级，还是你的妈妈？"假如真的是他们在控制着你的思想，那建议你立即送他们去医院治疗，这样你马上就会好起来。但客观的现实很清楚：是你——而且只有你——控制着自己思维的机器，你的大脑完全属于你自己，你可以完全控制住自己的思想，并完全由你决定是否加以保留、改变、审视或交流。除了你，谁都无法钻进你的大脑，也不能像你那样体验自己的思想和情感。

其次，3中的小前提也是无可非议的，无论是从科学原理，还是根据常识判断都可以证实：一个人如果没有思想，那就没有情感。丧失了大脑功能，"感觉"能力也就不复存在了。人的每一种感情都是一种思想的生理反应。只有从思维中心得到某一信息之后，人才会出现哭泣、害羞、心跳加速以及其他各种可能的情绪反应。如果思维中心受到损坏或发生故障，你就不会做出任何感情反应。在大脑受到损伤的情况下，人甚至会感觉不到肉体的痛苦，即使将手放在炉子上烤焦了，也不会感到疼痛。因此，你的小前提是千真万确的。任何一种情感都必然产生于思维之后，因而没有思维，就没有情感。

有这样一个例子：迈克是一位年轻的公司职员，公司老板认为他做事太笨，对他的评价也不很好，为此，迈克常常感到十分痛苦。

我们试想一下：要是迈克并不知道自己的老板认为他很笨，他还会因此而不快吗？当然不会，一个人怎么会为自己不知道的事情痛苦呢？由此看来，造成迈克精神不快的原因并不在于上司对他的看法，而在于他自己的感觉。此外，迈克不快的原因还在于，他确信别人的看法比自己的看法更为重要，如果他认为自己并不太笨，而是极力通过自己的表现向老板来证明这一点，他也就不会因此而痛苦了。

这一推理同样适用于对各种事物及其他人的看法：某个人的死亡并不会使你感到悲伤；在得知其去世前，你是不会悲伤的。使你悲伤的原因并不在于其死亡这一事实，而在于你听到死讯后作出的一种心理反应。阴雨天气本身不会使人抑郁，抑郁是人类特有的一种情绪。如果你怕由于天气下雨或阴天而抑郁，那是因为你自己对天气的反应使你感到抑郁。当然，这并不是说你应该欺骗自己而非得喜欢阴雨天气，而是说你可以想一想："我为什么非要感到抑郁呢？""这样能使我更积极有效地解决问题吗？"

尽管上述逻辑推理证明人总是在支配着自己的情感，但我们从小到大所接受的传统文化一直表明：一个人对他的情感是无能为力的。虽然我们实际上控制着自己的情感，但我们所学到的大量日常用语却往往否认这一点。下面我们简要列举一些此类常用语，分析一下每句话的含义，我们可以发现，这些话都含有一个共同的潜台词，即你对自己的情感是没有任何责任的。只要我们将每一句话重新组织一下，使其更为确切，就能说明一点：你在驾驭着自己的感情，而且你的情感是由于你对外界事物的看法而产生的。

也许你会认为，左栏的每句话不过是一种修辞方式，它并不说明任何问题，或者只是一种习惯用语而已。如果你这样解释，那你不妨试问一下：右栏中的每句话为何没有形成口头语？其答案很简单，因为我们的传统文化和社会环境总是提倡前者而排斥后者。

我们每个人应该对自己的情感负责。你的情感是随着自己的思想而产生的，那么，你只要愿意，便可以改变对任何事物的看法。首先，你应该想一想：精神不快、情绪低沉或悲观痛苦到底能给你带来什么好处？然后，你就可以认真地分析一下导致这些消极情感的各种思想。

成功人士与普通人士的最大区别在于前者用行为控制情感后者用情感控制行为。成功人士在控制情绪时有许多方法和技巧，值得我们学习。

在失败时为自己打气

⊙一个人最大的敌人是自己，胜利属于那些在失败时不断地为自己打气、对自己说"我能行"的人。

⊙每天早晨给自己打气并不是一件很傻、很肤浅、很孩子气的事，相反，这从心理学的角度来看是非常重要的。

以下是拳击手杰克·丹普先生远离忧虑的故事：

"在我的拳击生涯中，最强劲的敌人不是那些重量级的选手，而是自己内在的情绪困扰，因为情绪上的忧虑不但会消耗体力，还会影响拳击的进行。所以，我为自己制定了一套原则借以保持充沛的体力与旺盛的精力。这一套原则就是：

"1. 为了让自己有充分的勇气，每当拳赛开始前我都会自我鼓励一番，反复地对自己说：'不要怕，没有什么可以伤得了我，他击不倒我。'这种积极的鼓舞确实产生了不少作用。

"例如，在我和佛波比赛的时候，我不断地对自己说：'没有人能敌得过我，他伤不了我，他的拳头也伤不了我，我不会受伤，不管发生什么事，我一定要勇往直前。'

像这样为自己打气，使想法趋向积极，对我帮助很大，甚至使我不觉得对方的拳头在攻击。在我的拳击生涯中，我的嘴唇曾被打破，我的眼睛被打伤，肋骨被打断，而佛波的一拳将我打得飞出场外，摔在一位记者的打字机上，把打字机压坏了，但我对佛波的拳头却并无感觉。只有一次，那天晚上李斯特·强森一拳打断了我的三根肋骨，那一拳虽不致让我倒下，但却影响到了我的呼吸。我可以坦白地说，除此之外，我在比赛中未对任何一拳有过知觉。

"2. 我一再地提醒自己，忧虑不但于事无补，反而还会产生相反的效果。我的大部分忧虑，都出现在我参加重大比赛之前，也就是接受训练期间。我经常在半夜醒来，一连好几个钟头，心里都十分忧虑，辗转反侧，无法成眠。我担心会在第一回合中被对方打断手，或扭了脚踝，或眼睛被严重打伤，如果是这样的话我就不能充分发挥攻势。所以，每次我因为担心第二天的赛程而睡不着觉时，就会下床对着镜子中的自己说：'你真是个傻瓜，何必为了尚未发生的事或根本不会发生的事而担忧呢？人生如此短暂，应该好好把握、享受生命才是啊，还有什么比健康更重要的呢？'这样日复一日、年复一年地提醒自己，久而久之，这些话就好像印到了我的骨髓里，经常不自觉地就浮现在脑海中，帮助我克服了许多情绪上的困扰。

"3. 最后一项，也是最重要的一项就是祷告。一天中我会有好几次与主交谈的机会，拳击赛中每次回合的铃响前、每餐吃饭前、每晚入睡前，我都会虔诚地祷告，祈求上帝赐给我力量与勇气，让我打好每一场人生战役。我的祈祷获得了回应吗？当然，上帝对我的回报远超过我的付出！"

每天早晨给自己打气，是不是一件很傻、很肤浅、很孩子气的事呢？不是的，这在心理学上是非常重要的。

世界上不是每个人都要面临着十分巨大的困难，但是每个人都存在着若干问题。每个人都能通过暗示或自我暗示让激励标记产生作用。一种最有效的形式就是有意记住一句自我激励的语句，以便在需要的时候，这句话都能从下意识心理闪现到有意识心理。

阿廉·方索斯是美国密苏里州东南地区某农场的一个病孩子。他在上小学时遇到了一位优秀的老师，这位老师鼓励小阿廉·方索斯去改变自己的世界。老师用挑战的方式鼓励他："我激励你！""我激励你成为学校中最健康的孩子！""我激励你"成了阿廉·方索斯一生自我激励的语句。

他果真变成了学校中最健康的孩子。他在85岁逝世之前，帮助了数以千计的青年获得了良好的健康，他还帮助他们立志高远，做事刚勇，服务周到。

"我激励你"激励着他建立了美国最大的公司之一——若尔斯通培里拉公司；"我激励你"激励他从事创造性的思考，把负债转化为资产；"我激励你"激励着他组织美国青年基金会——它的目的是训练青年男女独立生活的能力。

"我激励你"激励着阿廉·方索斯写了一本书，名叫《我激励你》。今天这本书正在激励着男子和妇女们勇敢地把这个世界改造为更好的社会。

阿廉·方索斯作了多么好的一个证明啊！一句自我激励语有力地帮助人们发挥积极的心态！

说到此，不禁让人想起那些在兴旺的 1920 年里取得经济成功的人，那时他们是以极好的态度开始他们的事业的。可是当 1930 年经济萧条袭来的时候，他们便遭到了失败，他们破产了。他们的态度便从积极的变为消极的。他们的法宝被翻到了"消极的心态"那一面。他们停止了努力。他们像那些抱持消极心态的人一样变成了一蹶不振的失败者了。

有些人似乎在所有的时候都能充分使用积极的心态。有些人开始时使用，然后就停止使用了。但是，另一些人——我们中的大多数人，并没有真正地开始使用对于我们很有用的巨大力量。消极心态包括以下几个方面：

1. 惰性导致愚昧无知。

对于不知事实或缺乏实际知识的人来说，面对一件事的愚昧无知似乎是合乎逻辑的，而对于知道事实或具有实际知识的人来说，就可能是不合逻辑的了。当你在作决定的时候，如果你不肯保持开朗的心胸和学习真理，那就是愚昧无知。消极的心态会在愚昧无知的基础上不断地生长。

具有积极心态的人可能不知道事实，也缺乏实际知识。他可以不了解情况，然而他认识基本的前提——真理就是真理。因此，他就力图保持开朗的心胸，努力学习。他必须把他的结论奠基在他所知道的事情上，并且准备在他认识更多些时，就改变这些结论。

现在让我再审视一下我们心理上的蛛网，这些似乎还存留在你的脑中：

（1）消极的感情、情绪、激情、习惯、信条和偏见。
（2）只看到别人眼中的"凶煞"。
（3）由于语义上的误解所产生的争论和误解。
（4）由于虚假的前提而作出的虚假结论。
（5）把概括一切的限制性的词或词组作为基本或次要的前提。
（6）"需要"有可能迫使人作出不诚实的想法。
（7）不清洁的思想和习惯。
（8）担心应用心理的力量。

这样，你就可以看到蛛网有许多种——有些是细小的，有些是巨大的；有些是脆弱的，有些是结实的。然而，如果你把你自己的蛛网再列成一张表，然后仔细检查每一个蛛网的各条蛛丝，你就会发现它们都是由消极的心态织成的。

你把它们考虑一会儿，然后你会发现由消极的心态所织成的最强有力的蛛网就是惰性蛛网。惰性会使你无所作为；如果你转向错误的方向，它就会使你不去抵抗或不思停止，你就会继续前进，向下滑去。

2. 警惕潜意识的误导。

一个人的潜意识通常是难以改变的，它经常会配合你本身的才能或所曾犯过的错误，而把这些不愉快的经历返还给你。换言之，当你在潜意识中制造消极的观念后，潜意识便会将制造过的差错想法，不分时候地任意归还与你，因此在你的思绪过程中，极可能将你误导。

为避免遭受原有潜意识的误导，最好的方法莫过于以积极性的立场灌注于潜意识中，并努力培养积极的想法，如此你无异是在向你的潜意识灌输真理，而不久之后，你的潜意识也将开始把这些真理归还于你。

使潜意识变得积极的最佳方法便是摒除存在于你思想或言谈间的消极想法。例如，每当人们意识到消极想法存在时，便会对自己的说话方式作一番分析，而且结果往往令人感到十分惊异。

因为许多人都存有类似如下的想法：“我担心也许会来不及”，"轮胎是不是磨损了"，"我想，我办不到那件事"，"这个工作我大概无法胜任，因为我会忙不过来"等。此外，遇到事情有不好的结果时，他们就会说道：“哦！果然不出我所料。”又如，在抬头望见天空布满乌云时，心情会变得忧虑起来，并说："我原本就知道会下雨！"

这些都属于"消极心态"。我们千万不可忽略"积少成多"的道理。当你的言谈中充满"消极心态"时，它会不知不觉地渗入到你的思想深处，并积存它的影响力量，而这种力量往往会滋长到令人惊异的地步，甚至会在不久之后使你陷入"无能症"的泥沼中。

所以，你要下定决心，要从自己的言谈间根除这种"消极心态"。因为对于这种消极的心态，最好的消除办法是，不论对任何事都要表示积极肯定的主张，如事情将有顺利的结果、能够胜任工作、不会招致失败、必会准时到达等。由于这种把积极想法说出来的做法具有相当于在内心中呼应的积极力量，因此它能使你感到一切都将顺利地进行。

曾经有一幅引擎油的广告，上面写着："洁净的引擎经常是力量的供应源泉。"这个广告的作者就一定有一个积极心态，这对他的事业必定产生积极影响。换言之，洁净的心会是力量的供应来源。因此，请洗净你的思想，赋予你自身一颗洁净的心吧！

为了克服障碍，你不妨采用"不相信失败"的哲学之道。通常人们处理障碍的结果往往决定于其本身所持的心态，因为人们的障碍大多数是源于心理上的问题。

也许你会对此有所怀疑，但是任何人对于障碍的态度却绝对是心理方面的事。试想，当一件事从考虑到决定的过程中，是否即是心理的活动？你对于障碍的想法如何，是否会决定你对它所采取的行动或态度？事实上，如果你面对障碍之初便在心中断言绝对无法克服它，你便会在自认为"反正做不到"的心理下真正无法克服了。相反的，如果你拥有克服障碍的信心，情况自必不同。

因此，请你牢牢记住：障碍绝对没有你想象中的那般困难，而是可以设法克服的。

无论在培养这种积极想法之初，你的信心是多么微小，只要持续保持这种想法，你必能获得成功。

保持积极的心态

⊙一个积极者就是一个这样的人:当他的鞋子穿破了的时候,他只是以为他回到了光脚走路的时代。消极者说:"我只有看见了才会相信。"积极者说:"只要我相信,我就会看见。"

⊙在生活中,成功和失败之间仅仅只有毫厘之差,很多情况下,我们无法改变现实,但是可以改变自己对现实的看法。

乐观态度或悲观态度,是人类典型的也是最基本的两种倾向,它影响着我们的生活方式。美国医生做过这样一个实验:他们让患者服用安慰剂。安慰剂呈粉状,是用水和糖加上某种色素配制的。当患者相信药力,就是说,当他们对安慰剂的效力持乐观态度时,治疗效果就显著。如果医生自己也确信这个处方,疗效就更为显著了。这一点已用实验得到了证实。悲观态度是由精神引起的,而又会影响到组织器官。有一个意外的事故证明了这一点。一位铁路工人意外地被锁在一个冷冻车厢里,他清楚地意识到他是在冷冻车厢里,如果出不去,就会冻死。不到20个小时,冷冻车厢被打开时人已经死了,医生证实是冻死的。可是,仔细检查了车厢,冷气开关并没有打开。那位工人确实死了,因为他确信,在冷冻的情况下是不能活命的。所以,在极端的情况下,极度悲观会导致死亡。一位乐观主义者却总是假设自己是成功的,就是说,他在行动之前,已经有了85%的成功把握。而悲观主义者在行动之前,却已经确认自己是无可挽救了。

一个积极者就是一个这样的人:当他的鞋子穿破了的时候,他只是认为他回到了光脚走路的时代。消极者说:"我只有看见了才会相信。"积极者说:"只要我相信,我就会看见。"积极者采取行动,消极者静止不动。积极者看见半杯水会说它满了一半,消极者看见同样的半杯水会说它有一半是空的。原因很简单,消极者往杯子里倒水,而积极者却从杯子里取水。

在生活中,成功和失败之间仅仅只有毫厘之差。

例如,骏马奈斯华在不到一小时的赛跑中赢得了第一,得到了100万美金。在这仅有一小时的赛跑后面却藏着上千个小时的艰苦训练。显然,奈斯华这匹至少值100万美元的马——定是一匹罕见的好马。你可以用100万美元买100匹值1万美元的赛马,这是一个简单的算术问题。一匹值100万美元的马比一匹值1万美元的马跑得要快100倍,对吗?错了!它能跑得比那匹马快2倍,对吗?还是错了!实际上,它只能比那匹马快25%,或是只有10%,甚或是只有1%,对吗?还是错了!

那么究竟一匹值100万美元的马比值1万美元的马跑得快多少呢?几年以前,在阿林顿·福特瑞蒂,第一名和第二名的奖金差额是10万美元。这次比赛的跑程是

1.25英里。第一名和第二名的差距仅有1/71280，而我们要重申的是仅仅这点差距就值10万美元。

1974年在肯塔基的德比所举行的赛马比赛中，第一名骑手赢得了2.7万美元。不到2秒钟后，另一名骑手也骑着马冲过了终点线，他是第四名，只得到30美元。

生活就像一场比赛，我们无法改变它的规则。我们能够并且必须去做的是掌握这些规则，并利用这些规则来发挥我们最大的潜能。

米歇尔曾经是一个不幸的人。一次意外事故，使他身上65％以上的皮肤都烧坏了，为此他动了16次手术。手术后，他无法拿起叉子，无法拨电话，也无法一个人上厕所，但以前曾是海军陆战队员的米歇尔从不认为他被打败了。他说："我完全可以掌握我自己的人生之船，我可以选择把目前的状况看成是倒退或是一个起点。"6个月之后，他又能开飞机了！

米歇尔为自己在科罗拉多州买了一幢维多利亚式的房子，另外也买了房地产、一架飞机及一家酒吧，后来他和两个朋友合资开了一家公司，专门生产以木材为燃料的炉子，这家公司后来变成了佛蒙特州第二大私人公司。

在米歇尔开办公司后的第四年，他开飞机在起飞时又摔回到跑道上，把他的十二节脊椎骨压得粉碎，腰部以下将永远瘫痪！"我不解的是为何这些事老是发生在我身上，我到底是造了什么孽，要遭到这样的报应？"

米歇尔仍选择不屈不挠，丝毫不放弃，还日夜努力使自己能达到最高限度的独立自主，他被选为科罗拉多州孤峰顶镇的镇长，以保护小镇的美景及环境，使之不因矿产的开采而遭受破坏。米歇尔后来又竞选国会议员，他用一句"不只是另一张小白脸"的口号，将自己难看的脸转化成一项有利的资产。

尽管面貌骇人、行动不便，米歇尔却坠入了爱河，且完成了终身大事，也拿到了公共行政硕士证书，并坚持他的飞行活动、环保运动及公共演说。

米歇尔说："我瘫痪之前可以做10000件事，可现在我只能做9000件，我可以把注意力放在我无法再做的1000件事上，或是把目光放在我还能做的9000件事上。我的人生曾遭受过两次重大的挫折，如果我能选择不把挫折拿来当成放弃努力的借口，那么，或许你们就可以用一个新的角度，来看待一些一直让你们裹足不前的经历。你可以退一步，想开一点，然后你就有机会说：'或许那也没什么大不了的！'"

由此可见，积极的人生态度是一个人获得成功的一项重要原则，你可将此原则运用到你所做的任何工作上。如果你不了解如何应用积极的人生态度，就无法从工作中得到最大的效益。

事实上，如果你掌握你的思想，并引导它为你的目标服务，你就能享受：

1. 为你带来成功环境的成功意识；
2. 生理和心理的健康；
3. 独立的经济；
4. 出于爱心而且能完成自我的工作；

5. 内心的平静；
6. 驱除恐惧的信心；
7. 长久的友谊；
8. 长寿而且各方面都能取得平衡的生活；
9. 免于自我限定；
10. 了解自己和他人的智慧。而如果你所抱持的是消极的人生态度，你将会尝到苦果：
1. 生命中的贫穷和凄惨；
2. 生理和心理的疾病；
3. 使你变得平庸的自我限定；
4. 恐惧和所有具有破坏性的结果；
5. 找不到支撑自己的方法；
6. 敌人多、朋友少的处境；
7. 人类所知的各种烦恼；
8. 成为所有负面影响的牺牲品；
9. 屈服在他人的意志之下；
10. 对人类没有贡献的颓废生活。

通过比较，到底应该树立什么样的人生态度，就应该是显而易见的了！

焕发热忱的能量

⊙每一个伟大的时刻，都是热忱凯旋的时候。

⊙如果两个人各方面条件都相近，那么，更热忱的那一位将会更快达到成功。一个能力平庸但是很热忱的人，往往会胜过能力杰出却缺乏热忱的人。

热忱的威力是不容被低估的。爱默生曾经说过："每一个伟大的时刻，都是热忱凯旋的时候。""没有一桩丰功伟业能缺乏热忱。"

许多人失败并不是因为他们缺乏才智、能力、机会或天分，而是因为他们并没有尽力去处理问题。

热忱的重要性绝不亚于卓越的能力与努力地工作。我们都认识一些聪明但却一无所成的人，也认识一些辛勤工作但却一事无成的人。青年人应该记住，只有热爱工作、投入到工作中且满怀热忱的人才能有所成就。

热忱有一种特性，那就是它具有感染力，并且能令人有反应。不论在教室里或其他活动中，都是一样的。就算是冰上曲棍球比赛，也同样需要热忱。如果你自己对一个想法或计划不够热忱，别人就更不可能会有热忱。如果公司领导人连自己都不能全心热忱地相信公司的目标与方向，就不要指望员工、顾客或股市会相信它。想使任何人对一个想法，或是一个计划、一个活动兴奋起劲的最好办法，就是你自己要先兴奋起来，而且要把你的兴奋表现出来。

汤姆·德尔夫最近在加州一家进口公司考尔佛电子销售公司找到了一份业务员的工作。按照公司历来的做法：公司会交给汤姆·德尔夫一份很难缠的潜力客户名单，其中有一家公司以前是汤姆·德尔夫公司的大客户，但是却在多年前就已经停止往来了。

汤姆·德尔夫说："我决定把跟他们做成生意当作是对我个人的一项挑战，这表示我得先说服老板我可以把这家公司扳回来。他本来不太肯定，但是他不想浇我的冷水，于是他允许我去拜访那家客户。"

汤姆·德尔夫既已把赢回这家客户当作自己的使命，于是他便提供了保证价，缩短交货期，并允诺更好的服务。他向那位采购处长表示考尔佛公司"将会做一切令你们满意的事"。

当汤姆·德尔夫第一次与采购处长面对面谈话时，他的热忱就扮演了重要的角色。他面带微笑地走进会客室，并说道："很高兴能再回来，让我们一起来共同合作。"

汤姆·德尔夫从来没有想过他可能无法成交，他完全忽略了他的公司已经丢掉了这个客户的事实，他以最高昂热忱的态度说服他的客户——考尔佛公司已准备好再为他们服务。

"后来，采购处长告诉我们老板，他们考虑我们的惟一理由是因为我的热忱。他们的订单后来一年赚了50万美元的利润。"

热忱，可以保养灵魂，培养并发挥热忱的特性，我们就可以对我们所做的每件事情，加上火花和趣味。

我有一次请教一位友人，问他如何挑选管理人员。这位友人的回答听起来可能蛮令人惊奇的："这些成功者与失败者，他们的能力与聪明才智其实差异不大。"纽约中央铁路公司总裁佛多利·威尔森说："如果两个人各方面条件都相近，那么，更热忱的那一位一定将会更快达到成功。一个能力平庸但是很热忱的人，往往会胜过能力杰出却缺乏热忱的人。"

热忱是一把火，它可燃烧起成功的希望。要想获得这个世界上的最大奖赏，你就必须要像过去最伟大的开拓者那样，将梦想转化为全部有价值的献身热情，来发展和销售自己的才能。

有一次，我在加州一家饭店投宿时，点了客房服务，侍者是一位墨西哥人，他说着一口吞吞吐吐不流畅的英语："早安！早安！早安！"奇怪的是，他重复了三次问安，却不显得多余，反而让人觉得很舒心。

他以那种墨西哥人独有的热情深深地感染了我，他满面春光地告诉我，他有一份好工作，而且身在美国。接着他满怀热情地为我倒咖啡，同时又很友好地同我谈论天气："对啊！不过下雨也很好，雨水可以让草地青翠，而且花草树木也都需要雨水，不是吗?"

在他离开房间之时,我深深地被他打动了。我对自己说,我知道为什么他有一份工作。

最聪明和最热忱的人能更快地得到工作和做出成绩。要满怀着热忱,将你自己奉献给积极的人生,你将会惊讶人们有多么地想要雇用你。

我曾不止一次地在课堂上告诉我的学员们,促使一个人成功的因素很多,而居于首位的就是热忱,一个人、一个团队只要有热忱,其结果必然是积极的行动、成功和幸福。

如果激情能增加一盎司,我们的人生就会大不一样。著名的人寿保险推销员弗兰克·贝特格在他的自传中,向我们充分诠释了这一点:

"在我刚转入职业棒球界不久,我就遭到了有生以来最大的打击——我被开除了,理由是我打球无精打采。老板对我说:'弗兰克,离开这儿后,无论你去哪儿,都要振作起来,工作中要有生气和热情。'这是一个重要的忠告,虽然代价惨重,但还不算太迟。于是,当我进入纽黑文队时,我便下定决心在这次联赛中一定要成为最有激情的球员。

"从此以后,我在球场上就像一个充足了电的勇士。掷球是如此之快、如此有力,以至于几乎要震落内场接球同伴的手套。在烈日炎炎下,为了赢得至关重要的一分,我在球场上奔来跑去,完全忘了这样会很容易中暑。第二天早晨的报纸上赫然登着我们的消息,上面是这样写的:'这个新手充满了激情并感染了我们的小伙子们,他们不但赢得了比赛,而且看起来情绪比任何时候都好。'那家报纸还给我起了个绰号叫'锐气',称我是队里的'灵魂'。三个星期以前我还被人骂作'懒惰的家伙',可现在我的绰号竟然是'锐气'。

"于是我的月薪从 25 美元涨到了 185 美元。这并不是我球技出众或是有很强的能力,在投入热情打球以前,我对棒球所知甚少。除了'激情'还有什么能使我的月薪在 10 天内竟上升 700%的呢?

"退出职业棒球队之后,我便去做人寿保险推销工作。在 10 个月令人沮丧的推销之后,我被卡耐基先生一语惊破。他说:'贝特格,你毫无生气的言谈怎么能使大家感兴趣呢?'我决定以我加入纽黑文队打球的激情投入到做推销员的工作中来。有一天,我进了一个店铺,鼓起我的全部热情试图说服店铺的主人买保险。他大概从未遇到过如此热情的推销员,只见他挺直了身子,睁大眼睛,一直听我把话说完,最终他没有拒绝我的推销,买了一份保险。从那天开始,我便真正地展开推销工作了。在 12 年的推销生涯中,我目睹了许多的推销员靠激情成倍地增加收入,同样也目睹了更多人由于缺少热情而一事无成。"

弗兰克·贝特格在事业上有所成就,与其说是取决于他的才能,不如说是取决于他的激情。凭借激情,他能在烈日当空的酷热中超常发挥;凭借激情,他说服了自己的客户,最终创出不凡的成就。

运动可以驱除忧闷

⊙我的肉体疲倦了,我的精神也随之得到休息。当你烦恼时,多用肌肉,少用脑筋,其结果将会令你惊讶不已。

我若发现自己有了烦恼,或是精神上像埃及骆驼寻找水源那样地猛绕着圈子转个不停,我就利用激烈的体能练习活动,来帮助我驱逐这些烦恼。

那些活动可能是跑步,或是徒步远足到乡下,或是打半小时的沙袋,或是到体育场打网球。不管是什么,体育活动都能使我的精神为之一振。每到周末,我都会从事多项运动,例如绕高尔夫球场跑一圈,打一场激烈的网球,或到阿第伦达克山滑雪。等到我的肉体疲倦了,我的精神也随之得到休息。因此再度回去工作时,我精神清爽,充满活力。在工作地点纽约,我经常能有机会到俱乐部健身院去,待上一个小时。没有人在滑雪或作激烈运动的时候还会感到烦恼,因为他忙得没时间烦恼。烦恼的大山很快就变成微不足道的小丘,激烈的运动很容易就能将它"摆平"。

我发现,烦恼的最佳"解毒剂"就是运动。当你烦恼时,多用肌肉,少用脑筋,其结果将会令你惊讶不已。这种方法对我极为有效——当我开始运动时,烦恼就消失。

有位专门研究快乐如何影响心理的科学家曾整理出了几个快乐的技巧,方法简单而且效果神速,让人能立刻就变得乐观起来,这就是运动和听音乐。

首先,经常运动,抬头挺胸。

楚安尼曾强调说,要矫正头脑之前,请先校正身体。为什么呢?因为生理同心理是息息相关的。相信你也该有过这样的体验,当心情处于低潮的时候,我们往往也是无精打采、垂头丧气;而心情快乐时,自然是抬头挺胸、昂首阔步了。所以,身体的姿势的确会与心理的状态密不可分。

再从另一个角度来看,当一个人抬头挺胸的时候,呼吸会比较顺畅,而深呼吸则是释放压力的妙方。所以当抬头挺胸时,我们便会觉得比较能够应付压力,当然也就容易产生"这没什么大不了"的乐观态度。

另外,与肌肉状态有关的信息也会通过神经系统传回到大脑中去。当我们抬头挺胸的时候,大脑会收到这样的信息,四肢自在,呼吸顺畅,看来是处于很轻松的状态中,心情应该是不错的。

在大脑也做出心情愉悦的判决后,自己的心情于是就更轻松了。

因此,身体的状态和姿势的确会影响心情。运动能推动快乐,要是垂头,就容易感到丧气,而如果挺胸,则容易觉得有生气。

这个简单得令人不可置信的方法,请千万别小看它,下次若头脑中悲观的念头又再冒出来时,赶快调整一下姿势,抬头挺胸地带出乐观的心境吧!或者运动几下,要么不妨听听音乐，这是第三种让身体快乐的方法。

心情低潮时要怎么办？曾有个女孩说："简单，就开始大声唱歌嘛！"接着她就"红豆、大红豆、芋头……"，唱起了锉冰歌。没料到歌声一停，她旁边的男朋友立即开口："是啊，每次唱完你的心情是好了，我的心情也跟着挺好的！"看来，歌声还是挺重要的。你也会在心情低落时唱歌自娱吗？

引吭高歌，是否真的对情绪舒解有益？其实早在几百年前，人类就已经懂得了利用音乐与情绪之间的密切关系。例如几世纪前，欧洲有些国家就把音乐和歌唱拿来当作治疗忧郁症的一种方法，很有意思吧！

在当时，如果一个人感到郁郁寡欢，情绪低迷不振，他就会被安排在固定的时间听音乐，并且被要求开口大声高歌。这个不用药物、既经济又简单的做法，在当年是一个另类方法，然而后来心理学家们发现，唱歌的确可以唱走郁闷。这是因为在我们发声歌唱时，就好像是把自己的身体当成了乐器来使用，声音在体内上上下下地振动着，因此有着体内按摩的功效。

当你尽情高歌、浑然忘我时，你是否感觉到体内的声音能量，从头到脚是在振动着的？这个感觉令人身体舒畅而心情飞扬的原因，就是因为音振在体内按摩五脏六腑，放松了肌肉紧绷的不适，而焦虑感也随之得到舒解。

此外，在你嘶吼的同时，体内因负面情绪而累积的能量也得以向外宣泄，不再压抑，自然会感到轻松许多。有些心理医师更进一步说明，唱歌能帮助我们在情感层次上做调整的工作，甚至感受到"美"的感觉，因此是极佳的心情疗法，没事多哼哼歌绝对有益无害。

要是担心别人厌烦你的歌喉，浴室及窗门紧闭的车内都可以是你大展身手的好地方。

自己的心情自己救，快乐是你的权利。

第五章 有了梦想，你才伟大

人生因为梦想而伟大

⊙不能抱持正确目标而奋斗的人，就有如玩耍得意志消沉的儿童一样，他们不知道自己所要的是什么，总是茫然地撅着嘴。

⊙设定明确的目标，是所有伟大成功的出发点。很多人之所以失败，就是因为他们都没有明确的目标，并且也从来没有踏出过他们的第一步。

⊙目标绝对重要，它不但调动我们的积极性，而且也维持我们的人生。

不能抱持正确目标而奋斗的人，就有如玩耍得意志消沉的儿童一样，他们不知道自己所要的是什么，总是茫然地撅着嘴。

行动的本身左右着人生。确定明确的人生目标，不论是对人生，或是对任何的行动，都是至关重要的。

在生活中，有不少人缺乏明确的目标。他们就像地球仪上的蚂蚁，看起来很努力，总是不断地在爬，然而却永远找不到终点，找不到目的地。同样，在生活中没有目标，活动便没有焦点，也会使你白费力气，得不到任何成就与满足。

没有目标的活动无异于梦游，没有目标的生活也只不过是一种幻象。许多人把一些没有计划的活动错当成人生的方向，他们即使花费了九牛二虎之力，由于没有明确的目标，最后还是哪里都到不了。要攀到人生山峰的更高点，当然必须要有实际行动，但是首要的是找到自己的方向和目的地。如果没有明确的目标，更高处只是空中楼阁，望不见更不可及。如果我们想要使生活有突破，到达更新且有价值的目的地，首先就一定要确定这些目的地是什么。只有设定了目的地，人生之旅才会有方向、有进步、有终点、有满足。

设定明确的目标，是所有成就的出发点。很多人之所以失败，就在于他们都没有设定明确的目标，并且也从来没有踏出他们的第一步。

当你研究那些已获得成功的人物时，你就会发现，他们每一个人都各有一套明确的目标，都有达到目标的计划，并且花费最大的心思和付出最大的努力来实现他们的目标。

社会无疑具有强大的同化作用，使得我们许多人都背离了人生的真谛，丧失了真情和本性。但惟有我们自己真正想要的才能使我们得到满足，而放弃了自身的愿望和需要，我们就会变得麻木不仁，对任何事都无动于衷。

每个人都做过梦。真实的梦，睡眠中的梦，小时候在作文本上写出的梦，与朋友闲聊时做的白日梦。然而，做梦的年龄过了之后，面对现实，为什么会有惆怅或失落？当然，最理想的是"美梦成真"，虽然不是每个人都能如此，但也并非做不到。

人一旦有梦想有目标，自然就会为了实现它而发挥更大的心力，人生的光辉由此粲然可见。为什么呢？在为实现理想而奋斗的过程中，人生的乐趣昭然若揭，而生活就会更加的精力充沛，此时人类原已潜在的脑力也会得到发挥。经常有意识地创造出这样的情势，使人生更成功、更丰富且充满乐趣的原则，就是所谓的目标催化作用。

1952年的《生活》杂志曾登载了约翰·戈德的故事。

戈德15岁时，偶然地听到年迈的祖母非常感慨地说："如果我年轻时能多尝试一些事情就好了。"

戈德受到很大的震动，他决心自己绝不能到老了还有像老祖母一样有无法挽回的遗憾。于是，他立刻坐下来，详细地列出了自己这一生要做的事情，并称之为"约翰·戈德的梦想清单"。

他总共写下了127项详细明确的目标，里面包括了10条想要探险的河、17座要征服的高山。他甚至要想走遍世界上每一个国家，还想要学开飞机、学骑马。

他甚至要读完《圣经》，读完柏拉图、亚里士多德、狄更斯、莎士比亚等十多位大学问家的经典著作。

他的梦想中还要乘坐潜艇、弹钢琴、读完《大英百科全书》。当然，还有重要的一项，他还要结婚生子。

戈德每天都要看几次这份"梦想清单"，他把整份单子牢牢地记在心里，并且倒背如流。

戈德的这些目标，即使从半个多世纪后的今天来看，仍然是壮丽且不可企及的。但他究竟完成得怎么样呢？

在戈德去世的时候，他已环游了世界四次，实现了127个目标中的103项。他以一生设想并且完成的目标，述说他人生的精彩和成就，并且照亮了这个世界。

每当我们读起戈德的故事，便会不由自主地想到一句话：人生因梦想而伟大。

我曾有一只名叫"花生"的混血小狗，它活泼、聪明、可爱，是我们家庭的开心果。一次，儿子提出要我和他一起为"花生"盖一间狗屋，于是，我们便立刻动手，很快就把狗屋盖好了。但是，由于手艺太差，狗屋盖得很糟糕。

狗屋盖好不久，有一位朋友来访，朋友忍不住问我："树林里的那个怪物是什么？难道是狗屋吗？"

我说："没错，那正是一间狗屋。"

朋友随即指出了狗屋的一些毛病，又说："你为什么不事先计划一下呢？如今盖狗屋都要照着蓝图来做的。"

不知你能从这个狗屋的故事中学到些什么？

没有目标的活动无异于梦游，没有目标的生活也只不过是一种幻象。许多人把一些没有计划的活动错当成人生的方向，他们即使花费了九牛二虎之力，由于没有明确的目标，最后还是哪里都到不了。就像盖狗屋一样，只能被人视为怪物。

要攀到人生山峰的更高点，当然必须要有实际行动，但是首要的是找到自己的方向和目的地。如果没有明确的目标，更高处只是空中楼阁，望不见更不可即。如果我们想要使生活有突破，到达更新且更有价值的目的地，首先就一定要确定这些目的地是什么。只有设定了目的地，人生之旅才会有方向、有进步、有终点、有满足。

一位大学生经常在报纸上发表作品，他从事新闻工作的天分很高，有从事新闻事业的潜力。这位大学生在毕业时却没有选择从事新闻行业，他觉得新闻工作就是报道一些琐琐碎碎的事情，而不愿去做。可是5年后，他却不无懊悔地说："老实说，我现在的待遇也不算低，公司也有前途，工作又有保障，但是我压根儿心不在焉，我很后悔没有一毕业就参加新闻工作。"从这位学生的身上，你可以看出，他对于现在的工作心存不满，三五年就对自己的工作产生了厌恶情绪。他将来根本没有什么前途，除非他立刻辞职，参加新闻工作。

如果这位学生当初在新闻行业上制定准确的目标的话，或许他早就在这方面小有成就了。

他失败的根本原因就在于：没有早日定下事业的目标。有了目标才会成功。目标是你所期望的成就与事业的真正动力。

威廉姆·玛斯特恩，一位非常杰出的心理学家曾经向3000人问过同样的问题："你为什么而活着？"结果表明有94％的人说他们没有明确的生活目标。94％啊！正像有句谚语所说的："每个人都会死，但并非每个人都真正地活着。"玛斯特恩的调查也不幸证实了这一点。许多人过着如梭罗所说的"宁静的绝望生活"。他们忍耐，等待，彷徨于生活的真谛，期望他们的人生目标在某个神灵的激发下能瞬间降临。同时，他们只是在生存着，重复着生活的机械动作，他们从未感受过生命的闪光。他们看着自己的生命之光迅速地飞逝，变得越来越恐惧，害怕他们还没有体会到任何真正的喜悦和生命的内涵，就走到了人生的尽头。

从发现目标到拥有目标，这是一个过程，整个过程并不是一夜之间就可以完成的。它需要自省和耐心——这两种品质对我们多数人来讲都很难做到，但一旦确定了自己的目标，就像为自己的灵魂注入了一股新的活力，安定和方向感便顿时产生。

确定你自己的目标也会对你产生同样的效果！下面的练习是我自己在寻找目标时确立的步骤，您不妨一试，看看效果如何。

取出一张白纸写下"我希望给人留下什么印象"。列出你愿意让你的朋友、配偶、孩子、合作伙伴、团体，甚至是整个世界所希望记住你的品质、行为和特征。如果你与其他一些团体有特殊的关系的话，如教堂、俱乐部、球队等，把他们也列入表中。

在列表的过程中你将会渐渐地发现你自己真正的价值和生活意义的源泉。

例如，你可以这样写（如果您是一位女性）：我希望我的丈夫认为我是一个非常可爱的妻子，是永远相信他、鼓励他扩展他可能的追求、使他的生命发挥最大潜能的伴侣。我希望我的儿子认为我是深爱和相信他的母亲，我能帮助他认识到，只要他下定决心去做某事，他就能做出巨大的贡献和成就，成为任何他梦想成为的人。

写完之后再回顾自己生活中的其他人时，一个表明你最可贵价值的清晰模式便会渐渐地显现出来。相信此时你也会知道自己的目标所在了，动力也会自然产生。确定了自己的目标后，你便会从现在手头从事的无谓的工作中解脱出来，全身心地追求自己所选择的道路，怀着从未体会到的激情和快乐向自己的人生目标不断地迈进。在这过程中你所感到的肯定是欢悦、充实和满足。

当你研究那些已获得永久成功的人物时，你会发现，他们每一个人都各有一套明确的目标，都已设定出达到目标的计划，并且花费最大的心思和付出最大的努力来实现他们的目标。

美国著名的诗人弗洛斯特在第一次接触到雪莱的诗时，深受触动："啊！这个东西正是我所要的。"他觉得自己与雪莱的作品一见钟情，以至心心相印。他不但找到了指定的读物，还找到了图书馆中收藏的所有英国诗集。读了雪莱、济慈等人的诗集之后，便越读越觉得：诗，才是他选择的目标。从此，他迈向了诗坛，有了诗作发表后，便一发不可收。

人们一般都知道，优秀的企业或组织都有10年至15年的长期目标。毫无疑问，一个人也应该从这样的企业规划与发展战略中得到某种成功的启示，那就是：你也应该计划10年以后的事情。如果你希望10年以后变成怎样，那么现在你就必须变成怎样。

一个心中有目标的人，便会成为创造历史的人；一个心中没有目标的人，只能是个平庸的人。

"目标绝对重要，它不但调动我们的积极性，而且维持我们的人生。"你应该今天就开始制定目标，为自己的未来而规划航向。思想家罗伯特·F.梅杰说："如果你没有明确的目的地，你很可能就走到不想去的地方了。"因此，你应该尽一切努力去实现自己的理想，而不要走到不想去的地方。

我开的成人教育班上有一位学生，就为自己制定了一个未来10年的工作与生活计划的目标。从他的目标中，你可以感觉到，他已经看到未来生活的影子了。或许我们大家都可以从中受到某种启示！

"我希望有一栋乡下别墅，房屋是由白色圆柱构成的两层楼建筑。四周的土地用篱笆围起来，说不定还有一两个鱼池，因为我们夫妇俩都喜欢钓鱼。房子后面还要盖个都贝尔曼式的狗屋。我还要有一条长长的、弯曲的车道，两边树木林立。

"为了使我们的房子不仅是个可以吃住的地方，我还要尽量做些有价值的事，当然绝对不会背弃我们的信仰，尽量参加教会活动。

"10年以后，我会有足够的金钱和能力供全家坐船环游世界，这一定要在孩子结婚独立以前能早日实现。如果没有时间的话，我就分成四五次，做短期旅行，每年到不同的地方去游览。

"当然，这些要看我的工作是不是很成功才能决定，所以要实现这些计划，必须加倍努力才行。"

这个计划是在5年以前制定的。他当时有两家小型的"一元专卖店"，现在已经有了5家；而且已经买下了17英亩的土地准备盖别墅，他的确是在逐步实现他的目标。

对于你来说，你的过去或现在是什么样并不重要，而你将来想要获得什么成就才是最重要的。你必须对你的未来怀有远大的理想，否则你就不会做成什么大事，说不定还会一事无成。

渴望通过自己的奋斗走向成功的人，就不容回避目标定位的课题。人，确实需要一个高度，一个超越自我的高度，一个追寻真理的高度。人，应该为自己的一生确立一个高标，一个矢志以求、不达目的誓不罢休的高标。

让我们为自己寻找一个梦想，树立一个目标吧，因为——人生因梦想而伟大！

人生的精彩来自于目标的精彩

⊙目标能唤醒人，能调动人，能塑造人，目标的力量是难以估量的。有了目标，内心的力量才会找到归宿。

⊙人生的精彩来自于目标的精彩。一个人之所以能够拥有一个精彩的人生，就在于他们有一个精彩的目标。

⊙正如贸易巨子J.C.宾尼所说："给我一个心中有目标的普通职员，我就能使他成为创造历史的人；给我一个心中没有目标的人，我只能给你一个平凡的职员。"

每一个奋斗成功的人，无疑都会有一个选择方向、确定目标的问题。正如空气、阳光对于生命那样，人生须臾不能离开目标的引导。

有了目标，人们才会下定决心攻占事业高地。有了目标，深藏在内心的力量才会找到"用武之地"。若没有目标，绝不会采取真正的实际行动，自然与成功无缘。只要你选准了目标，选对了适合自己的道路，并不顾一切地走下去，终能走向成功。确立了目标并坚定地"咬住"目标的人，才是最有力量的人。目标，是一切行动的前提。事业有成，是目标的赠与。确立了有价值的目标，才能较好地布局好自己的时间和精力，较准确地寻觅突破口，找到聚光的"焦点"，专心致志地向既定方向猛打猛冲。那些目标如一的人，能抛除一切杂念，会聚积起自己的所有力量，成为工作狂，全力以赴向目标的高地挺进。

一个人只要不丧失远大的使命感，或者说还保持着较为清醒的头脑，就决然不能把人生之船长期停泊在某个温暖的港湾，而应该重新扬起风帆，驶向生活的惊涛骇浪中，领略其间的无限风光。人，不仅要战胜失败，而且还要超越胜利。只有目标始终如一，才能焕发出极大的生存活力；只有超越了生命本身，人生才可以不朽。

有目标的人，就有一股巨大的、无形的力量，将自身与事业有机地"融合"为一体。

心中拥有目标，可以给人生存的勇气，可以在困苦艰难之际赋予我们坚韧不拔的毅力。有了具体目标的人少有挫折感。因为比起伟大的目标来说，人生途中的波折就微不足道了。

目标，能唤醒人，能调动人，能塑造人，目标的威力是难以估量的。有明确目标的人，生活必然充实有劲，决不会因无所事事而无聊。目标能使人不沉湎于现状，激励人不断进取，能引导人不断开发自身的潜能，去摘取成功之冠。

有了目标，内心的力量才会找到归宿。茫无目标的漂荡终会迷路，这样，你心中的一座无价的金矿，因无开采的动力，只能等同于平凡的尘土。

可以说，目标对于成功，犹如空气对于生命一样，目标是成功的生命线。对于成功来说，一个人过去或现在的情况并不重要，而未来想要获得什么成就，有什么样的追求才是最重要的。

洛克菲勒——美国著名的石油大王，在他的自传中，曾提出了一个有趣的设想：

若是将目前全世界所有的现金以及所有的产业全都混合在一起，平均地分给全球的每一个人，让每个人所拥有的财富都一样多，经过半个小时之后，这些财富均等的人们，他们的经济状况就会开始有显著的改变。有的人在这时候已经丧失了分到的那一份；有的人会因为豪赌输光；有的人会因为盲目的投资而一文不名；有的人则会受到欺骗而迅速破产。于是财富分配又重新开始了，有些人的钱会变少，有些人的钱又开始多了起来，这种情形会随着时间的延长而变得差别更大，经过3个月之后，所谓贫富悬殊的情况将会变得十分惊人。

洛克菲勒十分自信地说："我敢打赌，再经过两年时间，全球财富的分配情况就将和以前没什么区别了。有钱的人仍然是那些人，而以前贫困的人依然贫困。"

洛克菲勒把这种现象的原因归结于人们的目标不同。他说："说这是命运也好，是机会使然或自然法则也好，总之，有些人的目标与行动，一定会使自己比其他人所受到的尊敬更多，而他所拥有的财富也将会更多。"

通常，奋斗者要想成功，最重要的因素就是选择目标并做出抉择。

同样有目标的人，有人成功了，有人未成功；有人大成功，有人小成功，这与目标的"大小"有很大的关系。

大目标使人的生活是干事业，小目标使人的生活仅是过日子。古希腊哲学大师亚里士多德很尖刻地区分了两种人，即"吃饭是为了活着"和"活着就是为了吃饭"。

人生的精彩来自于目标的精彩。一个人的人生之所以精彩，就在于他有精彩的目标。

所谓精彩的目标，就是要做大事，考虑更多的人，更多的事，在更大的范围内解决更多的问题，在更大的空间时间里产生更大的影响。

你的目标越精彩，你所要解决的问题就越大，你就得有大本事，要有很多知识、技能，有时甚至要超越个人的得失，做出某些重大牺牲。在这一过程中，你逐渐获得了超乎常人的知识和能力，你已经变得那样胸怀宽广、大公无私，你也会取得超越常人的成就，你的人生也就变得更加绚丽多彩。

"Q世界"农产品公司的董事长霍华德·马古勒斯是美国加利福尼亚州的新一代农民。他的成就就是他设定了自己精彩的人生目标并且努力完成目标的结果。多年来，农产品市场的繁荣与萧条几乎无法做任何的预估和控制，时而热火朝天，时而寒若冰霜。至少，所有的人都认为这本来就是靠天吃饭的行业。

马古勒斯却从来不这样想，他给自己定下了一个精彩的目标：发展出一个新颖独特的品种，用来影响消费者的购买行为。他当然有自己充足的目标：这个行业其实和其他行业没什么区别，当市场处于低谷时，除非你有自己独特的产品，否则你就完了。农业市场也是这个道理，如果你也像大家一样生产萝卜白菜，只有市场上供小于求的时候，你才可能获利。我们的目标就是要想法调整市场，靠自己的独特性打开市场，创造更多的机会。

马古勒斯想到了改良甜椒。没错，就是改良甜椒。如果能发展出比其他的甜椒风味更为独特的品种，马古勒斯深信，不论零售市场如何，商店一定会非常喜欢这种风味独特的品种。

于是，马古勒斯发展出一种"皇家红椒"。这种长形叶式的甜椒，一上市就取得了巨大的成功，人们吃过以后，就会继续购买它。

马古勒斯用目标为自己的人生抹上了精彩的一笔。

人一旦有梦想有目标，自然就会为了实现它而发挥更大的心力，人生的光辉便由此粲然可见。为什么呢？在为实现理想而奋斗的过程中，人生的乐趣清清楚楚，而生活就会更加的精力充沛。

当你已经养成制定精彩的个人成功计划的习惯后，你事实上就已经与你的过去判若两人了。或许，你已经制定了一个又一个的成功计划，并将它们一个个地付诸实践。这时，你不妨回过头来反省一下自己所走过的道路，你就会十分惊讶地发现，即便你离所确定的远大目标还有一段距离，但是你无论怎样都再也不是过去那个平平淡淡的人了，你已经取得了过去连想都不敢想的成就了。必须明白，这便是制定精彩计划并付诸行动的威力。

目标远大会给人带来创造性的火花，使人有可能取得成就。正如约翰·查普曼所说："世人历来最敬仰的是目标远大的人，其他人无法与他们相比……贝多芬的交响乐、达·芬奇的《蒙娜丽莎的微笑》、莎士比亚的戏剧，以及人们赞同的任何人类精神产品……你热爱他们，是因为，这些东西不是做出来的，而是由他们创造性地发现的。"

对于那些奥运金牌的获得者来说，他们的成功并不仅靠他们的运动技术，而且还靠其远大目标的推动。商界领袖也一样，政界精英亦然。伟大的目标就是推动人们前进的梦想。

一位医生对活到百岁以上的老人所拥有的共同特点做过大量研究。他叫大家思考一下什么是这些百岁老人共同的特点。大多数人以为医生会列举饮食、运动、节制烟酒以及其他会影响健康的东西。然而，令听众惊讶的是，医生告诉他们，这些寿星在饮食和运动方面没有什么共同特点。他们的共同特点是对待未来的态度——他们都有人生目标。

制定人生目标未必能使你活到 100 岁，但必定能增加你成功的机会。人生倘若没有目的，你也许会一事无成。正如贸易巨子 J.C. 宾尼所说："给我一个心中有目标的普通职员，我就能使他成为创造历史的人；给我一个心中没有目标的人，我只能给你一个平凡的职员。"

目标具有神奇的推动力，但是，当人们觉得自己的目标并不重要时，他们为达到目标所付出的努力就没有什么价值。如果他们觉得自己的目标很重要，情况就会相反。为什么人们必须把目标建立在自己的理想上面呢？这就是原因之一。如果你的各个目标组合成了你所珍视的理想，那么你就会觉得为之付出的努力是有价值的。

同样，目标对于一个组织团体来说是必不可少的，对于组织团体里的每一个人都是很重要的，有些企业运作欠佳，最常见的问题就是员工缺乏热情。这些人终日兢兢业业，除了完成手头的日常工作外，并无明确目标。没有热情的人是不会有大作为的。

相反，如果一些机构里的员工心中有目标的话，大家就有士气，热情高涨了。目标使人们心中的想法更具体化，更易实现。同事们能明确要瞄准什么，干起活来心中有数。

奋斗者一旦有了目标，就总是能主动出击，而不是亡羊补牢。他们提前谋划，而不是等别人的指示。他们不允许其他人操纵他们的工作进程。不事前谋划的人是不会有进展的。《圣经》中的诺亚并没有等到下雨才开始造他的方舟。

目标使人们产生事前谋划的动力，目标迫使人们把要完成的任务分解成可行的步骤。正如富兰克林在自传中所说的："我总认为一个能力很一般的人，如果有个好计划，是会有大作为，为人类做大贡献的。"

目标给予人们把握现在的力量。人在现实中通过努力来实现自己的目标。正如希拉尔·贝洛克说："当你为将来做梦或者为过去而后悔时，你惟一拥有的现在却从你手中溜走了。"

虽然目标是朝着将来的，是有待将来实现的，但目标却使我们能把握住现在。为什么呢？因为大的任务是由一连串小的任务或小的步骤组成的。要实现任何理想，都要制定并且达到一连串的目标。每个重大目标的实现都是几个小目标小步骤实现的结果，所以，如果你集中精力于当前手上的工作，心中明白你现在的种种努力都是为实现将来的目标铺路，那你就能成功。

还是道格拉斯·列顿说得好:"你决定人生追求什么之后,你就做出了人生最重大的选择。要能如愿,首先要弄清你的愿望是什么。"有了理想,你就看清了自己最想取得的成就是什么。有了目标,你就会有一股顺境也好逆境也罢都勇往直前的冲劲,你的目标使你能取得超越你自己能力的东西。你必须要有精彩的目标,当你有了精彩的目标时,你才会有伟大的成就,你的人生才够精彩。

每次只走一英里

⊙生命比盖房更需要蓝图,然而一般人从来都没有计划过生命,每天只是醉生梦死地度过。

⊙经过周密的思考后,特意不采取行动。因为胸有成竹,所以不轻举妄动。时机尚未成熟便想一步登天,结果成事不足,却败事有余。

人生宛若一艘轮船,如果在大海中失去了方向舵而在海上打转,那么它很快就会把燃料用完,却仍然到达不了岸边。事实上,它所用掉的燃料,足以使它来往于海岸及大海好几次。

一个人的行为总是与他意志中的最主要的思想相互配合,这已是大家公认的一项心理学原则。

特意植在脑海中并维持不变的任何明确的主要目标,在下定决心要将它予以实现之际,这个目标将渗透到整个潜意识,并自动地影响到我们身体的外在行动,使我们一步步地接受它。

在心理学上有一种方法,你可以利用它把你明确的目标深深刻印在潜意识中,这个方法就是所谓的"自我暗示",也就是你一再向自己提出暗示。这等于是某种程序的自我催眠,但不要因为如此就对它产生恐惧。拿破仑就是借助于这个方法,使自己从出身低微的科西嘉穷人,最后成为法国的独裁君主;林肯也是借助于这同样的方法,跨越了一道宽广的鸿沟,使他走出肯塔基山区的一栋小木屋,最后成为美国总统。

只要你能确定,你所努力追求的目标,将能为你带来永久的幸福,你就用不着害怕这种"自我暗示"的方法了。但一定要先弄清楚,你的明确目标是建设性的,它的获得不会给任何人带来痛苦及悲哀,它将给你带来安详及成功,然后,你就可以按照你了解的程度运用这项方法,以求迅速达成这项目标。

潜意识也许可以比作是一块磁铁,当它被赋予功用,在彻底与任何明确目标发生关系之后,它就会吸引住达成这项目标所必备的条件。

请大家先做一个实验吧:

组织两组人,分别沿着两条 10 公里的路向同一个村子前进。

两组的差别在于:第一组不知道村庄的名字,也不知道路程的远近,只告诉他们跟着向导走就行。而第二组的人不仅知道村子的名字、路程，而且公路上每一公里就有一块里程碑，请你来猜想一下他们完成任务的情况吧！

你大概想不到，第一组的人刚走了两三公里就有人叫苦，走了一半时就有人几乎愤怒了，他们抱怨为什么要走这么远，何时才能走到。走了一半时有人甚至坐在路边不愿走了，越往后走他们的情绪越低。

而第二组的人呢，他们边走边看里程碑，每缩短一公里大家便有一小阵的快乐。行程中他们用歌声和笑声来消除疲劳，情绪一直很高涨，所以很快就到达了目的地。

这个实验对你会有一定的启迪吧！只有具体、明确并有时限的目标才具有指导行动和激励自己的价值。只有充分地了解自己在特定时限内完成特定任务，你才会集中精力，开动脑筋，调动自己和他人的潜力，从而为实现自己的目标而奋斗。如果没有明确具体目标的时限，那么任何人都难免精神涣散、松松垮垮，要完成自己所制定的目标也就只是一句空话。

25岁的时候，雷因因失业而挨饿。他白天就在马路上乱走，目的只有一个，那就是躲避房东的讨债。一天他在42号街碰到著名歌唱家夏里宾先生。雷因在失业前，曾经采访过他。但是，他没想到的是，夏里宾竟然一眼就认出了他。

"很忙吗？"他问雷因。

雷因含糊地回答了他，他想他看出了他的遭遇。

"我住的旅馆在第103号街，跟我一同走过去好不好？"

"走过去？但是，夏里宾先生，60个路口，可不近呢。"

"胡说，"他笑着说，"只有5个街口。是的，我说的是第6号街的一家射击游艺场。"

虽然这里有些所答非所问，但雷因还是顺从地跟他走了。

"现在，"到达射击场时，夏里宾先生说，"只有11个街口了。"

不多一会儿，他们便到了卡纳奇剧院。

"现在，只有5个街口就到动物园了。"

又走了12个街口，他们在夏里宾先生的旅馆停了下来。奇怪得很，雷因并不觉得怎么疲惫。

夏里宾给他解释为什么要步行的理由：

"今天的走路，你可以常常记在心里，这是生活中的一个教训。你与你的目标无论有多遥远的距离，都不要担心，把你的精神集中在5个街口的距离。别让那遥远的未来令你烦闷。"

不要迷失自己的目标，每次只把精力集中在面前的小目标上，这样，遥不可及的目标便近在眼前了。

著名的作家、战地记者希达·赖德先生曾用这种方法救了自己的生命，听听他讲的亲身经历吧：

第二次世界大战期间，我跟几个人不得不从一架破损的运输机上跳伞逃生，结果迫降在缅印交界处的树林里。当时我们惟一能做的就是拖着沉重的步伐往印度走，全程长达 140 英里，必须在 8 月的酷热中和季风所带来的暴雨侵袭下，翻山越岭，长途跋涉。

才走了一个小时，我一只长筒靴的鞋钉就扎了脚。傍晚时双脚都起泡出血，像硬币那般大小。我能一瘸一拐地走完 140 英里吗？别人的情况也差不多，甚至更糟糕。他们能不能走呢？我们以为完蛋了，但是又不能不走。为了节省体力，我们每次只走一英里，休息 10 分钟后，再继续下一英里的路程。我们就这样走着，有一天，我们竟然惊奇地发现我们已走出了这一段魔鬼旅程……

大海是由一滴一滴水汇集而成的；
房屋是由一砖一瓦砌成的；
大力神杯是靠赢得一场又一场的比赛才获得的。
……

每个重大的成就都是由一系列的小成就累积而成的。

按部就班做下去是惟一的实现目标的聪明做法。有些时候，某些人从表面看来似乎是一夜成名，但是如果你仔细看看他们的历史，就知道他们的成功并不是偶然的。

据说现代马拉松比赛，每隔 5 公里就有一个标识牌。也就是说，一开始以 5 公里外的标识牌为目标，按照自己的配速跑，到了之后，再以下一个 5 公里外的标识牌为目标……像这样，将 42.195 公里的长距离区分为许多个小段，而不是一口气跑完全程。

一位奥运会长跑冠军在自传中这样说道：

"每次比赛之前，我都要乘车把比赛的线路仔细地看一遍，并把沿途比较醒目的标志画下来，比如第一个标志是银行；第二个标志是一棵大树；第三个标志是一座红房子……这样一直画到赛程的终点。比赛开始后，我就以百米的速度奋力地向第一个目标冲去，等到达第一个目标后，我又以同样的速度向第二个目标冲去。40 多公里的赛程，就被我分解成这么几个小目标轻松地跑完了。"

这个方法也可以用到工作或是读书方面。人既然活在世上，就应该有值得努力的目标。然而，如果目标过于远大，令人觉得不太可能实现，无论是谁都不会有努力的欲望。即使好不容易勉强自己去做，我想终究还是会半途而废的，因为一直都无法感受到成功的滋味。

目标如果设定在可见的距离，就会使人怀抱希望，持续努力。名著《夜与雾》的作者法兰克，曾以精神分析医生的眼光，冷静观察囚禁在纳粹犹太人集中营的同胞的心理。其中，有件很有意思的事。

有个犹太人一心想要从集中营中活着出来，但是，这种希望却怎么想都不太可能实现。于是，他便把目标设定为"几月几日联军将会来拯救我们，在此之前，我一定要忍耐"，而延续生存的希望。结果，在他预定的联军将会到来的日子之前，无论环境多么恶劣，令人惊讶地，他都能坚强地活下去。然而，一过他预定联军会来的日期，他就急速地衰弱而死亡了。

也许我们所遭遇的没有这么极端，但同样的道理在我们的日常生活中都能发现。无论工作或是读书，只要我们觉得目标可能实现，自然就会充满干劲和希望。相反的，如果不知道工作什么时候才能完成，就提不起继续努力的念头。

想要实现自己的目标，先把目标订为每天可以完成的目标。像马拉松的标识牌一样，区分目标，订立计划。亦即，将目标分为大目标、中目标、小目标，或是称作终生目标、中期目标、近期目标。

譬如，一生的大目标是成为政治家，为人民服务。然而，这目标虽然远大，却不是一朝一夕可以实现的，必须先铺路作准备。因此，要设定中期目标。譬如，通过高考，或是就读名牌大学等等。为了达成中期目标，每天所应做的努力，就是近期目标。

《圣经·旧约》中记载：阿西德无论走到哪里，都播下苹果种子。我建议生活中的每一个人都能够向他看齐，不过，要记住，你们播的是成功的种子！无论走到哪里，都要为成功播种，然后再证实有足够的时间茁壮成长，你便有了成功的果实、成功的收获了。

当然，越快成功越好，但是不要操之过急。操之过急的人，往往会有麻烦。避免麻烦比摆脱麻烦要容易得多，所以，你要想顺利地、轻松地实现"未来远景"，就必须一步一个脚印，制定每一个事业发展阶段的"短期目标"。这样，你就可以踏着这些台阶，拾级而上，奔向成功的目标了。

专心致志，直到成功

⊙一次做好一件事的人比同时涉猎多个领域的人要好得多。
⊙如果把一亩草地所具有的全部能量聚集在蒸汽机的活塞杆上，那么它所产生的动力就可以推动世界上所有的磨粉机和蒸汽机。
⊙无论做什么事，我们都要"咬紧"一处，坚持不懈地进攻，才会有所突破，做出成就。

"无论做什么，不管是学习、工作还是游戏，对每件事情都要全身心地投入。年轻人一定要记住：做事情不要三心二意，更不要见异思迁，不要当无所不能的废品。"这是一位成功商人给儿子的忠告。

实际上，这也是所有奋斗成功者的秘密。

英国政治活动家、小说家爱德华·立顿说："有许多人看到我整日里如此忙碌，事无巨细、无不顾及，竟然还能有时间来从事学问研究，他们都免不了奇怪地问我：'你怎么会有那么多时间来完成了这样多的著述呢？你究竟有什么分身之术，可以做完这么多工作呢？'或许我的回答会令你大吃一惊，答案就是——'我之所以能做到这一点，是因为我从来不同时做好几件事情。'一个能从容自若地安排好工作的人肯定不会让自己过于劳累。换句话说，如果他在今天疲于奔命的话，那么随之而来的必定是疲劳和困乏，这样的话，他明天就不得不减慢工作节奏，所以结果就是得不偿失。我认为，我真正专心致志的学习是从离开大学校园到跨入社会之后开始的。到现在为止，我觉得在生活阅历和各种知识的积累方面，跟同时代的绝大多数人相比，自己都毫不逊色。我游历了很多地方，所见甚广；在政界和各种各样的社会事务中，我也收获颇丰；除此之外，我在各地出版了大约60本著作，其中涉及的许多课题都是需要深入研究的。你认为通常一天中我会有多少时间用来研究、阅读和写作呢？我可以告诉你，不到3个小时；在国会开会期间，可能连3个小时都没有。然而，在这3个小时之内，我却是全神贯注地投入到我的工作的，心无旁骛，用心极专。"

生活中之所以有许多人最终都无法实现少年时代的梦想，原因就是他们同时涉足了太多的领域，由此难免会分散精力，这就阻碍了他们的进步，使得他们最终一事无成。他们没有采取一种更明智的做法，集中心志于某一个领域，咬定青山不放松，最终成为该领域所向无敌的行家里手；相反，他们选择了在很多领域都想成为三脚猫似的人物，他们四处出击，什么东西都有所涉猎，却又都是浮光掠影，浅尝辄止，最终只懂得一点皮毛。

一个人要"有所为"必须同时要"有所不为"，严格约束自己"有所不为"的人，方能大有所为。一个人只有做到以超脱的态度对待世事的纷繁和扰动，才有可能倾其全力攻关于重点领域，在这一领域做出突破。

无论做什么事，我们都要"咬紧"一处，坚持不懈地进攻，才会有所突破，做出成就。每一位渴求成功的人，尤其是处于创业阶段的奋进者，务必要时时防范自己，不要滥铺摊子，滥用精力，不要以为到处出击才有收获，而应当像锥子那样，钻其一点，各个击破，让自己在某一方面展示出自己的特长，这样才能赢得更大的成功。那些自认为是多才多艺、精力超群的人，结果反而是看起来样样通，实际上却什么都不懂，这样，别人以令人耀眼的特长立足于世，而你却难以与其匹敌，因此痛失获得成功的各种机会。

有一次，一个青年苦恼地对昆虫学家法布尔说："我不知疲劳地把自己的全部精力都花在我爱好的事业上，结果却收效甚微。"法布尔赞许说："看来你是一位献身科学的有志青年。"这位青年说："是啊！我爱科学，可我也爱文学，对音乐和美术我也感兴趣。我把时间全都用上了。"法布尔从口袋里掏出一块放大镜说："请把你的精力集中到一个焦点上试试，就像这块凸透镜一样。"

马休斯博士说过，那些同时有着很多目标、精力分散的人会很快地耗尽他们的精力，随着精力的耗尽，随之而来的便是原先雄心壮志的消磨。

欧文·伯克斯顿曾说过，如果一个人在生活中只追求一个目标——一个惟一的目标，那么在有生之年，他极有可能就会实现自己的愿望。但是，如果他事事喜好，见异思迁，那就好像是到处撒播种子，到头来只会一无所获，抱憾终生。

有一个热心肠的人，看到有人正要将一块木板钉在树上当搁板，便走过去管闲事，说要帮他一把。

他说："你应该先把木板头子锯掉再钉上去。"于是，他找来锯子才锯两三下就撒手了，说要把锯子磨快些，于是他又去找锉刀。接着又发现必须先在锉刀上安一个顺手的手柄。于是，他又去灌木丛中寻找小树，可砍树又得先磨快斧头。磨快斧头需将磨石固定好，这又免不了要制作支撑磨石的木条。制作木条少不了木匠用的长凳，可这没有一套齐全的工具又是不行的。于是，他到村里去找他所需要的工具，然而这一走，就再也不见他回来了。

那些对奋斗目标用心不专、左右摇摆的人，对琐碎的工作总是寻找遁词，懈怠逃避，因此，他们注定是要失败的。

让我们吸取鲍勃的教训吧。鲍勃虽然没受过什么教育，但他的父亲却为他留下了一大笔钱。

他拿出10万美元投资办一家煤气厂，可造煤气所需的煤炭价钱昂贵，这使他大为亏本。于是，他以9万美元的售价把煤气厂转让出去，开办起煤矿来。可这又不走运，因为采矿机械的耗资大得吓人。因此，鲍勃把矿里拥有的股份变卖8万美元，转入了煤矿机器制造业。从那以后，他便像一个内行的滑冰者，在有关的各种工业部门中滑进滑出，没完没了。

几年过去了，鲍勃却一事无成，而10万美元也化为乌有。更可怕的是，他甚至在生活中也是这种见异思迁的态度。

他对一位姑娘一见钟情，十分坦率地向她表露了这段感情，为使自己能配得上她，他便开始在精神品德方面陶冶自己。他去一所星期日学校上了一个半月的课，但不久便自动逃遁了。两年后，当他认为问心无愧、无妨启齿来求婚时，那位姑娘却早已嫁给了别人。

不久他又如痴如醉地爱上了一位迷人的、有5个妹妹的姑娘。可是，当他上姑娘家时，却喜欢上了二妹，不久又迷上了更小的妹妹，到最后一个也没谈成功。

福威尔·伯克斯顿把自己的成功归因于勤奋和对某个目标持之以恒的毅力。在追求某个目标时，他从来都是全身心地投入。正是对自身奋斗目标的清楚认识和执着追求，造就了他最后的成功。正如人们所说的，持之以恒，锲而不舍，则百事可为；用心浮躁，浅尝辄止，则一事无成。

不知你是否注意到，针尖虽然几乎细不可见，剃刀或斧头的刀刃虽然薄如纸片，然而，正是它们在披荆斩棘中却起着决定性的开路先锋的作用。如果没有针尖或刀刃，那么针或刀都无法发挥作用。在生活中，能够克服艰难险阻，最后顺利到达成就巅峰的人，也必是那些能够在某一领域学有所专、研有所精因而有着刀刃般锐利锋芒的人。

一方面，我们应当避免那些把自己局限在某一死角的狭隘观点，因为那会阻碍我们心智的全面发展；但另一方面，我们也必须避免自己成为普瑞德笔下那个"无所不能的悲剧人物"：

> 他的谈话就像是一条奔腾湍急的河流，
> 不停地转弯，在岩石之间碰撞。
> 一会儿是严肃的政治，一会儿又是诙谐的调侃：
> 刚才还在说穆罕默德，现在却又讲起了摩西。
> 一开始是深奥的天体运行规律，
> 告诉我们行星为何发光发热；
> 忽而话题却转到了琐碎的生活俗事上，
> 诸如如何给赛马钉马掌、如何给黄鳝剥皮。

如果你从小教育你的孩子学习走路时要专心致志，视线集中，那么，他通常会顺利地到达目的地而不会有跌倒之虞。相反，如果他精力分散，那么大半会跌倒在地，弄得灰头土脸。"年轻人，要坚持做一件事情，"他又对一位年轻的酿酒师说，"坚持酿你的酒，你就会成为伦敦最伟大的酿酒师。但是，如果你既要酿酒，又要当银行家，又要做贸易，还要当制造商，那么你最终将无所是从、一事无成。"

不要博而泛，要精而专，这是当今时代的要求。在这个社会分工越来越细，专门领域越来越精的时代，如果一个人把自己的精力分散开来，那他注定是不会成功的。

"我搬运过货物，记录过信息，制作过地毯，还写过诗"，这是伦敦一个在这些领域都表现平平的人写下的话。他让人想起了巴黎的一位科纳德先生，他是一位"小有名气的作家，懂一点会计业务，通一点植物学，还会炸薯条"。

成功与失败的最大区别不在于一个人做了多少工作，而在于他做了多少有意义的工作。在失败者当中，相当多的人所付出的努力本来足以取得显赫的成就，但是，他们的含辛茹苦就像边建设边破坏一样，最后的结果仍然是支离破碎的一堆。他们没有适应环境，把自己的工作成果转化成潜在的机会。他们也没有能够把小的失败转化为大的成功契机。他们的能力不可谓不够，时间不可谓不多——这些都是成功的经纬线条，但是，他们用力推来推去的却是个空无一物的纺织机，真正的生活之网上连一根线都没有挂上。

如果你询问其中一个人，他的生活目标和理想是什么，他会回答你："我还不大清楚自己到底适合做什么，但是，我确信勤奋是成功的关键，我决心一生勤勤恳恳地努力工作，我想我总会得到些什么的。"

有些人的目标用笼统的词句表达，比如说："当一名成功的医师。"有的则比较具体，如："要发明能有效治疗胃痛或头痛的药物。"广泛的事业目标也有用，因为它们有整体的观点，可以解放想象力，帮助我们探究所有可能的选择。但是，广泛的目标却不能使我们确定自己所要做的是什么。由于这个缘故，我们就需要具体的事业目标。

每个人都有自己的事业心像，并以能实现自己的理想心像为满足。对此，史蒂芬·柯维博士建议说："你必须先确定自己的目标，让思想为你绘制一幅最好的事业心像，使它栩栩如生。然后，运用想象力使它和你形影不离，同起共坐，并且同心协力，达到前途。"

为什么要拥有一个具体事业的目标心像呢？

因为有了具体的理想之像，你就不再孤独和寂寞了。彼此心灵相通，可以互相关心与鼓励，切磋讨论，创立事业，培养品性。

事实上，在发展个人事业的过程中，具体目标与你个人是一合二、二合一，浑然一体的。所以，首先你必须充实自己的知识，丰富自己的人生经验，发展起高尚的理想和正确的人生观，从而拟定自己的理想人生。但是，只有理想，只有所谓的具体事业目标是不够的，你必须采取切实的行动。不过，潜意识已把具体的事业目标化成心像，闪动在你眼前，提醒你、督促你继续未做的工作。通过紧密的合作，直到目标变成现实。

"永远不要抱着投机的态度来学习，"沃特斯语重心长地告诫我们，"这种学习态度只能导致一无所获。首先要给自己制订一个计划，确定一个奋斗目标，然后脚踏实地地为之努力，把你所有精力的和才干都用在上面，这样你就离成功不远了。我所说的投机的学习态度，是指那种由于认为所学的东西未来某个时候可能会带来好处，而毫无方向地进行学习的态度。"

你大概玩过这样的游戏吧！

在夏天最炎热的某一天，把放大镜拿出来放在报纸上，中间隔一小段距离。很快你就会发现，如果放大镜是移动的话，你永远也无法点燃报纸。但是，如果放大镜不动，你把焦点对准报纸，很快你就能利用太阳的威力，把报纸点燃。

化学家告诉我们，如果把一英亩草地所具有的全部能量聚集在蒸汽机的活塞杆上，那么它所产生的动力足以推动世界上所有的磨粉机和蒸汽机。但是，因为这种能量是分散存在的，所以从科学的角度来说，它基本上毫无价值可言。这也说明，能量一旦聚焦于一点，将会产生多么大的动力。

伊格·劳拉有一句名言："一次做好一件事情的人比同时涉猎多个领域的人要好得多。"在太多的领域内都付出努力，我们就难免会分散精力，阻碍进步，最终一无所成。圣·里奥纳多在一次给一名爵士的信中谈到他的学习方法，并解释自己成功的秘密。他说："开始学法律时，我决心吸收每一点有用的知识，并使之同化为自己的一部分。在一件事没有充分了解清楚之前，我绝不会开始学习另一件事情。"

耶鲁的教授乔治·戴维森就是靠专注才取得了成功。

乔治从小就有一个梦想，希望能像他心目中的这些英雄那样能改变世界，服务于全人类。不过，要实现他的目标，他就需要受到最好的教育，他知道只有在美国才能得到他所需要的教育。

要命的是，他身无分文，没办法支付路费，而到美国足有1万公里的距离。而且，他根本不知要上什么学校。也不知道会被什么学校招收。

但乔治还是出发了，他必须踏上征途。他徒步从他的家乡尼亚萨兰的村庄向北穿过东非荒原到达开罗，在那儿他可以乘船到美国，开始他的大学教育。他一心只想着一定要踏上那片可以帮助他把握自己命运的土地，而其他的一切都可以置之度外。

在崎岖的非洲大地上，艰难跋涉了整整五天以后，乔治仅仅只前进了 25 英里。食物吃光了，水也快喝完了，而且他身无分文。要想继续完成后面的几千英里的路程似乎是不可能的，但乔治清楚地知道回头就是放弃，就是重新回到贫穷和无知。

他对自己发誓：不到美国我誓不罢休，除非我死了，于是他继续前行。

有时他与陌生人同行，但更多的时候则是孤独地步行。他大多数夜晚都过着以大地为床、星空为被的生活。他依靠野果和其他可吃的植物维持生命。艰苦的旅途生活使他变得又瘦又弱。

由于疲惫不堪和心灰意懒，乔治几欲放弃。他曾想说："回家也许会比继续这似乎愚蠢的旅途和冒险更好一些。"

他并未回家，而是翻开了他的两本书，读着那熟悉的语句，他又恢复了对自己和目标的信心，继续前行。

要到美国去，乔治必须具有护照和签证，但要得到护照他必须向美国政府提供确切的出生日期证明，更糟糕的是要拿到签证，他还需要证明他拥有支付他往返美国的费用。

乔治只好再次拿起纸笔给他童年时起就曾教过他的传教士们写了封求助信。结果传教士们便通过政府渠道帮助他很快拿到了护照。然而，乔治还是缺少领取签证所必须拥有的那笔航空费用。

乔治并不灰心，而是继续向开罗前进，他相信自己一定能通过某种途径得到自己需要的这笔钱。

几个月过去了，他勇敢的旅途事迹也渐渐地广为人知。关于他的传说已经在非洲大陆和华盛顿佛农山区广为流传。斯卡吉特峡谷学院的学生们在当地市民的帮助下，寄给了乔治 640 美元，用以支付他来美国的费用。当他得知这些人的慷慨帮助后，他疲惫地跪在地上，满怀喜悦和感激。

1960 年 12 月，经过两年多的行程，乔治终于来到了斯卡吉特峡谷学院。手持自己宝贵的两本书，他骄傲地跨进了学院高耸的大门。

乔治凭着自己的专注，终于实现了自己的目标。

从千百万个成功者身上，我们可以发现一个共同的事实，他们几乎都是从自己的兴趣、特长起步，果断执行自己的战略决策，明确自己的主攻目标，再"缩小包围圈"，向此目标步步逼近，最后终于一举成功。

把明确目标写下来，可使你更清楚地了解你所希望的是什么，它可提醒你明确目标的力量，同时暴露出目标的缺点。

如果你写不出心中所想的明确目标，则可能意味着，你对这些目标的确信程度还不够。

一旦你写出计划之后，便应每天对自己至少大声念一次，这样做不但可以加强你的执着信念，同时也可以强化你内心里的力量。

当你面临选择执行的方法时，念出写好的明确目标，可使你对目标本身有更清楚的了解，并使你仍然朝着目标前进。

当然，我们也可以利用书面计划，来确保每一位团队成员都能为相同的目标努力。个人的能力有限，但若能以共同的明确目标为基础，集合众人的才智，并以和谐的态度迈进目标，则能成就伟大的事业。

带上你的职业地图

⊙如果你不知道你要到哪儿去，通常你便哪儿也去不了。

⊙征服世界的将是这样一些人：开始的时候，他们试图找到梦想中的乐园。当他们无法找到的时候，他们便亲手创造了它，就像在出外旅游之前你会很自然地带上地图一样。

⊙成功的人生需要正确的规划。事实上，你今天站在哪里并不重要，但是你下一步要迈向哪里却很重要。

乔治·萧伯纳说过："征服世界的将是这样一些人：开始的时候，他们试图找到梦想中的乐园。当他们无法找到的时候，他们便亲手创造了它，就像在出外旅游之前你会很自然地带上地图一样。"个人职业生涯规划就是带领我们穿越迷雾，走向成功的地图，我们只有依靠它的指导，才能够顺利地到达成功的彼岸。一个职业目标与生活目标相一致的人是幸福的，职业生涯的设计实质上是追求最佳职业生涯的过程。

职业生涯即事业生涯，是指一个人一生连续担负的工作职业和工作职务的发展道路。成功的职业生涯规划要求你根据自身的兴趣、特点，将自己定位在一个最能发挥自己长处的位置，以其最大限度地实现自我价值。个人职业规划要在了解自我的基础上确定适合自己的职业方向、目标并制定相应的计划，以避免就业的盲目性，降低从业失败的可能性，为个人走向职业成功提供最有效率的路径。著名管理专家诺斯威尔对职业生涯规划内涵的界定是这样的：个人结合自身情况以及眼前的制约因素，为自己实现职业目标而确定的行动方向、行动时间和行动方案。

职业规划的好处主要有三点：

第一，它可以减少许多焦虑与情绪波动（高涨与低落）。

第二，它可以使生活与工作的效率更高，更易获得成就。

第三，他可以使自己集中优势资源，避免一切干扰，使自己更容易获得成功。

那么，我们该如何才能做好自己的职业规划呢，概括起来共有五个步骤：

1. 了解你自己。

成功的人生需要正确的规划。事实上，你今天站在哪里并不重要，但是你下一步要迈向哪里却很重要。一个有效的职业生涯设计，必须在充分且正确地认识自身的条件与相关环境的基础上进行。对自我及环境的了解越透彻，越能做好职业生涯设计。因为职业生涯设计的目的不只是协助你达到和实现个人目标，更重要的也是帮助你真正了解自己。

你需要审视自己、认识自己、了解自己，并作自我评估。自我评估包括自己的兴趣、特长、性格、学识、技能、智商、情商、思维方式、思维方法、道德水准以及社会中的自我等内容。详细估量内外环境的优势与限制，设计出自己的合理且可行的职业生涯发展方向，通过对自己以往的经历及经验的分析，找出自己的专业特长与兴趣点，这就是职业设计的第一步。

了解自己，我们可以采用对自己的五个追问来实现这一点，此种方法依托的是归零思考的模式：即从问自己是谁开始，然后一路问下去，共有五个问题：

我是谁？

我想做什么？

我会做什么？

环境支持或允许我做什么？

我的职业与生活规划是什么？

回答了这五个问题，找到它们的共同点，你就可以对自己有一个清楚的了解了。如果你有兴趣，现在就可以试试。先取出五张白纸、一枝铅笔、一块橡皮。在每张纸的最上边分别写上以上五个问题。然后，静下心来，排除干扰，按照顺序，独立地仔细思考每一个问题。

对于第一个问题"我是谁"回答的要点是：面对自己，真实地写出每一个想到的答案；写完了再想想有没有遗漏，确实没有了，再按重要性进行排序。

对于第二个问题"我想干什么"可将思绪回溯到孩童时代，从人生初次萌生第一个想干什么的念头开始，然后随年龄的增长，回忆自己真心向往过想干的事，并一一地记录下来，写完后再想想有无遗漏，确实没有了，就进行认真的排序。

对于第三个问题"我能干什么"则把确实证明的能力和自认为还可以开发出来的潜能都一一列出来，认为没有遗漏了，就进行认真的排序。

对第四个问题"环境支持或允许我干什么"的回答则要稍做分析：环境，有本单位、本市、本省、本国和其他国家，自小向大，只要认为自己有可能借助的环境，都应在考虑范畴之内。在这些环境中，认真想想自己可能获得什么支持和允许，搞明白后便一一写下来，再以重要性排列一下。

如果能够成功回答第五个问题"我的职业规划是什么"，那么您就有了最后答案了。

做法是：把前四张纸和第五张纸一字排开，然后认真比较第一至第四张纸上的答案，将内容相同或相近的答案用一条横线连起来，您会得到几条连线，而不与其他连线相交又处于最上面的线，就是您最应该去做的事情，您的职业生涯就应该以此为方向。在此方向上以三年为单位，提出近期、中期与远期的目标，再在近期的目标中提出今年的目标；将今年的目标分解为每季度目标、每月目标、每周目标、每天目标。这样，您每天睡前就可以对照自己的目标进行反省，总结当日的成就与失误、经验与教训，修正明天的目标与方法，第二天醒过来后稍加温习就可以投入行动了！这样日积月累，就没有不能实现的规划。

值得注意的是，很多人往往认为选择最热门的职业就意味着对自己最有前途，对此，有关专家提醒：选择职业重要的是能正确地分析自己，找到自己最适合做的专业，然后努力成为本行业的佼佼者。

2. 清楚目标，明确梦想。

如果你不知道你要到哪儿去，那通常你哪儿也去不了。

确立目标是制定职业生涯规划的关键，有效的生涯设计需要切实可行的目标，以便排除不必要的犹豫和干扰，全心致力于目标的实现。制定自己的职业目标并没有想象的那么难，只要考虑一下你希望在多少年之内达到什么目标，然后一步一步往回算就可以了。目标的设定要以自己的最佳才能、最优性格、最大兴趣、最有利的环境等信息为依据。通常目标分短期目标、中期目标、长期目标和人生目标，但是有一点，就是说你要保证这个目标至少在你本人看来是伟大的。没有切实可行的目标作驱动力，人们是很容易对现状妥协的。

3. 制定行动方案。

你的职业正在帮助你实现人生的最终目标吗？你是否有一种途径可以让你现有的职业与你的人生基本目标相一致？

正如一场战役、一场足球比赛都需要确定作战方案一样，有效的生涯设计也需要有确实能够执行的生涯策略方案，这些具体的且可行性较强的行动方案会帮助你一步一步走向成功，实现目标。

通常职业生涯方向的选择需要考虑以下三个问题：

我想往哪方面发展？

我能往哪方面发展？

我可以往哪方面发展？

如果你现在是一个销售人员，但你的 5 年、10 年或 20 年的个人职业规划是希望成为一个营销主管。那么，你应该问自己下列几个问题：

我需要哪些特别的培训和学习才能使我够资格做一名营销主管？

为使自己的发展道路顺畅坦荡，需要排除的内部和外部障碍有哪些？

我目前的上司在这方面能给我帮助吗？我周围的人在这方面能给我帮助吗？

目前的公司对我最终成为营销主管的可能性有多大？是否比在其他公司机会更大？

作为某一级主管这个职位的经验水平和年龄层次是怎样的？我是否符合这个范围？

4. 停止梦想，开始行动。

立即行动。这是所有生涯设计中最艰难的一个步骤，因为行动就意味着你要停止梦想而切实地开始行动了。如果动机不转换成行动，那么动机终归是动机，目标也只能停留在梦想阶段。正如一场战役、一场足球比赛都需要确定作战方案一样，有效的生涯设计也需要有确实能够执行的生涯策略方案，这些具体的且可行性较强的行动方案会帮助你一步一步走向成功，实现目标。

职业规划成功的案例都是在有明确的职业目标后，在求职过程中不断与那个目标看齐的。当然，并不是每一个人都具有远见，定下自己的目标，并有计划地不断朝这个方向努力的，但这一点对职业发展却起着至关重要的作用。

5. 修正你的计划。

计划不如变化快。影响你职业生涯规划的因素诸多，有的变化因素是可以预测的，而有的变化因素却难以预测。要使职业生涯规划行之有效，就须不断地对职业生涯规划进行评估，修正生涯目标、生涯策略，使方案更为恰当，以适应环境的改变，同时可以作为下轮生涯设计的参考依据。

成功的职业生涯设计需要时时审视内外环境的变化，并且调整自己的前进步伐。目标的存在只是为你的前进指示一个方向，而你是它的创造者，你可以在不同时间与不同环境下更改它，让它更符合你的理想。

在今天，我们的工作方式不断推陈出新，除了学习新的技能知识外，还得时时审视自己的生涯资本，并意识到其不足的地方，不断修正自己的目标，才能立于不败之地。

人性的弱点，人性的优点

第六章　合理规划生活，跳出盲目的陷阱

生命中的重要决定

⊙当你到了18岁时，你可能面临着两个重大的决定：你如何谋生？你选择一个什么样的人生伴侣？

⊙一个人只要无限地热爱自己的工作，他就可能获得成功。

⊙选择一个合适的工作，这对你的健康也十分重要。

⊙让我们为那些已经找到自己心爱工作的人祝福，他们无须祈求其他的幸福了。

如果你已经到了18岁，那么你就可能要作出你一生中最重要的两个决定，这两个决定将会深深地改变你的一生，影响你的幸福、收入和健康，这两个决定可能造就你，也可能毁灭你。那么这两个重大的决定是什么？

第一，你将如何谋生？也就是说，你准备干什么？是做一名农夫、邮差、化学家、森林管理员、速记员、兽医、大学教授，还是去摆一个摊子？

第二，你将选择一个什么样的人生伴侣？

对有些人来说，这两个重大决定通常像在赌博一样。哈里·艾默生·佛斯迪克在他的一本书里写道："每位小男孩在选择如何度过一个假期时，都是赌徒。他必须以他的日子做赌注。"

那么你怎样才能减低选择假期中的赌博性呢？

首先，如果可能的话，应尽量找到一个自己喜欢的工作。有一次，我请教轮胎制造商古里奇公司的董事长大卫·古里奇，我问他成功的第一要件是什么，他回答说："喜欢你的工作。"他说："如果你喜欢你所从事的工作，你工作的时间也许很长，但却丝毫不觉得是在工作，反倒像是在做游戏。"

爱迪生就是一个好例子。这个未曾进过学校的报童，后来却使美国的工业革命完全改观。爱迪生几乎每天都在他的实验室里辛苦工作18个小时，在那里吃饭、睡觉，但他却丝毫不以为苦。"我一生中从未做过一天工作，"他宣称，"我每天都其乐无穷。"

所以他会取得成功！

我曾听见查理·史兹韦伯说过类似的话。他说："每个从事他所无限热爱的工作的

· 314 ·

人，都能取得成功。"

也许你会说，刚入社会，我对工作都没有一点概念，怎么能够对工作产生热爱呢？艾得娜·卡尔夫人曾为杜邦公司雇佣过数千名员工，现为美国家庭产品公司的公共关系副总经理，她说："我认为，世界上最大的悲剧就是，那么多的年轻人从来都没有发现他们真正想做些什么。我想，一个人如果只从他的工作中获得薪水，而别无其他，那真是最可怜的了。"卡尔夫人说，有一些大学毕业生跑到她那儿说："我获得了达茅斯大学的文学学士学位或是康莱尔大学的硕士学位，你公司里有没有适合我的职位？"他们甚至不晓得自己能够做些什么，也不知道希望做些什么。因此，难怪有那么多人在开始时野心勃勃，充满玫瑰般的美梦，但到了40多岁以后，却一事无成，痛苦、沮丧，甚至精神崩溃。事实上，选择正确的工作，对你的健康也十分重要。琼斯霍金斯医院的雷蒙大夫与几家保险公司联合作了一项调查，研究使人长寿的因素，他把"合适的工作"排在第一位。这正好符合了苏格兰哲学家卡莱尔的名言："祝福那些找到他们心爱的工作之人，他们已无须企求其他的幸福了。"

我最近曾和索可尼石油公司的人事经理保罗·波恩顿畅谈了一晚上。他在过去的20年中，至少接见了75万名求职者。我问他："今日的年轻人求职时，所犯的最大错误是什么？""他们不知道他们想干些什么，"他说，"这真叫人万分惊骇，一个人花在选购一件穿几年就会破损的衣服上的心思，竟比选择一件关系到将来命运的工作要多得多——而他将来的全部幸福和安宁全都建立在这件工作上了。"

面对竞争日益激烈的社会，你该怎么办呢？你应如何解决这一难题？你可以利用一项叫做"职业指导"的新行业，也许他们可以帮助你，也许将会损害你——这全靠你所找的那位指导者的能力和个性了。这个新行业距离完美的境界还十分遥远，甚至连起步也谈不上，但其前程甚为美好。你如何利用这项新科学呢？你可以在住处附近找出这类机构，然后接受职业测验，并获得职业指导。

当然他们只能提供建议，最后作出决定的还是你。记住，这些辅导员并非绝对可靠。他们之间经常无法彼此同意。他们有时也犯下荒谬的错误。例如，一个职业辅导员曾经建议我的一位学生做一位作家，只不过是因为她的词汇很广。多荒谬可笑！事情并不那样简单，好作品是将你的思想和感情传达给你的读者。要想达到这个目的，不仅需要丰富的词汇，更需要思想、经验、说服力和热情。建议这位有丰富词汇的女孩子当作家的这位职业辅导员，实际上只完成了一件事：他把一位极佳的速记员改变成一位沮丧的准作家。

我想说明的一点是，职业指导专家，即使是你和我，也并非绝对可靠。你也许该多找几个辅导员，然后凭普通常识来判断他们的意见。

你或许会觉得很奇怪，为什么我尽在文章中说一些令人沮丧的话。但假如你了解多数人的忧虑、后悔和失落，都是由于不重视工作的选择而引起的话，你就不会觉得这是什么稀奇事了。你可以询问你的爸爸、邻居，或是你的上司。

约翰·史都家·米勒宣称，工人无法适应和喜欢他们的工作，就是社会最大的损失之一。是的，世界上最糟糕的就是憎恨他们日常工作的产业工人。

你可了解在陆军中最先"崩溃"的是哪一类人？他们就是被分派到错误部门的人！我指的并不是在战斗中受到重创的军人，而是那些在普通任务中精神垮掉的人。威廉·孟宁吉博士，是我们当今最伟大的精神病专家之一，他在第二次世界大战期间负责陆军精神治疗部门的工作。他说："我们在军中发现挑选和安置人员是非常重要的事情，就是说要使合适的人去从事一项合适的工作，最重要的是，要使人相信他所从事的工作的重要性。当一个人失去兴趣时，他会觉得他是被安排在一个极端错误的职位上，他会觉得他不受上级赏识，他会确信他的才能被埋没了。我们将会发现，在这样的情况下，他就是没有患上精神病，也会埋下精神病的前奏。"

是的，出于相同的理由，一个人也会在工商业中"精神崩溃"。假如他看不起他的工作和事业，他也可能会把它搞砸了。

菲尔·强生的情况就是一个很有说服力的例子。菲尔·强生的父亲开了一家洗衣店，他把儿子叫到店中工作，希望他将来能承担起这家洗衣店。但菲尔非常憎恨洗衣店的工作，因此总是敷衍了事，打不起精神，只做些应该做的工作，而其他的工作则坚决不过问。有时候，他干脆溜走玩去了。

他爸爸非常心痛，认为养了一个不求上进的儿子，使他在他的员工面前丢尽了颜面。

有一天，菲尔告诉他爸爸，他渴望做个专业的机械工，去一家机械厂任职。什么？一切又重新开始？这位老人非常吃惊。不过，菲尔还是坚持他自己的意见。他穿上油腻腻脏兮兮的粗布工作服，从事比洗衣店更为辛苦的工作，而且工作的时间更长，但他竟然兴奋得在工作中吹起口哨来。他选修工程学课程，装置机械，研究引擎。他在1944年时去世，当时已经是波音公司的总裁了，而且制造出当时最先进的轰炸机，帮助盟军赢得了第二次世界大战。假如他当年迫于父命的威严留在洗衣店不走，他和洗衣店——尤其是在他爸爸离开人世后，究竟会转变成什么样子呢？

我想，整个洗衣店都会垮掉，最后一无所获。

即便会引起家庭的纠纷，但我依然要奉劝各位有自己兴趣的年轻人：不要仅仅因为你家人希望你那样做，你就去勉强从事某一行业，除非你喜欢。尽管如此，你依然要认真考虑父母给你的建议，他们的年纪比你大很多，他们已获得那种惟有从众多经验及过去岁月中才能总结出的智慧。但是，到了最后决定的关头时，你自己必须作最后决定，因为在将来工作中，感到欢乐或悲哀的是你自己，而不是别人。

以上已说了很多，如今我向你提供下述建议，其中有一些劝告，以便在你选择工作时作为参考：

1. 阅读并研究下列有关选择职业的建议。这些建议是由最权威人士提供的，由美国最成功的一位职业指导专家基森教授所拟定。

（1）如果有人告诉你，他有一套神奇的制度，可指示出你的"职业倾向"，千万不要找他。这些人包括摸骨家、星相家、个性分析家、笔迹分析家。他们的法子不灵。

（2）不要听信那些说他们可以给你作一番测验，然后指出你该选择哪一种职业的人。这种人完全违背了职业辅导员的基本原则，职业辅导员必须考虑被辅导人的健康、社会、经济等各种情况，同时他还应该提供就业机会的具体资料。

（3）找一位拥有丰富的职业资料藏书的职业辅导员，并在辅导期间妥为利用这些资料和书籍。

（4）完全的就业辅导服务通常要面谈两次以上。

（5）绝对不要接受函授就业辅导。

2. 避免选择那些原已拥挤的职业和事业。在美国，谋生的方法共有两万种以上。想想看，两万多！但年轻人可否知道这一点？除非他们借用一位占卜师的透视水晶球，否则他们是不会知道的。结果呢？在一所学校内，2/3 的男孩子选择了五种职业——两万种职业中的五项，而 4/5 的女孩子也是一样。难怪少数的事业和职业会人满为患，难怪白领阶层会产生不安全感、忧虑和"焦急性的精神病"。特别注意，如果你要进入法律、新闻、广播、电影以及"光荣职业"等这些已经人满为患的圈子内，你必须要费一番大功夫。

3. 避免选择那些维生机会只有 1/10 的行业，例如，兜售人寿保险。每年有数以万计的人——经常是失业者，事先未打听清楚，就开始贸然兜售人寿保险。根据费城房地产信托大楼的富兰克林·比特格先生的叙述，以下就是此一行业之真实情形。在过去 20 年来，比特格先生一直是美国最杰出而成功的人寿保险推销员之一。他指出，90％的首次兜售人寿保险的人会又伤心又沮丧，结果在一年内纷纷放弃。至于留下来的，10 人当中的一人可以卖出 10 人销售总数的 90％，而另外 9 个人只能卖出 10％的保险。换个方式来说：如果你兜售人寿保险，那你在一年内放弃而退出的机会将为 90％，而留下来的机会只有 10％。即使你留下来了，成功的机会也只有 1％而已，否则你仅能勉强糊口。

4. 在你决定投入某一项职业之前，先花几个礼拜的时间，对该项工作做个全盘性的认识。如何才能达到这个目的？你可以和那些已在这一行业中干过 10 年、20 年或 30 年的人士面谈。

这些会谈对你的将来可能会有极深的影响。我从自己的经验中了解到了这一点。我在二十几岁时，向两位老人家请求职业上的指导。现在回想起来，可以清楚地发现那两次会谈是我生命中的转折点。事实上，如果没有那两次会谈，我的一生将会变成什么样子，实在是难以想象。

你又该怎样获得这些职业指导呢？为了方便说明，姑且先假设你打算做一名建筑师。在你决定完之后，你应当花几个星期去拜访你附近的有一定资历的建筑师。你可以从电话黄页的分类栏里，找出他们的姓名和居住地点。不管有没有预约，你都能够打电话去他们的办公室。假如你希望能见见面，你便可以写信给他们，内容大致如下：

能否麻烦您帮个小忙？我今年 18 岁，正考虑进修做一名建筑师，我希望能接受您的指导，在我作出最终决定之前，很希望向您讨教一些问题。

假如您没有时间，无法在办公室指导我，而愿意留出半个小时在您家中指导我，那我将万分感激。

下面就是我想向您请教的一些问题：

（1）假如让您的生命再来一次，您是否愿意还是做一名建筑师？

（2）在您仔细打量我之后，我想请问您，您是否认为我具备一名成功建筑师的条件和素质？

（3）建筑师这一行业是否已经挤不下多余的人？

（4）假如我认真修完 4 年的建筑学课程后，要找工作是否非常困难？我最好首先接受哪一类的工作？

（5）假如我的水平属于二流，在开始的 5 年当中，我可以期望自己赚多少钱？

（6）当一名建筑师，坏处和好处各是什么？

（7）假如我是您儿子，您是否愿意鼓励我当一名建筑师？

假如你很害羞，不敢单独与"大人物"见面，我这儿有两点建议，能够帮助你。

找一个和你同岁的伙伴一起去，你们相互可以增加对方的信心。假如你找不到同龄人，你便可以请求你爸爸和你一起去拜访。

记住，你向某人请教，等于是给他荣誉。对于你的请求，他会有一种被敬重的感觉。

记住，成年人一向是很乐意向年轻的男女提出自己的建议和忠告的，你求教的建筑师将会很快乐地接受你的求教。

假如你不愿写信预约时间，那就可以直接到那人的办公室去，对他说，假如他能向你提供一些专业的指导，你将不胜感激。

假设你拜访了 5 位建筑师，而他们都太忙了，无暇接见你（这种情况几乎没有），如果是那样的话，你再去拜访另外 5 位，他们之中总会有人接见你，向你提出宝贵的意见。这些意见或许可以使你免除很长时间的迷茫和失落。

记住，你是在作你人生中最重要且影响最深远的两项决定中的一个，于是，在你采取行动之前，应该多花点时间探索事情的本来面目。假如你不这样做，你可能在下半辈子中后悔不已，假如经济条件允许，你可以付钱给对方，补偿他半小时的时间和建议。

克服"你只适合一种职业"的超级错误的观念！只要是正常的人，都能够在多种职业上成功。相同的，每个正常的人，也都有可能在多种职业上同时失败。拿我自己为例，假如我自己准备从事下列各项职业，我相信，成功的机会一定比其他职业多，并且对于所从事的工作，也一样深深地感到欢乐，它们包括：农艺、果树栽培、科学农业、医药、销售、广告、报纸编辑、教书、林业。另一方面，我坚信下述的工作，我一定不喜欢，并且也必定会失败：会计、速记、工程、旅馆或工厂的经理、建筑设计师、机械事务，以及其他数百类工作。

不要为工作和金钱烦恼

⊙人类70%的烦恼都跟金钱有关,而人们在处理金钱时,却往往意外地盲目。

⊙令多数人感到烦恼的,并不是他们没有足够的钱,而是不知道如何支配手中已有的钱。

⊙即使我们拥有整个世界,我们一天也只能吃三餐,一次也只能睡一张床——即使一个挖水沟的人也能做到这一点,也许他们比洛克菲勒吃得更津津有味,睡得更安稳。

如果我懂得如何解决每个人的财务烦恼,我就不会写这本书,而将安坐在白宫内,坐在总统身旁。但我可以在此作出一些小贡献:我可以引述各方面专家权威的看法,并提出一些十分可行的建议,指出你可以从何处获得书籍和小册子,使你得到额外的指导。

根据《妇女家庭月刊》所作的一项调查,我们70%的烦恼都跟金钱有关。盖洛普民意测验协会主席盖洛普·乔治说,从他所作的研究中显示,大部分人都相信只要他们的收入增加10%,就不会再有任何财政的困难。在很多例子中确实如此,但是令人惊讶的是,有更多例子则并不尽然。我在撰写本章时,曾向预算专家爱尔茜·史塔普里顿夫人请教。她曾担任纽约及全培尔两地华纲梅克百货公司的财政顾问多年,她曾以个人指导员身份,帮助过那些被金钱烦恼拖累的人。她帮助过各种收入的人,从一年赚不到1000美元的行李员,至年薪10万美元的公司经理。她如此对我说:"对大多数人来说,多赚一点钱并不能解决他们的财政烦恼。"事实上,我经常看到,收入增加之后,并没有什么帮助,只是徒然增加开支——增加头痛。"使多数人感觉烦恼的,"她说,"并不是他们没有足够的钱,而是不知道如何支配手中已有的钱!"——你对最后那句话表示不屑一听,是吗?好吧,在你再度表示轻蔑之前,请记住,史塔普里顿并没有说"所有的人"。她说"大多数人"。她并不是指你而言。她指的是你姊妹和表兄弟,他们的人数可多了。

有许多读者可能会说:"我希望作者这小子来试试看:拿我的周薪,付我的账款,维持我应有的开支。只要他来试一试,我就担保他会知道我的困难而不再说大话。"说得不错,我也有过我的财政困难:我曾在密苏里的玉米田和谷仓做过每天10小时的劳力工作,我辛勤地工作,直至腰酸背痛。我当时所做的那些苦工,并不是一小时1块美金的工资,也不是5毛钱,也不是10分钱,我那时所拿的是每小时5分钱,每天工作10小时。

我知道一连20年都住在一间没有浴室、没有自来水的房子里是什么滋味。我知道睡在一间零下15度的卧室中是什么滋味。我知道徒步数里远,以节省一毛钱,以及鞋底穿洞、裤底打补丁的滋味。我也尝试过在餐厅里尽点最便宜的菜，以及把裤子压在床垫下的滋味——因为我没钱将它们交给洗衣店。

然而，在那段时间里，我仍设法从收入中省下几个铜板，因为如果我不那么做，心里就会不安。由于这段经历，我终于明白，如果你我都渴望避免负债以及避免金钱烦恼，就必须和一些公司一样：拟定一个花钱的计划，然后根据那项计划来花钱。可惜，我们大多数人都不这样做。例如我的好朋友黎翁·西蒙金，他指出人们在处理金钱事务时，会表现得意外盲目。他告诉我，有位他认识的会计员，在公司工作时，对数字精明得很，但等到他处理个人财务时……就让我们打个比喻吧，如果这个人在星期五中午拿到薪水，他会走到街上去，看到商店橱窗里有件叫他着迷的大衣，就毫不犹豫地将它买下来——从不考虑房租、电费，以及所有各项"杂"费，迟早都要由这个薪水袋里抽出来付掉。然而这个人却又知道，如果他所服务的那家公司以他这种贪图目前享受的方式来经营，则公司势必会破产。

有件事你需要考虑：当牵涉到你的金钱时，你就等于是在为自己经营事业。而你如何处理你的金钱，实际上也确实是你"自家"的事，别人无法帮忙。

不过，什么是管理我们金钱的原则呢？我们该如何展开预算和计划？以下有 10 条规则。

1. 把事实记在纸上。

亚诺·班尼特 50 年前到伦敦，立志做一名小说家，当时他很穷，生活压力大，所以他便把每一便士的费用都记录下来。他难道想知道他的钱是怎么花掉的？不是的。他心里有数。他十分欣赏这个方法，并不停地保持这一类记录，甚至在他成为世界闻名的作家、富翁，拥有一艘私人游艇之后，也还保持这个习惯。

约翰·洛克菲勒也保持同样的习惯。他每天晚上在祷告之前，总要把每便士的钱花到哪儿去了弄个一清二楚，然后才上床睡觉。

难道你我也应该一样，必须去弄个本子来，开始记录，记录一辈子？不，不需要。预算专家建议我们，至少在最初的一个月要把我们所花的每一分钱作准确的记录——如果可能的话，可作三个月的记录。这只是提供给我们一个正确的记录，使我们知道钱花到哪儿去了，然后我们就可依此作一预算。

哦，你知道你的钱花到哪儿去了？嗯，也许如此。但就算你真知道，1000 人当中，也只能找到一个像你这样的人。史塔普里顿夫人告诉我，通常，当人们花费几小时的时间把事实和数字忠实地记录在纸上后，他们会大叫："我的钱就是这样花掉的？"他们真是不敢相信，你是否也这样？可能。

2. 拟出一个真正适合你的预算。

史塔普里顿夫人告诉我，假设有两个家庭比邻而居，住同样的房子，同样的郊区，家里孩子的人数一样，收入也一样——然而，他们的预算需要却会截然不同。为什么？因为人性是各不相同的。她说，预算必须按照各人需要来拟定。

预算的意义，并不是要把所有的乐趣都从生活中抹杀。真正的意义在于给我们物质安全感——从很多情况下来说，物质安全感就等于精神安全和免于忧虑。"依据预算来生活的人，"史塔普里顿夫人告诉我，"比较快乐。"

但你应该怎么进行呢？首先，如同我所说的，你必须把所有的开支列出一张表来，然后要求指导。你可以写信到华盛顿的美国农业部，去索取这一类的小册子。在某些大城市——密尔瓦基、克利夫兰、明尼亚波利斯，以及其他大城市——主要的银行都有专家顾问，他们将乐于和你讨论你的财务问题，并帮你拟定一项预算。

讨论此一题目的小册子中，我所见过的最好的一本名叫《家庭金钱管理》，由"家庭财务公司"发行。顺便提一下，这家公司出版了一整套的小册子，讨论到许多预算上的基本问题，例如房租、食物、衣服、健康、家庭装饰，和其他各项问题。

3. 学习如何聪明地花钱。

意思是说，学习如何使金钱得到最高价值。所有大公司都设有专门的采购人员，他们啥事也不做，只是设法替公司买到价格最合理的东西。身为你个人产业的男、女主人，你何不也这样做？

4. 不要因你的收入而增加头痛。

史密斯夫人告诉我，她最怕的就是被请去为年薪 5000 美元的家庭拟定预算。我问她为什么。"因为，"她说，"每年收入 5000 美元，似乎是大多数美国家庭的目标。他们可能经过多年的艰苦奋斗才达到这一标准——然后，当他们的收入达到每年 5000 美元时，他们便认为已经'成功'了，他们开始大肆扩张：在郊区买栋房子——'只不过和租房子花一样多的钱而已'，买部车子，许多新家具，以及许多新衣服——等你发觉时，他们已进入赤字阶段了。他们实际上并不比以前更快乐——因为他们把增加的收入花得太凶了。"

我们都希望获得更高的生活享受，这是很自然的。但从长远方面来看，到底哪一种方式会带给我们更多的幸福——强迫自己在预算之内生活，或是让催账单塞满你的信箱，以及让债主来猛敲你的大门？

5. 投保医药、火灾，以及紧急开销的保险。

对于各种意外、不幸，及可意料的紧急事件，都有小额的保险可供投保。但并不是建议你在澡盆里滑倒至染上德国麻疹的每件事皆投上保险，但我们郑重建议，你不妨为自己投保一些主要的意外险，否则，万一出事，不但花钱，也很令人烦恼。而这些保险的费用都很便宜。

6. 不要让保险公司以现金将你的人寿保险付给你的受益人。

如果你投保人寿是为了在你死后能照顾家人，那么绝不可让保险公司一次将大批现钞付给你的受益人。

"不许多领钞票的新寡妇"将会如何？马利翁·艾伯是纽约市人寿保险研究所妇女组主任。她在全美国各地的妇女俱乐部演讲，指出不让寡妇领取人寿保险金，而改为领取终生收入的好处。她提到一位收到 2 万人寿保险现金的寡妇，她将钱借给儿子开创汽车零件事业。事业失败了，她现在穷困潦倒，三餐不继。她提到另外一位寡妇，被一位油腔滑调的房地产经纪人所诱,把她的大部分人寿保险金拿来购买一些"保证在一年之内将会增值一倍"的空地。而3年之后,她把土地卖掉,却只拿回最初投资的1/10。她又提到另外一位寡妇,在领取了1.5万美金的人寿保险金的12个月以后,就必须向儿童福利协会申请补助款抚养她的儿子。像这样的悲剧,数以千计,不胜枚举。"2.5万美元在妇女手中,平均不到7年就全部花光。"这是纽约时报经济编辑施维业·彼特在《妇女家庭月刊》上所发表的文章中所提出的。

《星期六晚邮》多年以前在其社论中说:"众人皆知,由于妇女多半未受商业训练,又无银行替她拿主意,因此她很可能在第一个狡猾的捐客向她进行游说之后,就贸然把她丈夫的人寿保险金拿去购买不稳定的股票。任何一位律师或银行家都可举出许多这类例子:节俭的丈夫多年省吃俭用的终生存款,只因为他的寡妇或孤儿相信某位靠骗取女人为生的骗子,而将之全部花光。"如果你想在死后保障妻子和儿女的生活,何不向 J. P. 摩根学习?他是当代最伟大的金融专家之一。他把遗产分赠给16位受益人,其中12位都是妇人。他遗赠给这些妇女的是现金吗?不。他留给她们的是有价证券,使这些妇女每月都可以得到固定收入。

7. 教育子女重视金钱。

我永远都不会忘记我在《你的生活》中所读到的一篇文章。作者史带拉·威斯顿·托特叙述她怎样教导她的小女儿养成对金钱负责任的好习惯。她从银行里取得一本独特储钱本,交给她只有9岁的女儿。每当小女儿拿到每周的零花钱时,就将零花钱"存进"那本储钱本中,妈妈则自任银行的"出纳员"。然后在那几个星期之中,每当她需使用里面的钱的时候,就从本子中"取出",把余款数目仔细地记录下来。小女孩不但从其中得到了许多别的孩子无法体会到的乐趣,而且也学会了应该对金钱负责任。

这真是个非常好的办法。假如你有正在就读高中的儿子或女儿,而你希望他们好好学习怎样能负责任地处理金钱,我便在此郑重地向你推荐一本这方面的必读书,书名为《好好安排你的金钱》,对十几岁的孩子怎样合理地用钱,有很精辟而实际的见解——从上街理发至购买可乐无所不及。同时该书也提及到如何计划预算,帮助他们顺利读完大学。确定无疑的是,假如我有一位正在上高中的儿子,我必定也要他阅读这本书,然后我再学习一下,利于拟定家庭开销预算。

8. 家庭主妇可在家中赚一点额外收入。

假如在你聪明地拟好精密的开支预算之后,你发现仍然无法填补开支,那么你便能够选择下面两件事之一:你能够谴责、忧愁、担心、埋怨,你也可以想办法赚一点额外的钱。该怎么做呢?想赚钱的只需找到人们最需要而当前供不应求的东西即可。家住纽约杰克森山庄的娜丽·史皮尔夫人就是这么想也是这么做的。在1932年,她自己独住在一套三个房间的公寓楼里,她的丈夫已经离开人世,两个儿子都已成家。有一天,她到一家饭店的柜台买冰淇淋,发现柜台同时也卖水果饼,但那些水果饼看起来实在有点差。她问老板愿不愿向她买一些真正的家制水果饼,最终他订了两块水果饼。"我自己也是个好厨师，"史皮尔夫人对我讲述她的故事时说，"但从前当我们住在佐治亚州时，一直雇着女佣人，我亲手烘制饼干的次数大约只有几次而已。在那个老板向我预订了两块水果饼之后，我马上向邻居请教了烘制苹果饼的方法。结果，那家餐厅的顾客对我最初的两块水果饼——苹果饼和柠檬饼大加称赞。餐厅第二天就预订了 5 块饼干，紧接着其他的餐馆也开始向我订货。在两年之内，我就成为了每年烘制 5000 块饼的家庭主妇。我自己一人在我的小厨房内完成所有的烘制工作，我一年的收入已高达 10000 美元，除了一些制饼的材料成本之外，我一毛钱也没乱花。"

意料之中的是，随着史皮尔夫人的烤饼的需求量越来越大，她只能把工作的地点搬出厨房，租下一间店面，并雇了两个少女帮忙，制作水果饼、蛋糕、卷饼。在第二次世界大战期间，人们排队一个多小时等着买她所烘制的食品。

"我一生中从来没有这样欢乐地生活过，"史皮尔夫人说，"我一天在店里工作 12～14 小时，但我从不觉得疲倦，因为对我来说，那根本就不算是工作，那是生活中的奇妙的体验。我只是尽我的能力和技巧使周围的人们更加兴奋，我非常忙，根本没有多余的时间忧虑。我的工作弥补了妈妈和丈夫离开人世后留下的情感空白。"

我请教史皮尔夫人，其他烹调技术比较高超的家庭主妇，是否也能够在空闲的时间以同样的办法，在一个一万人以上的小城市里赚取额外的收入。她回答说："完全可以，她们可以这样做。"

娜拉·史琳达夫人也有相同的想法。她住在一个 3 万人居住的小镇——伊利诺依州梅梧市。她就在厨房里以一毛钱成本的原料开创了事业。她的丈夫生病了，她必须赚点额外收入，但怎么办呢？没有经验和技术，没有启动资金，只不过是一名家庭主妇。她从一枚蛋中取出蛋清加上一点糖料，在厨房里做了一些饼干，然后她捧了一盘饼干站在学校附近，将饼干卖给正放学回家的小孩子们，一块饼干卖一分钱。"孩子们，明天多带点钱来，"她说，"我天天都会带着好吃的饼干在这儿等你们。"第一周，她不仅赚了 4.15 元，还为生活带来了不一样的兴趣。她为自己和孩子们带来了欢乐，如今已没有多余的时间去忧愁了。

这位来自伊利诺依州的冷静沉着的家庭主妇很有野心，她决定向外扩展——找个代理人在人声鼎沸的芝加哥出售她家制作的饼干。她羞怯而紧张地和一位在街头卖花生的意大利生意人接洽，他耸耸肩膀，表示拒绝，说他的顾客要的是花生，而不是她的饼干。4 年后，她在芝加哥开了第一家饼干店，店面只有 8 尺来宽。她晚上制作饼干，白天摆出来卖。这位从前非常羞涩和胆怯的家庭主妇，从她厨房的炉子上开始，建立了自己的饼干工厂，如今已拥有 19 家连锁店——其中 18 家都设在芝加哥最繁华的鲁普区。

我在此想说明一点，娜丽·史皮尔和娜拉·史琳达不但不为金钱的烦恼所束缚，反而采取积极的行动。她们以最小的规模，从厨房出发——没有租金，没有广告成本。在这样的情况下，一名妇人要被财务烦恼拖到崩溃，大概是不会发生这样的事情的。

看看你的周围，你将会发现尚未达到饱和的行业实在是太多了。例如，假如你自己是一名非常有水平的厨师，你或许可开设教人烹饪的班级，就在你自己的厨房内教导一些女孩子们，这也是生财之道。说不定很快就会门庭若市。

有无数本书籍能够教导你怎么利用余暇时间赚钱，你可到公立图书馆借来仔细看看。不管男人、女人，都有很多工作机会。但我必须提出一句忠告：除非你天生有推销的才能，否则不要尝试去挨家挨户地卖东西，大多数人都非常憎恨这份工作，并都以失败告终。

9. 赌博等于送死。

对于那些企图通过赌博、赛马及玩老虎机发笔横财的人，我总是感到非常诧异。我认识一个拥有几架这种"独臂大盗"的机器并靠它们谋生的人，他对于那些天真地以为能战胜早已设计好的专门用来骗他们钱的机器的傻瓜们，除了藐视之外，没有丝毫的同情。

我也知道一名美国赌马迷。他是我成人教育训练班上的学生。他告诉我，即使他对赛马的所有知识都了如指掌，也无法在赌马中发财。然而他并不是惟一的一个，实际上，每年都有众多的超级傻瓜，在赛马中扔下60亿美金，这个数目刚好是美国在1910年全国财政赤字的6倍。这位赛马迷同时对我说，假如他想干掉他的敌人，再也没有比说服那个人去赌赛马更好的办法了。我问他，假如某人根据赛马的情报内幕来下注，其结果会怎样？他的回答出人意料，他说："照这种办法来赌赛马，确定无疑的是，能够把美国所有制造钱币的工厂输掉！"

假如我们真的要决定赌博，至少也要学机灵一点，先让我们算一下我们的胜率是多少。如何来找呢？你可以阅读一本《如何计算胜率》的书，作者为奥斯华·贾柯比——桥牌及扑克方面的最高级的专家、权威，也是一家保险公司的统计顾问。该书总共215页，教会你在赌赛马、吃角子老虎、扑克、骰子、桥牌、轮盘、梭哈和股票市场时，计算胜率有几分。这本书同时还告诉你，在其他各种各样的活动中，你得胜的概率有多少，全有数字依据，对你会非常有帮助。它并不是故意教你怎么去赌博，作者没有那种想法，他只是想把在普遍流行的赌博中你可能失败的几率坦白地告诉你。当你看见了这些失败的比例之后，你将会无比同情那些易于受骗的人，他们把辛苦挣来的钱丢在了赛马、纸牌、骰子、吃角子老虎之上。

10. 如果我们无法改善我们的经济情况，不妨宽恕自己。

如果我们不可能改善我们的经济情况，也许我们可改进心理态度。记住，其他人也有他们的财务烦恼。我们可能因为经济情况比琼斯家差而烦恼；但琼斯家可能因为比不上李兹家而烦恼；而李兹家又因为跟不上范德比家而懊恼。

美国历史上最著名的人物也有他们的财务烦恼。林肯和华盛顿都必须向人借贷，才能启程前往首都就任总统。

要是我们得不到我们所希望的东西，最好不要让忧虑和悔恨来苦恼我们的生活。最好让我们原谅自己，学得豁达一点。根据古希腊哲学家艾皮科蒂塔的说法，哲学的精华就是："一个人生活上的快乐，应该来自尽可能减少对外来事物的依赖。"罗马政治家及哲学家塞尼加也说:"如果你一直觉得不满,那么即使你拥有了整个世界,也会觉得伤心。"

男佐女佑:如何处理家庭职业冲突

⊙最适合某个人的工作,或能够使他感到快乐的工作,并不一定就会使他富有或过得上好日子。

⊙疑虑是我们心中的叛逆者,由于害怕去追求,将会使我们失去我们通常能够赢得的东西。

⊙上帝的确偏爱勇敢和坚强的心灵。

19世纪70年代,我的祖父查理士·劳勃特森在堪萨斯州的农庄长大,他想要移居到印第安·泰里特利去,看看自己能够在这个边界殖民区里能够做出什么事业,于是他便和他的妻子哈丽特就将他们的行装整理好,放进一辆敞篷马车里,带着孩子们往未知的前途出发了。他们在锡马龙的河岸定居,这个地方,就是现在的奥克拉荷马州东北。我的祖父建造了一座木屋,用篱笆围起一片属于自己的土地。不久,他借了一些钱在这个小乡村开了一家小店,那就是现在奥克拉荷马州的杜尔沙市。

我的祖母哈丽特的日子过得很艰苦,她要照顾9个小孩,身体不太好,而且生活也很不方便。那里没有医生,只有一家一间教室的教会学校供小孩子念书。艰苦的生活、债务、寒冷的冬天和炎热的夏天,这就是他们全部的写照了。但是以边疆的生活标准来说,查理士·劳勃特森成功了:哈丽特活着看到她的丈夫变成了一个成功的、受人敬重的居民,她的儿女们也都幸福地结婚了,而印第安·泰里特利也变成联邦政府的一州。

联邦政府这些州的发展,不仅由于有像查理士·劳勃特森这种男人的眼光——他们开拓了新的天地并且扩展疆界,而且也归功于这些勇敢的妻子,就像哈丽特,她们勇敢地去尝试新机会。这些女人信仰上帝,信仰她们的丈夫,而且信仰她们自己。她们勇敢地面对着危险、困苦、疾病和死亡。当她们朝西部前进的时候,有没有怀念过她们离开的舒适的家?有没有后悔过离开了朋友、双亲、财富以及现在所面对的物质缺乏、害怕和劳苦的生活?如果她们没有后悔过,那么她们就是没有人性了。

但是就是这样,拓荒的人们跟随着自己的丈夫来到这些荒凉地区,写下了美国历史上光辉的一页。他们留给了自己的儿女一笔巨大的遗产,包括一片土地、一座城市,以及一种不屈不挠的勇气和无法动摇的信心。

盼望丈夫成功的妻子,必须发扬我们的拓荒前辈的刻苦精神。妻子必须心甘情愿地让自己的丈夫去做他最喜爱的任何事情,纵然他的做法是很冒险的。不管遭到了什么挫折,她必须有深信丈夫的勇气,而且毫不畏惧地去支持他。能够不顾一切地努力去实现进取心和创造心的人,更不会为了其他的原因而退缩了。

例如,我认识的一个男人,在他所不喜欢的职位上工作了一辈子,只因为他的太太宁愿牺牲任何代价,也要维持安定的生活。

开始的时候他只是个记账员,后来他赚够了钱,可以开自己的汽车修理厂了,这时候他结了婚,而他的太太认为在他们还没有买下房子以前,他最好不要辞去工作。等到他们有了房子以后,他们正要生下第一个孩子,这位男士的妻子使他觉得,开创自己的事业将是一件多么辛苦的傻事——于是日子就这样过去了。他的薪水已经足够家庭开销,还有保险金可以供应孩子的教育费用。有必要开创自己的事业吗?太可笑了!如果失败了怎么办?他可能会失去在公司里的年资、公司的退休金、疾病津贴,以及一份中等而固定的薪水。于是这位男士就失去了创业的机会,因为他的妻子不愿意给他尝试的机会。

现在,他是个对生活感到厌倦的、庸庸碌碌的中年人,他把空闲的时间用来修补自己的汽车。他有张失意的脸孔,患有胃溃疡,此外便再也没有什么东西可回想的了。生命就这样过去了。他生命绝大部分的时间都用来压抑他对于工作的不满,他对自己的工作没有真正的兴趣,没有热心,没有完成的野心——这都是因为他的太太不愿意给他尝试的机会。

如果当初他放弃了不喜欢的工作,尝试努力去做自己选择的工作而失败了,事情又会怎样?至少他将会因为已经做过自己想要尝试的工作而感到满足,而且如果他尝够了失败的滋味,他也就真的会成功了。

然而,使人感到兴奋的是,这种类型的妻子似乎只是少数而已。在雪佛酿酒公司最近的一项调查里,有6000名各种年龄的家庭主妇接受了访问。其中有一个问题问到,如果她丈夫想要从一个他不太喜欢的安定工作,转到另外一个较不安定而且薪水较低,但是却能够使丈夫感到高兴的工作中去,太太们是否会赞成。接受访问的太太们只有25%说,她们不愿意让自己的丈夫改行。

我曾经替一位叫做查尔斯·雷诺兹的人做过事,他是奥克拉荷马州杜尔沙市一家大石油公司的财务助理。他是个活泼、能干又讨人喜欢的年轻人,看来一定可以一帆风顺地往上爬。他有太太、3个小孩以及光辉的远景。

空闲的时候,查尔斯·雷诺兹喜爱绘画。他的许多风景油画,都悬挂在公司办公室的墙上,有时候他也把画卖给公司外面的人。

虽然雷诺兹先生喜欢自己的工作,但是他更渴望有更多的时间来绘画。他一向很喜爱新墨西哥州的陶欧斯城,那儿是艺术家的乐园,他想要放弃自己的工作,永久移居到那边去。当他和他的太太露丝谈到去开一家绘画用品店时,他太太鼓励他说:"我们也可以卖画框,我照顾店面,你就可以画画了,我相信我们一定是可以成功的。"

由于太太热心的鼓励,查尔斯·雷诺兹便下定决心辞掉工作,专心作画了。他们全家人都有了开创新事业的精神,就连年轻的小查尔斯放学以后也会帮忙店务。他画得非常好,终于成为了西南部最成功的画家之一。他的作品曾经在整个美国展览过;

他也曾经在许多画廊举办过个人画展。现在，他是陶欧斯城画家协会的会长，在新墨西哥州陶欧斯城闻名的济特·卡森街上，他还建造了自己的画廊和画室，这都是因为他和他的妻子有勇气去尝试一个机会。

这种冒险的成功并不值得惊讶——胜算的可能性是很高的，如同范狄格里夫特将军经常在战前对他的军队所说的："上帝偏爱那些勇敢和坚强的人。"

最适合于某个人的工作，或能够使他感到快乐的工作，并不一定就会使他富有或是过上好日子。然而除非一个人的工作能够带给他内心的满足，否则就不算是真正的成功了。当妻子的需要有精神上的耐力，才能够让她的丈夫自由自在地做他所喜爱的工作，而放弃他所不满意的、不高兴的、薪水较好的职位。

许多伟大的成就，可能都是因为不自私的妻子愿意尝试一个机会——而且愿意放弃物质享受，因此她们的丈夫才能够从事适合于他们个性的工作。

救世军不只是它伟大的创始者威廉·布斯的活纪念碑，而且也是威廉最具爱心的妻子凯瑟琳·布斯的活纪念碑，因为她曾奉献出那么多的精力来推广这个运动。

威廉·布斯把传道当成自己的天职，他在伦敦的贫民窟对穷人、残废人和流浪汉讲道。他、他的妻子和孩子们都忍受着寒冷、饥饿和嘲笑。他努力于帮助穷人，以至于损害了自己的健康。他的妻子也从小就很瘦弱。凯瑟琳·布斯患有脊柱弯曲症，必须使用脊柱支柱。她还受着肺痨的威胁，晚年又受到了癌症的折磨。她临死前说："我从来就不知道有哪一天不是生活于痛苦之中的。"

然而这位孱弱、瘦小而多病的妇人，不只要做饭、洗衣和照顾他们的 8 个子女，还要帮助她的丈夫，为那些比他们更加穷困的人奉献出他们慈爱的努力。她也传教讲道。到了晚上，在白天的劳累之后，她还要到贫民窟去帮助那些饥饿、生病或是遭遇困难的人。她为那些怀有私生子而未出嫁的姑娘准备饭菜，找寻安身的处所。她和那些小偷、流浪汉与妓女说话。

你一定会想（难道你不这样想吗），凯瑟琳·布斯只要有适当的机会，一定会想离开这个悲惨的地方的。这种机会也曾出现过，有一次牧师会议为布斯的真诚所感动，就在一个比较富裕的地区，留给他一个舒服的讲道工作——这样他就可以放下他在贫民窟的工作了。

他们忽略了威廉的妻子。凯瑟琳·布斯马上站起来叫道："不要！不要！"

多亏她不怕艰难和有坚定的信心，现在才有救世军在各处工作。我真希望凯瑟琳能够活得更久一些，能亲眼看到她为丈夫所做的贡献而得到的结果。我真希望她现在已经知道，在威廉·布斯的葬礼之中，当他的灵柩经过的时候，伦敦街头拥挤着 6.5 万多人在向他表示敬意。伦敦市长也在他葬礼的行列中送行，欧洲的宫廷和美国总统也都送来花圈，在他的灵柩后面，有 5000 名年轻的救世军跟随着，并唱着赞美的诗歌颂他们伟大的领袖。我宁愿相信凯瑟琳已经都知道了——这位瘦弱的女人完全不顾自己的安全，加入她丈夫献身的伟大工作。

帮助丈夫获得成功，这本身就是一个需要专业精神的工作，除非你相信帮助丈夫是一件非常重要、而必须付出你所有注意力的事，否则你就没有办法帮助你丈夫了。

以下是个迷人女孩子的真实故事，她本来认为自己的职业比较重要——直到后来有件事情改变了她的想法。美丽、碧眼金发的彩泰·威尔斯，是著名的探险家卡维士·威尔斯的太太，当她认识未来的丈夫的时候，自己已经拥有非常着迷的职业。

彩泰是个成功的广播讲演的经纪人，在业务上与许多名人的接触使她得到了乐趣。卡维士·威尔斯也是因业务关系和她认识的，卡维士爱上她并且和她结了婚。依照彩泰的条件，她可以继续从事使她着迷的工作，而且可以自由独立。

婚礼在3月举行。6月，卡维士·威尔斯要动身前往苏俄和土耳其，去爬阿拉拉特山。彩泰本来希望留在家里工作，但是等到时间接近的时候，她竟然没有办法能使自己独自留下来。"只这一次和你去就好。"她说。于是他们就出发去探险了，那是一个艰难和挫折的梦魇，虽然这次历险使卡维士写出了那本畅销的书——《卡普特》。

当彩泰回到自己的工作岗位以后，便发觉这些工作和这次的探险经历比起来，真是太没有味道了，她曾经和卡维士共享过出生入死的经历啊。于是在一年半以后，她又和卡维士一同前往墨西哥，去爬帕帕卡提白特尔山。

这又是一次严苛的体能考验。彩泰大部分的时间都在寒冷、饥饿、疲惫和极度的惊吓之中度过，但是她同时也感到非常兴奋。

那座山峰上冰凉的冷风，吹走了彩泰坚持要独立的最后一丝念头。她了解到，身为卡维士·威尔斯的妻子，是比在自己的工作上，所可能得到的任何程度的成功，都要更有价值的。当他们从墨西哥回来以后，彩泰就关闭了自己的办公室。她现在有时间跟着她丈夫到地球最远的一端了——而这也正是她所做到的事。

马来半岛的丛林、非洲、日本、冰岛、喀什米尔山谷……游历各地的威尔斯夫妇，他们的生活就像是一部游记。

彩泰·威尔斯说："那时候我认为，拥有自己的事业是很重要的，我很奇怪自己那时候怎么会那么孩子气。和我与卡维士共享的这些丰富经历比起来，我自己的生活是多么的无味和狭小啊。我把我的兴趣和他的合并起来，和他共享胜利和成功，而当失望和麻烦来临的时候，我们就一起去面对它们。

"我想，我所曾经接受的最大的嘉勉，就是卡维士在他那本《卡普特》书上所写给我的献辞：'献给我最好的朋友——我的妻子，彩泰。'从没有人给我的赞赏能像我的丈夫给我的爱之献语这样，使我感到这么大的成功和满足。"

彩泰·威尔斯是在很戏剧化的情况之下改变心意的，但是，许多女人发觉，增进她们所爱的丈夫的幸福与最大的利益，就是使得任何一个妇女感到最有价值的职业生涯了，彩泰就是一个典型的例子。

我并没有忽略许多由于环境的驱使，而离开家里到外头工作的妻子们和母亲们。我要以最深的尊敬，向她们致意。

我相信妇女们应该有能力，以她们自己的努力来赚钱维持自己的生活，因为她们可能会在什么时候变成负担家计的人，要负责家庭的食物、房租以及衣物。生病、死亡、失业和灾祸可能捣毁原先最好的计划。

但是，因为我们正在讨论妻子帮助丈夫成功的各种方法，我们便不可以忘记，帮助丈夫是一个很大的工作，这件工作本身大得需要妻子全心全力去做。

一个妻子如果能尽责任地把她的努力放在自己的职业上面，她就不会有额外的能力为她的丈夫效力了。

当然，每一件事情都有例外，仅是观察和经验使我相信，如果夫妇双方的目标和兴趣是一致的，丈夫与婚姻成功的机会就更大了。

是的，成功的真正意义，是找出你所热爱的工作并努力去做——在奋斗的途中必须不顾自身的安全与幸福，有时候只有这样做，才是获得我们真正想要的东西的惟一方法。

"上帝啊，请赐给我一个年轻人，他必须有足够的胆识去做别人心目中的傻事。"罗勃特·路易斯·史蒂文生说。

莎士比亚则是这样说："疑虑是我们心中的叛逆者，由于害怕去追求，将会使我们失去我们通常能够赢得的东西。"

上帝的确是偏爱勇敢和坚强的心灵。如果我们希望我们的丈夫，在他们觉得最有成就的工作之中成功，我们就该鼓励他们去尝试每一个机会——而且要有足够的勇气来共同克服危机。

不要入不敷出

⊙没有计划地花钱，就等于让肉贩、服装商、家具店……都来分享你的收入。

⊙有计划的，或是有预算的花费，可以保证你和家人能够从你的收入里得到公平的分享。

⊙预算是一张蓝图、一个经过筹划的办法，可以帮助你从你的收入中得到更大的好处。

预算是一张有效蓝图、一个经过筹划的办法，用以帮助你从你的收入中获得更大的好处。对于金钱，一种易赚易花、毫不看重的乐观派哲学，曾经在书本上和戏院里带给我们很多非常有趣的笑料。在《你无法把钱带在身边》里，我们都会取笑那位老绅士，他绝不相信个人所得税，而且拒绝缴付其他的相关款项。当大卫·科波菲尔德要教他的年轻妻子朵拉按照收入计划预支开销的时候，朵拉就噘起小嘴唇撒娇——她也是个非常可爱动人的角色。我们也喜爱不朽的《与爸爸一起过日子》里所描写的母亲节，在妈妈每个月把家庭预算弄得一团糟而引起的争战里，爸爸在母亲节那天却表现了最良好的风度。狄更斯笔下浪费成性的麦考柏先生，也是最使人感到有趣的文字形象之一。

· 329 ·

的确，在小说里，迷人和不负责任经常会同时出现在一个特别的人身上。但是，在实际生活中，没有其他事情会比财务问题的失误更让人灰心或是讨厌了。入不敷出的人无法使人开心——他是个不负责任的冒险家。脑筋糊涂、奢侈浪费的妻子，也不会美丽动人，她是缠绕在丈夫脖子上的一个重重的担子。

如今，我们的钱所能兑换的东西，比10年前甚至是5年前都要少得多了。女士们面对着一个不合常理的挑战，必须充分利用手里的那些钱。价格上涨，生活水平提高了，我们的小孩所需要的教育费用也越来越复杂、越来越高。

大家都以为，只要我们的收入增多一些，我们所有的忧虑就都会烟消云散，这是一个普遍存在的错误观点。据这方面的专家们说，事实并非如此。艾尔西·史泰普来顿曾经担任华纳莫克和吉姆贝尔百货公司职员的财务顾问。他确信，对大部人来说，增加一些收入只是造成更多的花费。我同意他的看法，这种做法不可能处理好一个人的收入。他的话里有一种动人与毫不在乎的意思，使我们想起小说里那些迷人地处理金钱极其随便的人——等到我们静下心来想想他话里的含义，才发觉事实真是不容乐观。

乱花钱就等于让每个人——包括肉贩、面包商和烛台制造商，都来瓜分你的收入。而有计划的花费，就能够保证你和你的家人能够从收入里得到公平合理的分享。

要实现经济上的独立，不再为捉襟见肘的经济困境而犯愁，我们就应该做好财政上的预算，量入而出。

预算并不是一件束缚行动的紧身衣，也不是毫无目的地把所用掉的每一分钱都做个记录。预算是一张蓝图、一个经过筹划的办法，用以帮助你从你的收入中得到更大的好处。正确的预算方式，将会告诉你如何达成目标——自己的家、你家小孩子们的大学教育费用、你老年的保险金、你梦想中的假期。

预算开销将会告诉你，可以删减哪些比较不重要的项目，去填补你想要做的大花费。

如果你从没有做过预算，就应该马上开始学习如何处理家庭财务。帮助丈夫成功的一个最重要的方法，就是要知道如何使他的收入发挥最大的效用。如果他会赚钱但是不会节省，你就可以帮助他管紧钱包。如果他本来就节省，你便可以在用钱方面与他一致，并为他增加信心。

如何才能使你自己成为家庭财务的专家？这里有个好消息：你家附近的银行可能有一种预算或咨询服务，他们将会告诉你如何做好预算计划，以适应你特殊的需要和收入。

《妇女时代》杂志对于家庭的经济知识，是一个很好的来源，它将会告诉你如何缝补旧衣服，如何烹调有营养而价格低廉的餐点，甚至还会告诉你如何制造自己的家具。

不可以依赖你无意中发现的、任何一种已经印好的预算计划表。为了要显得更有价值，一个预算计划必须是专门为你订做的，而不适合于其他任何人。没有其他的家庭和你们家庭完全相同，你的经济问题就像你的脸孔和身材那样，是完全不同的，是独具特色的。

以下有些想法，可以帮助你完成你自己的家庭预算计划：

1. 记录每一笔开销，使你对于支出情况有个清楚的了解。

除非我们知道错在哪里，否则我们就无法改进任何情况。如果我们不知道在何处删减，为什么要删减，以及删减什么，节约就是毫无意义的事。所以，我们应该在一段示范期间，记录下所有的家庭开销——例如，记录 3 个月看看。

亚尔诺德·白尼特和约翰·D. 洛克菲勒都是精明的记账专家，而我也是这样。虽然我都以开支票的方式去付款，但我仍然喜欢按月把我的花费记录成一张整齐的单子。每年一次，我把这些每月花费加起来。结果呢？我能够很精确地告诉你，于某某年我们在某些方面花了多少钱——如燃料费、水电费、娱乐费，等等。我还可以使用这些记录，查出我家的生活费增加的情况。一旦你知道你的钱花到哪里去以后，就不必再做这种记录了。但是，我很喜欢手边有这种资料。例如，如果我怀疑我花太多钱买衣服了，那么我只要瞥一眼我的记录就知道真相了。

我认识的一对夫妻，当他们开始记录花费情形以后，很惊讶地发现他们每个月竟花掉大约 70 美元去买酒！然而，他们并不是酒鬼，只不过是一对热情的夫妇，很欢迎自己的朋友在兴致好的时候就"到家里来喝一杯"——这种事情时常会发生。他们做了一个明智的决定，认为他们不能再开免费酒吧了，于是，那 70 美元就用于更好的项目开支了。

2. 根据家庭的特殊需要，设计出自己的预算。

首先，把你这一年里固定的开销列出来——房租、食物预算、利息、水电费、保险金。然后计划你其他的必要开销——衣服、医药费、教育费、交通费、交际费，等等。

每个人都知道，这是件不容易的事情。拟定计划需要决心、家庭合作，有时候还需要严谨的自制力。我们不能买下每一件东西，但是我们却可以决定什么东西对我们最重要，而牺牲掉最不重要的东西。你愿意拥有一个舒适的家而放弃买昂贵的衣服吗？你宁愿自己做衣服，而将节省下来的钱买一台电视机吗？显然，这些决定必须由你和你的家人自己来做。

3. 至少要把每年收入的 10% 储蓄起来。

规定你自己——也就是你的家庭有一个固定开销，至少要把 1/10 的收入储蓄起来，或拿去投资。也许你还可以想办法建立一笔额外资金，拿来做特殊用途，譬如买房子或汽车。

财务专家说过，如果你能节省你丈夫收入的 1/10，虽然物价高昂，不到几年你也就可以获得经济上的舒适。

我认识一个女人，她嫁给了一个顽固、保守的新英格兰人。她的丈夫宁愿在中央车站广场脱光了衣服，也不愿放弃节省 1/10 薪水的计划。这位太太告诉我，在经济不景气的那几年，她们可真吃足了苦头，她先生的薪水被删减得太多了。她买日用品的时候，必须想尽办法节省每一毛钱，而她丈夫每天要步行 20 多条街，以省下公共汽车费。但是，节省 1/10 薪水的老习惯，仍然照样进行。

"有时候，"这位女士承认，"当我们非常需要钱用的时候，我十分后悔还要把钱搁在一边，但是，我现在却很高兴我们维持了储蓄计划。节约的结果，使我们到中年的时候拥有了自己的家和一些享受。"

4. 准备一笔意外或紧急用途的资金。

大部分的预算专家都劝告每一个年轻家庭，至少要存下 1～2 个月的收入，用于紧急事件。

但是，这些专家警告说，想要存太多钱的人，会发觉很难办到，结果根本就存不了钱。与其要断断续续地隔几周才一次存 5 美元，倒不如每周固定地存下 2.5 美元，效果会更好。

5. 使预算计划成为全家人的事。

预算顾问相信，预算计划必须要得到全家人的合作。经常举行家庭预算讨论会，往往可以减除情绪上的不和——因为我们大家对于金钱的态度，都会受到自己的经验、气质与教育程度的影响。

6. 要考虑人寿保险的问题。

玛莉昂·史蒂芬斯·艾巴利，是人寿保险协会妇女部的主任。对全国的女士来说，她所说的话就是人寿保险专家的看法，具有独特的权威性。当我访问艾巴利女士的时候，她建议当妻子的应该自问以下这些问题：

你可知道，经过人寿保险，你的家庭能够得到什么基本需要？你可知道，一次性付款和分期付款有何不同——而各有各的好处？你可知道，关于付款的方法有许多不同的选择？你可知道，现代人寿保险具有双重目的——如果一个男人过早去世了，人寿保险就可以保护这个人的家庭；如果他活着要享受余年，人寿保险就可以供给他独立的基金？

这些问题，以及其他许多相似的问题，对于你的家庭非常重要。只让你的丈夫知道所有的答案，这还不够，你也应该知道这些答案。有一天也许你会变成寡妇，而有关人寿保险的知识，便可以解除你的困难和忧虑。

贾得生和玛丽·南狄斯，在他们合写的《建立成功的婚姻》一书中告诉我们，家庭收入的花费，往往是婚姻生活里必须调节、适应的主要地方。

金钱并非万能，这句话可真不错。但是，如果知道如何聪明地处理我们的金钱，就可以带给我们的丈夫和家庭更多心境的安宁、幸福与利益。

所以，我们不可幻想着自己的丈夫能够像我们本来能嫁、但是后来没嫁的那个男人那样，带回来一大袋薪水，这只会浪费我们的时间，损毁我们的青春。我们的工作就是使自己变成财务能手，好好地处置他赚回来的钱——如果我们想要激励他赚更多的话。怎么做呢？只要依照以下的规则去做：

1. 记录每一件开销，使你了解花费的情形。

2. 以一年为单位，筹划出一个预算办法。
3. 储蓄家庭收入的 1/10。
4. 准备一笔意外事件的资金。
5. 使预算计划成为全家人的事。
6. 要考虑人寿保险的问题。

克制自己，驾驭金钱

⊙金钱能买到一条不错的狗，但是却买不到它摇尾巴。挥霍无度的恶习恰恰显示出一个人没有抱负，没有理想，甚至就是向失败自投罗网。

⊙如果一个年轻人养成了花钱入账的好习惯，能把每次的花费都清楚地记在账本上，能够仔细地核对计算，细心筹划，这对他未来的事业发展和家庭生活，就一定会有不可估量的帮助。

一个人要是想获得财富，首先就要善于克制自己的花钱欲望，自我克制的力量必不可少。在我们开创的事业中，资本往往有赖于自己往日的储蓄和积累。

有很多年轻人由于挥霍无度的恶习，竟然把自己的前途都抵押出去了。他们全身的服饰都要装扮成贵族绅士的模样，而且要紧跟服装的时尚。他们整天考虑的事情就是怎样去花钱，随后，他们就有了这样的念头：怎样用非法手段去尽快地弄些钱来。结果，他们不但债台高筑，而且常常会丢掉好的职位。因此，他们原本更有意义的生活——似锦的前程、快乐的享受和高尚的理想，一切都像昨日黄花一样，悄悄逝去。那些不愿意量入为出的年轻人经常还要掩掩饰饰，自欺欺人。他们不了解，这样的习惯不但会使他们成功的基础毁灭殆尽，而且将来也决计无法挽回。你不考虑眼前的问题，难道将来就可以从头做起吗？你认为今年将田地荒废不顾，明年就仍然可以重新耕种吗？你认为过了今天还有明天吗？时间老人是毫不留情的，你一旦造成了错误，他就决不会再给你一个从头开始的机会。未来的收获都得看你年轻时播的种子怎样，假如你播的是杂草，将来也休想收获丰硕的果实。

很多人只因为用钱一点也不算计，没有计划性，所以就在不知不觉中花完了身上所有的钱。如果一个青年养成了花钱入账的好习惯，能把每次的花费都清楚地记在账本上，能够仔细地核对计算、细心筹划，这对于他未来的事业发展和家庭生活，就一定会有不可估量的帮助。这样不但能使他学会记账，还可以使他熟悉金钱往来的各种手续和流动的规律，从而获得宝贵的个人生活经验。

这种账本最好能够随身携带，以便你能随时随地地把自己的每一笔花费都记在本子上。这样坚持下去，对改正挥霍无度的坏习惯一定有很大的帮助。账本能够明确无误地告诉你，过去的钱都花在哪些地方，什么地方是完全可以节省的，什么地方是非要用不可的。

　　一般来讲，农村的孩子比城市里的孩子要懂得节俭得多。最重要的原因是城里充斥着各种各样专门引诱小孩去消费的商品、质量低劣的玩具和缺乏卫生保证的糖果食品。但乡下的孩子就不同了，他们更看重金钱，也没有受到过这么多东西的诱惑，他们往往不会像城里的小孩那样花起钱来毫不考虑。他们会非常珍惜自己口袋里不多的几个钱，不时地从口袋里拿出来数弄着，决不舍得花钱去买那些流行的玩意，以博得自己一时的欢喜。等到他们积累到100美元时，就非常兴奋，甚至欢呼叫喊。这些乡下小孩的父母们时常细心教导他们，使他们明白储蓄和积累的好处，还鼓励他们把钱存到银行里，不要放在身上。而城里的孩子们往往不大把钱当作一回事，他们一有了钱就要把它们立刻花掉，否则会感到很不舒服。

　　就像很多城里的孩子宁愿把钱放在口袋里，方便使用，也不愿存在银行里一样，有很多青年人也习惯把所有的钱都带在身上，这样往往就使他们养成了随随便便花钱、胡乱挥霍、毫无节制的坏习惯。虽然把钱存到银行里以后，用起来就没有在身上的口袋里那样方便，但是后者却太不清醒了，因为习惯把钱放在身上的人基本上都会失去节制，动不动就翻口袋买东西。

　　所以，节俭的最重要而有效果的办法就是把所有的钱全部放到银行里，而且最好存到一家离你住的地方远一点的银行。这样一来，等你心急火燎要用钱时就必须到那家很远的银行去取，这时你就会考虑要花的钱是否值得？能否省下来？

　　富兰克林说："致富的惟一方法就是支出低于收入。"他还说："如果你不想因有人讨债而心虚气短，想避免饥饿和寒冷的痛楚，那样你就最好和'忠'、'信'、'勤'、'苦'四个字交朋友。并且，不要让你辛苦赚来的任何一分钱从你的指缝间轻易地溜走。"

　　以前有一个小伙子到印刷厂里去学习基本的技术。其实，他的家庭经济状况是挺不错的，他爸爸却要求他每晚都必须在家里睡，不许乱跑，但是他每月却要付给家里一笔住宿费。一开始，那个年轻人觉得父亲这样太苛刻了，因为他每月的收入，基本上就只能够支付这笔住宿费，他没有任何其他的零花钱了。但是，几年以后当这个年轻人想创办一个印刷厂的时候，他的爸爸把他叫到面前说："好孩子，现在你可以把你这几年付给家里的住宿费拿回去了。我之所以这样做，是为了能够让你把这笔钱保存起来，并非真的向你索要住宿费。好啊，现在你可以拿这笔钱去发展你的事业了。"那年轻人至此才明白爸爸的良苦用心，对爸爸的智慧感激不已。如今，那个青年人已经当上了美国的著名印刷厂的总裁，而他当年的小伙伴却因毫无节制地花钱，如今仍然挣扎在贫困线上。

　　以上所述是一个富有教育意义的真实故事，它给你的启示是：惟有养成储蓄和积累的习惯，将来才有希望享受到成功与财富。

　　有位作家的一段话说得非常好，他说，在我们的社会中，"浪费"两个字不知使人们失去了多少的快乐和幸福。浪费的原因不外乎三种：一、对于任何物品都想讲究时髦，比如服饰、日用品、饮食都要最好的、最流行的。总之，生活的一切方面都愈阔气愈好。二、不善于自我克制，无论有用没用，想到什么就去买什么。三、有了各种各样的嗜好，又缺乏戒除这些嗜好的意志。总结起来就是一个问题，他们从来都没有考虑过要修养自己的性格，克制自己的欲望。造成如今社会上事事追求浮华虚荣的最大原因就是人们习惯于随心所欲、任性为之的做法。

如此的年轻人一旦用钱把场面撑起来后，一切烦恼苦闷的事情就会接踵而至。为了顾全面子，他们就再也不能过节俭日子了。他们也不会认识到自己已经沦落到怎样的地步了。有些人入不敷出以后，就开始动歪脑筋，挪用公款来弥补自己的财政缺口。久而久之，耗费越大，亏空也就越多，渐渐地就陷入了罪恶的深渊，难以自拔。到了这时，他才想到自己不该胡乱花费，不该为此干那违背天理良心的事情，不该挪用公款，可是为时已晚！为了满足这种喜欢花架子、空排场的恶习，不知有多少人到头来要挨饿，甚至有许多人也因此丢了性命，更有无数人因此而丧失了职位！

正如一句谚语中所讲到的，金钱能买到一条不错的狗，但却买不到它摇尾巴。挥霍无度的恶习恰恰显示出一个人没有抱负，没有理想，甚至就是向失败自投罗网。

人性的弱点，人性的优点

第七章　笑对讥评，从别人的镜子中打量自己

这是我的错

⊙假如我们知道自己势必要遭到责备时，我们便首先应自己责备自己，这样岂不比被别人责备要好得多么？

⊙任何愚蠢的人都会尽力为自己的错误进行辩解——而且多数愚蠢的人都会这样去做。但承认自己的错误，感觉有别于他人，就会有一种尊贵怡然的感觉。

⊙用争夺的方法，你永远得不到满足，但用让步的办法，你可能得到比你所期望的更多。

我住的地方，几乎是在大纽约的地理中心点上，但是从我家步行一分钟，就可到达一片森林。春天，黑草莓丛的野花白茫茫一片，松鼠在林间筑巢育子，野草长到高过马头。这块没有被破坏的林地，叫做森林公司——它的确是一片森林，也许与哥伦布发现美洲那天下午所看到的没有什么不同。我常常带雷斯到公园散步，它是我的小波士顿斗牛犬，它是一只友善而不伤人的小猎狗，因为我们在公园里很少碰到人，所以我常常不给雷斯系狗链或戴口罩。

有一天，我们在公园遇见一位骑马的警察，他好像迫不及待地要表现出他的权威。"你为什么让你的狗跑来跑去，却不给它系上链子或戴上口罩？"他呵斥我道，"难道你不晓得这是违法的吗？"

"是的，我晓得，"我轻柔地回答，"不过我认为它不至于在这儿咬人。"

"你认为！你认为！法律是不管你怎么认为的。它可能会在这里咬死松鼠或咬伤小孩。这次我不追究，但假如下回再让我看到这只狗没有系上链子或套上口罩在公园里的话，你就必须去跟法官解释啦。"

我客客气气地答应照办。

我的确照办了，而且是好几回。可是雷斯不喜欢戴口罩，我也不喜欢那样，因此我们决定碰碰运气。事情很顺利，但接着我们却撞上了暗礁。一天下午雷斯和我在一座小山坡上赛跑，突然间——很不幸地，我看到了那位执法大人，跨在一匹红棕色的马上。雷斯跑在前头，径直向那位警察冲去。

这下我栽定了。明白了这点，我决定不等警察开口就先发制人。我说："警官先生，这下您逮了我一个正着，我有罪，我无话可说。你上星期警告过我，若是再带小狗出来而不替它戴口罩就要罚我。"

"好说，好说，"警察回答的声调很柔和，"我知道在没有人的时候，谁都忍不住要带这么一条小狗出来溜达。"

"你这样的小狗大概不会咬伤别人吧？"警察反而为我开脱。

"不，它可能会咬死松鼠。"我说。

"哦，你大概把事情看得太严重了，"他告诉我，"我们这样办吧。你只要让它跑过小山，到我看不到的地方，事情就算了。"

那位警察也是一个人，他要的是一种重要人物的感觉。因此当我责怪自己的时候，惟一能增强他自尊心的方法，就是以宽容的态度表现慈悲。

但如果我有意为自己辩护的话，嗯，你是否跟警察争辩过呢？

我没有和他正面交锋，我承认他绝对没错，我绝对错了，我爽快地、坦白地、热诚地承认这点。因为我站在他那边说话，他反而为我说话，整个事情就在和谐的气氛下结束了。

如果我们知道免不了会遭受责备，何不抢先一步，自己先认错呢？听自己谴责自己不比挨人家的批评要好受得多吗？

你要是知道有人想要或准备责备你，就自己先把对方要责备你的话说出来，那他就拿你没有办法了。十之八九他会以宽大、谅解的态度对待你，忽视你的错误，正如那位警察对待我和雷斯那样。

费丁南·华伦是一个卖艺术品的商人，曾使用这个办法，和一位暴躁的顾客化干戈为玉帛。

"精确而严谨的态度，在制作商业广告和出版品中是最重要的。"华伦先生事后说，"一些艺术编辑要求别人立刻实现他们的设想，这样难免会发生一些偏差。我服务的某位艺术编辑就很挑剔，我从他的办公室出来时，心里总是很不舒服，倒不是因为他批评我，而是因为他对待我的方式。最近，我交了一件急件给他，他打电话说要我立刻到他办公室去，稿件有误。我到他办公室后，果然，他很高兴有了挑剔我的机会，而且满怀敌意。正在他滔滔不绝地数落我时，我运用了自我批评的方法。我说：'某某先生，你说的对，我的错误确实不可原谅，我为你工作了这么多年，还不知道怎么做，我真是不好意思。'

"于是他开始为我说话了：'你说得对，不过还没有那么严重。只是——'我马上插嘴道：'任何错误，都可能导致严重的后果，我怎么没看到呢？'我绝不让他为我开脱。这是我第一次因为批评自己而感到高兴。

"我说：'我应该更加细心，你给了我这么多的活，我却不能令你满意，我一定要重新做。'于是，他说不用那样麻烦，并夸奖起我的作品来，还说他再改一改就可以了，这点小错也不会让他的公司费几个钱。总之，小事一桩，不值一提。

"我的这种自我批评,不但使他没了脾气,而且还请我吃了午饭,他又给我一张支票,让我再干别的活。"

当你坦然面对自己的错误时,会感到某种意义上的满足。因为这消除了你对自己的罪恶感,也在某种紧张的气氛下保护了自己,更有利于迅速准确地解决错误。

新墨西哥州阿布库克市某公司的一位负责人布鲁士·哈威,有一次批准给一位请病假的员工支付了整月的工资。随后,他发现了这个错误,要在这位员工下次的工资中减去多发的金额。那位员工不同意,因为这样会给自己造成严重的财务问题,他请求分期扣回他多领的钱。哈威必须先征求上级的同意才能决定。"如果直接去向老板请求的话,"哈威说,"一定会使他很不高兴。要更好地解决这个问题,应找到合适的方法。我意识到一切混乱都是我造成的,必须在老板面前自我检讨。

"进了他的办公室,我告诉他我办了件错事,然后便说了事情的经过。他开始发火,先说这应该由人事部门来负责,又大声指责会计部门的疏忽,我一再地坚持这是我的错误,应该由我来负责。可他又开始批评办公室的另外两个同事,我还在解释这是我的错误。终于他看了看我说:'好吧,是你的错,交给你解决吧。'错误被改过来了,也没有造成其他的麻烦。我觉得很高兴,因为我有勇气不去找借口,妥当地处理了一件棘手的事情。而且,我的老板对我更加器重了。"

即使傻瓜也会为自己的错误辩护,但能承认自己错误的人,却会凌驾于其他人,而有一种高贵怡然的感觉。比方说,历史上对南北战争时的李将军有一笔极美好的记载,那就是他把毕克德进攻盖茨堡的失败完全归咎在自己身上。

毕克德那次的进攻,无疑是西方世界最显赫、最辉煌的一场战斗。毕克德本身就很辉煌;他长发披肩,而且跟拿破仑在意大利战役中一样,他几乎每天都在战场上写情书。在那悲剧性的七月的一个午后,当他的军帽斜戴在右耳上方,轻盈地放马冲刺北军时,他那群效忠的部队不禁为他喝彩起来。他们喝彩着,跟随着他向前冲刺。队伍密集,军旗翻飞,军刀闪耀,阵容威武、骁勇、壮大,连北军也不禁为之赞赏。

毕克德的队伍轻松地向前冲锋,穿过果园和玉米田,踏过花草,翻过小山。同时,北军大炮一直没有停止向他们轰击。但他们继续挺进,毫不退缩。

突然,北军步兵从隐伏的基地山脊后面窜出,对着毕克德那毫无预防的军队,一阵又一阵地开枪。山间硝烟四起,惨烈有如屠场,又像火山爆发。几分钟之内,毕克德所有的旅长,除了一个之外,全部阵亡,5000名士兵折损4/5。阿米士德统率其余部队拼死冲刺,奔上石墙,把军帽顶在指挥刀上挥动,高喊:"弟兄们,宰了他们!"

他们做到了。他们跳过石墙,用枪把、刺刀拼死肉搏,终于把南军军旗竖立在基地山脊的北方阵地上。军旗只在那儿飘扬了一会儿,虽然那只是短暂的一会儿,但却是南军战功的辉煌纪录。

毕克德的冲刺——勇猛、光荣,然而却是结束的开始。李将军失败了,他没办法突破北方战线,而他也知道这点。南方的命运决定了。

李将军大感懊丧,震惊不已,他将辞呈呈送给南方的戴维斯总统,请求改派"一个更年轻有为之士"。如果李将军要把毕克德的进攻所造成的惨败归咎于任何人的话,那他就可以找出数十个借口。有些师长失职啦,骑兵到得太晚而不能接应步兵啦。这也不对,那也错了。但是李将军太高明,不愿意责备别人。当残兵从前线退回到南方战线时,李将军便亲自出迎,自我谴责起来。"这是我的过失,"他承认说,"我,我一个人,败了这场战斗。"历史上很少有将军能有这种勇气和情操,承认自己独负战争失败的责任。

在香港卡耐基课程任教的麦克·庄告诉我们,某些时候应用某一项原则,可能比遵守一项古老的传统更为有益。他班上有一位中年同学,多年来他的儿子都不理他。这位做父亲的以前是个鸦片鬼,但是现在已经戒除了烟瘾。根据中国传统,年长的人不能够先承认错误。他认为他们父子要和好,就必须由他的儿子采取主动。在这个课程刚开始的时候,他和班上同学谈到他从来没有见过的孙子孙女,以及他是如何地渴望和他的儿子团聚。他的同学都是中国人,了解他的欲望和古老传统之间的冲突。这位父亲觉得年轻人应该尊敬长者,并且认为他不让步是对的,而要等他的儿子来找他。

等到这个课程快结束的时候,这位做父亲的却改变了看法。"我仔细考虑了这个问题。"他说,"戴尔·卡耐基说,'如果你错了,你就应该马上明白并且承认你的错误。'我现在要很快地承认错误已经太晚了,但是我还可以明白地承认我的错误。我错怪了我的儿子。他不来看我,以及把我赶出他的生活之外,是完全正确的。我去请求年幼的人原谅我,固然使我很没面子,但是犯错误的是我,我有责任承认错误。"全班都为他鼓掌,并且完全支持他。在下一堂课中,他讲述他是怎样到他儿子家里,请求并且得到了原谅,并且开始和他的儿子、媳妇,以及终于见到面的孙子孙女建立起新的关系。

艾柏·赫巴是会闹得满城风雨的最具独特风格的作家之一,他那尖酸的笔触经常惹起对手强烈的不满。但是赫巴那少见的做人处世技巧,常常将他的敌人变成朋友。例如,当一些愤怒的读者写信给他,表示对他的某些文章不以为然,结尾又痛骂他一顿时,赫巴就如此回复:

回想起来,我也不完全同意自己。我昨天所写的东西,今天不见得全部满意。我很高兴知道你对这件事的看法。下回你在附近时,欢迎驾临,我们可以交换意见。遥致诚意。

赫巴谨上

面对一个这样对待你的人,你还能说什么呢。

当我们对的时候,我们就要试着温和地、技巧性地使对方同意我们的看法。而当我们错了——若是对自己诚实,这种情形十分普遍——就要迅速而热诚地承认。这种技巧不但能产生惊人的效果,而且,信不信由你,在任何情形下,都要比为自己争辩还要有用得多。

别忘了这句古语:"用争斗的方法,你绝不会得到满意的结果。但用让步的方法,收获却会比预期的要高出许多。"

争论之中没有赢家

⊙天下只有一种方法能得到辩论的最大利益——那就是避免辩论。

⊙如果你辩论、争强、反对,你或许有时会获得胜利;但这种胜利是空洞的,因为你永远也得不到对方的好感了。

⊙凡决意成功的人,不能费时于个人的成见,更不能费时去承受结果,包括他无法控制自己的脾气,丧失自制。

"永远避免正面的冲突。"说这句话的人现在已死了,但他所给我的教训却一直留在我的记忆中,而且这一教训极其重要,因为我向来就是一个执拗的辩论者。在我少年的时候,我曾同我兄弟辩论天下一切的事。当到大学的时候,我研究逻辑及辩论术,并加入辩论比赛。后来我在纽约教授辩论术。我羞于承认,我有一次曾计划写一本关于辩论的书,从那时以后,我曾静听、批评、从事数千次的辩论,并注意它们的影响。从这些结果中,我得出了一个结论:天下只有一种方法能得到辩论的最大利益——那就是避免辩论。

10次中有9次辩论结束之后,每个争论的人都比以前更坚信他是绝对正确的,你不能辩论得胜。你不能,因为如果你辩论失败,那你当然失败了;如果你得胜了,你还是失败的。为什么?假定你胜过对方,将他的理由击得漏洞百出,并证明他是神经错乱,那又怎样?你觉得很好,但他怎样?你使他觉得脆弱无援,你伤了他的自尊,他要反对你的胜利。

有这样一个例子。

几年前,我的学员中,有一个叫欧·亨利的爱尔兰人,他受的教育不多,却总是喜欢争论。他给别人开过车,又做过汽车推销,但做得不好,于是来我这儿求教。经过简短的交谈,我知道他总是习惯于和顾客争论,如果对方说他的汽车哪儿不好,他立即会急躁地和顾客吵起来。

虽然他在这样的争论中取得了不少的胜利,但是,他的汽车却没卖出去几部。后来,他对我说:"在离开他们的办公室时,我总是说:'我这次毕竟把那个驴给治了。'他的确被我治了一次,可他也没买我的东西。"

于是我明白,重要的不是让欧·亨利学怎样说话,而是教他学会如何克制,不和别人吵架。

现在,欧·亨利已成为纽约怀特汽车公司的推销明星了。

他是如何走向成功的呢?

听听他的话:"假如我现在去向客户推销,但他说:'什么?怀特的汽车?不好!不要钱我都不要,何西公司的汽车才是我想要的。'我会说:'何西的东西确实好,买他们的货是不会错的,何西的车都是著名的厂家生产的,而且业务员也很棒。'于是,在这点上他就没什么可说的了,因为我认同了他的看法,也就不用再谈论什么何西了。于是,我就开始说明怀特公司的好处。

"但是,要是当年我听到他说这种话,我早就生气了,我就会开始说何西公司的毛病,结果是,我越挑何西的毛病,他就越说它好。越是争论,他就越喜欢我的竞争对手的东西。

"一想起那时候,真不知道我当初的推销是怎么做的。过去我用了那么多的时间在抬杠上,现在我懂得了自制,收到了效果。"

充满智慧的老富兰克林常说:如果你辩论、争强、反对,你或许有时会获得胜利;但这种胜利是空洞的,因为你永远得不到对方的好感了。

所以你自己打算打算。你宁愿要什么?是一种暂时的、口头的、表演式的胜利,还是一个人的长期好感?你很少能二者兼得。

在你进行辩论的时候,你也许是对的,绝对是对的。但在改变对方的思想方面,你大概毫无所得,一如你错了一样。

我认为,我们绝不可能对任何人——无论其智力的高低——用口头的争斗去改变他的思想。

有一位所得税顾问巴森士与一位政府税收稽查员因为一项 9000 美元的账单发生的问题争辩了一个小时之久。巴森士先生声称这 9000 美元确实是一笔死账,永远也收不回来,当然不应纳税。"死账,胡说!"稽查员反对说,"那也必须纳税。"

"这位稽查员冷淡、傲慢、固执,"巴森士先生在班里讲述事情的经过时说,"理由对他是毫无用处的,事实也没有用——我们辩论得越久,他越固执。所以我决定避免辩论,改变题目,给他赞赏。

"我说:'我想这事与你必须作出的决定相比,应该算是一件很小的事情。我也曾研究过税收问题,但我只是从书本中得到知识,而你是从经验中获得知识,我有时愿意从事像你这样的工作,这种工作可以教我许多。'我每句话都是出于真意。

"于是,那稽查员在椅上挺起身来,向后一倚,讲了许多关于他工作的话,告诉我所发现的巧妙舞弊的方法。他的声调渐渐地变为友善,片刻后他又讲起他的孩子来。当他走的时候,他告诉我他要再考虑我的问题,并在几天之内,给我答复。

"三天之后,他到我的办公室告诉我,他已经决定按照所填报的税目办理了。"

这位稽查员表现的正是一种最普通的人性特点,他需要一种自重感。巴森士先生越是与他辩论,他越想扩大自己的权力,得到他的自重感。但一旦承认他的重要,辩论便立即停止,因为他的自尊心得到了满足,他立即变成了一个同情和友善的人。

拿破仑家中的管家常与约瑟芬打台球。这位管家在他所著的《拿破仑私生活的回忆》的第 1 卷第 71 页中说:"我虽有相当的技艺,但我始终要设法使她胜我,这样她会非常欢喜。"我们要从这一故事里学到一个有用的教训，我们要使我们的顾客、情人、丈夫、妻子在偶然发生的细小讨论上胜过我们。

俗话说："恨不止恨，爱能止恨。"而误会永远不能用辩论停止，需用手段、外交、和解来使对方产生同情的欲望。

林肯有一次责罚一个青年军官，因为他与同僚激烈争执。"凡决意成功的人，"林肯说，"不能费时于个人的成见，更不能费时去承受结果，包括他损坏自己的脾气，丧失自制。你不能过分显示你自己，而要放弃。与其为争路权而被狗咬，不如给狗让路。即使将狗杀死，也不能治好受伤的伤口。"

《点滴》一书中的一篇文章，建议持不同意见者这样来避免争论：

1. 欢迎异见。

有这样一句话："人们不需要意见总是相同的伙伴。"如果有人提出了你没想到的东西，你就应该衷心感谢。不同的意见可以使你避免犯重大的错误。

2. 不要盲信直觉。

当有人提出不同意见的时候，你最开始的自然反应便是自我保护。你要谨慎，心平气和，注意你的直觉反应，因为这可能是你特别不好的地方。

3. 控制情绪。记住，根据一个人在什么情况下会发脾气，就可以判定这个人的气度以及作为。

4. 首先倾听。

给予不同意见者表达的机会。不要打断他，让他把他的意思完整地表达出来。用心地倾听，增加沟通和了解。

5. 寻找相同点。

在你听完了持不同意见者的话以后，首先去寻找你和他的意见相同或相近的地方。

6. 诚实为本。

发现自己的错误，就要勇于向对方承认，并为此而道歉。这有助于沟通和减轻对方的敌对心理。

7. 答应认真考虑不同的意见。

要真心地承认，他的不同意见可能是对的。因此，答应考虑他们的意见是比较聪明的做法，不要等对方对你说"我早就对你说了，但是你却不听"，而让你感到难堪。

8. 感谢持不同意见者的关心。

因为关心同一件事情，所以才会产生不同的意见。把他们看作是能给你带来帮助的人，也许他们就会成为你的朋友。

9. 不急于行动，给双方时间。

适当地停下来，把事情更仔细地考虑一下，再举行会谈。在准备期间，想一想：他们的意见，会不会是对的，或者部分是对的呢？他们的立场或理由是不是有道理呢？我的反应是基于客观问题本身还是自己的主观感受呢？对方因此和我的分歧是更大还是更小呢？我的反应会不会让别人对我的看法更好呢？我将会胜利还是失败呢？假如我胜利了，会让我付出什么样的代价呢？假如我保持沉默，分歧就会不存在了吗？这个难题是我的一次机会吗？

真·皮尔斯是歌剧男高音，他结婚快 50 年了。他说过："我和我太太很长时间以来有一个默契，那就是：当一个人大声吼叫时，另一个会平静地听。因为如果我们一块儿对着叫，那就只有噪音和激动，根本就不可能沟通。"

没有人会踢一只死狗

⊙如果你被人批评，那是因为批评你能给他一种满足感。这也说明你是有成就的，而且引人注意。

⊙小人常为伟人的缺点或过失而得意。

⊙不合理的批评往往是一种掩饰了的赞美。

1929 年，美国发生了一件震动全国教育界的大事，美国各地的学者都赶到芝加哥去看热闹。在几年之前，有个名叫罗勃·郝金斯的年轻人，半工半读地从耶鲁大学毕业之后，做过作家、伐木工人、家庭教师和卖成衣的售货员。现在，只经过了 8 年，他就被任命为美国芝加哥大学的校长。他有多大？30 岁！真叫人难以相信。老一辈的教育人士都大摇其头。人们对他的批评就像山崩落石一样一齐打在这位"神童"的头上，说他这样，说他那样——太年轻了，经验不够——说他的教育观念很不成熟，甚至各大报纸也都参加了攻击。

在罗勃·郝金斯就任的那一天，有一个朋友对他的父亲说："今天早上我看见报上的社论攻击你的儿子，真把我吓坏了。"

"不错，"郝金斯的父亲回答说，"话说得很凶。可是请记住，从来没有人会踢一只死了的狗。"

不错，这只狗愈重要，踢它的人愈能够感到满足。后来成为英王爱德华八世的温莎王子（即温莎公爵），他的屁股也被人狠狠地踢过。当时他在帝文夏的达特莫斯学院读书——这个学校相当于美国安那波里市的海军军官学校。温莎王子那时候才 14 岁，有一天，一位海军军官发现他在哭，就问他有什么事情。他起先不肯说，可是终于说了真话：他被军官学校的学生踢了。指挥官把所有的学生都召集起来，向他们解释王子并没告状，可是他想晓得为什么这些人要这样虐待温莎王子。

大家推诿拖延又支吾了半天之后，这些学生终于承认说：等他们自己将来成了皇家海军的指挥官或舰长的时候，他们希望能够告诉人家，他们曾经踢过国王的屁股。

大概很少有人会认为耶鲁大学的校长是一个庸俗的人，可是有一位担任过耶鲁大学校长的摩太·道特，却竟然能够责骂一个竞选上了总统的人。"我们就会看见我们的妻子和女儿，成为合法卖淫的牺牲者。我们会大受羞辱，受到严重的损害。我们的自尊和德行都会消失殆尽，使人神共愤。"

这听起来很像是对希特勒的痛责，是吗？其实不然，这是对托马斯·杰斐逊的公开抨击。也许你会问，是哪一个杰斐逊？难道是那个《独立宣言》的起草者，民主政体的守护圣徒托马斯·杰斐逊？不错，那人攻击的正是这位杰斐逊。

你知道哪一个美国人被骂为"伪善者"、"骗子"或"比杀人凶手稍微好一点的人"？有份报纸的漫画描述这个人站在断头台前，台上的大刀正预备砍下他的头。当他被载往刑场行刑的时候，群众对着他叫骂。这个人是谁？是乔治·华盛顿。

但这都是很久以前的事了，也许现在人性已改进不少。让我们看看下面的皮尔利将军的例子。

皮尔利是个探险家，1899年4月6日，他用狗拉着雪车到达北极，举世震惊。几个世纪以来，北极探险一直是各路英雄的目标，却无人写下纪录，反而因受伤、饥饿而丧生的人不少。皮尔利本人也差点死于严寒和断粮，他有8个脚趾因冻坏而不得不被锯掉，另有好几次因无法克服气候上的骤变而几乎精神崩溃。由于皮尔利声名大噪，广受群众欢迎，导致在华盛顿的几个海军高级长官都对他不满而排挤他。他们指控皮尔利为科学研究募集捐款是"招摇撞骗、一事无成"的勾当。这些人可能相信皮尔利真如他们所指控的，人一旦想相信某事，就很难再让他们不信。他们极力诽谤皮尔利，阻止他的研究工作。最后还是麦肯利总统直接过问，才使皮尔利的工作得以继续下去。

假如皮尔利当时只是在华盛顿的海军部办公，他会遭到如此无情的攻击吗？当然不会，因为他的重要性还不足以引起旁人的妒意。

格兰特将军（后成为美国第十八任总统）的遭遇更坏。1862年南北战争时，格兰特的军队在北方赢得第一次大胜利——那一次大胜利使格兰特一夕之间便成为全美崇拜的偶像；那一次大胜利使远方的欧洲都震惊不已；而且使得缅因州到密西西比河岸边的教堂钟声和庆祝营火不断。可是，6个星期还不到，这位北方英雄格兰特将军就成了阶下囚，军队也解散了，他只有带着羞辱和绝望，空自悲叹。

为什么格兰特将军会在胜利的高潮时期被逮捕？

大概是因为他的胜利而引起了某些长官的妒意吧！

给对方一个台阶下

⊙伽利略说："你不可能教会一个人任何事情，你只能帮助他自己学会这件事情。"

⊙苏格拉底在雅典一再告诫门徒："我只知道一件事，就是我一无所知。"

⊙你如果先承认自己也许弄错了，别人才可能和你一样宽容大度，认为他也有错。

西奥多·罗斯福承认说，当他入主白宫时，如果他的决策能有75%的正确率，就达到他预期的最高标准了。像罗斯福这么一位本世纪的杰出人物，最高希望也只有如此。

　　如果你肯定别人弄错了，而率直地告诉他，可知结果会如何？沙斯先生是一位年轻的纽约律师，最近在最高法庭内参加一个重要案子的辩论，案子牵涉到一大笔钱和一项重要的法律问题。

　　在辩论中，一位最高法院的法官对沙斯先生说："海事法追诉期限是6年，对吗？"

　　"庭内顿时静默下来，"沙斯先生后来在讲述他的经验时说，"似乎气温一下就降到了冰点。我是对的，法官是错的，我也据实地告诉了他。但那样就使他变得友善了吗？没有。我仍然相信法律站在我这一边，我也知道我讲得比过去都精彩。但我并没有使用外交辞令。我铸成大错，当众指出一位声望卓著、学识丰富的人错了。"

　　没有几个人能具有逻辑性的思考，我们多数人都犯有武断、偏见的毛病。我们多数人都具有固执、嫉妒、猜忌、恐惧和傲慢的缺点。因此，如果你很想指出别人犯的错误时，请在每天早餐前坐下来读一读下面的这段文字。这是摘自詹姆士·哈维·罗宾森教授那本很有启示性的《下决心的过程》中的一段话：

　　"我们有时会在毫无抗拒或热情淹没的情形下改变自己的想法，但是如果有人说我们错了，反而会使我们迁怒对方，更固执己见。我们会毫无根据地形成自己的想法，但如果有人不同意我们的想法时，反而会全心全意去维护我们的想法。显然不是那些想法对我们珍贵，而是我们的自尊心受到了威胁……'我的'这个简单的词，是做人处世的关系中最重要的，妥善运用这两个字才是智慧之源。不论说'我的'晚餐、'我的'狗、'我的'房子、'我的'父亲、'我的'国家或'我的'上帝，都具备相同的力量。我们不但不喜欢说我的表不准，或我的车太破旧，也讨厌别人纠正我们对火车的知识、水杨素的药效或亚述王沙冈一世生卒年月的错误……我们愿意继续相信以往惯于相信的事。而如果我们所相信的事遭到了怀疑，我们就会找尽借口为自己的信念辩护。结果呢，多数我们所谓的推理，却变成了找借口来继续相信我们早已相信的事物。"

　　有时候，一句或两句体谅的话，和对他人态度作宽大的谅解，这些都可以减少对别人的伤害，保住他的面子。

　　几年以前，通用电气公司面临一项需要慎重处理的工作：免除查尔斯·史坦因梅兹担任某一部门的主管。史坦因梅兹在电器方面是第一等的天才，但担任计算部门主管却彻底地失败。然而公司却不敢冒犯他。公司绝对奈何不了他——而他又十分敏感，于是他们便给了他一个新头衔。他们让他担任"通用电气公司顾问工程师"——工作还是和以前一样，只是换了一项新头衔，并让其他人担任部门主管。

　　史坦因梅兹十分高兴。

　　通用公司的高级人员也很高兴。他们已温和地调动了这位脾气最暴躁的大牌明星职员，而且他们这样也并没有引起一场大风暴——因为他们让他保住了面子。

　　让他有面子！这是多么重要，多么极端重要呀，而我们却很少有人想到这一点！我们残酷地抹杀了他人的感觉，又自以为是，我们在其他人面前批评一位小孩或员工，找差错，发出威胁，甚至不去考虑是否会伤害到别人的自尊。然而，一两分钟的思考，一句或两句体谅的话，对他人态度作宽大的谅解，都可以减少对别人的伤害。

下一次，我们在辞退一个佣人或员工时，应该记住这一点。

以下，我引用会计师马歇尔·格兰格写给我的一封信的内容：

"开除员工并不是很有趣，被开除更是没趣，但我们的工作是有季节性的，因此，在3月份，我们必须让许多人离开。

"没有人乐于动斧头，这已成了我们这一行业的格言。因此，我们演变成一种习俗，尽可能快点把这件事处理掉，通常是依照下列方式进行：'请坐，史密斯先生，这一季已经过去了，我们似乎再也没有更多的工作交给你处理。当然，毕竟你也明白，你只是受佣在最忙的季节里帮忙而已。'等等。

"这些话为他们带来失望，以及'受遗弃'的感觉。他们之中大多数一生皆从事会计工作，对于这么快就抛弃他们的公司，当然不会怀有特别的爱心。

"我最近决定以稍微圆滑和体谅的方式，来遣散我们公司的多余人员，因此，我在仔细考虑他们每人在冬天里的工作表现之后，便一一把他们叫进来，而我就说出下列的话：'史密斯先生，你的工作表现很好（如果他真是如此）。那次我们派你到纽约华克去，真是一项很艰苦的任务。你遭遇了一些困难，但处理得却很妥当，我们希望你知道，公司很以你为荣。你对这一行业懂得很多——不管你到哪里工作，都会有很光明远大的前途。公司对你有信心，支持你，我们希望你不要忘记！'

"结果呢？他们走后，对于自己被解雇的感觉好多了，他们不会觉得'受遗弃'。他们知道，如果有工作的话，我们会把他们留下来。而当我们再度需要他们时，他们将带着深厚的私人感情，再来投效我们。"

在我们课程内有一个学期，两位学员讨论挑剔错误的负面效果和让人保留面子的正面效果。宾夕法尼亚州哈里斯堡的弗瑞·克拉克讲述了一件发生在他公司里的事："在我们的一次生产会议中，一位副董事以一个非常尖锐的问题，质问一位生产监督，这位监督是管理生产过程的。他的语调充满攻击的味道，而且明显的就是要指责那位监督的处置不当。为了不在他的攻击者面前被羞辱，这位监督的回答含混不清。这一来使得副董事发起火来，严斥这位监督，并说他说谎。

"这次遭遇之前所有的工作成绩，都毁于这一刻。这位监督，本来是位很好的雇员，而从那一刻起，对我们的公司来说却已经没有用了。几个月后，他离开了我们公司，为另一家竞争对手的公司工作。据我所知，他在那儿还非常称职。"

另一位学员，安娜·马佐尼提供了在她工作上非常相似的一件事，所不同的是处理方式和结果。马佐尼小姐，是一位食品包装业的市场行销专家，她的第一份工作是一项新产品的市场测试。她告诉班上说："当结果出来时，我可真惨了。我在计划中犯了一个极大的错误，整个测试都必须重来一遍。更糟的是，在下次开会我要提出这次计划的报告之前，我没有时间去跟我的老板讨论。

"轮到我报告时，我真是怕得发抖。我尽了全力不使自己崩溃，我知道我决不能哭，以免让那些人以为女人太情绪化而无法担任行政业务。我的报告很简短，只说是因为发生了一个错误，我在下次会议，会重新再研究。我坐下后，心想老板定会批评我一顿。

"但是，他只谢谢我的工作，并强调在一个新计划中犯错并不是很稀奇的事。而且他相信，第二次的普查会更确实，对公司更有意义。

"散会之后，我的思想纷乱，于是我下定决心，我决不会再让我的老板失望。"

假如我们是对的，别人绝对是错的，我们也不应让别人丢脸而毁了他的自我。传奇性的法国飞行先锋和作家安托安娜·德·圣苏荷依写过："我没有权利去做或说任何事以贬抑一个人的自尊。重要的并不是我觉得他怎么样，而是他会觉得他自己如何，伤害人的自尊是一种罪行。"

已故的德怀特·摩洛，拥有让双方好战分子和解的神奇能力。他怎么办得到呢？他小心翼翼地找出两方面对的地方——他对这点加以赞扬，加以强调，小心地把它表现出来——不管他做何种处理，他都从未指出任何人做错了。

每一个公证人都知道这一点——让人们留住面子。

世界上任何一位真正伟大的人，绝不会浪费时间满足于他个人的胜利。我举一个例子来说明：

1922年，土耳其在经过几世纪的敌对之后，终于决定把希腊人逐出土耳其领土。

穆斯塔法·凯墨尔，对他的士兵发表了一篇拿破仑式的演说，他说："你们的目的地是地中海。"于是近代史上最惨烈的一场战争终于展开了，最后土耳其获胜。而当希腊两位将领——的黎科皮斯和迪欧尼斯前往凯墨尔总部投降时，土耳其人对他们击败的敌人加以辱骂。但凯墨尔丝毫没有显出胜利的骄气。

"请坐，两位先生，"他说，握住他们的手，"你们一定走累了。"然后，在讨论了投降的细节之后，他便安慰他们失败的痛苦。他以军人对军人的口气说："战争这种东西，最佳的人有时也会打败仗。"

即使是像罗斯福总统这样伟大的人物也难免会犯错误，所以，对待别人错误的讥评，我们就应当怀着一颗宽容平静的心态来看待，即使对方错了，也要尊重他们，让他们保住面子。

用幽默化解危机

⊙并非所有的人都具有很强的攻击性，而有的人只是为了想要让别人发笑，以得到赞美，另外，他们会采用嘲弄的策略来引人注意。

⊙如果你不喜欢被嘲弄，而且容易受到狙击的伤害，那么其实你就非常容易成为狙击手的目标。

心理学研究表明，并非所有的人都具有很强的攻击性，而有的人只不过是想要获得别人的注意。有时候只是因为了想要让别人发笑，来得到赞美，另外，他们还会采用嘲弄的策略来引人注意。

有时候这种"奚落的幽默"反而能增加彼此的友谊。在今天电视媒介处处存在的情况下，这被人称之为情景喜剧。在这种喜剧中每个人都无情地嘲弄别人，观众于是大笑不已。但是对真实的嘲弄却一笑了之，却不是每一个都能够做得到的。有时候开玩笑的狙击，可能会造成致命的伤害。

让我们先来看下面一个实例。

达伦和杰伊同是工程师，而且又都在一家高科技公司任职。达伦的年纪比杰伊长5岁，而在公司的工龄也比杰伊多3年，众人都认为达伦升迁的可能性大。但是杰伊为人随和，工作努力，做事主动，并且有丰富的创造力。后来，他的努力终于获得了上级的赏识而且得到回报了：他被提升为地区业务经理。

上任之后的第一个星期，有一回杰伊在停了车之后走进办公大楼，朝新办公室走的时候，看到整班的人都围着达伦站在走道上，他们似乎对达伦所说的每句话都很在意，而且笑得很开心。但是当杰伊走近这群人的时候，他们的笑声却戛然而止，不过杰伊却仍然可以清楚地听到达伦对他恶毒的狙击。达伦注意到他的听众不再笑了，于是把头转向众人目光的方向，结果看到杰伊狼狈的表情，"噢，原来是来了个大人物！"

"我怎么会遭到这样的待遇？"杰伊自问，并想着对这位"狙击手"的攻击该怎样回应。

狙击行为背后的动机各有不同，有些人对事情的发展感到愤怒，有些人则会对阻碍计划的人怀恨在心并采取狙击行为。有些人会利用狙击来打击任何可能阻碍他们计划的人，而有些人狙击的目的只不过是想获得别人的注意。

想要做完事情的人，如果遇到事情没有照计划进行，或是遇到受到他人阻挠的情形，可能会通过狙击的手段来消除异己。为了避免遭人报复，狙击手常常会采取在暗中行动。暗暗地使用一些无礼的批评、讽刺的幽默、尖酸刻薄的口气和眼神等。狙击手也会说一些"张冠李戴"、风马牛不相及的话，使人摸不着头脑而出尽洋相，也就是说，他会把令人困惑当成是一种武器。

以达伦和杰伊的例子来说，达伦生气的原因就是因为自己没有获得升迁，而且把这件事怪到杰伊身上。

如果你不喜欢被嘲弄，而且容易受到狙击的伤害，那么其实你就非常容易成为狙击手的目标。一旦这种个性被传出去，就会有人利用你的个性去狙击你了。如果你是那种无法忍受狙击的人，对方会利用你的弱点而变得毫无禁忌。受到这样的捉弄之后，你可能想要盲目地反击或是逃跑。如果你选择上两种中的任一种，也许你可以改变局面，不过要小心，如果你还没有学会以幽默的方式来对难缠的人物说些令人不快的事，你多半会失败，因此你最好勇敢地面对狙击。要停止狙击，最好先学会与他们和平共处，因为如果你没有反应，狙击便变得毫无意义了。对付狙击手要先培养出好奇的态度，采取旁观者的姿态来看这样的行为。如果狙击手攻击你，不要把它当成是针对自己而发的，希望你有足够的好奇心，把注意力放在狙击手身上，而不是自己的身上。因为狙击行为的出现可能是缺乏安全感，你大可把头痛人物的行为看成是缺乏安全感的小学生行为。也许你还记得对讽刺最好的反应是："我知道你是这样，而我呢？"其次是"我们两个半斤八两，那么骂我和骂你是一样的"。这样做会很有帮助，虽然难以置信，不过确实有惊人的力量，说出来也是具有同样的力量。

  玛丽有个同事叫罗恩，总喜欢在会议的时候狙击她。有一天，在受到狙击之后，她以天真的口气说："我知道你是这样的人，而我呢？"会议上除了罗恩，每个人都对他们的对话内容大笑不已。玛丽以幽默的方式让气氛轻松起来，不但化解了自己的不快，也从这么简单的一句话中让人看出了狙击手的幼稚。罗恩显然觉得自讨没趣，以后就再也不对她发动狙击了。

  幽默是一个人应对危机的最佳态度。苏格拉底有一次在和自己的学生讨论哲学问题的时候，他的太太突然破门而入，当着众人的面，指着苏格拉底劈头盖脸地一顿臭骂，事后还不解气，将屋角的一盆凉水对着苏格拉底的头顶便浇了下去，众人都惊呆了。没有想到苏格拉底只是静静地擦了擦身上的水，微笑地说道："没什么，我知道打雷后通常都会下雨的。"众人都被苏格拉底的幽默和睿智逗得大笑起来，一场尴尬一转眼便消解得无影无踪。

  同样，生活中我们也难免会受到一些言语的攻击和伤害，如果我们能够以微笑应对，用幽默清洗不快，我们就会成为一个不被言语所伤的智者。

第八章　逆风飞扬，舞出生命的精彩

有悲伤的地方才会有圣地

⊙伟人，就是像神那样无畏的普通人。
⊙为自己的错而悲伤的人有福，因为他们必定会得到安慰。
⊙坐在幸福的椅垫上，人会睡着；在被奴役、被鞭打而受苦的时候，人才会得到学习一些事物和道理的机会。

要成功并不容易。想要获得成功的人得像风筝，与强风对抗，方能升向高空。立基于成功的信念，以便坚定向前，无惧于沿途所遭逢的困难。

确定你的信念能支持你在迈向成功的旅程中，忍受一切艰难险阻。当你确知自己在做什么，当你有个明确的目标和实施计划，那么，你或许得与周遭的狂风搏斗，却不至于有被吹垮的顾虑。风势愈强，你会飞得愈高。

超越自然的奇迹，总是在对厄运的征服中出现。塞涅卡曾说："伟人就是像神那样无畏的普通人。"这是像一句诗一样美的妙语。古代诗人在他们的神话中曾描写过：当赫克里斯去解救普罗米修斯的时候，他就是坐在一个瓦盆里漂洋过海的。这个故事其实正是对于人生的象征：因为每一个人也正是驾着血肉之躯的轻舟，横渡波涛翻滚的生活之海的。幸运中需要的美德是节制，而厄运所需要的美德是坚忍，后者比前者更为难能。《圣经》的《旧约》启示人以幸福，而《新约》则启示人通过苦难去争取幸福。一切幸运都并非没有烦恼，而一切厄运也绝非没有希望。最美的刺绣，是以明丽的花朵映衬于暗淡的背景，而绝不是以暗淡的花朵映衬于明丽的背景。从这种图像中去汲取启示吧。人的美德犹如名贵的香料，在烈火焚烧中散发出最浓郁的芳香。正如恶劣的品质可以在幸运中暴露一样，最美好的品质也正是在厄运中被显示的。

"你如果是贫穷的，你就是幸福的，因为神是属于你们的。""为自己的错而悲伤的人有福了，因为他们必定会得到安慰。"这是《圣经》里的话。前句的意思，当然不用细说，只有贫穷的人，才了解神是照顾他们的。只有经过悲伤的人，才会成长。

19世纪，英国诗人奥斯卡·怀路曾在监狱服刑期间写过这样的话：

有悲伤的地方，才有圣地，相信社会中的每一个人早晚都会了解到这一点！在还未了解这一点之前，就可以说那是他还不了解人生！

也就是说，突破眼前的悲伤或痛苦之后，才能到达豁然的境界。

著有《睡着成功》这本书的美国牧师马非先生，也曾说过："一切的灾祸中，一定匿藏着幸运的胚芽。"下面就是他写的一段文字：

坐在幸福的椅垫上，人会睡着；在被奴役、被鞭打而受苦的时候，人才会得到学习一些事物和道理的机会。

换句话说，先得到幸福的，后面就紧跟着不幸。伟大的哲学家老子，也曾说过"祸兮，福所倚；福兮，祸所伏"的至理名言。年轻的朋友们，先看一看这个人的经历吧，他一定会给你许多的启发。

1832年，他失业了，在同一年里，他决心要做政治家，当上一名州议员，但不幸的是他的竞选又失败了。

于是，他又自己开办了一家店铺，可上帝总爱和他开玩笑，一年不到，店铺又倒闭了，于是他便不得不在长达17年的时间里，为偿还债务而到处奔波，吃尽了苦头。

他又一次决定参加竞选州议员，这一次他成功了！但不幸并没有离他远去，第二年，在离他结婚仅有几个月的时候，他的未婚妻却不幸因病去世了，而他也悲伤得卧床不起。次年，他因此而得了神经衰弱症。

两年之后，他又参加州议会的选举，可他又失败了。5年后，他又参加美国国会议员的选举，仍然是失败。

第二年，也就是1846年，他最终当上了国会议员，可在争取连任时，他却又一次落选了。

世上的失败事情几乎让他全撞上了：店铺倒闭，情人去世，竞选败北。他会怎么样呢？会不会放弃奋争呢？

现实中的他却没有服输。1854年，他竞选参议员，失败；1858年，再一次竞选参议员，仍然是失败！

他尝试了11次，可只成功了两次，但他一直都没有放弃自己的追求，并一直都在做自己生活的主宰。1860年，他终于获得了成功，当选为美国总统。这个人就是林肯——美国历史上最伟大的总统之一。

要是生命中每一项我们所求的事物，都只要花极少的努力就可以得到预期的结果，我们将什么也学不到，而生命也将索然无味。做什么事都成功，人将会变得多么傲慢自大！失败才能使人谦虚。当自己面对失败，要理性地劝慰自己：这是绝佳的学习机会，诚然不易，但这的确是难得的经验。

在克里米亚的一次战争中，有一枚炮弹在击中一个城堡后，毁灭了一座美丽的花园。可在那个炮弹落下的深穴里,竟不住地流出泉水来,后来这里竟然成了一个永久不息的著名喷泉。同样,不幸与苦难,也会将我们的心灵炸破,而在那炸开的缝隙里,也会时刻流出奋斗前进的泉水来。

对于一个人来说,假使你年轻时便知道怎样对付打击,那么以后再碰到打击的时候,便能处置得更为适当些。

苦难失败往往会激发人的潜力,唤醒沉睡的雄狮,引导人走上成功的道路。有勇气的人,会把逆境变为顺境,如同河蚌能将恼它的沙泥化成珍珠一样。

一个真正勇敢的人,愈为环境所迫,反而愈加奋勇,不战栗不逡巡,昂首挺胸,意志坚定;他敢于对付任何困难,轻视任何厄运,嘲笑任何障碍,因为贫穷困苦不但不足以伤他毫发,反而增强了他的意志、品格、力量与决心,这使他成为一个卓越的人。对于这样的人,命运绝无法阻挡他们的前程。

所以,年轻的朋友们,一定要记住奥斯卡给我们留下的诗句:"有悲伤的地方,才有圣地。"

学会赢在失败

⊙已经得到第一名的人,不会遇到比得第一名更荣耀的事了,对他而言,顶多只能继续保持第一名而已,而且还可能有降到第二名或第三名的不幸事件。相反的,得到最后一名的人,对他来说,最坏的结果也只是最后一名而已,但有进步到倒数第二、第三,甚至为第一名的可能。

⊙那些能成功的人,只不过比别人多坚持了5分钟。

纵观人类历史上的伟人和杰出人物,他们中的相当一部分人都曾经有过艰辛的童年生活,甚至还备受命运的虐待,但强者总是能善于找到生命的支点。他们及时调整了自己的心态,坚韧地承受着生活的艰辛,在一贫如洗的岁月里安然走过,并用恒久的努力打破了重重的围困,在脱离了贫穷困苦的同时也脱离了平凡,造就了卓越与伟大。

有的苦难是如此的严重,一旦向它屈服,就等于输掉整场比赛。李奇威将军担任指挥官时,发现兵力推进太过,而受到敌军的猛烈攻击。但他坚持守住阵地而使美军免于被逼入海中,而且很快地进行反攻。当挫折发生时,你也许没有时间来考虑修正错误以避免更进一步的失误。但千万别裹足不前,因为此刻最重要的是确定自己的目标,并采取能保存你所有的资源及希望的行动。要是你就此认输,你将失去自信且难以再恢复。所以你必须坚守原则,最后你将知道,你保住了自身所拥有的最重要的东西。

要是你曾仔细地反省自己,并研究那些你所钦慕的成功者的一生,你就会发现所有最好的机会，都发生在处于逆境的时候。因为只有在面对失败的可能时，才会想要做一根本的改变，从险中求胜。当你经历一些暂时的挫折，你也知道这只是暂时的，你就可以抓住逆境带来的机会。

有一天，两个强盗偶然路过一座吊死犯人的绞架，其中一个便叫起来："如果没有这该死的吊死人的绞架，我们的职业是多么好呀！"另一个强盗接着说："呸！你这笨蛋，好在有这架子，如果没有的话，人人都要做强盗了，哪轮得到你我？"

其实，世界上的各种职业、技艺与事业，莫不如此，都是因为困难吓退了一些庸碌的竞争者。斯潘琴说："许多人的生命之所以伟大，都来自他们所承受的苦难。"最好的才干往往是从烈火中冶炼的，都是从坚石上磨炼出来的。

世界上有许多人因为没有经历过苦难的磨炼，激发不出他们体内潜伏着的力量来，因此他们的才能竟然得不到淋漓尽致的发挥。而只有努力奋进才能帮助人们达到成功的境地，只有尽力奋斗的人才会获得自己心中期望的东西。

苦难与障碍并不是我们的仇人，而是我们的恩人。因为我们人人都有一种逆反的心理，这种逆反心理在人体里发展了反对的力量。正是苦难与障碍的出现，使得我们体内克服障碍、抵制苦难的力量，得以发展。这就好像森林里的橡树，经过千百次暴风雨的摧残，非但不会折断，反而愈见挺拔。正像暴风雨吹打橡树一般，人们所承受的种种痛苦、折磨和悲伤，也在启发人们的才能，在锻炼他们。

芝加哥北密契根大道的一个地区现称为"富丽里"。1939年，那里的办公楼群可说是日暮途穷了。一座座大楼只有空荡荡的地板。一座楼能出租出去一半就算是幸运的了，这正是商业不景气的一年。消极的心态像乌云一般笼罩在芝加哥不动产商的心头。那时，你常可以听到这样一些论调："登广告毫无意义，根本就没有钱。""我们没有必要工作了。"然而就在这时，一位抱着积极心态的经理进入了这个景象阴翳的地区。他有一个想法，他立即行动起来了！

这个人受雇于西北互助人寿保险公司，前来管理该公司在北密契根大道上的一座大楼。公司是以取消抵押品的赎取权而获得这座大楼的。当他开始担任这项工作时，这座大楼只出租了10%。但不到一年，他就使它全部租出去了，而且还有长长的待租人名单送到他的面前。这其中有什么秘密呢？新经理把无人租用办公室作为一个挑战，而不是作为一个不幸。我们访问他时，他介绍了他所做的事情：

"我清楚地知道我要干什么，我要使这些房间100%地租出去，在当时的情况下，要做到这一点是很难的。因此我必须把工作做到万无一失，必须做到下列5点：

"1. 要选择称心的房客。

"2. 要激发吸引力，给房客提供芝加哥市最漂亮的办公室。

"3. 租金要不高于他们现在所付的房租。

"4. 如果房客按为期一年的租约付给我们同样的月租，我就对他现在的租约负责。

"5. 除此以外，我要免费为房客装饰房间。我要雇用富有创造性的建筑师和内装工，改造我们大楼的办公室，以适合每个新房客的个人爱好。

"我通过推理,可以得到下列结果:

"1. 如果一个办公室在以后几年中不能出租,我们就不能从那个办公室得到收入。但如果照我的方法做,我们到年底可能得不到什么收益,但这种情况总不会比我们没有采取任何行动时的情况更糟。而我们的境况应该好,因为我们满足房客的需要,他们在未来的年份中会准时如数地交付房租。

"2. 出租办公室仅以一年为基数,这是已经形成了的习惯。在大多数情况下,房间仅仅只空几个月就可接纳新的房客。因此,得到租金的希望就不至于太落空。

"3. 在一所设备良好的大楼里,如果一个房客一定要在他租约满期的那一年的末期退租,也比较易于再租。免费装饰办公室也不会得不偿失,因为这会增加全楼的股票价值,结果极好。每一个新近装饰过的办公室似乎都比以前更为富丽堂皇。房客都很热心,许多房客花费了额外的费用。有一个房客在改建工作中就花费了 22000 美元。

"这座大楼开始时只租出 10%,到年底便 100% 地租出了。没有一个房客在他的租约满期后想走的。他们很高兴地住上了超摩登的新办公室。第一年的租约期满后,我们也没有提高租金。这样,我们就赢得了房客的信任和友情。"

现在让我们来回顾一下这个故事的始末。有一个人面临着一个严重的问题。他手上有一座巨大的办公大楼,可是这座大楼十分之九的办公室都是空闲未租。然而,在一年内这座大楼便 100% 地出租了。现在,就在它的隔壁左右,仍有几十座大楼是空荡荡的。

这两种情况之间的差别当然就是每座大楼的经理对这个问题所持的不同的心理态度。一种人说:"我有一个问题,那是很可怕的。"另一种人却说:"我有一个问题,那是很好的!"

如果一个人能够抓住他的问题尚未显露出真相的好机会,洞察它并寻求解决,那么他就是懂得积极心态之要义的人。如果一个人能形成一种行之有效的想法,并紧接着付诸实行,他就能把失败转变为成功。

简单地说,已经得到第一名的人,不会有比得到第一名更荣耀的事了,对他而言,顶多只能继续保持第一名而已,而且还有可能会降到第二名或第三名的不幸事件。相反的,得到最后一名的人,对他来说,最坏的结果也只是最后一名而已,但有进步为倒数第二、第三名的可能。困境对我们来说反而是一种刺激,而且可以激励我们的成长与进步。

这里所指的贫穷或富裕,当然不单独指经济上的因素,也可以说是失败和成功、堕落和成长,也就是一般人常说的"顺境与逆境"。日本著名的作家谷口雅春先生,在他的著作《你是无限能力者》一书中曾说过"坠落才是机会",其意义也是相同的。这些话,都是我们应该好好体会的。的确,如果一粒麦子不落地死亡,怎能再结出许多麦子呢?我们在经历了越激烈的痛苦之后,在精神上、人格上,也会越早成熟、越早进步。

因此,一旦当我们面临困境时,不要畏惧退缩,心中只要牢牢记住一件事:不要被逆境所吞噬。纵使你面临着前所未有的激烈痛苦，也不要因此而被淹没。要知道如果太过于沉溺于自怜自艾之中，将会因为这一次的堕落而失去一切，永不得翻身。我们应该庆幸逆境来临，因为这正是我们考验自己的最佳良机，在坚强地渡过危险之后，一条坦荡的康庄大道将展现在我们面前。"能够成功的人，只不过比别人多坚持了5分钟。"你我均应牢记这句话。

化劣势为优势

⊙威廉·詹姆斯说过："我们的缺陷能对我们有意外的帮助。"
⊙如果你的弦断了，就在其他三根弦上把曲子演奏完。

尼采对超人的定义是："不仅要在必要的情况之下忍受一切，而且还要喜爱这种情况。"

愈研究那些有成就者的事业，人们就愈加深刻地感觉到，他们之中有非常多的人之所以成功，是因为开始的时候就有一些会阻碍他们的缺陷，促使他们加倍地努力而得到更多的报偿。正如威廉·詹姆斯所说的："我们的缺陷能对我们有意外的帮助。"

不错，很可能密尔顿就是因为瞎了眼，才能写出更好的诗篇来，而贝多芬是因为聋了，才能作出更好的曲子。

海伦·凯勒之所以能有光辉的成就，也就是因为她的瞎和聋。

如果柴可夫斯基不是那么的痛苦——他那个悲剧性的婚姻几乎使他濒临自杀的边缘。如果他自己的生活不是那么悲惨，他也许就永远不能写出他那首不朽的《悲怆交响曲》。

"如果我不是有这样的残疾，"那个在地球上创造出生命科学的基本概念的人写道："我也许就不会做到我所完成的这么多工作。"达尔文坦白承认他的残疾对他有意想不到的帮助。

达尔文在英国出生的那一天，另外一个孩子生在肯塔基州森林里的一个小木屋里，他的缺陷也对他有帮助。他的名字就是林肯——亚伯拉罕·林肯。如果他出生在一个贵族家庭，在哈佛大学法学院得到学位，而又有幸福美满的婚姻生活的话，他也许就绝不可能在心底深处找出那些在盖茨堡所发表的不朽演说。他便不会说出他第二次政治演说中所说的那句如诗般的名言——这是美国的统治者所说的最美也最高贵的话——"不要对任何人都怀有恶意，而要对每一个人都怀有爱……"

有一位大学毕业生曾经给一位报社的编辑写了一封信。在信中，他写道："我是一名大学毕业生，参加工作已5年。5年来我工作顺利，深得领导赏识，按理该没有什么忧虑。但是，自古男大当婚，女大当嫁，我已到了恋爱结婚的年龄，而就是这件事，弄得我好忧虑，好伤心。我的身高只有1.64米，这是爹妈给的，并非我的过错，可人家帮我介绍过3个女朋友，最后都以'拜拜'告吹。她们说，学历、文凭和工作单位都没说的，只是个子太矮了，没有风度，没气派。有位姑娘还很惋惜地说：'可惜，只要再高6公分，有1.70米就好了。'这6公分之差，使我非常痛苦。现在我有点心灰意冷，恨爹妈为什么不让我再长高些。因此工作也无精打采，我不愿这样消沉下去，可我该怎么办呢？"

其时，有些人之所以烦恼、忧虑，正是由于自卑。

其实身材矮小何必自惭形秽？一位国际舞台上的名矮子对此自有一番高论。他名叫罗慕洛，长期担任菲律宾的外交部长，他身高也只有1.63米。面对高大的对方，他不但一点不自卑，却以此自豪。他写了一篇在世界上出名的文章，叫《愿生生世世为矮人》，现在附在下面，读了以后，你就会知道矮子的确有矮子的好处。

有一次，在巴黎举行的联合国会议上，我和苏联代表团团长维辛斯基激辩。我讥刺他提出的建议是"开玩笑"，突然之间，维辛斯基把他所有轻蔑别人的天赋都向我发挥出来。他说："你只不过是个小国家的人罢了。"

在他看来，这就是辩论了。我的国家和他的相比，不过是地图上的一点而已。而且我自己穿了鞋子，身高只有1.63米。

即使在我家中，我也是矮子。我的四个儿子全都比我高七八厘米，我的太太穿高跟鞋的时候，也要比我高寸把。我们婚后，有一次她接受访问，曾谦虚地说："我情愿躲在我丈夫的影子里，沾他的光。"一个熟悉的朋友就打趣地说："这样的话，就没有多少地方好躲了。"

我身材矮小，和鼎鼎大名的人物在一起时，常常特别惹人注意。第二次世界大战期间，我是麦克阿瑟将军的副官，他比我高20厘米。那次登陆雷伊泰岛，我们一同上岸，新闻报道说："麦克阿瑟将军从深及腰部的水中走上了岸，罗慕洛将军和他在一起。"一位专栏作家立即拍电报调查真相，他认为如果水深到麦克阿瑟将军的腰部，我就要淹死了。

我一生当中，常常会想到高矮的问题。我但愿生生世世都做矮子。

这句话可能会使你诧异，许多矮子都因为身材而自惭形秽。我得承认，年轻的时候也穿过高底鞋，但用这个法子把身材加高实在不舒服，并不是身体上的，而是精神上的不舒服。

这种鞋子使我感到，我在自欺欺人，于是我再也不穿了。

其实这种鞋子剥夺了我天赋的一大便宜。因为：矮小的人起初总被人轻视，后来，他有了表现，别人就觉得出乎意料，不由得佩服起来，在他们心目中，他的成就格外出色。

有一年我在哥伦比亚大学参加辩论小组，初次明白了这个道理。我因为矮小，所以样子不像大学生，就像小学生。一开始，听众就为我鼓掌助威，在他们看来，我已经居于下风，而大多数人都喜欢看居下风的人得胜。

我一生的境遇都是如此。平平常常的事经我一做，往往就似乎成了惊天动地之举，因为大家对我毫不寄以希望。

1945 年，联合国创立会议在旧金山举行，我以无足轻重的菲律宾代表团团长身份，应邀发表演说。讲台差不多和我一样高，等到大家静下来，我庄严地说出这一句话："我们就把这个会场当作最后的战场吧。"全场登时寂然，接着爆发出一阵热烈的掌声。我放弃了预先准备好的演讲稿，畅所欲言，思如泉涌。后来，我在报上看到了当时我说了这样一段话："维护尊严、言辞和思想比枪炮更有力量……惟一牢不可破的防线是互助互谅的防线！"

这些话如果是大个子说的，听众可能只会客客气气地鼓一下掌。但菲律宾那时离独立还有一年，我又是矮子，由我说出来，就有意想不到的效果。从那天起，小小的菲律宾在联合国大会中就被各国当作资格十足的国家了。

矮子还占一种便宜：通常都特别会交朋友。人们总想维护我们，容易对我们推心置腹。因此大多数的矮子早年就都懂得：友谊和筋骨健硕、力量强大一样重要。

早在 1935 年，大多数的美国人还不知道我这个人，那时我应邀到圣母大学接受荣誉学位，并且发表演说，那天罗斯福总统也是演讲人。事后他笑吟吟地怪我"抢了美国总统的风头"。

我相信，身材矮小的人往往比高大的人更富有"人情味"而平易近人。他们从小就知道自视绝不可太高，身材魁梧的人态度冷峻，别人会说他有"威仪"。但是矮小的人摆出这种架子来，大家就要说他"自大"了。

如果矮子稍有自知之明，很早就会明白脾气是不好随便乱发的。大个子发脾气，可能气势汹汹，矮子就只是像在乱吵乱闹了。

一个人有没有用，和个子大小无关。身材矮小可能真有好处。历史上许多伟大的人物都是矮子。贝多芬和纳尔逊都只有 1.63 米高，但是他们和只有 1.52 米高的英国诗人济慈及哲学大师康德相比，已经算高大的了。

当然还有一位最著名的矮子是拿破仑。好些心理学家说，历史上之所以有拿破仑时代，完全是拿破仑的身材作祟。人们说，他因为矮小，所以便要世人承认他真正是非常伟大的人物，失之东隅，收之桑榆。

本文一开始，我就提到苏联代表维辛斯基因为我胆敢批评他的国家而出言相讥的事，我不喜欢别人以为我任凭他侮辱矮子，而不加反驳。他一说完，我就跳起身来，告诉联合国大会的代表说，维辛斯基对我的形容是正确的，但是我又说："此时此地，把真理之石向狂妄的巨人眉心掷去——使他们的行为有些检点，是矮子的责任！"（《圣经》里的典故）维辛斯基凶狠地瞪着眼，但是没有再说什么。

"我愿生生世世做矮人！"这就是罗慕洛流传于世的名言。他不仅正视生活中的自我，极力消除传统文化的偏见，而且因自己与别人的身体的不同而感到快乐和自足。

哈瑞·艾默生·福斯狄克在他那本《洞视一切》的书中说："斯堪的那维亚半岛人

有一句俗话，我们都可以拿来鼓励自己：北风造就维京人。我们为什么会觉得，有一个很安全而且很舒服的生活，没有任何困难，舒适与轻闲，这些就能够使人变成好人或者很快乐呢？正相反，那些可怜自己的人会继续地可怜他们自己，即使舒舒服服躺在一个大垫子上的时候也不例外。可是在历史上，一个人的性格和他的幸福，却来自各种不同的环境，好的、坏的，只要他们肩负起他们个人的责任。所以我们要再说一遍：北风造就维京人。"

假设我们颓丧到极点，觉得根本不可能把我们的柠檬做成柠檬水，那么，下面是我们为什么应该试一试的两点理由——这两点理由告诉我们，为什么我们只赚而不会赔。

理由第一条，我们可能成功。

理由第二条，即使我们没有成功，只是怀着要化负为正的企图，也就会使我们向前看而不会向后看。所以，用肯定的思想来替代否定的思想，能激发你的创造力，能刺激我们根本没有时间也没有兴趣去忧虑那些已经过去和已经完成的事情。

有一次，世界最有名的小提琴家欧利·布尔举行一次音乐会，他小提琴的 A 弦突然断了，可是欧利·布尔就用另外的那三根弦演奏完了那支曲子。"这就是生活，"哈瑞·艾默生·福斯狄克说，"如果你的 A 弦断了，就在其他三根弦上把曲子演奏完。"

这不仅是生活，这比生活更可贵——这是一次生命上的胜利。

不要认为自己一无所有

⊙对于那些生来就一无所有的年轻人，我想向他们表示祝贺，因为他们出生在一个令人荣耀的境地，这种环境注定了他们必须孜孜以求。不懈努力才能够改变自己的处境，才能出人头地。

⊙如果我能够选择的话，我宁愿给一个年轻人留下一些磨难让他去承受，去磨砺，而不是留给他万能的金钱，让金钱成为他的负担和重压。

美国钢铁大王安德鲁·卡内基在一次讲话中这么说过，对于那些生来就一无所有的年轻人，我想向他们表示祝贺。因为他们出生在一个令人荣耀的境地，这种环境注定了他们必须孜孜以求、不懈努力，才能够改变自己的处境，才能出人头地。对于一个年轻人而言，他要拎的最重的篮子莫过于一个盛满了各种证券的篮子。他通常会让这个篮子压得摇摇晃晃、站立不稳。在我们的这个城市里有无数的青年，他们依靠自己的力量努力拼搏，站在了最优秀的人群的前列，成为对社会有用的公民。他们无愧于授予他们的所有荣誉，而大部分富豪的子孙们却难以抵制住先辈们留给他们的一大笔财富的诱惑，沦落为对社会没有任何价值的寄生虫。如果我能够选择的话，我宁愿给一个年轻人留下一些磨难让他去承受、去磨砺，而不是留给他万能的金钱，让金钱成为他的负担和重压。值得你们害怕的竞争对手不是来自这个富有的阶层，不是你的那些富有的合作伙伴的后代子孙们，你要时刻警惕的竞争对手是那些来自贫穷家庭的青年们，那些比你还要贫穷的青年人，他们的父母甚至没有能力负担他们在这个学院里上一门课的费用，而你们却拥有这个，能够让你们在自己的同类中有了立于前列的决定性优势。你们要重视这些看来不可能在你这一个职位上向你挑战或是超越你的年轻人。不要轻视那些从普通的学校里走出来，一头扎进工作中的年轻人，也不要轻视那些在办公室里干诸如端茶扫地一类最低等活的年轻人，他很可能就是一匹黑马，你最好还是密切注意他，终有一天他会向你挑战的。

1913年1月5日，凯蒙斯·威尔逊诞生于美国南方孟菲斯市西北的奥西奥拉小城镇。他的父亲查尔斯·凯蒙斯·威尔逊曾在海军服役，当一名司炉工和办事员，后来离开了海军，在国民人寿和意外事故保险公司工作，推销保险。由于工作出色，他便于1912年接受公司的委派，前往奥西奥拉，在那里开设了一个办事处。他的母亲多尔·威尔逊出生在孟菲斯市一个十分贫困的家庭，她10多岁时就去当卖杂货的营业员。他们的小男孩出生了，这时对于这位年纪轻轻又有雄心壮志的保险代理人及其新娘来说，前途看来一片灿烂光明，他们给儿子取名为小查尔斯·凯蒙斯·威尔逊。

可是，仅仅9个月后，悲剧突然袭来。29岁的老凯蒙斯患了重病，是得了一种叫做肌肉萎缩性侧索硬化症的不治之症，支配肌肉运动的神经细胞出现病变衰退，非常痛苦。1913年10月4日，他还来不及看到自己的儿子过3周岁生日便去世了，并留下多尔——年方18岁就成了寡妇和单身母亲。

老凯蒙斯有预见，生前买了一份保价为2000美元的保险单，死后赔款付给多尔。这笔钱在1913年时是一笔可观的金额。可是，一名没有道德的丧葬用品销售商在同多尔打交道时，利用了年轻寡妇的悲痛心情，劝说她给亡夫大办丧事，从而把根据保险单所得到的全部款项耗用殆尽。虽然老凯蒙斯的墓葬颇有气魄，但丧事过后，多尔几乎分文不剩。

正是在那个年代、那个地方，一个年方18岁的寡妇几乎身无分文，却下定主意：任何艰难困苦都阻挡不住自己抚养儿子，并把他培养成将来在世界上有所建树、留下印记的人。

多尔带了她的婴儿回到了孟菲斯市，迁往沃特金斯北街336号自己的母亲处居住。在取得政府补助之前的那段日子里，多尔别无选择，只有走出家门去工作，以养活自己和年幼的儿子。威尔逊后来回忆说："我的母亲找到了一份工作，给一位牙医当助手，每周的工资是11美元。后来，她当上了一名簿记员。可是，她一个月的收入从来没有超过125美元。此情此景，你能想象得出吗？回首当年，那是何等艰难的岁月，真是度日如年啊！"

在这种困窘的生活环境下，凯蒙斯·威尔逊在年幼时就开始干活挣钱了。经过艰辛的创业历程，威尔逊经营过爆玉米花和弹球机，经营过电影院，幼年艰苦的生活使他成为了孟菲斯市最坚定不移、蒸蒸日上的青年企业家之一，而立之年未过，便已创下庞大的事业。

纵观那些世界知名企业家的成功历程，我们会发现他们无一例外都是从一无所有的困境中白手起家的，依靠自己坚韧的品质和不懈的努力，创下了引以为傲的世界，由命运的弃儿变成了众人称羡的天之骄子。

当太阳升起时再度充满精神

⊙要树立对自己的信心，对于每一次的挫折与失败，都要微笑地面对，不要害怕，不要退后，因为毕竟你才是自己的主宰。

⊙成功者之所以成功，正是在于他们不惧怕失败，能在失败之后重新鼓起奋斗的勇气。

一个身处逆境却依旧能微笑的人，要比一个陷入困境就立即崩溃的人获益更多。处逆境而乐观的人，才具有获得成功的潜质，并且要比一般人更强。而有好多人却往往一处逆境，便立刻会感到沮丧，因此更达不到他们的目的。

我们生活于一个竞争激烈的世界，人们以成功者及失败者来衡量成就，并且强调每一个胜利都会产生对等的失败。要是一个人赢了，理论上必定就有人输了。但事实上，你自己与自己的竞争才是真正重要的。

在通往成功的道路上，能不能经得住失败的考验，决定了能否达到成功的目标。有的人因为失败而徘徊不前，悲观失望，他们往往会由于害怕失败而遭受到更多的失败，最终落于人后；有的人却是微笑地面对失败，从哪里跌倒再从哪里爬起来，用信心和勇气来战胜失败，他们往往都是踏上了成功巅峰的出类拔萃的人。

在我们的社会上，绝没有郁郁不乐者、忧愁不堪者或陷于绝望者的地位。如果一个人在他人面前总是表现出郁郁不乐，就没有人愿意同他在一起，人们都要避而远之。

人类的天性是喜欢与和谐快乐的人相处。一个人不应该做情绪的奴隶，让一切行动皆受制于自己的情绪，人应该反过来控制自己的情绪。无论你周围的境况怎样的不利，你也应当努力去支配你的环境，把自己从黑暗中拯救出来。当一个人有勇气从黑暗中抬起头来，面向光明大道走去后，后面便不会再有阴影了。

许多人在疲累或沮丧的时候，会面对自己日常的工作而感到困惑："究竟我做的这一切有什么用处？"

在这里，我把自己一生当中所获得的最切实的感受告诉大家：

"要树立自己的信心，对于每一次的挫折与失败，都要微笑地面对，不要害怕，不要后退，因为毕竟你才是自己的主宰。"

心态会带给你成功。当你在和失败战斗时，就是你最需要积极心态的时候。当你处于逆境时，你必须花数倍的心力，去建立和维持自己的积极心态，同时也应动用你对自己的信心以及你的明确目标,将积极心态化为具体行动。

在经过对无数成功者成功秘诀的深入探讨之后,我们便更有理由相信这一点:"成功者之所以成功,正是在于他们不惧怕失败,能在失败之后重新鼓起奋斗的勇气。"

只有在现实生活中拥有百折不挠的勇气的人,才能深刻地领会"失败是成功之母"这句话的真正含义。

1510年,帕里斯出生在法国南部,他一直从事玻璃制造业,直到有一天看到一只精美绝伦的意大利彩陶茶杯。这一下,改变了他一生的命运。

"我也要造出这样美丽的彩陶。"这是他当时惟一的信念。

他建起烤炉,买来陶罐,打成碎片,开始摸索着进行烧制。

几年下来,碎陶片堆得像小山一样,可他心目中的彩陶却仍不见踪影,他甚至无米下锅了,他只得回去重操旧业,挣钱来生活。他赚了一笔钱后,又烧了三年,碎陶片又在砖炉旁堆成了山,可仍然没有结果。以后连续几年,他都挣钱买燃料和其他材料,不断地试验,却都没有成功。

长期的失败使人们对他产生了看法,都说他愚蠢,是个大傻瓜,连家里人也开始埋怨他。他也只是默默地承受。

试验又开始了,他十多天都没有脱衣服,并且日夜守在炉旁。

燃料不够了,于是他便拆了院子里的木栅栏,可怎么也不能让火停下来呀!

又不够了!他搬出了家具,劈开,扔进炉子里。

还是不够,他又开始拆屋子里的木板。劈劈啪啪的爆裂声和妻子儿女们的哭声,让人听了鼻子都是酸酸的。

眼看马上就可以出炉了,多年的心血就要有回报了,可就在这时,只听见炉内"嘭"的一声,不知是什么爆裂了。所有的产品都沾染上了黑点,全成了次品。

眼看到手的成功,又失败了!帕里斯也感受到了巨大的打击,他独自一人到田野里漫无目地走着。不知走了多长时间,优美的大自然终于使他恢复了心里的平静,他平静地又开始了下一次试验。

经过16年无数次的艰辛历程,他终于成功了,而这一刻,他却一片平静。

他的作品成了稀世珍宝,价值连城,使得艺术家们争相收藏。他烧制的彩陶瓦,至今仍在法国的罗浮宫上闪耀着光芒。

帕里斯的成功之路是艰辛而漫长的。他的成功来得何等不易。在一次又一次的失败中一次又一次地重新站起,这正是帕里斯的成功所在。

影响人类成功最坏的敌人,便是思想的不健康,便是以沮丧的心情来怀疑自己的生命。其实,一切事情,全靠我们的勇气和我们对自己的信仰,并且全靠我们对自己有一个乐观的态度。惟有如此,方能成功。然而一般人处于逆境的时候,或是碰到沮丧的事情,处于充满凶险的境地时,他们往往会让恐惧、怀疑、失望的思想来捣乱,于是便丧失了自己的意志,以致使自己多年以来的计划毁于一旦。有很多人如同从井底向上爬的青蛙,辛辛苦苦向上爬,然而一旦失足,就前功尽弃。

突破困境，首先在于要肃清胸中快乐和成功的仇敌，其次在于要集中思想，坚定意志。只有运用正确的思想，并抱着坚定的精神，才能战胜一切逆境。

一个在思想心智上训练有素的人，能够做到在几分钟内从忧愁的思想中解脱出来。但是大多数人却不能排除忧愁去接受快乐，不能消除悲观去接受乐观。他们把心灵的大门紧紧地封闭起来，虽然费力在那里挣扎，却没什么成效。

人在忧郁沮丧的时候，要尽量改换自己的环境。但是，对于使自己痛苦的问题，不要过多去思考，不要让它再占据你的心灵，而要尽力想着最快乐的事情。对待他人，也要表现出最仁慈、最亲热的态度，说出最和善、最快乐的话，要努力以快乐的情绪去感染你周围的人。这样做以后，思想上黑暗的影子，必将离你而去，而那快乐的阳光将映照你的一生。

诗人马伦在一篇名为《机会》的诗中写出了积极心态的力量：

我哭不是因为失去了宝贵的机会；
我流泪不是因为精华岁月已成云烟；
每天晚上我都烧毁当天的记录；
当太阳升起又再度充满了精神。
像个小孩子似的嘲笑已顺利完成的光彩，
对消失的欢乐不闻不问；
我的思考力不再让逝去的岁月重回眼前；
但却尽情地迎向未来。

恐惧、自我设限以及接受失败，最后只会像莎士比亚所说的使你"困在沙洲和痛苦之中"，但是你可以借着信心、积极的心态和明确的目标来克服这些消极心态。

如果你能在失败之后，重新鼓起奋争的勇气，你就会离成功越来越近。而做到这一点，则取决于你积极的心态。面对失败时，要记住让自己的灵魂"在太阳升起时再度充满精神"。

第九章　迈向活力的巅峰

你为什么会疲劳

⊙我们所感到的疲劳绝大部分是由于心理的影响。事实上，纯粹由生理引起的疲劳是很少的。

⊙一个坐着工作的人，如果健康情况良好的话，他的疲劳100％便是受心理因素，也就是情感因素的影响。

⊙困难的工作本身很少造成好好休息之后不能消除的疲劳……忧虑、紧张和情绪不安，才是产生疲劳的三大原因。

⊙你在任何时候都能放松，任何地方也能放松，只是不要花费力气去让自己放松。

有一个很令人吃惊而且非常重要的事实：单单用脑并不会使你疲倦。这句话听起来非常荒谬，可是几年之前，科学家曾试图了解，人类的脑子能够工作多久而不致使"工作效率降低"，也就是科学上对疲劳的定义。令这些科学家们非常吃惊的是，他们发现通过活动中的脑细胞的血液，毫无疲劳的迹象；但如果你由一个正在做工的人的血管里抽出血液，就会发现血液里充满了"疲劳毒素"和各种废物。但是如果你从爱因斯坦的脑部抽出血来，即使是在一天的终了，也不会有任何疲劳毒素在内。

如果只用脑的话，那么，"在8个甚至12个小时之后，工作能量还像开始时一样的迅速和有效率"，脑部是完全不会疲倦的……那么是什么使你疲倦呢？

心理治疗专家大都认为，我们所感到的疲劳，多半是由精神和情感因素所引起的。

英国最有名的心理分析家J. A. 哈德非尔德在他那本《权力心理学》里说："我们所感到的疲劳绝大部分是由于心理的影响。事实上，纯粹由生理而引起的疲劳是很少的。"

一位美国著名的心理分析家A. A. 布里尔博士说得更详细。他说："一个坐着工作的人，如果健康状况良好的话，他的疲劳100％是受心理因素，也就是情感因素的影响。"

什么心理因素会影响到坐着不动的工作者，而使他们疲劳呢？是快乐？是满足吗？不是的，绝不是这样！而是烦闷、懊恨，一种不受欣赏的感觉，一种无用的感觉，过于匆忙、焦急、忧虑……这些都是使那些坐着工作的人精疲力竭的心理因素。它们使他容易感冒，减少他的工作成绩，而且会让他回家的时候带着神经性的头痛。不错，我们之所以感到疲劳，是因为我们的情绪使我们的身体紧张。

大都会人寿保险公司在一本讨论疲劳的小册子上特别指出了这一点。"困难的工作本身，"这本小册子上说，"很少造成好好休息之后不能消除的疲劳……忧虑、紧张和情绪不安，才是产生疲劳的三大原因。通常我们以为是由劳心劳力所产生的疲劳，实际上都应该怪在这三个原因之上……请记住！紧张的肌肉，就是正在工作的肌肉，应该要放松，把你的体力储备起来，以应付更重要的责任。"

为什么我们在劳心的时候，也会产生这些不必要的紧张呢？丹尼尔·乔斯林说："我发现主要的原因……是几乎所有的人都相信，越是困难的工作，越要有一种用力的感觉，否则做出来的成绩就不够好。"所以我们一集中精神就皱起了眉头，耸起了肩膀，要所有的肌肉都来"用力"。事实上这对我们的思考，根本没有丝毫帮助。

碰到这种精神上的疲劳，应该怎么办呢？要放松！放松！再放松！要学会在工作时放轻松一点。

这很容易吗？那才不，你恐怕得把你养成了一辈子的习惯都改过来。可是花这种力气是值得的，因为这样可以使你的生活起革命性的变化。威廉·詹姆斯，在他那篇题名《论放松情绪》的文章里说："过度紧张、坐立不安、着急以及紧张痛苦的表情……这是一种坏习惯，不折不扣的坏习惯。"紧张是一种习惯，放松也是一种习惯，而坏习惯应该祛除，好习惯应该养成。

你怎样才能放松呢？是该先从思想开始，还是该从你的神经开始呢？二者都不是。你应该先放松你的肌肉。

让我告诉你应该怎么做。我们先从你的眼睛开始，先把这一段读完，当你读完之后，把头向后靠，闭起你的眼睛来。然后默不出声地对你的眼睛说："放松，放松；不要紧张，不要皱眉头；放松，放松。"如此慢慢地重复、再重复念一分钟……

你是否注意到，经过几秒钟之后，你眼睛的肌肉就开始服从你的命令了？你是否觉得，有一只无形的手把这些紧张的情绪都驱走了。噢，虽然看起来令人难以置信，可是在这一分钟里，你却已经试过了放松情绪艺术的全部关键和秘诀。你可以用同样的办法放松你的脸部肌肉、头部、肩膀、整个身体。但是你全身最重要的器官，还是眼睛。芝加哥大学的爱德蒙·雅各布森博士曾说，如果你能完全放松眼部肌肉，你就可以忘记你所有的烦恼了。在消除神经紧张时，眼睛之所以这样重要，是因为它们消耗了全身散发出来能量的 1/4。这也就是为什么很多眼力很好的人，却感到"眼部紧张"，因为他们自己使眼部感到紧张。

以写长篇小说著名的女作家维基·鲍姆曾说，她小时候遇见一位老人，教了她一生所学过的最重要的一课。她摔了一跤，跌破了膝盖，还扭伤了手腕。那个以前在马戏团当小丑的老人把她扶了起来，在帮她把身上灰尘拂干净的时候，老人说："你之所以会碰伤，是因为你不知道怎样放松你自己。你应该假装你自己软得像一只袜子，像一只穿旧了的袜子。来，我来教你怎么做。"

那个老头子就教她和其他的孩子们怎么样跑，怎么样跳，怎么样翻斤斗，还一直教他们说："要把你自己想象成一只旧袜子，那你就能放松了。"

任何时候都能够放松，任何地方你也能够放松，只是不要花费力气去让自己放松。所谓放松，就是消除所有的紧张和力气，只想到舒适和放松。开始的时候先想怎样放松你眼部的肌肉和脸上的肌肉，不停地说着："放松……放松……"放松，再放松。要感觉到你的体力，由你的脸部肌肉，一直到你身体的中心。要使你自己像孩子一样完全没有紧张的感觉。

这也是著名的女高音盖莉·库尔奇所用的办法。海伦·吉卜森告诉过我，他常常看见盖莉·库尔奇在表演之前坐在一张椅子上，放松全身的肌肉，而且下颚松得像脱臼似的。这种做法非常不错——可以使她在登台的时候，不至于感到太紧张，也可以防止疲劳。

下面是帮你学会怎样放松的五项建议：

1. 请看关于这方面的一些好书——大卫·哈罗·芬克博士所写的《消除神经紧张》。我也建议你看一看这本书——由丹尼尔·乔斯林所写的《为什么会疲倦》。

2. 随时放松自己，使你的身体软得像一只旧袜子。我工作的时候，常在书桌上放一只红褐色的旧袜子，提醒我应该放松到什么程度。如果你找不到一只旧袜子的话，一只猫也可以。你有没有抱过在太阳底下睡觉的猫呢？当你抱起它来的时候，它的头就像打湿了的报纸一样垮下去。印度的瑜伽术也教你，如果你想放松，应该多去学学猫。要是你能像猫一样地放松自己，大概就能避免这些问题了。

3. 工作时采取舒服的姿势。要记住，身体的紧张会产生肩膀的疼痛和精神上的疲劳。

4. 每天自我检讨 5 次，问问你自己："我有没有使我的工作变得比实际上更重？我有没有用一些和我的工作毫无关系的肌肉？"这些都有助于你养成放松的好习惯。就像大卫·哈罗·芬克博士所说的："那些对心理学最了解的人们，都知道疲倦有 2/3 是习惯性的。"

5. 每天晚上再检讨一次，问问你自己："我有多疲倦？如果我感觉疲倦，这不是我过分劳心的缘故，而是因为我做事的方法不对。""我算算自己的成绩，"丹尼尔·乔斯林说，"不是看我在一天完了之后有多疲倦，而是看我有多不疲倦。"他说："当那一天过完而我感到特别疲倦时，或者是我感觉我的精神特别疲乏的时候，我便会毫无疑问地知道，这一天不论在工作的质和量上都做得不够。如果每一位生意人都能学会这一点，因为神经紧张而引起疾病致死的比率，就会马上降低了，而且在我们的精神疗养院里，也不会再有那些因为疲劳和忧虑，导致精神崩溃的人了。"

每日多清醒一小时

⊙防止疲劳和忧虑的第一条规则是，经常休息，在你感到疲倦以前就休息。
⊙爱迪生认为他无穷的精力和耐力，都来自他能随时想睡就睡的习惯。
⊙休息并不是绝对什么事都不做，休息就是"修补"。
⊙在你感到疲劳之前先休息，这样你每天清醒的时间，就可以多增加一小时。

在这本谈论如何防止忧虑的书里，我为什么要写进防止疲劳的问题呢？很简单，因为疲劳会容易使人产生忧虑，或者至少会使你较容易忧虑。任何一个还在学校里学医的学生都会告诉你，疲劳会减低身体对一般感冒和疾病的抵抗力；而任何一位心理治疗家也会告诉你，疲劳同样会减低你对忧虑和恐惧等等感觉的抵抗力，所以防止疲劳也就可以防止忧虑。

我是否说"可以防止不快乐"呢？这话说得太温和了些。艾德蒙·雅各布森医生说得更清楚。雅各布森医生是芝加哥大学实验心理学实验室的主任，他写过两本关于如何放松紧张情绪的书——《消除紧张》和《你必须放松紧张情绪》。他花过好多年的时间，主持研究放松紧张情绪的方法在医疗上的用途。他认为任何一种精神和情绪上的紧张状态，"在完全放松之后就不可能再存在了"。这也就是说，如果你能放松紧张情绪，就不可能再继续忧虑下去。

所以要防止疲劳和忧虑，规则第一条就是：经常休息，在你感到疲倦以前就休息。

这一点为什么重要呢？因为疲劳增加的速度快得出奇。美国陆军曾经进行过好几次实验，证明即使是年轻人——经过多年军事训练而很坚强的年轻人——如果不带背包，每一小时休息 10 分钟，他们行军的速度就会加快，也更持久，所以陆军强迫他们这样做。你的心脏也正和美国陆军一样的聪明。你的心脏每天压出来流过你全身的血液，足够装满一节火车上装油的车厢；每 24 小时所供应出来的能量，也足够用铲子把 20 吨的煤铲上一个 3 尺高的平台。你的心脏能完成这么多令人难以相信的工作量，而且持续 50、70，甚至可能是 90 年之久。你的心脏怎么能够承受得了呢？哈佛医院的沃尔特·加农博士解释说："绝大多数人都认为，人的心脏整天不停地在跳动着。事实上，在每一次收缩之后，它便有完全静止的一段时间。当心脏按正常速度每分钟跳动 70 次的时候，一天 24 小时里实际的工作时间只有 9 小时，也就是说，心脏每天休息了整整 15 个小时。"

在第二次世界大战期间，丘吉尔已经六七十岁了，却能够每天工作 16 小时，一年一年地指挥大英帝国作战，实在是一件很了不起的事情。他的秘诀在哪里？他每天早晨在床上工作到 11 点，看报告、口述命令、打电话，甚至在床上举行很重要的会议。吃过午饭以后，再上床去睡一个小时。到了晚上，在 8 点钟吃晚饭以前，他要再上床去睡两个小时。他并不是要消除疲劳，因为他根本不必去消除，而是事先就防止了。因为他经常休息，所以可以很有精神地一直工作到半夜之后。

约翰·洛克菲勒也创造了两项惊人的纪录：他赚到了当时全世界为数最多的财富，也活到了98岁。他如何做到这两点的呢？最主要的原因当然是，他家里的人都很长寿，另外一个原因是，他每天中午在办公室里睡半个小时午觉。他会躺在办公室的大沙发上——而在睡午觉的时候，哪怕是美国总统打来的电话，他都不接。

在那本名叫《为什么要疲倦》的书里，丹尼尔说："休息并不是什么事都不做，休息就是修补。"在短短的休息时间里，就能有很强的修补能力；即使只打5分钟的瞌睡，也有助于防止疲劳。棒球名将康尼·麦克告诉我，每次出赛之前如果他不睡午觉的话，到第五局就会觉得筋疲力尽了。可是如果他睡午觉，哪怕只睡5分钟，也能够赛完全场，并且一点也不感到疲劳。

我曾问过埃莉诺·罗斯福夫人，当她在白宫当第一夫人的12年里，如何应付那么紧凑的节目。她对我说，每次接见一大群人或者是要发表一次演说之前，她通常都会坐在一张椅子或是沙发上，闭起眼睛休息20分钟。

我最近到麦迪逊广场花园，去拜访吉恩·奥特里这位参加过世界骑术大赛的骑术名将。我注意到他的休息室里放了一张行军床。"每天下午我都要在那里躺一躺，"吉恩·奥特里说，"在两场表演之间睡一个小时。当我在好莱坞拍电影的时候，"他继续说道，"我常常靠坐在一张很大的软椅子上，每天睡两次午觉，每次10分钟，这样可以使我精力充沛。"

爱迪生认为他无穷的精力和耐力，都来自他能随时想睡就睡的习惯。

在亨利·福特过80岁大寿之前，我去访问过他。我实在猜不透他为什么看起来那样有精神，那样健康。我问他秘诀是什么，他说："能坐下的时候我决不站着，能躺下的时候我决不坐着。"

被称为"现代教育之父"的霍勒斯·曼在他年事稍高之后也是这样。当他担任安蒂奥克大学校长的时候，常常躺在一张长沙发上和学生谈话。

我曾建议好莱坞的一位电影导演试试这一类的方法，他后来告诉我说，这种办法可以产生奇迹。我说的是杰克·切尔托克，他是好莱坞最有名的大导演之一。几年前他来看我的时候，他是M—G—M公司短片部的经理，他说他常常感到劳累和筋疲力尽。他什么办法都试过，喝矿泉水、吃维他命和别的补药，但对他一点帮助也没有。我建议他每天去"度假"。怎么做呢？就是当他在办公室里和手下开会的时候，躺下来放松自己。

两年之后，我再见到他的时候，他说："出现了奇迹，这是我医生说的。以前每次和我手下的人谈短片的时候，我总是坐在椅子上，非常紧张，而现在每次开会的时候，我便躺在办公室的长沙发上。我现在觉得比我20年来都好过多了，每天能多工作两个小时，同时很少感到疲劳。"

你是如何使用这些方法的呢？如果你是一名打字员，你就不能像爱迪生或是山姆·戈尔德温那样，每天在办公室里睡午觉；而如果你是一个会计员，你也不可能躺在长沙发上跟你的老板讨论账目的问题。可是如果你住在一个小城市里，每天中午回去吃中饭的话，那么饭后你就可以睡 10 分钟的午觉。这是马歇尔将军常做的事。在第二次世界大战期间，他觉得指挥美军部队非常忙碌，所以中午必须休息。如果你已经过了 50 岁，而觉得你还忙得连这一点都做不到的话，那么就赶快买人寿保险吧——最近葬礼的费用涨得相当高，而且这种事都来得非常突然，而那位小女人也许想拿你的保险金，去嫁一个比你年轻的男人呢！

如果你没有办法在中午睡个午觉，至少也要在吃晚饭之前躺下休息一个小时，这比喝一杯饭前酒要便宜得多了。而且算起总账来，比喝一杯酒还要有效 5467 倍。如果你能在下午 5 点、6 点或者 7 点钟左右睡一个小时，你就可以在你生活中每天增加一小时的清醒时间。为什么呢？因为晚饭前睡的那一个小时，加上夜里所睡的 6 个小时——一共是 7 小时——对你的好处比连续睡 8 个小时要更多。

从事体力劳动的人，如果休息时间多的话，每天就可以做更多的工作。弗雷德里克·泰勒，在贝德汉钢铁公司担任科学管理工程师的时候，就曾以事实证明了这件事情。他曾观察过：工人每人每天可以往货车上装大约 12.5 吨的生铁，而通常他们到中午时就已经精疲力竭了。他对所有产生疲劳的因素做了一次科学性的研究，认为这些工人不应该每天只送 12.5 吨的生铁，而应该每天装运 47 吨。照他的计算，他们应该可以做到目前成绩的 4 倍，而且不会感到疲劳，只是必须要加以证明。

泰勒选了一位施密特先生，让他按照马表的规定时间来工作。有一个人站在一边拿着一只马表来指挥施密特："现在拿起一块生铁，走……现在坐下来休息……现在走……现在休息。"

结果怎样呢？别的人每天只能装运 12.5 吨的生铁，而施密特每天却能装运到 47.5 吨的生铁。而当弗雷德里克·泰勒在贝德汉姆钢铁公司工作的那 3 年里，施密特的工作能力从来都没有减低过，他之所以能够做到，是因为他在疲劳之前就有时间休息：每个小时他大约工作 26 分钟，而休息 34 分钟。他休息的时间要比他工作的时间多——可是他的工作成绩却差不多是其他人的 4 倍！

让我再重复一遍：照美国陆军的办法去做——常常休息；照你自己心脏做事的办法去做——在你感到疲劳之前先休息，这样你每天清醒的时间，就可以多增加一小时。

一张抗疲劳的良方

⊙如果你在一天之中没有笑，那你这一天就算白活了。

⊙英国哲学家斯宾赛说："生命的潮汐因快乐而升，因痛苦而降。"

⊙"一笑解千愁"，"乐而忘忧"，笑能使人驱散忧虑和压抑的消极情绪，使人变得快乐。

笑口常开，青春常在。经常笑的人，会比心情郁闷、整天绷着脸的人拥有更多的青春活力，同时，也更健康。

中国著名科普作家高士其曾高度评价笑的作用，他指出："笑，是治病的偏方，是健康的使者。"

传说神医华佗有一天路过一个村庄，看见一对小姐妹眼睛红肿如桃。华佗询问得知姐妹因失去双亲，日思夜哭，眼患重疾。华佗告诉他们："你们只要每日在足心抓49下，过半个月，病就会好的。不过，要当心，抓多了不灵，抓少了不行。"妹妹一有空就抓起来，手指一触足心就发痒，忍不住就笑，果然，不到半个月，眼疼就获痊愈，可谓"笑到病除"。可姐姐不相信，未按华佗医嘱去抓，两眼仍然红肿。

笑能使人精神愉悦，同时还对心脏大有好处；相反，心情沮丧则不利于身体健康，甚至还会增加早死的危险。马里兰大学的迈克尔·米勒博士表示，笑给心血管带来的好处就像锻炼可以给心血管带来好处一样，因为笑可以促使血液流通。而北卡罗莱纳大学的另一项研究则表明，心情沮丧或缺少笑容常常与诸如抽烟、吸毒等不健康的生活习惯联系在一起，同时还能将死亡的危险增加44％。

在调查过程中，米勒选择了20部让人发笑的喜剧片或是会使人紧张不安的悲剧片，并让20名平均年龄为33岁的、不吸烟、身体健康的志愿者观看这些影片。当志愿者观看影片时，研究人员检测他们血管内发生的变化。研究显示，观看悲剧片时，20名志愿者中有14人胳膊上的动脉血流量减少；相反，在观看喜剧影片时，20人中有19人的血流量增加。研究人员得到的结论是，在笑的时候，血流量会平均增加22％；而当人们有了精神压力时，血流量则会减少35％。

由此，米勒博士便得出这样的结论，笑和做有氧运动时差不多，但笑可以使我们远离由运动带来的伤痛和肌肉紧张等不良影响。但是，他也同时表示，笑也不可能取代体育锻炼，两者应该有规律地同时进行。他说："我们建议人们一周进行3次体育锻炼，每次30分钟；另外，每天要笑15分钟，这样会对人们保持活力和身体健康有好处。"

现在，世界各国的人们逐步认识到乐观幽默在生活和事业中的重要作用，于是都纷纷做出努力，千方百计地创造条件，让大家生活得快乐些。这些年，几乎在全世界都掀起了一股漫画热。尤其是在日本，漫画达到了风靡的程度，以至于形成了一种所谓的漫画文化，使漫画成为了与空气一样不可缺少的东西。现在日本最畅销的报刊就是漫画报刊。

据统计，漫画杂志一年可销售16.8亿册，平均每个日本人一年购买15册。人们认为，日本漫画热的形成首先是因为日本社会的高度紧张，人们都很疲劳，为了松弛一下，便纷纷逃到漫画世界里去。而现在，日本的一些漫画家甚至把一些难读难解的书籍如经济、历史等方面的著作也编成了漫画。人们在轻松地阅读中领略到笑意，在笑意中理解书的内容，真可谓是寓教于乐。

我们在前文说过，笑是一种有益的健身锻炼，笑有利于消化、循环和新陈代谢，更重要的是笑有助于乐观地对待现实。生活中如果没有了笑声，人就会生病，并使病情日趋严重，而幽默则能激起内分泌系统的积极活动，进而有效地解除病痛。

乐观、愉快、喜悦、幽默和笑，都能使大脑皮层处于中等兴奋状态。这是一种最佳情绪和最佳心理状态。在这种最佳情绪和最佳心理状态下，大脑皮层对身体内外的刺激都能产生最佳反应，并发出最佳指令，从而使身体各部分得到最佳调节，使生命活力和抵抗力得到最佳表现，从而最有利于身心，并能战胜各种疾病的侵袭；同时，它能使人的才能、智力、体力和创造力得到最佳发挥，所以又最有利于获得事业的成功和取得最佳的成就。

由此，我们认为，乐观的情绪是保健延年的最佳药方，是成就事业的最佳方法。健康的大笑是消除疲劳的最好方法，也是一种很愉快的发泄不良情绪的好方式。而看看喜剧或是听听笑话，从而引发内心的喜悦，让你由心底发出笑意也是一个松弛神经的好方法。

生理学家对笑的生理学原理进行了认真的研究，得出的结论是：笑具有很好的医疗效果，其中包括笑对血压的冲击力、对神经内分泌的反应、对呼吸的良好影响作用。

莎士比亚曾说过一句话："如果你在一天之中没有笑，那你这一天就算是白活了。"医学证明人在幽默欢乐的过程中，会引起荷尔蒙的改变，与长寿有着积极的联系。

现在一些保健专家也建议：医生不要犹豫为病人开出"笑"的处方，给他们指出适当的笑的频率，教给病人一些发笑的方法，这对健康和长寿是有益而无害的。

归纳起来，笑有 6 大好处：

1. 增强肺的呼吸功能，清洁呼吸道；
2. 抒发健康的情感；
3. 消除神经紧张现象，使肌腱放松；
4. 散发多余的精力，驱除愁闷；
5. 减轻社会束缚感；
6. 克服羞怯心理，乐观地去面对现实。

我相信，本书的很多读者会像奥尔嘉·加维一样，具有那种意志力和内在力量。她住在爱达和州，在最悲惨的情况之下，发现自己还能停止忧虑。我非常坚定地相信你和我也都能那样做，只要我们应用这本书里所讨论的一些很古老的道理。下面就是奥尔嘉·加维所写的故事：

"8 年半以前，医生宣告我将不久于人世，会很慢、很痛苦地死去。国内最有名的医生——梅奥兄弟也证实了这个诊断。我走投无路，死亡就要扑向我。我还很年轻，我不想死，绝望之余，我打电话找到了我的医生，告诉他我内心的绝望。他有点不耐烦地拦住我说：'怎么回事，奥尔嘉？难道你一点斗志也没有吗？你要是一直这样哭下去的话，毫无疑问，你一定会死。不错，你碰上了最坏的情况。要面对现实，不要忧虑，然后想点办法。'就在那一刹那，我发了一个誓，我是如此坚决以至于连指甲都深深地掐进肉里，而且背上一阵发冷：'我不会再忧虑，我不会再哭泣，如果还有什么

需要我常常想的,那就是我一定要赢!我一定要继续活下去!'

"在不能用镭照射的情况之下,每天只能用 X 光照射 10 分半钟,连续照 30 天。但他们每天都为我照了 14 分半钟的 X 光,照了 49 天。虽然我的骨头在我瘦削的身体里撑出来,像是荒凉山边的岩石,虽然我的两脚重得像铅块,我却并不感到忧虑,也没哭过一次。我面带微笑,不错,我的确确在勉强自己微笑。

"我不会傻到以为只要微笑就能治疗癌症。可是我的确相信,愉快的精神状态有助于抵抗身体的疾病。总之,我经历了一次治愈癌症的奇迹。在过去这些年里,我再也没有像现在这么健康过,这都多亏了这句富于挑战性和战斗性的话:'面对现实,不要忧虑,然后想点办法。'"

在这一节结束的时候,我要再重复一次亚历西斯·卡瑞尔博士的这句话:"不知道怎样抗拒忧虑的人都会短命而死。"

4 个好的工作习惯

⊙清除你桌上所有的纸张,只留下与你正要处理的问题有关的东西。
⊙根据事情的重要程度来做事。
⊙当你碰到问题时,如果必须做决定,就当场决定,不要迟疑不决。
⊙学会如何组织、分层管理和监督。

良好的工作习惯可以让一个人保持充沛的精力和持续高效地工作。下面我们为你推荐 4 种良好的工作习惯,可以让你高效地工作,摆脱疲劳的困境。

良好的工作习惯之一:清除你桌上所有的纸张,只留下与你正要处理的问题有关的东西。

芝加哥与西北铁路公司的总裁罗兰德·威廉姆斯说:"一个桌上堆满很多种文件的人,若能把他的桌子清理开来,留下手边待处理的一些,就会发现他的工作更容易,也更实在。我称之为家务料理,这是提高效率的第一步。"

如果你走进位于华盛顿特区的国会图书馆,你就可以看到天花板上悬挂着几个字,这就是著名诗人波普曾写过的一句话:"秩序,是天国的第一条法则。"

秩序也应该是商界的第一条法则。但是否如此呢?一般生意人的桌上,都堆满了可能几个礼拜都不会看一眼的文件。一家新奥尔良的报纸发行人有一次告诉我,他的秘书帮他清理了一张桌子,结果发现了一部两年来都一直找不着的打字机。

光是看见桌上堆满了还没有回的信、报告和备忘录等等,就足以让人产生混乱、紧张和忧虑的情绪。更坏的事情是,经常让你想到"有一百万件事情待做,可自己就是没有时间去做它们",这样不但会使你忧虑得感到紧张和疲倦,也会使你忧虑得患高血压、心脏病和胃溃疡。

宾夕法尼亚大学医学院的教授约翰·斯托克博士，曾在美国医药学会全国大会上宣读过一篇论文——题目叫做"生理疾病所引起的心理并发症"。在这篇论文里，斯托克博士在一项"病人心理状况研究"的题目下，共列出了11种情况，下面就是其中的第一种：

"总是有一种必须去做或是不得不做的感觉，总是感到有做不完的事情，而且必须去做。"

像清理桌子，作出各种决定等等，这些简单的事情怎么能帮你避免那些很重的压力——那种"不得不做"，以及那种"必须做而且永远也做不完"的感觉呢？著名的心理治疗家威廉·萨德勒博士，就让一个病人用这种简单的办法避免了精神崩溃。这个病人是芝加哥一家大公司的高级主管，当他初到萨德勒博士诊所去的时候，感到非常紧张不安，而且很忧虑。他知道他可能精神崩溃了，可是他没有办法辞去工作，他需要有人帮助他。

"当这个人正把他的问题告诉我的时候，"萨德勒博士说，"我的电话铃响了起来，是医院打来的电话。我没有过多地讨论这些问题，当场就下了决定。我总是尽可能当场解决问题。我刚把电话挂上，铃声又响了，这次又是一件很紧急的事情，我花了一点时间讨论。第三次来打扰的是我的一个同事，为了他一个病得很重的病人来问我的意见。当我和他讨论完了以后，我转过身来准备向我的病人道歉，因为我一直让他在旁边等着。可是他脸上的表情却完全不一样，非常的开心。""不必道歉了，大夫，"这个人对萨德勒说，"在刚才的那10分钟里，我想我已经知道我的问题在哪里了。我现在要动身回到我自己的办公室里，改一改我的工作习惯……可是在我走之前，你能不能让我看看你的书桌呢？"

萨德勒博士打开他书桌的几个抽屉，里面都是空的，一只放了一些文具。"请你告诉我，"那位病人说，"你没有办完的公事都放在哪里呢？"

"都做完了。"萨德勒说。

"那么你还没有回的信放在哪里呢？"

"都回了，"萨德勒告诉他说，"我的规则是，信决不放下来。我都是马上口述回信，让我的秘书打字。"

6个礼拜之后，那位高级主管把萨德勒博士请到自己的办公室去。他整个地改变了，他的办公桌也不一样了。他打开办公桌的抽屉，抽屉里不再有还没做完的公事。"6个礼拜以前，"这位高级主管说，"我在两个办公室里有3张写字台，我整个人都埋在工作里，事情永远也做不完。当我和你谈过以后，我回到办公室里，清出一大车报表和旧文件。现在我的工作只需要一张写字台，事情一到便马上就办完。这样就不再会有堆积如山的没有做完的公事威胁我，让我紧张和忧虑。可是，最让我想不到的是，我完全恢复了健康，现在一点病也没有了。"

以前担任过美国最高法院大法官的查尔斯·伊文斯·休斯说："人不会死于工作过度，而会死于浪费和忧虑。"不错，死于浪费精力——而他们之所以忧虑，是因为他们的工作似乎永远做不完。

良好的工作习惯之二：按照事情的重要程度来做事。

查尔斯·卢克曼，从一个默默无闻的人，在 12 年之内，变成了派索登特公司的董事长，每年有 10 万美元的年薪，另外还能赚 100 万美元——他说这都是归功于他能够根据事情的轻重缓急行事的能力。

查尔斯·卢克曼说："就我记忆所及，我每天早上都在 5 点钟起床，因为那时候我的思想要比其他时间更清楚——那时候我可以考虑周到，计划一天的工作。计划去按事情的重要程度来决定做事的先后次序。"

弗兰克·贝特吉是美国最成功的保险推销员之一，他从不会等到早上 5 点钟才计划他当天的工作，因为他在头一天晚上就已经计划好了。他替自己订下一个目标，订下一个一天要卖掉多少保险的目标。要是他没有做到，差额就加到第二天——依此类推。

我由长久以来的经验知道：一个人不可能总按事情的重要程度，来决定做事的先后次序。可是我也知道，按计划做事，绝对要比随兴之所至而去做事要好得多。

如果萧伯纳没有坚持该先做的事情就先做的这个原则，他也许就不可能成为一个作家，而一辈子做一个银行出纳员了。他拟定计划，每天一定要写 5 页。这个计划使他每天 5 页地写了 9 年。虽然在这 9 年里他一共只得了 30 几块美元——大约每天只得到一毛钱。就连漂流在荒岛上的鲁滨逊，也订出每天每一个钟点应该做些什么事的计划。

良好的工作习惯之三：当你碰到问题时，如果必须做决定，就当场决定，不要迟疑不决。

我以前的一个学生——已故的 H. P. 豪威尔告诉我，当他在美国钢铁公司任董事的时候，开起董事会总要花很长的时间——在会议里讨论很多很多的问题，达成的决议却很少。其结果是，董事会的每一位董事都得带着一大包的报表回家去看。

最后，豪威尔先生说服了董事会，每次开会只讨论一个问题，然后作出结论，不耽搁、不拖延。这样所得到的决议也许需要更多的资料加以研究，也许有所作为，也许没有，可是无论如何，在讨论下一个问题之前，这个问题一定能够达成某种决议。豪威尔先生告诉我，结果非常惊人，也非常有效。所有的陈年旧账都清理了，日历上干干净净的，董事也不必再带着一大堆报表回家，大家也不会再为没有解决的问题而忧虑。

这是个很好的办法，不仅适用于美国钢铁公司的董事会，也适用于你和我。

良好的工作习惯之四：学会如何组织、分层管理和监督。

很多生意人替自己挖下了个坟墓，因为他不懂得怎样把责任分配给其他人，而坚持事必躬亲。其结果是，很多枝节的小事使他非常混乱。他总觉得很匆促、忧虑、焦急和紧张。要学会分层负责，是很不容易的。我知道，我以前就觉得这个很难，非常的困难。可是分层负责虽然很困难，但一个做上级主管的，如果想要避免忧虑、紧张和疲劳，却非要这样做不可。

远离亚健康

⊙疲劳，是一种信号，它提醒你，你的机体已经超过正常负荷，出现疲劳感就应该进行调整和休息。如果长期处于疲劳状态，不仅降低工作效率，还会诱发疾病。

⊙不会休息的人就不会工作，什么叫会休息呢？现代科学赋予的含义就是主动休息。这是一种积极的休息方式，比起累了才休息的被动休息法有着质的进步。

在竞争十分激烈的当代社会，人们的疲劳感正在蔓延，最流行的问候语由10年前的"吃了吗"变成了如今的"吃力吗"。在我们的周围，不乏这样的"工作狂"，他们早上班，迟下班，整日整夜地工作，就连星期天、节假日也不休息。很多人年纪轻轻健康就已经严重损毁，甚至发生"过劳死"。

"过劳死"就是在慢性疲劳综合症基础上发展、恶化的结果。而慢性疲劳综合症，是以持续或反复发作至少半年以上的虚弱性疲劳为主要特征的症候群，特点是从生物学上（指临床体检、化验等）查不出明显的器质性病变，但自我感觉很累，工作时无精神，生活中缺少乐趣，而且常伴有抑郁、焦虑等情绪反应，也就是处于一种似病非病的第三状态，即亚健康状态。

刚过而立之年的美术师汤姆森先生，虽说工作、生活都还算过得去，但地位、收入都较平平。他不甘心，四处活动，做了好几个兼职，集艺术学校美术教师、广告公司创意总监、美展中心顾问于一身，一个星期几头跑，名声大了，腰包鼓了。正当他春风得意之际，身体却向他抗议了，他用一个字来概括：累！每晚回到家里，觉得骨头都要散架了，一上床那些莫名其妙的梦便来烦他。

安东尼已近40岁，是典型的上班族，最怕夜晚来临。因为不知从什么时候开始，她就成了没有睡眠的人，几乎用尽了除药物以外的所有土法洋方，也未能解决失眠问题。不仅如此，食欲下降、神经衰弱、性欲减退等症状也相继赶来凑热闹，去医院却又查不出什么问题。

疲劳，是一种信号，它提醒你，你的机体已经超过正常负荷，出现疲劳感就应该进行调整和休息，做到劳逸结合，张弛有度。如果长期处于疲劳状态，不仅降低工作效率，还会诱发疾病。

人体就像"弹簧"，劳累就是"外力"。当劳累超过极限或持续时间过长时，身体这个弹簧就会产生永久形变，导致老化、衰竭、死亡，所以每个人都要小心地保持它的弹性，不要超过它的弹性限度。因此，适当的休息和减压是保持"弹力"的良方。"过劳死"只能预防，"累"病没有特效药，病程越长越难治，病程要是超过三四年的话，治疗便会相当困难。劳逸交替才能保持弹性，增加承受力，保持旺盛的生命力。

人都要学会调节生活，短途旅游、游览名胜、爬山远眺、开阔视野、呼吸新鲜空气、增加精神活力、忙里偷闲听听音乐、跳舞唱歌、观赏花鸟鱼虫都是解除疲劳，让紧张的神经得到松弛的有效方法，也是防止疲劳症的精神良药。

日本"过劳死"预防协会列出"过劳死"10大信号：

1. "将军肚"早现。30～50岁的人，大腹便便，是成熟的标志，也是高血脂、脂肪肝、高血压、冠心病的潜在危险信号。

2. 脱发、斑秃、早秃。每次洗桑拿都有一大堆头发脱落，这便是工作压力大，精神紧张所致。

3. 频频去洗手间。如果你的年龄在30～40岁之间，排泄次数超过正常人，说明消化系统和泌尿系统开始衰退。

4. 性能力下降。中年人过早地出现腰酸腿痛，性欲减退或男子阳痿、女子过早闭经，都是身体整体衰退的第一信号。

5. 记忆力减退，开始忘记熟人的名字。

6. 心算能力越来越差。

7. 做事经常后悔，易怒、烦躁、悲观，难以控制自己的情绪。

8. 注意力不集中，集中精力的能力越来越差。

9. 睡觉时间越来越短，醒来也不解乏。

10. 经常头疼、耳鸣、目眩，检查也没有结果。

日本"过劳死"预防协会还公布了自查方法：

具有上述两项或两项以下者，则为"黄灯"警告期，目前尚无须担心。具有上述3～5项者，则为一级"红灯"预报期，说明已经具备"过劳死"的征兆。6项以上者，为二级"红灯"危险期，可列为"综合疲劳症"——"过劳死"的预备军。

三种人易"过劳死"：

1. 有钱（有势）的人，特别是其中只知消费不知保养的人。

2. 有事业心的人，特别是称得上"工作狂"的人。3. 有遗传早亡血统又自以为身体健康的人。人类为何会与"过劳伤害"或"过劳死"结缘呢？科学家归咎于以下诸方面因素：

一是信息技术革命带来的负面影响；

二是社会竞争的加剧；

三是人们错误地认为不加班或休假是工作态度不积极的表现，进而影响到工资待遇与晋升，因而不得不以健康为代价而拼命工作。

我们常说，不会休息的人就不会工作。这句话精辟地概括了休息与工作之间的辩证关系，也是现代人防止"过劳伤害"的"灵丹妙药"。

什么叫"会休息"呢？现代科学赋予的含义是主动休息。近年来，科学家提出了一种全新的休息方式——主动休息。即在身体尚未感到疲乏和心境达到临界状态时就休息，包括主动休身和主动休心。这是一种积极的休息方式，比起累了才休息的被动休息法有着质的进步。

掌握生活平衡

⊙生活的原则是和谐，因此，你要在工作和休息之间，事业和家庭之间取得平衡。

　　安妮花了5年时间思考，今年终于决定改变工作，重新安顿身与心，她领悟到，工作中的快不快乐，可能只是5.1：4.9的微差而已，中间有个阶梯，你可能爬到中间的梯子拥有恰好的平衡，也可能只走了一阶。即使如此，你也在进步，平衡尺上的浮标又往前游移一格。
　　安妮有个生命平衡法则，用来制衡工作与生活。她将生命切成健康、时间、自由与快乐等四块，视个人状况分配比重以及排序。如果每个元素都不缺，反映到工作中的态度与情绪，就比较平和，因而获得适当的平衡。长期处在平衡中，就能正面地去积极思考。许多专家呼吁，积极思考可以调适工作压力，清除不必要的情绪，上班族多亲近正面思考的人，能减少倦怠感。
　　具体做法是，如果将事情弄得很糟时，只允许情绪低落一下子。她很快会换个想法，太棒了，我们又学到了一招，下次又有机会尝试其他的处理方法了，我们不因此认为自己很差劲。
　　学会工作也要学会休息。
　　在职场上学习让自己喘口气，是一门学问。郑淑敏，一个中型电脑公司的总经理，她一年至少要休一次长达两星期的假，半年内也会有几次短短两天的假，不一定出国，有时只是到山里或海边走走。
　　如果感觉莫名的倦怠迫在眉睫，休假又遥遥无期，就试着忙里偷闲吧。一位女作家透露她平时是如何排解倦怠的："我偶尔请个半天假，溜去街上晃晃、逛书局或找个清幽的咖啡店想事情。在忙碌中留点空间给自己，因为塞得太满会容易窒息。"
　　美国石油大王洛克菲勒在平衡工作与生活关系方面可谓是一个专家。谈起工作和生活，他说，这么多年以来，我执行的原则就是好好工作，好好享受，花一点时间来当父亲。但是回头看去，很显然我所选择的平衡对于我家里和办公室的其他人都有不利的影响。例如，我的孩子们主要是由他们的母亲独自带大的。
　　尽管工作与生活的平衡问题一直是很多中年人所关心的问题，但似乎直到我退休之后，它才真正热门起来。在我过去的工作中，我听到了许多关于这方面的问题。最常见的就是："你怎么会有那么多的时间去打球，还能继续干好总裁的工作？"
　　在个人应该如何排列生活中各部分的优先次序的问题上，我显然不是专家。何况我还一直以为这些选择应取决于个人。
　　洛克菲勒认为要平衡好工作与生活的关系，首先应该处理好管理的优先秩序问题。

他是这样说的，我们首先要谈谈所谓的"工作与生活的平衡"究竟指的是什么。它涵盖了我们所有人应该如何管理生活、支配时间的问题——关于优先次序和价值观的问题。基本上，这个平衡是关于"我们应该把多少精力消耗在工作上"的讨论。

工作与生活的平衡是一个交易——你和自己之间就所得和所失所进行的交易。平衡意味着选择和取舍，并承担相应的后果。让我们站到你的老板的视角上，换个位置对工作与生活的平衡问题做些思考。

1. 你的老板最关心的事情是竞争力。当然他也希望你能快乐，但那只是因为你的快乐能够帮助他的公司赢利。实际上，如果他的工作做得好，他就可以让你的工作变得很有吸引力，使你的个人生活显得不那么拖后腿。

老板给你付工资的原因，是因为他们希望你能贡献所有的一切——包括你的头脑、体力、活力和献身精神。

2. 绝大多数老板都非常愿意协调员工的工作与生活的矛盾，如果你能给他出色的业绩。这里的关键词是"如果"。

实际上，我倒愿意通过一个老式的积分系统来处理工作与生活的平衡问题。那些有突出业绩的人可以获得"积分"，用以交换自己工作的弹性。

3. 老板们很清楚，公司手册上面关于工作、生活平衡的政策主要是为了招聘的需要，而真正的平衡是由一对一的谈判所决定的，其背景是一个相互支持性的企业文化，而不要总是强调"但是公司说过……"。

公司手册是件华丽的宣传品，有醒目的照片、多项终身福利的介绍，也包括倒班或工作弹性等。然而许多聪明人很快就明白，手册上所列举的"工作与生活的平衡规划"主要是面向新人的招聘工具。

真实的平衡安排是在老板与员工之间就具体问题进行单独谈判所得到的，使用的方法正好是我们刚介绍过的业绩与弹性交换的制度。

4. 那些公开为工作与生活的矛盾问题而斗争、动辄要求公司提供帮助的人会被当作动摇不定、摆资格、不愿意承担义务或者无能的人，或者包括以上全部。因此，那些消极抱怨的人最后总免不了被边缘化的命运。

所以，在你第五次开口，要求公司减少你的出差，要求在星期四上午请假，或者希望回家去照顾小孩之前，你应该知道自己是在发表一项声明。而且不管你用什么辞令，你的请求在别人听来都似乎是："我对这里的工作并不真的感兴趣。"

5. 即使最宽宏大量的老板也会认为，工作和生活的平衡是需要你自己去解决的问题。实际上，绝大多数人也知道，的确有一些策略能帮助你处理好这个问题，他们也希望你能采用。

毫无疑问，谈判、协调这种平衡关系要给经理人的工作再增加一层复杂性。但是你的经理人应该喜欢这种挑战，因为那会给他提供另外一套办法，来激励和挽留优秀的员工。这套新办法与高薪、红利、晋升或其他所有形式的认可一样有效。

不过，在此期间，你也可以并且应该学会帮助自己。有关工作与生活的话题已经讨论了相当长的时间了，也有不少好的经验被总结出来。那些非常老练的老板们都知道这些技巧，很多人自己已经开始采纳，他们也希望你能借鉴。

通过上面的一段话，我们知道有一些平衡工作和生活是一个人在事业上取得成功的关键因素，也是很多企业在招聘员工时的重要参照标准。一个能够出色处理工作与生活平衡的人既不会像工作狂那样拼命地忠于工作，不顾生活，也不会像一个碌碌无为、毫无事业心整日混日子的小职员那样打发时光。他应是一个高效工作、精力充沛、富于生活情趣的人。

再见，郁闷

⊙郁闷不是疾病，但比真正的疾病更可怕，它不仅可以摧毁你的健康，而且还会成为你成功路上的一大障碍。

⊙郁闷情绪的产生来自于个人认知上的误区。改变对郁闷的看法，你就可以彻底地摆脱郁闷。

在《人性奥秘》一书中，有一篇标题为"无名病"的文章，作者弗雷德曼谈论到现今世界愈来愈多的妇女所面临的苦境，她们对生活感到厌烦不满，她们压根儿就没有快乐。

一位25岁的母亲如此自述：

"我身体健康，孩子们都活泼可爱，家庭舒适，经济上也算宽裕。我的丈夫是一个电子工程师，前途无量，但不知为何我总觉得不满足，我常问自己为什么会这样。我的丈夫认为我可能需要度假休息一阵子，但我需要的并不是休息，因为我根本就不能独自坐下来看书。孩子们午睡时，我就会在房间里走来走去，等着去叫醒他们。有时早晨醒来，我会觉得一点盼头也没有。"

一个名叫史密斯的医生，在《读者文摘》上写道：

"现今世界的文明和优越的物质生活乃前所未有，然而现今一代的人却愈来愈厌倦生活。我们寻求娱乐却常常觉得索然无味；甚至在剧院上演一幕精彩的戏剧时，也常常会出现幕还没拉上就走了好几批观众的现象；我们坐在电视机前，看着一出又一出的电视剧、电影，但脑子里却不知道看了些什么。我们看报章、杂志的时候也是心不在焉，大多数人在说'我累了'的时候，实际上是指他们对自己所做的事情厌倦了，对自己的生活感到索然无味。"

弗雷德曼所讲的"无名病"就是厌烦病。各个行业、各个阶层的人都会患这种病；无论你有什么，抑或你没有什么，都不能保证你不会患上厌烦病。无论是富人还是穷人，聪明的还是愚拙的，知识分子还是文盲，都同样会患上此病。

厌烦病不仅是妇女特有的病症，男人也同样会有。有一个商人去医院看病，却说不清自己有什么不妥。于是医生便给他做了彻底的检查，结果却找不到这个商人有任何毛病。经过一段轻松的谈话后，医生就对他说："我有一个好消息要告诉你，你的体格检验完全正常，我不用在你的病历卡上写任何东西。"

商人听了并不显得高兴，他说："医生，我从早晨起床到晚上睡觉，没有一刻不觉得疲倦。"这时，医生才意识到他的病人患的是"厌烦病"，而不是一般的身体不适。于是医生就开始指出这个商人所拥有的一切：兴隆的生意、舒适的家庭、漂亮的妻子、可爱的孩子和其他能用金钱买到的许多东西。但这个商人听了以后却说："让别人把这些东西都拿去吧，我对这些简直厌透了。"

为什么会出现这种现象？难道患这种病的人大多不是生活一帆风顺的人吗？难道他们不是处于别人不能奢望的"顺境"之中吗？

这还是和我们的心理习惯有关。这个世界上，可以说除了圣人之外，没有人能随时感到快乐。一位哲人曾说道："如果我们感到可怜，就很可能会一直感到可怜。"对于日常生活中使我们不快乐的那些众多的琐事与环境，我们可以由思考使我们感到快乐，这就是：大部分时间想着光明的目标与未来。而对小烦恼、小挫折，我们也很可能习惯性地反映出暴躁、不满、懊悔与不安，这样的反应我们已经"练习"了很久，所以便成了一种习惯。这种不快乐反应的产生，大部分是由于我们把它解释为"对自尊的打击"等这类原因。司机没有必要冲着我们按喇叭；我们讲话时某位人士没注意听甚至插嘴打断我们；认为某人愿意帮助我们而事实却不然；甚至某个人对于事情的解释，也会伤了我们的自尊；我们要搭的公共汽车竟然迟开；我们计划要郊游，结果却下起雨来；我们急着赶搭飞机，结果却交通阻塞……这样我们的反应便是生气、懊悔、自怜，或换句话说——闷闷不乐。

抑郁就好像透过一层黑色玻璃看一切事物。无论是考虑你自己，还是考虑世界或未来，任何事物看来都处于同样的阴郁而暗淡的光线之下，诸如"没有一件事做对了"；"我彻底完蛋了"；"我无能为力，因此也不值得一试"；"朋友们给我来电话仅仅是出于一种责任感"。当你工作中出了一点毛病，或思想开了小差，你就认为"我已经失去了干好工作的能力"，好像你的能力已经一去不回了。回想过去，你的记忆中充满着一连串的失败、痛苦和亏损，而那些你曾经认为是成就或成功的事情，以及你的爱情和友谊，现在看来都一文不值了。你的回忆已经染上了抑郁的色彩。一旦戴上这副黑色的滤光镜，你就再也不能在其他的光线下观察任何事物了。消极的思想与抑郁相伴，情绪低落导致消极的思想和回忆；反之，消极的思想和回忆又导致情绪低落。如此反复下去，形成一个持久而日益严重的抑郁恶性循环。

在某种程度上，你对你的抑郁是有责任的。你可以采取许多办法来控制它，甚至还能控制它的某些起因。你肯定能改变它，如果你真的想要克服郁闷的习惯，你就必须改变自己对待郁闷的态度。然而人们对于抑郁症的感受程度是各不相同的。我们每个人的情绪都会有所波动，有所摇摆，看来这部分是由于我们大脑中的生物化学精密结构之差异所致，而这种生物化学结构是不能随意控制的。因此，把你的抑郁症看成是超出你控制能力的事,就像你患感冒一样,不要看得过于严重,有时候也许对你是有帮助的。用这种体贴的态度来对待自己,反而能帮助你解脱抑郁,不至于被它所控制。

不要让一时的抑郁长时间地主宰你的情绪,如果你想让自己永葆活力的话。

自然轻松入眠

⊙为失眠症而忧虑,对你伤害的程度,远远超过失眠症本身。
⊙治疗失眠症的最好办法,就是使你自己的体力消耗到疲倦的程度。

疲劳容易使人产生忧愁,而且会减少身体对一般感冒和疾病的抵抗力,疲劳也同样会减少你对忧虑的恐惧等的抵抗力。同时,任何一种精神和情绪上的紧张状态,在完全放松之后,它就消失了。防止疲劳,就是要好好休息,在你疲劳产生之前就好好地休息。因为,如果你常常没有办法入睡,那是因为"忧"得让你自己得了失眠症。

为失眠症而忧虑,对你伤害的程度,远超过失眠症本身。

如果你经常睡不好觉的话,你会不会忧虑呢?你也许愿意知道塞缪尔·昂特迈耶——国际知名的大律师——这一辈子从来就没好好睡过一天。

塞缪尔·昂特迈耶上大学的时候,很担心两件事情——气喘病和失眠症,这两种病似乎都没有办法治好。于是他决定退一步去想,他要充分利用清醒的时间。他不在床上翻来覆去,不让自己忧虑到精神崩溃的程度,于是他便下床来读书。结果呢?他在班上每一门功课都名列前茅,成为纽约市立大学的奇才。

甚至在他开始执行律师业务以后,他的失眠症还是没有治好。可是昂特迈耶一点也不忧虑,他说:"大自然会照顾我的。"事实果然如此。他虽然每天睡得很少,健康情形却一直很好,而且也能像纽约法律界所有的年轻律师一样努力工作,甚至超过其他人,因为别人睡觉的时候,他还是清醒的。

昂特迈耶大律师21岁的时候,每年的收入已经高达7.5万美元,因此很多其他年轻的律师都到法庭去研究他的方法。1931年,他在一个诉讼案子上所得到的酬劳,可能是有史以来律师界所得酬劳最高的一次——整整100万美元,而且都是现金。

可是他还是有失眠症。晚上他有一半的时间都在看书,然后清早5点钟就起床,开始口述信件。当大多数人刚刚开始工作的时候,他一天的工作差不多就已经做完一半了。他一直活到81岁,一辈子里却难得有一天晚上睡得很熟。可是如果他一直为失眠症担心忧虑的话,恐怕他这一辈子便早就毁了。

在我们的生活中,有1/3用于睡眠,可是没有一个人知道睡眠究竟是怎么一回事。我们知道这是一种习惯,也是一种休息状态。可是我们不知道每一个人需要几小时的睡眠,我们甚至不知道我们是否非睡觉不可。

很难想象，在第一次世界大战期间，一个名叫鲍劳·柯恩的匈牙利士兵，脑前叶被枪弹打穿了。他的伤养好了，可是奇怪的是，他从此却没有办法再睡着。不管医生用什么样的办法——他们使用过各种镇静剂和麻醉药，甚至使用了催眠术——鲍勃·柯恩就是没有办法睡着，甚至不会觉得困倦。

所有的医生都说他活不久了，可是他却令所有人都吃惊了。他找到一份工作，非常健康地活了好多年。他有时候会躺下来闭上眼睛休息，可是永远也没有办法睡着。他的病例还是医学史上一个未解的谜，也推翻了我们对睡眠的很多想法。

有些人的睡眠时间必须比其他人长。著名指挥家托斯卡尼尼每晚只需要睡 5 个小时，可是柯立芝总统却需要两倍的时间。每 24 个小时，柯立芝就要睡 11 个小时。换一句话说，托斯卡尼尼一生大概只花了 1/5 的时间在睡眠上，而柯立芝却几乎睡掉了他生命的一半时间。

为失眠症而忧虑，对你伤害的程度，远超过失眠症本身。举个例子来说，我的一个学生——伊勒·桑德拉，就几乎因为严重的失眠症而自杀。下面是他所讲述的故事：

"我真的以为我会精神失常，问题是，最初我是个睡得很熟的人，就连闹钟响了也不会醒来，结果每天早上上班都迟到。我因为这件事情而非常忧虑——事实上，我的老板也警告我说，我一定得准时上班。我知道我如果再这样睡过头的话，我就会丢了工作。

"我把这件事情告诉我的朋友，有一个人建议我，应该在睡觉以前集中我的精神去注意闹钟，就这样便造成了我的失眠症。那个该死的闹钟的滴答滴嗒声缠着我不放，让我睡不着，整夜翻来覆去。到了早晨，我几乎病得不能动，又疲劳又忧虑。这样继续了有 8 个礼拜之久，我所受到的折磨简直无法用语言来形容。我深信自己一定会精神失常的。有时候我会走来走去转上好几个钟点，甚至想从窗口跳出去一了百了。

"最后，我去见一个我认得的医生。他说：'伊勒，我没有办法帮你的忙，没有一个人能够帮你，因为这种事情是你自己找的。每天晚上上床后，要是你睡不着的话，就不要去理它，对你自己说：我才不在乎我睡得着睡不着哩，就算醒着躺在那里一直到天亮，也没有关系。闭上你的眼睛说：反正我只要躺在这里不动，不去为这件事担忧，就能得到休息。'

"我照他的话去做，不到两个礼拜我就能安稳地睡着了。不到一个月，我就能每天睡 8 个小时，而我的精神也恢复了正常。"

伊勒·桑德拉受到折磨的不是失眠症，而是失眠症所引起的忧虑。

在芝加哥大学担任教授的纳撒尼尔·克莱特曼博士，曾对睡眠问题做过很多的研究，他是全世界有关睡眠问题的专家。他说过，从来没有听说哪一个人是因失眠症而死的。实际上，可能有人为失眠而忧虑以致体力减低而受到细菌的侵袭，可是这种损害是由忧虑所造成的，而不是失眠症。

克莱特曼博士也曾说过，那些为失眠症担忧的人，通常所得到的睡眠比他们所想象的要多很多。那些指天誓日地说"我昨天晚上连眼睛都没有闭一下"的人，实际上可能睡了好几个钟点,只是自己不知道而已。举个例子来说,19世纪最有名的思想家赫伯特·斯宾塞,老年的时候还是独身,寄住在一间宿舍里,整天都在谈他的失眠问题,弄得每个人都烦得要命。他甚至在耳朵里带上"耳塞"来避免外面的吵闹声,镇定他的神经,有时候还吃鸦片来催眠。有一天晚上,他和牛津大学的塞斯教授同住在一个旅馆的房间里,第二天早上斯宾塞说他昨天晚上整夜都没有睡着,实际上却是塞斯教授根本没有睡着,因为斯宾塞的鼾声吵了他一夜。

要想安稳地睡一夜的第一个必要条件,就是要有安全感。我们必须感觉到有一种比我们大得多的力量,一直照顾我们到天明。托马斯·希斯洛普博士在英国医药协会的一次演讲中就特别强调这一点。他说:"根据我多年行医的经验发现,使你入睡的最好办法之一就是祈祷。这样说,纯粹是以一个医生的身体来说的。对有祈祷习惯的人来说,祈祷一定是镇定思想和神经最适当也最常用的方法。"

"把自己托付给上帝——然后放松你自己。"

著名的歌唱家兼电影明星珍妮·麦当娜告诉我说,每当她感觉精神颓丧而忧虑得难以入睡的时候,她就重读诗篇第23篇来让她自己得到"一种安全感"。

如果你没有信仰,不能轻松地解决失眠问题的话,我们便可以从放松肌肉开始。芬克博士推介的方法——而且在实际上也很有效用——就是把枕头放在我们膝盖下,来减轻两脚的紧张。然后把几个小枕头垫在手臂底下。最好叫自己的下颚、眼睛、两个手臂和两腿放松,我们就会在还不知道是怎么回事之前就入睡了。我自己曾经试过,所以我知道有效。如果你有失眠症,想办法去买一本芬克博士的书《消除神经紧张》,这本书我前面也曾经提到过,这是我所知道惟一具有可读性、又能治好失眠症的一本书。

另外一种治疗失眠症的最好办法,就是使你自己的身体劳动到疲倦的程度。你可以去种花、游泳、打网球、打高尔夫球、滑雪,或者只是做很多体力劳动的工作。这是名作家西奥多·德莱塞的做法。在他还是一个为生活挣扎的年轻作家时,也曾经为失眠症而忧虑过。于是他到纽约中央铁路去找了一份铁路工人的工作,在做了一天打钉和铲石子的工作之后,就疲倦得甚至于没有办法坐在那里把晚饭吃完。

如果我们够疲倦的话,即使我们是在走路,大自然也会逼迫我们入睡。我可以举一件事情来说明:

我13岁那年,父亲要运一车猪到密苏里州的圣乔城去,因为他有两张免费的火车票,所以他带着我一起去。在那以前,我从来都没有去过任何4000人口以上的小城。当我到了圣乔城——一个人口有6万人的大城市——我兴奋得无以复加。我看见6层高的楼,还有——再好也不过的是——我看到了一辆电车。我现在闭上眼睛,好像还能看到、还能听到那辆电车。在经过我一生最兴奋的一天之后,父亲带我坐火车回家。到达的时候已经是半夜两点钟了,我们得走4里路回到农庄。我当时已经疲倦到一面走一面就睡着了,还做着梦。我也常常骑在马背上就睡着了,这都是我亲身经历过的事。

当一个人完全筋疲力尽之时，即使在打雷或战争的恐怖与危险之下，也能够安睡。神经科医生佛斯特·肯尼迪博士告诉我说，在1918年，英国第5军撤退的时候，他就看到过精疲力竭的士兵随地倒下，睡得就像昏过去一样。虽然他用手撑开他们的眼皮，他们仍不会醒过来。他说，他注意到，所有人的眼球都在眼眶里向上翻起。"在那以后，"肯尼迪医生说，"每次我睡不着的时候，我就把我的眼珠翻到那个位置。我发现，不到几秒钟，我就会开始打呵欠，感到瞌睡，这是一种我没有办法控制的自动反应。"

从来没有一个人会用不睡觉来自杀。不论他有多强的意志力，大自然都会强迫一个人入睡。大自然会让我们可以长久不吃东西、不喝水，却不会让我们长久不睡觉。

谈到自杀，就使我想起亨利·林克博士在他那本《人的再发现》一书里所谈到的一个例子。林克博士是心理问题公司的副总裁，他曾经和很多忧虑而颓丧的人谈过。在《消除恐惧与忧虑》那一章里，他谈到一个想要自杀的病人。林克博士知道，跟这个人争论，只会使情况更坏，所以他对这个人说："如果你反正都要自杀的话，至少要做得英雄一点，就绕着这条街跑到你累死为止吧。"

他果然去试了，不只是一次，而且试了好几次。每一次都让他觉得好过一点，不过那是在心理上而不是生理上的。到了第三晚，林克博士终于达到他最先想要达到的目的——这个病人由于肉体疲劳，使他能睡得很沉。后来他参加了一个体育俱乐部，参加各种运动项目，不久就感觉到开心而想要永远地活下去了。

第十章 用智慧"撬起"工作的重量

工作＋思考＝智慧

⊙人作为高级动物，最大的特点就是会动脑筋。沙克的正确思考，使他发明了小儿麻痹疫苗；马歇尔的正确计划使他得以振兴经过希特勒蹂躏之后的欧洲经济。

我们在生活中所读到的所有成功者的故事，都可证明正确思考的好处——包括对个人和对社会的好处。

沙克的正确思考，使他发明了小儿麻痹疫苗；马歇尔的正确计划使他得以振兴经过希特勒蹂躏之后的欧洲经济。

人作为高级动物，最大的特点就是会动脑筋。这一点，美国著名企业家艾柯卡有切身体会。他坦陈自己之所以有那么大的发展，与两个人有很大关系。其中一个人，是他刚刚参加工作时遇到的分公司经理。他对艾柯卡说："你要记住，马更有力气，狗更忠诚。你作为人类的惟一长处就是你有动脑的智慧，这是你惟一能超越它们的地方。"

另一个对他影响最大的人，便是他的父亲。他父亲曾在镇上开了一家电影院，生意一直不错，因为他总在不断地推出优惠的措施来吸引观众，包括每天提供几张免费票给老教师、退伍军人。但有一天，该给优惠票的人都给完了，而票还剩几张，该怎么办呢？他父亲在门口愁眉苦脸地想。正好看到几个孩子在门口玩耍，于是他突然想出了一个主意：让几个脸上最脏的孩子免费看电影。

这完全是一种出乎意料的做法：因为以往的优惠，都是优惠给那些值得尊敬的人，而现在，优惠的做法，却给了几个脏孩子，这算什么呢？但是，他的做法是一种幽默，更是一种人性化的经营。果然，之后人们便愿意更多地光顾他的电影院了。

不管是创业还是取得工作上的成功，道理都是同样的：不怕做不到，就怕想不到！

罗斯·派格特原来在美国最大的计算机公司 IBM 担任推销员，他发现很多计算机的功能并没有被许多用户充分利用。他认为，如果 IBM 公司能够增设数据处理业务，帮助这些用户发掘计算机潜力，定能获得成功。

于是罗斯·派格特精心撰写了一份有关数据处理服务市场的报告，呈递给 IBM 管理层。不料建议却被公司决策层否定了。于是，他便下决心成立公司自己创业。

然而他遇到了一个很大的问题：买不起昂贵的计算机，所以服务也无从谈起。但是他并没有退缩，并且最后想出了一个绝招：

他在一家保险公司，以"批发价"买下了安装在该公司的IBM计算机的使用时间，然后花了5个月的时间，找到一家无线电公司，又以"零售价"将使用时间卖给这家公司，并提供给其计算机服务。

没想到市场一下子便打开了，业务蜂拥而至。后来，他所创办的电子数据公司（EDS）成为了拥有数十亿资产的大公司。

很多人认为只有条件充足了才可以创业，但罗斯·佩格特的成功，却告诉我们一个道理：缺乏条件同样可以创业！

只要你下决心并肯动脑筋，就可以让条件为信念让路！

罗斯·派格特的例子告诉我们，没有正确的思考，是不会成就这些伟大的事情的。如果你不学习正确的思考，是绝对成就不了杰出的事情的。

正确的思考以下列两种推理作为基础。

1. 归纳法，这是从部分导向全部，从特定事例导向一般事例，以及从个人导向宇宙的推理过程。它是以经验和实证作为基础，并从基础中得出结论。

2. 演绎法，以一般性的逻辑假设为基础，得出特定结论的推理过程。

这两种推理方法之间有很大的不同，但二者可以一起运用。例如每当你用石头打窗户的时候，只要石头不变，则窗户一定会被打破，反复几次用石头打窗户之后，你就可归纳出一个结论，亦即玻璃是易碎的，而石头不会碎。

因此，从这个结论出发，你可进行演绎推理，将了解其他不易碎的东西也会打破玻璃，而石头也会打破其他易碎的东西。

但我们很可能一不小心就做出错误的推理，进而导出错误的结论，你必须严格地要求推理的正确性，也就是严格地要求自己进行正确思考。必须审查你的推理结果，并找出其中的错误。除了审查你自己的思考过程之外，你还可以运用这两种推理方式，审查别人的思考结果是否正确。

为了成为一位正确的思考者，你必须把事实和感觉、假设、未经证实的假说和谣言分开。将事实分成两个范畴：重要的和不重要的事实。

除了正确的思考者之外，一般人都会有许多意见，但这些意见多半都是没有价值的。在没有价值的意见之中，有许多都可能是危险的，而且具有破坏性。

你只能接受那些以事实或正确的假说为基础所提出的意见。同样的，你不可提供没有事实或正确假说作为根据的意见。正确思考者在没有确信之前，是不会提供任何意见的，虽然他们从别人那儿听取事实、资料和建议，但是他们保留接受与否的权利。报纸、闲聊和谣言，都不是得知事实的可靠媒介，因为它们所传达的消息经常会出现变化，而且也没有经过严格的查证。

"期待"通常是形成大众所接受之"事实"。想要了解真正的事实，通常是必须付出代价的，也就是努力追查事件的真实性的代价。

美国曾经弥漫着一个谣言：在百事可乐的罐子里，曾发现皮下注射器的注射针。当时有 20 几个州都有这样的报道。基于此一"事实"，百事可乐的股价一下子便严重下跌，投资人以赔本的价钱抛售百事可乐股票，但即使如此，该公司的管理阶层却仍然保证这种情况几乎不可能发生。

但是正确的思考者并不相信此一"事实"，并且买进该公司的股票，最后联邦药物管理局和联邦调查局宣布这些报道完全是恶作剧。

在这个事件中谁才是真正的获利者？是那些因为恐慌而赔本卖出股票的人，还是那些经过正确思考后低价买进股票的人？

目标明确，态度坚决

⊙把你所有的蛋都放在一个篮子里，然后看住这个篮子，不要让任何一个蛋掉出来。事实上大多数人如果专注一项工作，并集中精力于这项工作，他们就能把这项工作做得很好。

钢铁大王卡内基提出了这样的忠告："把你所有的蛋都放在一个篮子里，然后看住这个篮子，不要让任何一个蛋掉出来。"当然，他这项忠告的意思是说，我们不应该因为从事分外工作而分散了我们的精力。

卡内基是一位很有见地的经济学家，他知道，大多数人如果专注于一项工作，并集中精力于这项工作，他们就能把这项工作做得很好。

在仔细观察过一百多位在其本行业获得杰出成就的男女人士的商业哲学观点之后，就会发现这个事实：他们每个人都具有明确果断的优点。

做事有"明确的主要目标"的习惯，将会帮助你培养出能够迅速作出决定的习惯，而这种习惯对你所有的工作都有很大帮助。

配合一项明确的主要目标做事的习惯，将帮助你把全部的注意力都集中在一项工作上，直到你完成了这项工作为止。

关于目标所蕴藏的巨大能量，没有谁比保尔更清楚了。保尔曾经听过我的讲座，他决心推销自己的书《自我潜能挖掘》，并以推销成功作为自己的目标。保尔把这个目标写下来贴在他的梦想板上面，并且把目标录在录音带上面。

经过不断地反复，在一个月内，它就登上了畅销书排行榜，成了两家书店的排行榜第一名，以及慧延书店的第六名。

这实在是非常令他惊讶，因为，那时候保尔是一个完全没有知名度的人。

保尔事后激动地说：是我给了他 3 万倍的力量，竟然可以让他在一个月之内，就把他的书从销售量是零，提高到一个月 8000 本，实在非常让人惊讶。

现在，这本书已经销售过 8 万本以上，并且仍然在畅销中。

所以，不管你要实现什么目标，只要你能照这些方法去实践，它都可以非常戏剧性地改变你的人生。

可是，问题就是这些方法实在是太简单了，一般人都不愿意去尝试，不尝试的话，铁定没有效。

有非常多的学生用了保尔这样的方法，也许他还没有达到保尔的目标，可是他们都进步得非常快，甚至在非常短的时间内，进步了五六成。

保尔有一个员工，用了这样的办法，收入便从原本是零增加到第二个月的 30 万，虽然 30 万对某些人来说不是非常大，但对保尔的这位员工而言，却是一个非常巨大的改变。

保尔建议大家不妨用这种方法试试看，相信一定会产生非常惊人的绩效。

我们每个人都希望得到更好的东西——如金钱、名誉、受尊重——但是大多数的人都仅把这些希望当作一种愿望而已，如果你知道你希望得到的是什么，如果你对达到自己的目标的坚定性已到了执着的程度，而且能以不断的努力和稳健的计划来支持这份执着的话，那你就已经是在实现你的明确目标了。因此，认识愿望和强烈欲望之间的差异是极为重要的。

假设你已经设定了明确目标，接下来你可能就会问："在哪里才可以得到执行计划所需要的资源？"

使潜意识发挥作用，只是迈向成功的第一步而已。如果你不能说服他人与你合作，而且又无法遵守严格标准的话，是一样不会成功的。

当然，从贫穷到富有，第一步是最困难的。其中的关键，在于你必须了解，所有财富和物质的获得，都必须先建立清晰且明确的目标；当目标的追求变成一种执着时，你就会发现，你所有的行动都会带领你朝着这个目标迈进。

成功的关键并不只是"辛勤工作"而已，你可能也会发现到，有些人和你一样辛勤地工作——甚至比你更努力——但却没有成功。教育也不是关键性的因素，华尔顿从来都没有拿过罗德奖学金，但是他赚的钱，却比所有念过哈佛大学的人都要多。

伟大的成就，是来自对积极的心态的了解和运用，无论你做任何一件事，你的心态都会给你一定的力量并为自己设立明确的目标。

抱持着积极心态，意味着你的行为和思想有助于目标的达成；而抱持消极心态，则意味你的行为和思想将不断地抵消你所付出的努力。当你将欲望变成执着，并且设定明确目标的同时，也应该建立并发挥你的积极心态。

但是设定明确目标和建立积极心态，并不表示你马上就能得到你所需要的资源，你得到这些资源的速度，须视需要范围的大小，以及你控制心境使其免于恐惧、怀疑和自我设限的情形而定。

如果你只需要 1 万美金来实现你的明确目标，可能在很短的时间内就能筹得；但是，如果是 100 万美金，可能就得花较长的时间了。在此一过程的一项重要变数是，你要拿什么来交换这 1 万或 100 万美金。提供相对服务或其他等价物的时间，对取得资源的速度快慢也是相当重要的，你必须清楚地了解在你"取得"之前应"付出"些什么。

运用简单的威力

⊙有些人成天忙得团团转，但他是否真的很勤快呢？甚至到了下班时间，还有一大堆事情尚未处理，这是否意味着他的忙碌是没有意义的呢？或许你会发现，像这种成天忙碌的人，工作是很不具效率的。

⊙工作没有次序、缺乏条理的商人，总易因办事方法的失当，而蒙受极大的损失。

有些主管整天踱来踱去，骂这骂那；书桌上的公文及资料文件堆积如山，似乎有忙不完的工作：我将他们称为"无事忙"。

若是你有事请教，他会很不耐烦地转头说："我很忙。"在你问题尚未说出前，就给你来个下马威。的确，他是很忙，但这种忙碌是否具有实质意义呢？相反的，有的人对每件事都处理得井然有序，不管公司内外，大大小小的事，他都能迅速地亲自处理，并且让人一目了然，甚至有时还悠闲地表现一些幽默和情趣，这到底是怎么回事呢？我曾对公司内那些"无事忙"的主管做过心理分析，很不幸地，我发现他们忙碌的理由都是可笑的，有的甚至只是为了要将自己的能力表现给他人看，却完完全全地与效率和合理脱了节。

在我们做一件工作前，应当考虑如何用最简省的方法去获得最佳的成效，拟定一个周密的计划，再着手去做。若只是因一时的兴起而从事工作，不但事倍功半，而且也不易成功。如果只是要将自己的忙碌告诉他人，我们就可以断定他所忙的都只是一些无聊的事，因为一个工作有计划的人，是不会那么忙碌的。我认识一位公司的高级主管，他总是笑脸迎人，优哉自若，非常有效率。和他一见面，他会直截了当地告诉你："今天我的时间较充裕，"

"今天我只有 30 分钟能和你谈。或是我们可以慢慢谈。"有一次我为了一件重要的事情去拜访他，他立刻就将事务科长叫到办公室；第二天，这件事情就解决了。因为他冷静，所以能很快地下决断，而成天无事忙的人，是绝对没有这种"当机立断"的能力的。

无论是高层主管还是员工，若能在一天规定的八小时工作时间内将预定的工作做完，才是一个有效率的人。我常看到有些人，要在下班铃响后，才开始紧张忙碌地工作。如果有这样的员工，必定也有这样的主管，因为他的无能，双方才能臭味相投。若是一个主管认为员工如此工作是没有效率的，相信员工也不会有如此恶劣的表现了。

条理性是我们简化工作的一个重要方法。在许多工作没有计划和条理的商行里，有不少拿着高薪的员工却做着极简单的工作，比如拆信、把信札分类、寄发传单等等事情。其实，此类工作，即便是待遇微薄的职工也一样能够胜任。像这样一些没有精细规划的商行是永远不会有发展的。

只有很少商人和店主，对于商行管理过程中时间的节约与职员的能力，有着相当的研究；但大部分商人和店主并不善于指挥，也总不能使工作有条理和系统化，这样就无法增加员工的办事效率。其实，不去注意工作上的条理和效率，是经营上最大的失策。

工作没有次序、缺乏条理的商人，总易因办事方法的失当，而蒙受极大的损失。他们不知怎样去有效地措置业务；对于雇员的工作，他们不知道好好地安排；做起事来，有的地方不及，但有的地方却过之；仓库里有许多过时、不合需要的存货，也不及时把货物整理一下，结果什么东西都纷乱不堪。这样的商行，必要失败。

一个在商界颇有名气的经纪人把"做事没有条理"列为许多公司失败的一大重要的原因。

没有条理、做事没有次序的人，无论做哪一种事业绝没有功效可言。而有条理、有次序的人即使才能平庸，他的事业也往往会有相当的成就。

工作没有条理，同时又想做成大规模营业的人，总会感到手下的人手不够。他们认为，只要人雇佣得多，事情就可以办好了。其实，他们所缺少的，不是更多的人，而是使工作更有条理、更有效率。由于他们办事不得当、工作没有计划、缺乏条理，因而浪费了大量职员的精力和体力，但还无所成就。

一个性急的人，不管你在什么时候遇见他，他都很匆忙。如果要同他谈话，他只能拿出数秒钟的时间，时间长一点，他便要拿出表来看了再看，暗示着他的时间很紧。他公司的业务做得虽然很大，但是花费却更大。究其原因，主要是他在工作上毫无秩序、七颠八倒。他做起事来，也常为杂乱的东西所阻碍。结果，他的事务是一团糟，他的办公桌简直就是一个垃圾堆。他经常很忙碌，从来没时间来整理自己的东西，即便有时间，他也不知道怎样去整理、安放。

这个人连自己的工作都没有条理，就更不知如何恰到好处地进行人员管理了，他只知一味督促职工。但他只是催促职工做得快些，却谈不上有条理。因此，公司职员们的工作也都混乱不堪、毫无次序。职员们做起事来，也很随意，有人在旁催促便好像很认真地做，没有人在旁催促便敷衍了事。

其实，做事有方法、有秩序的人的时间也一定很充足，他的事业也必能依照预定的计划去进行。

今日之世界是思想家、策划家的世界。惟有那些办事有次序、有条理的人，才会成功。而那种头脑昏乱，做事没有次序、没有条理的人，这世上就绝没有他成功的机会。

将自信注入工作

⊙自信心对于一个人的成长有着相当重要的作用,它可以支持强者闯过难关,帮助弱者赢得成功。在一个人的整个职业生涯中,要对工作充满信心,保持热情与精力,这样才能有所成就。

一名企业家曾说过:"对任何一个公司而言,若要生存并获得成功的自豪感,就必须有一套健全的原则,可供全体员工遵循,但最重要的是,大家要对此原则充满自信。"

自信心对一个人的成长有着相当重要的作用,它可以支持强者闯过难关,帮助弱者赢得成功。一名精明的主管,要有效地调动自己的下属,让他们在能够产生自我激励、自我评估与自信心的气氛中工作。而一名优秀的员工,只有对工作充满信心,保持热情与精力,这样才会有所成就。

凯恩斯是一名普通修理工,生活虽然勉强过得去,但离自己的理想还差得很远。有一次,他听说旧金山一家维修公司招工,便决定前去试一试,希望能够换一份待遇较高的工作。他星期六下午到达旧金山,面试时间定在星期日。

吃过晚饭,他独自坐在旅馆房间中,不知为什么,他想了很多,把自己经历过的事情都在脑海中回忆了一遍。突然间他感到一种莫名的烦恼:自己并非一个智力低下的人,为什么至今依然一事无成、毫无出息呢?

他取出纸笔,写下4位自己认识多年、薪水比自己高、工作比自己好的朋友的名字。其中两位曾是他的邻居,已经搬到高级住宅区去了,另外两位是他以前的老板。他扪心自问:和这4个人相比,除了工作比他们差以外,自己还有什么地方不如他们?聪明才智?凭良心说,他们实在不比自己高明多少。

经过很长时间的思考和反思,他悟出了问题的症结——自我性格情绪的缺陷。在这一方面,他不得不承认自己比他们差了一大截。

虽然是深夜1点钟,但他的头脑却出奇的清醒。他觉得自己第一次看清了自己,发现自己过去很多时候不能控制自己的情绪、爱冲动、自卑、不能平等地与人交往等等。

整个晚上,他都坐在那儿自我检讨。他发现自从懂事以来,自己就是一个极不自信、妄自菲薄、不思进取、得过且过的人;他总是认为自己无法成功,也从不认为能够改变自己的性格缺陷。

而后,他决定绝不再有自己不如别人的想法,绝不再自贬身价,一定要完善自己的情绪性格,弥补自己的不足。

第二天早晨,他满怀自信地前去面试,并顺利地被录用了。在他看来,之所以能得到那份工作，与前一晚的沉思和醒悟让自己多了份自信不无关系。

在走马上任的两年内，凯恩斯逐渐建立起了好名声，人人都认为他是一个乐观、机智、主动、热情的人。随之而来的经济不景气，使得个人的情绪因素受到了考验。而这时，凯恩斯已是同行业中少数可以做到生意的人之一了。公司进行调整时，分给了凯恩斯可观的股份，并且加了他的薪水。

成功不可能来自于一种失败的观念，就好像玫瑰不可能生长在长满蓟草的土壤中一样。当一个人非常担心失败或贫困时，当他心中总是想着可能会失败或贫困时，他的潜意识里就会形成这种失败的印象，这将会使他自己处于越来越不利的地位。有一天，我在某市文化中心举行的实业家会议发表演讲，当我正在讲台上致词时，有名男子朝我逐步走近，而且诚恳地对我说："我有个相当要紧而严重的问题，不知是否能私下与您谈谈？"我听了这句话后，便答应等会议结束后再与他详谈。

他向我说明："我准备在这个城镇开创自己这一生中最大的事业，如果成功的话，将对我产生无比重要的意义；但若不幸失败，我将会失去所有的一切！"

听了这番话后，我先安抚他，希望他能放松心情，接着委婉地对他说："并非每件事都能达到预期的理想结果。成功固然美好，但即使失败，明天的风仍是继续地吹着，希望依然存在。"我如此开导他、劝慰他。

然而，他依旧愁容满面地说："但是，有件令我相当苦恼的事，我始终无法对自己产生自信。对于任何事我都没有把握，甚至无法确信自己是否真的能顺利完成一件事。通常，在事情尚未开始着手之前，我的意志便不由自主地消沉下来。事实上，目前我已相当泄气了。"他继续说着，"如今，我已是 40 岁的中年人，却一直受困于自卑感的烦恼，因此对自己总是抱持否定的态度，今晚聆听您的演讲，对于您所谈有关思考力量的问题，希望有进一步的了解，我想明白该如何做，才能对自己产生自信与肯定。"

我对这名男子做了这样的回答："有两个方法可以解决你的问题：第一是探讨无力感的来源。当然，若要找出源头，必得花费不少时间去分析，但这是绝对必要的重要步骤。我们必须学习科学家的做法，以科学方法来探究这种生活病态的原因。不过，这件事绝不可能在短期内得到答案，再者也不可能在短时间内能得心应手地运用，这是一种为达到永久治愈目标的治疗法，因此对你的迫切需要并不适宜。但是还有一个方法可以临时应急，以解决你迫在眉睫的问题。我要给你开一帖处方，若能好好运用，想必能有效解决你的困难。"我继续向他郑重说明，"今天晚上，当你走在街上时，不妨重复默念我将告诉你的这句话；等你回到家，躺在床上时，也要对自己重复说上几次。待明天睡醒时，记得在起床前把这句话说上 3 次。倘若你本着虔诚的心意来做这件事，你将会获得足够的能力面对这个问题。当然，如果可能的话，尝试花些时间去进行分析问题的基础研究，是再好不过的事了。但不论研究结果如何，我现在要赠予你的这帖处方，在治疗上却是扮演着绝对重要的角色。"

这句话的内容是："虔诚的信仰给了我无比的力量，凡事都能做。"

由于在此之前，他并未听过这句话，因此我把这句话写在卡片上递给他，并请他大声复诵三次。然后，再次细心叮咛："那么，你就按照我刚才所说的去做吧！我相信一切将很顺利！"

他站起身来，先是静静地站在原地，一动也不动，后来带着激动的表情与口吻对我说："好的，先生，我知道了！"

我看着他昂首挺胸的身影在夜幕中逐渐消失，尽管那身影看来仍有些悲伤的意味，但是看着他那昂然离去的姿态，仿佛无言地暗示，信仰已在他的心中萌芽。

日后，这名男子曾感激地对我表示："这帖简易的处方确实为我缔造了奇迹。"此外他还强调，"简直令人难以置信，想不到这么一小句话竟能带给人们这么大的效果！"

后来，他也应用科学的研究方法，努力探究自己自卑感的原因所在。结果，终于去除了长久以来的自卑感。最重要的是，他真正学会了应该如何拥有信仰，并恪守某些特定的训诲。他逐渐拥有强大、坚定不移的信心，现在任何事情对他而言都不再是难以克服的困难了，而是完全可由他来操控安排。这样的变化实在令人惊讶，大量事实的确如此。他的人格再也不似昔日般消极悲观，而是充满积极与斗志，现在他不仅不会与成功绝缘，相反地，更将成功拉向了自己。尤其可以肯定的一点是，他已经对于自己本身的能力真正具有信心了。

挣取你的"脑力薪"

⊙不要以为你毕业于最高学府就应该支领头脑薪，也不要以为你办事快就能支领效率薪；事实上，我们都是以做事的方法和实际效果来决定自己的薪酬。

我常常在想：仗恃着年资久或是毕业于最高学府，脑筋却不怎么样的人，凭什么比只有高中毕业的优秀者领到更多的薪水？靠关系走后门却没有能力的人，凭什么比辛勤努力的人领到更高的薪水？美国的一本袖珍读物上，有这么一段故事：在东海岸的某一港街，有一家著名的毛皮公司，这家公司的工作人员中有三兄弟。有一天，他们的父亲要求见总经理，原因是他不明白为何三兄弟的薪水各不同？大儿子杰斯的周薪是350美元，二儿子杰菲的周薪是250美元，而三儿子杰亮的周薪却是200美元。总经理默默地听三兄弟的父亲说完，然后说："我现在叫他们三人做相同的事，你只要看他们的表现，就可知道答案了。"总经理先把杰亮叫来，吩咐说："现在请你去调查停泊在港边的C船上的毛皮的数量、价格和品质，你都要详细地记录下来，并尽快给我答复。"

杰亮将工作内容抄下来后，就离开了。五分钟后，便回来了，向总经理汇报情况。杰亮因为总经理命令他要尽快，所以他就利用电话询问：一通电话就完成了他的任务。

总经理再把杰菲叫来，并吩咐他做同一件事情。杰菲在一小时后，回到经理办公室。气喘吁吁地说他是坐公车往返的，并且将 C 船上的货物数量、品质等详细报告出来。

总经理再把杰斯找来，先把杰菲报告的内容告诉他，然后吩咐他再去详细调查。杰斯说可能要花点时间，然后走了。3 小时后，杰斯回到公司。

杰斯首先重复报告了杰菲的报告内容，说他已按照总经理的要求将任务完成，为了方便总经理和货主订契约，他已请货主明天早上 10 点到公司来一趟。回程中，他又到其他的两三家毛皮商公司询问了货物的品质、价格，并请可以做成买卖的公司负责人明天早上 11 点到公司来。

在暗地里看了三兄弟的工作表现后，父亲很高兴地说：从他们三人的行动能力上给了我最满意的答案。

由这个小故事，我们可以知道能力薪和脑力薪是有所不同的，只是人们常将它们混为一谈。

正确地做事与做正确的事

⊙正确地做事是一味地例行公事，而不顾及目标能否实现，是一种被动的、机械的工作方式；而做正确的事不仅注重秩序，更注重目标，是一种主动的、能动的工作方式。

创设遍及全美的事务公司的亨瑞·杜哈提说，不论他出多少薪水，都不可能找到一个具有两种能力的人。这两种能力是：

第一，能思想。

第二，能按事情的重要程度来做事。

因此，在工作中，如果我们不能选择正确的事情去做，那么惟一正确的事情就是停止手头上的事情，直到发现正确的事情为止。由此可见，做事的方向性是至关重要的。然而，在现实生活中，无论是企业的商业行为，还是个人的工作方法，人们关注的重点往往都在于前者：效率和正确做事。

实际上，第一重要的却是效能而非效率，是做正确的事而非正确做事。"正确地做事"强调的是效率，其结果是让我们更快地朝目标迈进；"做正确的事"强调的则是效能，其结果是确保我们的工作是在坚定地朝着自己的目标迈进。换句话说，效率重视的是做一件工作的最好方法，效能则重视时间的最佳利用——这包括做或是不做某一项工作。

"正确地做事"是以"做正确的事"为前提的，如果没有这样的前提，"正确地做事"将变得毫无意义。首先要做正确的事，然后才存在正确地做事。正确做事，更要做正确的事，这不仅仅是一个重要的工作方法，更是一种很重要的工作理念。任何时候，对于任何人或者组织而言，"做正确的事"都要远比"正确地做事"重要。

正确地做事与做正确的事是两种截然不同的工作方式。

正确地做事就是一味地例行公事，而不顾及目标能否实现，是一种被动的、机械的工作方式。

在工作中只对上司负责，对流程负责，领导叫干啥就干啥，一味服从，铁板一块，是制度的奴隶，是一种被动的工作状态。在这种状态下工作的人往往不思进取，患得患失，不求有功，但求无过，做一天和尚，撞一天钟，混着过日子。

而做正确的事不仅注重程序，更注重目标，是一种主动的、能动的工作方式。

在工作中对目标负责，做事有主见，善于创造性地开展工作。这种人积极主动，在工作中能紧紧围绕公司的目标，为实现公司的目标而发挥人的能动性，在制度允许的范围内，进行变通，努力促成目标的实现。

这两种工作方式的根本区别在于：

是只对过程负责，还是既对过程负责又对结果负责；是等待工作，还是主动地去工作。同样的时间，这两种不同的工作方式产生的区别是巨大的。

举个工作中的例子，比如说某客户服务人员接到服务单，客户要装一台打印机，但服务单上没有注明是否要配插线，这时，客户服务人员有三种做法：

第一种做法：照开派工单；

第二种做法：打电话提醒一下商务秘书，让他问客户是否要配插线，然后等对方回话；

第三种做法：直接打电话给客户，询问是否要配插线，若需要，就配齐给客户送过去。

第一种做法，可能导致客户的打印机无法使用，引起客户的不满；

第二种做法，可能会延误工作速度，影响服务质量；

第三种做法，既能避免工作失误，又不会影响工作效率。

你觉得，哪种做法最好呢？相信大多数人会选择第三种做法。第三种做法就是在做正确的事，第一、二种做法就是在正确地做事，这二者的区别就在于结果的不同，其原因是没有把公司的目标与自己的工作结合在一起。

若要集中精力于当急的要务，就得排除次要事务的牵绊，此时就需要有说"不"的勇气。

我的妻子曾被选为社区计划委员会的主席，可是既放不下许多更重要的事，又不好意思拒绝，只好勉为其难地接受。后来她打电话给一位好友，问她是否愿意在委员会工作，对方却婉拒了，我的妻子大失所望地说："我那时也能拒绝就好了。"

这不是说社区活动或社会服务不重要，而是人各有志，各有优先要务。必要时，应该不卑不亢地拒绝别人，在急迫与重要之间，知道取舍。

我在一所规模很大的大学任教时，曾聘用一位极有才华又独立自主的撰稿员。有一天，我有件急事想拜托他。

他说:"你要我做什么都可以,不过请先了解目前的状况。"

他指着墙壁上的工作计划表,显示超过 20 个计划正在进行,这都是我俩早已谈妥的。

然后他说:"这件事至少占去几天时间,你希望我放下或取消哪个计划来空出时间?"

他的工作效率一流,这也是为什么一有急事我就会找上他。但我无法要求他放下手边的工作,因为比较起来,正在进行的计划更为重要,我只有另请高明了。

我的训练课程十分强调分辨轻重缓急以及按部就班行事。我常问受训人员:你的缺点在于——

1. 无法辨别事情的重要与否?
2. 无力或不愿有条不紊地行事?
3. 缺乏坚持以上原则的自制力?

答案多半是缺乏自制力,我却不以为然。我认为,那是"确立目标"的功夫还不到家使然。而且不能由衷地接受"事有轻重缓急"的观念,自然就容易半途而废。

这种人十分普遍。他们能够掌握重点,也有足够的自制力,却不是以原则为生活重心,又缺乏个人使命宣言。由于欠缺适当的指引,他们不知究竟所为何来。

以配偶或金钱、朋友、享乐等为重心,容易受第一与第三类事务羁绊。至于自我中心者则难免被情绪冲动所误导,陷溺于能博人好感的第三类活动,以及可逃避现实的第四类事务。这些诱惑往往不是独立意志所能克服的,只有发乎挚诚的信念与目标,才能够产生坚定说"不"的勇气。

做好时间管理

⊙做好时间管理,你就可以用 20% 的时间来完成 80% 的事。

⊙高效能的职业人士有一个共同特点,他们都是时间管理的高手,而低效率的工作人员无一例外地都不善于管理时间。

在现实生活中,有一个很著名的叫"80/20 法则"的原理,对于我们的工作和生活有很大的影响,也是上述主管大幅度提高工作效率的最好方法。"80/20 法则"对工作的一个重要启示便是:避免将时间花在琐碎的多数问题上,因为就算你花了 80% 的时间,你也只能取得 20% 的成效。你应该将时间花于重要的少数问题上,因为解决这些重要的少数问题,你只需花 20% 的时间,即可取得 80% 的成效。

在工作生活中,我们都见过许多这样的人,他们虽然怀有大干一番事业、做出辉煌成绩的想法,可是总不见行动,只是把这些想法挂在嘴边,每天都踏步不前。因此,为了避免成为一个空谈主义者,为了更有效地提高我们的工作效率,我们必须立即行动起来。

我们每个人每天面对的事情，按照轻重缓急的程度，可以分为以下四个层次，即重要且紧迫的事；重要但不紧迫的事；紧迫但不重要的事；不紧迫也不重要的事。

1. 重要而且紧迫的事情。

这类事情是你最重要的事情，而且是当务之急，有的是实现你的事业和目标的关键环节，有的则和你的生活息息相关，它们比其他任何一件事情都值得优先去做。只有它们都得到合理高效的解决，你才有可能顺利地进行别的工作。

2. 重要但不紧迫的事情。

这种事情要求我们具有更多的主动性、积极性和自觉性。从一个人对这种事情处理的好坏，可以看出这个人对事业目标和进程的判断能力。因为我们生活中大多数真正重要的事情都不一定是紧急的。比如读几本有用的书、休闲娱乐、培养感情、节制饮食、锻炼身体。这些事情重要吗？当然，它们会影响我们的健康、事业，还有家庭关系。但是它们急迫吗？不。所以很多时候这些事情我们都可以拖延下去，并且似乎可以一直拖延下去，直到我们后悔当初为什么没有重视，没有早点来着手重视解决它们。

3. 紧迫但不重要的事情。

紧迫但不重要的事情在我们的生活中十分常见。例如，本来你已经洗漱停当准备休息，好养足精神明天去图书馆看书时，忽然电话响起，你的朋友邀请你现在去泡吧聊天，然而你就是没有足够的勇气去回绝他们，因为你不想让你的朋友们失望。然后，你去了，次日清晨回家后，你头昏脑涨，一个白天都昏昏沉沉的。你被别人的事情牵着走了，而你认为重要的事情却没有做，这或许会造成你很长时间都比较被动。

4. 既不紧迫又不重要的事情。

很多这样的事情会在我们的生活中出现，它们或许会有一点价值，但如果我们毫无节制地沉溺于此，我们就是在浪费大量宝贵的时间。比如，我们吃完饭就坐下看电视，却常常不知道想看什么和后面要播什么。只是被动地接受电视发出的信息。往往在看完电视后觉得还不如去读几本书，甚至不如去跑跑健身车，那么刚才我们所做的就是浪费时间了。其实你要注意的话，很多时候我们花在电视上的时间都是被浪费掉了。

我们可以按照上述的分类，将重要而且紧迫的事情定为 A 类，将重要但不紧迫的事情定为 B 类，紧迫但不重要的事情定为 C 类，既不紧迫又不重要的事情定为 D 类，在实际工作中，我们应该先干重要的事，即 A 类事情，这一类事情做得越多，我们的工作效率就越高。

在工作中，我们需要时刻提醒自己："此刻，什么是我利用时间的最佳方式？"在每月事先安排的工作计划中，应使自己除了能为"重点"的项目留出额外的时间外，还能使工作有所变化并保持平衡。

另外，计划赶不上变化，如果目标不随着工作进程而及时修改的话，就很容易成为工作效率提高的障碍，因此，我们应该坚持每月修订一次自己的人生目标。每天重温自己制定的目标，并用每天的行动去接近这个目标。你可以在办公室里放上自己的人生目标的陈述，借此来提醒自己。即使是在干一件最小的事，心中也不忘那个长期的目标。在每天早晨就进行计划，安排好一天工作的轻重缓急。每天都有一张当天要做哪些事的清单，并将它们按重要性程度排列，然后尽可能一有时间就去干最重要的工作。为自己、也为别人都定下工作的最后期限。养成好习惯，按着"任务清单"的顺序干，决不跳过困难的工作。永远放弃"等候时间"。如果不得不等什么，就把它当作"时间的礼物"，用它来休憩，或去做一些本来不会去做的事情。检查自己的旧习惯，看看是否有需要杜绝或加以改进的地方。

法国哲学家布莱斯·巴斯卡说："把什么放在第一位，是人们最难懂得的。"

一个人在工作中常常难以避免被各种琐事、杂事所纠缠。有不少人由于没有掌握高效能的工作方法，而被这些事弄得筋疲力尽，心烦意乱，总是不能静下心来去做最该做的事，或者是被那些看似急迫的事所蒙蔽，根本就不知道哪些是最应该做的事，结果白白浪费了大好时光，致使工作效率不高，效能不显著。为此，每个人都应该有一个自己处理事情的优先表，列出自己一周之内急需解决的一些问题，并且根据优先表排出相应的工作进程，使自己的工作能够稳步高效地进行。

回家，把工作关在门外

⊙对于社会来说，"工作狂"不见得是什么坏事，但对于家庭来说，"工作狂"却是极其危险的，它会造成夫妻感情的冷漠。

⊙当你锁上了办公室时，也请你把生意和工作上的烦恼都锁在里面。当你把钥匙插到家门上时，请想象一下打开门时你会看到这样一句用很大的字写成的箴言："在这里不允许有生意上的担心或焦虑，也不允许有生意上的思考或讨论。"

对于一个男人来说，如果他在事业上没有成功，则会被人看不起。所以事业成功对男人确实很重要，因为事业是男人价值的体现，也是男人强大的心理压力。

正因如此，男人才全身心地投入到工作中去，不这样他就无法取得成功。

历史积淀下来的严酷的社会准则，使得男人在社会中面临巨大的精神压力：他的房子、汽车、社会地位、奋斗取得的各种荣耀，尤其是他内心世界的完整，都需要用工作与事业来维持。

现代社会中，"工作是男人的世界"这种观念更加盛行。一方面社会的大变革给男人们提供了创造、冒险、征服的更加广阔的空间；另一方面，挑战、竞争、机遇也更大地使男人的野心膨胀。自然而然，这个时代也就比别的时代孕育了更多的男性"工作狂"。

虽然对社会来说"工作狂"不见得是什么坏事,但对于家庭来说,"工作狂"却是极其危险的,它会造成夫妻感情的冷漠。

男人一旦结婚成家,就觉得他的最大责任即为家庭提供足够的物质保证。他在工作中不惜代价往上爬,一方面可以提高家庭生活水平,另一方面也可以证明他是一个成功的男人。

当他完成了他认为必须履行的工作义务后,回到家中已是满身疲惫,没有更多时间和精力给予妻子在感情上、肉体上充分的满足。而此时的女人,正处于精神、肉体都需要男人爱抚的时刻,当这种愿望满足不了时,女人就会感到寂寞、孤独、不被人重视的痛苦。她开始唠叨或者抱怨,这便使他们之间的关系开始疏远。

然而,忙碌于工作的丈夫却依然无暇注意到妻子情感的变化,不被注意的女人刚开始时也会去奉迎、影响、吸引、劝导他,可时间一长,如同寡居的生活便刺激了女人天性中刻薄的一面。

她开始因他的疏忽而找茬儿刺激他,使他尴尬,使他难堪。出于缓和紧张局势、稳定后方家庭(因为家庭动乱会使男人工作分心,让他没面子)的考虑,男人也会做出一些努力,如抽些时间陪妻子、便与她聊天、带她出去吃饭,但他工作狂的本性难移,他仍然把很多的精力放在工作上,这样使妻子的失望、愤怒愈来愈重,并为此喋喋不休。

在这种情况下,脆弱的女人会把自己的头靠在任何一个走近她的男人肩上,只要这个男人不至于让她太讨厌。与自己的工作狂丈夫相比,这个男人富有同情心、怜悯之心、理解之心,与他在一起能够使她快活、开心。于是不知不觉这个女人便会陷入婚外恋的漩涡中而不能自拔。

生活中大多数女人的移情别恋都属于这种情况。与其说这是女人们的错误,不如说是这些男性工作狂逼得女人去犯这样的错误。

最近有一个寡妇讲述了她曾经和丈夫一起度过的一段悲惨的生活。她的丈夫似乎只有一种想法,这种想法占据了他整个的生活——那就是赚钱。他对于生活本身的舒适丝毫不感兴趣,而生活本身绝对不能干扰他为赚更多钱而制定的工作计划。这个寡妇说,后来他们的家完全不是一个家了。他一回到家里,就为更多的生意进行思考和安排计划,为赚更多钱而制订更多的方案。这样,赚钱已经成为了他惟一的癖好。长此以往,他总是显得那么疲惫不堪,当他晚上回到家时,他甚至累得抬不起头来。但即使这样,他仍然不休息,而是很快地又投入到工作中去,思考并计划着更多的生意。于是,他总是使自己处在一种连续的疲劳状态之中。

应该留在办公室里的生意和业务,总是时时刻刻伴随着他。"一夜又一夜,"他的寡妻后来说,"我记得他在午夜以后还坐在那里,凝视着他的本子并且仍然在思考、在做计划。我听见了他那痛苦的咳嗽声,于是我常常走下楼去恳求他为了健康而休息一下,该上床睡觉了。但他从来都是很固执。

"他坦率地对我说过许多次,我的乞求毫无用处,如果在他的计算过程中少了一分钱，他也不会放弃，直到查出那分钱为止。有几次，我在地板上丢下一便士，并且把它捡起来交给他说：'这就是差额。我刚把它从地板上捡起来，也许是你丢的。'但是，他却很敏锐地看穿了我的诡计。他无法停下来，直到在自己的书中发现了那一便士，哪怕为此干上一个通宵！"

尽管这个人有上百万的财产，但是他没有家庭生活，也享受不到家庭的欢乐。后来，他的妻子和孩子们完全疏远了他。他从来没有像别人那样拥有空余时间去享受快乐。他总是处于不停地思考、计划和努力工作之中，直到死亡把他带走。

当你锁上了办公室的大门时，也请你把生意和工作上的烦恼都锁在里面。别把它们带回家。别把你的担忧或焦虑的想法带到你的娱乐和游玩上，否则你从中将得不到任何好处。当你把钥匙插到家门上时，请想象一下打开门时你会看到这样一句用很大的字写成的箴言："在这里不允许有生意上的担心或焦虑，也不允许有生意上的思考或讨论。"

回到家后享受你今晚的家庭生活。不要在晚上浪费你宝贵的精力，不要让你过于疲惫，不要老在晚上反思一天的工作或为过去悲哀，更不要想自己能否把这个做得更好或者把那个做得更好。当你这样做的时候，你只是在浪费你更多的宝贵精力和时间而已，那有什么用呢？如果你早已出色地完成了工作，为什么还要在它上面浪费更多的时间和宝贵的精力呢？好好地去干手上的事情吧！通过更好地完成现在的事情，通过把你的精力有效地投入到正确的方向上，从而去弥补你过去的不足。

当你回到家，肉体和精神上都疲惫不堪时，就对自己说："这里是我力量的家园；这里是我为了明天的工作得到力量和补给的地方，是我恢复精力和体力的地方；这里是我得到新的生命和新的勇气的地方，是我成为一个新人的地方。我无法忍受我的精力被耗尽。这里是我的理想重新被照亮、我的雄心重新被确立的地方，这里是更新自我、恢复自信，为明天的工作而获得积极心态的地方。"

第十一章　拥有美好的家庭生活

婚姻是幸福的温床

⊙步入婚姻的殿堂比单身生活更有安全感，尽管两个人生活不一定更舒适，但它确实更令人感到安全。

⊙最伟大的英雄行径，都成于四壁之内，家庭的隐秘当中。

"爱与被爱都是世界上最美好、最幸福的感觉。"19世纪俄国最伟大的作家托尔斯泰曾这样说过。

霍尔姆斯说："美是伟大的，但是衣物、房子和家具之美仅仅是用于衬托家庭之爱的装饰，即使把世界上所有华丽的东西堆积起来都比不上一个美好的家庭。因此，我将对自己的家庭更多地付出我的真爱，哪怕一点点，也胜过很多的家具和世界上所有的设计师能够提供的最华丽的物品。"

杰勒米·泰勒则说："步入婚姻的殿堂比单身生活使人更有安全感，尽管两人生活不一定更舒适，但它确实更令人感到安全。婚姻可能使你更快乐，也可能使你更感到悲伤；婚姻可能使生活有更多的欢乐，也可能使生活有更多的痛苦；婚姻会使你背负更重的担子，但是同样会以爱和宽厚的力量来支撑你。无论如何，婚姻仍然令人感到非常愉快。同样，婚姻也是人类之母，使人类延续，使国家强大。"

一位思想家曾说过，女人是来自于天堂的珍贵礼物，带着连无所不能的上帝都无法给予的伟大的爱；她会净化、抚慰和照亮我们的家庭、社会和国家；很少有人能意识到女人的这些价值，除非那个人的母亲与他共同生活了相当长的时间，或是因为发生了一些重大的人生变故。当他连续失意、遭到所有人的抛弃时，他的妻子却坚定地站在他的身边，使他重新树立了对生活的全新信念，才会使他明白。

稳固的婚姻，使男女之间建立了一种在两性之间无法用其他方式建立的情感和兴趣的联系。

拉法耶特将军在美国时，认识了两个年轻人。"你结婚了吗？"拉法耶特将军问其中的一个。"是的，长官。"这位年轻人回答说。"你是个幸福的男人。"拉法耶特将军说。随后，他又用同样的问题问了另一个年轻人，得到的回答是："我还是一个单身汉。""多么不幸的家伙啊！"将军说。这就是对婚姻问题的最好评论。

对于一个由于对婚后生活心存顾虑而逃避婚姻的男人来说，他事实上是由于对微不足道的烦恼的恐惧，而与一生的幸福擦肩而过。这种人和那些为了免除鸡眼带来的疼痛而将整个脚或手切除并且还沾沾自喜的人不相上下。

有一些男人从来没有结婚，而且按通常的标准来衡量，他们的生活是成功的。但是，那些了解他们或者详细阅读过他们资料的人便会感到，这样的人生尽管成功却算不上完整。

"'家'这个词包含着许多内容，"一位诗人说，"它可以唤醒我们心中最美好的情感，不仅仅是给予你'家'的亲人们才会使你感到亲切，而且从小居住地周围的小山、岩石、小溪也会使人迷恋。弹起悠扬的竖琴，唱起'家，甜蜜的家'，这是多么自然而然的感觉。"饱含感情的路德在谈及他的妻子时说："只要和她在一起，即便再怎么清贫，我也甘之如饴；如果失去她的话，万贯家财对我也毫无意义。"

家庭是社会的细胞，是幸福的温床、神圣的乐园。很多人把家庭当成自己成功的动力，事实确实如此，如果一个人有一个幸福美满的家庭，那么他在自己的工作上也容易取得很大的成就。反之，如果整天困扰于家庭纠纷之中，就很难把工作做得出色。人人都需要并追求一个幸福的家庭，以爱情为基础的婚姻是家庭幸福的基础，美满的家庭能使人享受天伦之乐。

家庭的建立以婚姻为前提。婚姻是男女两性之间的一种特殊社会关系，家庭既体现着以两性关系为特征的社会关系，又体现着以血缘关系为特征的社会关系。婚姻是家庭赖以存在的前提，家庭是婚姻的必然结果。

无论社会怎样发展，家庭作为人类情感的避风港这个职能在当今社会越来越受到重视。高质量的家庭——以爱为基础的幸福美满的家庭——是当今社会人们的共同奋斗目标。

家庭是幸福的温床，但它又不是静止的，而是变动的，它是随着社会的发展而变化的。当今，世界上科学技术的巨大进步和生产力的发展，社会的深刻变革给家庭这座亘古以来便给人以慰藉的快乐宫殿带来了巨大的冲击：离婚率上升，少年犯罪增多，代沟裂痕扩大，未婚同居、家庭暴力等现象越来越严重。这些使人们不由得想到这样的问题：什么样的家庭才算美满幸福的家庭？如何才能得到一个美满幸福的家庭？探讨这些问题，就必须与社会的变化对家庭的影响相联系。

首先，家庭幸福需要相互了解。

要幸福，就要了解别人。要认识到别人不会和你完全相同，他不可能和你一样思考，他所喜欢的东西不一定就是你所喜欢的东西。当你认识到这一点时，你更易于发展积极的心态，更易于做一些事情，使得别人能作出称心的反应。

磁铁相反的两极互相吸引，而具备相反性格特点的人们也是这样。一个有进取心、乐观、有雄心、有信心，并且具有巨大的内驱力、能力和毅力的人，与一个易满足、胆怯、害羞、机智和谦逊，还可能包括缺少自信心的人在一起时，经常会互相吸引，互相补充、加强和完善。他们结合以后，便可融合他们的性格，这样，每个人的缺点也就互相抵消了。

假如你同一个性格恰好与你相同的人结了婚，你会感觉幸福和受到鼓舞吗？你如果作出真实的回答，那也许是"不"。

同样，父母和子女之间也应当通过互相了解，增进沟通。家庭中许多不幸正是因为孩子们不了解、不尊重他们的父母所造成的。但这是谁的过失呢？是孩子的，还是父母的？或者是双方的？

不久以前，在一次培训课结束之后，我曾和一位大企业的总裁单独做了一次交谈。这位大企业家因为工作卓越，他的大名曾出现在美国各大报纸显要的版面上，但是，在我见到他的那一天，他却满脸忧愁，无精打采，事业上的风光并不能掩盖他生活中的失败。"没有人喜欢我！甚至我的孩子们也恨我！这是为何呢？"他问道。

实际上，他是一个心地善良的人。他给了孩子们金钱所可能买到的所有东西，为他们创造了安逸的生活。但是，他却灭绝了孩子们奋斗的必要性，让他们不再像他过去那样必须进行奋斗。当他的儿女还是孩子的时候，他从未要求或盼望他们尊重他，而他也从未得到过尊重。然而他确定，孩子们了解他，并不必要努力去探索。

事情本来会与此迥然不同，假如他真的教育孩子们要尊重人，并且至少部分地依靠艰苦奋斗，依靠自己的力量去安排自己的生活。他给了孩子们幸福，却没有教育他们使别人幸福，因而使自己更幸福。假如在他们成长的时候，他就信任他们，并且告诉他们，为了他们的利益，自己曾历尽坎坷，或许他们早就更加了解他了。

可是，这位企业家，或者和他处在同样境况中的任何人，没有必要依然处在不愉快中。他能把他如法宝般的积极的心态那一面翻过来，尽力使自己为他亲爱的人所熟悉和了解。

假如他能表明他热爱孩子的方式是同他们分享他自己的优点，而不是只给他们提供那些物质的东西；假如他能同他们自由地分享他的优点，正像分享他的金钱一样，他就会得到孩子们由于爱和了解所回报的丰富报酬。

其次，用语言浇开幸福之花。

无论你是谁，你都能够是一个绝妙的人！但是某些个别的人却可能不这样想。假如你觉得他们对于你所说的话、所做的事反应不当，并含有不应有的对立，那么你对这事就要采取一些措施。他们，正与你一样，也是通情达理的。

别人对你作出的令人不快乐的反应，可能是因为你所说的话以及你说这些话的方式或态度不当。话音经常能反映说话人的语气、态度和心中潜在的思想。你要认识到过失在于你，这可能是困难的，当你认识到过失确实在于你时，你就要采取主动，改正错误，这或许是同样困难的——可是你能做到这一点。

假如别人说的话或者说话的方式使你的感情受到伤害，那就很可能是因为你自己说了什么错话或者说话的方式不对而冒犯了别人。断定了你的感情受到伤害的真正原因，你才能避免使得别人作出同样的反应。

假如你发觉某人对你说话的声调和态度不大喜欢，你就应该避免使用这样的声调和态度，以免冒犯别人。

假如某人用一种发怒的声音向你叫喊而使你感觉十分不快，你就要想到假如你用那种声音对别人叫喊，也会使别人感到不快——即便他是你 5 岁的儿子，或者很亲密的亲戚。

假如一个人误解了你的好意，你就该表明你的真心，以消除误会。假如你喜欢受到称赞，假如你喜欢人家记住你，如果你得悉某人在怀念你，你就会觉得愉快。你应该确信：假如你称赞别人，或者写一封短信，让他们了解你在想念他们，他们一定是很高兴的。

第三，利用书信增进幸福。

彼此分离的人，假如常有书信往来，反而会觉得更亲密。有许多分居两地的人之所以举行了婚礼，就是因为在分别之后，他们的爱情通过书信反而变得更深厚的缘故。

通过书信交流，双方能够增强理解。每个人都能在信件中表达自己正直的内心思想。表达爱情的信件不必、也不应当因结婚而中止。马克·吐温天天都给他的妻子写情书，甚至当他们都在家的时候，也是如此，他们在一起过着非常幸福的生活。

你要写信，就一定要思考，把你的思想提炼在纸上。你能够借助回忆过去、分析现在和展望将来发展你的想象力。你越是常写信，你就越对写信感兴趣。你写信时最好采用提问的方式，这样，易使收信人给你回信。当他回信的时候，他就成了作者，你就能够体会到收信人的欢乐。

你的收信人是依据你的思路进行思考的。假如你的信是经过周详考虑写下的，它就能使收信人的理智和情绪沿着你指引的路径前进。当收信人读你的信时，信中令人鼓舞的思想被记录在他的下意识心理中，将不可磨灭地深印在他的记忆里。

第四，乐在知足。

有一位作家写过一篇文章，它的标题是《满足》。我觉得它可能会给你带来一定的启发，下面是我对其中一些精辟见解的摘录：

全世界最富有的人住在"幸福谷"。他富有历久不衰的人生理想，富有他所不能失去的东西，这些东西可以给他

提供满足、健康、宁静的心情和内心的谐和。以下是他的财产清单，它们本身就明确了他是怎样获得这些财产的：我获得幸福的办法就是帮助别人获得幸福。我获得健康的办法就是生活有节制，我只吃维持我的身体健康所必需的食物。我不怨恨任何人，不嫉妒任何人，而是热爱和尊敬全人类。我从事我所喜爱的劳动，我还把游戏与劳动相结合，所以我很少感到疲劳。

我每天祈祷，不是为了更多的财富，而是为了更多的智慧，用以认识、利用、享受我所已经拥有的诸多财富。我不应用辱骂的语言。我不要求所有人的恩赐，只要求我有权把我的幸事分享给那些需要帮助的人。我和我良心的关系良好，所以它总是指

人性的弱点，人性的优点

导我正确地处理一切事情。我所拥有的物质财富多于我的需要，因为我清除了贪婪之心。

我的财富取自分享了我的幸事而受益的那些人。

我所拥有的"幸福谷"的资产当然是不能课税的。

它主要以无形财富的形式存在于我的心里，这种财富无法估计价值，也不能被占用，除去那些能接受我的生活方式的人。我用了一生的时间，尽力观察自然的规律，形成了遵循自然规律的习惯，因而创造了这种财产。

"幸福谷"中的人的成功信条是没有版权的。这些信条也可以给你带来智慧、宁静和满足。

宾斯托克在他的著作《信任的力量》中谈到幸福的问题时说：人类是一起诞生的，整个人类原是一个整体。正是人类所形成的世界把人类分开了。多么愚蠢的世界！多么虚伪的世界！多么恐惧的世界！假如人类有了信任的力量，就可让人类重新聚集到一起——信任他自己，信任他的同胞，信任他的命运，信任他的上帝。那时，仅在那时，人类才能真正成为一个整体。那时，仅在那时，人类才能找到幸福和宁静。

认识爱情，结识幸福

⊙一个享受爱情的人，就像一艘加满燃料和食物、淡水的船只，有足够的信心和力量向自己的目标行驶。

⊙爱情是人生重要的生活领域之一。我们只有正确地认识爱情，才能更好地享受爱情。

爱情是人生重要的生活领域之一。

人从少年时代开始便朦胧地产生了爱情，它也许会历经磨难，饱受沧桑，但是它却会持续到人生的最后一刻……

爱情生活，决不只是局限在家庭范围内，停留在休闲时间里，它会融进人的所有的领域，所有的时间里。谁都知道，一个享受爱情的人，会在精神上得到怎样的满足。他就像一艘加满燃料和食物、淡水的船只，有足够的信心和力量向自己的目标行驶。

那么，一对男女为什么会互相倾慕，也就是说，爱情的动力是什么呢？

人是自然界的人，那么人就具有自然性，自然性表现在两个方面，其一就是人和其他动物一样有生存的欲望，延续种族的需要是生命意志的最高表现。这种需要深深地埋藏在每一个发育正常的人身上。到成年时，人们对这种欲望便要求得非常迫切，如果缺乏这方面的满足，就会影响人们身体和精神的健康。由此可见，爱情首先具有一种自然属性。人同时又是社会的人，因而，包括爱情，其本质属性是社会性。爱情的本质属性——社会性，表现在以下几个方面：

一是，爱情中爱的力量是从非性欲的爱的素养中培养出来的，爱情中的主要动力并不是来源于性欲。一个人，如果不爱他（她）的父母、同志和朋友，他（她）就永远不会爱他所选来作为妻子或丈夫的那个人；他（她）的非性欲的爱范围愈广，他们的爱情价值就越高。

二是，爱情关系是一种由自然关系连接起来的人与人之间最亲密的特殊的社会关系，是历史的、具体的，是随着社会的发展而不断向前发展的。

三是，爱情把两个人的命运紧密联系在一起。

四是，爱情的表达方式是具有社会性的，它是以一种丰富的不断变化的社会方式进行的。

以上这一切，都说明爱情和社会性是紧密相连的，其本质属性是社会性。由此可见，禁欲主义和纵欲主义都是错误的。事实上，禁欲主义根本无视人的自然欲望，从而也就否定了人类社会本身，因为社会的人是由自然的人发展而来的；纵欲主义则片面强调人的自然欲望的合理性，把人的本来是具有社会意义的爱情和性行为，完全等同于动物的本能冲动，根本否定了人的社会存在本质，颠倒了自然性和社会性的关系。社会学家认为，两性间的爱情不但是人的生理欲望的满足，而且上升到精神的需求，它不再由性欲支配，而体现了人性的特征。

我们知道，爱情是两个异性间感情的升华，为两个异性间共同拥有的。因而，爱情与相爱双方的个人素质特别是思想道德素质有着直接的关系。

爱情作为一种社会关系，具有双重的价值，一方面，具有个人价值，它体现在有利于双方的身心健康和全面发展上。另一方面，爱情又具有社会价值，它体现在有利于社会风貌的进步和文明程度的提高上。

爱情作为一种社会关系，首先表现为一种特殊关系。相爱的男女双方彼此依存、彼此渗透，促进着相爱双方的身心健康和全面发展，从而形成了爱情的个人价值。爱情从个人价值来说，是爱者（爱情主体）和被爱者（爱情客体）之间的关系，它表明了被爱者对爱者的意义。在爱情中，男女双方各自既是爱情客体，又是爱情主体；既是爱者，又是被爱者；既有爱的需求，又能满足爱的需求。相爱的男女双方，从爱情主体来说，对方所给予的，正是自己所需求的；从爱情客体来说，自己所给予对方的，正是对方所需求的。因此，爱情价值绝对不同于一般的价值，它表现为相爱双方的需求和满足这种需求的行为、活动及方式的统一。真正的爱情，不是单纯的给予，也不是单纯的满足，而是给予和满足的统一。

爱情从社会价值来说，是相爱双方和社会之间的关系，它表明爱情对社会的意义。如果相爱双方的个人自身需求与社会发展的需求相一致，爱情就具有崇高的社会价值，就有利于社会的发展，同时还有利于社会文明程度的提高。从根本上说，爱情的个人价值与社会价值具有一致性。凡是有利于相爱双方身心健康和全面发展的爱情，必将有利于社会的进步和社会文明程度的提高。但是，爱情的个人价值有时和社会价值也存在矛盾。因为爱情的主客体的个人利益和社会的整体利益，或多或少都存在不一致的情况。因此，为了保持和真正实现爱情的价值，每一对相爱的男女都应当注意社会发展和自己需求的关系，要及时地引导和调整自身的需要，使其与社会发展相一致，而不要为所欲为。

每天增进爱情的深度

⊙如果没有爱情，成功又有什么意义呢？缺乏爱情，财富和权势也就等于废物和灰烬了。

⊙爱情是一种最适当的食粮，我们的精神靠着它生存和成长，如果没有爱情，我们的道德心就会弯曲变质。

⊙爱情在人类社会里的潜力，就像原子能那样大。爱情能够产生，而且的确每天都产生了奇迹。

"小孩子觉得没有人爱他，这是少年犯罪的主要原因之一。"纽约市少年家庭董事会秘书、社会工作专家艾西尔·H. 怀特先生在社会工作讨论会上说了这样的话。

我和我妻子发觉这种说法是正确的，我们曾经在奥克拉荷马州艾尔·雷诺的联邦少年感化院，对少年犯们讲授有关人际关系的课程。

渴望爱心，似乎是所有这些不幸的孩子们的普遍问题。有个少年说，他的母亲从不给他回信，后来他写信告诉他母亲，说他正在上一些课，这些课程使他觉得已经把自己的外貌改变得比以前好多了。不久他母亲写信给他，说她认为没有东西能够对他有好处——监狱是他最适合去的地方。

另一个男孩，19岁男孩汤米，他的生命里有10年以上的时间是在孤儿院和感化院度过的。他说："我们最需要的，就是有人来爱我们。但是从来就没有人爱我或要我。在我16岁以前，我没有得到过一件圣诞礼物。"

毫无疑问，这些忍受着情感缺乏的孩子们，常常会开始犯罪，以补偿这种基本的缺陷——就像一个饿昏了的人，当他找不到食物的时候，他也会吃下对身体有害的杂物。

爱是一种最适当的食粮，我们的精神靠着它生存和成长，如果没有爱情，我们的道德心就会弯曲变质。

"一个普通人所能说的最正确的话就是，"心理学家高登·W. 沃尔波特说，"他从来不会觉得，他的爱或是别人给他的爱已经使他满足了。"

真的，爱在人类社会里的潜力，就如同原子能那样大。爱情能够产生，而且的确每天都产生了奇迹。你给你丈夫的爱，是他成功的基本因素——因为，如果你真心爱他，你就会心甘情愿地尽你所能去做每一件事，使他快乐或成功。

你给了你的丈夫哪一种爱情，也会影响到子女的幸福。保罗·柏派诺博士是美国家庭关系协会会长，他在全国教师家长联谊会上讲演说："教师家长联谊会，如果愿意在年会里完全不谈小孩子的事情，而讨论如何使丈夫和妻子更加相爱，也许对小孩子的幸福会有更大的贡献呢。"

那么，我们怎样做才能提升爱情的深度呢？以下有一些特殊的建议：

1. 每天都要表现出爱心。

最可悲的事情，就是在事情过了以后才发觉自己曾经享受过人生最珍贵的东西。

当许多女人碰到危机的时候，都能够高明地应付自如，可是，很可悲地，她却很少知道带给丈夫最渴望的每天的爱情面包。假使丈夫失业了、患上结核病或是被关进监狱时，这位小女士都能够像直布罗陀海峡的岩石那么坚强，不断地帮助丈夫；而当生活正常平稳地进行的时候，妻子就忘了告诉她的丈夫：你在我的心目中是何等重要。

大部分的女人相信，她们是应该被爱护、听人讲些甜言蜜语的。因而通常有些女人会抱怨自己的丈夫忽略她们，不知道赞扬她们，而这些女人们往往也吝于对丈夫赞赏及示爱。她们时常挑剔和批评错误：她们的丈夫从来就不赞美她们，或注意她们身上所穿的衣服，或是给她们任何在外表看得出来的爱的表示。但是，这些女人对待她们丈夫的态度也是同样冷淡，然后，她们才感觉奇怪，为什么自己的丈夫会追求那些懂得称赞他们英俊、雄伟、健壮的迷人的女人。爱情的饥渴并不是女性专有的一种疾病，男人也会患这种病的。

曾经有人把夫妻间对爱情的冷淡叫做"精神食粮不足"，这是一个很恰当的比喻。因为，男人不是只靠面包就活得下去，有时候，他也需要一块爱的蛋糕——还要在上面加一点糖霜。

2. 培养一种好心情——把事情看开一点。

有责任心的妻子，常常会患有一种完美主义者的毛病：孩子们的行为总是要管教好；晚餐要做得美味可口；家里要一尘不染。完美主义者常常过分注重细节，而忽略了重要的大事。事情发生的时候，要以好的心情去接受，不要把小事搅得天翻地覆，这样就可增强夫妇间的爱情。

3. 要有宽大的胸怀。

没有其他的事情，能够像互相深爱的人结婚那么迷人。爱情就是给予，要给得丰富与慷慨。有些妻子愿意在许多事情上面做出牺牲，但是却常常在许多小地方缺乏精神上的慷慨——例如，嫉妒丈夫从前的女朋友。

如果你的丈夫无意间提及到他今天碰见了一个过去的女友，而如果你问他，那个女孩子是不是还扎着辫子说着不成熟的话，那你就太吝啬太不够慷慨了。你应该赞美她的好处——如果你能够想出一些；如果你想不出来，也应该编造一些。

4. 对于每一件小事，都要表示谢意。

男人在结婚以后，带妻子到戏院过了一个愉快的晚上，送给妻子一束紫罗兰，甚至只是每天早晨倒个垃圾，他也很希望听到妻子的道谢。如果他所做的每件事情，妻子都视为理所当然而不加致谢,无疑地,这个丈夫就会停止取悦他的妻子了。

我们之中有些人,不知道丈夫每天为我们做了多少小服务,这只是因为我们习惯于让丈夫为我们做这些工作。一位妻子曾经认为她丈夫没有帮过她什么忙。她说要他去弄杯水来喝,也是个大工程,他不会换小孩子的尿布,或是弄紧一支漏水的水龙头。然而,有个夏天他到欧洲去了,她才很惊讶地发现,他每天都为我做了许许多多的琐事——她却没有向他说过一声谢谢——现在她必须自己去做那些事了。

5. 要互相谅解和体贴

当丈夫想要换上拖鞋休息一会的时候,我们却穿好衣服想要出门,这是不行的。具有深挚爱心的妻子,应该先了解她丈夫每天在外面工作后的需要,然后再跟着盘算自己的需要。

上面说的这些,是不是就像许多妻子所做的、没有报酬的努力?妻子在一生中慷慨地奉献给丈夫的爱情,难道丈夫会不知道感谢吗?

丈夫会感谢的!我就看过一个十全十美的妻子,得到了丈夫的敬爱。安格斯先生所说的话,也是为其他许多幸福的丈夫们说的:"很可能因为我娶了这个女子,所以我才比大部分的男人更加幸福。我所能给她的最大赞赏就是对她说,如果我能够回到32年前,而且了解我现在了解的事情,我仍然愿意再和她结婚——只要她愿意再嫁我!我所获得的任何成功,都直接来自于这位可爱的妻子的陪伴。"

如果没有爱情,成功又有什么意思呢?缺乏爱情,财富和权势也就等于废物和灰烬了。如果你的丈夫从你深挚的爱情里得到了安心和幸福,那么,他带给你更高的生活水准的机会也就大大地增加了。

真正的幸福源自细节

⊙女人对生日和纪念日很重视。这究竟为什么,恐怕永远都是一个谜。

⊙婚姻就是由一串串琐事构成的。轻视这一基本事实的,将使一对夫妇的婚姻面临困难。

自古以来,花就被认为是爱的语言。它们不必花费你多少钱,在花季的时候尤其便宜,而且常常街角上就有人在贩卖。但是从一般丈夫买一束水仙花回家的情形之少来看,你或许会认为它们像兰花那样贵,像长在阿尔卑斯山高入云霄的峭壁上的薄云草那样难于买得到。

为什么要等到太太生病住院,才为她买一束花?为什么不在明天晚上就为她买一束玫瑰花?如果你是喜欢试验的人,那就试试看会有什么结果。

虽然乔治·柯汉在百老汇那么忙,但他每天都要打两次电话给他母亲,一直到她去世为止。你是不是会认为每次他都能够告诉她一些惊人的消息?没有。这些小事的意义是：向你所爱的人表示你在想念着她，你想使她高兴，而你心里非常重视她是否幸福快乐。

女人非常重视自己的生日和结婚周年纪念——为什么这样，这将是永远都没有人明白的女性神秘之一。一般的男人虽然不记得许多日子，但仍然能够凑合着过一生，但有些日子他还是必须记住的：1492年（哥伦布发现新大陆）、1776年（美国独立）、他太太的生日，以及他自己结婚的年月日。不然的话，他甚至还可以不管前面那两个日子——但绝对不可以忘记后面这两个！

芝加哥的约瑟夫·沙巴斯法官，他曾审理过4万件婚姻冲突的案子，并使2000对夫妇复和。他说："大部分的夫妇不和，根本是肇因于许多琐屑的事情。诸如，当丈夫离家上班的时候，太太向他挥手再见，可能就会使许多夫妇免于离婚。"

劳勃·布朗宁（英国诗人）和伊丽莎白·巴瑞特·布朗宁（英国女诗人）的婚姻，可能是有史以来最美妙的了。他永远不会忙得忘记在一些小地方赞美她和照顾她，以保持爱的新鲜。他如此体贴地照顾他的残疾的太太，结果有一次她在写给姊妹们的信中这样写道："现在我自然地开始觉得我或许真的是一位天使了。"

太多的男人低估在这些日常而又小的地方表示体贴的重要性。正如盖诺·麦道斯在《评论画报》中一篇文章里所说的："美国家庭真需要弄一些新噱头。例如，床上吃早饭，就是大多数女人喜欢放纵一下的事情。在床上吃早饭，对于女人，就像私人俱乐部对于男人一样，会收到奇特的效果。"

社会学家说，人们一生的婚姻史就像穿在一起的念珠。忽视这些小事的夫妇，就会不和。艾德娜·圣·文生·米蕾，在她一篇小的押韵诗中说得好：

并不是失去的爱破坏我美好的时光，
但爱的失去，尽都是在小小的地方。

这是值得记下来的一节好诗。在雷诺有好几个法院，一个星期有六天为人办理结婚和离婚，而每有10对来结婚，就有一对来离婚。这些婚姻的破灭，你想究竟有多少是由于真正的悲剧呢？其实，真是少之又少。假如你能够从早到晚坐在那里，听听那些不快乐的丈夫和妻子所说的话，你就知道"爱的失去，全都是一切小的细节问题所造成的"。

拿出一把小刀来，把下面一段话割下来，然后贴在帽子里面或贴在镜子上面，好让人们每天都得到提醒：

"凡事一逝不可追，因此，凡是有益于任何人，而我又可以做的事情，或是我可以向任何人表示亲切的事情，我现在就去做。不可因循，不可疏忽，因为凡事一逝不可追。"

如果你要维护家庭生活的幸福快乐，就要注意一些细节问题，花点心思对自己的家庭生活起着举足轻重的作用。

人性的弱点，人性的优点

真诚地欣赏对方

⊙每一个男人事实上都是两个人，一个是他真正的自己，另一个是理想中的自己。
⊙真诚的赞美和激赏是值得尝试而能使男人发挥出最大能力的有效方法。

"多数男子在寻求自己的伴侣时，他们不像在寻找高级职员，而是寻求一个对自己具有诱惑并情愿奉承他们的虚荣心，使他们感到优越的人。"如果一位女办公室主任应邀吃一次午餐，但她总是将大学时代的那些哲学思潮作为谈话的内容，甚至坚持自付餐费，那最后的结果只能是，自此以后独自吃午餐了。

"反过来说，即使一个未进过大学的打字员，在应邀吃午餐的时候，她都能温情地注视着她的男伴，仰慕地说'再给我讲些有关你的事'，最后的结果可能是，他会告诉别人：'她并不是十分美丽，但我从未遇见过比她更会说话的人。'"

每个男人都需要女性的欣赏和支持。"每一个男人事实上都是两个人，"查士德·斐尔爵士写道，"一个是他真正的自己，另一个是理想中的自己。"

如果一个人本来是羞怯的，他就想要变得勇敢些。如果他并没有广受欢迎，他就想要被大众所喜爱。如果他缺乏信心，他就渴望成为毫不惧怕的人。

妻子的职责，就是帮助她的先生成为他理想中的那个人。

做妻子的人，永远都不可以对她的丈夫说："你失败了。"玛格丽特·芭宁在写给《四海》杂志的一篇文章里如此劝告我们："如果他真的失败了，他的老板将会毫不迟疑地告诉他。但是在家里，在早餐的时候，在床上，人们应该勉励他，人人都可以成功，对丈夫说'无论如何也不会成功'的妻子，只会使这句话更快地实现而已。"

这是千真万确的。一个女人说出的经过明智选择的话，可以改变一个男人对自己的整个看法，使他变得更好，使他对生命有个全新的看法。拿汤姆·强森的例子来说——他是个年轻的第二次世界大战退伍军人。

汤姆·强森在战争中受了伤，他的一条腿有点残废，而且疤痕累累。幸运的是，他仍然能够享受他喜欢的运动——游泳。

一个星期天，他和他的太太在汉景顿海滩度假。做过简单的冲浪运动以后，强森先生在沙滩上享受日光浴，不久他便发现大家都在注视他。从前他没有在意过自己满是伤痕的腿，但是现在他知道这条腿太惹眼了。

第二个星期天，强森太太提议再到海滩去度假。但是汤姆拒绝了——说他不想去海滩而宁愿留在家里。而他的太太的想法却不一样。"我知道你为什么不想去海边，汤姆，"她说，"你开始对你腿上的疤痕产生错觉了。"

"我承认了我太太的话，"强森先生说，"然后她向我说了一些我将永远都不会忘记的话，这些话使我的心里充满了喜悦。她说：'汤姆，你腿上的那些疤痕是你的勇气的徽章，你光荣地赢得了这些疤痕。不要想办法把它们隐藏起来，你要记得你是怎样得到它们的，而且是骄傲地带着它们。现在走吧——我们一起去游泳。'"

于是汤姆·强森去了，他的太太已经除掉了心中的阴影，甚至将会有更好的开始。

再看看艾礼·卡柏森的例子。他是个杰出的桥牌手。有一次，卡柏森先生在访问中告诉我，说他1922年刚到美国的时候，不管做的什么事都完全失败，甚至是个最差劲的桥牌手。但是，当他娶了一位名叫约瑟芬·狄伦的桥牌老师以后，他的运道就改变了。她说服他，使他相信自己是个很有潜力的桥牌天才。他太太的鼓励，终于使他选择了桥牌作为职业。

是的，真诚的赞美和激赏，是值得尝试而能使男人发挥出最大能力的有效方法。我们完全尽力了吗？没有人知道。有一天我们将会失去"两个丈夫"里头的一个，而只剩下一个保留着——那个他想要变成的人。

同样，像强森太太一样，男性对于女性追求美观及装束得体的努力也应表示欣赏。所有的男人都忘了，如果他们注意的话，将知道女性是如何注重自己的衣着的。例如，如果一男子同一女子在街上遇见另一男子同一女子时，这女子很少会看那男子，她却会不时地留意看另一女子穿的衣服怎么样。

我的祖母在98岁时死去。她去世前不久，我给她看一张她自己在30多年前所摄的相片。她的老花眼已看不清相片，但她问的惟一问题是："那时我穿着什么衣服？"试想一想！一位在她生命最后12月的老太太，虽然年事已高，卧床不起，记忆力衰弱得几乎不能辨认她自己的女儿了，还注意自己30多年前穿的是什么衣服！

对很多男人来讲，他们也许想不起自己5年前穿的是什么衣服，什么衬衫，他们也丝毫没有心思去顾及它们，但女人则不同。法国上等社会的男子都要接受训练，对女人的衣帽表示赞赏，而且一晚不止一次。5000万的法国人不会都错的！

有一次，我在剪报的时候发现过这样一个故事，我知道不是真的，但它却证明了一个真理。有一位农家妇女，经过一天的辛苦以后，在她的男人面前放下一大堆草。当他恼怒地问她是否发狂了，她回答说："啊，我怎么知道你注意了？我为你们男人做了20年的饭，在那么长的时间里，我从未听到一句赞赏的话，使我知道你们吃的不是草！"

莫斯科与圣彼得堡的那些养尊处优的贵族曾有很好的礼貌。上层人有一种风俗，当他们享受过丰美的菜肴时，会坚持将厨师召来，要他接受他们的恭贺。为什么不同样体恤一下你的妻子？下次她烧鸡烧得很嫩，你就这样告诉她，使她知道你欣赏她的手艺——你不是只在吃草，或像格恩常说的："好好地捧一捧这位小妇人。"因为她们都喜欢被人这样。当你正要作出这样的表示时，不要怕她知道她对你的快乐是如何的重要。狄斯累利这位英国伟大的政治家，正如我们所知，他就不羞于使世界都知道他对他的"小妇人沾光多少"。我有一次浏览杂志时，看见这么一段话，那是从埃第康德的访问中得来的："我沾光于我夫人的多于世上其他任何人。我在儿童时，她是我最好的朋友，她帮助我勇往直前。在我们结婚以后，她节省每一镑钱，然后进行再投资，她为我储存了一个家当。我们有 5 个可爱的孩子。她一直为我建造一个美丽的家庭，如果我有成就应归功于她。"

在好莱坞，婚姻似乎是一件冒险的事，甚至伦敦的劳慈保险公司也不愿打赌，在少数快乐的婚姻中，巴克斯德是一个。巴克斯德夫人以前叫勃莱逊，她放弃灿烂的舞台事业而结婚了，但她事业上的牺牲并没有使之失去他们的快乐。"她失掉了来自舞台成功的鼓掌称赞，"巴克斯德说，"但我已尽力使她完全感觉到了我的鼓掌称赞。如果一个女子完全要在她丈夫那里获得快乐，她就必须在他的欣赏与真诚中得到。如果那欣赏与真诚是实际的，那他的快乐也就得到了答案。"

现在你应该明白了，如果你要保持家庭生活快乐，一个重要的原则是给予对方真诚的欣赏。

爱的语言不需要唠叨

⊙海勃格，在纽约市家庭法庭任职 11 年，曾调查过数以千计的男性遗弃案件，他说男人离家出走的一个主要原因，就是因为他们的妻子喋喋不休。

在所有烈火中，地狱魔鬼发明的毁灭爱情的一切方式中，喋喋不休是最致命的，因为使用者得到的永远都是失败。

维吉尼亚大学教授沙姆·W.史蒂文博士在一次讲演中，呼吁丈夫们应该享有四种新自由：免于被唠叨、挑剔的自由，免于被呼喊使唤的自由，免于消化不良的自由，以及可以在一天的繁忙工作后换上旧衣服轻轻松松的自由。

为什么女人要对她们的丈夫唠叨不停？理由真不少。有时候，唠叨是一种身体不舒服的征兆。时常找医生做健康检查，可以使我们身体健康，这就好像时常检查我们的汽车能够使它们维持良好的驾驶状况那样。

长期的疲乏，常常会转变成一种唠叨的倾向。治疗的方法是，把这个人的生活安排得更有效率些；找出造成疲乏的原因，并且消除它。

心理学家说："受到压抑的打击，常会造成唠叨。"婚姻问题，性的挫折，爱的失落，内心对生命的不满——这些都是典型的打击，它们常常以唠叨、埋怨或诉苦的方式发泄出来。分析一个人的心理，找出这些打击，并且引导它们发泄出来，做一些有关这方面的事情，就是消除它的最好方法。以唠叨的方式来发泄，只不过是火上浇油而已。

有时候，甚至法律也把唠叨当成减轻刑罚的依据。

在佐治亚州最高法院的一个案例里，如果丈夫为了躲避妻子的唠叨而把自己锁在客房里，那便是无罪的。法庭的说法是："所罗门王说过：'住到阁楼上的角落里，总比在大厅里受着女人的闲气要好过多了。'"

如果你现在相信唠叨对男人的工作和成功有如此大的阻碍，那是不是也想知道，有没有什么补救的方法？

是的，如果爱唠叨的人能够了解它所带来的痛苦，并且真心想要改过的话。

除非你知道自己有这种毛病，否则你是无法治好它的。唠叨是一种破坏性的心理疾病。如果你不知道自己有没有这种毛病，快去问一下你的丈夫。如果他竟然告诉你，你是一个爱唠叨的人，就请不要马上愤怒地否认——这只是证明他的看法没错而已。相反，你要立刻采取办法改正这个情况。以下是六个可能对你有益的建议：

1. 取得你丈夫和家人的合作。

每当你快要发怒、下着严格的命令，或是针对某一细节问题喋喋不休的时候，请他们罚你 5 美元。

2. 训练你自己把话只讲一遍——然后就忘掉它。

如果你必须很不耐烦地提醒你的丈夫六七次，说他曾经答应过要去洗碗，想必他大概不会去洗了，为什么你还要浪费唇舌？唠叨只不过使他更想拒绝，下定决心绝不屈服而已。

3. 想办法使用温和的方式达成目的。

"用甜的东西抓苍蝇，要比用酸的东西有效多了。"我们的老祖母常常这么说。其实，这句话到今天还是很正确的。"如果你愿意去割草，亲爱的，我将烘好你所喜爱的水果饼让你晚饭时吃。"或者是，"亲爱的，真高兴看到你把我们的草地修得这么整齐——艾莲·史密斯说过，她真希望她的丈夫能够像你这样勤快呢。"这些方法，以及其他类似的方法，将使你的希望更容易达成。

4. 培养出一种幽默感。

幽默感将会使你常常保持良好的心情。只有傻子才会在悲伤的时候傻笑。经常因芝麻小事不高兴的人，早晚会精神崩溃的。有些太太在催丈夫到浴室去拿浴巾的时候，竟然也大动肝火，严重的程度令人吃惊。从没有一个有理智的女人会浪费到对一件便宜衣裳付出法国名牌专卖店的价钱，然而我们之中有些人却常常浪费精神，紧绷着一张脸，为了一些不值一提的小事，把爱情转变成怨恨。

5. 冷静地讨论重大的不愉快事件。

发生不愉快事件的时候，想办法在纸条上写下来。在发生的时候不要说什么话。然后，当你和你的丈夫都很冷静的时候，再把这些事情拿出来讨论。如果是微小和不重要的事情，你一定会不好意思再提起。人们必须有理智地、不意气用事地讨论引发怒气的主要原因，看看能不能利用相互的信任和合作来消除它们。

6. 你可以不唠叨就能达到目的。

学习和掌握人际关系的艺术。学会激励别人去做你想要的事，而不要驱使别人。根据查尔斯·史考伯的说法，这就是操纵男人的秘诀。当然，他的话是不会错的——因为这种能力，才会有人付给他 100 万美元的年薪。

就像一首歌唱的那样，你不能用一把枪套牢一个男人——当然也不能用唠叨的话来套住他。那样做，只会破坏他的精神，毁灭你自己的幸福。

不要试图改造对方

⊙与人交往，第一件应学的事，就是不干涉他们自己快乐的特殊方式……

⊙婚姻的成功，绝不只是寻找适当的人的一件事，同时也是自己做个适当人的一件事。

"我一生或许会犯许多的错误，"英国著名政治家狄斯瑞利说，"但我永远都不打算为爱情结婚。"

事实上，他在35岁以前真的没有结婚。

后来，他向一位有钱的寡妇求婚，一位比他大15岁的寡妇，尽管她才50岁，但头发却已苍白。是爱情吗？嗨，不是，她知道他不爱她，她知道他为她的金钱而娶她！所以她只要求一件事：她请他等一年，给她一段时间研究他的品格。

到限期的那天，她们结了婚。

听起来很平凡、很商业化，是不是？也够矛盾的，狄斯瑞利的婚姻，是被玷污的爱情中，最生动的成功例子。

狄斯瑞利所选择的有钱寡妇既不年轻，也没有美貌，也不聪明——比平常人差远了。她的说话充满了令人发笑的错误。例如，她"永不知道希腊人和罗马人哪一个在先"。她对服装的品味是古怪的；她对屋舍装饰的品味是奇异的，但她却是一个天才，一个真正的天才。她的天才表现在婚姻中最重要的事情上：处置男人的艺术。

她没有用她的智力与狄斯瑞利对抗。

当他整个下午与机智的公爵夫人们勾心斗角地谈得筋疲力尽以后回家时，恩玛莉的轻松闲谈使他松弛，家庭使他日增愉快，成为他获得心神安宁温存的地方。

那些与他的年长夫人在家度过的时间，是他一生最快乐的时间。她是他的伴侣、他的亲信、他的顾问。每天晚上他从众议院匆匆回来，告诉她白天的新闻。而最重要的无论他从事什么，恩玛莉简直不相信他会失败。

30年来，恩玛莉为狄斯瑞利而生活，她尊重自己的财产，因为那能使他的生活更加安逸。反过来说她是他的女英雄，在她死后他才成为伯爵；但在他还是一个平民时，他就劝说维多利亚女王擢升恩玛莉为贵族。所以，在1868年，她被封为毕根菲尔特女爵。

无论她在公众场所显示出如何无知识，或没有思想，他都永不批评她，他从未说过一句责备的话；而且，如果有人敢讥笑她，他便即刻起来猛烈忠诚地护卫她。恩玛莉不是完美的，但30年来，她从未厌倦谈论她的丈夫，称赞他。结果呢？"我们已经结婚30年了，"狄斯瑞利说，"她从来没有使我厌倦过。"

"谢谢他的恩爱，"恩玛莉习以为常地告诉他与她的朋友们，"我的一生简直是一幕很长的快乐。"在他俩之间有一句笑话。"你知道的，"狄斯瑞利会说，"无论怎样，我不过为了你的钱才同你结婚。"恩玛莉笑着回答说："是的，但如果你再重选择一次，你就要为爱情而与我结婚了，是不是？"而他承认那是对的。

正如詹姆士所说的："与人交往，第一件应学的事情就是不要干涉他们自己快乐的特殊方法，如果那些方法与我们不相冲突的话。"

不要批评对方

⊙狄克斯，婚姻问题的美国第一权威，宣称50％以上的婚姻是失败的。她知道，使这么多罗曼蒂克梦，在离婚的礁石上撞碎的一个基本原因就是因为批评——无用的、令人心碎的批评。

狄斯瑞利在公众生活中最激烈的对手是格来斯东，这两个人几乎在每个问题上，都要发生冲突，但他们有一件相同的事，即他们私生活的无上快乐。

格来斯东夫妇共同生活了59年，差不多60年时间都拥有持久的相互忠诚。

我喜欢想到格来斯东，英国最尊贵的首相，握着他妻子的手，踏着炉前的地毯起舞，唱着这支歌：

一个褴褛的丈夫与一个粗鲁的妻子，
在生活的一起一伏中，我们跳动并摩擦着。

格来斯东在公众场所是一个令人可怕的敌手，在家中却从未批评过人。当他早晨下楼早餐时，发现家中别的人都还在睡觉，他便用一种温柔的方法，表示他的责备。他提高嗓门使屋中充满了神秘的声音，他是在提醒别人：英国最忙的人，已独自在楼下等候他的早餐了。他用外交手段，体恤他人，竭力避免家庭中的批评。

凯瑟琳也常常这样做。凯瑟琳曾统治世界上一个最大的帝国，她对数百万的国民操有生杀之权。在政治上，她是一个残忍的暴君，她把她的几十个仇人判处死刑，并用射击队杀戮。但如果厨师将肉烤焦，她却什么也不说，微笑着吃下去，这种忍耐，值得一般美国丈夫效法。

狄克斯，婚姻问题的美国第一权威，宣称50％以上的婚姻是失败的。她知道，使这么多罗曼蒂克梦，在离婚的礁石上撞碎的一个基本原因就是因为批评——无用的、令人心碎的批评。

人性的弱点，人性的优点

做个家庭宝贝：让丈夫快乐回家

⊙我们不可陷进庞杂单调的家务里，而忘了家事的真正目的：为我们心里最爱的丈夫创造一个充满爱意的、安全的和舒适的小岛。

当你的丈夫忙碌了一天以后，回到家里看到的是一种怎样的气氛呢？哪一种家庭才能使他在每个早晨都能提高工作兴趣、恢复精神去努力呢？这些问题的答案和你丈夫事业的成功或是失败比你所想象的关系要更密切。

"家庭对你的丈夫和小孩具有什么意义，这就要看你的表现了。"克里福特·R.亚当斯博士在《妇女家庭》杂志的专栏"如何创造婚姻幸福"里写道："丈夫和小孩当然也有责任，但是决定性的影响就要看你创造出来的环境，你所培养出来的气氛，以及最重要的——你所呈现出来的榜样。"

为了使丈夫能够以最高的效率工作，他的家庭必须供给他一些基本要素。

1. 轻松。

不管一个男人多么喜爱他的工作，他的工作总会带给他某种程度的紧张。在他回家以后，如果这些紧张能够消除，他就能够为他心理的、身体的和情感的动能加油打气，好在第二天开始娴静热忱的生活。

每个女人都想做个好的家庭主妇，但是有时候男人在家里却得不到休息和放松，因为他的太太是个太好太好的家庭主妇了。我小的时候，我的邻居就有这么一个女人。她的孩子不可以把朋友带回家——小孩子们可能会弄脏她一尘不染的地板；她的丈夫不可以在家里抽烟——可能会使窗帘沾上烟味。如果她的丈夫看完一本书或报纸，就必须准确地放回原处。精神病症状？也许是。但是这种情况比我们所了解的要更加普遍得多。

在全国基督家庭生活第20届年会上，美国基督教大学精神科教授罗勃特·P.奥典华特博士，在讲演中把母亲们对于一尘不染的洁净的愿望描述成是"在我们的美国文化里最大的压迫"。

乔治·凯利所写的《克莱格的妻子》是在几年前获得普利策奖的戏剧。它之所以会普遍受到欢迎，主要是由于事实上有许多女人都很像哈丽莱特·克莱格。哈丽莱特生活的主要重心，就是保持家里绝对的干净，她甚至连放错了坐垫也无法忍受，朋友们来访也并不受欢迎，因为他们会把东西搞乱。而她认为她那正常、不拘小节的丈夫是个破坏专家，因为她的丈夫会扰乱了她所创造出来的冷酷的完美。

当丈夫们把星期天的报纸、烟屁股、眼镜盒和其他各种东西都随便乱丢在刚被辛勤收拾干净的客厅里的时候，那些当妻子的常常都会有一种冲动，想要拿一把利器去对付他。但是，在大骂他是个毫不体贴的莽汉以前，我希望一个聪明的妻子应当想一

· 416 ·

想，家是他能够放松的、变成他本来任性的、可爱的、自己的惟一的地方。

2. 舒适。

由于装饰和布置家庭通常是妻子的工作，她必须记得，舒适是男人最大的需要。细长的桌椅，过于精致的毛织物，一堆一堆的小装饰品，在女人的眼里也许是迷人的，但是这些东西会令一个疲倦的男人讨厌，他需要一个地方去搁脚，放烟灰缸、报纸与烟斗。

你想知道男人所喜欢的布置方式吗？不妨研究单身汉整理房间的情形。

有一位很会布置自己房子的单身汉华特尔·林克，他是新泽西州标准石油公司的主任地质学家。林克先生的工作使他必须跑遍全世界最偏远的角落，而他在纽约城拥有一间超现代化的公寓。他利用旅行带回来的纪念品装饰这个房子——爪哇的手工染布、刚果的木雕、东方的象牙雕刻品。还有，他的床单是从秘鲁带回来的鹿马皮。林克先生的公寓由于明亮、宽敞和舒适，以及富有个性的趣味而显得特别迷人。

难怪这些具有结婚资格的家伙却仍然愿意做单身汉了——很少有女人能够使他们像自己服侍自己那样舒适。

当妻子们布置房间的时候，常常会忽略男人对于舒适的要求。梅尔夫人曾经从巴黎买了一些可爱的、古式的小瓷器烟灰缸回来。知道她丈夫是怎么做吗？他到廉价商店去，买回好几个大型玻璃烟灰缸，而且分别把它们放在楼上楼下使用。当客人来访的时候，他们也都用那廉价商店的特产品。这些烟灰缸尽到了它们本来设计好的功用，而且看来相当好——可是梅尔夫人那精致的法国小东西就没有人要用了。

如果你的丈夫对于你辛苦布置好的家似乎会带来破坏，这很可能是因为你布置的方式有点错误了。他把报纸满地乱丢吗？可能是茶几太小，或上头堆满了装饰品，所以他根本就找不到地方放报纸。

3. 有秩序和清洁。

大部分男人宁愿住在一间收拾整齐的帐篷里，也不愿住在凌乱不堪的漂亮房子里：开饭很少准时，早餐的盘子到了吃晚饭的时间还放在水槽里不洗，浴室里堆满废弃物，卧室不加整理，这些现象以及其他混乱的情形，会使男人跑到球场、酒吧以及妓院去。对男人来说，除了自己的凌乱以外，似乎没有办法忍受任何人的不整洁。

一位丈夫告诉自己的妻子他曾经打消了向一个漂亮的女孩子求婚的念头，只因为有一天他到她的公寓去找她，发觉她房间里杂乱的情形，就像刚刚被洗劫过。

我上面所说的是长期的不整理。任何一个有修养的丈夫，对于偶然发生的过失，都是能够体谅的。他会在清扫日愉快地吃着剩菜，当我们碰到一些不寻常的问题必须应付的时候，他也会帮忙或是为我们解决——只是这种情况不是时常发生就好。

4. 一个愉快、祥和的气氛。

家里的气氛，主要是女人的责任。你的丈夫在业界的表现，将会受到你所创造的家庭环境的影响。

他的烟灰"到处乱弹"，使你无法忍受吗？为他买个最大型的烟灰缸——而且要多买几个。他常常把脚搁在你心爱的、精致的脚凳上吗？把这个脚凳拿到客厅去，另外再替你丈夫买个坚固的、塑胶做的脚垫。

他有个特定的地方，放他的照相机、烟斗、收藏物、嗜好品、书本和报纸吗？或是他只能把这些东西放在阁楼的小角落，和其他废弃物放在一起？

让一个男人在家里感到舒适，是使他留在家里的最好方法。

福星杂志曾做了一项有关公司生活的调查研究。他们引述一位总经理的话说："我们控制一个人在工作上的环境，但是等他一回到家里，这些控制就失效了。"

作为一个女人，虽然不希望她们的丈夫完全被工作占据，或是身体和精神完全被工作控制，但是，我们又希望他们在这些工作上有最好的表现。事实上，妻子们如果能创造快乐而祥和的气氛，等着他回来，那么，她们就能够使他在这两方面都达成了。

保罗·柏派诺博士是洛杉矶家庭关系协会会长。他相信，家庭应该是男人的避难所，使男人暂时摆脱业务的麻烦而得到安宁。"现代商业或工业界里的生活，"他说，"并不像野餐那样轻松愉快，而必须整天与对手竞争，在各种情况下都是。当下班铃响的时候，他就渴望着宁静、舒适、爱情……

"在公司里，大家都只看到——或是想办法要找出他错误的一面。只有在家里，有一位天使才能看到他最美好的一面。这些天使不会把她自己的困扰加到她先生身上，也不会替他制造一些新的困扰。她恢复了他的能力，保持着他的精神，在情感上使他愉快，使他在第二天早晨充满了精神，热情地出门。"

"在家里创造出那种气氛的妻子，"柏派诺博士作结论说，"能够在丈夫的生活里尽到妻子的责任，应该说是最了解自己职责的人了！"

5. 要觉得家庭是丈夫的，也是妻子的。

让丈夫觉得在家里像个国王，而不是在娇艳的女性王国里当个笨拙的破坏专家，这种努力是很值得的。

当你的家需要一件新家具，或是重新装饰的时候，应该征得他的意见，共同决定，不要只是把付款单交给他而已。为了买下你丈夫想要的摇椅，你必须放弃你心爱的古典式沙发。也许你会埋怨，但是，通常你会发觉，他对家的喜爱和你是同样深的——而且，如果他对于发生的事情拥有更多的决定权，那么家对他的意义将会更加重大。

如果他想亲自下厨做菜，不妨在星期天晚上让他在厨房里自由发挥——虽然他会留下堆积如山的锅和碟子，让你为他清洗。

男人对于家庭的关心，和你是同样热切的——他需要一种感觉，觉得家庭没有他就不完整。

我认识一个女孩子，她擅长花费很少的钱来装饰屋子，所以她的房子充满精致、迷人；柔软温和的色调，易碎的摆饰品，精巧别致的风格。可是，这个女孩子却嫁给了一个高大的、浓眉粗发的、烟斗不离口的标准男性。她的丈夫在这个女性化的仙境里，完全格格不入。他爱他的妻子，但是他在家里却觉得非常不自在，所以他招待他的朋友的方式是和同事去钓鱼，或是到他可以表现自我的森林小屋里去玩。这个女孩子抱怨着这种种情形,但是她仍然坚持要把家布置得只合于她自己的情况。

我们不可陷进庞杂的家务里,而忘了家事的真正目的:为我们心里最爱的丈夫创造出一个充满爱意的、安全而舒适的小岛。记住这些基本原则,就可以使我们的丈夫变成快乐的人:

1. 使家变成可以轻松的地方,等他回来。
2. 使家变得舒适。
3. 使家变得清洁和有秩序。
4. 使家变得祥和、愉快。
5. 使家成为妻子的,同时也成为丈夫的。

第十二章　完美交际的6项法则

结识良友

⊙一个人无论有多少学识，不管有多大成就，假如不能同别人一起生活、一起互相往来，不能培养对他人的丰富同情心，不能对别人的事情产生一点兴趣，不能辅助别人，也不能与他人分担痛苦、分享快乐，那样他的生命必将孤独、冷酷，毫无人生的乐趣。

⊙那些不管在何种环境下都能与任何人交上朋友，建立起真挚友谊的人，朋友对他生存竞争的帮助、对事业发展的巨大价值往往是无可估量的。

⊙结交卓越的人士，便能见贤思齐；反之，若结交程度远逊于自己的朋友，自己难免会同流合污。

世界上没有人能够完全离群而独居，人总是要过群体生活的。在人类社会中，每一个人都像葡萄藤上的一根杈枝，其生命完全依赖在主藤上。杈枝什么时候脱离它的主枝，什么时候就要萎缩枯干。一簇葡萄之所以能味美色艳，完全是因为依在葡萄的主枝上，单单靠分枝是无能为力的。假如要把分枝从主枝上剪断下来，那么分枝上的葡萄就要枯萎。

我们社会中有许多依靠朋友力量而成功的人，假如能把他们的成功过程一一研究起来，将会是一件很有意义的事情。一位作家说过这样的话："现代社会人们完全靠一个规模庞大的信用组织在维持着，而这个信用组织的基础却是建立在对人格的互相尊重之上，任谁也无法单枪匹马在社会的竞技场上赢得胜利，获得成功。"为什么我们喜欢结交朋友呢？有些心理学家认为：朋友间能互相取长补短，因为朋友之间能互相照顾，即使像帮对方从头发里拨出一只虫子这种小举动，也是互相关心与体贴的表现。确实，复杂、微妙却美好的人群关系是很难以简单数语解释清楚的，但千万不要忽略了其中的一个因素：满足。为什么别人能吸引你呢？因为他们可供给你快乐的源头。如果想在二人所形成的人群关系中发觉每样事物都尽合心意是不太可能的，但一个成功的相处关系必定存在着某种程度的互相满意。朋友扩大了你的生活圈与见闻，并且协助你探索这世界，引领你接近更多的想法及大自然的源头。就像一位朋友邀请你到他的私人的俱乐部打网球，或是将全套的露营用具慷慨借给你，或是告诉你一些好玩的游戏，介绍你读些好书，或是带你到能以低价买到好酒及漂亮衣服的地方——也许他有些你能利用的技能或知识，也许他能教你一些做生意的窍门或是帮助你替孩子选择一所优秀的学校一样。

朋友之间本来就是以这种方式来互相教导与学习的，但归根究底友情的要素仍是感情的分享。有些有趣的朋友使我们无论在何时何地都开心不已，有些朋友则比较接近"同伴"型，我们和他们共同分享一些特别的活动——打球、工作或是参加研究会。与其他人共同分享感情诚然是一件有趣的事，但也有一些感情是必须通过合作才能具有的。如同一位总统候选人必须搭配另一位副总统候选人，彼此联手才可能赢得大选。恋爱也必须由二人共同分享才能称为恋爱。除了分享彼此能力之外，朋友还能鼓励你上进，支持你自我发展的决心，所有的益处都一点一滴地回馈于你的身上，并且制造更多的快乐。

关于友谊，爱默生说过一句最经典的话："一个真挚的朋友胜过无数个狐朋狗友。"确实，除了自己的力量之外，再也没有别的力量能像真挚的朋友一样，帮助你去实现成功了。一个思想与我接近、理解我的志趣、了解我的优势和弱点、能鼓励我全力以赴地做每一件正当的事、能消除我做任何坏事的不良意念的好友，不知道会增加我多少的能量、多少的勇气，他们常常能使我禁不住下更大的决心——不达成功决不罢休。

那些不管在何种环境下都能与任何人交上朋友、建立起真挚友谊的人，朋友对他生存竞争的帮助、对他事业发展的巨大价值往往是无可估量的。

好的朋友在精神上可以慰藉我们，让我们的身心得到更大的快乐，勉励我们道德上的提高。如果除去这些不谈，而单单从经营事业的角度考虑，好的朋友对一个人帮助的价值也是巨大的。

有一次，英国伦敦的一家报社悬赏征文对"朋友"一词的诠释，其中一个参赛者送去的解释是："当所有人都离我而去时，却仍然在我身边的那个人。"这个解释虽然不够典雅和严格，可谁还能说出一个比它更好的呢？

当一个商人在经济上遇到困难，或遇到出人意料的重大变故，或遇到别的不幸，正当万分焦急、手足无措时，突然有位朋友过来帮助、支持他，从而力挽狂澜，让那位商人有了喘息之机，得以重新振作，这样的朋友是多么感人、多么宝贵啊！

有些刚跨入社会的人，因为结交了很多朋友，而在工作和事业上都得到了极大的帮助。但可惜的是，当今的人际关系好像已经完全陷于了交易和金钱方式之中，结果使得真正的友谊越来越难以找到。

结交朋友是一件非常重要的事情，绝不是随便玩玩就可以了，可大多数人却并没有认识到这一点。

有很多人，老的朋友常常任意地失去，新朋友却又不去交结，那朋友就越来越少了。

我看见过不少冷酷无情的人。一次，有一个人带着满腔热忱和喜悦去看望他一个多年不见的老同学，不想那同学正忙着做他的生意，只不过冷冷淡淡地和他敷衍了10分钟。原来，那人有一条坚定不移的原则："生意第一，友谊第二。"这种人也许可以发一点小财，可是以牺牲友谊为代价，就未免太不值得了。

一个见识过人、能力很强、很聪明，比他现在的朋友发展得更快的人，假如交不到什么新朋友，那么不管他目前有多高的收入，也不能说有真正的进步，因为"一个人是否成功，很大的程度上取决于他择友是否成功"。

那么，我们怎样才能赢得让自己受益终生的友谊呢？

首先，应尽可能结交优于自己的人，并朝这一目标而努力。结交卓越的人士，便能见贤思齐；反之，若结交程度远逊于自己的朋友，自己难免会同流合污。一如前面所述，人类往往是近朱者赤，近墨者黑。

当然，我这里所谓的"卓越的人士"，并非是指家世显赫、地位超绝的人，而是指有内涵、让世人所称道的人物。

"卓越的人士"大体上可区分为以下两大类型：一为立身于社会主导地位的人们；其次则是指那些有着特殊才华的人们，例如对社会有着杰出的贡献，才能突出，或是学识渊博的学者，才华横溢的艺术家等等。此种杰出绝非凭一个人的喜好所界定，而需经由社会上的认同方可获得。当然，其间或许有些例外。总之希望你能结识这些人才。

至于怎样与这些人结交，没有固定不变的办法，也许是厚着脸皮毛遂自荐，或是经由知名人士的大力引荐，当然也可以加入群英聚会的团体里去寻觅朋友。居于其间，仔细去观察拥有不同人格、不同道德观的人们，不仅是件赏心悦目的乐事，更对你有所帮助。

身份地位高的人们所聚集的团体，并不见得便是人们所称道、喜爱的。因为，即使身份高高在上的人群里，也有脑袋不灵光、不懂得人情世故、一无可取的人。这些人虽然已经获得了人们衷心的尊敬，但却称不上是交往的绝佳对象。这些人往往只是一味地埋头于学问的钻研中。若是你参加此种团体，就必须不时地警惕自己，并经常性地探出头来看看圈外的世界。如此一来，你的判断能力就能日渐提高。然而，一旦你紧密地参与其间，成为不知世事的学者，那在你重新踏入鲜活的社会时，就很难步履轻快了！

其次，切莫仓促地一头栽进，使自己深陷其间，此为重要的交友之道。

几乎所有的年轻人，均渴望能和才华横溢的人物成为知交。总认为假使自己也小有才气，将会是如鱼得水。即使达不到此目的，也能满足自己与其共荣的心理。然而，即使是和这些才气纵横、魅力十足的人物交往，也不可不顾一切地全身心投入。不丧失判断力，才是最适当的交往方法。

并非每个人均能心悦诚服地接受才智这种东西。相反，它往往会令人产生恐惧的心理。一般说来，在众目睽睽之下，人们每每对锋锐的才智感到惧怕。这就似妇人女子一见着枪炮便会害怕的道理一样。恐惧对方会突然扣动扳机，子弹便"咻"的一声朝自己飞了过来。但是，认识这些人，继而亲近、了解这些人，确实是件有意义、令人欢欣的事。只是，不论对方多么有魅力，如果自己就此终止和其他人的交往，单和这群人往来，那将会得不偿失。

· 422 ·

第三，别亲近赞扬缺点的人们。

但是，我之所以要求你避免与程度低的人交往，乃是由于我觉得这些完全是必须具备的观念。因为，我看过太多具有判断力、而且社会地位牢固的大人们，在结识了这种人后，便信用扫地，沉沦堕落，最后落得身败名裂。

最叫人头痛的问题，莫过于虚荣心的作祟。由于虚荣心的蒙蔽，人类往往铤而走险、作奸犯科。因此，无论从何种角度来看，结交程度不如自己的朋友，便是虚荣心作祟的一种表现。人们总希望自己能独占鳌头于群体之中，急盼能获得同僚的称许、受人尊敬、领导群众。

为了求取这种名实不符的赞扬，他们甚至不惜与不如自己的人们结交。如此将导致何种结果呢？是的，不久你就将变得与他们层次相当，从此便再也不愿结交出色的朋友了。我愿不厌其烦地提醒你，人们往往会遭伙伴同化，不管这样做是使自己的层次提高了，或是降低了，其结果必然一样。你应该对交往的对象，仔细加以判断。

微笑沟通

⊙微笑胜于言论，对人微笑就是向人表明："我喜欢你，你让我快乐，我喜欢见到你。"

⊙微笑可以解决问题，微笑能解决问题，这是一个真理，任何有经验的成功商人都会明白。

⊙微笑是疲倦者的温床，失望者的信心，悲哀者的阳光，又是大自然解除患难的妙方。

我在一次宴会上遇到一位宾客，这是一位继承了一大笔遗产的妇女。她急于要使自己给他人留下一个良好的印象，为此她浪费了很多金钱买貂皮、珍珠、钻石，但她的表情却是刻薄和自私的，足以使人望而生畏。她也许至今都还不明白每个男人都懂得，一个女人的动人微笑比她身上所穿的衣服是否华丽要重要得多（别忘了，下次当你妻子要买皮大衣的时候，这句话可以派上用场）。查尔斯·史考伯告诉我说，他的微笑价值百万美金。他大概是在暗示这一真理。因为查尔斯·史考伯的性格、他的魅力、他善于讨人喜欢的能力，几乎完全是他卓有成就的原因。而其人格中一种最可爱的因素，就是那人见人爱的微笑。

微笑胜于言论，对人微笑就是向人表明："我喜欢你，你让我快乐，我喜欢见到你。"如此别人当然就会喜欢你。

是不是要求我们见人张嘴就笑呢？哪怕是一种造假的微笑？不是，你要记住：微笑是不能用来欺骗他人的。如果被看出那是一种做作的微笑，人们就会从内心里表示反感。我们所指的微笑是一种真诚的微笑，发自于内心的微笑。

纽约一家大百货商店的人事部主管对我说，他宁愿招用一个小学未毕业却能时常保持微笑的女职员，而不会聘用一位面孔冷漠的哲学博士。

俄亥俄州的辛辛那提市一家电脑公司的经理曾告诉我，他是如何为一个不可或缺的工作岗位物色了一个难得的人才的。他说："我为了给公司找一个电脑专家几乎费尽心思。最后我找到一个非常好的人选，他刚从波渡大学毕业。几次电话交谈后，我知道还有其他几家公司也希望他去，而且都比我们的公司大而且有名。

"当他表示接受这份工作时，我真的是非常高兴。他开始上班时，我问他，为什么放弃其他的机会而选择我们公司。他停了一下，然后说：'我想是因为其他公司的经理在电话里都是冷冰冰的，连话语都显现了极浓的商业味，那使我觉得好像只是另一种生意上的往来而已。但你的声音，听起来似乎你真的希望我能够成为你们公司的一员。'你知道，我在听电话时是笑着的。"

美国一家大型橡胶公司的董事长对我说，根据他的观察，一个人除非对自己的事业很感兴趣，否则他就很难取得成功。这位实业界的领袖，对那句"十年寒窗就可成名"的古语，并不表示十分的赞同。"我认识一些人，"他说，"他们创业的时候斗志激昂，结果，他们成功了。而后来，我看到这些人却变成了工作的奴隶。他们变得一点激情也没有，因此很快就失败了。"

你见到别人的时候，一定要很愉快，如果你也期望他们很愉快地见到你的话。你的笑容就是你好意的信差。

我曾鼓励过成千上万名商界人士，告诉他们一天中每一小时都要对身边的每一个人微笑，微笑可以解决问题，微笑能解决问题，这是一个真理，任何有经验的成功商人都会明白。

所有的人都希望别人用微笑去迎接他，而不是横眉竖眼，横眉竖眼阻碍了心灵的沟通和思想的交流。

很多公司，在招聘职员时，以面带微笑为第一条件，他们希望自己的职员脸上挂着笑容，把自己的公司推销出去。

用微笑先把自己推销出去，最好的例子就是美国联合航空公司。

联合航空公司宣称，他们的天空是一个友善的天空，微笑的天空。的确如此，他们的微笑不仅仅在天上，在地面便已开始了。

有一位叫詹妮的小姐去参加联合航空公司的招聘，当然她没有关系，也没有熟人，也没有事先去打点，完全是凭着自己的本领去争取。她被聘取了，你知道原因是什么吗？那就是因为詹妮小姐脸上总带着微笑。

令詹妮惊讶的是，面试的时候，主试者在讲话时总是故意把身体转过去背着她，你不要误会这位主试者不懂礼貌，而是他在体会詹妮的微笑，感觉詹妮的微笑，因为詹妮的工作是通过电话工作的，是有关预约、取消、更换或确定飞机航行班次的事情。

那位主试者微笑着对詹妮说："小姐，你被录取了，你最大的资本就是你脸上的微笑，你要在将来的工作中充分运用它，让每一位顾客都能从电话中体会到你的微笑。"

虽然可能没有太多的人会看见她的微笑，但他们透过电话，可以知道詹妮的微笑在一直伴随着他们。

肯迪是一位意大利人，他是伦敦著名的沙威旅馆的总经理，这家旅馆已经有100年的历史了。他每天都需要做很多事，如房间预约、床位安排、床单更换、食物供应等问题，但他却能安排得很好，没有一点错误。

当我们问他有什么秘诀——作为一个总经理，每天要管理一大堆职员，从侍者到厨师，女仆到乐队，而且还要把其他问题解决得有条有理——他说他的办法很简单："我在问题还没有发生以前，便用微笑把它笑走了，至少可以避免将小问题变成大问题。微笑，是我性格的一部分，我就用微笑来避免遭遇问题。"

或许你会有疑问，有些事儿是不能用微笑来办理的。所以，你要解决问题，最好是一开始便避免事情的发生。也就是说，在问题发生以前，你就把它打败了，而一个真心的微笑，不管是从眼睛看到的或从声音里听到的，都是一个很好的开端。

在一个适当的时候、恰当的场合，一个简单的微笑可以创造奇迹。一个简单的微笑可以使陷入僵局的事情豁然开朗。

一两年以前，底特律的哥堡大厅举行了一次巨大的汽艇展览，在这次展览中，人们蜂拥而来参观，在展览会上人们可以选购各种船只，从小帆船到豪华的巡洋舰都可以买到。

在汽艇展览期间，有一宗巨大的生意差点跑掉了，但第二家汽艇厂用微笑又把顾客拉了回来。

在这次展览中，一位来自中东某一产油国的富翁，他站在一艘展览的大船面前，对站在他面前的推销员说："我想买只价值2000万美元的汽船。"我们都可以想象，这对推销员来说，是求之不得的好事。可是，那位推销员，只是直直地看着这位顾客，以为他是疯子，没加理睬，他认为这位富翁是在浪费他的宝贵时间，所以，脸上冷冰冰的，没有笑容。

这位富翁看看这位推销员，看着他那没有笑容的脸，然后便走开了。

他继续参观，到了下一艘陈列的船前，这次他受到了一个年轻的推销员的热情招待。这位推销员脸上挂满了欢迎的微笑，那微笑就跟太阳一样灿烂。由于这位推销员的脸上有了最可贵的微笑，使这位富翁有宾至如归的感觉，所以，他又一次说："我想买只价值2000万美元的汽船。"

"没问题！"这位推销员说，他的脸上挂着微笑，"我会为你介绍我们的一系列汽船。"他只这样简单地附和说，便推销了他自己。而且，他在推销任何东西以前，就先把世界上最伟大的东西推销出去了。

所以，这位富翁留了下来，签了一张500万美元的支票作为定金，并且他又对这位推销员说："我喜欢人们表现出一种他们非常喜欢我的样子，你现在已经用微笑向我推销了你自己。在这次展览会上，你是惟一让我感到我是受欢迎的，明天我会再带一张保付支票回来。"

这位富翁很讲信用，第二天他果真带了一张保付支票回来，购下了价值2000万美元的汽船。

这位推销员用微笑把他自己推销出去了，并且连带着推销了汽船。听人说，在那笔生意中，他可以得到 20% 的利润，这或许已经够他一生的生活，但我们可以打赌他不会这样懒散地过日子，他会继续推销自己，并且用微笑去达到他远大的目标。

而那位脸上没有微笑的推销员，我们就不知他在哪儿了。

你不喜欢笑？这有什么关系呢？两个方法：第一，强迫自己微笑。在你独处的时候，强迫自己吹吹口哨、哼个曲子或唱个歌，表现得好像真的很快乐的样子。如此一来，你也就真的会变得高兴起来。心理学家威廉·詹姆士这么说道：

"行动往往跟随感觉而来。但实际上，行动与感觉是一体的。由于意志通常控制着行动，因此调整行动往往也能间接引导感觉。

"假如我们感觉不快乐，则通往欢愉的有效途径便是：高兴地坐起来，表现得好像自己本来就很快乐的样子……"

每一个人都在寻求快乐，而有一个方法保证你能寻找得到，那就是控制你的思想。快乐并不决定于外在的条件，而是决定于内在的情况。

使你快乐或不快乐的原因，并不在于你是什么人，住在哪里，或做什么事。举个例来说：有两个人，处在相同地点，做同样的事，而且有差不多相同的财富和地位——在这种情况下，很可能其中一人很快乐而另一个人却不。为什么呢？因为他们的精神状况并不一样。在物质条件极差的贫民窟里，我一样看见许多快乐的面孔，就像在许多大城市的豪华办公室里一样。

"事情本无好坏之分。"莎士比亚说过，"是思想制造了好坏之分。"

一天，我在纽约的长岛铁路车站，看见有三四十名撑着拐杖的男孩，正奋力要步上一道阶梯，有个男孩甚至要人抱着走上去。虽然如此，这群男孩仍然彼此嬉笑，充满欢乐之情。我为此惊讶不已，便与带领他们的一名男士攀谈起来。那位男士说道："不错，这些男孩最初听到自己将终身与拐杖为伍的时候，都十分受打击。但过了一阵子，也许体认到这就是命运，便又像一般正常孩子一样快乐了。"

我几乎要向这些男孩脱帽致敬。他们让我上了一课，但愿我永远都不会忘记。

在封闭的办公室里独自工作，不仅孤单，而且失去与人交友的机会。墨西哥的赛娜拉·玛丽亚·冈萨雷兹，其工作性质便是如此。她对公司里其他同僚之间能彼此交谈欢笑，感到十分羡慕。在她刚上班的第一个礼拜，每次走过大厅通道，总是羞怯地不敢正视其他的人。

几个星期过后，她对自己说道："玛丽亚，你不能老是等着别人来找你，你得出去和大家打招呼。"等下一次她走到饮水机旁边的时候，便向碰到的每一个人打招呼，并且露出最灿烂的笑容。此法马上收效，所有同事也都报以微笑和致意。顿时，整个通道显得明亮起来，工作也不再那么枯燥了。同事间由陌生而熟识，有的更是发展成为了友谊，玛丽亚的整个生活形态也变得更富生趣了。

以下是一位散文家爱伯特·赫伯的一段名言，请熟读并牢记。更重要的，是要真的去实践。

每次出门的时候，记得把下巴缩进去，把头抬高，并且把胸部抬起来。吸一口灿烂的阳光，向朋友微笑问好，与人握手的时候要诚心诚意。别害怕被误解，也别浪费时间想敌人的事。先在心里打算好自己要做什么，然后，别再三心二意，就一直朝着目标前进。把精神用在有价值的大事上面，如此，日复一日，你便发现在不知不觉当中，你已逐渐在实现自己的心愿。在想象中描绘理想中的自己，并且认定自己每时每刻都在朝那个形象改变……思想的力量伟大无比，故要维持一种好的心态——勇敢、坦白、明朗、愉快等。能正确地思考即是一种创造力。所有的事物可经由意愿而完成，每一个真诚的祷告都会得到应允。只要心里坚持，事情就会如我们所愿。记得把下巴缩进去，把头抬起来，我们都像孕育在蚕蛹内准备再生的神之子。

古老的中国充满了许多处世的智慧。他们有句格言很值得你我铭记在心："笑脸通神，恶脸不开店。"

对那些时时愁眉苦脸、闷闷不乐的人来说，你的笑容就如阳光穿过云层。因为笑容是一个人善意的使者，可以使见到的人，生命都因之变得有希望。那些处于压力下的人，不论他们的压力是来自上司、顾客、师长、双亲或小孩，一个亲切的微笑便可以使他们觉得一切并非完全无望——这世界仍然有欢乐存在。

好几年前，纽约一家百货公司，深感到他们的销售员在圣诞节旺季期间所受到的压力，便特别刊载了一则如下充满温馨的广告：

微笑是最好的圣诞礼物。
它价值不菲，却不费一文钱。
它不会使赠送的人变得拮据，却使收受的人变得富有。
它发生于分秒之间，却能被永志不忘。
没有人因富足而不需要它，也没有人因贫穷而不受它的好处。
它为家庭带来欢乐，为事业培育关爱，也在朋友间互通情谊。
它使劳累者获得休息，使沮丧者重获光明，使哀伤的人得到抚慰，也使陷入忧烦的人得到解脱。
你买不到、求不到、借不到甚至偷不到它。它只能给予，否则便没有什么好处。
在这圣诞节即将来临的时刻，也许我们的售货员因过度忙碌而忘了面露笑容，那么，您是否能把笑容带给我们呢？
因为，愈是没有人能够给予，愈是有人会迫切需要啊！

常用赞美

⊙赞美就像浇在玫瑰上的水，赞美的话并不费力，却能成大事。我们要下决心对自己的亲人、朋友甚至每一个人加以赞美，并使之成为一种习惯。

⊙说句好话轻而易举，只需要几秒钟，但它的功效却是巨大的，有的甚至能够让一个人受益终生。

⊙爱、称赞、感谢都应该说出来，让对方知道，如果你认为只放在心里就行了，那就大错特错了。

我一直在想，为什么当我们要改变别人时，不用赞许来代替斥责？即使是最小的进步，也让我们来赞美吧！这样会激励人们不断进步。

在《孩子，我并不完美，我只是真实的我》这本书里，著名的心理学家杰丝·雷尔评论说："称赞对温暖人类的灵魂而言，就像阳光一样，没有它，我们就无法成长开花。但是我们大多数的人，只是敏于躲避别人的冷言冷语，而我们自己却吝于把赞许的温暖阳光给予别人。"

有个故事是这么说的：

社区内新开设的店都装上了自动门，可是附近有一家超级市场却没有装设。

在每天早晨和下午太太们纷纷去买东西的时候，有个小男孩常站在超级市场玻璃门外，看到手里大包小包拿了好多东西的太太，就替她们拉开大门，让她们从容地走出来。

有一次，有位太太问那个小男孩："你看门看了这么多日子，一定得到了许多小费，你都拿来做什么用了呢？"

那小孩有点诧异地回答："什么？她们都没有给我钱，可是她们都对我说：'你好棒！''谢谢你！'"

"你也能在自己的能力范围之内，轻易地增加这个世界里的快乐。怎么做呢？就是对寂寞失意的人说几句真诚赞赏的话。或许，你明天就忘了今天所说的好话，但是听者却可能一生都珍惜着。"

爱默生说："让我们不再去想自己的成就和自己的需求，让我们试着去想别人的优点，然后忘却恭维，发出诚实、真心的赞赏。称许要真诚，赞美要慷慨，这样人们就会珍惜你的话，把它们视为珍宝，并且一辈子都重复它们——即使你已经遗忘以后，人们还重复着它们。"

每一个人都有他值得赞扬的地方。吉斯菲尔伯爵说："各人有各人优越的地方，至少也有他们自以为优越的地方。在其自知优越的地方，他们固然喜爱得到他人公正的评价。但在那些希望出人头地而不敢自信的人，他们更喜欢得到别人的恭维。"

有一位非常精明能干的人叫沃普尔，吉斯菲尔对他评价道："他的才干是不容别人恭维的，因为对于这一点，他自己知道得很清楚。但他常常自恐在对待女人方面是一个浮滑之徒，而愿意别人说他温文尔雅。因此，他在这一点上是极易被人恭维奉承的，这也是他喜欢并经常与人交谈的话题。由此可以证明，这是他的弱点所在。"

吉斯菲尔进一步指出："你若想轻易地发现各人身上最普遍的弱点，只要你观察他们最爱谈的话题便可。因为言为心声，他们心中最希望的，也就是他们嘴里谈得最多的。你就在这些地方去搔他，一定能搔到他的痒处。"

凯雷的经验告诉我们，几句恰到好处的恭维，之所以能起到金石为开的作用，皆因他能找到各种典型人物不同的虚荣表现。

凯雷还举了一个例子："有不少人，他们喜欢听相反的话；更有许多人，喜欢别人把他们当作有思想、有理智的思想家。有一回，我与一个人讨论一件颇有争议的社会问题，我对他说：'因为你是这样的冷静、敏锐，因此我想知道，我们究竟应该站在什么立场？'他听了我的话，立刻表现出满面春风的样子，并详细对我说了他对此事的立场态度。原来此人是愿意被人家看作是是敏锐、冷静的。"

有个客人在一家餐厅吃饭，他觉得菜做得很好，吃得津津有味，赞不绝口。

他抬起头来，正好看见厨师经过，就顺口对厨师说："你这菜做得真好吃！"本来愁眉苦脸的厨师，听了这些话，顿时变得容光焕发、神采飞扬。

他说："哦！先生，听你这么说，我真的太高兴了！已经很久都没有人称赞我的菜做得好了，谢谢您！"从此，那厨师就比以前要更卖力了。

由此我们可以发现，赞美和鼓励是引发一个人体内潜能的最佳方法。肯·布兰查德是《一分钟管理》的作者，他推荐大家使用"一分钟赞美"，"抓住人们恰好做对了事的一刹那"。你经常这么做，他们会觉得自己称职，工作有效率，以后他们就很可能会不断重复这些来博得赞美。

在19世纪的初期，伦敦有位年轻人想当一名作家。他好像什么事都不顺利。他几乎有4年的时间都没有上学。他的父亲锒铛入狱，只因无法偿还债务。而这位年轻人还时常遭受饥饿之苦。最后，他找到一个工作，在一个老鼠横行的货仓里贴鞋油纸的标签，晚上在一间阴森静谧的房子里和另外两个男孩一起睡，他们两个人是从伦敦的贫民窟来的。他们对他的作品毫无信心，所以他趁深夜溜出去，把他的第一篇稿子寄了出去，免得遭人笑话。一个接一个的故事都被退稿，但最后他终于被人接受了。虽然他一先令都没等到，但编辑却夸奖了他。有一位编辑承认了他的价值。他的心情太激动了，漫无目的在街上乱逛，眼泪流下了他的双颊。

因为一个故事的付梓，他所获得的嘉许，改变了他的一生。假如不是这些夸奖，他可能一辈子都在老鼠横行的工厂做工。你也许听过这个男孩，他的名字就叫查尔斯·狄更斯。

另外一个男孩在一家干货店工作维生。5点他就得起床，打扫店面，一天做14小时的奴隶。那真是既单调又辛苦的工作，他也轻视这份工作。两年后，他无法忍耐了，有一天起床后，还没吃早餐，就跋涉了15公里的路，去投奔他做管家的母亲。

他变得狂暴起来。他向她恳求，而且哭了，他发誓假如他继续做那份工作，他会毁了自己。于是他写了一封悲惨的长信给他的老校长，说他心已死，不想再活下去了。他的老校长给了他一些安慰，并说他确实很聪明，应该得到好一点的工作，于是便请他当一名老师。

这份称赞改变了这位青年的一生，也为英国文学史留下了不朽的一页。这位男孩持续地写了无数本畅销书，并赚了好几百万。你也许也听说过，他叫韦尔斯。

人不分男女，无论贵贱，都喜欢听合其心意的赞誉。同时，这种赞誉，能带给他们加倍的成就和自信的感觉，这的确是感化人的有效方法。

要使颂扬能够奏效,只要我们心中掌握各人性情的不同之处,区别对待,有的放矢,就能达到目的,把事情办好。

吉斯菲尔也告诉我们:"几乎所有的女人都是很质朴的,但对仪容仪表,她们却是癖爱至深、孜孜以求的。这是她们最大的虚荣,并且常常希望别人赞美这一点。但是对那些有沉鱼落雁之容、闭月羞花之貌的倾国倾城的绝代佳人,那就要避免对她容貌的过分赞誉,因为她对于这一点已有绝对的自信。如果,你转而去称赞她的智慧、仁慈,而恰巧她的智力不及他人时,那么你的称赞,一定会令她芳心大悦,春风满面的。"

使用赞美词和讲吉利话,必须在适当的交际环境和交际氛围中使用,而且要分清对象、场合和时间。如使用不当,不但无法收到预期的效果,还会让人觉得你圆滑、俗气。那么,在赞美时应注意什么呢?

对女性的赞美,重点可放在她的容貌、身姿和服饰方面,语言应健康、活泼、清新、高雅,委婉而不失真,华丽而不俗气。

服饰是女性关心的重要方面,总是希望别人能对她们的服装、打扮做出评价。你尽管大胆地对女人的服装质地、款式及色彩进行赞美,如使用"新颖"、"适中"、"合身"、"鲜艳"、"明快"、"清新"、"大方"、"高雅"等词句去赞扬,是绝不会"出格"的。这会使女性在心理上得到满足,从而创造出一种良好的交往气氛。

对男性的赞美应侧重于体魄、意志、风采及知识上。因为具有事业心和雄才大略是男子汉吸引人们注意的主要方面,赞扬一般不超出这个范围。如果说女人的身材、皮肤、头发、五官、手指、声音及动作,都可以赞扬的话,那么对男性就不宜去注意这些细小的局部,而应把重点放在学识、技能、志向、思想及作风上。

在宴会的酒桌上,话题总离不开食物,可以多讲些吉利话来增添宴席的欢乐气氛,提高大家的兴致,不要只讲"请吃……",会令人感到冷清、沉闷和乏味。如果到别人家中做客吃饭,一定要赞扬女主人的烹调技术,称赞饭菜味道好,如果食后既不称赞又不致谢,那便是十分失礼的,会使女主人感到失望。

勿忘倾听

⊙如果你希望成为一个善于谈话的人,就先要做一个善于倾听的人。"要使人对你感兴趣,你就要先对人感兴趣。"

⊙不要忘记与你谈话的人,你的谈话对象对自己的兴趣要多过对你的兴趣。自己的牙痛,要比别国的统治者杀死百万人民来得重要。

⊙就人性的本质来看,我们每个人当然最为关心的是自己。他们喜欢讲述自己的事情,喜欢听到与己有关的东西。你要使人喜欢你,那就做一个善于静听的人,鼓励别人多谈他们自己。

最近我应邀去参加一场纸牌会。我不会打纸牌，另有一位美丽的女子也不会打，于是我们就正好坐下来聊聊天。我在去汤姆士从事无线电事业之前，曾一度做过她的私人经理，她知道当时我曾到欧洲各地去旅行，可以帮助她预备她要播发的讲解旅行的资料，所以她说："啊，卡耐基先生，我想请你告诉我所有你到过的名胜及所见过的奇景。"

在谈话中，她提到她同丈夫最近刚从非洲旅行回来。"非洲！"我说，"多么有趣！我总想去看看非洲，但除在爱尔裘士停过24小时外，其他地方还没到过。告诉我，你曾游历过野兽的乡间，是吗？多么幸运！我羡慕你！告诉我关于非洲的情形吧。"

那次谈话持续了45分钟。她不再问我到过什么地方，看见过什么东西了，也不要听我谈论我的旅行，她所需要的不过是一个专注的静听者，以使她能扩大她的自我，而讲述她所到过的地方。

在现实生活中，类似这位女子的人罕见吗？不，许多人也是如此。

例如，我最近在纽约的一位出版商格利伯的宴会上遇见一位著名的植物学家。我从未同植物学家谈过话，我觉得他极有诱惑力。我坐在椅子上，静听他讲大麻、室内花园，以及关于卑贱的马铃薯的惊人事实，并且他还非常热情地解答了我的几种问题。

我已经说过，我们是在宴会中。当时还有十几位别的客人在那里。但我违反了所有礼节的定例，忽略了其他人，与这位植物学家谈了数小时之久。

到了午夜，与其他客人道别时，这位植物学家转向主人，极力恭维我，说我是"最富刺激性的"等等好话，最后他还说我是一个"最有趣的谈话家"。一个有趣的谈话家？我？啊，我差不多没有说什么话。如果不改题目，即使要说，也没的说，因为我对于植物学所知道的不会比对企鹅的解剖知识还要多。但我做到了一点：注意静听，因为我真正地对此发生了兴趣。他也觉察到了这一点，那自然使他欢喜。静听是我们对任何人的一种最好的恭维。

一次成功的商业会谈的秘诀是什么？注重实际的学者以利亚说："关于成功的商业交往，没有什么神秘——把注意力集中到讲话的人身上。没有别的东西会如此使人开心。"其中的道理很明显，是不是？你无需在哈佛读上4年书才发觉这一点。但你我也知道，有的商人租用豪华的店面，陈设动人的橱窗，为广告花费成千上万元钱，然后却雇用一些不会静听他人讲话的店员，中止顾客谈话、反驳他们、激怒他们，甚至几乎要将客人驱出店门。

A先生的经历可作一例。他在我的班里讲述了这个故事：他在近海的新泽西城里的一家百货商店买了一套衣服。这套衣服穿了一天后令人失望——上衣掉色，把他的衬衫领子也弄黑了。

他把这套衣服带回该店，找到卖给他衣服的店员，告诉他关于事情的经过。他想诉说他的经过，但他的诉说被打断了。

"我们已经卖出了几千套这种衣服了，"售货员反驳说，"这是第一次有人挑刺。"

那是他说的原话，但他的声调比他的话还要恶劣。他的好斗的声调给人的意思是："你在说谎，你想你可以欺骗我们，是不是？好，我要给你点颜色看看。"

双方正在激烈辩论的时候，另一个售货员加了进来："所有的黑色衣服起初都要褪一点颜色，"他说，"那是没有办法的，那种价钱的衣服，不能不那样，是颜料的原因所致。"

"在这个时候，我气得简直像着了火，"A先生讲述他的经过时说，"第一个售货员质疑我的诚实，第二个暗示我买了一件次等货。我恼怒起来，正要骂他们，突然他们的部长跑了过来——他懂得他应该做什么。他使我的态度完全改变了，他将一个恼怒的人，变成了一位满意的顾客。

"他是如何做的呢？他分三个步骤：

"第一，他倾听我讲我的经过，从头至尾不说一个字。

"第二，当我说完的时候，售货员们又开始插入他们的意见，这位部长以我的观点与他们辩论。他不但指出我的领子，明显是被衣服玷污的，而且他还坚持说，不能使人满意的东西，不应由这商店出售。

"第三，他承认他不知道毛病的原因，他直接对我说，'你要我如何处理这套衣服呢？你说什么，我可以照办。'

"只是在几分钟以前，我还准备告诉他们留下那套可恶的衣服。但我现在回答说：'我只要你的建议，我想知道这种情况是否是暂时的，或是能有什么改善的办法。'

"他建议我再试穿这套衣服一个星期。'如果到那时仍不满意，'他答应说，'再拿来换一套满意的。让你不方便，我们感到非常抱歉。'

"我满意地走出了这家商店。一星期后这件衣服再没出现过毛病。我对于那家商店的信任也就完全恢复了。"

怪不得那位管理员是他们的部长；至于他的下属，他们要停留——我想说的是他们将终身停留在店员的职位上，不，他们大概要被降至包装部，永远都不能与顾客接触，甚至可能被辞退。

嗜好挑剔别人毛病的人，甚至一位正处于盛怒的批评者也常会在一个具有包容心与忍耐力的倾听者面前软化、妥协，即便那位气愤的寻衅者像一条大毒蛇正在张开嘴巴吐出毒信的时候，你也要克制自己保持倾听。

多年前，纽约电话公司成功感化过一个曾恶意咒骂接线员的客户，他甚至扬言要拆除电话，他拒绝支付他认为不合理的费用，他写信给报社，还向消费监督委员会屡屡投诉，致使电话公司引起数起诉讼。

公司中的一位经验丰富的"调解员"被派去访问这位暴躁的顾客。这位"调解员"静静地听着，并不时对其表示同情，他只是想让这位好争论的老先生发泄他的满腹怨言。

"我在他那儿静听了几乎有 3 小时，"这位"调解员"讲述道，"以后我再到他那里，仍然耐心地听他发牢骚。我一共访问了他四次，在第四次访问结束以前，我已成为他正在创办的一个团体的会员，但据我所知，除这位老先生之外，我是这个团体在地球上惟一的会员。

"在这几次访问中，我耐心地倾听，并且同情他所说的每一点，我从未像电话公司其他人那样同他谈话。他的态度慢慢变得和善了。我要见他的真实目的，在每一次访问时都没有提到，在随后的两次也没有提到，但在第四次，我却圆满地解决了这一事件，他终于把所有的欠账都付清了，同时他也撤销了向消费监督委员会提出的申诉。"

毫无疑问，这位先生自认为为正义而战，保障公众权利，不受无端的侵害，但实际上他需要的却是自重感。他先经由挑剔抱怨别人或事物得到这种自重感，但在他从那位聪明的"调解员"那里得到自重感后，他的所谓的冤屈就销声匿迹了。

好几年前的一个早上，有位怒气冲冲的顾客，冲向朱利安·戴莫的办公室去。朱利安·戴莫是"戴莫毛料公司"的创始人，后来成为全世界最大的毛料供销商。

戴莫先生向我解释道："这位先生欠了我们一笔款项，但他拒绝承认。我们知道他的确欠了钱，所以信用部门坚持他必须偿付欠款。在收到好几封催缴信之后，这位先生终于收拾行囊，只身跑到芝加哥来。他冲进我的办公室，扬言不但拒绝付款，并且不再向'戴莫毛料公司'买任何货物。

"我耐心地听完他讲话。好几次我都想打断他的话，但知道那并非良策。我让他把所有的怒气都发泄完毕，等他逐渐把情绪平息下来之后，才安静地说道：'非常谢谢你特别到芝加哥来告诉我这些话，可说是帮了我极大的忙。因为，我们的信用部门既然会冒犯你，想必也会冒犯到其他的顾客，这就太糟糕了。相信我，实在很感谢你告诉我这些事。'

"他完全没有料到我会这么说，所以似乎显得有点失望。他原本想我会与他大闹一场，却没想到我会反过来感谢他。我向他保证会把欠账的资料除去，因为我知道他是个小心的人，而且只需料理一个账目，不像我们的信用部门，必须料理成千上万的账户。因此之故，我相信他一般不可能犯错。

"我告诉他，我完全理解他的感觉，换了我，无疑也会有相同的反应。既然他不愿再购买'戴莫毛料公司'的货品，我便向他推荐另几家毛料公司。

"以前，他每次来芝加哥的时候，常与我共进午餐，所以这天我又邀请他一道用餐。他本不太愿意，但后来还是接受了。午餐过后，我们回到办公室，他下了一份订单，订了比以前还多的货品。回家之后，他把账单重新检查一遍，发现其中有几张弄错了，便寄来一张支票，并且附了一封道歉的信。

"后来，他的妻子生了一个小男孩，他便把戴莫作为儿子的中间名。自此以后，他一直是公司的好朋友与好顾客。"

好几年前，有个贫穷的荷兰男孩，每天放学后都得到面包店去洗窗子，以贴补家用。他们新移民至此，家境十分困苦。所以除了洗窗子之外，男孩还得每天提一个篮子到大街小巷去，捡取由货车上掉下来的煤屑，以拿回家当作燃料。男孩名叫爱德华·拔克，仅上过6年学，后来却成为美国有史以来最成功的杂志编辑之一。他怎么做到这点的呢？说来话长，但简单地说，就是运用了我们现在所说的这些原则。

他13岁便离开学校，到"西部联合公司"去当小弟，并且一面自我教育。每天，他省下午餐费和车钱，步行到公司上班，等存够了钱之后，便买了一套《传记百科全书》。他熟读那些名人的生平，并且写信给他们，向他们询问一些问题或谈谈他们童年时期的事。他写信给加费尔德将军,问他童年时期是否在运河当过拖船工人,加费尔德将军也回答了他的问题。他又写信给葛兰特将军,问他有关一场战役的事,葛兰特将军不但画了一张地图给他,还邀请这个 14 岁的男孩到家里进餐,并足足谈了一个晚上。

没多久,这个"西部联合公司"的小弟,和愈来愈多的名人通了信。其中包括:拉尔伏·华尔多·爱默森、奥利弗·温戴尔·何姆斯、朗费罗、林肯夫人等等。他不仅和这些名人通信,并且一旦有空,还特地去拜访这些杰出人物。这些经验对他的影响极大,使他对自己充满信心。因为,这些杰出的男女不但扩大了他的视野,更激发了他求上进的企图心。而他能够做到这点,完全是因为我们在这里提到的这些原则。

另一新闻从业人员以撒克·马可森,每天要与上百个名人见面。他宣称,许多人不能让对方留下深刻的印象,是因为自己没有专心听对方讲话。他说:"他们只想呆会儿自己要讲什么,因而根本没注意听对方在讲什么……许多名人表示,好的听众比好的演讲者还要重要,但具有这种能力的人显然并不多。"

不仅名人喜欢好听众,一般人也是一样。根据《读者文摘》表示:"许多人打电话给医师,其实,他真正需要的,只是听众而已。"

在内战最黑暗的时刻,林肯写信给伊利诺州春田镇的一个老朋友,请他到华盛顿共商大计。这位老邻居于是来到白宫,林肯同他谈了好几个钟头,都是有关宣告解放黑奴的可行性方案。林肯仔细检查了所有反对或赞成此举的议论,然后又阅读信件、报纸等。有人为不解放黑奴而攻击他,有人则怕他要解放黑奴。如此谈了好几个钟头之后,林肯向这位老邻居握手道晚安,然后送他回伊利诺州。这位老邻居根本不用提供什么意见,林肯本人自始至终都是谈话的主角。因为借着谈话,他的思路便变得清晰了。这位老邻居说:"谈过话之后,他似乎显得轻松多了。"林肯要的不是什么忠言,他需要的只是一个友善的、会表示同情的听众来分担压力而已。这也是我们在碰到难题时的普遍心态,也是所有顾客、雇员或朋友们的需要。

当今最有名的听众之一,便是西格蒙·弗洛伊德。有人这么描述他:"他给我的印象极深,真使我终身难忘。他具有一般人所没有的特别品质,从没有一个人像他那么全神贯注。他的眼神并不锐利,不是那种'慑人心弦'的眼光,而是柔和可亲的。他的声音低沉亲切,也很少用手势。但他凝神听我讲话的态度,却使我难忘。"

倾听者虽然不开口说话,但聪明的倾听者往往积极地参与对话,当然这不容易做到。要做到善于倾听别人的谈话很重要的一点,就是要全心全意,而且要真心投入,其间还要能不时地问一些问题,鼓励对方展开话题。机智、周到、不离题、简洁等是善于插话、引题者的特点。

其实,积极参与谈话的方式很多,绝不需要动不动就插嘴,以打断别人的讲话。方式虽然很多,但我们用不着招招纯熟。善于倾听的人经常应用的是几种自然轻松的方式,而其良好效果的关键是要实际有用。

这些方式包括偶尔点点头,偶尔附和一两声。有些可以换个姿势或俯身向前,有时候微笑一下或挪一下手。目光的交流往往能显示出你是一位友好的人,因为这表示:

"我在非常认真地听你说自己喜欢的事情。"

谈话中途停顿时,可以提出相关的问题,以便继续让他表现下去,让他有话可说、能说、想说。

最为关键的,并不是你到底应该采取哪一种倾听技巧,因为这绝不是一件机械化或一成不变的事。这些只是当你感觉很好时可以用的几个方式,它们会使跟你谈话的人变得更有兴致。当然,你完全可以根据自己的情况、具体的环境,采取更为有效的方法。

下次当你开始谈话的时候,就想着这一点:如果你要使人喜欢你,那就记住,善于倾听,会让你处处受人欢迎。

掌握话题

⊙打动人心的最佳方式就是,跟他谈论他最珍视的事物。当你这么做时,不但受到欢迎,也会使生命获得扩展。

在耶鲁大学任教的威廉·费尔浦斯教授,是个有名的散文家。他在散文集《人类的天性》当中写道:

"在我 8 岁的时候,有次到莉比姑妈家度周末。傍晚时分,有个中年人来访。他跟姑妈热络地寒暄过一阵之后,便把注意力转向我。那时,我正对船只很感兴趣,这位访客便滔滔不绝地讲了许多有关船只的事,而且讲得十分生动有趣。等他离开之后,我仍意犹未尽,一直向姑妈提起他。姑妈告诉我,他在纽约当律师,根本不可能对船只感兴趣。'但是,他为什么一直跟我谈船只的事呢?'我问道。因为他是个有风度的绅士。他看你对船只感兴趣,为了让你高兴并赢取你的好感,他当然要这么说了。"

威廉·费尔浦斯最后说道:"我永远也不会忘记姑妈所说的话。"以下还有另一个例子。

爱德华·夏立甫先生在童子军活动中十分活跃。他写了一封信给我,其中提到一段有趣的经历:"有个盛大的童子军大会在欧洲举行,我很希望美国的一些大公司,能赞助我们的男孩前往参加。很幸运的,就在打算去拜访这位公司负责人之前,我听说这位先生曾开过一张 100 万美元的支票,后来这张支票被注销,这位先生便把支票用镜框框起来。

"所以我见到这位先生之后,首先要求是否能看看那张支票——100 万美元的支票,我说我从没想过有人会开出 100 万美元的支票,等我见过之后,一定要告诉孩子们我真的见过这样的一张支票。他很高兴地带我去看,我一面啧啧称赏,一面要求他把所有的经过都告诉我。

"没多久,这位先生突然问我:'咦,你今天来见我的目的是什么?'我便把来意说清楚。让我惊奇的是,这位先生不仅很爽快地答应了,还比我预期的要支付更多。我本想只要求赞助一名男孩到欧洲去,他却答应赞助 5 个男孩和我一同去参加童子军大会。他给了我可以领取 1000 美元信用金的信件,要我们在欧洲停留 7 个星期。他还写信给欧洲分公司的经理,要他们好好招待我们。最后并答应要在巴黎与我们会合,好带我们遍游那个美丽的城市。

"从那次以后,他还提供了好几个工作机会给童子军的父母亲,并且一直热心参与童子军活动!所以我知道,要不是我发现了他的兴趣所在,抓住他的心,便不会那么简单就达到目的啊!"

这个方法是不是也适用于商场上呢?让我们看看纽约一家西点批发商的例子:

杜佛诺先生想将面包卖给纽约某旅馆。4 年来,每个星期他都去拜访经理,他甚至还在这家旅馆开了房,住在那里,以得到生意,但他却失败了。

"后来,"杜佛诺先生说,"在研究人际关系之后,我决定改变策略。我决定找出这个人感兴趣的是什么,什么会引起他的热心。我发觉他是美国旅馆服务员协会的会员。他不但是会员,由于他的热心,他现在是该会的会长和国际服务员协会的会长了。不论在什么地方举行大会,他都会飞过崇山峻岭,越过沙漠、大海,去参加大会。

"所以第二天见到他的时候,我首先开始谈论关于服务员协会的事。我得到非常好的反应——他对我讲了半小时关于服务员协会的事,他的声音有力、高亢,我可以清楚地看出这确实是他的业余嗜好,是他生活中的热情所在。在我离开他的办公室以前,他劝我加入该协会。这个时候,我仍然没有提任何关于面包的事。但几天后,他旅馆的主管却打电话召我带着货样和价目单去。'我不知道你对那位老先生做了些什么,'主管对我说,'但他真的被你搔到痒处了。'

"试想一想我对这人紧追了 4 年——费力想得到他的生意,我如果没有最后费劲儿去找出他感兴趣的、他喜欢谈的,我还要死追,不知道追多少年才能成功。"

牢记名字

⊙人们极重视他们的名字,因而他们竭力使它被传播远扬,有时候即使牺牲很多也在所不惜。

⊙ 200 年前,富人经常付给作家金钱,让作家将书献给他们。

⊙图书馆、博物馆的丰富收藏,很多是不愿意让他们的名字日后被遗忘的人捐献的。

普通人总是对自己的名字倍感兴趣。记住他人的姓名并十分自然地喊出来,便是你对那个人巧妙而非常有效的恭维。但如果忘了或记错了他人的姓名,这会置你自己于很被动的地位。别人会认为你不够重视他,他甚至会因此而疏远你。

我曾在巴黎组织一次演讲,之前我给城中所有的美国居民发出过一封印刷信。但是那位法国打字员英文水平实在不高,填打姓名时经常犯错。为此,巴黎一家美国大银行的经理,写给我一封措辞激烈的责备信,因为他的名字被拼错了。可见,记住人家的名字对对方是何等重要!

钢铁大王安德鲁·卡内基成功的原因是什么?

虽然他被称为钢铁大王,但他自己并不是钢铁制造方面懂得很多的专家。然而,他手下却有几千人为他工作,他们懂得的钢铁技术显然要比他多得多。

他致富的真正原因是他知道如何与人相处。在早年,他就表现出了出色的组织才能与领导的天赋。10岁的时候,他便意识到人们对于名字的惊人重视。他于是开始利用这一发现去获得与人合作的机会。当他是苏格兰的一个小孩童时,他曾收养过一对兔子。不久他就又多了一窝小兔,可是他却没有东西喂它们。不过他有一个聪明的主意,他告诉邻家的孩子们说,如果他们愿意出去采集充足的苜蓿草喂兔子,他便用他们的名字给兔子命名,以此来感激他们。结果,大家开始愉快地行动了。

这种"冠名"方法功效果真神奇,卡内基从此铭记于心。

许多年后,卡内基在商业上应用同样的心理学原理,并帮助他获得了事业上的巨大成功。有一次,他打算将钢铁路轨售给宾夕法尼亚铁路局。当时任宾夕法尼亚铁路局局长的是汤姆森。为此,卡内基在匹兹堡建造了一所大钢铁厂,命名为"汤姆森钢铁厂"。当宾夕法尼亚铁路局需要钢轨的时候,汤姆森还会向别处去买吗?

在卡内基与伏尔曼互相竞争卧车经营权时,这位钢铁大王又想起了给兔子命名的经历。

当时,卡内基掌控的中央运输公司与伏尔曼所经营的公司都非常想赢得联合太平洋铁路卧车的经营权。为此,他们互相排挤、压价,以致即使胜利的一方也很难有获利的机会。一天晚上,卡内基在圣尼古拉宾馆遇见了伏尔曼,他说:"晚安,伏尔曼先生,我们两个难道不是在玩'两虎相斗'的游戏吗?"

"你这是什么意思?"伏尔曼问道。

卡内基接下来便试图说服伏尔曼将他们双方的力量合并起来,采取联合经营的方式。他用鲜明的语气,向伏尔曼叙述双方合作而非恶性竞争的双赢战略。伏尔曼认真倾听,但并未表示完全赞同。最后他问道:"这新公司你将如何命名?"卡内基立刻回答说:"当然是伏尔曼皇宫卧车公司。"

伏尔曼立即表现出极大的好感。"快到我房间里来!"他说,"我们有必要详细谈谈这件事。"的确,那次谈话便创造了实业界的经典神话。

卡内基成为商界领袖的一大秘诀就是他惊人的记忆力与牢记并重视他人及同事名字的策略。他甚至能叫出许多工人的名字,这是他引以自豪的事。难怪他自夸说,在他亲自参与管理的时候,从未发生过工人罢工事件。

德州商业股份有限公司的董事长班朵兰夫认为:公司愈大,就愈使人感觉缺乏温情,从而显得有些冷漠。他认为能使它温暖一点的惟一办法,就是记住员工的名字。假如有个经理告诉我,他无法记住别人的名字,这就等于告诉我,他无法履行一份很重要的工作。这会使他缺乏成功做事的坚实基础,他无异于在流沙上做着他的工作。

人们非常重视他们的名字,因此他们竭力设法使之延续,甚至牺牲一切在所不惜。就连矜夸而且老于世故的老伯纳姆，一个所谓的贵族，也因为没有儿子继承他的名字而沮丧，他情愿给他的孙子西雷 25000 美元，如果他愿意把自己称为"西雷·伯纳姆"。

200 年前，富人们经常付给作家金钱，让作家将书献给他们。

图书馆、博物馆的丰富收藏，很多是不愿让他们的名字日后被遗忘的人捐献的。

纽约公共图书馆有爱斯德和李诺克斯捐献的收藏品；京都博物馆永远留着爱德门和马根的名字。几乎每个教堂都缀有彩色玻璃窗，纪念着捐赠人的姓名。

对一个政治人物来说，记住一个选民的姓名是最基本的政治才能，反之则是心不在焉或在心底根本就不懂得尊重别人。

拿破仑三世对自己能记得每一个见过的人的名字而感到自豪。他询问每一个见过的人的名字，如果没听清楚，就再问一遍；如果名字有点复杂，他就请教写法。他喜欢把别人的名字和表情、特征联系起来印在脑海里。如果对方是个很重要的人物，他就偷偷用纸和笔记下对方的名字，默念几遍，然后把那张纸悄悄撕掉。

这些都要花时间，但这是值得的，爱默生说："礼貌就是由一些小小的牺牲达成的。"

是小小的，不是大大的。

牢记别人的姓名并不是只有政界或商界的人必须做到的，每一个人都应该觉得这很重要。

诺丁汉是印度通用汽车公司的员工，他几乎天天都要去餐厅吃午餐，也天天都要看见柜台后的小姐板着脸做三明治，似乎周围的人也是三明治。诺丁汉要了一些吃的，小姐就百无聊赖地搞了几片火腿，加了一片莴苣，几片土豆。

"过几天，我在排队的时候特地看了一下她胸前的名牌，然后我笑着喊她的名字，嗨，艾丽斯。然后和她说我想要什么，结果她似乎忘了数量，给我装了一大盘子火腿、莴苣和马铃薯片。"

我们应该相信一个人的姓名里面包含着奇迹。名字使一个人变得惟一，使一个人区别于其他人。对一个人来说，他或她的名字是世界上最动听的词汇，所以，在你传递信息之前，别忘了别人的名字。